새로운 북한학
— 분단시대 통일문화를 위하여 —

한국정신문화연구원 편
이 서 행 지음

2002
백산서당

Toward New Understanding of North Korea

Lee Seo-Hyeng
Professor, The Academy of Korean Studies

2002
Baiksan-Seodang Publishing

책을 내면서

필자가 북한문제에 관심을 갖고 관련분야에 뛰어든 지 30년, 한국정신문화연구원에 몸담은 지 20년 만에 『새로운 북한학: 분단시대 통일문화를 위하여』라는 단독저서를 처음 내게 되었다. 그것도 본원에서 연구과제 수행으로 단독저술을 할 수 있도록 기회를 주었기 때문에 가능하게 되었다.

돌이켜보면 분단의 시간대가 어느덧 57년을 넘어섰으며, 한 민족이 이렇게 서로 융화되기 어려운 체제와 이념으로 첨예하게 맞선 사례도 정치사적으로 흔치 않은 일이다. 이제는 남북 사이의 이질화까지 심화되어 이대로 가다가는 자칫 두 개의 독립된 공동체로 굳어질 위험성마저 있다. 오늘날 남북한은 의식 속에서는 하나의 사회, 하나의 민족으로 인식되고 있지만, 현실에서는 엄연히 두 개의 국가사회로 존재한다. 우리의 통일논의는 이 의식과 현실상의 극심한 괴리를 극복하는 데서 출발해야 하고, 하나의 민족국가로 제대로 기능하기 위해서는 반드시 분단모순을 극복해야 하는 것이다. 그러나 한반도 분단은 근본적으로 국제정치의 희생물로서, 구소련의 팽창전략과 미국의 대응정책이 낳은 이른바 '국제형 분단'이므로 외적으로 한반도 주변의 변수가 주요관건이 되며, 또한 민족지도자들이 국제정세에 적절하게 대응하지 못한 채 내부분열과 대립이 조성되었기 때문에 민족간의 내적 화해가 우선되어야 한다. 실제로 1948년 남북에서 각기 정권이 수립되고 2년 뒤에는 기습남침으로 인해 유엔의 참전이 불가피하게 되어 국제적 성격과 민족내부의 분단·분열이 고착화되는 배경에서도 드러났듯이 분단과 통일은 국제적인 문제이면서 동시에 민족내부의 문제라는 이중적 과제의 성격이 정형화되었다.

우리가 추구하는 통일은 민족구성원 모두의 자유와 복지, 인간존엄성이 보장되고 인류공영에 기여하는 민족공동체를 이루는 것이다. 이러한 통일

목표는 영토나 체제의 단순한 재통합 혹은 분단 이전의 상태로 되돌아가는 것이 될 수 없다. 이러한 소극적 의미의 재통일이 아니라 적극적으로 새로운 통일의 미래상을 창조해야 한다. 분단상황을 바람직하게 극복하고 적극적인 통일문화를 형성하기 위해서 통일연구는 북한사회에 대한 이해와 더불어 반드시 남한사회의 새로운 이해를 수반해야 하고, 대중 속에서 통일공간을 확장할 수 있는 새로운 통일담론의 재구성을 위한 실천을 고민해야 한다. 따라서 그것은 통일에 관한 어떤 새로운 주제를 생산하는 데 그치는 것이 아니라 통일과 연관된 억압적 지식체계를 근원적으로 해체하고 재구성하는 것이어야 한다. 말하자면 통일을 위한 담론적 실천은 단순하게 분단이라는 외적 규정성을 해체하는 것으로 실행될 수 없으며, 우리 삶의 각 부분에서 현재 진행중인 남북화해 및 교류시대에 남북간의 비정치적인 학술·문예분야 교류가 중심이 되어 실제로 탈이데올로기적인 통일문화 창건의 향도에 기여해야 한다.

이러한 통일문화 창건을 위해서는 먼저 북한사회에 대한 객관적이고 올바른 인식이 통시적으로 전제되어야 한다. 반세기가 넘는 분단의 세월 동안 이질화된 북한사회의 각 방면——정치경제, 군사외교, 사회문화, 종교교육 등——에 대하여 내재적·역사적 접근법에 의한 현황파악과 동시에 객관적인 분석작업이 요구된다. 이러한 분석과 현황파악은 향후 통일조국에 있어 남북한 문화공동체 확립에 초석이 될 것이다.

둘째, 북한학 정립이나 통일논리를 모색함에 있어 시대나 정책변화에 따른 '복사판 교과서' 또는 자료집 성격의 것을 남발하는 것을 지양해야 할 것이다. 그 동안 통일과 북한사회 연구는 1990년대 사회주의 붕괴를 기점으로 하여 갑작스럽게 제도권하의 반공논리에서 탈냉전논리로 급선회했다. 이러한 분위기를 타고 정부의 대북정책도 변해 '국민의 정부'는 평화·화해·협력을 통한 '햇볕정책' 또는 '포용정책'으로 남북관계 개선을 정책목표로 정하고 있다. 그러므로 이제는 민족적 화해와 협력의 거시적 안목에서 민족 동질성회복을 추구하는 통일의 논리가 모색되어야 한다.

셋째, 과거·현재·미래를 통시적 안목에서 보는 북한이해를 통해 총체적인 통일의 길을 모색해야 한다. 분단극복과 통일의 문제는 수평적·공간적으로만 다루어질 문제가 아니라 수직적이고 역사적인 이해의 틀을 요구하는 복합적인 문제이다. 한 민족, 한 핏줄로서 공유했던 역사적 경험의 시기가 분단의 기간을 압도함을 직시해 민족사적 시각에서 통일문화를 구상해야 한다.

넷째, 통일문화는 분단과 통일의 내인론과 외인론을 모두 고려해 분단의 실상을 바르게 이해하고 동시에 통일의 역학구조와 통일방안 실태를 고려하는 가운데 형성되어야 한다. 사실상 한반도가 갖는 지리적 위치는 열강의 팽창정책의 희생물이 되었으며 통일의 여건으로서 이러한 국제질서를 배제할 수 없다. 또한 일제하에서 해방의 길을 모색했던 민족주의자들의 견해차이가 이념적 분단의 단초가 되었음도 부정할 수 없으며, 이러한 이념논쟁은 분단체제하에서 지속적으로 이어져 통일이 단순한 정치·경제체제의 통합만으로는 가능할 수 없다는 것을 반증해 준다.

실제로 1990년대 후반부터 두드러지기 시작한 통일담론과 통일문화 형성의 중요성 대두는 우리 사회의 이념논쟁과 대북정책에 지대한 영향을 미친 것이 사실이다. 즉 한편에서는 포용정책으로 대변되는 집권여당의 대북유화정책이 자리하고, 다른 한편에서는 이러한 정책의 무모성과 위험을 지적하는 대북 강경책이 존재하는 것이 현실적 한계상황이다. 이와 같은 북한에 대한 강온적인 분열적 태도는 반공논리와 민족논리가 서로 대립하고 갈등해 온 한국사회의 사회심리적 지형을 그대로 반영한다. 현실적인 통일담론의 분열은 새로운 전환의 필요성을 강제하는데 이 전환의 논리로 대두되는 것이 민족론이다. 민족주의적 통일담론에서 예전의 1970년대식 중심·주변의 차별에 따른 '선진국 모델' 지향은 이미 그 유효성을 상실한다. 따라서 우리 민족의 위상은 단지 '세계화' 또는 '선진 국민화'라는 사회적 목표를 추종하는 것으로 설정되는 것이 아니라 세계문명과 평화를 주도할 수 있는 일 계기로 확립된다.

특히 후자는 공격적 성격을 띠는데 요즈음의 한국적 '전통'에 대한 열광 또한 이와 무관하지 않으며, 이러한 정체성의 구조는 선진국을 열망하면서도 선진국을 비판할 수밖에 없다. 말하자면 선진국을 꿈꾸지만 선진국과 동일시할 수 없는 것에 분노한다. 이러한 맥락에서 민족논리는 자신의 열등성을 긍정하는 것이 아니라 자신에게 우월성의 환상을 부여함으로써 기능하는 것이다. 여기서 통일담론과 관련해서 중요한 것은 통일이 그 환상을 현실화시킬 수 있는 계기로 자리매김된다는 사실이다. 민족논리의 지배적인 이미지는 무엇보다도 북한의 비참한 현실에 유추되어 구성된다. 다시 말해 북한은 남한이 갖는 우월성의 원천이며 대중지배 실현을 위한 장소인 셈이다. 북한은 포용의 대상으로 말해지기는 하지만, 그것이 대상으로 되는 것은 사실상 대중을 지배하는 효과 때문이다.

이러한 사회심리적 지형이 구축되면서, 최근 통일연구는 '북한학'이라는 독자적 영역이 성립되고 연구의 양과 질에서 비약적인 발전을 도모하고 있다. 이는 단순히 정책적 차원 또는 정보 제공적 차원에서 행해졌던 북한연구가 한 단계 발전해 새로운 '학문분과'로 자리매김되기를 요구받고 있는 것이다.

그러면 어떻게 이러한 통일 연구사의 변화와 특성을 설명해야 하는가? 이 대목에서 우리는 흔히 몇 가지 변화의 획정기준을 확인하게 된다. 그 대표적인 기준은 연구동향을 시기별로 나열·기술하는 것인데, 이것은 그 평면적 속성을 문제삼지 않을 수 없다. 그리고 연구주제별로 변화를 추적하는 방법이 있을 수 있는바, 이것 또한 각 주제들간의 상호연관과 그것들이 설명 또는 이해의 대상과 맺는 유관성이 불명확하다는 인상을 지울 수 없다. 이에 따라 필자는 이 양자를 지양한다는 의미로 통일 연구사에 내재한 '인식소'의 변형에 주목함으로써 그간 30년간의 대북경험을 바탕으로 북한의 구성내용 중 분단배경과 현실을 깊이 성찰하고 직시하는 데 필수적인 내용에 초점을 맞추며, 독일처럼 머지 않은 장래에 도래할 통일을 대비하는 데 준비해야 할 내용을 중심으로 체계를 세웠으며, 북한 실상의 기술에 있어서 3장과 5장은 통일부의 『북한개요』 내용을 원자료와 대조하면서 원용했음을 밝혀 둔다.

이 저서는 선행연구의 문제점들을 직시하고 추상적이고 정책적인 차원의 통일논의에서 벗어나 탈이데올로기적이고 현실적인 관점에서 통일문화 형성을 전망하고 있으며 총 4부 및 부록으로 구성되어 있다. 끝으로 이 책이 나오기까지 처음부터 끝까지 수고를 아끼지 않은 분들이 많은데, 도움말을 준 강광식 교수, 고유환 교수, 자료수집과 편집에 도움을 준 강석승 박사, 최문형 박사, 전미영 박사, 그리고 흔쾌히 출판을 맡아 주신 백산서당 이범 사장님과 편집위원 여러분에게 감사 드린다.

2002년 8월 청계산 기슭 문형관에서

차 례 / 새로운 북한학

책을 내면서 · 3

제1부 연구동향

제1장 북한연구의 시각과 방법론적 접근 19
1. 북한연구의 동향 · 19
    1) 북한연구의 다양한 인식과 접근법 · 19
    2) 북한학의 성립과 연구방향 · 22
    3) 전체주의적 이념접근에 대한 이중적 한계 · 29
    4) 이데올로기의 비현실성 · 32
2. 새로운 북한연구 방법론의 모색 · 35
    1) 탈전체주의적 이념접근의 필요성 · 37
    2) 담화체계의 특징과 분석 · 40
    3) 탈이데올로기적 · 현실적 관점의 조망 · 42

제2장 북한연구의 시기별 접근 45
1. 제1기: 1940-50년대 · 45
2. 제2기: 1960년대 · 47
    1) 1960년대의 학문적 성장 · 47
    2) 국가적 관심의 부각 · 49
3. 제3기: 1970년대 · 50

1) 8·15선언과 현실적 대응 · 50
   2) 이론적 접근과 평화공존론 · 53
  4. 제4기: 1980~90년대 · 56
   1) 탈냉전과 통일환경의 변화 · 56
   2) 양적 증가와 현상적 접근 · 58

제3장 북한연구의 주제별 접근 63
  1. 북한연구 성과물 분석 · 63
  2. 주제별 연구동향 · 67
   1) 통일방안과 통일국가 체제 · 67
   2) 계급정책과 일상생활 연구 · 69

제2부 북한실상

제1장 한반도 분단의 배경과 주요원인: 분단사의 재조명 75
  1. 민족분단의 대외적 요인 · 75
   1) 전시 연합국의 회담과 한반도의 운명 · 75
   2) 미·소의 한반도 분할점령 · 78
  2. 민족분단의 대내적 요인 · 81
   1) 민족 독립운동의 좌우분열 · 81
   2) 남북분단체제와 대립정권 탄생 · 83

제2장 북한 통치이념의 형성과정 87
  1. 중·소의 영향과 북한의 공산화과정 · 89
   1) 한반도의 공산주의 전래 · 89
   2) 북한정권 수립과 스탈린주의식 통치이념 · 93
   3) 광복 전후 독립운동세력 내부의 좌우분파 · 98
  2. 북한 통치이데올로기의 형성과정과 변화의 적응양태 · 102
   1) 주변환경 변화와 주체노선 · 102

2) 권력기반의 강화와 김일성주의 · 106
   3) 통치이념의 특성과 역할 · 109
  3. 북한의 대내외적 갈등요인 · 112
   1) 체제내적 상황과 갈등요인 · 112
   2) 체제외적 상황과 갈등요인 · 114

제3장 정치문화와 혁명전략 117

  1. 북한 정치체제 구축과 국가형성 과정 · 117
   1) 조선로동당 형성과정 · 117
   2) 당이념 및 목표의 변화과정 · 121
  2. 북한 권력구조의 특성 · 127
   1) 수령 유일지배체제 · 127
   2) 선군 영도체제 · 130
   3) 일당독재체제 · 133
  3. 김정일정권의 출범과 정치이념 · 135
   1) 김정일정권의 공식출범 · 135
   2) 김정일의 권력승계 과정 · 138
   3) 김정일 우상화 · 143
  4. 정치이념과 혁명전략 · 146
   1) 주체사상 · 146
   2) 우리식 사회주의와 조선민족 제일주의 · 152
   3) 혁명목표와 단계 · 154
   4) 국제혁명역량 강화와 대남혁명 · 156

제4장 행정문화 161

  1. 공산관료제와 북한관료제의 일반적인 행태 · 161
   1) 공산관료제의 행태 · 162
   2) 북한관료제의 행태 · 169
   3) 북한 관료체제의 변천과정과 행정의 특성 · 173
  2. 북한 행정문화의 주요 형성요인 · 179

1) 정치권력의 집중화와 경제체제의 모순 · 181
　　2) 유교적 가부장제 전통문화 · 183
　3. 북한의 행정 역기능 극복정책과 한계 · 186
　　1) 행정문화에 대한 지도층의 인식 · 186
　　2) 지도층 대응의 한계 · 188

제5장 군사 · 경제제도와 문화 ························ 193

　1. 군사 · 경제정책의 기조와 특징 · 193
　　1) 소유개념과 생산수단 체제 · 193
　　2) 중앙집권적 계획경제체제 · 195
　　3) 자립적 민족경제 건설 · 198
　　4) 중공업 및 군수산업 우선정책 · 199
　2. 인민군 창군배경과 과정 · 201
　　1) 인민군 형성과정과 성격 · 201
　　2) 북한사회 내 군의 위상 · 204
　3. 군사 · 경제정책 및 전략 · 205
　　1) 대남혁명 정책기조와 군사전략 · 205
　　2) 군사지휘 체계 · 211
　　3) 군사지휘 조직 · 212

제6장 교육 · 문화이념과 정책 ······················· 215

　1. 교육이념과 교육정책 · 215
　　1) 사회주의 교육이념 · 215
　　2) 교육정책의 특성 · 219
　2. 정치이데올로기의 교육원리 · 221
　　1) 혁명전통교양 · 221
　　2) 평등주의와 인간개조의 원리 · 227
　　3) 집단주의사상의 원리 · 228
　　4) 주체사상의 원리 · 231
　3. 교육과정과 주요 교육내용 · 234

1) 의무교육과 고등교육 · 235
  2) 인민학교와 고등중학교 교육과정 · 236
  3) 교사론과 교원양성 제도 · 239

제7장 사회문화와 문예정책 243
  1. 사회정책과 구조 · 243
    1) 공산주의 사회정책 · 243
    2) 성분조사 사업 · 244
  2. 사회통제와 사회문제 · 248
    1) 조직생활과 경제 · 사회적 통제 · 248
    2) 사회 일탈행위 및 범죄자 처벌생활 · 250
    3) 사회적 부조리와 정치범 수용소 · 251
  3. 문예정책 및 이론 · 253
    1) 문예정책의 기조 · 253
    2) 주체 문예이론 · 255

제8장 여성정책화 과정 259
  1. 여성정책의 기조 · 259
  2. 여성정책의 기본 방향과 법제화 과정 · 261
  3. 여성정책화의 과정과 주요 기능 · 264
    1) 법제적 기능 · 264
    2) 정치사회화 기능 · 265
    3) 경제정책적 기능 · 268
    4) 가족정책적 기능 · 271

제9장 부패문화와 인권문제 275
  1. 북한관료 부패의 사회적 위기 · 275
    1) 경제적 비효율성의 증대와 지하경제의 확산 · 275
    2) 관료 부패문화의 확산과 체제위기 · 278

2. 사회 제방면과 인권문제 · 282
  1) 경제 · 사회 · 문화적 권리의 침해 · 283
  2) 교육과 인권침해 · 299
  3) 문화와 인권침해 · 303
  4) 국제사회에서 본 인권문제의 심각성 · 308

제3부 분단이질화 통합과정의 갈등

제1장 통합 민족사회 구성상의 주요 가치체계 315
  1. 남북한 역사관과 국가관 · 317
  2. 남북한의 사회관과 윤리관 · 321
    1) 남북한 사회관의 이질화와 갈등요소 · 321
    2) 남북한 윤리관의 갈등양상 · 325
  3. 통일과정에서의 융화방안 · 330

제2장 남북사회의 변화와 이질적 가치관 333
  1. 단일민족 의식과 공동체 가치관 · 335
  2. 남북한의 가치체계와 문화양식 · 338
    1) 문화구조의 형성과정과 특징 · 338
    2) 가치체계와 생활윤리 · 342
    3) 의식구조의 변화와 특징 · 344
  3. 이질적 가치관의 극복방향 · 347

제3장 남북한 통합과정에서 발생할 가치갈등과 가변성 353
  1. 가정생활에서의 갈등요인 · 355
  2. 사회생활에서의 갈등요인 · 356
  3. 여가생활에서의 갈등요인 · 357

제4장 통일후유증: 남북 사회가치 체계의 갈등양상 361

1. 남북한 생활문화의 현황과 가치문화 체계 · 361
   1) 남·북한사회 생활문화의 일반적 현황 · 363
   2) 남북한의 사회적 성격과 가치문화 체계 · 367
2. 남북한의 사회화를 위한 제도 및 가치관 · 370
   1) 가 정 · 370
   2) 사회집단 및 동료집단 · 373
   3) 직업생활 · 375
   4) 여가생활 · 377
   5) 관혼상제 및 세시풍속 · 379

제4부 민족동질성 회복과 통일문화 창조

제1장 통일문화 형성의 방향 383

1. 통일문화의 개념화작업 · 383
2. 남북한의 가치체계와 문화양식 · 390
   1) 남북한 가치체계 이질화의 배경 · 390
   2) 남북한의 문화개념과 사회적 역할 · 394
3. 통일문화의 가능성 · 400
   1) 통일문화 형성을 위한 새로운 관점 · 400
   2) 심리적 차원에서 본 통일 지향적 가치체계 · 402
   3) 문화통합 사례 · 406
   4) 남북 문화통합의 방향 · 416

제2장 최근 남북관계의 변화와 개선방향 427

1. 남북관계의 변화양상 · 427
2. 남북대화의 개선과 주요성과 · 430
3. 남북경제협력의 확대 · 433

제3장 북한 개혁·개방의 불가피성 437
1. 21세기 동북아시아의 좌표 · 437
2. 북한의 개혁·개방과 주변환경 · 442

제4장 문화공동체 의식형성과 효과적인 평화통일교육 449
1. 평화통일교육의 의미 · 449
2. 평화통일교육의 내용과 목표 · 452
3. 통일 문화공동체 형성과 평화통일교육의 방향 · 460
　1) 통일교육의 일반적 지도원칙 · 460
　2) 통일교육의 대상적 지도원칙 · 468

△ 참고문헌 · 473

△ 부 록
　부록1 : 사회주의 헌법 · 489
　부록2 : 조선로동당 규약 · 507
　부록3 : 조선로동당 기구표 · 525
　부록4 : 조선로동당 외곽단체 · 526
　부록5 : 최고인민회의 · 527
　부록6 : 내각 · 528
　부록7 : 북한의 주요연표 · 529
　부록8 : 김정일의 주요연표 · 532
　부록9 : 북한 권력층의 성향별 분류 · 539
　부록10: 김일성·김정일 가계도 · 540
　부록11: 한반도의 비핵화에 관한 공동선언 · 542
　부록12: 미·북 제네바 기본합의서 · 543
　부록13: 대북정책 추진현황 · 546
　부록14: 6·15 남북정상 공동선언 · 557

△ 찾아보기 · 558

제 1 부

북한학의 성립과 연구동향

제1장 북한연구의 시각과 방법론적 접근

1. 북한연구의 동향

1) 북한연구의 다양한 인식과 접근법

　북한연구의 기본적인 출발점은 북한사회 연구의 관점정립이다. 1980년대 초까지는 북한을 대립물로 인식하는 극우 냉전주의적 관점에서 북한사회를 선험적 차원으로나마 김일성의 일당독재 체제로 파악하였다. 따라서 북한주민들을 해방시키려는 목적하에 연구됨으로써 자체붕괴를 예언하는 등 북한연구에 대한 실사구시는 없고 선험적 붕괴선언만 무성했다.

　북한연구의 관점이나 접근법을 둘러싼 논의는 여전히 답보상태에 머물러 있으며 경험적 연구가 축적되어 있는 상태도 아니다. 오히려 '실증'과 '방법'의 빈곤이 중첩되어 나타나는 상황이다. 실증적 연구가 부족하기 때문에 새로운 방법론의 적용이 어렵고, 동시에 방법 없는 서술은 단순히 경험적 차원에 연구를 한정시킨다. 북한과 관련된 수많은 논문이 양산되고 있지만 북한연구의 위기를 제기하는 이유도 여기에 있다.[1] 사실 북한연구에 있어 접근법, 시각, 개념틀 혹은 이론틀(conceptual framework), 모델 또는 패러다임(paradigm)이라는 말은 상호간에 분명한 개념규정으로 분류되지 못하고 상호 혼용되고 있다.

---

1) 기존 북한연구에 대한 비판과 이에 대한 대안적 방법론에 대해서는 김연철, "북한의 산업화과정과 공장관리의 정치(1953~70): 수령제 정치체제의 사회경제적 기원," 성균관대학교 박사학위논문(1996)의 제1장을 참조.

또한 기존 북한연구에서는 인식방법과 접근방법이 구분되지 않고 논의 되기도 했다. 여기서 인식방법이란 연구대상에 대한 인식론과 관련된 문제 이다. 기존 북한연구에서는 주로 내재적 방법의 해석을 둘러싸고 논란이 벌어졌다.[2] 하지만 내재적(immanent)이라는 단어의 뜻이 '선험적'과 대칭되는 '경험적'이라는 의미라면 더 이상 논란의 대상이 될 수 없다.[3] 사례연구로서 북한연구가 경험적이어야 한다는 것은 너무나 상식적인 동어반복이기 때문이다. 문제는 "경험적 접근을 어떻게 할 것인가"이지만 그것은 연구주제나 시기에 따라 다양하게 논의될 수 있다.[4]

---

[2] 기존의 내재적 방법의 문제점에 관해서는 강정인, "북한연구 방법에 대한 새로운 제언," 『역사비평』, 1994년 가을; 최완규, "북한연구 방법론: 연구시각, 자료, 이론틀," 『북한연구』, 1995년 봄 참조. 그리고 내재적이라는 단어의 뜻에 관해서는 송두율, "북한연구에서의 내재적 방법 재론," 『역사비평』, 1995년 봄 참조.

[3] 기존의 내재적 접근을 둘러싼 논란에서 내재적이라는 단어의 뜻은 internal로 해석되었다. 그래서 내부 행위자/외부 관찰자, 사회주의적 가치/자본주의적 가치 등으로 내재적/외재적을 구분해 왔다. 이에 대한 비판은 김연철, "북한식 체제의 성격규정을 위한 연구방법론의 모색," 『통일문제연구』, 제7권 1호(1995년 상반기), pp.249-252.

[4] 첫째, 역사·문화론적 접근법은 공산화 이후의 사회문화적 변동과정에 지나치게 집착하는 편향된 사고를 비판하며 현재를 가능케 한 역사·문화론적 원형을 추구하는 접근법이다. 둘째, 전체주의적 접근법인데 북한사회의 기본적 특징이 힘에 의하여 강제되는 소외체제라는 점을 인식한다면 일단 전체주의적 접근법의 유용성은 부정하기 어렵다. 셋째, 복합조직 접근법으로 이 접근법은 체제관리(system management)기에 접어든 공산주의체제에서 볼 수 있는, 이른바 '관료화 현상'(bureaucratization)에 근거하는 시각이다. 다섯째, 집단·갈등 접근법으로서 성숙한 공산주의사회의 경우 사회 내의 다양한 제도적·기능적 부문 내지 집단간의 상충적 이익이 제도화된 정치적 의사결정과정 속에서 간단없이 표출된다고 보는 관점이다. 여섯째, 엘리트 접근법으로 공산주의 정치엘리트 분석은 최근 들어 많은 학자들의 관심을 모으고 있다. 북한연구에서도 엘리트 접근법은 보다 강조될 필요가 있다. 다만 몇 가지 결정적인 난점 때문에 연구결과의 실효성에 회의가 따른다. 일곱째, 자유화 접근법이다. 우리가 추구하는 통일염원이 자유의 가치를 민족

1980년대 국내 정치환경의 큰 변화인 민주화운동에 이어 1990년대 불어 닥친 구소련 및 동구권 붕괴 이후 우리 사회에 두드러지기 시작한 통일담론의 '분열'은 반공논리와 완화된 대북정책에 지대한 영향을 미치고 있다. 이전의 북한에 대한 태도는 기본적으로 '적'과 '동포'라는 상호 모순적 이미지를 반복적으로 투사하는 과정을 거쳐 온 것이 사실이다. 이러한 투사는 정치세계에서도 그 흔적을 찾아볼 수 있는바, 극단을 오고가는 정책들을 우리는 쉽게 발견한다. 한편에서는 '햇볕정책'으로 대변되는 집권여당의 대북 유화정책이 자리하고, 다른 한편에서는 이러한 정책의 무모성과 위험을 지적하는 대북 강경책이 존재한다. 우리에게 북한을 적대대상으로 간주하는 입장과 포용대상으로 간주하는 입장, 양자가 서로 교차한다고 볼 수 있다. 나아가 이 투사는 국민대중의 심리에도 영향을 미쳐 우리의 일상생활에서 북한에 대한 혐오와 동포애가 병존하게끔 한다. 북한에 대한 이러한 분열적 태도는 반공논리와 민족논리가 서로 대립하고 갈등해 온 한국사회의 사회심리적 지형을 그대로 표상하는 것으로 보인다. 한 특정대상에 대한 상이한 태도의 구조화는 거의 전 사회영역에 확산되어 있으며, '국민의 정부' 들어 대북 유화정책이 부각되는 이유는 반공논리의 정당성 약화와 그것의 부분적 확보로 인해 변화의 폭을 넓힐 수 있던 상황과 관련이 있다. 심지어 정부의 통일에 대한 관점은 반공논리의 요소들을 취사선택하고 재의미화하는 일정한 유연성을 포함하고 있는 듯하다. 그러나 이러한 변화에도 불구하고 정부의 통일담론은 북한을 대상화하면서 부정하는 논리를 철회하지 않아 반공논리라는 절체절명의 무기로만 무장해 온 한국사회의 역사적 '관성', 즉 정책적 불합리성을 드러내기도 한다.

　전체의 공동체 속에 확산시키는 것이라고 할 때, 자유화 접근법은 우리에게 뜻있는 과제를 제공한다. 여덟째, 체계론적 접근법 기능분석으로 체계론적 접근법을 북한연구에 활용하기 시작한 것은 우리의 경우 1970년대 이후의 일이다. 이는 공산주의체제 연구를 위하여 색출된 접근법은 아니나, 이의 채용이 북한 이해에 크게 기여하리라 기대된다. 강광식, "북한연구 방법론 고찰," 『북한학보』, 19집, 북한연구소, 1995.

이로부터 통일담론의 분열은 새로운 전환의 필요성을 강제하며 이 전환의 논리로 요즈음 대두되는 것이 민족논리이다. '반공'과는 달리 '민족'은 방어적이라기보다는 팽창적 성격을 갖는 통일담론을 생산한다. 여기서 통일담론과 관련해서 중요한 것은 통일이 그 환상을 현실화시킬 수 있는 계기로 자리매김된다는 사실이다. 민족논리의 지배이미지는 무엇보다도 북한의 비참한 현실에 유추되어 구성되며, 따라서 북한은 남한이 갖는 우월성의 원천이자 대중지배의 실현을 위한 장소이기도 하다.

2) 북한학의 성립과 연구방향

그러므로 통일에 관한 각종 연구 및 전략이 정책론적 실효성을 갖추기 위해서는 북한에 관한 충분한 연구가 전제되지 않으면 안 되며, 본격적 북한연구 또한 통일 지향적 의식 없이 성취되기 어려우리라는 입장에 설 때 양자는 서로 긴밀히 연결된다.

이러한 사회심리적 지형이 구축되면서, 최근 북한연구는 '북한학'[5]이라는 독자적 영역이 성립되면서 연구의 양과 질에서 비약적인 발전을 도모하고 있다. 이는 단순히 정책적 차원 또는 정보제공 차원에서 행해졌던 북한연구가 한 단계 발전하여 새로운 '학문분과'로 자리매김되기를 요구받고 있다는 것을 의미한다. 그러면 어떻게 이러한 북한 연구사의 변화와 그 특성을 설명해야 하는가?

북한학은—보수이든 또는 진보이든 간에 노골적인 이데올로기적 기초를 가진 연구와는 달리—사회과학적 이론모델을 적용함으로써 북한사회를 설명하려는 시도를 체계화해야 한다. 그렇게 하기 위해서는 이데올로기

---

[5] 일반적으로 특정지역의 종합적 연구를 area study라 하는데, 북한학의 경우는 넓은 의미에서 분단상황에서 발생한 한국학 범주 내의 지역연구이므로 독립적인 학문대상이라기보다는 통일과정으로서의 북한지역 연구라고 표현하는 것이 정확한 표현일 것이다. 이 책에서는 분단극복 과정에서의 '통일담론'과 '북한연구' 및 '북한학'이라는 용어를 혼용하고 있음을 밝혀 둔다.

적 혼란으로부터 벗어나 대상에 대한 과학적 인식을 추구해야 한다. 그간 북한에 대한 인식은 남한의 정치적 정체성을 구성하는 요소로 기능하였기 때문에, 대상에 대한 '있는 그대로의 이해'는 상당히 제한될 수밖에 없었다. 인식대상인 북한의 이데올로기적 '신화'는 과학으로서의 북한학에 의해 해명될 필요가 대두된 것이다. 더불어 북한의 사회현상——개인숭배, 군중동원 체계, 정치도덕적 자극을 중심으로 하는 경제운용 방식 등——을 사회과학적 개념을 통해 설명하고 이해함으로써 남북관계의 재구성에서 가능한 것과 불가능한 것의 한계를 명확히 하는 정책적 함의가 중시된다. 이러한 의미에서 북한학은 북한사회에 내재한 수많은 일반적 또는 특수한 현상을 체계적으로 묘사함과 동시에 일관된 설명논리를 재생산하게 된다.

북한학에서 주목할 만한 두 가지 흐름은 이론적 모델화를 중시하는 입장과 방법론적 원리에 입각해 경험적 연구를 추동하는 것에 초점을 맞추는 입장으로 대별된다. 이러한 연구는 북한사회를 이론적 모델을 통해 조명하거나 또는 기술적인 체제비교의 성과물을 제시한다는 장점을 갖는다.

먼저 이론적 모델의 대표적인 사례로 브루스 커밍스(Bruce Cumings)의 '조합주의론'과 와다 하루키(和田春樹)의 '유격대 국가론'을 들 수 있다. 커밍스는 북한의 국가와 사회 사이의 관계와 성격에 주목하면서 국가가 사회를 포섭해 내는 '사회주의적 조합주의'로 북한사회를 파악한다.[6] 그는 북한에서 나타나는 가부장적 지도자, 강한 공동체성, 민족우선주의 등을 조합주의적 요소로 간주한다. 북한은 중앙집권주의적 행정에서 확인되는 '위로부터의 하향' 원칙은 스탈린식 사회주의를 모방했음에도 불구하고 한국의 유교문화적 특징인 위계적 질서와 상급자나 연장자에 대한 복종원칙이 결합된 정치체제로 인식된다. 여기서 커밍스는 북한의 국가를 정치적 부성(fatherhood)의 이미지로 구성된 유기체로 상정하는 것이다.[7] 또한 하루키는 국가사회주의

---

[6] Bruce Cumings, "Corporatism in North Korea," *Journal of Korean Studies*, No. 4, 1982-83(김동춘 역, "북한의 조합주의,"『한국현대사연구 I』, 이성과현실사, 1982).

[7] 류길재, "북한체제 변화론의 재고찰," 경남대 극동문제연구소 편,『한국정치·사회의 새 흐름』, 나남, 1993, pp.404-408.

의 기초하에서 북한이 중소분쟁의 틈새에서 주체를 강조하면서 김일성이 유격대 사령관이고 전 주민이 유격대 대원이라는 국가의 형상이 의식적으로 추구되어 80년대에 유격대국가가 완성되었다고 본다.8) 유격대 국가론의 기본적 특징은 가족주의적 국가이해에 있다. 이러한 가족주의는 수령=아버지, 당=어머니, 대중=자식이라는 인식이 바로 그것이다. 이러한 하루키의 견해는 일견 커밍스의 입장과 유사해 보이나 국가와 사회관계의 내재적 순응성에 그가 동의하지 않는다는 점에서 상이하다. 그는 김일성의 항일무장 투쟁을 적극적으로 인정함에도 불구하고, 과장되어 온 북한 역사관의 이데올로기적 성격을 비판하면서 유격대국가의 전체주의적 성격을 분명하게 지적하고 있다.9)

이러한 커밍스와 하루키의 이론적 조망은 일단 사회주의사회 일반을 다루는 논의와 차별적으로 북한사회의 논리를 역사적으로 분석했다는 의의를 갖는다. 그리고 역사의 연속성에 주목하고 대중지배 방식과 국가의 공식이데올로기를 설명하였다는 점, 그리고 냉전이라는 국제질서가 북한 내부에 미친 영향을 정교하게 분석하였다는 점에서 긍정적으로 평가된다. 그러나 이러한 논의는 모두 외인론에 의존한다는 치명적 약점을 안고 있다. 조합주의국가 또는 유격대국가의 형성과 유지에서 외적 조건을 일종의 영향력이 아닌 결정요소로 보는 것은 설득력이 약하다. 세부적으로 국가가 형성되는 조건뿐 아니라 국가의 내용구성과 성격, 그리고 정치정세에 따라 유동하는 각종 국가장치와 기획들이 해명되어야 한다.10)

이외에도 북한을 이론적 모델을 통해 설명하려는 시도는 상당히 많다. 이러한 지향성을 가진 연구들은 북한사회에 사회주의국가, 유기체국가, 전체주의국가 등의 모델을 적용한다. 사회주의 국가론이 주로 현실 사회주의 사회의 전형적 특징을 규명하여 자본주의와 대비되는 체제적 요소에 주목

---

8) 和田春樹, 『歷史としての社會主義』, 岩波書店, 1992, p.271.
9) 위의 책, p.277.
10) 이종석, 『새로 쓴 현대북한의 이해』, 역사비평사, 2000, p.120.

한다면, 유기체 국가론은 한 사회가 갖는 전통적 특징을 분석하여 국가와 사회 사이의 관계유형에 관심을 갖는 것으로서 자유주의 정치문화와 대조되는 특징에 주목한다. 이에 비해 전체주의론은 북한사회주의를 다원주의에 반대되는 전체화된 사회로 규정한다.11) 이러한 연구는 북한사회가 지니고 있는 특징을 도구적 개념을 사용하여 설명한다는 장점을 가지고 있으나, 대부분의 규정이 북한사회에 대한 구체적인 연구를 전제하지 않고 이론적 모델과 사회문화적 현상을 비교·검토하는 수준에서 제시되고 있다는 명백한 한계를 노정한다. 이러한 연구는 1980년대의 소위 '사회구성체 논쟁'에서 남한국가에 대한 다양한 규정, 예를 들어 관료적 권위주의국가, 과대성장국가, 혹은 신식민지 파시즘국가 등으로 규정한 것과 그 맥락을 같이하는 것이라고 볼 수 있다.

다음으로 북한학은 이러한 이론적 조망을 넘어서 자기발전을 도모하기도 한다. 이러한 발전은 주로 방법론적 차원에서 북한사회에 대한 '문화연구'를 태동하였는데, 이것은 기존의 정치체제, 사회제도, 군사정책, 사회보장 계획 등에 한정된 북한연구의 폭과 깊이를 확장하고 심화시킨 것으로 보인다. 첫째, 정치문화론을 일례로 들 수 있다. 정치문화론의 기본가정은 한 사회의 정치적 현상을 이해하고 설명하기 위해서는 정치문화를 이루는 요소—신념, 상징표현, 가치—에 주목해야 한다는 것이다.12) 이 입장은 크게 보면 사람들이 공유한 체험과 신념에 초점을 맞추는 경향과 정치사회를 포함하여 사람들이 현재 가지고 있는 가치와 태도에 주목하는 경향으로 구분해 볼 수 있다.13) 전자의 관심이 전통적 신념체계와 같은 것에 주목한다는 점에서 좀더 해석적인 측면을 중시한다면, 후자의 시각은 현재의 가

---

11) 이종석, "북한체제의 성격규명: 유일체제론의 관점에서," 『현대한국정치론』, 사회비평사, 1996.

12) Ivan Volgyes, *Political Socialization in Eastern Europe: A Comparative Framework*, New York: Praeger Publisher, 1975, pp.28-29.

13) W. T. Bluhm, *Ideologies and Attitudes: Modern Political Culture*, Princeton: Prentice-Hall, Inc., 1994, p.38.

치와 행동유형에 주목한다는 점에서 좀더 경험적인 접근을 강조한다고 볼 수 있으나, 양자 모두의 핵심적인 관심은 정치체제의 유지와 존속을 위하여 무엇이 필요한가라는 문제에 초점을 맞추는 것이다. 따라서 정치문화론은 한 사회가 가지고 있는 전통과 문화가 정치적 지지를 유발하는 것과 어떤 관련을 맺고 있는가에 관심을 갖는다고 할 수 있다.14)

북한사회에 정치문화론적 관점을 적용한 연구는 주로 전통적 요소인 유교가 정치문화에 어떠한 영향을 미쳤는가에 대한 검토, 그리고 현재의 정치과정에서 정치사회화가 어떠한 방식으로 이루어지고 있는가에 대한 검토에 초점이 맞추어진다. 이와 관련해서 유교와 북한 정치문화의 관련성을 검토한다든지 북한에서 이루어지는 정치사회화의 제도적 기제와 그 효과를 검토하는 연구를 들 수 있다. 전자의 관심은 1980년대 말부터 북한에서 전면화되기 시작한 전통적 요소에 대한 강조, 그리고 정치문화와 정치현상을 연관시키는 작업15)이고, 후자는 북한에서 이루어지는 정치사회화의 과정과 내용, 그리고 정치사회화와 대중동원의 관련성을 해명하고 있다.16)

이러한 연구는 현재와 전통 사이의 관련성을 해명하고 북한사회의 특성을 조명하는 의의를 가지고 있지만, 전통 정치문화를 단순히 가부장주의로 단순화하는 위험성도 아울러 지니고 있다. 나아가 전통과 현재 사이의 연속성을 설정하는 것은 방법론적으로도 문제점을 가지고 있는 것으로 보인다.17) 현재에서 특정한 과거의 요소를 발견할 수 있다고 하더라도 그 요소

---

14) Ibid., pp.39-40.
15) 최재현, "북한 사회이념 속의 전통적 요소 김일성저작집을 중심으로," 『동아연구』, 제14집, 1988.
16) 김경웅, 『북한 정치사회화론』, 박영사, 1995.
17) 이러한 분석에서 전통 정치문화는 현재의 관점에서 이해되고 있다는 것에 유의할 필요가 있으며 전통정치가 절대왕권, 가부장주의라는 특징을 가지고 있다는 점을 전제한다. 문제가 되는 것은 전통정치에 대한 단순화된 이미지이다. 전통정치에 대한 상이한 시각으로는 다음을 참조. 김왕수, 『한민족 정치전통과 남북한 체제 동질화 방안연구』, 통일원 학술용역 보고서, 1993.

가 어떠한 맥락에 놓이는가에 따라 그 의미는 상이하다. 왜냐하면 분명히 북한사회에서 전통적 요소가 발견되지만 그 의미는 새롭게 규정되어 과거와 달라지기 때문이다. 정치문화론적 접근은 정치현상을 새로운 각도에서 이해할 수 있는 자원을 제공함에도 불구하고, 가치나 의미가 가지는 사회관계의 현재적 기초를 고려하지 않고 전통을 실체화하는 방법론적 한계를 드러낸다고 할 수 있다.

둘째, 정치문화론과 기본적으로 맥(脈)을 같이하지만 비교분석을 보다 강조하는 방법론적 모색이 있다. 남북한 사회에 대한 비교론적 관점은 이론의 정립과 분석설계를 위한 방법으로서 정치학 분야에서 광범위하게 이용되고 있는 '비교정치 연구'의 전통에서 비롯된 것이다.[18] 이러한 비교연구는 그 폭을 확대하면 대단히 넓게 펼쳐진다고 생각된다. 예를 들어 다른 사회주의국가와 북한을 비교하거나 다른 신흥공업국과 남한을 비교하는 연구는 상당수에 이른다. 하지만 남한과 북한을 직접 비교하는 연구는 상대적으로 극히 드문 것이 사실이다. 이것 또한 남북한의 동일성과 차이를 보이는 요소들을 지적하는 데 그칠 뿐, 비교의 방법과 남북의 문화현상을 체계적으로 연결하는 데 성공하였다고 보기는 아직 이른 감이 있다.

이런 식의 비교연구는 남북한 정치문화를 역사적으로 서술하면서 대조적인 정치체계 내에서 작동하는 공통된 문화적 요소들—위계성과 복종의 심리, 투표동원의 정치, 참여지향의 증가, 위기시의 저항분출 등—을 추출하는 것으로 완성된다.[19] 그렇지만 이러한 요소들이 남북한에서 공통적인 것인지 또는 아닌지는 논란의 여지가 있으며, 설사 그러한 요소들의 동일성과 차이를 거론하는 것 자체는 그리 중요하지 않고, 심지어 정치문화란 하나의 은유로서 다양한 집단의 이해성향을 가리는 것일 수도 있다. 문화적 요소의 동일성과 차이의 문제는 기본적으로 추상수준과 관점의 문제이

---

[18] 김웅진·박찬욱·신윤환 편역, 『비교정치론 강의 I: 비교정치분석의 분석논리와 패러다임』, 한울, 1992.

[19] Young Whan Kihl, *Politics and Policies in Divided Korea: Regimes in Contest*, Westview Press, 1984.

며, 다만 핵심적인 것은 그러한 요소들이 어떤 맥락에 따라 서로 결합되어 동일성과 차이로 드러나는가 하는 구체적인 양상에 대한 분석이다. 따라서 비교정치 연구는 확연하게 방법론적 엄밀함을 유지하고 있음에도 불구하고, 주로 국민국가를 분석단위로 하면서 각종 주제를 비교·연구하는 방법론적 관심에 국한하기 때문에, 어떻게 분석할 것인가를 말하는 것일 뿐, 무엇을 다룰 것인가에 대해서는 침묵하고 있는 셈이다. 문화란 정치문화론에서 설정하는 무정형의 관념, 즉 정치 또는 경제의 범주로부터 배제된 삶의 양식이 아니며, 역동적인 일상생활의 과정에서 지속적으로 새롭게 구성되고 재해석되는 사회적 환경이다.

이렇듯 남북한 비교연구에 어려움을 가중시키는 것은 일정한 맥락 속에 동일성과 차이가 복잡하게 얽혀 있기 때문이다. 북한학의 발전과정에서 정치문화론과 비교정치 연구는 그 방법론적 기여에 따라 탈이데올로기적 연구로 제시될 수도 있다. 하지만 연구결과는 극단적인 대비를 이룬다. 남과 북은 유사한 측면에서 주목되기도 하고 상이한 측면에서 주목되기도 한다. 비교연구의 결과가 보여주듯이 남북한 비교연구에서는 대상을 바라보는 관점의 문제가 무엇보다도 중요한 것이다. 이는 북한이라는 대상을 바라보는 관점뿐만 아니라 자신에 대한 이해, 즉 남한사회에 대한 선(先)이해를 요구한다.

그렇다면 남북한 비교연구를 중추로 하는 북한학은 그 주목할 만한 발전에도 불구하고 아직 초기국면에 놓여 있다고 할 수 있다. 지식이 자체논리의 확장에 따라 발전한다는 비사회학적 관점을 접어 두면, 북한학이라는 '학문분과'가 가로지르는 사회적 이해관계를 해부할 필요가 있다. 북한학은 전체적으로 앎의 영역 내에 북한사회를 위치시키고 특정한 이미지를 창출해 내는 담론이라고 할 수 있다. 이제 북한은 감성의 영역에서 이성의 영역으로 이전되면서 남한의 '타자'로 규정되므로 남한과 대비되면서 상이한 이미지를 부여받는다. 한편으로 북한은 이해할 수 없는 대상이기도 하고 남한에 존재하는 요소의 부재에 의해 특징지어지는 대상이기도 한 것이다. 북한에 대한 상이한 이미지는 '공포'와 '결여'라는 두 가지 이미지로 압축될 수 있다. 여기서 공포의 이미지는 북한의 개혁 필요성을 상징하고, 결여의 이미지는 남한의 개입 필요성을 상징한다. 북한은 개혁이 필요하지만 발전 가능성을 가진 미개척지로 재현된다. 바꾸어 말하면 남한은 북한의 미래에 개입할 '인도적 근거'를 갖는다. 북한학은 이 근거를 생산해 내는 담론으로서 '내적 식민지화 전략'에 따른 주도권 확보를 위한 지식을 생산하는 것이다. 북한학은 분명 과거에 비해 진일보한 학문적 측면을 보여주지만, 여전히 대상에 대한 지배라는 이데올로기적 함정에 강박될 소지가 있으면서 다양한 방법론이 제기되고 있다.

이러한 문제의식 아래 필자는 북한연구의 시각과 관련된 문제를 검토해 보고자 한다. 연구시각은 다양한 뜻을 내포하고 있지만, 여기서는 주로 전통적인 전체주의적 접근법과 아래로부터의 현상적 접근시각을 제시하고자 한다.[20]

'위로부터의 시각'이란 주로 공식관계와 이데올로기 분석을 주요 초점으로 삼는 연구를 지칭한다. '아래로부터의 시각'이란 정책의 의도뿐만 아니라 집행의 과정을, 그리고 이데올로기보다는 사회현실을 분석의 초점으로 삼는 시각을 일컫는다. 특히 '위로부터의 시각'은 기존의 대부분의 북한연구가 채택하고 있는 것으로, 전통적인 전체주의론과 더불어 전체주의를 비판하는 대부분의 연구도 마찬가지로 여기에 해당한다.

3) 전체주의적 이념접근에 대한 이중적 한계

그 동안 북한연구에서 가장 일반적인 틀은 '전체주의적 접근법'이라고 할 수 있다. 사실 전체주의론의 문제점은 다수의 논문에서 빈번하게 지적[21]되고 있다. 하지만 비판적 언급에도 불구하고 접근법 차원에서 이러한

---

20) 상반된 평가를 내리는 상이한 접근을 하나의 범주에 포함시킨 것은 다음과 같은 이유에서다. 즉 전체주의적 접근에 대한 비판은 이 접근법의 핵심적인 기본가정을 얼마만큼 서술과정에서 극복하고 있는지가 판단의 기준이 되어야 한다. 이런 점에서 대다수의 연구는 전체주의적 접근법의 기본가정을 극복하지 못하고 있다.
21) 전체주의론에 대한 정형화된 비판은 ① 개념의 모호성, ② 냉전적 규범의 함축

문제들을 극복하고 있는 연구는 별로 눈에 띄지 않는다. 왜냐하면 전체주의를 비판하는 논의 역시 전체주의적 접근법의 문제틀을 그대로 반복하고 있기 때문이다.22)

그러면 전체주의적 연구의 틀이란 무엇인가? 전체주의적 접근법을 표방하든 않든 다음과 같은 두 가지 이론적 가정을 한다. 첫째는 당·국가가 사회를 규정한다는 것이고, 둘째는 이데올로기가 사회현실을 규정한다는 것이다.

먼저 당·국가를 유일한 역사적 행위자로 간주하는 가정을 검토해 보자. 이와 같은 가정에서 사회란 전체주의국가에 의해 형성되고 통제되는 움직임 없는 대상에 불과하다. 동시에 이러한 설명틀에서는 국가기구 내부의 모순과 갈등이 존재하지 않는다. 국가기구는 '전일적'으로 통합된 단위인 것이다. 이른바 신정체제, 유일적 영도체계, 유일체제 등 다양한 기존의 설명방식은 북한체제에 대해 상이한 평가를 내리고 있지만, 방법론적으로 동일한 전제에 입각해 있음을 알 수 있다. 즉 이론적 가정에서 북한의 공식 문헌과 같고, 다만 그 결론에 대한 평가만 다를 뿐이다. 기존 연구들은 북한체제가 전체화·유일화되어 있다고 비판하는 것이고, 북한당국은 유일적 영도체계가 관철되기 때문에 전체사회가 통일·단결되어 있다고 보고 있는 것이다.

하지만 북한사회를 분석할 때 통제의 정도를 과대 평가해서는 안 된다. 통제가 관철되지 않는 사회 내의 행위영역이 광범위하게 존재한다는 뜻이다. 다시 말해 "단 하나의 틈새도 없는 바위와 같은 통합체"를 의미하는 유일체제(monolithic system)란 개념은 하나의 이데올로기적 표현이며 공식화된

성, 유사현상(일당독재나 폭력적 경찰제도 등)간의 상이성(제3세계의 독재체제나 권위주의 정치체제, 그리고 사회주의체제) 분석의 한계, 정태성으로 인한 변화분석의 한계 등으로 요약할 수 있다.
22) 이 점과 관련해서 박형중은 많은 경우 논문 서문에서 연구방법론을 논할 때는 전체주의론을 비판하나, 실제 연구에서는 전체주의적 방법을 구사하고 있다고 적절하게 논평한 바 있다. 박형중, "북한사회 연구방법론," 1995년 후기사회학대회(12. 17).

관계만을 지칭하는 것23)이라고 볼 수 있다. 결국 기존의 북한 연구자들 다수가 정권 자체의 선전적 주장을 실제로 오해하고 있는 것이다. 현실과 그것의 반영으로서의 이데올로기를 구분하지 못한 결과이다.

그러면 공식화된 위계관계 그 자체를 현실과 동일시하는 오류는 왜 발생하는가? 그것은 다양한 조직 내의 비공식관계에 주목하지 않았기 때문이다. 이와 관련해서 유일조직론적 사회(mono-organizational society)란 개념을 이해할 필요가 있다. 전체사회가 유일조직으로 구성되어 있는 이 사회에서 모든 사회적 행위가 단일명령의 방향에서 위계에 의해 이루어지는 것은 부정할 수 없다. 하지만 릭비가 강조하고 있는 것은 이러한 사회의 특성이 발생시키는 은폐된 정치(crypto-politics)의 존재이다. 은폐된 정치란 전문화된 정치제도를 통해 공개적으로 드러나는 것이 아니고, 위계적 조직 내에서 각 행위자들이 자신의 이익을 관철시키기 위해 갈등을 은밀하게 처리하는 수단이나 방편을 의미한다.24) 즉 공식적으로 위계화된 구조 속에서 조직 내적 갈등이 존재하고 이러한 갈등의 처리과정에서 다양한 정치현상이 발생하고 있음에 주목할 필요가 있다.

예를 들어 북한의 정치과정을 보자. 중앙당의 결정이 유일명령으로 하달되지만, 중간 및 하부단위에서 집행되는 과정은 혼란과 무질서, 자의적인 재해석 등이 나타나고 있음을 알 수 있다. 중앙당의 의지와 하급 당단체의 집행은 반드시 일치하지 않는다. 전체주의 문제틀은 이런 점에서 집행과정의 문제에 주목하지 않는다. 법이나 결정 혹은 지시 등 지도부의 의지를 현실로 착각하는 것이다.

계획경제의 과정을 살펴보면 더욱 명확해진다. 법으로 규정된 계획지표들이 상부(국가계획위원회 등)에서 결정되어 하부에 시달된다. 하지만 이 과

---

23) 릭비(Rigby)는 "유일사회(monolithic society)란 개념은 스탈린의 선전 담당자들이 만들어 낸 것"이라고 지적한다. T. H. Rigby, *The Changing Soviet System: Mono-Organisational Socialism from its Origins to Gorbachev's Restructuring*, Vermont: Edward Elgar Pub. Com., 1990, pp.6-7.

24) *Ibid.*, pp.88-89.

정에서 다양한 정보왜곡과 행위자들의 이기주의적 행태들이 나타난다. 북한에서 본위주의라고 비판되는 부분이다. 공장단위에서는 자재나 노동력을 될 수 있으면 많이 확보하고자 하는 반면, 생산과제는 될 수 있으면 적게 배당받고자 노력한다. 공식적으로 계획은 유일명령이지만 실제 집행과정에서는 왜곡되고 조정되는 것이다.

이런 점에서 필자는 정책형성에서 하부단위들의 허위보고, 다양한 비공식적 연줄망(network)의 존재, 성과달성을 위한 인격적 관계의 활용 등 공식조직과 공존하는 혹은 공식조직 내의 비공식적인 관계양식이 더욱 현실에 가깝다고 생각한다.

한마디로 정리하면 전체주의적 문제틀은 전체주의를 국가주의와 동의어로 해석함으로써 연구주제 역시 '중앙집권화된 국가통제 체계'에 집중하고, 이를 통해 사회성격을 규정하고자 한다. 따라서 이러한 논의는 이들 사회에서 통제의 정도를 과대 평가하는 오류가 내재되어 있음을 알 수 있다.[25]

4) 이데올로기의 비현실성

다음으로 전체주의적 접근틀은 이데올로기를 사회의 추진력으로 보고 이데올로기 분석을 중시하고 있다. 그 결과 전체주의적 접근틀은 그들이 그리는 사회보다 훨씬 더 이데올로기적이다. 이런 점에서 대부분의 북한연구는 스스로 부정하지만, 사실 기존의 전체주의적 분석틀을 무의식적으로 받아들이고 있다. 왜냐하면 북한의 이데올로기──주체사상, 혁명적 수령관, 사회정치적 생명체론 등──를 통해 사회현실을 해석하려고 하기 때문이다.

이데올로기 중심적 접근의 핵심적 가정은 다음과 같이 요약할 수 있다. 즉 "주체사상이라는 이데올로기적 접근방법만이 북한사회를 총체적인 면에서 적실성 있게 연구할 수 있는 방법"이라는 것이다.[26] 즉 주체사상만

---

25) Henry Reichman, "Considering Stalinism," *Theory and Society*, Vol. 17, No. 1(Jan. 1988), p.61.

알면 북한을 이해할 수 있다는 주장이다. 북한의 정치체제를 분석하면서 흔히 등장하는 수령·당·대중의 통일체도 마찬가지이다.27) 이러한 논의는 대부분 이데올로기와 사회현실을 구분하지 못하고 있다. 실제로 북한에서 수령과 대중이 당을 통해 하나의 통일체라는 것을 경험적으로 증명하기보다는 이데올로기로 제시되는 북한의 공식주장을 현실로 받아들이고 있다. 이들의 문제는 공식담론의 이데올로기성이나 이데올로기의 사후적 성격에 주목하지 않는다는 점이다. 이들은 북한당국의 서술을 그대로 받아들이거나 주체사상의 논리체계를 현실을 판단하는 기준으로 삼는다. 하지만 이데올로기의 변화는 현실의 변화를 반영할 뿐, 현실 그 자체는 아니다.

마찬가지로 이데올로기체계가 어떻게 변했는지를 분석하는 것으로, 사회체제의 변화를 설명하려는 시도는 어리석은 일이다. '혁명적 수령관'이나 '사회정치적 생명체론' 같은 이데올로기가 체계화되는 시점과 그 이데올로기가 반영하고자 하는 사회적 관계 변화의 시점은 일치하지 않는다. 그것은 단지 이데올로기의 체계화 시점만을 말해 줄 뿐이다. 따라서 이데올로기 그 자체에 대한 분석보다는 그러한 이데올로기 체계의 변화를 가능케 한 사회경제적 변화가 연구의 대상이 되어야 한다.

이 점을 이해하지 못하면 다양한 오해가 발생할 수 있다. 이데올로기의 변화로 사회체제의 성격을 규정하고자 하는 시도가 그것이다. 예를 들어 스즈키 마사유키는 사회정치적 생명체론 같은 이데올로기체계의 변화에 주목하면서 이를 "사회주의의 외피를 벗어 던지고 유교적 전통 그 자체가 표면화된 것"28)으로 보고 있다. 하지만 이는 이데올로기 서술변화를 과대평가한 것이다.

---

26) 김남식 외, 『해방전후사의 인식 5』, 한길사, 1989, p.13.
27) 김광용은 수령제의 가장 중요한 특징의 하나로 바로 이와 같은 수령·당·대중의 일심동체를 들고 있다. "북한 수령제 정치체제의 구조와 특성에 관한 연구," 한양대학교 박사학위논문, 1975, p.13.
28) 유영구 옮김, 『북조선사회주의의 전통과 공명』(동경: 동경대출판사, 1992), 『김정일과 수령제 사회주의』, 중앙일보사, 1994, p.180.

유교적 전통 그 자체보다는 왜 북한에서 특정시점에 유교적 전통이 지도부에 의해 호명되었으며, 이러한 호명의 기능과 효과는 무엇인지에 대한 설명이 더 중요하게 서술되어야 할 것이다. 즉 문화 자체의 지속성은 그것을 지속시키는 제도론적 구조와의 관계 속에서 설명될 때 분석적 의미를 지닐 수 있다.29) 문화의 지속성과 단절성은 문화 그 자체만으로 설명할 수 없기 때문이다.

또한 북한의 개인숭배 현상을 개인 지도자의 심성 등으로 설명하려는 시도 역시 마찬가지이다. 여기서 우리가 주목해야 할 점은 현실사회주의 체계 그 자체와 개인숭배 같은 사회 문화적 현상간의 인과성이다. 이런 점에서 사회주의의 고전적 체계는 자기 정당화로 말해질 수 있는 명백한 가부장적 성격(paternalistic nature)을 갖는다30)는 지적은 참고할 필요가 있다. 북한과 같은 고전적 체제에서 최고지도자의 역할이 강조되는 것은 이들 사회의 체계 내적인 특성 때문이다. 또한 최고지도자의 가부장적 역할은 중앙집권화와 권력의 관료적 조직을 유지하기 위한 주요한 이데올로기적 정당화의 하나라고 할 수 있다.

이러한 설명은 북한의 혁명적 대가족론이나 사회정치적 생명체론 같은 가부장적 담론을 유교적 전통과의 공명 등으로 해석하기보다는 고전적 체계의 작동 그 자체에서 유추한다는 점에서 의미가 있다. 충성이나 복종, 헌신 같은 규범의 창출과정도 사실 북한만의 '독특한' 현상이라기보다는 정도의 차이는 있겠지만, 개혁 이전의 사회주의체계에서 나타나는 공통적 현

---

29) 신전통주의적 접근(neo-traditional approach)을 강조하는 왈더(Andrew G. Walder) 등의 논의에 주목할 필요가 있다. 그는 중국의 공장 내에서 나타나는 가부장적 권위관계를 중국의 전통적 문화로 설명하는 논의들을 비판하고 공장 내의 제도적 권위관계 속에서 설명해야 한다고 주장한다. Andrew G. Wadder, *Communist Neo-Traditionalism: Work and Authority in Chinese Industry*(Berkeley/Los Angeles/London: Univ. of California Press, 1986).

30) Janosnos Kornai, *The Socialist System: The Political Economy of Communism* (Princeton: Princeton Univ. Press, 1992), pp.56-60.

상이라고 볼 수 있다.

한마디로 전체주의적 접근틀은 사회적 과정보다는 국가의 메커니즘에 관심을 집중하고 있으며, 이데올로기적 지향의 의도하지 않은 사회적 결과보다는 단순히 이데올로기적 의도만을 주목하고 있다. 이러한 관점은 사회 내의 역동성을 무시함으로써 사회적 무대에서 엘리트를 고립시키고 정치적 지도부의 결정이 사회적 압력이나 영향으로부터 자유롭다고 인식하는 맹점이 내포되어 있다.31)

이데올로기적 과잉집착으로 나타나는 위로부터의 시각은 공식화된 관계만을 주목함으로써 사회적 역동성에 주목하지 않아 비현실성을 남겼다. 사회현실과 유리된 북한연구가 분석과 예측능력을 상실함은 물론이며 방법의 제한이 분석의 오류를 가져오는 이중적 한계에 빠짐을 간과해서는 안 된다.32)

2. 새로운 북한연구 방법론의 모색

북한학의 새로운 발전상에서 장애가 될 이데올로기적 함정은 대략 세 가지로 분류·고찰할 수 있으리라고 본다. 첫째 함정은 분단체제를 전제하는 관념적 연구로부터 유래한다. 남북한 사회를 자본주의와 사회주의체제의 대립으로 설명, 특히 북한이라는 대상을 보는 연구자의 시선을 성찰하지 않고서는 최소한의 객관성도 유지할 수 없을 것이다.

둘째는 실증적인 자료분석에 근거하지 않고 이론적 모델에 집착하는 연구자의 태도로부터 발생한다. 북한학은 대부분 정치학의 이론적 모델을 적

---

31) Jerry F. Hough, "The Cultural Revolution and Western Understanding of the Soviet System," Shelia Fitzpatrick (eds), *Cultural Revolution in Russia 1928-1931*(Bloomington: Indiana Univ. Press, 1984), pp.244-246.
32) 이와 같은 분석의 한계가 북한연구만의 문제는 아니다. 사회주의 연구의 일반적 한계의 하위형태라고 볼 수 있다.

용하여 사회현상을 설명하려고 한다. 하지만 연역적으로 설정된 이론틀을 전제하면서 경험적 작업을 진행시키는 경우는 물론, 북한의 특수성에 주목하려는 연구 역시 구체적인 수준에서 진행되지 않는 경향이 있다. 이를테면 정치문화론적 연구는 전통적인 정치문화와 현재의 사회현상을 암시적으로 유추하는 데 머물며, 좀더 구체적인 연구는 정치학의 행태주의 방법을 따르면서 정치행위의 특성을 결정하는 환경적 측면을 지적하는 데 만족한다. 이러한 상황은 우선적으로 북한학이 부진했던 데 따르는 문제지만, 현실에 기반한 이론적 성찰이 미진한 것도 커다란 원인으로 작용한다고 할 수 있다.

셋째는 분석방법으로부터 확인될 수 있다. 북한학의 많은 성과물들은 불가피한 조건 때문에 대부분 텍스트 분석에 의존한다.[33] 따라서 북한학의 성과는 텍스트를 다루는 문제와 관련이 있다고 해도 과언이 아니다. 사실상 1980년대를 지나 90년대에 만개한 내재적 방법이나 역사적 방법, 그리고 비교정치적 방법은 북한의 텍스트를 일정한 논리와 역사적 맥락에 결부시킨 점에서 유의미성을 찾을 수 있지만, 그럼에도 불구하고 이러한 방법은 자료를 분석하는 방법이라기보다는 텍스트의 함의를 이데올로기적으로 자리매김하는 방법과 관계가 있다. 따라서 이러한 텍스트 분석은 사회현실을 분석하는 데 매우 제한적일 수밖에 없다. 텍스트 분석이 이데올로기 비판을 넘어 사회현실의 이해로 심층화되기 위해서는 텍스트의 수용과정에 대한 분석이 필요한 것이다.

북한학의 발전과정에서 함정은 여러 가지 복합적인 이유를 가지고 있겠지만, 남북문제가 학문적 대상이 아닌 체제대립에 직접적으로 영향을 받아온 데 일차적 원인이 있는 것으로 보인다. 따라서 새로운 문제설정을 가능하게 하기 위해서는 탈이데올로기적 또는 탈분단적 지평하에서 최대한 비판적이고 성찰적인 태도를 취할 필요가 있다고 본다. 이제 북한학은 기존

---

[33] 최근에는 텍스트 외적인 자료에 의존하는 연구도 일정 정도 활성화되고 있는 것도 사실이다. 대표적으로 문학작품이나 탈북자 면접에 기반한 연구성과가 바로 그것이다. 북한학에서 다양한 자료의 활용은 기본적으로 자료의 한계를 보완하는 의미가 있다.

북한연구의 이데올로기적 성격을 드러냄으로써 남북한 문화통합을 위한 새로운 관점을 제공하고 통일담론을 재구성하는 데 기여해야 할 것이다.

1) 탈전체주의적 이념접근의 필요성

기존의 북한연구에서 아래로부터의 시각은 주목을 받지 못했다. 그 이유는 '위로부터의 시각', 즉 전체주의적 문제틀이 지배적인 접근방법이었고, '아래로부터의 시각'을 증명할 실증적 자료가 극히 제한되어 있었기 때문이다. 예를 들어 중앙당의 '유일명령'을 왜곡·조정·무시하는 지방당의 '현실정치'를 논증할 수 있는 자료는 거의 접할 수 없었다.

그래서 기존연구는 주로 공식자료에 의존해서 북한의 정치체제가 다른 사회주의국가들과는 달리 '유일'적이라 주장해 왔다. 하지만 이는 현실과 다르다. 공식문헌에서 드러나지 않는 다양한 비공식관계가 북한에도 존재한다. 다만 다른 사회주의국가들의 경우 현지 사례연구나 지방당 차원의 비밀문서, 그리고 인터뷰 등을 통해 다양한 중간 및 하부단위의 움직임을 포착할 수 있었지만 북한은 그렇지 못했다.

이러한 자료제약의 한계에도 불구하고 탈전체주의적인 '아래로부터의 시각'을 강조하고자 한다. 여기서 '아래로부터의 시각'이란 기존의 사회주의 연구에서 흔히 등장하는 시민사회론[34])과 동일하지 않다. 이 탈이데올로기적인 '아래로부터의 시각'이란 1930년대 스탈린체제에 대한 사회사 이론가들의 논의를 지칭한다.

사회사 이론가는 전체주의라는 전통적 접근법의 수정이라는 의미에서 수정주의 학자라고 불리기도 한다. 이들은 스탈린적 체제를 볼셰비키 강령이나 위로부터의 계획적 산물로 보지 않는다. 그보다는 급속한 산업화 시

---

34) 시민사회론은 공적 영역과 사적 영역을 구분하고 사적 영역의 확산이 갖는 사회적 의미에 주목한다. 하지만 이러한 이분법적 구분은 1930년대 스탈린체제나 북한체제처럼 공적 영역으로부터 상대적으로 자율성을 가진 사적 영역이 제한되어 있는 체제에서는 설득력이 떨어진다.

기인 1929~33년에 발생한 사회적 대혼란과 위기과정의 복잡한 결과라고 본다.35) 대표적인 수정주의 학자인 피츠패트릭(Sheila Fitzpatrick)의 분류36)에 따라 수정주의 학자들의 설명 유형을 세 가지로 구분해 살펴보면 다음과 같다. 첫째는 정책의도와 집행간의 불일치에 주목하는 논의이고, 둘째는 정책형성의 사회적 맥락을 강조하는 논의이다. 그리고 셋째는 '위로부터의 혁명' 개념과 대칭되는 '아래로부터의 혁명'을 강조하는 논의이다.

첫번째 설명유형부터 살펴보면 정책의도와 집행간의 불일치에 주목하는 논의이다. 이들의 주장에 따르면 정책이란 정책지도부가 의도하는 방식으로 정확히 집행되지 않는다. 즉 많은 경우 정책은 즉흥성, 우연성, 계획과 통제의 실패 등으로 나타난다. 대표적인 연구로는 1930년대 소련의 당내 숙청과 지방당의 반응을 다룬 게티(Arch Getty)의 연구를 들 수 있다 이 논문에서 그는 중앙 차원의 당내 갈등이 지방당 차원에서는 어떻게 반영되고 있는지를 분석하고 있는데, 지방당 기구에 대한 중앙당의 허약한 통제와 당원명부 관리의 허술함을 지적하고 있다. 이러한 접근은 위로부터의 접근과 부분적으로 양립 가능하다.

두번째 설명유형은 정책의 사회적 맥락(대중의 불만, 압력, 지지, 반응)이 당 지도부의 행위를 형성·제약·수정하는 측면에 주목하는 논의이다. 급속한 산업화의 부산물로서 사회이동을 중심주제로 삼고 있는 피츠패트릭은 국가에 의한 강제적 성격과 사회이동의 상호관계에 주목하고 있다.37)

또한 혁명 이후 숙청으로 인한 특권계급의 하향 사회이동이 나타나기도 하지만, 일반적 사회이동 경향은 상향성의 특징을 나타낸다. 이러한 사회이동은 불가피하게 계급내부의 전통적 연대를 붕괴시키고 계급의식과 사회

---

35) Stephen F. Cohen, *Rethinking the Soviet Experience: Politics and History Since 1917*(New York: Oxford Univ. Press, 1985).
36) Sheila Fitzpatrick, "New Perspectives on Stalinism," *The Russian Review*, Vol. 45(1986).
37) *Ibid.*, pp.363-365. 강행적 산업화는 비자발적 사회이동, 즉 지주 등 '계급의 적'들에 대한 강제이주 등으로 나타났는데, 예를 들어 농촌 출신자들의 공장유입에 따른 억압적 노동법의 필요성 같은 것이다.

적 조직능력을 약화시킨다.

　북한연구에서 수정주의 학자들의 설명유형을 적용할 때 문제는 자료이다. 사실 소련연구에서 '아래로부터의 시각'이 가능했던 것은 이를 증명할 자료가 있었기 때문이다. 바로 '스몰렌스크 문서'(Smolensk Archive)[38]라고 불리는 자료이다. 하지만 북한의 경우 하부단위의 비공식 문건은 아직 발견되지 않고 있다.

　따라서 주요한 정치적 계기를 하부단위의 역동성에서 찾는 설명 유형은 북한의 경우 적용이 불가능하다. 따라서 불가피하게 제외될 수밖에 없다. 그러나 정책의 의도와 집행의 불일치, 그리고 정책형성의 사회적 맥락 등은 제한적인 자료지만 논증이 가능하다.

　이렇게 볼 때 전체주의적 접근법, 즉 위로부터의 시각이 갖는 한계는 명백하다. 물론 필자가 지도부의 정책의도나 이데올로기적 지향을 무시하는 것은 아니다. 단지 집행 현실이 검증되지 않는다면, 그것은 현실과 무관한 것으로 생각한다는 것이다. 따라서 북한연구가 좀더 구체성을 갖기 위해서는 '위로부터의 시각'이 '아래로부터의 시각'에 의해 검증되고 비교될 필요가 있다.

　따라서 필자는 북한연구가 공식화된 선전적 주장보다 비공식적으로 실재하는 현실을 더욱 중시해야 한다고 생각한다. 법이나 당의 방침 같은 지도부의 의도보다는 이러한 의도가 실제로 집행되는 과정을 더욱 주목해야 한다는 뜻이다. 이러한 문제의식은 정치와 경제 혹은 이데올로기와 사회현실의 관계에 대한 기존의 전통적인 논의와는 구분이 된다.

　한마디로 공식적으로 표현되는 '정치적 안정'보다 '은폐된' 비공식적 갈등이 더 중요하고, 정당화된 이데올로기보다 역동적인 사회현실이 분석의 우선대상이 되어야 한다.

---

[38] 스몰렌스크 문서는 1917년부터 39년까지 소련의 서부지역 당조직 기록이다. 이 문서는 1941년 독일군의 소련침공 때 노획한 것이다. 이 문서는 이후 1945년 미군에 의해 미국으로 옮겨졌다. 이 문서 때문에 사회사 이론가가 등장할 수 있었다고 보아도 틀린 말은 아니다.

2) 담화체계의 특징과 분석

북한학의 발전이 더딘 것은 다른 어느 분야보다도 자료의 한계라는 장벽이 높은 분야이기 때문이다. 북한연구에 필요한 자료는 매우 제한적이며 특히 과거 사회 내부의 다른 의견을 가지고 있던 세력의 문헌은 거의 구하기가 힘들다. 연구자들이 북한문헌을 분석할 때 유의해야 할 것은 북한문헌들이 공간(公刊)문헌과 내부용 문헌으로 나누어져 있다는 사실이다. 북한문헌은 많은 부분에서 이중구조를 보이고 있다. 공간문헌과 구별되는 이 내부용 문헌은 주로 권력투쟁, 숙청, 후계문제 같은 예민한 정치적 사안을 다루고 있어 당연히 내용상 큰 차이를 보이게 된다.39)

북한문헌에서 이중구조 현상이 가장 두드러진 분야는 북한 정치과정의 핵인 조선로동당 중앙위원회의 회의관련 문헌이나 김일성의 연설 등이다. <로동신문>을 통해서 대외적으로 공표해도 무방한 회의결정 내용은 발표하지만 권력변동이나 숙청에 관련된 회의 결정사항과 토론내용, 김일성 연설 등은 일체 공개하지 않고 있다. 따라서 숙청이나 김정일 후계자 등장 같은 권력구조상의 변동이 있게 되면 <로동신문>은 고도의 은유적 표현을 통해서 이러한 사실 등을 암시하는데 이것을 알아내기란 쉽지 않다. 결국 북한 문헌구조의 이중구조 현상은 단순히 한두 가지 공식문헌에 의존하는 평면적인 접근보다는 교차분석 등 다양한 자료를 종합적으로 활용하는 입체적 접근이 무엇보다도 필요하게 한다.

특히 북한의 공식문헌은 몇 가지 점에서 매우 독특한 담화구조를 보이고 있다. 내부용 문헌의 경우 대부분의 표현이 직설적이지만 북한문헌의 대부분을 차지하는 공간문헌의 담화에는 종종 고도의 은유성과 이중성, 시기별 서술의 변화 등이 내재되어 있어 특별한 주의가 요청된다. 북한담화의 이중성이란 문헌에서 나타나는 주장이나 표현이 현실을 반영하는 경우

---

39) 이종석, 앞의책, p.37.

가 대부분이나 때로는 현실과 반대되는 양상을 표상하는 경우가 있음을 일컫는 말이다. 즉 담화의 의미가 액면 그대로의 현실을 보여주기도 하지만 현실의 반대현상을 오히려 현실인 양 내세우는 경우도 있다는 것이다.

실제로 북한의 김일성체제는 대중을 설득해 체제에 복종하게 하는 것을 가장 핵심적인 당사업으로 추진해 왔으며 언어적 설득을 통한 정당화 작업에 주력해 온 것이 사실이다. 즉 김일성이 강제와 폭력을 사용하지 않은 것은 아니지만 선전, 선동, 정치교화 등 담화를 통한 심리적 대중설득에 성공함으로써 김일성의 '유일적 령도체제'의 대중적 동의기반을 구축할 수 있었던 것이다.

김일성은 집권 초기부터 대중동원과 관련해서 언어가 갖는 중요성에 주목하여 혁명과 대중동원이라는 목적에 부합되게 언어정책을 발전시켜 왔다. 북한의 언어관은 마르크스·레닌주의 언어철학의 기본원리인 선전선동과 대중교화의 전제 위에서 발전되어 왔다. 북한의 언어원칙은 언어의 본질을 사상교환의 수단만이 아니라 '혁명과 건설의 힘있는 무기'로 규정함으로써 언어의 혁명성을 강조하고 있다. 이와 관련해서 김일성은 "우리는 언제나 인민을 위하여 혁명을 위하여 말을 하고 글을 써야 한다는 것을 잊어서는 안 된다"고 강조하고 있다.[40]

이러한 원칙에 근거하여 김일성이 '창조적'으로 밝혔다는 '주체의 언어리론'에 따르면, 언어는 무엇보다도 사람들의 사상의식에 적극적으로 작용함으로써 사람들을 혁명적 세계관으로 무장시키고 사람들의 혁명적 각오를 높여 주며 공산주의 교양을 강화하는 데 이바지함으로써 혁명의식을 고취시키고 사상의식을 높이는 가장 중요한 수단으로 간주한다.

이러한 언어원칙에 따라 북한의 모든 "말과 글은 사회주의, 공산주의 건설에서 대중들에게 목적의식성을 부여하여 그들의 높은 혁명적 열의와 적극성을 불러일으키는 주요한 수단"으로 "당의 정책을 근로자들에게 해설·

---

[40] 사회과학원 언어학연구소, 『위대한 수령 김일성 동지의 주체적 언어사상』, 평양: 사회과학출판사, 1976, p.37.

선전하며 온 사회를 수령의 혁명사상으로 일색화"하기 위한 목적에서 벗어날 수 없다. 그리고 이러한 목적에 입각하여 구사되고 있는 김일성의 말과 글은 주민들에게 하나의 교시로서 지침으로 절대화되어 주민들을 사상적으로 지배하고 있다.

체제형성과 유지의 과정은 지배의 정당성을 둘러싼 지배계급과 피지배계급 상호간의 심리적 동의를 매개로 하고 있는 것으로, 북한 정치체제의 형성과 유지에 접근하기 위해서는 그 내적 동의구축을 위한 지배권력의 설득전략을 보다 체계적으로 규명하는 작업이 필요하다. 이러한 작업은 김일성의 담화분석을 통해 보다 효과적으로 규명될 수 있을 것이다. 김일성의 담화분석[41]은 기존 북한연구에서 최대문제로 거론돼 오던 연구자료 부족의 문제를 극복할 수 있는 하나의 방안이라는 데서 중요한 의의를 지닐 수 있다.

3) 탈이데올로기적·현실적 관점의 조망

이와 관련해서 우선 통일을 바라보는 관점이 변화되어야 한다. 반공주의적 입장이나 규범적이고 낭만적인 민족주의적 입장으로부터 벗어나 탈이데올로기적이고 현실적인 관점에서 통일을 사고해야 한다. 통일이라는 역사적 계기는 분단이 강제한 사회적 발전 가능성의 왜곡을 시정하는 것이어야 하기 때문에, 한국사회에서 미래의 일이 아니다. 통일은 하나의 사건이 아니라 근본적으로 불확정한 미래에 대응하기 위하여 현실을 변혁하는 일련의 연속적 과정이다. 그러므로 통일은 자신의 운명을 자신의 힘으로 통제할 수 없어 고통받고 있는 현재를 규명하고, 이로부터 벗어날 문화적 역량을 준비하는 계기여야 한다. 우리가 가지고 있는 문화통합의 전제, 즉 남한의 흡수통일 또는 북한의 적화통일이 아니면 통합이란 어떤 형태이며, 어떤 방법론을 통해 이루어 낼 수 있을지를 탐색해야 한다는 것이다.

---

41) 이를 중심으로 한 연구는 전미영, "김일성의 담화분석을 통해 본 북한체제의 정당화전략," 한국학대학원 박사학위논문, 2000을 참조

현재 남한에서 일고 있는 문화통합의 논리를 살펴보면 주로 분단 이전에 존재한 전통문화를 강조하면서 낙관론을 펼치든지 아니면 단절로 인한 이질성을 강조하면서 비관론을 펼친다. 그러나 두 입장 모두 동일한 결론에 도달하는데 그것은 '동질성의 확대'라든지 '이질성의 극복'이라는 문구로 축약된다.42) 사실상 매우 관념적으로 이질성을 제거하자는 식의 주장만 반복할 뿐이다. 여기서 동질성이란 오천년 역사라든지 한 핏줄이라는 등의 상징이나 가족주의적 문화원리를 이야기하는데, 실제로 이러한 단편적인 문화적 공통점이 있다고 해서 문화통합이 용이한 것은 결코 아니다. 오히려 이러한 동질성·이질성 논의는 추상적이고 단편적이어서 그 동안의 이질화 현상을 있는 그대로 받아들이는 데 방해가 될 뿐이다. 특히 전통문화의 변질된 부분을 없애고 그 원형을 그대로 보존하면 된다거나 깨어진 문화질서를 복구하면 된다는 식의 단순하고 정태적인 관점은 역동적이고 다면적인 문화통합의 동태성을 파악하는 데 적절치 않다. 왜냐하면 문화란 역동적인 삶의 과정에서 끊임없이 새롭게 구성되고 다시 쓰여진 사회적 텍스트이기 때문이다. 이와는 반대로 통일을 이루어 내려면 실제 합의를 도출해 낼 수 있는 상호성의 의사소통 체계를 구축하려는 '차이의 정치학'43)을 발전시킬 필요가

---

42) 지금까지 남한에서 통일논의는 대부분 '이질화의 극복'과 '동질성의 확대'라는 단일한 형상을 가지며, 분단의 결과는 단일한 민족 정체성을 파괴하고 이질화를 심화시킨 것으로 표상된다. 고로 통일은 동질성을 확대해 가는 과정의 정점에 위치한다. 하지만 동질성의 확대는 자신의 체제에 준거한 관념으로서 타자성에 대한 억압을 함축한다. 이러한 대비구도는 공히 이데올로기적 이분법으로서 상대를 배제하기 위한 권위주의적 담론을 담고 있다. 이러한 담론은 '우리'와 '적'이라는 이분법적 대립에 의해 내부적으로 동일화된 주체를 형성하고, 외부적으로 타자에 대한 철저한 배제를 근본요인으로 삼고 있다. 다시 말해 남북한은 서로 상이한 사회체제를 유지하고 있음에도 불구하고 대중에 대한 정치적 지배의 실현을 위해서 동일한 담론구성을 수행하고 있다는 것이다.

43) 이러한 '차이의 정치학'과 관련된 원론적 논의—정신분석적으로 재해석된—는 다음을 참조. 이만우, "민주주의적 정치의 정신역동적 조건들: 위니코트(Winnicott)의 심리발달 이론과 그 비판을 중심으로," 『정신문화연구』, 제21권 제3호(통권 72

있는바, 이것은 기본적으로 갈등을 회피하기보다는 그 갈등을 풀어 나가는 정치적 능력을 요구하며 다문화주의(multi-culturalism)를 전제로 한다.

다음으로 북한학은 정치, 경제, 군사 등을 중심으로 하는 제도적 차원을 넘어서 일상적 삶의 영역을 포괄하고 그 영역이 새로운 담론구성의 진원지가 되게끔 한다. 현재 이루어진 북한학은 주로 기존의 통일논의를 확대 수정한 통일방안으로부터 시작하여 그 동안 금기시돼 왔던 북한의 사회구성 원리에 이르렀는데, 이제 통일을 현재적 과정으로 바라보면서 현실적으로 통일을 이루어 가는 주체의 형성, 즉 남북한 모두를 망라한 새로운 민주시민사회를 구성해 가는 실천적 차원으로 발전해 가야 한다. 더 이상 북한학은 시류에 따라 흐르는 유행이 되어서는 안 되며 전문화를 위해서 기존의 편향적 관점과 틀에 박힌 연구체제나 방법론에서 탈피해야 한다. 특히 이분법적 대립구도로 상대방을 파악하는 관성을 버려야 하며 연구주제 또한 다양화할 필요가 있다. 통일을 위한 남북의 문화적 실천은 이러한 이분법적 가치체계를 상대화하는 것이고, 그것은 지금까지 정치에서 소외돼 왔던 대중의 담론구성 능력이 제고됨으로써 가능하리라고 본다.

실제로 바람직한 북한학은 북한사회에 대한 이해와 더불어 반드시 남한사회에 대한 새로운 이해를 수반해야 하고, 대중 속에서 통일공간을 확장할 수 있는 새로운 통일담론의 재구성을 위한 실천을 고민해야 한다. 따라서 그것은 통일에 관한 어떤 새로운 주제를 생산하는 데 그치는 것이 아니라 통일과 연관된 억압적 지식체계를 근원적으로 해체·재구성하는 것이다. 말하자면 통일을 위한 담론적 실천은 분단이라는 외적 규정성을 단순히 해체하는 것으로는 실행될 수 없으며, 우리의 삶의 각 부분에 스며들어 있는 분단논리를 해체하고 통일논리로 이끌어 가야 할 것이다. 그러한 의미에서라도 현재 진행중인 남북화해 및 교류시대에 남북의 학술분야 교류가 변두리로 밀려날 것이 아니라 중심에 서서 실제로 탈이데올로기적인 통일문화 창건의 향도에 기여해야 한다.

호), 1998.

제2장 북한연구의 시기별 접근

1. 제1기: 1940~50년대

이 시기에는 시사문제를 반영하는 통일논의와 공산주의 및 국제적 통일방안에 국한된 통일논의가 주된 것이었다. 남북분단 직후 우리에게 통일은 외세에 의해 타율적으로 확정된 분계선을 철폐하는 단순한 의미를 지닌 것이었다. 통일논의 역시 그처럼 부당하게 강요된 비정상을 정상으로 회복시키는 민족적 과제라는 당위론 이외에 별다른 이견이 있을 수 없었다. 그러던 것이 1948년에 접어들면서부터 남북한에 각기 별개의 정부가 수립될 기미가 보이게 됨에 따라 통일논의는 복잡한 양상을 띠게 되었다. 그것은 한마디로 외세에 의해 이미 초래된 분단이 민족내부의 정치적 분열로 굳어지게 될지도 모른다는 의구심의 발로이기도 하였다. 일간지 이외의 간행물을 통하여 통일논의가 전개되기 시작한 것도 바로 이 무렵부터였다.

1948~49년간에 간행물에 나타난 통일논의는 거의 예외없이 당시의 시사문제를 반영한다. 단정수립이나 남북협상이 민족통일 전도에 미치는 영향에 논의의 초점을 맞추고 있다. 논자의 분포 역시 언론인(최석채, 김장규)과 정치인(이윤영, 안재홍, 엄항섭, 이승만, 신익희 등) 위주며, 따라서 논의의 성격도 연구논문이라기보다는 시론 내지 제언적 성격을 나타내고 있는 것이 특징이다.

이 시기 통일논의의 공통적 성향은 남북한 두 체제의 양립이라는 엄연한 현실을 쉽사리 인정하지 않고 통일의 실현이라는 이상에 집착하는 양상을 나타냈다는 점이다. 김구를 위시한 단정수립 반대자는 물론, 냉전의 기미를 미리 포착하고 단정·단선의 정치적 도박을 감행했던 이승만 등 현실주의자들의 경우도 이 점에 있어서는 마찬가지였다.

민족의식의 동질성을 믿는 낙관적 인식태도는 그후 6·25동란을 계기로 근본적으로 바뀌게 되었다. 3년간의 전쟁을 통해 우리는 공산주의 이데올로기가 민족사회에 얼마나 무서운 변화를 가져왔는가를 체험으로 알게 되었다. 공산주의자도 같은 민족성원으로서 민족애의 공감을 가지고 있을 것이라는 막연한 환상적 기대는 완전히 버리게 되었다. 요컨대 6·25동란은 우리에게 통일문제에 대한 새로운 인식을 갖게 하는 계기가 되었다.

이러한 사정이 통일논의에 그대로 반영되었음은 두말할 나위도 없다. 1950년대 말에 이르기까지 통일 비관론이 주류를 이루게 된 것이다. 이러한 사정은 정부의 반공정책을 강화하는 배경이 되었고, 그것은 다시 자유로운 통일논의의 일반적 확산을 극도로 제약하는 정치적 요인이 되었다.[1)]

반공정책의 엄격한 제약 속에서 진행된 1950년대의 통일연구는 대체로 다음 두 가지 측면에 국한되었다. 그 하나는 공산주의의 본질 및 적화전략에 초점을 둔 북한 및 공산권 연구이며, 다른 하나는 국제연합 감시하의 총선거 방식에 의한 통일방안에 초점을 둔 국제기구 및 국제관계에 관한 연구이다. 북한 및 공산권 연구는 이 시기의 정책적 제약상 개인에 의한 연구보다는 주로 정부가 직접 또는 간접으로 지원하는 연구기관에 의해서 이루어질 수 있었다. 연구기관이라고 해야 민간 연구기관으로서 고대 아세아문제연구소(1957년 6월에 설립)가 유일하였고, 정부 연구시설로서는 국무원 사무처 공보국 조사과와 국회도서관 해외자료과가 있었을 뿐이었다. 고대 아세아문제연구소가 이 방면에서 자료수집 및 학술적 연구의 기반형성에 선구적 역할을 담당하였음은 주지의 사실이고, 공보국 조사과는 월간 『정보』지를 발행하여 주로 공산권 동향자료와 해설을 게재함으로써 계몽적 역할을 담당하였으며, 국회도서관 해외자료과는 공산권문제에 관한 해설업무를 수행하였다.

---

1) 강광식, "분단50년, 통일문제 연구현황의 평가와 그 방향"을 참조할 것.

통일문제를 주제로 한 연구물은 주로 『국회보』, 『정보』, 『신태양』 등의 월간지에 게재된 시론이 대종을 이루었는데, 논자 내지 연구자의 분포를 보면, 정일형의 국제연합 관계시론(6건)을 비롯하여 조병옥(2건), 조봉암(2건), 주요한(2건), 이동원(2건), 변영태 등이 눈에 띈다. 1950년대의 통일연구 중에서 특기할 만한 것으로는 신태양사가 편집한 『한국통일론의 근거』(1958)와 국제학술원이 특집으로 『국제평론』(1959. 3)에 게재한 '통일문제에 관한 종합적 성찰'이 있다.[2)]

1950~60년대 냉전시대 북한연구에서는 1차자료의 제한이 연구를 어렵게 만든 면도 있지만, 남북한간의 직접적인 이데올로기 대결도 무시할 수 없으며 그로 인해 지난날의 연구환경이 북한의 특수성과 부정적 측면을 지나치게 강조하는 성향이 짙었음도 간과할 수 없다. 이러한 1차자료의 부족과 방법론상의 제한이 북한에 대한 연구수준을 이론화단계까지 이르지 못하게 하고 주로 서술적으로 나열하는 연구를 양산하게 하였다.

2. 제2기: 1960년대

1) 1960년대의 학문적 성장

6·25를 겪은 제1공화국 시대에 금기의 대상이었던 통일논의는 제2공화국 시대에 최대한 허용되었던 시민적 자유에 힘입어 7·29총선을 계기로 정

---

2) 이 특집에서 다루고 있는 논제와 필자를 소개하면 다음과 같다. "국제정치상으로 본 한국의 통일문제"(이동원), "제네바회의의 통일방안의 정체"(변영태), "무력통일은 어떻게 실패했나: 한국휴전의 교훈"(터어너, J. C.), "외교통일은 어떻게 실패했나: 제네바회의의 사정"(존스, F. C.), "통일문제와 민족심리"(장병림), "통일의 원리와 한국문제"(민병태), "정당과 대외정책: 통일정책의 기본자세를 위하여"(김성희), "우리 당의 주장: 국토통일방안<민주당>"(윤보선), "우리 당의 주장: 통일론<통일당>"(박영종), "국제여론으로 본 한국통일"(김광섭).

부, 정당, 사회단체, 언론, 학원 등 여러 부문에서 폭넓고 활발하게 전개되었다. 특히 이러한 상황에 편승한 북한의 '남북연방제' 등 공세적인 통일방안의 제기, 맨스필드(M. Mansfield) 미국 상원의원의 오스트리아 중립화 모델의 한반도 적용 가능성의 제시, 대한민국 단독초청으로 일관했던 국제연합에서 북한대표 조건부 초청안의 통과 등은 통일논의를 더욱 가열시키는 요인이 되기도 하였다. 이에 따라 통일문제에서 논의될 수 있는 기본적인 문제점과 그 해결모형들이 이 통일논의에서 거의 모두 제기되었다.

이 시기에 나타난 이 분야에 관한 대부분의 문헌은 당국에 의한 통일관의 천명 및 그와 궤를 같이하는 시론, 정보 분석류와 반공 홍보자료, 기타 월남·귀순인사들에 의한 북한의 내막 폭로가 주된 내용이었다. 따라서 이 시기의 통일 및 북한연구가 순수한 학문적 차원에서 이루어지기는 어려운 일이었고, 이에 대다수 학자들은 스스로를 이들 연구분야로부터 소외시킴으로써 상황으로부터의 도피를 꾀했다. 따라서 통일론은 저널리즘의 시론적 수준, 북한연구는 이른바 '북한 전문가'로 통칭되는 월남 내지 귀순인사들의 정보분석, 정책해설 수준에 머물렀고, 이러한 상황은 전문 사회과학도들의 이 분야에 대한 문제의식을 둔화시키기에 족했다.

1960년대 후반 이후 통일 및 북한연구는 보다 유리한 현황적 여건 밑에서 학문적 성장을 경험하게 된다. 학문적 차원에서 볼 때 60년대 후반 내지 70년대 초까지의 통일 및 북한연구의 선구적 역할은 고대 아연(亞研)이 담당하였다.3)

1960년대 후반에 간행된 공산권총서 중 대표작으로는 양호민 교수의 『북한의 이데올로기와 정치(I)』를 들 수 있다. 이외에 아연 공산권총서의 또 다른 성과는 김준엽, 김창순 공저인 『한국공산주의운동사』이다.4) 이외

---

3) 亞硏은 1966년 6월 '아시아에서의 공산주의'라는 제하의 국제세미나를 개최, 비교정치학적 맥락에서 공산주의에 대한 학문적 접근을 시도함으로써 학계의 관심을 모았다. 무엇보다 亞硏의 업적은 그 전문학술지인 『아세아연구』를 통하여 수준 높은 통일 및 북한관계 논문을 계속 발표하였다는 데 있다.
4) 현재까지 전 4권이 발간된 이 저서는 그 첫 권을 1967년 8월에 펴냈다. 1권으로

에도 아연은 김준엽, 김창순, 이일선, 박관옥 공편의 『북한연구자료집』을 발간, 해방 이후부터의 정치·경제·외교·사회 등에 대한 기본문건을 집성하였다. 차낙훈, 김경모 공편의 『북한사회개혁집』 제1집이 발간된 것도 1969년 말의 일이다. 1969년 고려대학교에서 북한문제를 다룬 최초의 박사학위 논문으로 이문영 교수의 "북한 행정권력의 질적 요인에 관한 연구"가 나와 본격적인 북한연구 성과가 나오기 시작했다.

1960년대 후반에 통일 및 북한연구에 기여한 색다른 성과의 하나는 공산권문제연구소가 1968년 6월에 발간한 『북한총람』(1945~1968)이다. 북한의 정치·경제·사회·문화 등 다양한 분야를 체계적으로 기술한 이 책은 북한에 관심있는 많은 초학도들에게 북한에 관한 기본적 오리엔테이션을 제공할 수 있었을 뿐 아니라 많은 전문가들의 참고용 기본서로 두루 활용되었다. 이 총람의 가장 큰 기여는 북한연구를 '밀실'로부터 '광장'으로 방출시켰다는 것이다.

2) 국가적 관심의 부각

통일 및 북한연구와 관련된 또 하나의 획기적인 사실은 1969년 3월 1일을 기해 국토통일원이 부처 수준으로 발족된 일이다. 69년에는 미국특사의 중국방문을 계기로 미중관계가 개선되고 북방 3국(소·중·북)관계의 틀에 틈이 생겨 한반도 주변정세에 큰 변화가 일기 시작했다.

한편 통일문제를 직접 주제로 다룬 연구물은 특히 5·16 이후 극히 제약된 통일논의 사정을 반영해 활발하게 제기되지는 못하였다. 그러나 1960년대를 통틀어 보면 이 분야에 관한 체계적 연구물이 없었던 것은 아니다. 대표적인 예로 박동운의 『통일문제 연구』(내외문제연구소, 1960), 국제신보사 논설위원들이 펴낸 『중립주의 이론』(국제신보사, 1961), 외무부에서 펴낸 『한

부터 1974년 12월에 발간된 4권에 이르기까지 여기서 다루고 있는 내용은 한인 공산주의운동의 기원으로부터 1930년 간도 5·30사건이 있기까지 역사적 전개과정이다. 방대할 뿐더러 역사자료의 체계화라는 점에서 높게 평가될 만하다.

국통일문제, 1943~1960』(1961), 정일형의『통일문제 유엔경유 문집』(국제연합 한국협회, 1961), 국회도서관에서 펴낸『한국통일에 관한 대한민국과 북괴 유엔의 방안 비교』(1964), 외무부 외교연구원에서 펴낸『통일문제』(1966), 그리고 백형걸의『양단된 국가의 통일문제』(대한공론사, 1968) 등이 있다.

끝으로 1960년대에 통일문제의 연구 및 그 정책적 추진에 획기적 이정표가 마련된 것을 빼놓을 수 없을 것이다. 그것은 1967년에 국회에 국토통일연구특별위원회가 임시로 발족해 통일문제에 대한 공청회를 열고 그 결과를『통일백서』로 발행한 사실이며, 이를 계기로 1969년 3월 1일 국토통일원이 정부부처 수준으로 발족된 사실이다. 통일원은 그후 각종 세미나, 학술용역 등을 통하여, 그리고 전문 연구지인『국토통일』과 그 뒤를 이은『통일정책』지를 통하여 이 분야에 관한 학문적 내지 정책분석적 관심과 자극을 주입하는 데 크게 기여하게 되었다. 이렇듯 1960년대 후반의 비교적 성숙한 분위기는 70년대의 통일 및 북한연구의 개화기를 맞기 위한 요람의 구실을 했다 할 것이다.

3. 제3기: 1970년대

1) 8·15선언과 현실적 대응

개별적인 연구를 제외하면, 체계적인 북한연구는 1970년대 이후 이루어지기 시작했다. 1970년대 초 국제적 데탕트 분위기와 이 과정에서 야기된 대미공약에 대한 회의는 북한을 현실적 파트너로 인정할 수밖에 없는 객관적 정세에 압력으로 작용했다. 그리고 국제질서의 변동에 의한 남북관계의 변화는 71년 남북적십자회담에 이어 72년 7·4남북공동성명에서 정점에 이른다. 이 시기에 즈음하여 북한연구도 제한적이지만 활성화되기 시작했다. 1970년대 발표된 북한에 대한 연구논문은 상당수에 이르지만, 그것은 주로 체제의 정당성을 홍보하는 차원에 머물러 있거나 학문적 성격을 갖는다고 해도 강한 반공이데올로기의 제약에 묶여 있었다.

북한연구가 본격적으로 시작된 시기는 정부의 공산권 연구 지원사업과 궤를 같이했는데, 반공을 국시로 하던 정부는 공산권 및 북한 연구기관을 각 대학과 언론사의 부설연구소로 장려해 1970년대 들어 동국대 <안보연구소>, 외국어대 <소련 및 동구문제연구소>, 강원대 <통일문제연구소>, 연세대 <동서문제연구소>, 경남대 <극동문제연구소>, 중앙일보 <동서문제연구소>, 한국일보 <통일문제연구소> 등 16개 연구소가 개설되었다. 정부는 정책적으로 '자유아카데미'라는 특수교육원을 개설하고 박사급 수준의 연구원을 육성해 대학에서 공산주의 이데올로기 비판교육과 북한사회 비판교육을 담당케 했다. 특히 1971년 북한연구소를 개설하고 그 다음해에 월간지 『북한』을 창간해 관변연구의 중심을 형성했던 사실은 주목할 일이다.

당시 연구물의 내용적 분포를 살펴보면 정치이데올로기적 문제가 주류를 이루고 있다. 이를 분석단위별로 구체화하면, 통일관계가 240편, 분쟁과 분쟁해소가 157편, 그리고 분단을 다룬 논문이 63편으로 전체의 12.7%를 차지한다. 전체적으로 정치적 내용을 다룬 남북대립과 국제관계가 64.7%를 점해 대다수를 이루고 있는 실정이었다.5)

1970년대에 접어들어 한반도를 둘러싼 국제체제가 크게 바뀌었다. 1950년대 이래의 냉전체제가 무너지고 새로이 데탕트체제가 성립되었다. 이러한 국제체제의 변화는 한반도에 즉각적인 파급효과를 가져왔고 남북한관계에 중대한 변화를 가져오게 되었다. 이에 따라 통일논의도 활발하게 전개되게 되었다. 그리고 이러한 활성화된 통일논의를 배경으로 통일 및 북한문제에 대한 연구물도 각종 간행물을 통하여 활발하게 발표되었다.

'시대의 아들'로서 통일 및 북한연구는 1970년 8·15선언을 계기로 크게 발흥한다. 적어도 이 선언은 북한을 우리의 현실적 대응조로 의식하지 않을 수 없다는 문제의식을 환기시켰고, 이에 남북한 내지 통일문제에 관한

---

5) 양성철 엮음, 『남북통일 이론의 새로운 전개』, 경남대 극동문제연구소, 1989, p.189.

논의와 관심이 학술적 차원과 정책분석적 차원에서 똑같이 고조되었다.

1970년에 초에 극동문제연구소에서 『국제문제』를, 북한연구소에서 『북한』지를 창간하게 됨에 따라 통일 및 북한 연구물이 매월 다수 게재되었다. 그리고 남북대화 개시 이후에는 전국의 주요 대학에 '통일문제연구소'라는 명칭을 가진 연구기관이 속속 설립되어 주로 국토통일원의 '학술용역' 형식에 의한 연구물이 다수 쏟아져 나오게 되었다. 또한 이와 때를 같이하여 전국의 주요 언론기관에서도 통일문제나 북한관계를 전문적으로 다루는 부설 연구기관을 두게 됨에 따라 이를 통하여 자료집을 비롯한 연구물이 다수 발간되었다.

1970년 8월 고대 아세아문제연구소는 '한국통일문제 국제학술회의'를 개최하여 남북한의 체계 재통합 내지 통일문제와 연관된 30편의 논문을 거둬들였다. 통일문제에 관한 국제관계론적 조망이 주된 맥을 이루고 있으나, 남북한체계의 비교를 꾀한 박동서, 변형윤, 한배호 등의 논문은 북한연구의 학문적 체계화를 위하여 좋은 수확이었다.6)

남북회담을 전후하여 유수한 언론기관에서는 남북한관계에 관한 효율적인 기사취재와 해설을 위하여 통일 내지 남북관계를 전담하는 부서 혹은 부설 연구기관을 두게 되었다. 대표적인 예로 동아일보사의 '안보통일문제조사연구소'는 그간 『안보통일문제 기본자료집』(1971), 『안보통일문제 기본자료집 별권 북한편』(1972)과 『속북한』(1974)이 나왔고, 1973년에 출간된 『동서독과 남북관계』는 뛰어난 수작이었으며 북한학 관련 연구자들에게 귀중

---

6) 亞研은 1970년대에 진입한 이후에도 공산권총서 출판작업을 계속했는데, 대표적인 것으로 『북한공산화과정연구』(양호민, 박동운, 김남식, 김창순, 오기완)와 『북한정치체계연구』(양호민, 한배호, 김남식, 최광석, 박동운), 『북한경제구조』(서남원, 김윤환, 박병호, 유완식) 및 『북한법률체계연구』(김운용, 최운곤, 강구진) 등이 있다. 또한 亞研의 사회조사 연구총서 중 1집은 『변화하는 남북한사회』를 다루고 있는데 그 중 "북한 공업화과정에 있어서의 사회적 수반현상"(이복수)은 평가될 만한 노작이다. 『아세아연구』의 관심영역은 1973년 12월호를 예로 들면 "북한의 언어정책"(김민수)까지 관심의 폭을 넓히고 있다.

한 자료를 제공하게 되었다.
 이와 같은 활발한 연구경향은 전국 각 대학의 학위논문 연구동향에도 그대로 반영되어 나타났다. 1970년대 이전 이 분야에 관한 학위논문이 통틀어 42편에 지나지 않던 것이 1970년대에는 무려 189편(석사논문 178편, 박사논문 11편)에 달하고 있다. 이러한 경향은 새로운 연구세대의 대두를 의미하는 것으로 특히 주목될 필요가 있다.

2) 이론적 접근과 평화공존론

 전문적 연구기관 및 신진 연구자군의 대두에 못지 않게 연구내용 역시 학술성 및 다양성의 양면에서 괄목할 정도로 활성화되었다. 주류를 이룬 몇 가지 경향만을 간추려 보기로 한다.[7]
 첫째, 1970년대 이후의 통일연구에서 가장 각광을 받은 것은 통일문제에 대한 이론적 접근으로, 그 대표적인 예는 국제정치학의 통합이론(theory of integration)에서 발전한 기능주의이론에서 찾을 수 있다. 기능주의 통합이론이란 정치적 접근방법에 의해 평화나 통일을 성취하는 방법에서 벗어나 비정치적인 영역, 즉 경제적·사회적·기술적·인도적 분야에서의 국제적 활동을 강조함으로써 평화유지 내지 통일성취의 새로운 방향을 찾는 데 초점을 두는 것이다.
 둘째, 1970년대 통일연구에서 또 하나의 중요한 흐름을 이룬 것은 남북한의 잠정적인 평화공존론이다. 이것은 앞에서 본 단계적 통일 접근론과 연결되는 것으로, 우선 남북한관계를 평화공존 관계로 전환시켜 한반도에 평화를 정착시킨 다음 그 바탕 위에서 궁극적인 통일을 모색하자는 주장을 골자로 한다.
 셋째, 1970년대의 통일연구에서 주류를 형성한 또 하나의 부분은 이른바 남북한간의 교류·협력론이다. 이 교류·협력론 역시 앞에서 살펴본 기능

---

7) 김학준, "1970년대의 통일논의," 『대학신문』, 서울대학교, 1978. 5. 28 참조

주의적 통합이론과 연결되는 것으로 그 이론적 배경에는 수렴론도 한몫을 차지한다. 여기서 말하는 '교류'는 남북한간에 물적·인적, 기타 모든 형태의 커뮤니케이션을 의미하며, '협력'은 그와 같은 교류가 공동기관 구성을 통해 이루어지는 것을 의미한다. 이와 같은 교류와 협력의 실현은 남북한 간 평화공존 체제의 구체적 표현이며, 남북한간의 공공이익을 증진시킴으로써 민족적 발전을 촉진시키는 계기가 된다고 보는 것이다.

1975~76년에 집중적으로 다루어진 민족사적 정통성문제에 대한 논의[8])에서 보면 정통성 개념은 문화적 전통성, 국가의 법통성, 정치적 내지 사회체제상의 정당성 등으로 집약할 수 있다.[9]) 그리고 이 정통성문제에 대한 논의는 당초부터 비교·평가를 전제로 한 연구관심에서 비롯된 것이긴 하지만, 어쨌든 이후의 북한연구나 통일이념 연구의 중요한 분석기준이 되었다고 할 수 있다.

체제 정당성문제에 초점을 둔 연구관심이 통일연구와의 관련에서 구체적으로 진척되어 나타나게 된 것은 대체로 1970년대 하반기 이후의 일이라

---

8) 대표적인 예로 『통일정책』지에 게재된 다음의 논문을 들 수 있을 것이다. 최창규, "민족사적 정통성 연구방법론," 『통일정책』, 1권 2호(1975. 6); 이성근, "한국의 평화통일과 정통성개념," 『통일정책』, 1권 2호(1975. 6); 이병도, "민족사적으로 본 우리의 정통성," 『통일정책』, 1권 3호(1975. 10); 이병린, "민족사적 정통성이론 체계화," 『통일정책』, 2권 1호(1976. 4); 전광용·백철·홍연숙, "민족사적 정통성연구: 민족문화 통일의 가능성 탐색," 『통일정책』, 2권 2호(1976. 7).

9) 첫째, 문화적 정통성에 초점을 둔 연구관심은 이후의 연구동향에서 주로 북한체제의 이질화현상을 규명하고 비판하는 데 원용되었다고 할 수 있다. 둘째, 국가의 법통성문제는 대한제국 또는 상해임시정부의 법통을 어느 편이 계승하고 있느냐, 또는 국제연합 총회의 결의로 한반도 유일 합법정부로서 국제법상 정통성을 인정받은 사실의 강조에 수용되었다. 그러나 이러한 관점은 그 자체가 지니고 있는 형식논리적 내지 현실 합리화적인 한계성으로 인해 이후의 통일연구에서 별로 확산될 수 없었다. 셋째, 정치적 내지 사회체제상의 정당성에 초점을 둔 연구관심이다. 결론부터 말하면, 이 관점은 이후의 통일연구에 가장 큰 영향을 주게 되었고, 특히 통일이념 연구에 크게 기여하게 되었다고 할 수 있다.

고 할 수 있다. 이 무렵부터 '통일조국의 미래상'을 모색하는 방향으로 연구가 전개되었기 때문이다. 1979년 10월에 국토통일원 주관으로 개최된 학술세미나가 그 효시라 할 수 있을 것이다. 이 세미나에서는 분단 이후의 사회경제적 변화에 대한 진단을 바탕으로 정치·경제·사회·문화에 걸친 통일한국의 사회상이 모색되었다.[10]

이러한 연구방향은 통일연구상의 큰 진척이라고 할 수 있다. 그것은 통일문제에 관한 연구가 단순히 현존하는 체제의 정당성을 합리화하는 데 머무르지 않고, 현실체제의 개선을 전제로 한 통일의 이정표에 관심을 갖도록 하는 미래 지향성을 갖게 마련이기 때문이다.

그러나 이러한 연구관심 역시 환경적 여건변화의 산물이라는 제약을 크게 벗어날 수는 없었다.[11] 그러나 이와 같은 제약에도 불구하고 1980년대에 접어들어서는 현존 체제의 개선방향을 모색하는 지표로 통일사회상에 접근하는 연구관심이 대두하게 되었다.[12] 그리고 이러한 관심의 연장선상에서 '통일문화 창조'라는 개념이 학계 일각에서 제기되었던 것이다.[13]

---

10) 이 학술세미나의 내용은 평화통일연구소가 간행한 『통일정책』, 4권 4호(1979. 12) 및 국토통일원 정책기획실에서 펴낸 『통일한국의 미래상 정립에 대한 연구』(1979)에 수록되어 있다. 주제발표자는 다음과 같다. 정치분야: 김철수, 경제분야: 변형윤, 사회분야: 김윤환, 문화분야: 구상.

11) 여기에서 말하는 긍정적 의미에서의 환경적 여건변화란 세 차례에 걸친 경제개발 5개년계획의 성공적 수행으로 대표되는 근대화작업의 성과와, 그것을 배경으로 점차 보편화되게 된 대북한 체제우월성에의 정책적 인식을 말한다. 그리고 부정적 의미의 환경적 제약이란 통일사회상을 모색하는 연구관심이 어디까지나 현존체제를 명분화하는 연장선상에서 전개될 수밖에 없었다는 한계성을 말한다.

12) 대표적인 예로 다음의 것을 들 수 있을 것이다. 강광식, "통일문제와 사회개혁," 『현대사회』(현대사회연구소, 1981. 7); "통일에의 비젼과 우리의 사회건설 방향," 『통일논집』(국토통일원, 1981. 12); 황성모, "통일인식론의 설립을 위하여," 『통일논집』(1981. 12); "조국통일의 이념"(한국정신문화연구원 일반연찬 주제논문, 1983. 4).

13) '통일문화 창조'의 의의와 내용체계에 대해서는 한국정신문화연구원에서 간행한

4. 제4기: 1980~90년대

1) 탈냉전과 통일환경의 변화

1980년대에 일어난 사회주의국가의 변혁과 체제붕괴는 90년대 접어들어 냉전체제의 종식을 가져왔으며, 그 여파는 마침내 한반도의 냉전종식과 분단해소를 촉진하는 거대한 압력으로 발전하게 되었다. 남한의 경우 문민정부 출범에 이은 과감한 체제개혁의 압력으로 나타나게 되었으며, 북한의 경우에는 체제정비와 대외개방 준비작업의 압력으로 작용해 헌법개정, 합영법의 채택, 사상교양사업과 검열사업의 강화 등으로 나타나게 되었다. 그리고 이러한 정세하에서 1990년 9월에는 남북고위급회담이 개최되었고, 91년에는 남북한 유엔 동시가입이 실현되었으며, 동년 12월에는 남북한관계의 기본방향을 정립하는 이른바 "남북기본합의서"(1991. 12)와 "부속합의서"(1992. 9)가 조인되었다.

1980년대는 유신체제의 돌연한 붕괴 이후 이른바 '서울의 봄'으로 일컬어지는 짧은 과도기를 거쳐 신군부 권위주의정권이 등장하게 됨에 따라 체제논쟁이 실천운동의 성격을 띠고 활발하게 전개되기 시작하였거니와, 이러한 체제논쟁의 일환으로 종래와 이데올로기적 지평을 달리하는 새로운 통일론이 이른바 '민중통일론'의 형식으로 제기되었던 것이다.

민중통일론은 크게 나누어 문익환·백기완 등의 재야 원로인사들의 통일론과, '자민투'와 '민민투'로 대별되는 학생운동권의 통일론, 그리고 한국

『통일문화 창조를 위한 연구』(1985) 참조 "통일문화 창조를 위한 연구의 의의"(강광식); "분단시대의 역사인식과 통일문화 창조"(이홍구); 남북한 사회변화와 통일문화 창조"(황성모); "한반도의 국제적 위상과 통일문화 창조"(김달중); "국민상 정립의 과제와 통일문화 창조"(김창순).

기독교교회협의회·민족화합공동올림픽추진불교본부 등의 종교계 통일론 등으로 대별될 수 있거니와, 이들이 제기한 통일논의의 구체적 내용은 서로 약간의 차이가 있으나, 대체로 다음의 논지를 공유하고 있음을 보여주고 있다. 즉 이들의 통일논의에서는 한결같이 남한사회의 민주화와 자주화를 통일의 선결요인으로 파악하고 있으며, 동시에 여기에서는 당면한 실천과제로 미군철수와 평화협정 체결 등이 강조되고 있다는 점에서 기존의 통일논의와 이데올로기적 지평을 달리하고 있음을 보여주고 있는 것이다.[14]

1980년대 후반 이전 통일연구의 특징을 요약하면 반공·반북적인 시각 일색이었다고 할 수 있다. 연구다운 연구는 없었고, 냉전과 반공·반북 지배이데올로기가 모든 연구를 규정했다. 그 결과 냉전적 구호만 존재했을 뿐 '통일연구'는 항상 정치에 종속되었다. 독재정권의 통일구호에 순응하며 정권의 이데올로기를 정교화하는 것만이 학자들의 몫이었다.

역대정권의 통일논의를 요약하면 이승만정권의 '무력북진 통일론', 민주당정권의 '유엔 감사하의 남북 자유선거를 통한 통일', 박정희정권의 '선건설 후통일론' 등이었다. 특히 '선건설 후통일론'은 유신이라는 엄혹한 상황 속에서 1970년대 내내 남한사회의 정치·경제적 지배이데올로기로 자리잡았다. 하지만 정권별로 통일론이 존재했을지라도, 이때까지 통일논의는 단순한 구호 및 냉전이데올로기의 틀을 벗어나지 못하고 있었다.

이 과정에서 시민사회 내의 자유로운 통일논의는 숨죽일 수밖에 없었다. 1955년 12월 진보당의 '평화통일론'이 사장되고 조봉암이 사형당했으며, 4월혁명 이후 분출한 '중립화통일론' 등 다양한 통일논의도 군사쿠데타로 인해 '논의의 장'에서 완전히 배제되었다. 1970년대 '선건설 후통일론'에 대항한 시민사회의 '선민주 후통일론' 역시 유신의 광폭 속에 잠재된 형태로만 존재했을 뿐이다.

---

14) 김도태, 『재야 통일방안 연구』, 민족통일연구원, 1991, pp.11-12.

2) 양적 증가와 현상적 접근

1980년대 후반 이후 통일연구가 활성화된 계기는 학문 내적 상황에 의한 것이 아니라 학문 외적 조건과 상황의 변화에 따라 이루어졌다. 그것은 탈냉전의 조류와 동서독의 통일 등 외부적 조건의 급변과, 1988년 이후 통일운동의 활성화로 대변되는 통일열기, 6공화국의 북방정책 등 내부적 조건의 변화에 따라 이루어졌다. 이러한 변화에 따라 통독과정을 중심으로 한 비교연구, 통일운동의 활성화로 인한 '운동적 차원의 연구', 그리고 운동적 연구에 대한 비판이 동시에 활발하게 진행되었다.

먼저 동서독의 통일을 계기로 활발하게 진행되었던 비교연구의 주요 성과들을 보자. 여기서 주목할 점은 이 비교연구의 시작으로부터 통일연구가 비로소 '연구다운 연구'를 시작했다는 것이다. 이 비교연구의 성과로는 정용길의 연구를 들 수 있다. 그는 동서독과 남북한 두 분단국의 유사점과 차이점을 비교정치학적 입장에서 접근하고 있다. 하지만 이 연구는 동서독과 남북한의 비교접근이라기보다는 양 국가군의 분단과 통일정책에 대한 평면적인 서술에 그치고 있다.

보다 구체적인 비교연구는 김국신·김도태·여인곤·황병덕 4인의 연구에서 찾을 수 있다. 이들은 분단극복의 경험이 있는 독일, 베트남 및 예멘의 통일과정과 통일 이후의 문제점 분석을 통해 한반도 통일방안 및 통일 후 대책마련을 위한 기초자료를 제공하고 있다. 특히 독일의 경우 통일과정에서 나타났던 정치·외교, 사회·교육·환경, 경제 등 각 분야의 문제점이 남북한 통합과정에서 어떤 시사를 줄 것인가에 관해 주목한 것은 의미 있는 분석이라고 할 수 있다.

다음으로 1988년 이후 통일운동의 공간이 넓어지면서 활발하게 진행된 운동적 차원의 연구가 있었다. '북한 바로알기운동'과 학생 통일운동으로부터 촉발된 통일열기는 통일연구의 지평을 넓히고 진보적인 연구자들의 연구에 많은 영향을 끼쳤다.

1980년대 후반 연구의 활성화에 이어 현재의 통일연구는 두 가지 경향을 보이고 있다. 즉 연구의 '양적 증가'와 '현실 남북관계 집중' 현상이다. 전자의 현상은 이데올로기적 제약이 완화된 상황에서 다양한 분야와 연구기관에서 통일연구의 결과들이 양산되고 있기 때문이고, 후자의 현상은 '경제위기'로 요약되는 북한의 위기심화와 동북아질서의 급격한 변화조짐이 보다 현실적인 연구를 요구하고 있기 때문이다.

이같이 1980년대 이전까지는 자료습득의 어려움과 이데올로기적 제한 때문에 '북한학계'라고 칭할 만한 학문 공동체가 존재하지 않았다고 할 수 있다. 그러나 이러한 분위기는 1980년대에 접어들면서 변화하기 시작하여 전문연구자들이 늘어나면서 북한연구는 하나의 학문분야로 정착되기 시작하였는데, 공산주의 이데올로기 비판, 한반도 통일방안, 분단국 통일방안, 주체사상 연구, 북한외교, 북일관계, 북한의 권력구조와 정책연구, 북한법, 북한 사회분야 등의 연구가 축적되었다.[15]

그 특징으로는 1980년대 중반 이후 이러한 반공이데올로기의 제한에 대항하는 저항이데올로기가 등장하기 시작했다는 점을 들 수 있다. 즉 전 세대의 관제연구에 반대해 북한문제가 학생운동권과 '진보적' 학술연구자[16]

---

[15] 이 당시 연구업적으로는 김준엽·김창순, 『한국공산주의운동사, 1~5』(청계출판사, 1986); 양호민, "자본주의로부터 사회주의로의 과도기에 관한 북한의 이론전개," 『사회과학과 정책연구』(서울대출판부, 1981); 이명영, 『권력의 역사: 조선노동당과 근세사』(성균관대출판부, 1983); 『분단현실과 통일논리』(자유평론사, 1988); 이홍구 외, 『분단과 통일, 그리고 민주주의』(박영사, 1986); 이서행 외, 『분단시대의 북한상황』(대왕사, 1983); 『분단사회의 평가적 인식』(한국정신문화연구원, 1987); 『통일을 위한 민족화합 이데올로기에 관한 연구』(한국정신문화연구원, 1984) 등 다수가 있다.

[16] 이러한 1980년대 말 진보적 북한연구에 가장 영향을 크게 미친 학자는 김남식과 송두율이었다. 김남식은 북한에 대한 내재적 이해를 주장해 기존 북한연구의 냉전적 태도를 바꿀 것을 강조했고, 재독학자 송두율은 내재적 북한 연구법을 제기함으로써 '북한 바로알기운동'의 정립에 영향을 미쳤다. 그러한 주장이 뚜렷한 논문으로는 "북한사회를 어떻게 볼 것인가"(『사회와 사상』, 한길사, 1988년 12월) 가

를 중심으로 새로운 각도로 조명되기 시작했으며 사회문제화 되었다. 한마디로 1980년대는 분단극복과 민주주의 실현이라는 사회적 요구가 분출한 시기였으며, 학문적 영역에서도 '민족경제론', '민중사회학', '민족사학', '민중신학' 등이 대중적 기반을 가지고 담론화되었다. 이러한 담론은 공통적으로 우파민족주의와 대결하면서 민족적·민중적 발전의 전망을 나름대로 제시했으며, 저항담론의 활성화는 학생운동권을 중심으로 한 '북한 바로알기 운동'으로 이어지고, 그 운동은 남한사회 금기의 마지막 보루라고 할 북한에 대한 다른 의미화를 추구했다는 상징적 의미를 갖는다.

이와 관련해서 한국 현대사를 다른 시각에서 다루는 적지 않은 연구가 등장하기 시작했다. 이러한 연구가 갖는 특징은 북한사회를 그들이 내세우는 이념에 기초해서 내재적으로 그리고 역사적으로 이해하려는 데 있다. 이러한 연구는 현실의 단편을 토대로 극단적인 평가를 일삼았던 이전의 연구에 비해 북한연구에서 북한사회의 내적 논리와 역사적 상황을 조명함으로써 그 사회의 형성과정을 충실하게 이해하려는 역사적 지향을 갖는다. 대표적인 연구물로 강정구의 『북한의 사회』(을유문화사, 1990)를 들 수 있다. 연구사의 발전에서 보면, 이러한 '내재적·역사적 접근법'은 북한사회에 대한 지극히 편향적인 이전의 반공적·반북한적 이해방식을 교정한다는 점에서 한 획을 그은 것은 사실이다.[17]

그러나 이러한 연구는 자의든 타의든 간에 북한사회의 긍정적 측면을 과도하게 부각시켜 분석의 균형을 잃고 있다고 생각되기에, 이러한 민중담론의 이론적 기획과 실천적 전망을 그대로 받아들일 필요는 없다. 왜냐하면 이러한 담론도 정부의 반공정책 연구와 마찬가지로 이데올로기적 제한에서 벗어난 것은 아니었기 때문이다. 오히려 그러한 담론이 비판했던 관제 반공담론 이상으로 권력작용의 의미망에 사로잡혀 있었기 때문에 반공

있다.
17) 이종석은 기본적으로 '내재적·역사적 접근'에 동의하지만 이 관점은 약간의 편향성을 가지고 있다고 주장하면서, 그 대안으로 '내재적·비판적 접근'을 주장한다(이종석, 『현대북한의 이해: 사상·체제·지도자』, 역사비평사, 1995, pp.16-19).

담론과 민중담론은 서로의 '거울영상'(mirror image)을 구성하고 각종 수사법을 사용, 특히 은유(隱喩) 또는 환유(換喩)를 통해 자신의 담론이 균열되는 것을 봉합하고 그것을 갱신해야만 했던 것이다. 따라서 그러한 담론은 서로 각자의 유사자(類似者, counterpart)[18]로서 교차된 지형을 구성하였다고 볼 수 있는바, 결국 양자의 이데올로기적 성격 모두가 벗겨져야만 객관적인 북한연구가 수행될 수 있을 것이다.

---

18) 반공담론과 민중담론은 마치 정신분석에서 자아정체성 형성과정에서 말해지는 '유사자'의 모습으로 기능화된다. 유사자는 주체가 동일시하여 자아형성을 이끌어내는 거울상이다. 이것은 주체가 자신의 자아를 기초로 하여 자신의 대상을 구성해 가는 방식을 보여준다. Dylan Evans, *An Introductionary of Lacanian Psychoanalysis*, London and New York: Routledge, 1996, 이만우 공역,『라깡 정신분석 사전』, 인간사랑, 1998, pp.296-297.

제3장 북한연구의 주제별 접근

1. 북한연구 성과물 분석

1980년대 중후반에 접어들면서 민주화요구의 확대, 학계에서 마르크스주의 학문과 사회주의에 대한 연구와 관심의 활성화는 북한에 대한 새로운 관심을 높이게 하였다. '북한사회 바로알기운동'은 과거와는 다른 시각으로 북한을 연구하게 하여 극우냉전주의 시각에서 북한을 대립적으로만 인식하던 보수학계로 하여금 실사구시적인 북한연구 태도 및 다양한 방법론 모색을 하도록 획기적인 기여를 하였다.

통일원에서 부정기적으로 발간되는 『통일·안보관계 문헌목록』(국토통일부, 1985; 1987)을 보면 1945년부터 86년 말까지 40년간의 북한 및 남북한, 통일관련 연구에서 북한 사회·문화·교육관련 연구는 전체 연구 7,959편 가운데 495편으로 5.6% 정도에 불과하다.

하지만 다음 표에서 보듯이 1987년부터 94년 3월까지 나온 연구성과는 6,940편으로 8년간의 연구성과가 40년간의 그것과 견줄 수 있을 만큼 급성장했다(통일원, 1991; 1994). 이 기간 전체 연구성과물 가운데 북한 사회·문화·교육관련 연구는 455편으로 6.5%를 차지해 비율상으로는 큰 차이가 없지만 8년간의 실적이 40년간의 실적과 맞먹는다는 점에서 볼 때 연구가 일정정도 활성화되었다고 볼 수 있다. 하지만 북한 사회·문화·교육관련 연구에서 문화 및 교육, 예술분야를 제외한 사회 및 주민생활과 관련된 연구물은 88편으로 전체 중 1.2%, 북한 사회·문화·교육관련 연구물 가운데서는 19.3%를 차지한다. 따라서 사회학분야에서는 북한 연구성과물이 다른 분야의 연구성과에 비해 상대적으로 미미함을 알 수 있다. 단적으로 1991년 이후 이 분야의 북한연구가 더 활성화될 필요가 있을 뿐만 아니라 연구의 여지가 많이 남아 있음을 보여주고 있다.

북한관계 연구성과물 통계[1](1987~1994. 3)

	통일관계	남북한 관계	북한일반	정치·행정	경제·과학	외교·군사	사회·문화·교육	합계
논문	253	398	42	266	71	116	110	1,256
정간물	1,541	1,823	379	686	315	595	345	5,684
합계	1,794 (25.8)	2,221 (32.0)	421 (6.0)	952 (13.7)	386 (5.6)	711 (10.0)	455 (6.5)	6,940 (100%)

* 자료:『통일·안보관계 문헌목록』, 국토통일원, 1991; 통일원, 1994.

하지만 1980년대 중반 이후 북한사회 연구에도 나름대로 변화가 일어나고 있어 연구방법론도 다양해지고 주제도 세분화되고 있다. 북한사회 연구 주제를 크게 네 분야로 대별하고 국내에서 나온 연구성과를 분류해 보면 다음과 같다. 분류대상을 정간물과 단행본으로 나누어 정간물로는 국내에서 나온 정간물 중 시사적인 논설이나 논평을 제외시키고 주요한 몇 개의 북한관련 정간물에 실린 논문을 선택했고, 단행본으로는 국내 박사학위 논문, 단행본 게재 논문, 논문집을 포함시켰다. 국내 연구성과와 비교하기 위해 북한에서 나온 연구물도 주제별로 대략 정리하면 표<3-2>와 같다.

1980년대 중반에 비해 90년대 중반까지의 북한 사회분야 연구는 그 주제 면에서 훨씬 세분화되어 있고 연구접근법에서도 다양한 면모를 보인다. 연구실적의 양과 내용을 북한의 연구물과 남한의 연구물로 나누어 비교하면서 다음 몇 가지 사실을 지적할 수 있다.

---

1) 이 표는 김귀옥, "북한사회 연구의 동향과 쟁점안,"『통일문제연구』, 10권 1호, 1998, p.221을 참조하였다.

북한사회 연구현황 분류[2] (1985~1997)

주제분야	북한		남한		합계
	단행본	정간물	단행본	정간물	
1. 연구방법론	...	...	5	7	12
2. 계급 및 계층, 사회구조	7	3	22	4	36
3. 일상생활	7	13	15	2	37
4. 여성 및 가족문제	2	10	21	6	39
합 계	16	26	63	19	124
	42		82		

* 북한의 연구물은 통일부 북한자 센터에서 소장하고 있는 것 가운데 접근 가능한 것을 중심으로 분류한 것인데, 정간물은 1985년 이후 발간된『경제연구』,『사회과학』,『권력과학』같은 북한 사회과학원 논문집 중심으로 분류했다.

우선 북한의 경우 사회연구 방법론을 찾을 수 없지만, 북한의 입장에서 사회구조 및 발전의 원동력, 미래상을 설명하는 사회연구 방법론으로 '주체의 사회력사론'을 꼽을 수 있다. 그러나 이 글에서 대상으로 하는 연구방법론과는 수준이 맞지 않아 분류에서 제외시켰다. 한편 국내에서의 북한에 대한 연구접근법은 학자에 따라 큰 차이를 보이고 있는데, 과거 1980년대 중반 이전까지만 해도 주로 이데올로기적 접근이 압도적이고 연구의 목적이 주로 정부의 대북관에 정당성을 제시하는 것에 초점이 맞춰져 있었다. 하지만 1980년대 후반 '북한 바로알기운동'이 확산되는 과정에서 정부나 관변 연구단체의 고정된 시각의 연구만을 수용할 수 없는 처지가 되었고, 다양한 사회과학계의 연구성과를 기반으로 하여 비로소 학술적인 북한사회 연구가 시작되었다. 따라서 1990년대 중반 북한사회에 대한 연구접근법이 북한사회 인식론과 함께 북한연구의 쟁점 가운데 하나로 대두되어 있다.

둘째, 북한사회에서 가장 비중 높은 연구분야의 하나가 계급 및 계층문제 연구이다. 최근 북한연구는 주로 인텔리정책이나 세대문제에 초점이 맞

---

2) 위의 책, p.222.

쳐진 반면 남한의 경우 북한의 계급정책 및 구조의 분석이나 사회적 불평등 여부에 초점을 맞추고 있다. 각 연구는 연구자들의 연구목적이나 연구방법론에 따라 사회적 불평등문제에 상이한 논점을 드러내고 있다. 계급문제에 대한 해석은 위의 연구방법론의 쟁점과 연속선에 있다. 최근에는 지식인이나 중간계층 문제에 대해 관심을 돌리는 연구물이 나오고는 있지만 아직 본격적인 연구성과는 없는 실정이다.

셋째, 그간 북한의 일상생활 연구는 일상생활을 사회주의·공산주의 생활양식에 근접시키기 위한 정책연구에 초점이 맞춰져 왔다. 북한은 과거에도 일상적인 절약과 근검한 생활, '자력갱생의 원칙'을 강조했지만, 1990년대 경제적 곤란과 위기로 인해 그러한 생활태도 및 방법을 더욱 강조하고 있는 실정이 연구에도 반영되고 있다.

남한의 일상생활 연구는 북한사회의 변화, 당과 국가부문과의 거리 및 이탈 여부와 정도 등에 관심이 맞춰져 있다. 과거 전체주의적 연구가 일상생활에 반영된 인민의 체제 순응성을 강조하는 데 있었다면, 최근의 연구는 주민들의 일상생활이나 태도에서 일어나고 있는 변화를 어떻게 해석할 것인가에 관심을 보이고 있다.

넷째, 1980년대 후반부터 특히 활기를 띠고 있는 부문이 바로 북한 여성 및 가족문제 연구분야이다. 종전 전체주의 시각에서는 북한주민의 일상생활이 별다른 연구의 대상이 되지 않았던 것처럼 여성 또한 북한에서 동원대상에 불과하여 여성 자체의 정책이나 생활실태에 관하여 거의 주목하지 않아 왔다. 하지만 1980년대 후반 사회주의국가의 동요나 해체, 계급 외 사회주체에 대한 관심의 증가, 페미니즘 논의의 활성화는 이 부문에 대해 관심을 갖도록 하였다.

2. 주제별 연구동향

1) 통일방안과 통일국가 체제

주제별 연구에서 쟁점이 되고 가장 많이 진행되고 있는 연구는 통일방안이다. 이는 통일과정의 윤곽에 해당하는 것으로 매우 민감한 주제이기도 했다. 과거에는 남북한이 모두 각각의 방안을 가지고 서로 상대편을 비난하는 도구로 사용하기도 했고, 민간의 독자적 연구 역시 많은 제약을 받았기 때문이다. 하지만 6공화국 이후 이 분야 연구는 정부와 민간에서 보다 정교하게, 그리고 가능성 높은 방안으로 다듬어지고 있다. 여기서는 대표적으로 6공 및 김영삼정부와 김대중의 통일방안을 검토하고자 한다.

정부의 통일방안으로서 상대적으로 윤곽이 잡힌 6공의 '한민족공동체 통일방안'은 1989년 9월 11일 노태우 전 대통령의 국회 특별연설에서 처음으로 제안되었다. 이 방안은 화해협력 단계에서 초보적 민족통합의 바탕을 마련하고, 남북연합 단계에서 사회·문화 및 경제공동체가 형성될 때 민족통합을 이룰 수 있는 기반을 다져, 이념과 제도의 동질화를 이루는 국가통합으로 나아가는 '선 공동체 후 국가통합'의 절차를 제시하는 것을 내용으로 하고 있다.3) 곧 '남북연합' 단계에 사회·문화·경제공동체를 구성하여 통일기반을 조성한 후 '정치공동체'를 형성함으로써 완전통합으로 나아가는 방안이다.

다음으로 김영삼정부는 6공의 통일방안을 계승하면서 '3단계 3기조 통일방안'을 제시하였다. 이에 따르면 통일의 과정은 화해협력 단계와 남북연

---

3) 이홍구, "한민족공동체 통일방안의 정책기조와 실천방향," 국토통일원 편, 『한민족공동체 통일방안의 이론적 기초와 정책방향』(통일방안논문집 제1집, 1990), pp. 20-28.

합 단계를 거쳐 단일한 통일국가를 수립하는 3단계로 설정되고 있다. 그리고 이 방안을 추진하기 위한 기조로 민주적 국민합의, 공존공영, 민족복리가 표명되었다. 이 방안은 1994년 8·15경축사를 계기로 보다 후퇴하게 되는데 이때 제시된 것이 '한민족공동체 건설을 위한 3단계 통일방안'(민족공동체 통일방안)이다.

이 방안의 내용은 일관되게 3단계 3기조 통일방안을 유지하고 통일철학을 자유민주주의로 못박으면서 민족공동체 개념을 통해 국가통일에 앞서 민족통일을 우선적으로 추진한다는 것이다. 하지만 '민족공동체 통일방안'은 김일성 사망 직후 북한붕괴론에 기반한 대북정세 판단에 기초해서 준비된 것으로 보인다. 특히 그 내용이 자유민주주의적인 단기적 흡수통합과 북한붕괴론, 그리고 대결정책으로 해석될 수 있다는 점에서 통일방안의 후퇴로 보인다.

한편 김대중의 '3단계 통일론'은 연방제통일을 위한 예비적 단계로 1연합 2독립정부 형태인 '남북연합' 단계와 완전통일을 위한 중간단계로 1연방 2지역자치정부 형태인 '연방제' 단계, 그리고 연방제 아래 지역자치정부가 해소되고 남북이 분단 전과 같이 단일정부 체제로 전환하여 1민족 1국가 1정부를 구성하는 완전통일 단계로 상승하는 방안이다.

이 방안은 형식적인 측면에서 남한정부 방안에서 남북연합을, 북한 방안에서 연방제를 수용하는 형식을 띠고 있다. 물론 김대중의 연방제단계는 북한의 연방제와 근본적인 차이를 보이고 있다. 북한의 연방제가 통일의 완성으로 1국가 2체제를 지향하는 데 반해 그의 연방제는 단일국가적 완전통일 단계를 지향하는 과도기로서 1연방 2지역자치정부의 형태를 띠고 있기 때문이다. 이 방안은 '민족공동체 통일방안'과 비교했을 때 화해협력 단계가 없는 반면 완전 통일국가로 가는 과정에서 연방제를 수용한 것이 색다르고, 북한의 연방제와 비교했을 때 연방제 이전에 남북연합의 전제와 연방제의 성격에서 차이를 보이고 있다.

냉전과 분단의 주술에 포박되어 통일의 모형조차 마련하지 못하고 있는 현실에서 통일 이후의 국가체계를 언급한다는 것은 어찌 보면 언어의 유희에 불과할지도 모른다. 그럼에도 통일국가의 '밑그림 그리기'는 통일국가의 등장을 주저하는 많은 사람들에게 그것이 가져올 민족적 이익과 성과를 보여줄 수 있다는 점에서, 동시에 통일을 지향하는 많은 이들에게 통일의 미래상을 보여줄 수 있다는 점에서 많은 시사를 준다.

최근까지 '통일국가 체제'라는 미래에 대한 연구는 거의 이루어지지 않은 반면 '현실의 문제'에 집착하는 것이 통일연구의 현실이었다. 이런 가운데 1995년 학술단체협의회와 한겨레신문사가 주최한 '해방 50주년 기념학술대회: 한반도 통일국가의 체제구상'은 이제까지 누구도 체계적으로 시도하지 않은 통일 이후 대안체제를 진지하게 모색했다는 점에서 통일연구의 중요한 전기를 마련했다고 볼 수 있다.4)

2) 계급정책과 일상생활 연구

북한사회 연구에서 비교적 높은 비중을 두어 온 연구분야는 계급 및 계층정책, 사회구조 연구이다. 그간 이 방면 연구의 주 쟁점은 북한이 사회주의사회를 건설하는 과정에서 어느 정도 사회적 불평등을 해결했느냐에 모아졌다. 사회주의혁명과 사회주의적 개조를 통해 자본가계급이 없어지고 개인농민이나 개인상인이 없어진 것과 함께 사적 소유의 철폐는 적대적 계

---

4) 먼저 정치분야에서 강정구는 민족공동체 형성의 접근법으로 '주(主) 연방주의 보(補) 기능주의 접합전략'을 제시하고 있다. 그는 통일국가의 정체체제로 북한이 자주관리제를 받아들이고 남한이 사회민주주의 체제로 나아가 이것들이 결합된 체제를 제시하고 있다. 다음으로 사회분야에서 김연명 · 김형식은 '시민적 권리'의 개념을 중심으로 통일국가의 사회복지 체제를 제시하고, 의료보장 등에서 국가책임의 강화를 통한 통일국가의 사회보장 정책방향을 제시하고 있다. 경제분야에서 김대환은 소유구조에 대해 국가소유, 공동체적 소유, 사적 소유라는 세 소유방식의 상호보완을 제시하고 있으며, 통일 경제체제를 '시장 플러스' 체제로 규정하고 국가의 진보적 개입의 확대를 주장하고 있다. 황한식은 사적 소유의 전제 위에서 토지소유의 집중방지와 이용의 극대화를 주장하고 있고, 곽노현은 경제민주주의와 민주적 참여기업을 대안적으로 제시하고 있다.

급을 없앨 수 있었다는 점에 대부분의 연구는 동의하고 있다. 하지만 방대해진 국가기반에서 행정력을 독점한 소비에트식 노멘클라투라(Nomenklatura) 같은 관료계급의 출현 여부, '출신성분'에 기반한 폐쇄된 신분층의 형성 여부를 놓고 여러 가지 견해와 주장이 제기되었다.[5]

한편 사회적 불평등은 사회적 분배문제와 직결되어 있다. 사회적 분배는 일차적으로 임금으로 표현되지만 이차적으로는 복지로 연결된다. 1980년대 중반까지는 연구가 상당히 부진했다. 북한 복지문제에 대해 관심을 갖기 시작한 것은 중반 이후 정치경제학, 특히 마르크스주의 정치경제학이 도입되고 '북한 바로알기운동'이 전개되어 북한 연구자의 폭이 넓어짐에 따라 최근에는 북한의 복지 및 남북한 복지에 대한 비교연구가 사회복지학이나 행정학분야에서 활발하게 진행되어 왔다.[6]

북한연구는 오랫동안 정치구조와 권력관계 및 김일성·김정일 연구에 집중돼 왔다. 1990년대 들어 경제연구가 급속하게 늘어나고 있고 사회 다

---

5) 이복수(1980)와 김채윤(1977)의 연구 및 북한연구소(1977)와 김명수(1997)의 기본 시각은 전체주의적 가정에 기반하고 있다. 강정구(1989), 강정인(1992), 김용기(1987), 김귀옥과 김채윤(1996)은 내재적 접근법을 적용하였다(김귀옥, "북한사회 연구의 동향과 쟁점안"을 참조할 것).

6) 김형식(1972)의 연구는 비교사회정책 방법론을 사용해 남북한의 사회복지 체계의 차이점을 밝혀냈다. 1980년대 말과 90년대 초반에 나온 북한의 보건의료제도를 분석한 변종화 외(1989), 문옥륜(1989), 보건과 사회연구회(1990), 소득보장제도를 주로 연구한 김연명(1991), 북한의 탁아제도를 분석한 김선임(1993) 등의 연구에서 공통적으로 보이는 것은 북한 사회복지의 생성 및 변화과정을 북한의 경제개발전략(산업화)과 북한 사회주의체제의 수립과정이라는 내재적 시각에서 다루고 있다는 점이다. 북한연구소(1977)의 연구는 실증성에 연구의 바탕을 두고 있지만 북한 사회구조의 전체주의성에 비추어 명분뿐인 제도로 간주했다. 문옥륜(1789)은 구조기능주의적 접근법으로 북한 보건의료의 발전과정과 보건의료의 기본정책을 고찰하고 있다. 보건과 사회연구회(1990)는 "북한사회주의 이행발전과 보건의료"(한울, 『사회주의 개혁과 한반도』, 1990)를 발표하면서 북한의 시기별 보건의료정책의 변천사를 역사적 접근을 통해서 보았다(김귀옥, 위의 논문 참조).

른 분야의 연구성과에 비해 북한주민의 일상생활 연구는 방문기나 최근 월남자들의 실태상을 다룬 글 외에 연구논문은 비교적 적은 편이다. 그 이유는 북한과의 직접적인 교류가 적고 북한주민들의 생활에 대한 자료가 다른 어떤 분야에 비해 더 제한적이기 때문이다. 근래에 발표된 몇 편의 논문은 북한에 대한 인식과 전망에서는 차이가 있지만 전반적으로 전체주의적 틀에 대해 반대하며 북한사회의 변화를 이해하기 위한 방식으로 일상생활이나 인민들의 담론구성에 주목하고 있다는 공통성이 있다.

우경식의 논문은 사회학 연구자가 쓴 본격적인 북한사회 연구물이라는 점에서 주목할 만하다. 그가 전체주의적 시각을 지양하게 된 데는 1990년대 사회주의체제의 많은 문제점이 북한에도 나타나고 있음에도 불구하고 실제로 북한에는 체제변화의 징후나 반체제적 갈등이 일어나지 않고 있다는 점이 작용한다.[7] 우경식과 같은 인식에 기반하고 있는 서재진(1995)은 북한'인민'의 일상생활을 소설과 최근 월남자들의 증언을 통해 분석하고 있다. 북한의 일상생활 혹은 정치문화적 생활을 분석하고 있는 연구물인 민족통일연구원(1995)의 연구는 서재진과 거의 동일한 방법에 입각하여 분석하고 있다. 그 연구는 전체적으로 북한의 정치이념, 정치사회화의 과정과 결과를 유효적인 개념과 원리로 등치시켜 해석하고 있다.

김귀옥과 정영철(1997)의 연구는 연구자료 면에서 보면 서재진의 연구와 유사하다. 북한의 각종 정간물, 예를 들면 『경제연구』, 『근로자』, 『천리마』, 『조선녀성』, 프로그램, 라디오 보도, 영화 및 다큐멘터리 등의 대중매체물을 통해 주민들의 의식주 및 문화생활 등을 살펴보고, 생활상의 변화 및 변화된 요구는 국가정책에 의해 허용되기도 하지만 일정정도 국가정책 변화에 반영된다고 보고 있다.

---

[7] 그러한 문제의식을 갖고 김일성의 "신년사"와 당기관지인 『근로자』의 논설(72건), 『조선문학』에 수록된 단편소설(112건)을 내용 분석하여 피지배층, 특히 노동자, 농민, 근로인테리, 병사 등 4개 계층에 따라 지배권력과의 통합력이 다르게 나타나며, 피지배층이 지배권력과 거리가 멀어질수록 지배권력과의 갈등적 요소가 커지고 있음을 발견해 냈다.

내재적 접근법에 서 있는 이찬행(1993)은 서재진과는 반대의 방향에서 북한의 주민생활에 접근하고 있다. 즉 서재진이 주로 소설을 통해 하부영역의 현상을 주로 분석하고 있는 반면에 이찬행은 반대로 북한의 공식적인 문건을 통해 이를 역추적하는 방법을 사용하여 주로 주민들이 당의 방침을 받아들이는 의식수준의 문제를 제기하고 있다

민속학자 주강현(1994)의 연구는 민족의 동질성회복을 목적으로 하여 북한주민의 의식주 및 생활 전반에 걸쳐 다룬 본격적인 연구서이다. 그는 『주체사상총서』에서부터 『천리마』, 『조선녀성』, 『조선건축』, 『조선예술』, 『고고민속』, 화보집 등 방대한 자료와 화보를 동원하여 민족생활 풍습과 '사회주의적 생활양식'에 기반하고 있는 일상생활을 광범위하고 구체적으로 묘사하고 있다.

백욱인(1990)은 마르크스주의 접근법을 사용하여 정치·경제·사회적 조건, 특히 경제체제와 생산방식이 북한주민들의 일상생활에 미치는 영향을 분석하고 있다. 그는 북한 생산영역에서 노동조직, 여가, 휴가 등이 주민들의 일상생활인 노동, 여가, 휴식이라는 영역과 긴밀하게 연관되어 있고, 또한 노동현장에서의 사회관계도 계급관계가 아닌 직위체계에 의해 규정되며, 이것의 주도성은 정치적·이데올로기적 관계에 의한다고 진단하고 있다. 북한연구소(1992)나 통일연구원(1997)의 글은 1980년대 중반 이전에 사회적 불평등을 논증하기 위해 연구되었던 일상생활 연구의 맥락에서 최근의 경제위기가 일상생활에 어떻게 반영되고 있는가를 보여주고 있다.

제 2 부

북한실상

제1장 한반도 분단의 배경과 주요원인: 분단사의 재조명

1. 민족분단의 대외적 요인

1) 전시 연합국의 회담과 한반도의 운명

전시의 연합국 회담으로서 한반도문제를 조금이라도 취급한 회담으로는 다음을 지적할 수 있다. 첫째가 1943년 3월 미국의 루스벨트(Franklin D. Roosevelt) 대통령과 헐(Cordell Hull) 국무장관이 영국의 이든(Anthony Eden) 외상과 워싱턴에서 가졌던 회담이다. 둘째가 1943년 11월 20일 미국의 루스벨트 대통령과 영국의 처칠(Winston Churchill) 수상 및 중화민국의 장개석 총통이 카이로에서 가졌던 3거두회담이다. 셋째가 1943년 11월 28일 미국의 루스벨트 대통령과 영국의 처칠 수상 및 소련의 스탈린(Joseph Stalin) 수상이 테헤란에서 가졌던 3거두회담이다. 넷째가 1945년 2월 8일 루스벨트 대통령과 처칠 수상 및 스탈린 수상이 얄타에서 가졌던 3거두회담이다. 다섯째가 1945년 7월 17일 미국의 트루먼(Harry S. Truman) 대통령과 영국의 처칠 수상 및 소련의 스탈린 수상이 포츠담에서 가졌던 3거두회담이다.

위에서 열거한 일련의 국제회담에서 한반도문제를 주도적으로 발의한 국가는 미국이었다. 소련과 영국 및 중국은 미국이 한반도문제에 관해 언급하거나 어떤 구상을 제시할 때 비로소 자신의 의사를 표시했다. 그러므로 우리는 이 당시 미국이 한반도문제에 대해 갖고 있던 구상이 무엇이었는가를 먼저 살피는 것이 좋겠다.[1]

미국의 루스벨트 대통령은 우선 한민족이 일제로부터 해방된 이후 일정 기간 동안 정치적 수습과정을 밟아야 한다고 생각했다. 아시아의 식민지 인민들은 비록 해방된다고 해도 강대국의 후견 아래 민주정치의 교육을 받은 다음 비로소 독립을 획득하는 것이 바람직하다는 것이 그의 평소 지론이었는데, 그는 자신의 이 지론을 한반도에도 적용한 것이다. 그가 특히 염두에 둔 나라는 미국의 식민지였던 필리핀이었다. 그는 필리핀이 자치정부를 준비하는 데 약 50년이 소요되었음을 상기시키면서 한반도의 경우도 약 40년의 정치적 수습기간을 거친 다음 독립을 주어야 한다고 주장했다. 그 기간이 20년에서 30년 사이로 단축되어도 좋다는 뜻을 나타내기도 했으나, 그는 한반도가 국제적 후견 아래 서구제도로 옮겨가는 시련을 받아야 한다는 생각은 결코 버리지 않았다.

이러한 구상과 함께 루스벨트 대통령이 가졌던 또 하나의 구상은 일제 패전 후 한반도를 일정기간 동안 연합국의 공동관리 아래 두어야 한다는 것이었다. 그러면 루스벨트는 왜 이러한 구상을 가졌던가? 루스벨트는 중국도 그렇지만 어느 나라보다 소련이 한반도에 대해 영토적 야심을 갖고 있다고 믿었다. 확실히 한반도는 대륙세력과 해양세력이 교차하는 동북아시아의 전략적 요충을 차지하고 있어 주변 강대국들의 이해관계가 복잡하게 얽혀 있다. 그러므로 열강은 한반도를 자신의 독점적 지배체제 아래 두어 한반도에 대한 다른 경쟁국들의 영향력을 배제시키거나 그렇지 못할 경우에는 한반도를 경쟁국들과 더불어 분할하여 한반도에 대한 자신의 영향력을 부분적으로나마 확보하고자 하였다. 바로 이러한 배경에서 한반도를 분할하려는 구상은 동북아시아의 국제정치사상 여러 차례 등장했다. 일본의 도요토미(豊臣秀吉案)와 명(明)의 위학증(魏學曾)의 대안(1593), 영국의 킴벌리(Lord Kimberley)안(1894), 일본의 야마가타(山縣有朋)안(1896), 러시아의 르젠(Baron Roman Romanovich Rosen)안(1903) 등은 모두 한반도를 둘러싼 강대국의 대결을 한반도 분할로 완충시켜 보자는 고육지계로 제의되었던 대표적인

---

1) 이홍구 외, 『분단과 통일, 그리고 민족주의』, 박영사, 1986, pp.33-37.

예들이다.2) 루스벨트가 이러한 역사적 사실을 알고 있지는 않았을 것이다. 그러나 그는 한반도의 지정학적 위치가 갖고 있는 국제정치적 의미를 잘 알고 있었고, 실제로 열강이 일제 패전 후 한반도에 대해 깊은 정치적 야심을 지니고 있다고 믿었다. 이러한 판단은 그로 하여금 연합국의 일정기간의 한반도 공동관리안을 구상하게 했다. 풀어 말해 그는 한반도에 이해관계를 갖고 있는 연합국들을 일제 패전 이후 한반도에 공동 개입시킴으로써 그들의 이해관계가 충돌하는 것을 방지하고자 했다.

한반도문제에 대한 루스벨트 대통령의 두 구상이 합쳐져 나온 정책이 일제 패전 후 한반도를 일정기간 미·소·영·중의 신탁통치 아래 둔다는 것이었다. 그리고 그 정책이 '적당한 시기'를 거쳐 한반도에 독립을 부여한다는 카이로선언으로 문서화됐다. 연합국의 마지막 전시회담이었던 포츠담회담은 이 카이로선언을 재확인함으로써 한반도조항 역시 재확인된 셈이었다. 그러나 '적당한 시기'를 거쳐 한반도에 독립을 부여한다는 원칙적인 선언만 내렸을 뿐 그 원칙을 구체적으로 어떻게 실천하느냐 하는 방법론적 설계에 대해서는 아무런 논의와 합의가 없었다. 이처럼 구체적인 방법론적 설계도 마련하지 못한 채 한반도의 독립만을 연기시켰다는 점에서, 그리고 그것이 일제 패전 후 한반도에서 정치적 혼란과 이념적 갈등을 심화시킨 중요한 동인이 되었다는 점에서 미국과 연합국의 책임은 큰 것이다.

이상에서 살핀 것이 한반도문제에 관한 전시 연합국회담의 논의와 합의의 전부이다. 그렇다면 여기서 한 가지 질문이 성립될 수 있다. "전시 연합국회담에서 한반도의 분할에 대해서는 논의나 합의가 없었는가? 만일 없었다면, 한반도의 분단에 대해 전시 연합국회담은 아무런 책임이 없지 않는가?" 하는 질문이 바로 그것이다. 결론부터 말해 전시 연합국회담에서 한반도분할에 대해서는 아무런 논의나 합의가 없었다. 흔히 얄타회담에서 한반도의 분할이 밀약된 것으로 전해지고 있으나, 사실상 그 내용 전부가 발

---

2) 이러한 제안을 당시의 사적과 외교문서 분석을 통해 가장 권위 있게 밝힌 논문은 盧啓鉉 교수의 "한국분할안에 관한 역사적 고찰"이다. 이 논문은 노계현 교수의 논문집인 『한국외교사연구』, 해문사, 1967, pp.152-179에 실려 있다.

표된 이 회담의 공식문서에는 한반도분할에 관한 언급이 전혀 없다. 신탁통치안에 관한 루스벨트와 스탈린의 짧은 대화가 한반도문제에 관한 참석자들 발언의 전부였다. 카이로선언을 재확인한 대전중의 마지막 연합국회담인 포츠담의 수뇌회담에서도 한반도분할에 관해서는 전혀 언급이 없었다. 오로지 탁치문제에 대해서만 짧은 언급이 있었다.

다만 포츠담의 군사회담, 즉 포츠담 수뇌회담에 수행한 미국관리들과 소련관리들 사이의 군사회담에서는 한반도에 관해 신탁통치를 넘어 다른 차원의 논의가 있었다. 구체적으로 말하면 이들은 소련이 얄타회담의 약속에 따라 대일전쟁에 참가한 뒤 양군의 육해군 작전범위로 일본 동북부로부터 한반도 북단을 연결짓는 선을 획정했다. 그러나 육상작전의 한계선이나 군사점령을 위한 지역분쟁에 관해서는 전혀 논의가 없었다. 왜냐하면 미군이나 소련군이 '즉각적인 장래'에 한반도로 진공할 것으로 예상되지 않았기 때문이다. 일본 관동군의 전력을 과대 평가한 나머지 루스벨트는 많은 양보를 베풀어 가면서까지 소련의 참전을 재촉했다. 그 결과 소련은 일제의 항복을 불과 7일 앞둔 1945년 8월 8일 대일 선전포고를 하고 8월 12일 한반도에 처음 상륙함으로써 한반도의 북반부를 차지하는 길을 열었다.

2) 미·소의 한반도 분할점령

1945년 5월 초 독일군이 항복하자 연합국은 이제 일본군의 항복을 유도하기 위해 전력을 기울였다. 그리하여 마침내 8월 6일 미군은 일본의 히로시마와 나가사키에 원자탄을 투하하여 양 도시를 잿더미로 만들었다. 이와 동시에 소련도 8월 8일 대일전에 참가해 전세는 결정적 단계에 들어갔다. 소련군은 만주에서의 작전을 성공적으로 이끌면서 한반도로 공격목표를 돌려 8일의 나진 공습에 이어 9일에는 한반도의 최동북인 웅기를 폭격하고 곧 경흥으로 진공해 12일에는 청진에 상륙했다. 이에 일본은 10일 중립국을 통해 연합국에 항복의사를 표시하고 15일 무조건항복을 발표했다.[3]

전국의 이러한 급격한 전개는 미국으로 하여금 한반도문제에 대해 어떤 결정을 내리도록 만들었다. 즉 한반도에 대한 진공이라는 종래의 계획으로부터 한반도의 군사적 점령과 일군의 무장해제라는 전략을 추구하지 않을 수 없게 되었다. 이때(8. 13) 미국의 모스크바 특사 폴리(Edwin W. Pauley)와 주소대사 해리만(Averell Harriman)은 각각 소련이 이 지역에 대한 야심을 나타내고 있다고 주장하면서 한반도 전역과 만주의 공업지대를 미군이 점령하도록 건의했으나, 트루먼 대통령은 "이 시점의 기회는 장기간의 전쟁을 끝내는 것"이라고 판단해 그 건의를 채택하지 않았다.[4]

그 대신 미국은 한반도를 북위 38도선에서 분단하기로 결정했다. 이처럼 급작스럽게 결정된 안은 바로 8월 11일 스팀슨(Henry S. Stimson) 전쟁장관에게 보고됐다. 스팀슨 장관은 즉시 태평양지역 연합국 최고사령관 맥아더 장군에게 하달될 일반명령 제1호의 초안을 작성했다. 일반명령 제1호는 태평양의 여러 지역에 흩어져 있는 일본군에게 항복지역을 배당하는 문서인데, 여기에는 한반도의 38도선 이북에 있는 일본군은 소련군사령관에게, 38도선 이남에 있는 일본군은 미군사령관에게 항복하라는 지시가 포함되어 있었다. 스팀슨 장관은 이 초안을 번즈(James F. Byrnes) 국무장관에게 넘겨주었으며, 번즈는 아무런 수정 없이 대통령에게 보고했다. 트루먼 대통령 역시 아무런 수정 없이 8월 13일 이 초안을 받아들여 즉시 영국과 소련 및 중화민국에 전달했다. 어느 나라도 이 안에 이의를 제기하지 않자, 이것은 8월 15일 마닐라에 있는 맥아더 사령관에게 일반명령으로 하달됐다.[5]

이처럼 북위 38도선에서의 한반도분할은 1945년 8월 11일 일본군의 항복접수를 위한 군사적 편의에서 미국에 의해 결정됐다. 트루먼 대통령도 후일 38도선은 일본 전쟁기구의 급작스런 붕괴가 한반도에서 진공을 만들었을 때 실제적 해결책으로 미국에 의해 제안되었다"고 회고했다.[6]

---

3) 이홍구 외, 앞의 책, pp.38-40.

4) Harry S. Truman, *Memoirs I (Year of Decisions)* (New Yok: Doubleday and Co,. 1965), pp.433-434.

5) *Truman, Memoirs I*, pp.440-445.

6) Truman, *Memoirs, II(Years of Trial and Hope)*, p.317.

그러면 미국은 8월 11일 이전에는 한반도의 분할을 전혀 생각해 본 일이 없었는가? 그렇지 않다. 미국측 자료에 의하면 적어도 두 차례 미국정부는 한반도의 분할을 생각했다.

첫째, 앞에서 지적한 포츠담회담 때였다. 포츠담회담에 수행온 미국의 관리들과 소련의 관리들이 소련의 대일 참전문제를 논의하던 과정에서 미국의 관리들이 한반도에 있어서의 육상분계선을 생각해 본 것만은 확실하다. 회담 도중 어느 날 미 육군참모총장 마셜(George C. Marshall) 대장이 육군작전국장 헐(John E. Hull) 중장에게 미군의 한반도 진공에 관해 준비하도록 지시하자, 헐 국장과 그의 참모진은 "미국과 소련의 지상경계선을 획정할 곳을 결정하기 위해 한국 지도를 연구했다." 헐 국장이 미육군 전사실장실 소속의 애플만(Roy E. Appleman)에게 회고한 바에 따르면, 그들은 "최소한 인천항과 부산항이 미군지역에 포함되어야 한다"고 전제한 다음 그 두 항구의 북방에 있는 수도 서울의 북쪽에 선을 그었는데, 그것이 정확히 38도선은 아니었으나 "거의 그것에 가까웠고 또 그것에 연한 것이었다."[7] 그러나 미국측 수행원들은 이 분계선을 소련 수행원들에게 제시하지 않았으며, 따라서 미·소 대표들은 포츠담의 군사회담에서 이 분계선을 토의하지 않았다.

둘째, 1945년 작성된 것으로 짐작되는 합동전쟁계획위원회(Joint War Plans Committee: JWPC)의 비밀보고서(JWPC 385-1)에서다. 이 비밀문서는 6월 5일부터 8월 16일 사이에 작성된 것으로 되어 있으나, 대체로 6월부터 7월 사이에 작성된 것으로 짐작된다. 합동전쟁계획위원회는 미국 합동참모본부 내에 설치된 기관인 만큼 이 보고서는 미 군부의 견해를 잘 말해 주고 있다.

이 보고서는 한반도의 3단계 점령을 건의하면서 미·영·소·중 4강의 공동점령을 건의했다. 제1단계는 일본군의 적대행위가 끝나기 전 또는 끝

---

[7] United States Department of the Army, United States Army in the Korean War: South to the Naktong, North to the Yalu, prepared by Roy E. Appleman, Office of the chief of Military History(Washington, D.C.: United States Government Printing Office, 1961), pp.3-4.

나 가는 과정에서 요구되는 점령단계로 일본군의 무장해제가 임무가 되며 약 3개월이 소요된다. 이 제1단계에서는 미국과 소련이 한반도를 분할 점령한다. 즉 미국은 서울에 진주하고 이어 전략적 요충지인 서울 이남의 부산과 군산으로 점령을 확대해 나가며, 소군은 북한지역을 점령한다. 제2단계는 9개월 동안 계속되는데, 이 기간에 27만 명의 일본군과 3만 5천 명의 민병대가 무장 해제된다. 한편 이 단계에서 영국군과 중국군이 진주한다. 이 보고서에 따르면 미국은 서울·인천·부산을, 소련은 청진·나진·원산·서울을, 영국은 군산·제주도를, 중국은 평양을 각각 점령한다. 서울은 미국과 소련에 의해 공동 점령된다. 제3단계의 점령기간 동안에는 일본군의 본국송환이 완료됨에 따라 질서유지에 필요할 정도의 명목상의 병력만이 잔류한다. 그러나 이 보고서 역시 채택되지 않았다.

그러면 이러한 구상이 말해 주는 미국의 진의는 무엇인가? 그것은 한반도문제에 소련을 끌어들이려 했던 미국의 일관된 태도를 보여준다. 즉 미국은 소련을 한반도문제에 끌어들여 한반도를 공동 관리함으로써 한반도가 어느 한 강대국에 의해 독점 지배될 때 발생할 수 있는 국제분쟁을 방지한다는 입장을 가졌던 것으로 보인다. 그런데 일제가 급격히 항복하고 소군이 한반도 전체를 군사 점령할 것이 예상되자, 우선 그 절반이라도 건져야겠다는 판단에서 38도선의 획정을 제안했던 것이다. 이렇게 볼 때 38도선 분단은 미국정부의 정치적 고려의 산물이라고 할 수도 있다.

2. 민족분단의 대내적 요인

1) 민족 독립운동의 좌우분열

분단국가의 유형화를 시도한 최초의 정치학자는 가미야 후지 교수였다. 일본 게이오(慶應)대학의 가미야 후지(神谷不二) 교수[8]의 분단국가 개념을 한반도 분단의 경우에 적용해 보면 한반도의 분단은 국제형 분단과 내쟁형 분단의 복합이다. 보다 더 구체적으로 말한다면 국제형 요소가 우세한 국제형·내쟁형의 복합형이다. 바로 이러한 시각에서 한반도에 분단구조가 성립되고 그것이 한국전쟁의 한 원인이 되는 과정을 기술하고자 한다.

민족분단의 원인을 찾기 위해 우리는 일제치하에서 전개됐던 독립운동에 대해서도 조명을 하지 않으면 안 된다. 왜냐하면 민족분단의 싹이 이미 이 독립운동의 전개과정에서 나타났기 때문이다.

우리 모두가 잘 알고 있듯이, 1910년 8월 일제에게 합병을 강요당했던 우리 민족은 1919년 3월 1일의 전국적인 독립만세운동을 기폭제로 1920년대 이후 가열찬 항일투쟁을 벌였다. 그러나 불행히도 우리 민족의 독립투쟁은 우선 지역적으로 분산되었다. 즉 투쟁의 무대가 미국과 소련 및 중국, 그리고 국내로 나뉘었으며, 중국의 경우에도 화북과 상해 및 만주 등지로 나뉘었다. 그런데 이러한 지역적 분산보다 더 심각했던 것이 이념적 대결이었다. 즉 여러 갈래의 이념노선이 극단적인 대결을 보임으로써 독립운동이 통합성을 유지하기 어려운 경우가 많았다. 그들은 광복 이후 세워질 새 조국의 미래상에 대해서도 의견을 달리했다. 자유민주주의 국가를 세워야 한다는 세력으로부터 공산주의국가를 세워야 한다는 세력에 이르기까지 그 이념적 미래상이 상이했던 것이다. 물론 다른 민족의 독립투쟁사를 살펴보아도 지역적 분열과 이념적 대립이 없는 경우는 찾기 힘들다. 더욱이 노선투쟁은 정치집단 내부에 흔히 있는 일이다. 그러나 우리 민족의 독립투쟁의 경우에는 어느 무엇보다 이 이념적 대립이 극심해서 이념적 입장을 달리하는 세력들 사이의 제휴가 무척 약했던 것이다.

이러한 상황 속에서 그래도 대한민국 임시정부가 그 명맥을 유지하면서 민족해방투쟁의 구심점으로 작용했던 것은 다행스런 일이었다. 특히 임정이 1940년 이후에는 이념노선을 달리하는 여러 정치세력들 사이의 통일전선을 구축하고 이어 일제에 대해 선전을 포고했던 것은 독립운동사상 빛나

---

8) 그는 『中央公論』 1969년 6월호에 발표한 "분단국문제와 일본외교"라는 논문에서 분단국가를 ① 국제형 분단 및 내쟁형 분단, ② 안정형 분단 및 불안정형 분단으로 분석한 바 있다.

는 업적 가운데 하나로 기록되어 있다. 그러나 불행히도 국제사회에서는 이 임정이 민족해방투쟁을 대표한다고 보지 않았다. 예컨대 미국정부는 임정이 국내와의 연계를 이룩하지 못하고 있으며 해외 독립운동 세력들을 통합시키지 못하고 있다고 평가했다. 그렇기 때문에 임정은 망명정부로 공인되지 못했던 것이다.

우리 민족의 독립운동은 그 위대한 애국선열들의 피어린 해방투쟁에도 불구하고 하나의 통합적 중심을 형성하지 못했다. 통합적 단일중심이 미비한 상태에서 이념적 대결이 첨예해진 예들을 우리는 독립운동사에서 발견하게 되는데, 그러한 이념적 대결은 전후 해방된 한반도에 그대로 연장된다. 뒤집어 말해 해방된 한반도에 나타난 이념적 갈등은 독립운동기의 그것이 재연된 것이라고 하겠다. 즉 공산주의자와 민족주의자는 '계급혁명 지상' 대 '민족해방 지상', '무산자 국제지상' 대 '민족국가 독립지상'이라는 뚜렷한 두 개의 진영으로 나누어지고 끝내 타협을 못했다. 민족주의자들의 총 본산인 대한민국 임시정부의 '민족해방 지상' 및 '국가독립 지상'노선은 이렇게 하여 형성된 것이다. 민족주의자나 공산주의자가 다 같이 항일투쟁을 한다고 하면서도 이와 같은 기본적인 이념과 노선의 차이 때문에 협동전선을 구축하지 못했을 뿐만 아니라 서로 적대관계에까지 있었던 이 역사적 사실 속에서 우리는 1945년 국토분단의 민족적 요인을 볼 수 있는 것이다. 오직 미·소 양국의 전략적 이해의 상치 때문에 국토분단의 비극이 있는 것이 아니라, 한민족 자체 내부가 먼저 분열되어 있었던 것이다.9)

2) 남북분단체제와 대립정권 탄생

1948년 1월 초부터 서울에서 활동을 개시한 UN한국임시위원단은 북한에 대해서는 소련군의 입북거부로 원래의 기능을 수행할 수 없게 되었다. 이에 따라 임시위원단은 UN총회 임시위원회에 자신의 행동방향에 관해 자문

---

9) 李命英, 『권력의 역사: 조선노동당과 근대사』, 성균관대학교출판부, 1983, pp.6-7.

을 구하게 되었다. 임시위원회는 2월 19일 이 문제를 검토하기 시작했는데, 여기서 미국은 남한에서만이라도 선거를 실시해야 한다고 주장했으나 캐나다와 호주 등은 이것이 한반도의 분단을 영구화할 수 있다고 하여 받아들이지 않았다. 그러나 2월 26일 미국의 결의안이 31대 2로 가결됐고 이에 따라 임시위원단은 1948년 5월 10일 내에 남한에서 총선거를 실시하기로 결정하였다.

이 무렵인 2월 8일 북한은 정규군인 '조선인민군'을 창설했다. 정권수립 이전에 정규군을 창설한다는 것은 북한이 단독정권 수립을 위해 단계적인 절차를 지속적으로 밟아 왔다는 것을 의미한다. 인민군의 창설과 동시에 북조선 인민회의 제4차 회의를 소집해 '조선민주주의 인민공화국' 임시헌법 초안을 보고받았다. 이러한 시점에서 북한당국이 UN임시위원회의 입북을 거절하고 남한에서의 총선을 비난한 것은 당연한 것인지도 모른다.

한편 남한에서는 정치지도자들 사이에 남한 총선을 놓고 다시 한번 날카로운 대립이 일어났다. 1946년 6월 정읍 발언 이후 단선·단정을 주장해 온 이승만과 그의 독립촉성국민회의파는 남한에 강력한 정부를 세워야 남한을 적화하려는 북의 위압에 효과적으로 대응할 수 있다고 강조하고, 북한 주민의 35% 정도가 공산통치를 피해 월남10)해 온 만큼 남한에서 세워질 정부가 남북한을 대표하는 전 한국적 정부로서의 정통성을 갖는다고 주장했다. 그러나 김구와 김규식은 임시위원단에 의한 단선·단정이 한반도의 분단을 영구화한다고 주장하고 그것을 배격하면서, 2월과 3월에 걸쳐 평양의 공산지도자들에게 '통일민주정부의 수립을 위한 제반조치'를 토의하기 위해 남북한의 정치지도자 회담을 개최할 것을 제의했다.

북한당국은 양김의 제의를 받아들여 남북대표자연석회의를 1948년 4월 14일 평양에서 열자고 제의했다. 북한 공산주의자들이 이 회의를 수락한

---

10) 루돌프(Philip Rudolph)는 그의 *North Korea's Political and Economic Structure*(New York: Institute of Pacific Relations, 1959), p.17에서 1945년 10월부터 1948년 8월 사이에 약 80만 명이 월남했다고 주장했다. 그러나 미국무성의 책자는 이와 비슷한 시기에 약 200만 명이 월남했다고 주장했다.

동기는 그들의 통일전선정책과 관련해서 분석해야 할 것이다. 그들은 애초부터 통일전선정책에 입각해서 우익 민족주의세력과 연립을 형성하여 그들의 체제와 당의 대중성 및 합법성을 얻고자 노력했다. 그러나 신탁통치를 둘러싼 공산주의자들과 우익 민족세력간의 분열로 통일전선의 구호가 주는 효과는 크게 감소했다. 이러한 상황에서 반공적 입장으로 정평이 나 있는 남한의 저명한 정치지도자들과 평양에서 연석회의를 갖는다는 것은 공산주의자들에게 그들의 주장이 '전 조선인민의 전폭적인 지지'를 받고 있다는 선전을 할 수 있는 기회를 제공한 것이다.

1948년 4월 19일 개최된 이 회의는 공산주의국가에서 흔히 볼 수 있는 철저히 통제된 회의로서 공산주의자들에 의해 일방적으로 이끌어졌고 남한대표들은 "이미 모든 것이 다 결정된 결혼식에 참석한 손님"이 되어 진정한 남북대표자연석회의의 성격을 상실했다. 더구나 북한대표들은 권력을 장악한 자들이고 남한대표들은 권력을 갖지 못한 사적 개인 및 단체여서 이 회의에 대한 후자의 영향력은 몹시 제한되어 있었다.

그러나 그 점보다 더 중요하게 분석되어야 할 대상은 4월 30일 공산주의자들에 의해 일방적으로 채택된 공동성명이었다. 이 공동성명은 '남조선의 미군주둔'이 '통일의 유일한 장애'라고 지적하고 외군철수 후 전 조선인민의 정치회의를 거쳐 남북 임시정부를 수립하고 총선을 실시하여 제헌의회를 구성한 뒤 통일정부를 수립한다는 도식을 제시했다. 그렇지만 외군이 철수한 뒤 정규군을 이미 창설한 북한과 소규모의 경비대만 유지하고 있는 남한 사이에 예견되는 무력충돌을 어떻게 평화적으로 해결할 것이냐는 문제에 대한 해답은 없었다.

남북정치지도자회의가 사실상 실효를 거두지 못하고 남북에는 각각 분단정권이 수립되었는데 그 과정은 다음과 같다. 남북지도자연석회의가 끝난 지 열흘 뒤인 1948년 5월 10일 남한에서는 UN임시위원회의 감시 아래 제헌의회를 구성하기 위한 총선거가 실시되었다. 이 제헌의회는 7월 12일 대한민국 헌법을 제정하고 7월 17일 그것을 공포한 뒤 초대 대통령으로 이승만을 선출했으며 8월 15일 대한민국의 수립을 선포했다.

대한민국 정부가 수립되자 UN임시위원단은 10월 8일 총회에 제출한 최종보고서를 채택했다. 이 보고서는 대한민국이 국민이 선출한 대표에 의해 성립되었으며 이 정부의 기능이 점차 발전돼 가고 있다고 지적하면서도, UN 전 가맹국의 돈독한 협조 아래 전 한국의 독립과 통일을 달성할 수 있는 방법을 강구할 것을 권고했다. 1948년 파리에서 개최된 제3차 UN총회는 임시위원단의 전기 보고서를 논의했다.
　미국의 주도 아래 총회는 12월 12일 48대 6의 압도적 다수로 한반도문제에 관한 결의안을 채택했다. 이 결의안은 "임시위원단이 관찰하고 협의할 수 있었고 전체 한인이 살고 있는 한 부분 위에 효과적인 통치와 관할권을 갖는 합법적 정부가 수립되었다"고 지적하고, 이 정부는 "코리아의 그 부분 유권자의 자유로운 의사의 유효한 표현이었던 선거에 기초하고 있다"고 덧붙였다. 이 결의문은 그 다음 이 정부가 "코리아에 있는 유일한 그러한 정부이다"고 강조했다. 요약하면 이 결의문은 대한민국이 한반도 전역에 걸친 전 한국적 정부가 아니라고 특별히 선언하지는 않았다. 그러나 이 UN 총회의 결의가 특히 이러한 국제적 뒷받침이 전혀 없었던 북한정권에 비해 대한민국 정부에 정당성을 부여하기에는 충분한 것이었다.
　한편 북한의 정치발전을 보면 1948년 7월 10일 '북조선인민회의' 제5차 회의는 '조선민주주의인민공화국' 헌법의 시행을 결의하여 이 헌법에 따라 8월 25일 최고인민회의 대의원선거를 실시했다. 이 선거는 흑백투표함 방식에 의해 이루어졌는데, 이 선거를 거쳐 성립된 최고인민회의는 9월 3일 헌법을 공식적으로 채택한 데 이어 9월 9일 김일성을 수상으로 하는 조선민주주의인민공화국 정부의 수립을 선포했다.

제2장 북한 통치이념의 형성과정

오늘날 북한 공산정권의 정통성을 논하는 것은 북한 통치이데올로기의 성격을 규명하는 데 매우 중요한 의미를 지니고 있다. 북한은 정권의 정통성을 항일독립운동에서 찾고 있는데, 그 중심은 최근 북한이 취하고 있는 남북관계에서의 유연성과 신축성, 대일 관계정상화의 적극적 모색, 그리고 대미 관계개선의 타진 등과 같은 일련의 대외적 조치에서 보이는 바와 같이 전혀 변화의 징후를 보이고 있지 않는 것은 아니며, 또한 그 성격이 변혁의 조짐이든 아니면 변혁의 바람을 막아 보려는 대응전략 차원의 돌파구 마련이든 간에 동구권의 변혁과 국제정세의 변화에 대한 반응이란 점만은 분명하다. 어느 사회에서든지 비록 변화의 속도나 내용, 그리고 그 범위는 다를지라도 변화의 속성은 내재화되어 있으며, 그것은 가시화되기 마련이다. 문제는 그 변화가 바람직한 방향으로 가고 있는가 아니면 그에 역행하는 쪽인가에 있는 것이다.[1]

북한은 이념이 지배하는 사회이다. 따라서 북한을 올바르게 이해하기 위해서는 먼저 북한사회의 인식체계, 즉 이념체계에 대한 이해가 선행되어야 한다. 이는 북한의 변화 가능성에 영향을 주는 여러 변수에 있어 무엇보다

---

[1] 북한 역시 변화는 항시 존재해 왔으나 문제는 그 적응양태가 외부로 향하지 않고 내적 견고성을 다지는 방향으로 작용해 왔다는 데 있다. 비록 그것이 아직 가시화되지 않고 지도세력의 인식에 타격을 주는 수준에 머무르고 있는 실정일 뿐이나, 북한 지도층은 어떻게 외적 환경변화에 대응할 것인가를 모색하고 있으며, 그 해결을 위해 어떠한 노선을 선택할 것인가 고심하고 있는 것으로 보인다.

이데올로기적 작용이 크다는 것을 의미한다. 여기서 주목해야 할 것은 북한은 그간 외적 환경변화에 대해 나름의 적응 내지 대처경험을 지녀 왔다는 점이다. 즉 북한은 이미 공산권 내에서 격심한 회오리를 가져왔던 60년대 중소 이념분쟁의 와중에서도 자구책을 모색하는 과정을 통하여 스스로 그 돌파구를 찾았던 경험을 가지고 있다. 북한이 내부적인 갈등과 대외적인 변화 속에서 생존하기 위해 창조해 낸 나름의 통치이념이 바로 주체사상이다. 북한은 이처럼 변화에 대응하는 자체의 논리로 주체사상을 개발해 놓은 상태이며, 현재 그것을 내외적으로 걸맞은 명분으로 활용되고 있다. 주체사상은 그 자체의 논리적 모순을 차치하더라도 현실적으로는 엄연히 북한사회를 이끌어 가는 통치이데올로기로 작용하고 있다. 보다 구체적으로는 소위 '우리식대로 살아가자'는 자력갱생이라는 대외적 자주노선의 명분의 이면에는 "수령의 주체사상의 혁명적 가치와 친애하는 지도자 김정일 동지의 혁명적 의도가 담겨져 있어야 한다"는 대내적 통치전략이 깔려 있는 것이다.

    북한의 변화와 관련해서 통치이데올로기의 위상과 역할을 파악하기 위해서는 주체사상의 논리를 규명하기에 앞서 북한사회의 내재적 발전과정에서 사회적·환경적 요구에 직면하여 어떠한 적응과정을 거치면서 주체사상이 형성되어 왔는지를 살펴볼 필요가 있다. 그리고 그것이 북한 사회주의혁명과 건설과정에서 얼마나 기여를 했으며 또 어떠한 장애요인으로 작용해 왔는가도 아울러 분석해야 할 것이다. 이를 통해 현재 북한이 처해 있는 대내외적 갈등요인을 극복해 나가는 그들의 논리와 방법에 대한 이해와 성격규명이 가능할 수 있을 것이다.

    이러한 인식하에서 이 장에서는 첫째, 북한 통치이데올로기로서의 주체사상이 형성·발전해 온 배경을 규명하고, 둘째, 발전전략과 통제방식으로 작용해 온 통치이데올로기의 기능과 특징을 살펴보며, 셋째, 현재 북한이 처해 있는 대내외적 갈등요인과 상황을 고찰하여 그 해소·극복을 위해 어떠한 노선을 택할 것이며, 통치이데올로기의 위상과 역할은 어떻게 변할 것인가를 전망해 보기로 한다.

1. 중·소의 영향과 북한의 공산화과정

1) 한반도의 공산주의 전래

마르크스주의를 이데올로기로 하는 한인의 공산주의운동은 시베리아지역에서 발생하였다. 1917년 10월혁명에 성공한 러시아 볼셰비키당에게 있어 동부시베리아와 만주에 산재해 있는 많은 한인 이주자들은 이 지역에서 일본에 맞서 싸울 수 있는 동맹세력으로서 활용성을 지니고 있었다. 따라서 모스크바의 볼셰비키 지도자들은 한인의 민족적 반일투쟁 경력을 이용할 필요가 있었다. 이에 1918년 1월과 6월 시베리아에서는 모스크바 당국의 통제와 조정을 받는 두 개의 한인 정치단체가 결성되었다. 1918년 1월 이르쿠츠크에서 생성된 볼셰비키당 한인지부와 동년 6월 하바로프스크에서 조직된 한인사회당이 그것이다. 전자는 서부 시베리아의 비귀화인 집단이었다. 그 역할에서 전자는 볼셰비키전선에 동원되는 것을 일차적 사명으로 한 데 대해 후자는 극동시베리아의 한인을 규합하여 반일투쟁을 벌이는 것을 주안으로 하고 있었다.2) 이처럼 볼셰비키당은 시베리아 거주 한인들의 한국민족주의를 이용했던 것이다.

이 시기 대부분의 사람들에게 공산주의라는 개념이 극히 모호한 것이었듯이 이들 초기 한인 공산주의자들의 마르크스주의 이론에 대한 지식은 희박할 수밖에 없었다. 북한이 훗날 이러한 초기의 한인 공산주의자들을 마르크스·레닌주의를 전혀 이해하지 못한 '부르조아' 민족주의자들이라고 비난하고 나서기가 수월했던 까닭도 이러한 연유에서였다.3) 이들 중 특히

---

2) 김준엽·김창순, 『한국공산주의운동사』, 5권, 고려대학교 아세아문제연구소, 1976, p.380.
3) 이나영, 『조선민족 해방투쟁사』, 평양, 1958.

이동휘 그룹은 민족 독립운동의 숙원을 달성할 목적으로 유력한 외국정부의 원조를 얻고자 러시아 볼셰비키와 손을 잡고 한인사회당을 조직한 민족주의자들로서, 이들은 '소비에트연방 내의 공산주의운동의 한 부분'이 되려고 하는 러시아화된 한인들의 조직체인 이르쿠츠크의 한인 볼셰비키당 지부와는 상당한 간격이 있었다. 이러한 양자간 조직구성원의 성격과 한인사회 속에 존재했던 파벌주의, 더욱이 소련대표들 사이의 불화까지 덧붙여져 두 단체간의 대립투쟁은 이후 한인 공산주의운동 내에 치열한 파쟁을 벌이게 되는 모체가 되었다.4) 동부시베리아의 비귀화인 집단을 주도하던 이동휘는 1919년 8월 그 본거지를 중국의 상해로 옮기고 여기에 민족계 인사를 포함하여 1921년 1월 고려공산당을 조직하였으며, 서부시베리아의 이르쿠츠크에서 귀화인 집단을 주로 하여 김철훈 역시 1921년 5월 동 지역에서 또 하나의 고려공산당을 발족시켰다. 이 동일 명칭의 두 공산당은 서로 우열을 다투면서 레닌 집단에 밀착하려 하였으며, 이로 말미암아 한인 공산주의자들의 반일운동계는 크게 분열되었고 치열해졌다.5)

코민테른(Comintern)은 1922년 1월 모스크바에서 레닌주의적 민족문제를 아시아지역에 적용하기 위하여 '극동인민대표대회'를 개최하였다. 이 대회에서는 ① 한국에서는 계급운동은 시기상조이다, ② 한국의 공산주의자들은 현단계에 있어서 일반민중이 공명하는 독립운동을 지도하고 지원해야 한다, ③ 상해임시정부는 명칭만 크고 실력이 이에 동반하지 못하기 때문에 개혁할 필요가 있다6)는 등의 한국문제 결의안이 채택되었다. 이 노선에 따라 1923년 1월 상해 국민대표대회를 개최하여 연합전선 형성을 시도코자 하였다. 그러나 이러한 노력은 상해임시정부를 해체하고 새로이 러시아 영토 내에 한인 임시정부를 설치하려는 창건파와 상해임시정부 체제는 그대로 유지하되 개조를 주장하는 개조파로 분열되어 실패하고 말았다.

---

4) 스칼라피노·이정식,『한국공산주의운동사 1』, 돌베개, 1986, pp.46-47.
5) 김준엽·김창순, 앞의 책, p.380.
6) 위의 책, p.393에서 재인용.

코민테른의 당초 의도는 상해 국민대표대회를 통하여 상해임시정부를 민족·공산의 연합정부로 개조하고 공산주의자가 주도권을 장악하고자 하는 것이었다. 이 계획이 실패하자 코민테른은 기존 한인 공산당조직에 대하여 해산명령을 내리고 1922년 초 꼬르뷰로(Korbureau), 통칭 고려국을 코민테른 극동총국 내에 설치하였다. 그러나 이 역시 양 파벌의 파쟁으로 실패하자 코민테른은 이를 해체하고 오르그뷰로(Orgbureau)를 설치하였다. 이후 오르그뷰로도 1925년 1월 일·소 기본조약 체결과 더불어 폐지되고 말았다. 이러한 흐름 속에서 한국의 민족주의운동에 대한 소련의 기본적 태도는 이중적 성격을 지니고 있었다. 그것은 레닌주의와 당시 소련공산주의자들의 전술의 핵심인 민족주의와 공산주의의 상호작용에 관한 것이었다. 전술한 1922년 1월 코민테른 중앙집행위원장 지노비예프(Zinoviev)는 기조연설을 통해 서구제국주의와 자본주의에 대항하는 대규모 민족주의 봉기를 원조함을 공산주의정책의 주된 노선으로 삼을 것을 주장했다. 동시에 그는 민족주의의 한계와 위험성, 그리고 민족주의는 본질적으로 과도기적인 성격을 갖는다는 것을 강조하였다. 이는, 코민테른은 사회주의혁명, 즉 공산당 집권을 전제로 한 민족주의에 대해서만 적극적인 지원을 하겠다는 것으로, 민족주의에 대한 지지와 반대를 동시에 내포하는 레닌주의의 교묘한 원칙을 개진한 것이다.

이러한 원칙의 한국에 대한 적용은 사파로프(Safarov)의 연설에서 다음과 같이 설명됐다.[7] "한국의 피압박대중이 당면하고 있는 문제는 보다 단순하다. 중국에서와 마찬가지로 우리는 제국주의와 어떠한 타협도 거부하면서 민족해방의 목표를 향해 부단히 전진할 준비가 되어 있는 모든 민족혁명운동을 지원할 것이다.…… 우리는 이러한 운동이 부르조아 민주주의운동이라는 사실을 충분히 알고 있지만 민족해방을 위한 모든 민족운동을 지원해 온 것처럼 이 운동 역시 지지할 것이다. 왜냐하면 이 운동은 제국주의를 반대하고 있고 국제 무산계급의 이해와 일치하고 있기 때문이다."

---

[7] 스칼라피노·이정식, 앞의 책, p.86에서 재인용.

이러한 소련의 입장과 아울러 일본의 시베리아 철수라는 주변정세 변화가 소련의 한인 공산주의자에 대한 태도변화에 커다란 영향을 미쳤다. 즉 시베리아에서의 일본군 철수라는 상황조건의 변화는 러시아 영토 내의 한인에 대한 방위적 효용성을 저하시킨 대신 민족주의적 색채를 위험시함으로써 소비에트화시키는 데 주안점을 두는 정책변경을 가져온 것이다.

1922년 말 고려공산당 양파 합동이 끝내 결렬되자 코민테른은 한국 공산주의운동의 중심을 한국 내로 옮기기 위한 노력을 시작했다. 코민테른의 결정에 따라 1925년 4월 서울에서 조선공산당과 고려공산청년회가 각각 결성되고, 코민테른은 이를 한국지부로 승인하였다. 코민테른의 직접적인 지도하에서 움직이게 된 조선공산당은 발족한 지 얼마 안 돼서부터 검거와 탄압이 거듭됨에 따라 그 조직은 대중 속에 뿌리를 크게 내릴 수 없었다. 항일 민족운동을 전개하는 과정에서 조선공산당은 일제당국의 검거 때문에 심대한 타격을 받았으며 1928년 말로 사실상 마비상태가 되고 말았다.[8] 이에 코민테른은 1928년 7월 조선공산당 승인을 취소하고 동년 12월 10일 조선공산당의 전면적 재조직을 촉구하는 이른바 "12월테제"를 발표하였다. 1928년 이후 코민테른 6차 결의안을 한국상황에 구체적으로 적용시킨 이 "12월테제"는 한국 공산주의운동의 총괄적인 지침으로 작용하였다.

1928년 중엽 4차 조공검거 이후 국내에 남은 극소수 공산주의자들은 즉각적인 당 재건운동을 포기하고 있었다. 이후 한국 공산주의운동은 퇴조기에 있었으며, 다만 박헌영 일파의 그룹이 과거의 파벌들에서 정예분자를 흡수해 조직을 꾸려나갔으나 이들 역시 1940년 12월과 1941년 6월부터 12월까지의 수차에 걸친 검거 끝에 궤멸상태에 이르렀다. 이들은 8·15해방까지 지하에 숨어 있다가 1945년 8월 20일 박헌영을 중심으로 조선공산당 재건준비위원회를 조직했으며 동년 9월 1일 이른바 재건당으로 발족했다.

한편 1925년 이후 만주에서의 한인 공산주의운동이 하나의 조직적인 체계로 묶인 것은 만주총국을 1926년 5월에 설치하고 나서부터였다. 이 총국

---

8) 김준엽·김창순, 앞의 책, pp.381-382 참조.

은 조선공산당에서 파견한 대표와 재러 이르쿠츠크파 및 상해파의 전 고려 공산당 대표들도 참석하여 권위 있는 출발을 이뤘다. 더욱이 만주는 본래 공산주의운동의 지반이 다져져 있었기 때문에 그 조직적 발전은 순조로웠다. 그러나 1928년에 만주총국은 화요파와 ML파로 대립했고, 1929년에는 서울파, 상해파, 만주파가 생겨 3파로 정립·할거하면서 파쟁을 일삼았다. 중공당이 재만한인 공산당을 흡수하는 공작을 펴기 시작했다.9) 이에 일부 한인 공산주의자들은 이러한 중국 공산주의운동에 종속되는 데 반대하였지만, 대부분은 이를 받아들였으며 ML파는 1930년 4월초 공식적으로 자파의 만주총국 해산을 선언하였다. 화요회파 역시 6월 자파의 만주총국을 해산했고, 서울·상해파는 같은 달 준비위원회를 해산했다. 이에 따라 1930년 중엽 만주의 모든 한인 공산주의자들은 공식적으로 중국공산당의 지도를 받게 되었으며, 또 본국의 공산주의운동과도 완전히 절연되었다.10)

2) 북한정권 수립과 스탈린주의식 통치이념

중국 공산당원으로 동북 항일연정에서 활동중 일본군의 토벌작전에 밀려 1941년에 소련으로 도주한 김일성이 언제 어떠한 경로를 거쳐 북한에 들어왔는지에 대해서는 기록이 명확하지 않다. 그러나 소련 군정당국은 그의 혁명가로서의 경력을 과장·창작함으로써 그를 민족적 영웅으로 등장시켰다. 일반적으로 위성정권의 수립을 위한 소련의 소비에트화 과정은 ① 지도자의 수출과 공산당의 육성, ② 연립정부의 수립, ③ 비공산주의 지도자의 제거, ④ 민족 통일전선의 형성 등 네 가지 특징을 지니고 있다.11) 북한에서도 역시 소련 군당국은 수출된 지도자 중심의 당조직 구축공작과 병행하여 북한을 소비에트화해 나갔다.

---

9) 이명영, "재만한인 공산주의운동 연구," 성균관대, 1975. pp.208-209.
10) 스칼라피노, 이정식, 앞의 책, pp.211-233 참조
11) 양호민, 『북한의 이데올로기와 정치 2』, 고대 아세아문제연구소, 1973. pp.79-109.

북한의 소비에트화 과정은 ① 순수한 연립의 형성, ② 공산주의자 우위의 사이비 연립의 수립, ③ 한 덩어리의 바위와 같은(monolithic) 공산정권의 창설이라는 3단계를 거쳐 추진됐다.12) 첫째 단계인 순수 연립정부의 단계는 대체로 1945년 8월에서 46년 1월에 이르는 기간이다. 일본이 패망하자 45년 8월 17일 조만식을 위원장으로 하는 민족주의자 중심의 평남건국준비위원회가 자생적으로 과도적인 행정사무의 담당을 위해 조직되어 치안과 민생문제를 처리하였다. 그러나 8월 25일에 평양에서 진주한 소련군은 평남건준의 해체를 요구하면서 그 대안으로 "광범한 세력을 망라한다"는 명분하에서 새로운 조직체의 구성을 종용하였다. 이에 소련군 정치사령부 사령관인 로마넨코 소장의 주관하에 좌우 연합체인 '평남인민정치위원회'를 좌·우파 같은 비율로 조직, 공산주의자와 민족주의자의 연합방식을 취하였다. 그 위원장에는 조만식을 추대하였으나 위원 32명의 실질적 구성비율은 15 대 17로 친공파가 우세하였다. 또한 소련 군당국은 1945년 10월 8일 5도임시인민위원회를 구성하였다가 10월 28일 이를 5도행정국으로 개편하였다. 그러나 5도행정국을 통한 비교적 순수한 연립정부는 45년 12월 신탁통치 문제를 둘러싼 공산주의자와 민족주의자간의 이견으로 막을 내렸다. 이는 46년 1월 조만식을 비롯한 민족주의 지도자들의 체포, 투옥과 남한 탈출 등의 사태로 이어졌다. 이에 45년 11월 3일 소련군 당국에 의해 조만식을 위원장, 공산당 간부인 최용건을 부위원장으로 급조된 조선민주당도 당명을 북조선민주당으로 개칭하고 최용건을 당수로 새로 선출하여 북조선임시인민회에 참여함으로써 사이비 연립의 단계로 접어들었다.

이와 때를 전후하여 소련군사령부는 북한의 소비에트화를 적극 추진하기 위한 정치도구인 '맑스·레닌주의적 혁명적 당'을 발족시켰다. 즉 1945년 10월 10일부터 13일 사이에 '조선공산당 서북 5도 책임자 및 열성자대회'를 개최하여 중앙집권적 당 중앙 지도기관으로서 '조선공산당 북조선분

---

12) 서대숙, "북한의 계획적 소비에트화," 『공산주의의 정권장악의 유형』, 극동문제연구소, 1977, p.442.

국'을 조직하였다. 45년 8월 20일 '조선공산당 재건위원회'를 결성하여 조선공산당 재건에 착수한 자칭 정통파 박헌영의 조선공산당 중앙위원회는 45년 10월 23일 평양에서 조직된 '북조선분국'을 승인하였다.

북한에서는 결국 소련군사령부의 의사대로 '분국'이 창설되었고, 당 제1비서에 김용범(소련파), 제2비서에는 무정(연안파)과 오기섭(국내파)이 각각 안배되고, 당기관지『정로』의 책임주필에는 태성수(소련파), 부주필에는 유문화(연안파), 그리고 편집부장에는 박팔양(국내파)이 임명되었다.13)

김일성은 입북 이래 줄곧 초당파적 입장을 내세우며 민족의 대동단결을 표방하면서 대중적 인망을 얻는 데 노력하는 한편 배후로는 은밀히 공산당을 조직하는 데 전력을 기울였다. 김일성은 10월 14일 자신을 환영하는 '평양시 군중대회'에서 처음으로 군중 앞에 모습을 드러낸 자리에서 민족의 단결을 부르짖었다. "조선민족은 이제로부터 새 민주조선 건설에 힘을 합하여 나가야겠다. 어떠한 당파나 개인만으로 이 위대한 사명을 완수할 수는 없는 것이다. 돈 있는 자는 돈으로, 지식 있는 자는 지식으로, 노력을 가진 자는 노력으로, 참으로 나라를 사랑하고, 민주를 사랑하는 전 민족이 완전히 대동 단결하여 민주주의 자주독립국가를 건설하자!"14)

4일 후인 10월 18일의 '평남인민정치위원회'의 환영식에서도 같은 논조로 역설하였다.15) 이러한 초당파적 애국적 노선의 가장은 국내적으로는 열렬한 민족적 애국자로서의 김일성 상을 형성하여 소박한 대중들의 여망을 획득하고, 대외적으로는 소련의 소비에트화 목표를 은폐함으로써 스탈린이 소련군 점령지역에다 공산주의정권을 수립하려 한다는 공포감을 막자는 데 있었다.16)

소련당국은 '북조선 5도행정국' 같은 과도적인 행정조직에는 김일성을

---

13) 김창순,『북한십오년사』, 1961, pp.95-96; 양호민, "북한의 소비에트화,"『북한 공산화과정 연구』, 고대 아세아문제연구소, 1973, p.6.
14)『조선중앙년감』, 1949년판, 평양, p.63(양호민, 위의 책, p.4에서 재인용).
15)『김일성선집』, 1권, 1963, p.11.
16) 양호민, 앞의 책, p.5.

참가시키지 않으면서 실질적 권력의 핵심인 당의 조직화에 힘을 쓰게 하였다. 북조선분국이 조직됐을 때 이미 김일성은 사실상 당을 장악한 상태였고, 동년 말에 개최된 조선공산당 북조선분국 제3차 확대집행위(12. 17~18)에서 책임비서로 선출되면서 표면에 나섰다.

소비에트화의 두번째 단계인 사이비 연립 시기는 김일성을 위원장으로 하는 46년 2월 9일 북조선 임시인민위원회 설립으로 시작된다. 이 위원회의 창립은 표면적으로 사이비 민족통일전선 연립정권 형태를 취했을 따름이며 사실상 북한에서 스탈린주의적 권력체계가 확립되었음을 의미했다.

일당독재의 실체를 은폐하기 위해 1946년 2월 1일 천도교도와 농민을 중심으로 북조선 천도교청우당이 조직되고, 동년 3월 30일에 연안에서 들어온 김두봉 일파를 중심으로 한 조선독립동맹이 조선신민당으로 발족했다. 이로써 형식상으로는 공산당, 민주당, 신민당, 청우당의 4당체제를 갖추게 된 것이다. 이후 사이비 연립조치의 하나로 46년 8월 28일 북조선분국과 신민당을 합당시켜 북조선로동당을 만들었다. 이어 46년 11월 3일 단일 입후보자에 대한 흑백선거를 통해 도·시·군 인민위원을 선출하였으며 이 위원들로 하여금 도·시·군 인민위원회 대회를 개최하게 하여 간접선거로 북조선인민회의(의회)를 구성하였다. 여기서 북조선 임시인민위원회의 임시자를 빼고 북조선인민위원회(정부)를 결성했다. 이 인민위원회는 그후 1년 7개월 만에 공식 정부수립 발표가 있기까지 북한을 지배한 사실상의 정부였다. 북한은 이 인민위원회를 '최초의 프롤레타리아 독재정권의 탄생'이라고 공식적으로 부르고 있다.17) 한편 남한에서도 동년 11월 23일 공산당, 신민당, 인민당의 좌익 3당이 합당하여 남조선로동당을 발족했다.

세번째 단계인 단결된 공산정권 출현의 시기는 1948년 2월 인민군이 공식으로 발족하고 48년 3월 북조선로동당 제2차 대회의 개최시기와 때를 같이한다. 인민군을 창설하여 군을 장악하고, 제2차 당대회에서 권력구조 개편을 통해 당을 지배한 것이다. 이러한 상태에서 48년 9월 9일 북조선 인민

---

17) 『조선로동당 력사교재』, 평양: 조선로동당출판사, 1964, p.201.

위에서 정권을 이양받은 공산정권 수립선언은 형식적인 절차에 지나지 않은 것이다.

북한의 소비에트화에 있어 특히 지배적인 역할을 한 것은 소련계 한인과 김일성계의 빨치산들이었다. 소련은 이들에 대항할 만한 해외한인 무력조직의 귀국을 허용치 않았다. 따라서 소련은 연안으로부터 귀국한 조선의용군에 대해 해산조치를 취하기 위해 그들을 무장 해제시키는 한편 그들 일부를 만주로 추방하기도 했다. 이러한 과정을 거쳐 인민군의 공식발족과 북조선로동당 2차 대회 후 반년 만에 '조선민주주의인민공화국'의 설립이 선포된 것이다.

북한에서 정권수립 이전은 물론 이후에도 북한 공산주의자들이 몰두하였던 것은 크게 북한에서의 사회주의체제 확립문제, 인민대중의 동원문제, 그리고 '광범한 대중을 포용하는 대중적 정당'을 만들어 가는 문제였다. 그 중에서도 김일성에게 특히 중요하였던 것은 로동당의 조직강화와 그를 바탕으로 하여 권력기반을 구축하는 데 있었다. 이러한 그에게 강력한 통치의 배경으로 작용하였으며 또한 정권장악 전략의 교본으로 원용된 것이 스탈린주의였다.

스탈린은 레닌주의에 충실하면서도 자신의 지위유지와 권위를 높이기 위해 마르크스주의에 대한 레닌적 수정을 합리화하였을 뿐 아니라, 자신의 독특한 이론정립을 시도하여 자기사상을 주의로 격상시키고자 하였다. 이는 지도자로서의 통치행위를 이론적으로 합리화시키고자 하는 것이었다. 그러한 스탈린주의의 주요성격은 전후 동구권 사회주의 건설에 있어 소련식 발전모델과 통치이데올로기로 제시되었다.

북한의 경우 역시 소련의 영향력과 주도적 역할에 의해 '수입된 공산정권' 수립과정을 거쳤으며, 따라서 스탈린에 의해 북한의 지도자로 키워진 김일성이 그의 통치술로 스탈린주의를 원용하게 된 것은 당연한 귀결이었다. 이처럼 김일성의 정권장악 과정과 이후 북한사회주의 건설과정, 그리고 1인 독재체제 수립과정에서 보여준 지도행태는 바로 스탈린식 통치방식을 따른 것이었다고 할 수 있다.

3) 광복 전후 독립운동세력 내부의 좌우분파

　분단극복 문제는 광복 이후 한국현대사 최대의 현안이며 한국민족주의가 해결해야 할 기본적 과제이기도 하다. 그런데 이러한 과제를 실현하는 일은 시발점부터 난관에 봉착하게 되었다. 제2차 세계대전의 종전과 더불어 일제 식민통치로부터 해방되었지만 곧이어 미·소 냉전이라는 국제적 요인에 의해 민족과 국토가 남·북으로 분단됨으로써 민족적 자주성과 통합성에 엄청난 제약과 손상을 받게 되었기 때문이다. 특히 타율적인 민족분단은 한국인에게 역사적으로 전승돼 온 관념뿐만 아니라 새로운 국가건설을 위한 이념적 지향조차 양분시키는 결과를 가져오게 되었다. 그리고 더욱 심각한 것은 이러한 상황이 6·25를 거쳐 대내외적으로 체제화되어 장기화됨에 따라서 이후의 체제건설 과정에서 이념적 지향과 체제의 성격을 왜곡시키는 구조적 요인으로 작용하게 되었다.

　한민족은 오랜 단일민족의 역사를 가진 민족으로서 인종이나 종교, 언어 등 이른바 문화적 복합성에서 오는 심각한 문제와 소수민족의 문제는 없었다. 그러나 이와 같이 단일민족으로서의 역사적 전통을 가지고 있는 경우에는 민족주의의 저항적 성격이 외세에 대항할 때에는 강력한 힘을 발휘하게 되지만, 대내적으로는 전통적 권력과 결부되는 사이비 민주주의를 낳게 되고, 권력은 다만 '민족의 대표'라는 것만으로 정당화되어 '인민대중'이라는 민족의 구성요소에 대한 고려를 도외시하게 됨으로써 오히려 권위주의를 정당화하는 결과를 가져온다. 저항민족주의의 전통을 가지고 있는 국가들이 실제의 체제건설 과정에서 흔히 겪게 되는 이념논쟁이란 궁극적으로 이러한 명분상의 갈등요인과 깊은 관련이 있는 것이다. 19세기에 이르러 시작된 근대 서구민족주의는 팽창적·침략적·제국주의적 민족주의의 특징이 있지만, 한반도를 포함한 신생국의 민족주의는 서구열강의 침투에 대한 저항적이며 방어적인 민족주의에서 발로되었다고 할 수 있다. 이로 인해 한국의 민족주의 문제도 출발부터가 전통적인 서구민족주의와는 발생사적 차원에서 다르며, 지금까지 민족국가의 완성이라는 기본과제를 해결하지 못한 채 분단국가로 남아 있는 것이다.

그러나 여기에서 다시 주목할 필요가 있는 것은 공산권의 붕괴와 더불어 민족주의의 동향에도 분리독립과 통일이라는 새로운 조짐을 보여주고 있다는 사실이다.18) 이러한 동향에 비추어 볼 때, 한반도의 일각에서 흡수통일의 기대가 일고 있고, 다른 일각에서 '조선민족 제일주의론'이 표방되고 있는 것은 새로운 각도에서 주목될 필요가 있는 것이다. 따라서 지금이야말로 남과 북이 공히 공통된 인식의 틀로서 한국민족주의를 새로이 모색해야 할 단계라고 생각되는 것이다.

민족사의 현단계에서 요청되는 민족주의이념의 유용성을 찾는다면 남한의 반공주의와 북한의 주체형 사회주의의 양극단을 해소하는 길이라 본다. 근대국가 수립을 위한 노력의 좌절과 그에 따른 민족문제의 미해결은 분단민족으로서 주체적 역량의 결여에 기인하는 문제이기도 하였지만, 그것은 동시에 구시대의 냉전적 유산을 완전히 청산하고 대립과 갈등의 시대를 마감하는 세계사적 과제를 해결하는 계기가 된다는 점에서 민족통일의 현대적 의의는 더욱 크다.

1910년 8월 일제에게 합병을 강요당했던 우리 민족은 1919년 3월 1일의 전국적 독립만세운동을 기폭제로 하여 1920년대 이후 가열차게 항일투쟁을 전개하였다. 그러나 우리 민족의 독립투쟁은 지역적으로 미국과 소련 및 중국, 그리고 국내로 나누어졌으며, 중국의 경우에도 화북과 상해 및 만주 등지로 나누어졌다. 아울러 여러 갈래의 이념노선이 극단적인 대결을 보임으로써 독립운동이 통합성을 유지하기 어려운 경우가 많았으며 그들은 광복 이후에 세워질 새 조국의 미래상에 대해서도 의견을 달리했다. 자유민주주의 국가를 세워야 한다는 세력으로부터 공산주의국가를 세워야 한다

---

18) 자본주의권에서는 독일처럼 민족통일을 이룩하거나 유럽공동체에서 드러나듯 국가통합 노력이 대두되고 있다. 그리고 러시아와 유고로 대변되는 공산권에서는 민족분리의 몸부림이 거세게 일고 있어 자본주의적 통합과 공산주의적 분리가 한데 어울리고 있음을 보여주고 있는 것이다.

는 세력에 이르기까지 그 이념적 미래상이 상이했던 것이다.

대한민국 임시정부가 민족해방투쟁의 구심점으로 작용하면서 1940년 이후에는 이념노선을 달리하는 여러 정치세력들 사이의 통일전선을 구축하고 일제에 대해 선전을 포고했다.[19] 그러나 계급혁명 대 민족해방, 무산자국가 대 민족독립국가라는 뚜렷한 두 개의 진영으로 나누어지고 끝내 타협을 보지 못했다. 민족주의자나 공산주의자가 다 같이 항일투쟁을 한다고 하면서도 이와 같은 기본적인 이념과 노선의 차이 때문에 협동전선을 구축하지 못했을 뿐만 아니라 서로 적대관계에까지 있었다고 하는 이 역사적 사실 속에서 우리는 국토분단을 민족 내외적 요인으로 볼 수 있게 되는 것이다. 여기서 우리는 오직 미·소 양국의 전략적 이해의 상치 때문에 국토분단의 비극이 있는 것이 아니라, 한민족 자체 내부가 먼저 분열되어 있었던 역사적 교훈을 간과해서는 안 된다.

민족사회가 좌우로 분열된 뒤에도 계급과 사상을 초월하여 민족적 단결을 이루어 내려는 노력이 이어져 왔는데, 1920년대 중반 이래의 유일당운동이나 통일전선·연합전선·좌우합작운동 같은 것이 그것이다.

민족적 결속이라는 과제와 관련하여 한국민족주의가 대결해야 했던 가장 어려운 내부의 적은 편협한 공산주의와 완고한 반공주의였다. 우선 공산주의는 3·1운동 후 유입되어 항일 지식층 사이에 급속히 확산되면서 민족사회를 사상적·계급적으로 분열시켰다. 공산주의는 민족주의를 부르주아계급이 프롤레타리아계급의 계급투쟁 의지를 말살하기 위해 내세우는 허위의식이라고 간주하면서 민족혁명보다 계급해방이 더 중요한 목표라고 주장하였다. 공산주의세력은 프롤레타리아국제주의의 구호하에 코민테른의 지휘를 추종하면서 혁명의 주도권을 장악하기 위해 민족주의자들과 갈등을 일으켰다. 물론 진보적인 민족주의자들과의 사이에 '신간회'(1927) 같은

---

19) 그러나 불행히도 국제사회에서는 이 임정이 민족해방투쟁을 대표한다고 보지 않았다. 결국 우리 민족의 독립운동은 그 위대한 애국선열들의 피어린 해방투쟁에도 불구하고 하나의 통합적 중심을 형성하지 못하고 이념적 대결이 첨예화되어 이념적 대결은 전후 해방된 한반도에 그대로 연장되었다.

좌우합작적 통일전선이 성사되기도 했지만, 공산주의자들의 편협성과 헤게모니에 대한 집착은 그것이 오랫동안 지속되게 하지 않았다. 공산주의는 그 편협성과 과격성의 강도만큼 그를 거부하고 타도하려는 반공세력을 결속시켰으며, 두 극단세력간의 대결·갈등은 민족공동의 과제를 추구하던 민족주의를 질식시켰다.

3·1운동의 실패는 한편으로는 실력양성 운동을 촉진하는 계기가 되었지만, 다른 한편으로는 공산주의 사회운동을 초래했다. 사회주의운동은 3·1운동이나 각종 청원운동 등 서양열강 의존노선의 실패에 대한 반동노선으로서, 코민테른 내지 모스크바 정권과 제휴하면서 사회주의운동을 통해 그 목적을 달성하려고 한 급진적 편법주의라는 성격을 지니기도 한다.[20]

1920년대 전반기에 사회주의운동은 급속하게 확산되었다. 그러나 일제치하의 사회주의운동은 그 방향설정에서 근본적인 고민의 과제가 있었다. 사회혁명, 즉 계급혁명을 우선할 것이냐, 아니면 민족해방으로 민족국가 건설을 우선할 것이냐 하는 고민이 그것이다.

세계사적 보편성보다 한국의 특수성을 강조한 사람들은 대체로 계급문제보다 민족문제를 우선시하였다. 그들은 사회혁명은 민족국가 건설 이후에 이루어져야 할 과제로 설정하고, 민족적 역량의 규합을 위해 민족통일전선을 주장하였다.[21] 국내의 '신간회'와 국외에서의 유일당운동이 그것이다. 그러나 북한에서의 소련을 배경으로 한 김일성 정권의 등장은 결국 국제주의의 승리를 의미하는 것이었다.

일제는 한국에 대한 식민지배를 용이하게 하기 위해 민족의 상층계급을 회유하였는바, 그 결과 한민족 내부에서의 계급적 적대의식이 싹트게 되었다. 이러한 맥락에서 공산주의자들이 계급모순을 민족모순보다 우선시하거나 또는 민족모순과 계급모순을 동일시한 것은 일견 근거가 있는 것이라 하겠다. 그러나 한민족 내부에서의 계급적 적대의식은 바로 일제가 바라던

---

20) 김준엽·김창순, 『한국공산주의운동사』, 1권, 청계연구소, 1986, pp.21-22.
21) 서중석, 『한국현대민족운동연구』, 역사비평사, 1992, pp.28-29.

바였다. 특히 타협적인 자치운동에 대항하기 위해 민족주의자와 좌익 내 특수성론자들이 연합하여 결성한 신간회가 제대로 기능하기도 전에 해체된 것에는 실력양성론자(민족개량주의자)들의 와해공작[22]뿐만 아니라 "12월 테제"를 추종한 국제주의자들의 책임도 컸다.

  1945년 9월 29일 안재홍을 위원장으로 한 국민당이 맥아더 연합국 극동 군사령관에게 38선의 즉시 철폐를 요구하는 결의문을 제출했다. 이것이 38선 철폐를 위한 최초의 움직임이었다. 국민당의 이와 같은 운동에 이어 그 해 10월 10일에는 좌·우익에 걸친 32개 정당이 38선의 즉시 철폐와 남북분단의 종결을 요구했다.

2. 북한 통치이데올로기의 형성과정과 변화의 적응양태

1) 주변환경 변화와 주체노선

  모든 정치체제는 그 체제의 유지와 안정을 위해 통치수단을 정당화하는 나름대로의 통치이데올로기를 갖고 있다. 특히 공산주의체제의 경우는 마르크스·레닌주의에 기초를 둔 하나의 공식 또는 관제적 통치이데올로기를 가지고 있어 기존 정치체제의 권력행사를 정당화시켜 주는 동시에 사회적 총동원을 합리화시켜 주는 역할을 하고 있다. 이러한 통치수단으로서의 이데올로기는 정치적 상징조작을 통하여 정치지도자의 권위를 정당화시켜 주며 한편으로는 사회체제의 모든 영역을 통제한다. 특히 통치이데올로기는 체제의 발전방향과 전략을 결정해 주는 지도이념으로서, 그리고 그 체제를 유지·변화시켜 가는 공산당의 통치를 정당화시키는 논리로서, 체제성원 모두의 행위규범의 역할을 수행해 나가며, 경우에 따라서는 행위의 선악과 궁극적 가치를 의미하는 종교기능을 담당하기도 한다.

---

22) 박찬승, 『한국근대정치사상사연구』, 역사비평사, 1993, pp.347-352.

전체주의체제의 성격이 강한 북한에서는 통치이데올로기가 정치, 경제, 사회, 문화 등 모든 영역에 강력한 영향을 미치고 있다. 그것은 지난 40년 간 북한체제 전반을 지배해 온 절대적 지도원리이며, 모든 정책을 형성·지도·제약하고 또한 체제성원들의 준칙을 결정하는 도덕규범으로서 개개인의 생활과 사고방식까지 규정지어 왔다.

북한은 정권 초기에 사회주의혁명과 건설을 위해 통치이데올로기로 마르크스·레닌주의를 채택하였으나, 김일성의 지배체제 확립과정에서 전 사회의 주체사상화가 강조되었으며, 김정일 후계체제 구축과정에서는 주체사상의 김일성주의화에 초점을 두고 이를 전면에서 부각시키고 있다.

김일성이 '주체' 확립 문제를 당내에서 공식적으로 처음 언급한 것은 1955년 12월 28일 '당선전선동원대회'에서 행한 "사상사업에서 교조주의와 형식주의를 퇴치하고 주체를 확립할 데 대하여"라는 제목의 연설에서였다. 여기서 김일성은 '조선의 혁명'을 옳게 수행하기 위해서는 소련이나 중국의 경험을 연구함에 있어 사대주의, 형식주의에서 벗어나 북한의 실정에 맞게 적용해야 하며, 북한에서 공산당이 생긴 지 10년이 되었으니 "자기의 당사를 가지고 당원을 교육시켜야 한다"고 주장하였다.

주체사상이 국가적 차원의 통치이데올로기로 체계화되고 사회 각 부분에서 구체화된 것은 한꺼번에 된 것이 아니라 상당한 기간을 거쳐 정립된 것이다. 1955년 주체의 구호를 제기하고 나서 1966년 대외적인 자주노선의 선포에 이르고, 이어 1967년부터 주체사상은 마르크스·레닌주의와 동격으로 격상해서 사용되면서 '유일사상체계'라는 용어로 공식화되었다. 이어 1970년 11월 제5차 당대회에서 새로 개정한 조선로동당 규약에서는 당 지도이념으로 공식화됐으며, 1972년 12월 제정된 '사회주의 헌법'에서도 주체사상이 북한사회의 최고 지도적 지침이라고 규정하였다. 이후 로동당 제6차 대회에서 '전 사회의 주체사상화' 운동이 공식화됨으로써 통치이데올로기로서 확고한 자리를 굳히게 되었다.

이러한 과정을 거쳐 생성·발전해 온 주체사상의 출현배경에는 국제공산주의운동의 상황변화와 대내적 권력투쟁 두 가지 측면이 내재되어 있다.

1950년대 초 북한은 패전으로 인한 주민의 사기저하와 권력투쟁 심화에 의한 적대계층의 형성, 경제계획의 불균형에서 야기된 경제성장의 부진 등으로 내부적으로 위기감이 조성되었으며, 공산권 내부에서는 다중심주의 (polycentrism)가 대두, 중국의 영향력 증대와 동구 공산권의 동요 등으로 말미암아 갈등을 겪게 되었다. 이러한 갈등은 정권수립 후 계속돼 온 김일성의 카리스마적 권력의 정통성과 능률성에 불신을 초래하였다. 더구나 이러한 현상은 소련공산당 20차 대회를 계기로 시작된 김일성의 후견인이었던 스탈린 격하운동과 뒤를 이어 노정된 반대파(국내파, 연안파, 소련파)들과의 치열한 당내 권력투쟁을 가져오게 됨으로써 김일성으로 하여금 이데올로기상으로 새로운 모색을 하지 않을 수 없는 상황이 초래되었다.

즉 북한에서 해방 이후 이식된 소비에트화 과정에서 생긴 스탈린식 중앙집권 통제경제 문제점의 노출은 소련식 경험에 의해 해석된 마르크스·레닌주의의 조선화에 대해 재평가를 하게 했고, 더욱이 스탈린 격하운동이 전개됨에 따라 이것이 김일성 독재에 대한 공개적 비판으로 파급됨으로써 당내에 치열한 이데올로기투쟁이 전개되게 되었고 반대파들의 이론적 도전을 회피하고 그들을 숙청하는 무기로 주체를 이용하였다. 전후 경제부흥 노선의 입장에서 보면, 소련에서 일어난 스탈린 노선의 전환은 스탈린주의적인 중공업우선 노선의 계승을 주장하던 김일성 노선의 정통성 위기를 가져오는 한편, 중공업과 경공업, 농업의 균형된 발전을 주장하는 말렌코프 노선을 지지하는 반 김일성 세력의 대두를 초래하였다. 따라서 김일성의 정통성에 대한 위기는 소련으로부터의 직접적인 간섭에 의한 것이었다기보다는 모스크바의 권위를 배경으로 한 국내의 도전세력에 의해 소련과 북한간의 노선차이가 북한 내부에 확대·투영된 것이라 할 수 있다. 따라서 이 시기에 김일성이 겪은 위기란 비록 그 원천이 소련에서 스탈린 노선에 대한 비판과 후퇴에 있었다 하더라도 북한의 현실적 입장에선 전후 경제부흥 노선을 둘러싼 문제에 있었다.

김일성의 입장에서 이러한 국내 반김세력의 도전에 대한 반박논리로서 주체개념의 강조는 노선의 적용과 이데올로기 해석권을 자신이 독점함으로써 정통성을 확보하고자 하는 시도였다고 할 수 있다. 이데올로기적 측면에서 보면 '주체'의 강조는 모스크바의 직접적인 이데올로기적 대결을 상정하고 형성된 것은 아니었다 하더라도 간접적으로는 모스크바에 대한 도전적 측면을 지니고 있었던 점도 부정할 수 없다.[23]

따라서 김일성의 반대세력 도전에 대한 극복은 첫째, 주체개념을 통한 당적 사상체계의 확립을 이룸으로써 모스크바의 권위에 대한 영향력을 약화시키며, 둘째, 대외적 자주성의 표명을 근저로 하여 내부에서의 자신의 확고한 권위확보를 통해 권력과 이데올로기의 결합을 이룸으로써 독자적인 체계의 형성필요에 대한 자각은 물론 그 체계의 공고화를 꾀해 나가는 발판이 되었다. 더구나 흐루시초프의 새로운 평화공존 노선으로 공산주의 진영의 재편이 이루어지는 시점에서 주체개념은 대외적 자주성의 확보문제로 연결된다. 김일성은 이와 관련해서 1955년 12월 28일 당의 선전선동가 집회에서 행한 연설에서 주체개념이 혁명의 방법이나 다른 나라 당 경험의 선택적 적용에 대한 자주적 자세임을 언급하였다. "활동에 있어서 혁명적인 진리→맑스·레닌주의의 진리를 체득하는 것이 중요하고, 그 진리를 우리나라의 실정에 맞게 적용하는 것 또한 긴요하다. 반드시 소련과 동일하게 하지 않으면 안 되는 원칙은 없다.…… 소련의 형식이나 방법을 기계적으로 모방할 것이 아니라 그 투쟁경험과 맑스·레닌주의의 진리를 배우는 것이 중요하다."[24] 이와 같이 북한에서 사회주의 혁명방법론의 주체적 수용과 마르크스·레닌주의의 창조적 적용의 요구라는 이론적 측면 외에 한편 대민관계적 측면에서 주체강조의 논리는 대중의 전통적 민족의식에 영합을 꾀하는 것이라고 할 수도 있다. 오늘날 '주체'노선과 김일성주의는 북한에서 매우 강한 민족주의적 역할을 수행하고 있으며, 그 시원은 김일성의 항일 빨치산투쟁에 그 근거를 삼고 있다.

---

23) 小此木政夫, "北韓에서의 對蘇 자주성의 맹아, 1953~1955," 『서구 마르크스주의자들이 본 북한사회』, 중원문화, 1990, pp.165-169.

24) 김일성, "사상활동에 있어서 교조주의와 형식주의를 퇴치하고 주체를 확립할 데 대하여," 『김일성선집』, 1964, p.603.

이러한 배경에서 형성된 김일성의 '주체사상'은 편의주의적인 이데올로기적 조작을 통해 내부적으로는 반대세력의 숙청에 성공하였고, 대외적으로는 중·소의 이념투쟁이라는 미묘한 역학관계를 교묘히 이용하는 현상을 낳았다. 이처럼 주체사상의 생성단계에서의 역할은 정통성이 결여된 김일성의 권위를 재창출하고 당면한 난국을 수습하는 데 중요한 의미를 갖는 것이었으며, 대외적으로는 강대국들의 내정간섭을 회피할 수 있는 구실을 제공해 줄 수 있는 것이기도 하였다.

이렇게 볼 때 김일성의 주체구호 제기는 대외적 환경변화와 대내적 권력기반과의 이반현상으로 야기된 딜레마를 극복하고 당면한 난제를 해결하기 위한 새로운 통치이데올로기 모색과정에서 발상된 것이라 할 수 있다. 주체, 즉 정치에서 자주의 표명은 대내외적 관계에 있어 갈등의 요소를 해소할 수 있는 상징으로 채택된 것이며, 이는 후일 물질적 측면에서 '경제'와 통합이 된다.

2) 권력기반의 강화와 김일성주의

위에서 살펴본 바와 같이 '주체사상'이 북한의 통치이데올로기로 성립되기까지에는 북한 내부의 정치·경제·사회적 기반의 변화와 국제환경 조건의 변화가 불가분의 관계로 작용해 왔다. 특히 통치이데올로기로서의 주체사상은 김일성정권의 강화와 그 체제구축을 위한 정치적 정당성을 부여하고 이를 촉진시키는 과정에서 형성된 것이다. 이후 1970년대 중반 김일성의 권력을 김정일에게 이양하는 세습체제 구축이 본격화되면서 북한에서는 '주체사상'의 '김일성주의화'라는 변화가 시도되기 시작한다.

김정일이 김일성의 후계자로 암시되기 시작한 것은 1960년대 말 소위 '혁명가계'를 내세우기 시작한 때부터라고 볼 수 있으나, 북한에서 공식적으로 후계자문제가 거론된 것은 1971년 6월에 개최된 사로청 제6차 대회에서였다. 이후 당에서 김정일의 지위는 빠른 속도로 상향되기 시작했고, 1980년 10월 당 제6차 대회에서 당서열 제4위로 부상되면서 후계자로 공식

인정을 받았다. 1983년부터는 당서열 2위를 굳히면서 명실공히 당정사업을 전반적으로 지도하는 후계자의 지위를 확보하였다.

김정일이 후계자로서의 지위를 확고히 구축하게 된 것은 1970년대 이후 북한 정치구조의 변화, 특히 당 및 국가기구 개편과 엘리트의 교체, 그리고 3대 혁명소조의 활동이 김정일의 권력승계를 용이하게 하는 방향으로 진행돼 왔고 또 북한정권의 정통성과 리더십을 뒷받침해 주는 주체사상을 통한 상징조작과 우상화의 결과인 것으로 보인다. 그러나 김일성에 의해 후계문제가 만족스럽게 해결되었다는 선언이 나오고 있음에도 불구하고 김정일 체제가 공식출범을 하는 데는 많은 문제가 산재해 있었다. 특히 그의 정통성 확보와 관련시켜 볼 때 가장 크게 대두되는 문제는 당 및 북한사회 전반에 걸쳐 김일성에게 바쳐졌던 충성심이 김정일에게로 충실하게 전이될 수 있느냐 하는 것이었다. 이에 그 방안을 강구한 것 중의 하나가 주체사상의 김일성주의화라는 공식이데올로기의 위상변화를 통해 김정일의 이데올로기적 업적을 부각시키는 것이었다.

김정일이 주체사상을 김일성주의로 격상시키려는 생각을 가진 것은 1970년 5월경부터이며, 공식으로 제기한 것은 1974년 2월 19일의 전국 당 사상사업부 일꾼강습회에서 "현 사회를 김일성주의화하기 위한 당 사상사업이 당면한 몇 가지 과업에 대하여"라는 연설을 통해서였다. 그후 1982년 3월에 "주체사상을 김일성주의로 정식화하고, 그 체계와 내용·원리 및 방법을 전면적으로 집대성"한 것으로 선전하고 있는 "주체사상에 대하여"라는 제목의 논문을 발표하였다. 이 논문은 주체사상의 창시, 주체사상의 철학적 원리, 주체사상의 사회역사원리, 주체사상의 지도적 원칙, 주체사상의 역사적 의의를 다루고 있다. 이것을 발표함으로써 그는 '김일성주의'의 정식화를 완결했다고 주장하고 있다.

김정일에 의하면 김일성주의는 "주체의 사상, 혁명리론, 령도방법의 체계로서 주체사상에 의하여 밝혀진 혁명과 건설에 관한 리론과 방법의 전일적 체계"인 것이다. 다시 말해 '김일성주의'라는 용어는 '김정일에 의해서 재해석된 김일성의 주체사상'이라고 할 수 있다. 위 논문에서 김정일은 주체사상의 창시에 대해 마르크스, 엥겔스, 레닌을 열거하고 난 후 김일성이 "억압받고 천대받던 인민대중이 자기운명의 주인으로 등장하는 새로운 시대의 요구를 깊이 통찰하고 주체사상을 창시하였다"고 주장하고 있다. 또한 김정일은 김일성을 앞의 세 사람과 동격으로 취급하면서 "자주성을 위한 인민대중의 투쟁을 새로운 높은 단계로 발전시켰으며 인류력사 발전의 새 시대, 주체시대를 개혁하였다"고 말하고 있다.25) '주체사상의 김일성주의화'는 김정일에 의해 주체사상을 고전적 마르크스주의를 능가하는 위대한 사상으로 부각시키려는 것으로, 결국 김일성에 대한 개인숭배를 더욱 노골화하고 있는 셈이다.

이러한 과정은 김정일의 권력승계의 정당성 구축과도 밀접하게 연결되어 있는 것으로, 통치이데올로기에 대한 김정일의 기여를 앞세워 그 자신의 정통성 확보를 노리고 있는 것이다.

그러나 김정일이 후계자로 등장한 이후 선전매체를 통하여 주체사상의 김일성주의로의 정식화를 꾸준히 선전하고 있음에도 불구하고 '김일성주의'를 당규약이나 헌법에 공식이데올로기로 명기하지 못하고 있다. 또한 북한은 '김일성주의'라는 용어를 <로동신문>, 『근로자』 혹은 당이나 정부 고위층의 연설문에서는 공식적으로 사용하지 않고 있다.26) 이렇게 볼 때 북한에서 김일성주의의 공식화 여부는 김정일이 이론적으로 주체사상을 더 심화시킬 수 있느냐, 체제건설과 발전에서 얼마만큼 자신의 업적을 쌓느냐, 대외적으로, 특히 중·소로부터 공인을 받을 수 있느냐의 문제와 밀접하게 연관되어 있었다고 하겠다.

이제 김일성주의는 당적 사상인 동시에 주민들의 사상으로 되어 갔으며 그 과정에서 나타나는 현상은 북한의 유일체제 확립과 관련된 사회·경제적 변화와 밀접한 관련을 갖고 전개되고 있다.

---

25) 김정일, 『주체사상에 대하여』, 평양: 동방사, 1982, pp.3-4.
26) 그 중요한 이유로는 동맹국인 중, 소를 비롯한 공산권의 비판을 두려워하지 않을 수 없는 상황, 김일성주의의 내용과 독창성에 대한 자신감의 결여, 김일성주의를 공식이데올로기로 내세우는 모험의 전도가 불투명한 점 등을 들 수 있다.

3) 통치이념의 특성과 역할

주체사상은 형성과정에서 김일성 자신의 권력 공고화와 정통성 구축에 기여하였고, 북한의 대외정책, 특히 중소분쟁에 대응하는 정책을 정당화하는 기능도 수행하였다.

북한이 중국과 소련으로부터 원조를 받으면서도 자주적 노선을 견지해 온 것은 중소분쟁의 역학을 잘 이용한 때문이기도 하지만, 그 과정에서 주체사상의 역할 또한 무시할 수 없다. 그것은 주체사상의 발상배경에 김일성이 자주적 자세를 취할 의향을 처음부터 갖고 있었는가에 대한 것은 논외로 한다 하더라도, 주체사상은 김일성의 통치술과 깊게 연결돼 온 북한의 지도이념이며 북한주민들의 생활을 규제해 온 이데올로기라는 점에서 그러하다.

이와 관련해서 작금의 동구권 변혁을 맞아 북한 통치이데올로기가 어떻게 기능하고 있으며 또한 계속 기능할 수 있는가에 대한 분석은 결국 북한이 어떤 방향으로 나아갈 것인가와 직접 연결된다. 이러한 측면에서 주체사상의 기능은 김일성이 주체사상을 제기할 수 있었던 시대 상황적 요구에 대한 대내외 정책행태를 규명함으로써 보다 분명해질 것이다.

북한이 대국주의적 내정간섭에 반대하고 소위 자주노선을 걷게 된 것은 1966년의 일이다. 당시 공산세계의 다원화, 특히 중소분쟁의 발생과 스탈린 사후 모스크바의 공산권에 대한 통제완화라는 시대상황의 변화 속에서 주체사상은 김일성체제의 유지 및 확대에 필요한 이념적 명분으로 활용될 수 있었던 것이다. 즉 주체사상은 대내적으로 친소파나 친중파들을 외세에 편승한 종파분자로 몰아세울 수 있는 소지로 사용되었을 뿐 아니라 대외적으로는 점차 확대돼 가는 중국과 소련의 갈등 속에서 북한의 적응력을 증진시켜 나가는 명분을 제공해 주었던 것이다. 이러한 북한의 자주노선으로서 주체의 명분은 첫째, 대국주의를 반대하고 북한외교의 자주성을 견지하겠다는 점과, 둘째, 중소분쟁에 북한이 개입하지 않고 중립적 태도를 취하겠다는 점에서 그 기능적 효과를 발휘하였다. 전자의 경우 반제·반식민주의와 연결되어 북한이 제3세계에 효과적으로 그 세력을 확대해 나가는 데 하나의 이념적 기반으로 사용되었으며, 후자의 경우는 중국과 소련의 분쟁 속에서 김일성체제의 독자적 위치를 확고히 해 주는 데 기여하였다. 이렇게 볼 때 주체사상은 대외환경적 변화에 대한 김일성체제의 적응력을 증진시켜 주었으며, 이에 따라 내부적으로는 체제유지 및 강화를 위해 기여했다고 보아야 할 것이다.

당시의 국제상황, 특히 공산권의 변화에 대한 북한의 인식은 '수정주의'적 요소의 북한 유입을 막는 데 최우선을 둔 것으로, 수정주의[27]사조의 유입을 방지하기 위해 주체사상에 입각한 주체교육을 강화, 전 주민을 교화함으로써 '북한식 공산주의'를 가장 좋은 것으로 인식시켜 북한주민에게 동구공산주의와 비교할 수 있는 안목을 갖지 못하도록 예방하고자 하였던 것이다.

주체사상에서 주체는 인간, 물질, 정신이 상호 결부된 것으로 파악하고 있으나, 그 중에서도 인간을 언제나 주도적 위치에 놓고 있다. 여기에서 인간은 자주성, 창조성, 의식성을 지닌 사회적 존재이며, 이 본질을 획득하기 위해서는 현명한 영도를 필요로 한다는 것이다. 이런 관점에서 대중의 창조적 능력은 자연발생적인 것이 아니라 교화된 지도력에 의해 적절한 자극과 지도를 받을 때 보다 큰 성과를 달성한다는 논리를 펴고 있다. 사회를 지도하는 힘은 당에게 주어진 역할이며 이러한 당의 의지를 구현하기 위해서는 현명한 지도자가 필요하다는 것이다. 따라서 그 개인적 지도자가 당의 역할을 결정하고 행동지침을 내려 줌으로써 인민대중·당·수령의 삼위일체가 이루어지는 것이다. 이것이 '위대한 지도자' 김일성의 개인숭배를 이데올로기적으로 정당화하는 논리이다.

이 개인숭배는 인민대중이 역사를 창조하기는 하나 오직 올바른 지도자

---

27) 김일성이 정의하는 수정주의는 ① 동구의 자유화 사조, 북한식 표현으로는 퇴폐풍조, ② 시장사회주의 정책, ③ 개인숭배 리론에 대한 비판, ④ 집단지도체제 옹호론 등이다.

와 함께 할 때만 그것이 가능하다는 논리로 확대됨으로써 영도적 유일체계를 확립시키게 된다. 주체사상이 요구하는 것은 김일성의 교시와 그 구체화인 당의 정책을 신조로 받들고, 또 그것을 척도로 삼아 생각하고 행동하는 것이다. 즉 그 실질적 내용이 무엇인가 하는 것보다는 그것이 제시하고 있는 정신적 자세확립이 본질을 이루고 있다고 하겠다. 따라서 그 핵심은 자기를 희생하는 데서 출발하며 당을 위해(당성), 인민을 위해(인민성), 노동자계급을 위해(계급성) 일하고 싸우는 것이 최고의 가치를 이루게 되는 것이다.[28]

경제관리체계에서는 주체사상의 구현을 통해 일치 단결하고 인민대중으로부터 무한한 에너지를 끌어내 당이 제시하는 과제에 부응해 나가도록 하는 원리가 작용하고 있다. 그러나 점차 기업이 대형화·종합화돼 가는 추세에서 주체사상에 의해 사상적으로 단결된 힘만으로 생산경쟁을 목표하는 바까지 계속 이끌어 낼 수 있을 것인가에 대해서는 의문이 든다. 또한 그러한 주장의 논거를 김일성이나 김정일의 현지지도 방식에 두고 있기 때문에 사상적 측면이 강조될수록 이들 개인의 능력에 대한 의존성은 더욱 깊어 갈 수밖에 없다는 점에서 주체사상의 현실적인 경제적 측면에서의 한계성은 나타나게 된다. 이와 관련해서 김일성은 기술혁명에 있어서 연구자, 과학자의 책임을 강조한 바 있으나,[29] 체제의 성격에 비추어 연구자, 과학자의 이니셔티브를 통해 그것이 극복될 수 있을 것인가에 대해서도 역시 강한 문제점이 제기된다고 하겠다.

---

28) 김일성, 『사회주의 경제관리문제에 대하여 1』, 조선로동당출판사, 1970.
29) 김일성, "사회주의 농촌건설에서 이룩한 위대한 성과를 한층 강화 발전시키자," 『조선자료』, 1974. 2, p.15.

3. 북한의 대내외적 갈등요인

1) 체제내적 상황과 갈등요인

북한은 1980년대 중반부터 불어닥친 동구권 변화의 소용돌이 속에서 내외적인 도전을 받아 갈등을 겪게 되었다. 특히 1985년 구소련의 미하일 고르바초프가 공산당 서기장으로 등장한 이래 권력구조 개편을 거쳐 현재에 이르기까지 구소련이 표방한 개혁과 개방정책은 비단 소련을 러시아로 자신을 변모시켰을 뿐만 아니라 국제질서의 기본흐름은 물론 세력판도를 바꿔 놓았다. 북한이 이러한 세계사적 변혁의 흐름을 나름대로 어떻게 인식하고 있으며, 이에 어떠한 대응논리나 전략을 세워 나갈 것인가가 우리의 관심의 초점이다.

북한은 1960년대 이후 공산권 내에서 극심한 회오리를 가져왔던 중소분쟁의 와중에서 자구책을 모색하는 과정을 통해 스스로 그 돌파구를 찾은 경험을 가지고 있으며, 변화에 대응하는 논리로 이미 주체사상을 개발·발전시켜 이를 내외적으로 걸맞은 명분으로 활용해 왔다. 따라서 단기적으로 김일성의 생존시에는 큰 변화 가능성은 기대하기 힘들었으며, 대내적으로 어떤 조치를 취해 나가더라도 그것은 외부의 개방압력에 대응하기 위한 국내체제 정비용이라는 측면에서 파악되어야 한다는 것이 일반적인 분석이었다. 또한 그러한 조치를 취해 나가더라도 그것은 김정일의 입지가 강화되는 것이 전제로 될 때 추진 가능성이 있어 왔다고 보아야 할 것이다.

북한에서 변화의 징후는 우선 북한 통치이데올로기의 현실적 기능변화를 통해 살펴볼 수 있다. 북한은 1980년대 들어와 주체사상의 현실적 기능 내지 역할을 김정일에게 귀속시켜 왔는데 이는 김정일체제로 이행해 가는 과정을 이데올로기적으로 합리화시키기 위한 노력의 일환이라 할 수 있다.

이는 1982년 김일성의 70회 생일을 기념하여 주체사상에 관한 전지역 토론회에서 김정일이 썼다는 "주체사상에 대하여"라는 논문이 선전되는 것과 주체사상이 김일성에 의해 창시되고 완성되었으며 계승자는 김정일만이 가능하다는 점을 들어 알 수 있다. 그 동안 북한에서 발표된 자료에 의하면 1955년 12월 28일 김정일이 발표한 "주체사상에 대하여"에서는 주체사상을 25년 앞당긴 1930년대에 있었던 카륜회의에서 비롯되었다고 하여 주체사상을 김정일체제로 귀속하기 위하여 노력하고 있음이 여실히 나타났다. 더욱이 1983년 2월 15일자 <로동신문>에서는 김정일 생일축하로 "주체와 혈통을 빛나게 계승해 나가자"는 제목의 긴 논설을 실었는데, 이 논설에서는 "오늘 우리 당은 김일성 동지가 이룩한 주체의 혈통을 이어 나갈 수 있는 확고한 담보가 마련되어 있으며, 당중앙은 주체혈통을 계승해 나가는 것을 당의 사명으로 내세우고 당사업과 당활동을 철저히 복종시키고 있다"고 하였다.

북한이 동구권의 변혁과 같은 세계사적 변화의 흐름에 직면하여 그에 부응하느냐 아니면 독자적인 방법을 택할 것이냐의 결정기준은 바로 김정일 후계체제 확립과정에서의 기반구축과 밀접한 관계가 있다. 그 동안 북한은 나름대로 김정일 후계체제의 권력구조를 정착시키기 위한 광범한 사회적 정비작업에 최선을 다해 왔다. 따라서 대외적인 개혁·개방압력에 직면해 있는 현 시기는 북한의 입장에서 볼 때 김일성 유일체제의 수정적 보완을 위한 준비기간이었던 것이며, 그 준비기간으로서의 과도기적 제반 조건이 김정일 주도하에 구성되었던 것이다. 따라서 김정일은 김일성 유일체제가 지니고 있는 원천적인 모순과 한계를 극복해 나가는 동시에 자신에게 카리스마적 권위를 부여하는 상징적 조치를 동시에 취해 나가야 하는 어려움에 처해 있으며, 이러한 점이 북한사회의 개선방향과 변화의 폭을 근본적으로 제약하고 있다고 하겠다.

2) 체제외적 상황과 갈등요인

구소련은 관영언론을 통해 한반도정세에 관한 새로운 인식변화를 나타내 보이면서 드디어는 1990년 6월 샌프란시스코에서 역사적인 첫 한·소 정상회담이 개최되었고, 9월 30일 한·소수교의 단계에까지 이르렀다고 발표한 바 있다. 89년 하반기부터 나타난 대한관계 보도경향은 ① 한국의 UN 가입에 대한 긍정적 입장, ② 한반도 내 2개 국가의 존재 인정, ③ 한민족공동체 방안의 합리성에 대한 평가, ④ 한·소 관계개선에 대한 긍정적 평가, ⑤ 한·소수교의 한반도 안정에의 기여 등으로 발전해 왔다.

이에 비해 한·중, 그리고 한·소수교 이후 집중적으로 거론되고 있는 북한관계 보도는 대부분 거의 전례가 없는 비판적 시각을 나타내고 있다. 그 동안 보도된 구소련의 대북한관계 보도내용을 간추려 보면 ① 8·15해방과 북한정권 수립과정에서 소련의 역할 및 지원, ② 6·25사변의 북한도발과 당시 소련의 대북한 무기병력 지원, ③ 김일성 1인독재 및 부자세습 체제 간접비판, ④ 북한사회의 낙후성 및 남북한 사회상의 비교·평가, ⑤ 북한사회의 폐쇄성, 언론통제에 대한 우회적 비판, ⑥ 김일성 우상화의 격하, ⑦ 남북한 통일노력에 대한 중립적 평가 등을 들 수 있다. 특히 구소련의 보도내용 가운데 주목되는 것은 북한정권 수립과정과 6·25기간중에 있었던 소련의 대북지원이 '은혜적'·'결정적'이었다는 것으로 소련의 역할을 의도적으로 부각시켰으며, 김일성이 과거 소련군 대위였다는 것을 강조했다. 이러한 러시아 언론의 최근 대북관계 보도는 그들의 공식적 입장이라고 할 수는 없으나, 공산주의사회에서의 언론의 기능과 역할, 그리고 시기적으로 동구권국가들의 변혁과 한·소 관계개선, 중·북한 접근시기에 나왔다는 점에서 대북한 개방압력과 중·북한간의 밀착관계를 견제하는 등 한반도문제에 관한 소련의 발언권을 강화하기 위한 의도인 것으로 보인다. 이렇게 볼 때 러시아의 대한반도 정책은 현실인정을 바탕으로 남북한 평화옹호를 전제로 한 한국에 대한 경제적 접근과, 대북한 우호관계를 근본적으로 해치지 않는 범위 내에서의 개방압력이라는 이중적 성격을 띠고 있다고 할 수 있다.

한편 중국의 경우에는 지난 1989년 6월 천안문 유혈 진압사태를 계기로 국제적 고립감 때문에 북한과의 선린·우호관계 유지에 집착해 왔다. 그러나 제7기 전인대 3차 회의에서 당시 이붕 총리는 "정부보고"라는 기조연설을 통해 "중국은 북한의 평화통일 촉진을 위한 제안을 지지하며 아울러 한반도정세 완화와 안정유지를 위해 노력해 줄 것을 희망한다"고 언급하여 천안문사태 이후 중국 지도층으로서는 최초로 한반도문제에 대해 관심을 표명하였다. 또한 당시 전기침 외교부장은 전인대 회의기간중 기자회견을 통해 "중국대륙과 대만이 조만간에 통일이 되어야 하는 것과 마찬가지로 남북한도 조속히 통일되어야 하지만, 남북한의 통일방식이 중국의 통일방식과 동일한 방식이나 상황에서 진행될 필요는 없다"고 언급함으로써 중국의 대한반도 정책이 변화될 조짐을 보였다.

최근 중국의 한국에 대한 인식변화는 한·중교역에서 잘 나타나고 있다. 1987년 9월에 한국기업의 지사가 북경에 설치되었고 88년 1월에는 전기침 외교부장이 "한·중 경제 무역왕래 진전은 정상적인 것"이라고 언급한 것을 계기로 89년 5월에 중국국제무역촉진위(CCPIT) 사절단이 방한한 바 있다. 한 달 후인 6월에는 한·중 합작사인 SINOCOR사가 중국과 직항로를 개설하였으며 7월에는 대한무역진흥공사가 북경 국제무역박람회에 참가했다. 이러한 한·중 관계개선이 있었음에도 불구하고 천안문사태 이후 한때 경직되었던 중국의 태도변화는 한·소관계 정상화 동향을 계기로 지금까지 지나치게 북한을 의식한 나머지 대한반도 정책에서 스스로 한계에 도달한 상태까지 있었음을 인식하고, 90년 6월 중국 여배검 감사원장의 방한과 9월 개최한 아시안게임을 계기로 한·중 양국간 영사기능이 부여된 무역대표부 교환설치 (10월 20일) 등 한·중관계의 개선을 시발로 국제관계, 특히 한반도문제에 있어서 종래의 북한지지 일변도 태도에서 벗어나 실용주의적 대외관계로 되돌아섰다. 이처럼 구소련을 비롯한 동구제국의 개혁추세에 따라 사회주의국가간의 국제적 연대성은 약화되고 있으며, 국제질서도 기존의 정치·군사적 협력관계보다는 경제적 협력관계를 중시하는 경향이 증대하고 있다. 이러한 동맹제국의 잇따른 변혁조치와 관계변화 움직임은 북한에게는 심대한 충격을 주었을 뿐 아니라 북한으로 하여금 '부분적인 개혁'이냐 아니면 '폐쇄노선의 고수'냐를 선택하도록 하는 갈등적인 상황을 강요하게 되었다.

제3장 정치문화와 혁명전략

1. 북한 정치체제 구축과 국가형성 과정

1) 조선로동당 형성과정

　소비에트화 과정의 산물로 탄생한 북한의 정치·행정체제는 김일성 지배체제 구축과 독재체제의 유지·강화를 위해 모든 권력을 집중한 체제적 테러(systematic terror)의 과정이었다. 1945년 8월 일제의 통치기반이 무너지고 해방을 맞이하자 북한에는 소련군이 진주하였고 많은 공산주의자들이 각처에서 모여들었다. 소련의 후원과 지도를 받으면서 북한에 공산정권이 수립되었지만 공산주의이념과 제도는 대부분의 민중들에게 너무나 이질적인 것이었기 때문에 대중의 전폭적인 지지를 받지는 못했다.[1] 소련의 지원을 받은 김일성 일파는 1945년 10월 14일 이북 5도 공산당 열성자대회를 열고 각지에서 모인 공산주의자들을 일단 규합하여 당과 행정의 조직을 정비하는 데 역점을 두었다.
　그러나 이 당시만 해도 여러 분파의 공산주의운동 지도자들 사이에 주도권 쟁탈전이 치열한 상태였고, 더욱이 국내에 공산주의 자체의 기반이 허약했기 때문에 김일성은 중앙집권적인 형태로 공산당을 조직할 수는 없었다. 더구나 한국 공산주의운동의 엘리트들은 중국 본토, 만주, 러시아, 시베리아를 위시한 각지에서 들어온 관계로 그 배경이 서로 달라 그들간의

---

1) Rober Scalspion & Chong Sik Lee, *Communism in Korea(Part Ⅰ)*, Berkeley: University of California Press, 1972, pp.315-316.

집단의식이나 단결력이 결여된 실정이었다. 국내에서 암암리에 활약하던 공산주의자들은 숫자도 적었을 뿐만 아니라 일제의 극심한 탄압과 검거로 제대로 활동을 하지 못하고 있었다.

이러한 상황에서 소련군을 뒤따라 입북한 김일성 일파는 남북한을 통틀어 아무런 대중적 기반도 가지지 못했고 명망 있는 지도자나 이론가도 없었기 때문에 한국사회로부터는 소외된 존재였다.[2] 그럼에도 불구하고 이들이 공산당의 영도권 쟁탈전에서 두각을 나타낼 수 있었던 것은 소련의 확고부동한 지원정책 때문이었다. 소련은 스탈린의 소련군 점령정책에 따라 지도자의 선정에서 공산주의자 중에서 부르주아민주주의에 감염되었을 우려가 있는 토착 공산주의자는 가능한 한 배제하고 소련에 망명해 정치훈련을 받고 크렘린을 맹목적으로 추종하는 철저한 스탈린주의자를 택했다.[3]

그러나 김일성 집단이 소련의 도움으로 영도권을 장악하는 데 유리한 고지를 점령하기는 했지만 적대세력의 끊임없는 도전을 감수해야 했다. 이 당시 북한에는 4대 파벌(김일성파, 연안파, 국내파, 소련파)이 서로 대립·반목하며 영도권 장악을 위해 치열한 투쟁을 전개하고 있었다. 김일성 일파가 소련의 비호하에 북조선공산당과 북조선임시인민위원회(행정기구)를 중심으로 자파세력을 확장하고 있을 때 김일성 일파보다 뒤늦게 입북한 중공계 공산주의자(연안파) 김두봉, 최창익 등 신민당의 주역은 대부분 정규 고등교육을 받은 인텔리로서 해방 전 연안에서 중국공산당의 지원을 받아 조선독립동맹이라는 정치결사를 조직, 그들 나름대로 독립운동과 공산주의운동을 한 사람들이다.

이러한 배경을 바탕으로 신민당이 활발한 당세력 확장에 나서자 당황한 것은 김일성 일파의 북조선공산당이었다. 결국 김일성 일파는 신민당 세력을 일시에 제거할 수 없다는 판단과 소련당국의 종용, 국내세력을 꺾어야

---

[2] 양호민, "마르크스·레닌주의당의 창건과 이데올로기투쟁," 고려대 아시아문제연구소 공산권연구실 편,『북한정치체계연구』, 고려대학교출판부, 1973, p.7.

[3] 박재규,『북한정치론』, 경남대 극동문제연구소, 1984, p.4.

한다는 이유 등으로 해서 신민당과의 합당대회를 열고 당을 북조선로동당이란 명칭으로 통합하였다. 김일성은 "로동당과 신민당의 합동은 필연적이며 가장 적절한 것"이라고 위장전술을 폈다.[4]

신민당과의 합당을 통하여 당조직을 확대한 김일성 일파는 1948년 3월 27일부터 30일까지 북조선로동당 제2차 당대회를 소집하였다. 김일성은 2차 당대회의 중앙위원회 사업보고서를 통해 오기섭 일파를 비난하였고,[5] 이를 계기로 오기섭을 비롯한 정달헌, 최용달 등 국내파 핵심인물과 심창만, 윤공흠 등 연안파 중진들을 권력의 상층부에서 제거함으로써 당내에서 김일성 일파의 세력은 한층 강화되었다.[6] 2차 당대회 이후 김일성은 조직의 상당부분을 북로당에 흡수당하여 세력이 약화된 남로당과의 합당을 모색하였다.[7] 김일성 집단은 적대세력의 도전을 물리치고 자파세력의 독점적

---

4) 『김일성저작집』, 2권, p.374. "현 시기에 우리나라 민주력량의 단결을 강화하는 데서 공산당과 신민당의 합동은 실로 획기적인 의의를 가집니다. 특히 두 당의 합동은 로동자, 농민, 근로인테리의 광범한 대중을 튼튼히 결속시키는 데 있어서 커다란 전진으로 됩니다. 공산당과 신민당이 합동하는 과정에 대하여 구구한 의견들이 있었읍니다. 우리 로동당의 강령에는 그 목적과 업무가 명백히 규정되어 있읍이다. 우리 당의 강령 첫 대목에 명시되어 있는 바와 같이 조선 근로대중의 리익을 대표하며 옹호하는 당이며 부강한 민주주의 독립국가 건설을 목적으로 하는 당입니다."

5) 『김일성저작선집』, 1권, p.251. "종파분자들은 아직까지도 당내에 숨어서 이 구석 저 구석에서 음흉한 장난들을 계속하고 있읍니다. 우선 이들은 겉으로는 받드는 척하고 뒤에서는 반대하는 행동을 하고 있읍니다. 양봉웅위라는 것이 바로 이것인데 오기섭이 이러한 장난을 많이 하였읍니다. 공청을 민청으로 개편할 때만 하더라도 공청은 그대로 두어서는 청년들을 다른 당과 종교단체에 많이 빼앗길 우려가 있으니 대중적 민청조직으로 개편해야 한다는 것을 여러 번 해설하였읍니다. 그리하여 오기섭도 결국 이에 찬성하였는데 해주에 가서는 완전히 뒤집어엎는 연설을 하였읍니다. 또 정달헌은 함남에 내려가서 함남에만은 공청을 그냥 두기로 하였다고 말하였읍니다."

6) 박재규, 앞의 책, p.9.

7) 남북 노동당 합당과정에 대한 자세한 것은 김창순, 앞의 책, pp.115-120; 『해방후

지배권을 확립하기 위해 끊임없는 숙청작업을 감행하였다.[8] 따라서 북한의 권력구조 변경과정은 한마디로 김일성의 극단적인 1인 지배체제를 구축하기 위한 숙청과정이었다고 볼 수 있다.

북한정부는 스스로를 "남북조선 인민의 총의에 의해 수립된 통일적 중앙정부"로 규정하면서 이의 실질적인 완성을 위해 국토의 완전장악과 민족통일을 최우선적인 과제로 삼았다. 이를 실현하기 위해서는 우선 내부체제를 정비할 필요가 있었다. 하나의 정부가 들어섰는데도 당은 북로당과 남로당이 병존하는 상태였다. 정부수립을 전후하여 남로당 지도부와 많은 당원들이 월북하여 활동하였다. 양당은 우선 1848년 8월 김일성을 위원장으로 하는 남북로동당 연합중앙위원회를 결성하면서 상층차원의 연합을 이루었는데, 완전한 합당은 1959년 6월에 있었다. 양당의 합당은 당대당 형식의 통합이었지만 실질적으로는 북로당이 주도권을 행사하였다.

북한은 조선공산당이 1925년에 창건되었다고 주장하면서도[9] '조선공산당 서북5도 당책임자 및 열성자대회'에서 김일성이 기조연설을 한 1945년 10월 10일을 조선로동당 창건일로 공식화하여 1949년부터 이른바 '사회주의 명절'로 기념하고 있다. 북한은 1945년 10월 10일부터 13일까지 평양에서 '조선공산당 서북5도 당책임자 및 열성자대회'를 개최하고 여기에서 채택한 "정치로선과 조직강화에 관한 결정서"에 따라 10월 13일 '조선공산당 북조선분국'을 창설하였다.

조선공산당 북조선분국은 1946년 4월 말 북조선공산당으로 되었다가,[10] 이어 같은 해 8월 29일에는 중국 연안으로부터 돌아온 조선독립동맹 계열

　의 북한조선노동당의 형성과 발전』, 고려대출판부, 1970, pp.134-138 참조
8) Suh. Tae-Sook, *The Korean Communist Movement 1918-1948* (New Jersey: Princeton University Press, 1967), pp.253-339.
9) "조선로동당 제3차대회 당중앙위원회 사업총화보고," 『조선로동당대회 자료집 I』, 통일원, 1988, p.341.
10) 1946년 4월 18일 미소공동위원회가 임시정부 조직을 위한 협의대상 정당·사회단체의 자격문제에 관한 제5호 성명을 발표한 것이 계기가 되었다.

이 중심이 된 조선신민당과 합당하여 북조선로동당으로 발족을 보게 되었다.11) 또한 북조선로동당은 1948년 8월 인민공화국 정권수립을 위하여 남조선로동당과 연합중앙위를 구성하고12) 이어 인민공화국 출범 후 1949년 6월 30일에 조선로동당으로 통합되었다.

2) 당이념 및 목표의 변화과정

조선로동당의 규약은 기존의 북로당 규약을 일부 수정하여 그대로 차용하였다. 그렇지만 조선로동당의 권력구성을 살펴보면 이 당이 '정치연합적' 성격을 띠고 있음을 알 수 있다. 이 시기에 조선로동당의 권력구조는 대체로 빨치산파(김일성, 김책), 남로당계(박헌영, 이승엽, 허헌), 연안파(김두봉, 최창익, 박일우), 소련파(허가이, 박창옥) 등으로 이루어져 있었다. 당중앙위원회 위원장에 김일성이 선임되었고, 두 명의 부위원장에는 박헌영과 허가이가 선출되었다. 최고 정책결정기관인 정치위원회는 김일성, 박헌영, 김책, 박일우, 허가이, 이승엽, 김삼룡(남로당계, 남한에서 활동), 김두봉, 허헌으로 구성되어 어느 한 계파에 의한 권력독점이 방지되었다. 남·북 로동당의 합당은 분단국가의 현실에서 두 정당의 권력을 하나로 집중시키고자 하는 당연한 요구였다. 조선로동당은 북한의 '민주기지' 강화를 위해 사회·경제개혁에 더욱 박차를 가하고 '조국통일투쟁'을 지휘하였다.

조선로동당의 출범과 함께 김일성은 종래 연안파의 김두봉에게 양보한 당의 위원장직에 취임하여 비로소 통합된 공산당의 명실상부한 지도자가 되었다. 이렇게 해서 권력을 잡은 김일성은 1948년 7월 9일 북조선인민회의 제5차 회의에서 보고를 통해 헌법의 실시를 강조하였다.13)

---

11) "북조선공산당과 조선신민당이 합동하여 북조선로동당을 창립할 데 대한 결정서"(1946. 8. 29), 『조선로동당대회 자료집 I』(1988), p.57.

12) 『조선로동당 력사교재』(평양: 조선로동당출판사, 1964), p.228.

13) 『김일성저작집』, 4권, pp.382-387. "북조선에서 실시한 민주개혁은 비단 북조선인민들의 성과일 뿐 아니라 전체 조선인민의 위대한 전취물입니다. 그렇기 때문에

이와 같은 헌법내용으로 볼 때 북한은 마치 주권이 주민에게 있는 것처럼 위장하고 있다. 그러나 이것은 김일성 독재체제를 은폐하기 위한 기만술책인 것이다. 실제로 북한 정치·행정의 특성은 로동당 중심의 일당독재체제인 것이다. 독재권력을 정당화하는 이러한 헌법에 기초하여 1948년 9월 9일 북한의 전체주의 독재정권이 공식 탄생하게 되었다. 이 헌법에 의거해서 김일성은 당과 국가를 초월하여 군림하는 절대권력자가 되었다. 이 헌법의 특징은 주석제도와 중앙인민위원회를 신설한 데 있다. 주석은 "국가주권의 최고지도기관인 중앙인민위원회를 직접 지도"(제91조)하고 "정무원회의를 소집하고 지도"(제92조)함은 물론 "전반적 무력의 최고사령관, 국방위원회 위원장으로 일체의 무력을 지휘 통솔하는 권한을 가지며"(제93조), "각종 법령·명령 결정을 공포하고 명령을 내리게"(제94조) 되어 있다.14) 즉 김일성은 절대권력자의 위치를 헌법상 보장받게 된 것이다. 이렇게 해서 권력의 기반을 굳힌 김일성은 그의 적대세력인 연안파, 소련파, 남로당파 등을 권력의 상층부에서 완전히 제거하고 김일성 1인 독재체제의 기반을 마련하려고 하였다.

무력을 통한 한반도 공산화통일이 실패로 돌아가자 김일성은 그 책임문제를 추궁하는 구실로 반대파를 숙청하기 시작하였다.15) 5차 전원회의가

이 민주개혁의 성과를 법적으로 공고화하는 것이 무엇보다도 중요합니다. 다 아는 바와 같이 지난번 인민회의 특별회의는 조선민주주의인민공화국 헌법초안을 만장일치로 찬동하였읍니다."

14) 김태서, 『북한삼십년사』, 현대경제일보사, 1975, p.301.
15) 중공군의 참전으로 구명된 김일성이 중공군 출신의 무정을 일차적으로 숙청하게 된 것은 첫째, 자신에게 돌아올지도 모르는 패전책임을 누구에게든 전가해야 할 필요성과, 둘째, 중공군의 개입으로 중공의 팔로군 출신인 무정의 영향력이 커지게 되는 것을 사전에 방지하기 위해서였다. 첫번째 숙청대상이 된 것은 연안파의 실력자 무정이었다. 패전의 책임과 당의 혼란을 수습하기 위하여 김일성은 1950년 12월 4일 별오리(만포 북방 3km 지점)에서 조선로동당 중앙위원회 제3차 전원회의를 소집하였는데, 이 대회에서 무정을 명령불복종(평양사수 명령 불이행)과 패전의식 유포 및 불법살육 등의 죄목으로 숙청하였다.

소집된 이후 김일성은 제5차 전원회의 문헌 토의사업을 통하여 하부조직으로부터 당의 핵심조직에 이르기까지 대대적인 사상 검토사업을 전개하였다.16) 이는 박헌영, 이승엽(당중앙위 비서 겸 내각 인민검열위원회 위원장), 조일명(문화선전성 부상), 임화(조소문화협회 중앙위 부위원장), 박승원(당중앙위 연락부 부부장), 이강국(무역성 일반제품수출입상장), 배철(당중앙위 연락부장) 등 박헌영을 제외한 남로당파의 핵심인물들이 거의 전원 사형 내지는 징역형을 받고 숙청되었다.17)

1차 숙청대상에서 제외된 박헌영은 1955년 12월 25일 최고재판소에 기소되어 사형을 언도받음으로써 완전히 숙청되었다.18) 박헌영이 숙청됨으로써

---

16) 김일성은 패전책임을 물어 무정을 숙청하는 데 대한 당 내외의 반발을 무마하기 위해서 자신의 심복인 김일 등을 무정과 함께 숙청함으로써 숙청이 공정했음을 가장하였다. 무정과 함께 숙청된 김일 등은 바로 복권되어 권력의 요직에 재등용되었음은 물론이다. 중공군의 참전으로 결정적으로 불리했던 전황이 소강상태를 유지하게 되자 김일성은 반대파에 대한 본격적인 숙청작업을 진행하기 시작했다. 무정의 숙청에 이어 김일성은 이적행위자 내지 관료주의적・형식주의적 사업작풍을 제거한다는 명목으로 주로 당에서 조직부문을 담당하고 있던 허가이(소련파), 김열 등을 숙청하였다. 1952년 12월 15일 김일성은 조선로동당 중앙위원회 제5차 전원회의를 소집하고 당원의 질적 저하 방지와 사상강화라는 명목하에 남로당파에 대한 숙청작업을 시작하였다. 이는 한반도 공산화 통일기도의 실패책임을 당내에서 계보를 달리하는 세력에 전가시킴으로써 남침 실패에서 오는 부작용을 총결산하려는 의도에서 나온 것이었다.

17) 이들이 기소된 죄목을 보면, ① 미제국주의자를 위한 간첩행위, ② 남반부 민주역량 파괴음모와 테러 및 학살행위, ③ 공화국정부의 정권전복을 위한 무장폭동 행위 등이다. 물론 이와 같은 죄목은 김일성 일파가 남로당파를 숙청하기 위해서 날조해 낸 것이었다.

18) 1차 숙청대상에서 남로당파의 영수격인 박헌영이 제외된 것은 그가 여타 남로당파 인물들과는 달리 국내 공산주의운동의 거물이라는 점을 감안하여 숙청에 신중을 기할 필요가 있었기 때문이다. 사실 박헌영은 당시에 비록 실권은 없었지만 그의 영향력을 완전히 무시할 수는 없었다. 만약 박헌영을 이승엽 등과 동시 숙청할 경우 그를 받드는 잔존 남로당파의 결사적인 저항이 있을 가능성이 컸기 때문에

남로당 잔존세력은 김일성 일파에 흡수되는 등 완전히 와해되고 말았다.19)

2차 당대회 이후 8년 만인 1956년 4월 23일 3차 당대회가 평양에서 열렸다. 마침 이 대회에 두 달 앞서 열린 소련공산당 20차 당대회에서 흐루시초프의 스탈린 격하운동이 표면화되어 공산제국이 충격을 받은 때인 만큼 조선로동당이 그것을 어떻게 받아들이는가 하는 문제만으로도 3차 당대회는 내외의 주목을 끌었다.20) 평소 김일성의 독주에 상당히 불만을 갖고 있던 연안파의 이론가 최창익과 소련파의 이론가 박창옥 등은 흐루시초프의 스탈린 격하운동을 사전에 탐지하고 이를 이용해 김일성의 독재권을 약화시키고 실질적인 집단지도체제를 실현시키려고 하였다. 따라서 3차 당대회를 앞두고 이들은 지상을 통하여 흐루시초프의 스탈린 격하운동과 집단지도체제 주장을 적극 지지하고 나섰다.

이에 대해 김일성 일파는 그들이 장악하고 있는 당 조직체계를 이용하여 3차 당대회에서 선출되는 권력의 요직을 자파가 독점하려고 노력하였다. 그러나 3차 당대회 결과 최창익, 박창옥 등의 집단지도체제 공작은 무산되고 김일성파가 여전히 당과 정부의 권력을 독점하게 되었다. 김일성은 '스탈린 격하운동' 여파가 자신에게 불리하게 작용할 가능성이 있는 것을 사전에 간파하고 이를 역이용해 반대파를 숙청할 대의명분의 구실로 삼았고, 3차 당대회 총화보고를 통해서 자진해서 당의 운영을 집단지도체제로

이를 방지하기 위해서 김일성 일파는 이승엽 등과 박헌영의 숙청을 분리시켰던 것이다. 박헌영의 기소내용은, ① 미제국주의자를 위한 간첩행위, ② 일제 때 변절 및 사상전환, ③ 남반부 근로계급의 애국투쟁 약화, ④ 이승엽 일당의 간첩행위 조종, ⑤ 무력쿠데타 음모 등으로 요약할 수 있다. 이는 이승엽 등의 기소내용과 대동소이한 것으로 역시 김일성 일파가 숙청의 구실을 만들어 내기 위해 날조한 것이다.

19) 남로당파 숙청에 대해서 자세한 것은 『북한전서(상)』, pp.258-260; 방인후, 앞의 책, pp.159-180; 김창순, 앞의 책, pp.139-150; Glenn D. Paige, Dong June Lee, "The Post War Politics of Communist Korea," in Robert A. Scalapino (ed), *North Korea Today* (New York: Praeger, 1963), pp.21-22 참조.

20) 한재덕, 『한국의 공산주의와 북한의 역사』, 내외문화사, 1965, p.288.

하겠다고 공언하고, 나아가 김일성의 개인 우상화를 표시하는 일체의 행동을 삼갔다. 이와 같은 현상은 집단지도체제를 광범하게 살려야 한다는 구절이 '수령 김일성 장군의 령도하'라는 구절과 대체된 동 대회 결의서에서도 찾아볼 수 있다.21) 이와 같은 김일성의 제스처는 전술한 바와 같이 개인 우상화에 대한 비난이 자신에게 미치는 것을 모면하기 위한 일시적인 것이었다.

3차 당대회를 무사히 끝낸 김일성은 1957년부터 시작되는 제1차 5개년계획에 소요되는 재원을 확보하기 위해 1956년 6월 소련과 동구제국을 순방하였다. 이 기회를 이용하여 최창익과 박창옥 등은 종파를 초월하여 반 김일성 그룹을 형성하고 개인숭배 관념을 타파해야 된다는 소련공산당 20차 당대회의 결정을 강조하면서 조선로동당에도 개인숭배 의식이 팽배해 있으며 이를 시정하기 위해서 집단지도체제가 필요하다고 주장하였다. 이와 같은 최창익 등의 주장은 김일성의 독재에 불만을 갖고 있던 계층으로부터 상당한 동조를 얻었다. 사실 최창익 등은 3차 당대회 때만 해도 개인숭배 배격노선이 당내에 반영되어 당내민주주의와 집단지도체제가 형성될 것으로 기대했다. 그러나 기대와는 달리 김일성의 독재기반과 우상화정책이 전보다 더욱 강화되자 반 김일성 세력들은 다시 김일성의 독주에 제동을 걸 기회를 엿보게 되었던 것이다.

1956년 8월 30일부터 31일까지 양일간 김일성의 소련 및 동구 방문결과를 청취하기 위해서 당중앙위 8월 전원회의가 열렸는데 이 자리에서 마침내 김일성에 대한 성토가 터져 나왔다. 김일성의 귀국보고와 관련된 토론을 전개하는 과정에서 반 김일성 세력을 대표해서 나온 연안파의 윤공흠은 김일성을 맹렬히 규탄하였다.22) 이와 같은 윤공흠의 주장에 대해서 최창익,

---

21) 박재규, 앞의 책, p.15.
22) 위의 책, p.16. 그의 발언내용을 보면, ① 소련공산당 20차 당대회에서 제기된 개인숭배 사상 배격이 로동당에 반영되지 않고 개인독재가 계속 유지되고 있다, ② 당이 중공업우선 발전에만 치중해 인민생활이 영락되어 있으니 중공업은 당분간 타 공산국가에 의존하고 외국원조를 모두 경공업과 농업을 발전시키는 데 투자하

박창옥 등이 윤의 입장을 지지하는 토론을 전개함으로써 한때 김일성의 입장이 난처해졌으나 수적으로 우세한 김일성파의 압력으로 이들의 기도는 무산되고 말았다.

사실 개인독재 체제하에서 독재자가 참석하고 있는 회의장을 이용해 소수의 반대파가 불만을 표면화시켜 정책대결을 시도한다는 것은 위험한 일이 아닐 수 없다. 대세가 불리하게 된 윤공흠, 서휘, 이필규 등은 출당, 철직 처분되고 말았다.23) 이 사건(8월 종파소동)을 계기로 김일성은 반당·반혁명폭동을 계획했다는 죄목으로 김두봉을 비롯한 연안파 핵심인물과 일부 소련파 인물들을 숙청해 버렸다. 이는 북한 공산화 이후 계속돼 온 파벌투쟁이 종식되고 김일성이 당의 영도권을 완전 장악하였다는 것을 의미하는 것이다. 1961년 9월 11일부터 18일까지 열린 조선로동당 제4차 당대회는 페이지(Glenn D. Paige) 교수의 표현을 빌면 "모든 파벌주의(factionalism)가 제거된 김일성 일파의 승리의 집회"였다.24) 이 대회를 계기로 당중앙위원회와 정치위원회 등 권력의 핵심체는 김일성파 일색이 되었으며 당규약을 수정하여 "조선로동당은 조선공산주의자들의 항일 무장투쟁에서 이룩한 영광스러운 혁명전통의 직접적 승계자이다"는 구절을 삽입하여 김일성이 영도하는 조선로동당의 정통성을 강조하였다.

여 인민생활을 향상시켜야 하며, 거기에서 축적되는 자금을 점차로 중공업에 배정하도록 하여야 한다, ③ 오늘날 전체 인민의 생활이 영락 전의 상태에 있는 것은 당의 지도상의 오류이니 이 점에 있어서 당의 중앙지도부는 인민에게 사과하고 그 책임을 져야 한다 것 등이다.
23) 이 사실이 모스크바와 북경에 알려지자 소련의 부수상 미코얀과 중공의 부수상 겸 국방상 팽덕회가 평양을 방문, 사건의 경과를 보고받고 수습책을 강구하였다. 미코얀과 팽덕회는 연륜이 유약한 후진지역의 공산당에서는 당적 문제를 가지고 당내투쟁을 할 수도 있는 일이기 때문에 이것은 동지 상호간의 비판 정도로, 그리고 출당처분은 취소한다는 것으로 사건을 마무리지었다. 그러나 이는 잠정적인 것으로, 얼마 후 이들은 모두 다시 숙청되었다. 김창순, 앞의 책, pp.157-158.
24) Glenn D. Paige, *The People's Democratic Republic* (Stanford: Hoover Institution Press, 1966), p.48.

두 차례에 걸친 숙청을 계기로 김일성의 극단적인 1인 독재체제는 더욱 확고해졌다. 이러한 상황하에서 열린 조선로동당 제5차 당대회는 김일성의 1인 독재체제를 공식적으로 확인하는 대회였다. 이 대회를 계기로 정치권력의 핵심을 이루는 정치위원회는 김일성에게 맹목적으로 추종하는 항일 빨치산 출신들이 모두 독점하였다. 더욱이 이 대회 이후 어느 공산국가에서도 유례를 찾아보기 힘든 족벌정치 현상이 북한에 나타나기 시작했다. 이는 김일성의 귀속주의적인 성향을 단적으로 증명하는 것이다.[25]

2. 북한 권력구조의 특성

북한 정치체제는 사회주의국가의 보편적 특성인 1당 독재체제라는 점과 북한 고유의 특수성에 기인한 수령지배체제·세습영도체제, 그리고 김정일 시대에 와서 더욱 강화된 선군 영도체제라는 특징을 지니고 있다.

1) 수령 유일지배체제

북한은 조선로동당의 기본노선이 당내 유일사상체계의 확립에 있다고 하면서, "유일사상체계 확립을 위해서는 무엇보다 수령의 유일적 령도를 철저히 실현하는 것이 중요하다"고 하여 1인 지배체제를 제도화하고 있다. 북한사회에서 수령은 '전당의 조직적 의사의 체현자'이며, '당의 최고 령도자'로 "사회정치적 생명체의 생명활동을 통일적으로 조직하고 지휘하는 령도의 유일 중심"이라 하여 절대적 지위와 역할을 부여받고 있는 것이다.[26]

---

25) 위의 책, p.19.
26) 김정일의 논문 "조선로동당은 영광스러운 <ㅌ ㄷ>의 전통을 계승한 주체형의 혁명적 당이다"(1982. 10. 17) 참조.

"인민대중은 당의 령도 밑에 수령을 중심으로 하여 조직사상적으로 결속함으로써 영생하는 자주적인 생명력을 지닌 하나의 사회정치적 생명체를 이루게 됩니다. 개별적인 사람들의 육체적 생명은 끝이 있지만 사회정치적 생명체로 결속된 인민대중의 생명은 영원합니다.…… 영생하는 사회정치적 생명은 수령-당-대중의 통일체인 사회정치적 집단을 떠나서는 생각할 수 없습니다. 개별적인 사람들은 오직 이러한 사회정치적 집단들의 한 성원으로서만 영생하는 사회정치적 생명을 지닐 수 있습니다."

당은 그 의지와 행위에서 사회의 일반의사를 구현하는 것으로고 간주되었다. 따라서 개인은 당과의 완전한 동일시를 통해서만 일반적 또는 실체적이 될 수 있었다. 당내에서 민주적 의사결정과정이 파괴되어 당을 더 이상 정치조직이라 할 수 없게 되었을 때 지도적 인물은 "당의 령도자이자 조직자이고, 따라서 사회주의와 공산주의로 향하는 길의 령도자이자 조직자"로 간주되었다. 그렇게 되자 당이 아니라 지도자의 의지가 사회의 일반의지를 표현하는 것으로 간주되었다. 개인이 자신의 노력을 사회 전체와 결합시키고자 할 때 개인은 이제 당이 아니라 지도자에 의탁해야 했다. 일반의지가 지도자의 의사를 통해서 구체적으로 표출되고 있으므로 개인은 자신의 의지를 지도자의 의지와 동일하게 만듦으로써 자신을 당과 동일시하고 그를 통해 사회의 전체의지와 동일시할 수 있다는 구체적 방도를 발견한다. 당과 그 지도자와의 동일시를 통해서 개인은 단순한 파편적 생존을 넘어서 본질적인 것으로 되는 것이다.

국가로 조직된 사회주의에서는 당의 영도적 역할, 즉 지도·피지도라는 명목적 관계설정하에서 바로 지도·피지도의 관계를 영속시키는 메커니즘이 존재한다. 그 경우 사회주의운동에서 설정된 지도·피지도 관계는 이제 특별한 형태의 가부장적 지배·피지배 관계로 변한다. 북한에서 가부장적 지배·피지배 관계의 관료제적 하부구조는 다음과 같다.

북한의 주체사상은 공산주의에 이르는 도정에 관한 지식 독점자로서 당보다 '수령'을 더 강조하면서 '수령'과 '인민대중'간에 다음과 같은 가부장적 관계가 성립되어 있다고 주장한다.

"수령님께서 가르치신 바와 같이 근로인민대중은 력사의 주체이며 사회발전의 원동력입니다.…… 혁명운동, 공산주의운동에서 지도문제는 다름아닌 인민대중에 대한 당과 수령의 령도문제입니다."27)

주체사상은 '수령'과 '인민대중' 사이의 가부장적 관계의 정당성을, 또한 정치적 의사형성과 결정과정에서 '인민대중'을 배제하는 것의 정당성을 이제까지의 역사에서 '수령'과 '당'이 보여준 특별한 '실적과 능력'을 강조하는 데서 암시하고 있다.

"당의 령도는 사회주의 위업의 승리를 위한 결정적 담보이다.…… 우리 나라에서 사회주의 위업은 우리 당의 령도 밑에 전진하고 승리하여 왔으며 그것은 앞으로도 당의 령도 밑에서만 빛나게 완성될 수 있다.…… 우리 당은 혁명과 건설의 매시기, 매단계에서 우리 인민의 지향과 우리나라의 실정에 맞는 주체적인 로선과 정책을 제시하고 전체 인민을 조직 동원하여 그것을 철저히 관철함으로써 우리의 사회주의건설을 곧바른 길을 따라 전진시키고 세인을 경탄시키는 기적과 변혁을 창조할 수 있었다."28)

"수령은 인민대중을 의식화, 조직화하여 하나의 정치적 력량으로 단합시키는 통일단결의 중심이며 과학적인 리론과 전략전술로 인민대중의 혁명투쟁을 승리에로 이끌어 나가는 령도의 중심입니다. 수령은 인민대중의 자주적 요구와 이익을 가장 철저히 옹호하고 그 실현을 위한 투쟁을 현명하게 이끄는 비범한 예지와 탁월한 령도력, 고매한 덕성을 지닌 혁명의 위대한 령도자입니다."29)

북한은 수령의 '령도의 유일성'이 보장되고 있다는 점에 북한식 사회주의 고유의 특성이 있으며, 이로 말미암아 소련 및 동구 등의 여타 사회주

---

27) 김정일, "주체사상에 대하여," 편집부 엮음, 『주체사상연구』, 도서출판 태백, 1989, pp.182-184.
28) 김정일, "조선로동당은 우리 인민의 모든 승리의 조직자이며 향도자이다," 『근로자』, 제10호, 1990, p.5.
29) 김정일, "인민대중 중심으로 우리식 사회주의는 필승불패이다," 『근로자』, 제6호, 1991, p.20.

의국가가 좌절된 것과는 달리 북한식 사회주의제도의 공고성과 불패성이 담보된다고 주장하고 있다.30)

북한의 수령은 현재까지 김일성 개인에만 한정되어 있다. 북한은 김일성이 사망한 이후 김정일체제가 공식 출범한 시점에도 김일성을 '영원한 수령'이라고 부르고 있어 '수령'이라는 호칭 자체를 김정일이 계승할 가능성은 적어 보인다.31) 그러나 수령의 역할은 이미 김정일이 계승·수행하고 있다. 즉 김정일은 이미 북한의 당과 군과 정권의 유일중심으로서 사회정치적 생명체의 '뇌수'역할을 수행하고 있는 것이다.

북한 정치체제의 또 하나의 특성은 '령도의 계승성'에 있다. '령도의 계승성'이란 결국 '수령의 후계자' 문제로, 김일성 사후 김정일은 단순히 김일성의 권력을 계승한 통치자가 아니라 수령으로서의 사상과 자질과 능력을 계승한 후계자, 즉 김일성의 화신으로서 통치하고 있다.

북한은 이미 1970년대부터 권력세습 문제를 정권차원의 중대한 문제로 인식하고 단계적으로 추진해 왔으며, 1990년대 들어서는 김일성 자신이 "김정일 동지가 모든 업무를 맡아서 처리한다"고 말할 정도로 이 문제가 사실상 매듭지어졌다. 이러한 권력세습은 근대화된 서구사회에서는 물론, 사회주의국가 가운데서도 유례가 없는 북한만의 독특한 현상으로서 북한정치의 전근대성을 보여주는 단적인 예다.

2) 선군 영도체제

김정일체제의 보다 근원적인 특징은 군사우선 체제라는 데 있다. 김일성 사망 이후 북한에서는 군부의 영향력이 강화돼 왔다. 이는 소련, 동구권 붕괴와 북한의 경제난, 그리고 김일성 사망이 겹친 과도적 위기상황을 극복

---

30) 『주체의 사회주의 정치제도』(평양: 평양출판사, 1992), p.137.
31) 북한은 김정일에게도 간혹 '수령'이라는 호칭을 붙인 바 있다. 그러나 이 호칭은 지속적으로 쓰이지 않았고, 김일성의 경우처럼 '위대한 수령 ~'과 같은 용례로는 쓰인 바가 없다는 점에서 김정일이 수령호칭을 계승했다고 보기는 어렵다.

하기 위해 나타난 현상으로 보인다.

  북한당국은 군우선의 의지를 수시로 표현해 왔다. 1997년 당보·군보·청년보 신년 공동사설은 "인민군대의 총대 위에 사회주의의 운명과 부강조국이 있다"고 주장했다. 1997년 2월 15일 김정일의 55회 생일을 축하하여 정권기관들이 보낸 축하문에는 "군대가 혁명주체의 핵심력량, 주력군을 이루며 군대는 곧 인민이고 국가"라는 구절이 나온다. 1998년 3월 9일 <로동신문> 정론은 "군대를 기둥으로 하여 혁명을 완성해 나가야 하며 군대를 본보기로 온 사회와 혁명대군을 정예화하여야 한다"고 주장하였다. 김정일의 공개활동 가운데 군관련 행사가 70%대에 근접한다는 것도 잘 알려진 사실이다.

  군사지도자들의 권력핵심 진출도 두드러진다. 1998년 7월 26일 실시된 제10기 최고인민회의 대의원선거에서 총 687명의 대의원 중 군부인물이 107명을 차지했는데 이는 제9기의 62명에 비해 약 2배가 증가한 숫자이다. 또한 최근 들어 핵심계층에 대한 대폭적인 인사개편을 단행하여 군부 핵심실세의 당서열을 2~15위까지 부상시켰다. 5명에서 10명으로 늘어난 국방위원 전원이 권력서열 20위 내에 포진하고 있다.

  1996년에는 4월 25일 인민군 창건일과 7월 27일 '조국해방전쟁 승리기념일' 등 군관련 기념일을 공휴일이자 '국가적 명절'로 지정하였다. 10월 10일 당창건 기념일이 단순 공휴일임에 비하여 군대의 높은 위상을 실감할 수 있는 조치라 하겠다. 또한 몇 년째 계속된 식량난 속에서도 군부에 대한 식량배급이 최우선 순위를 차지하고 있는 것은 잘 알려진 사실이다.

  군부의 역할도 확대되었다. 청류다리, 금릉동굴, 금강산발전소, 문화유적지 건설 등 대부분의 중요 경제건설 사업과 각종 우상화 선전물을 군인력으로 건설했다. 그 밖에도 군대는 무역회사와 공장, 기업소, 광산, 협동농장 등을 포함하는 방대한 '제2경제'를 운영하고 있으며, 심지어 농사와 철도운행, 국경수비와 중요 치안업무 등에도 간여하고 있다. 각종 국제협상에서 북한대표들이 군부를 의식한 발언을 하는 경우도 종종 눈에 띈다.

  최근에는 한 걸음 더 나아가 사회 전체를 군사화하려는 경향까지 보이고 있다. 1998년 신년 공동사설에서 "인민군대가 창조한 정신과 도덕, 문화와 생활기풍을 사업과 생활에 철저히 구현해 나가야 한다"며 사회가 군을 따라 배울 것을 독려하였고 '군민일치 모범군 쟁취운동', '우리초소 우리학교 운동'을 벌여 군과 사회의 일체화를 꾀하고 있다.

북한은 김정일체제가 이처럼 군사를 우선시하는 것을 가리켜 '김정일의 선군정치(先軍政治)'라고 부르며 이를 찬양하고 있다.

선군정치는 1998년부터 나타나기 시작하여 김정일체제의 공식출범 이후 더욱 크게 강조되고 있다. "인민군대 강화에 최대의 힘을 넣고 인민군대의 위력에 의거하여 혁명과 건설의 전반사업을 힘있게 밀고 나가는 특유의 선군정치"32)라는 표현에는 군권우위의 정책이 잘 나타나고 있다. 김정일은 "독창적인 위대한 선군정치로 인민군대를 주체혁명의 기둥으로 부강조국 건설의 주력군"으로 내세우고 있으며, "경제건설보다 중요한 것은 군대를 강하게 만드는 것이며 총대가 강하면 강대한 나라가 될 수 있다"는 표현으로 군사우선 정책의 정당성을 강변하고 있다. 특히 국방사업은 "나라의 부강 번영과 인민의 행복, 혁명의 승리적 전진을 담보하는 국가정치의 첫째가는 중대사"라고 함으로써 다른 어느 분야보다 국방력 건설에 매진할 것임을 강조하였다.33)

이처럼 선군정치는 군중시의 정치로서 "군대를 중시하고 그를 강화하는 데 선차적 힘을 넣는 정치"로 규정된다. 그리고 이는 다시 인민군대를 강화하는 데 최대의 힘을 넣고 인민군대의 위력에 의거하여 혁명과 건설의 전반사업을 힘있게 밀고 나가는 것으로 규정된다. 선군정치는 "인민군대를 핵심으로 하여 혁명대오를 튼튼히 꾸리고 혁명적 군인정신을 무기로 하여 사회주의건설을 밀고 나가는 것"으로 설명되기도 한다. 북한은 군사중시 사상을 "김정일 동지의 기질이자 우리 당의 혁명방식"34)이라고 하는가 하

---

32) <로동신문>, 1998년 10월 19일 참조
33) <로동신문>, 1998년 8월 22일 참조
34) <로동신문>, 1998년 10월 10일 참조

면, "군대는 곧 당이고 국가이며 인민"이라는 데까지 확대 해석하고 있다. 군중시 사상을 반영한 국방위주의 정치라고 규정하고 있는 이 선군정치는 오늘날 김정일 영도의 독창성을 나타내는 중요한 도구다.

3) 일당독재체제

북한은 조선로동당을 "근로대중의 모든 조직들 가운데서 가장 높은 형태의 혁명조직"이라고 규정하고,[35] 정권기관이나 기타 정치조직인 각종 사회단체를 강화·발전시켜 나아가기 위해서는 당의 영도가 필연적이라고 하는 등 이른바 '당국가적' 성격을 뚜렷이 하고 있다.[36] 당국가는 모든 사람들을 대신하여 역사에 대하여 숙고할 수 있고, 또 역사에 대하여 전체집단에 구속력을 갖는 해석을 내릴 수 있는 유일한 주체로 상정된다.

또한 추상적인 세계관적 원칙들을 구체적 당면과제로 설명해 주는 작업 역시 당기구가 독점하고 있다. 공식사상은 역사적으로 필연적인 미래에 관한 지식을 스스로 대변하고 있다고 주장하면서, 그 지식을 독점하고 있는 기구 또는 인물에게 사회의 발전방향과 관리방식을 독단적으로 결정할 수 있는 정통성을 부여한다.

유일한 과학이라는 구실로 '인민'의 진짜 이익이 무엇인지를 유일적 명령기구로 조직되어 있는 관료기구가 규정한다. 세계 해석의 이러한 제도화는 인민주권을 빙자하여 권력과 명령의 위계적 상하체계를 정통화한다. 공산주의 공식사상인 인민주권 원칙을 당의 주권으로 변화시키고 있다. 따라서 정통성의 '현대적' 원칙을 이데올로기적으로 보전하면서 당이라는 '주권적 제왕'을 탄생시킨 것이다. 더 나아가 인민은 프롤레타리아와 동일시되고 프롤레타리아는 당과, 당은 지도부와, 지도부는 '수령'과 동일시된다.

---

35) 『조선중앙년감』(1977), p.69.
36) "당의 령도를 강화하는 것은 인민정권 건설에서 나서는 모든 문제를 성과적으로 풀어 나가기 위한 확고한 담보이다," 『인민정권 건설경험』(평양: 사회과학출판사, 1986), p.133.

이러한 체제에서 '정치'는 다름아니라 위로부터 내려오는 명령을 실행하는 행정에 지나지 않는다. 김일성의 말을 빌려 보면, 정치란 "계급 또는 사회의 공통리익에 입각하여 사람의 활동을 통일적으로 조직하고 관리하는 사회적 기능"이다.37) 한 해설가에 따르면 "인민이 정치의 주인이 되어 있는 사회에서는 정치는 인민대중 및 정치조직과 그 기능을 통제하고 있는 국가지도부 사이의 관계문제로 귀착된다. 보다 구체적으로 말하면 인민의 의사를 체현하고 대표하며 정치조직을 창설하고 그 기능을 발휘하게 하는 지도자의 문제로 귀착된다"고 한다.38)

당국가는 사회의 다른 행위자에게 동의나 허가를 받고 권리를 행사하는 것이 아니다. 국가는 자신의 의지에 따라 요구와 명령을 내리고 다른 모든 행위자의 권리를 규정한다. 전근대사회에서와 마찬가지로 정통성은 위에서 아래로 내려간다. 사회질서에 대한 주민의 동의는 '자유로운' 주체들의 심사숙고에서 나온 합의가 아니라 특정지식의 학습에 기초한 총체적이고 포괄적인 세계관에 의해 뒷받침되고 있다. 시민은 '진리'를 학습할 뿐만 아니라 전파하고 행동으로 입증해야 한다. 저항은 물론이고 수동성조차 용납되지 않는다.

북한의 권력구조하에서는 모든 국가권력이 당에 집중되어 있으며, 정권기관은 당에 의해 결정된 정책을 집행하는 집행기구에 불과한 것이다.39) 이와 같은 북한 정치체제는 여타 사회주의국가의 권력구조적 특성과 그 맥락을 같이하고 있다.

그러나 김정일시대에 이르러 로동당 일당독재 현상은 상당부분 퇴색되었다. 당대회, 당중앙위원회, 정치국 등 당의 의사결정기구가 제대로 작동하지 않고, 군대가 당의 역할을 상당부분 대신하는 현상이 나타난 것이다.

---

37) Kim, Il Sung, "Die Aufgabe der Voldsmacht Zur Umgestaltung der ganzen Gesellschaft Getreu der Deutsche-Ideologic," *Ausgewahlte Werke* (Berlin, 1988), p.35.

38) J. Tak, G. I. Kim and H. J. Pak, *Great Leader Kim Jong Il* (Tokyo, 1986), p.1.

39) 앞의 책, p.133, "조선민주주의인민공화국은 조선로동당의 령도 밑에 모든 활동을 전개한다," 사회주의 헌법 제11조 참조

이는 북한사회의 일종의 병영국가화 현상으로도 볼 수 있겠으나, 통치의 자원을 군대에 의존할 수밖에 없는 김정일정권의 대내외 여건에서 비롯된 것이다. 다만 로동당의 조직과 집행기능은 여전히 위력을 발휘하고 있어 로동당 일당독재의 명맥을 잇고 있으며, 이것이 군대의 실행력과 함께 현 북한 통치조직의 근간을 이루고 있다.

3. 김정일정권의 출범과 정치이념

1) 김정일정권의 공식출범

1994년 7월 8일 북한의 지도자 김일성이 사망하였다. 북한당국은 사망 34시간 만인 1994년 7월 9일 12시 라디오 및 텔레비전 '특별방송'을 통하여 이 사실을 발표하면서 '의학적 결론서'를 첨부, 사망원인에 대해 "겹 쌓이는 헌신적인 과로로 하여 1994년 7월 7일 심한 심근경색이 발생되고 심장쇼크가 합병되었다. 즉시 모든 치료를 한 후에도 불구하고 심장쇼크가 증악되어 1994년 7월 8일 2시에 사망하시였다"고 발표하고, "7월 9일에 행한 병리해부 검사에서 질병의 진단이 완전히 확인되였다"고 덧붙였다.

북한은 사망 11일 후인 7월 19일 영결식을 갖고 김일성의 시신을 과거 소련의 레닌, 중국의 모택동의 경우와 같이 미이라 형태로 금수산 의사당(주석궁)에 안치하였다. 이로써 해방 후 49년간 계속돼 온 김일성 통치시대가 막을 내렸다.

김일성이 사망한 이후 김정일이 곧바로 김일성의 공식직책들을 승계받으리라고 보았던 관측과는 달리 김정일은 3년이 넘는 기간 동안 아무런 직책도 승계받지 않았으며, 단지 최고사령관 명의로 김일성의 유훈[40]만을 내

---

[40] 북한은 '유훈'의 내용이 무엇인지를 밝힌 바 없다. 이는 유훈을 강조하면서도 통치의 폭에 제한을 받지는 않으려는 고려에서였던 것으로 보인다.

세우며41) 북한을 실질적으로 통치할 뿐이었다.42) 이로써 북한에는 로동당 총비서와 주석 등 '당과 국가'를 대표하는 직책이 오랜 기간 공석인 채 남아 있는 이상한 현상이 빚어졌다. 이와 같은 김정일의 태도는 그의 등장배경의 한계 및 가부장제적 정치문화와 함께 경제난을 비롯하여 북한이 당면하고 있던 여러 가지 현실적 어려움에 기인한 것으로 보인다.

김정일체제는 김일성이 보유했던 수령의 지위와 역할을 그대로 승계받는 후계체제에 기반을 두고 있다. 따라서 그의 통치권의 정당성은 자신의 통치능력보다는 김일성의 카리스마로부터 유래한다고 할 수 있다. 북한이 사회주의를 표방하면서도 국가를 '사회주의 대가정', 김일성을 '어버이'로 부르는 등 가부장적 정치문화를 보이고 있는 점도 고려의 대상이다. 특히 북한은 그 동안 '충효'라는 덕목의 가치를 크게 부각시켜 왔다.

이와 같은 한계 속에서 김정일은 선뜻 김일성의 자리를 차지할 수 없었고, 김일성에 대한 우상화를 더욱 강화하는 한편 각종 언론매체를 통해 자신을 김일성과 동일시하는 선전을 계속하면서 김일성의 카리스마를 자신에게 이입시키는 작업에 주력할 수밖에 없었을 것이다. "김일성을 잊지 못하는 인민들의 마음을 헤아려서," "3년상을 치르지 않아서"라는 등으로 권력을 승계하지 않는 이유를 설명했던 것도 같은 맥락이다.

결국 김정일은 김일성의 유훈관철을 특히 강조하고, 김일성에 대한 최상의 애도를 통해 스스로 '충효의 최고 화신'임을 입증함으로써 수령의 후계자로서 부족한 카리스마를 보완하고 승계 이후에도 자신에 대한 북한주민들의 충성을 강화해 가는 길을 택했다.

이와 같은 현상은 김정일정권의 공식출범 시기에까지 이어져, 1998년 9월에 개정된 헌법 서문에 "김일성 동지의 사상과 업적을 옹호 고수하고 계

---

41) 김정일의 논문 "조선로동당은 위대한 수령 김일성 동지의 당이다"(1995. 10. 2) 참조

42) 외교부 부부장 최수헌의 제50차 유엔총회 기조연설(1995. 10. 11)에서 '우리 당과 국가의 최고 령도자'로 호칭한 점으로 미루어볼 때 김일성 사망 이래 김정일은 최고지도자로서의 통치권을 실질적으로 행사하고 있었던 것으로 보인다.

승 발전시켜 주체혁명 위업을 끝까지 완성하여 나갈 것이다"고 규정을 명시하고, 김일성을 '영원한 주석'으로 떠받들며, 새 헌법을 '김일성 헌법'으로 명명하기에 이르렀다.

김일성의 사망으로 김정일은 북한의 새로운 지도자가 되었다. 그러나 김정일이 하루아침에 북한의 지도자가 된 것은 아니다. 김정일은 1970년대 이래로 지도자 실습을 계속해 왔고, 점차 실권을 장악하기 시작하여 김일성 시대 말년에는 북한의 국정 전반을 장악하고 있었다. 따라서 김정일이 김일성 사후 북한의 지도자가 된 것은 새로운 지도자의 탄생이라기보다는 김일성이라는 그늘에 가려져 있던 지도자로서의 김정일이 그늘 밖으로 나온 것일 뿐이라고 보는 것이 사실에 가깝다.

김일성 사후 김정일은 3년여 동안 과거 김일성이 가지고 있던 로동당 총비서, 주석 등의 공식직함을 승계받지 않았다. 그러나 이 기간에 이미 김정일체제의 특성은 드러나고 있었다. 그리고 이것이 1998년 9월 5일의 김정일체제 공식출범으로 제도적으로 뒷받침되었다. 김일성이 사망한 지 3년 3개월이 되는 1997년 10월 8일 김정일은 로동당 총비서에 '추대'되었다. 김일성이 가지고 있던 몇 개의 직함 가운데 하나를 처음으로 승계한 것이다. '추대'과정은 먼저 1997년 9월 21일 평안남도를 시작으로 10월 3일까지 12개 시·도 및 군(軍) 당대표회를 열어 김정일을 당 총비서로 추대하기로 한데 이어, 10월 8일 '당중앙위원회·당중앙군사위원회 특별보도'를 통해 김정일이 로동당 총비서로 추대되었다고 선언하는 것으로 이루어졌다. 그러나 본래 로동당 총비서 선출의 권한은 로동당 중앙위원회가 가지고 있는데,[43] 이 위원회가 열렸다는 아무런 징후도 없이 방송을 통해 일방적으로 '추대'를 선언해 버림으로써 절차상의 의문점을 남겼다.

김정일이 로동당 총비서에 '추대'된 지 1년 후인 1998년 9월 5일 북한은 김일성 사망 이후 한 번도 열리지 않았던 최고인민회의를 개최하여(제10기 1차회의) 헌법을 개정하였다. 이에 앞서 북한은 7월 26일 제10기 최고인민

---

[43] 당규약 24조 참조

회의 대의원선거를 실시하여 687명의 대의원을 새로 선출한 바 있다. 이때의 헌법개정으로 북한에서 주석이라는 직책은 없어지고 대신 대외적으로 '국가를 대표하는 권한'은 최고인민회의 상임위원장이, 대내적으로 '정부를 대표하는 권한'은 내각 총리가 가지게 되었고, 이와는 별도로 권한이 더욱 강화된 국방위원회 위원장이 존재하는 권력분립의 외양을 띤 새로운 통치체제가 확립되었다. 그러나 사실은 국방위원장이 "나라의 정치·군사·경제력량의 총체를 통솔·지휘하는 국가최고의 직책"이며 "일체의 무력을 지휘·통솔하여 국방사업 전반을 지도하는" 절대적인 직책으로 되었고,[44] 바로 이 자리에 김정일이 1998년 9월 5일 다시 추대되었다. 이로써 김정일정권이 공식 출범한 것이다.

새로 출범한 김정일체제는 형식적인 권한을 최고인민회의 상임위원장 김영남과 내각 총리 홍성남에게 위임하고, 실제로는 김정일이 로동당 총비서와 국방위원장 직함을 가지고 통치권을 행사할 수 있도록 한, 형식과 내용이 일치하지 않는 체제라는 특징을 가지고 있다. 이는 군부세력에 기반을 두고 막후에서 통치해 오던 김정일의 통치스타일을 그대로 반영한 '김정일식 통치체제'라고 할 수 있다.

2) 김정일의 권력승계 과정

김정일의 권력승계에 결정적인 것은 1960년대말 국제정세 변화와 남북대화가 시작된 1970년대 들어서면서부터 20여 년에 걸쳐 장기적이고 단계적으로 진행돼 왔다. 북한에서 후계문제가 거론되기 시작한 것은 남한의 1970년 8·15경축사에서 자신감 넘치는 선의의 경쟁과 대화제의에 자극받고 치러진 11월의 제5차 당대회 이후부터이다. 이와 관련해서 김일성 자신이 1971년 6월에 개최된 '사회주의 로동청년동맹' 제6차 대회에서 "혁명의 과녁은 변하지 않았는데, 세대는 바뀌어 해방 후 세대들이 나라의 주인공으

---

44) 김영남의 김정일 국방위원장 추대사(1998. 9. 5) 참조.

로 등장하고 있으므로 이들에게 혁명의 대를 이어나갈 수 있게 해야 한다"
는 말로 권력승계의 당위성을 피력한 바 있다.45) 김정일의 권력승계는 먼
저 로동당을 장악하고 이어 군과 행정부를 장악해 가는 수순을 밟았다. 본
래 공산주의체제는 당에 의한 독재체제이기 때문에 당을 지배하는 자가 바
로 최고권력자가 되기 마련이라는 점에서 당을 장악하는 과정을 우선시한
것이다. 이 모든 과정이 김일성의 후원 아래 진행되었음은 물론이다.

김정일은 1942년 2월 16일 소련 하바로프스크 인근의 소련 극동군 제88
특별여단 브야츠크 야영(사적지로 알려지고 있으나 전혀 관리rk 되지 않고 있다)
에서 김일성과 김정숙의 첫째아들로 태어났다.46) 인민학교 과정을 한국전
쟁 때문에 남산인민학교, 평양 제4인민학교 등 여러 학교를 옮겨다니며 마
친 그는 평양 제1중학교(1954~57), 남산고급중학교(1957~60. 7)를 거쳐 1960
년 9월에는 김일성종합대학 경제학부 정치경제학과에 입학하였고 "사회주
의건설에서 군(郡)의 위치와 역할"이라는 제목의 졸업논문으로 1964년 봄에
대학을 졸업하였다.

김정일이 당사업에 관여하기 시작한 것은 그가 김일성종합대학을 졸업
하던 해인 1964년 6월 19일 로동당 조직지도부 지도원이 되면서부터다. 당
사업을 시작한 김정일은 1967년 로동당 선전선동부 과장이 되었고 이후 매
2년마다 한 급씩 높아져 1969년 선전선동부 부부장, 1971년 문화예술부장,
그리고 1973년 9월에 개최된 당중앙위원회 비공개회의에서는 조직 및 선전
선동담당 비서 겸 조직지도부장으로 선출되었다. 김정일이 김일성의 후계
자로 부상한 것은 이 무렵부터다.

1974년 2월에 열린 당중앙위원회 제5기 8차 전원회의는 김정일을 당중앙
위원회 정치위원회 위원으로 선출함과 동시에 2월 12일에는 "경애하는 령

---

45) 조선중앙통신사, 『조선중앙년감』(1972), p.285.
46) 당시 김정숙과 함께 활동하였던 김정일의 유모 李在德(중국 거주)의 증언, 『조선
   민주주의인민공화국』, 중앙일보사, 1992, p.376. 북한은 김정일이 1942년 2월 16일
   백두산의 항일유격대 밀영에서 태어났다고 주장하고, 이 지역을 '고향집'이라고
   성역화한 이후 김정일의 출생지는 바뀌게 되었다.

도자 김정일 동지를 위대한 수령님의 후계자로 추대하는 결정"을 채택하였다.[47] 이 회의에서 당시까지 김일성의 후계자로 알려졌던 김일성의 동생 김영주가 당비서에서 물러났으며, 이후 그의 측근으로 알려진 부주석 김동규 등도 잠적하였다. 대신 김정일을 옹호하는 림춘추, 오진우 등의 지위가 상승하는 등 권력 핵심부에 변화가 있었다.

김정일의 권력장악 과정에 중요한 역할을 한 것은 '3대혁명 소조운동'이다.[48] 그러나 이 조직은 사실상 김정일의 행동대로서 당 및 행정기관과 공안기관 등에 대해 통제·조정·감독권을 행사하는 막강한 권한과 함께 주요정보를 당중앙에 직접 보고할 수 있는 기능을 수행함으로써 김정일 후계체제를 위한 기반조성에 지대한 기여를 하였다. 즉 김정일은 3대혁명 소조운동을 통해 기존의 당조직을 통제·감독하는 또 하나의 계선을 자신의 직접 지휘하에 운영함으로써 당을 효과적으로 장악할 수 있었던 것이다.

이와 함께 북한은 각종 문헌자료 가운데 부자세습을 비판할 소지가 있는 내용을 삭제하였다. 예를 들어 사회과학원에서 편찬한 『정치사전』1973년도 판에는 종전에 수록되었던 세습이란 항목이 삭제되었다. 1974년 2월부터는 대내적으로 김정일의 이름을 직접 거명하지 않고 다만 '당중앙'이라는 신비스런 호칭을 사용하여 그를 후계자로 공식 등장시키기 위한 분위기 조성작업을 펴기 시작하였고, 이어 1975년 2월에 열린 당중앙위원회 제5기 10차 전원회의에서는 김정일을 '친애하는 지도자동지'로 부르는 문제를 안건으로 상정하여 만장일치로 통과시켰다. 이 시기에 해외로 나가는 선전책자, 특히 조총련의 교육자료에서는 김정일을 직접 언급하면서 후계

---

47) 김일성 방송대학 강좌 제78회('93.11.10) 및 제80회('93.11.16) 참조
48) '3대혁명 소조'란 "간부들을 잘 도와주어 그들이 보수주의, 경험주의를 비롯한 낡은 사상을 버리고 당이 요구하는 대로 일을 잘하도록 하며 사상, 기술, 문화의 3대혁명을 더욱 힘있게 밀고 나가기 위한 중요한 임무를 맡고 인민경제 여러 부문에 파견된 준비된 당핵심들과 청년인테리들로 구성된 소조"를 말한다. 이 단체는 1973년 2월 13일 김일성의 지시로 만들어졌으며 김정일은 같은 해 9월 이 조직의 총책임자가 되었다.

자로서의 자질을 예찬하기 시작하였다.49)

　김정일은 1980년 10월 제6차 당대회에서 정치국 상무위원, 비서국 비서, 군사위원회 위원으로 선출됨으로써 권력의 전면에 공개적으로 등장하면서 비로소 공식적인 후계자로 나서기 시작하였다. 그후 그는 1981년 5월 18~22일 묘향산 지구를 실무 시찰한 것을 시작으로 주요산업과 건설현장에 나타나 실무시찰, 실무지도를 계속해 왔고, 1988년에 들어와서는 그의 이러한 활동에 김일성에게만 사용되던 '현지지도'라는 용어를 붙이기 시작하였다.50) 1983년 6월 2~12일에는 중국공산당 총서기 호요방의 초청으로 중국을 방문하여 등소평, 이선념, 조자양, 등영초 등과 회담하였으며, 1986년부터는 중·소 등의 수뇌급과 신년연하장을 교환하는 등 대외적으로도 정상급 활동을 계속해 왔다.

　한편 김정일의 군 장악과정은 1980년 제6차 당대회에서 군사위원회 위원으로 선출됨으로써 시작되었고 1990년대에 들어와서 본격화되었다. 이미 로동당을 장악함으로써 군에 대한 실질적인 통제권은 쥐고 있었으나, 이때부터는 군사직함을 보유하면서 보다 직접적으로 군을 장악해 가기 시작하였다. 1990년 5월의 최고인민회의 제9기 1차 회의에서는 중앙인민위원회로부터 분리된 국방위원회 제1부위원장이 되었고, 1991년 12월 24일에는 조선인민군 최고사령관으로 추대되어 이때부터 '최고사령관 명령'을 통해 준전시상태를 선포하는 등 실질적인 군통수권을 행사하였다. 1992년 4월 20일에는 '원수' 칭호를 수여받은 데 이어 1992년 4월 23일 최고사령관 자격으로 664명의 군장성에 대해 대대적인 승진인사를 단행하면서 북한군의 상징인물인 인민무력부장 오진우에게 원수 계급장을 달아 줌으로써 자신이 군의 최고책임자임을 내외에 과시하였다.

　이와 함께 북한은 1992년 4월 9일 최고인민회의 제9기 3차 회의에서 채

---

49) "우리 당은 친애하는 김정일 동지를 우리 당과 인민의 영명한 지도자로 높이 모시게 됨으로써 수령께서 개척하신 혁명위업을 가장 빛나게 완수할 수 있게 되었다," 『총련간부 학습제강』(1975. 10).

50) <로동신문>, 1990년 1월 7일 참조.

택한 개정헌법을 통해 국방위원회를 중앙인민위원회로부터 분리·독립시켜 과거 국가주석과 중앙인민위원회가 수행하도록 되어 있던 군사관련 제반 기능과 권한을 통합하고, 이듬해인 1993년 4월 7~9일 열린 최고인민회의 제9기 5차회의에서 김정일을 국방위원장으로 추대함으로써 김정일의 군부장악을 법적·제도적으로 뒷받침하였다. 국방위원회의 권한은 1998년 헌법개정으로 더욱 강화되었다.

김정일의 권력장악이 진행됨에 따라 이미 1986년 5월에 김일성은 "우리 당에서는 혁명위업의 계승문제가 만족스럽게 해결되였다"고 선언하였으며,51) 각종 선전매체들은 북한에서 "령도의 계승문제가 빛나게 해결되였다"는 주장을 지속적으로 해 왔다. 김일성은 1994년 3월 31일에 개최된 '전당 당세포 비서대회'에 보낸 축하문에서 "당 령도의 계승문제를 혁명발전의 요구와 인민대중의 염원에 맞게 원만히 해결한 것은 가장 영광스러운 성과"라고 지적함으로써 이를 재확인하였다. 김정일의 50회 생일인 1992년 2월 16일 당중앙위원회, 당군사위원회, 중앙인민위원회, 정무원은 공동 축하문을 통해 그에 대한 충성을 다짐했으며, 이어 김일성 80회 생일기념 '주체사상 토론회'에서도 그에 대한 맹세문을 채택하면서 그를 '당·국가·군대의 수위'로 호칭하였다.52) 1993년 10~11월에는 사회단체와 군대, 그리고 민간인들의 집회를 연이어 개최하고 김정일 중심의 일심단결을 촉구하였으며, 특히 11월 17일의 제7차 기자동맹대회에서는 김정일을 '우리 당과 인민의 영명한 수령'으로 부르고 '우리시대 김정일시대'라는 표현을 등장시키기도 하였다.53) 이와 같은 동향은 김정일이 이미 김일성 사망 이전에도

---

51) 『김일성 강의록』(평양: 김일성 고급당학교, 1986. 5. 31), "조선로동당 건설의 력사적 교훈" 참조

52) 김일성은 "김정일이 국정 전반을 장악하고 있다"(1992. 4. 12, <워싱턴타임스> 회견), "전체 인민이 김정일과 당을 중심으로 단결하여 혁명의 대를 이어 나아가는 것을 만족스럽게 생각한다"(1992. 4. 14, 김일성 80회생일 축하연설)고 발언하였다.

53) 1993년 10월 18일의 '군지휘관 정치일꾼대회'와 11월 11일의 '인민무력부 김정일 위대성 연구토론회'에서 김정일의 업적을 칭송하였으며, 또한 11월 15일의 '직총'

김일성의 권력을 사실상 승계받아 북한의 실질적 통치권자로서 군림해 왔다는 사실을 보여준다.

3) 김정일 우상화

김정일 우상화작업에 있어 가장 두드러지는 것이 호칭변화이다. 북한은 1973년 9월 이후 김정일에 대해 '당중앙'이라는 호칭을 사용해 오다 1975년 6월 김정일의 생일을 휴무일로 공식 지정하면서부터 '유일한 지도자'라는 호칭을 등장시켰다. 1977년 이후에는 '당중앙'이라는 호칭과 함께 '영명하신 지도자, 존경하는 지도자, 경애하는 지도자동지' 등의 호칭이 등장하였으나 김정일의 이름을 전면에 내세우지는 않았다. 또한 '당중앙의 불빛을 우러러' 등의 가요를 보급함으로써 주민들에게 '당중앙'이라는 호칭에 익숙해지도록 하였다.

김정일에 대한 호칭은 1980년 10월 제6차 당대회에서 김정일이 정치국 상무위원, 군사위원회 위원 등의 요직을 차지하면서 그 이전과 확연히 구분되기 시작했다. 즉 1983년 2월 김정일의 41회 생일을 계기로 '령도자'란 호칭이 등장했고, 1983년 5월에는 김정일의 군부에 대한 영향력 강화를 목적으로 직책과는 상관없이 '최고사령관'이라고 불렀다. 1985년 2월에는 '수령' 호칭이 일시 나타난 바 있으며 1986년 2월에는 '인민의 어버이', 그리고 이른바 구호나무 발굴사업이 본격화된 이후인 1987년 2월부터는 '위대한 지도자, 위대한 령도자, 백두광명성, 향도성' 등의 호칭이 사용됐다.

1990년대에 들어와서는 김일성과 거의 같은 형태와 수준의 호칭을 김정일에게 사용함으로써 그가 북한권력의 최고수위임을 나타냈다. 1991년 10월에는 '또 한 분의 걸출한 수령' 호칭이 나타났다. 1993년 7월에는 인민무력부장 오진우가 <로동신문>에 기고한 기명논설에서 김정일을 '탁월한 군

중앙위 제26차 전원회의와 '녀맹' 중앙위 제18차 전원회의, 11월 16~17일의 '사로청' 중앙위 제3차 전원회의와 '농근맹' 중앙위 제21차 전원회의 등에서도 김정일에 대한 충성과 단결을 강조하였다.

사전략가, 강철의 령장'으로 불렸고, 1993년 8월에는 '민족의 어버이, 인민의 지도자'라는 호칭도 등장했다. 1993년 10월에는 김정일을 '우리 아버지'라고 지칭한 2곡의 가요를 제작, 주로 청년학생들을 대상으로 보급했다.

　북한은 각급 학교 교과서에도 김정일을 우상화하는 내용을 수록하고, 김정일과 관련한 교과목을 정규과목으로 편성해 청소년 학생들을 교육하고 있다. 인민학교 국어 교과서에는 "나는 아버지 원수님에 대한 친애하는 지도자 선생님의 뜨거운 충성심을 깊이 느꼈읍니다"54)라는 구절이 있으며, 고등중학교 국어 교과서에는 "아, 친애하는 우리의 지도자 김정일 동지, 그이께서 백두산에 탄생하시였다"55)라는 찬양이 등장한다. 각급 학교 수학과 대수에서는 "친애하는 지도자 김정일 선생님의 크나큰 사랑이 깃들어 있는 '은덕분교'로 인민학교 학생 165명이 견학을 갑니다. 그 가운데 3/5은 4학년생이고……"56) 등으로 김정일과 관련지어 문제를 내는 방식이 쓰이고 있고, 음악 교과서에도 "온 나라 꽃봉오리 학습터 찾아 지도자 선생님을 따라 배워요"57) 등 김정일을 찬양하는 가사가 등장한다.

　북한은 또한 김정일의 '위대성'과 '빛나는 업적'을 찬양하는 책자와 문학작품, 노래를 대량 제작해 주민들에게 보급하고, 김정일의 출생 및 성장과 관계가 있는 여러 지역을 '혁명사적지'로 조성해 왔다. 1982년 '어은 혁명사적지'를 시작으로 현재 16개가 조성돼 있으며 가장 대표적인 것이 김정일이 출생하였다는 백두산밀영으로, 북한은 여기에 귀틀집, 회의장소 등을 건립해 놓고 이를 '고향집'이라고 부르고 있다. 북한의 문예출판사는 1991년 9월 김정일에 관한 전설을 모은 '백두광명성 전설집'을 발간하여 주민들에게 배포하였다. 여기에는 김정일이 해방 후 청진시를 방문, 일본인들이 쓰던 지구의의 일본지도를 먹으로 새까맣게 칠해 놓자 일본 땅에 검은 구름이 뒤덮이고 소낙비가 내렸다는 내용의 "지동이 울다"를 비롯해서 30여

---

54) 인민학교 1학년 국어, "참배," p.31.
55) 고등중학교 3학년 국어 "해돋이," p.16.
56) 인민학교 4학년 수학 "분수," p.160.
57) 인민학교 1학년 음악 제31과 "장자산의 학습터," p.71.

편의 허무맹랑한 김정일 전설이 담겨 있다.

이 밖에도 북한은 1987년 5월부터 항일 혁명투쟁 당시 빨치산 대원들이 나무껍질을 벗겨 글을 써넣었다는 소위 '구호나무'에 "민족의 태양 김일성 장군, 그 태양빛 이어갈 백두광명성," "아, 조선아 백두성 탄생을 알린다" 등의 구호가 발견되었고, '탄생' 및 '후계자로서의 위상'과 관련된 200여 가지의 김정일 칭송 문헌이 발견되었다고 선전하였다. 또한 1988년 2월 김정일의 46회 생일을 기해 일본의 한 화원 주인이 오랜 연구 끝에 재배에 성공하여 기증하였다는 베고니아꽃을 '김정일화'로 명명하고 이를 대대적으로 보급·선전하였다. 또한 백두산, 금강산 등 명산의 바위 위에는 한 글자의 길이가 수 미터나 되고 글자의 깊이만 해도 1미터에 이르는 김정일의 어록과 이름을 새겨 우상화에 활용하고 있다.

김정일 우상화에는 김일성 자신도 직접 참여하였다. 1992년 2월 16일 김정일의 50회 생일을 맞아 자신의 아들에 대한 친필 송시를 한문과 한글로 발표하였으며, 1994년 3월과 4월에는 "김정일 조직비서는 한마디로 말하여 충성의 최고 화신입니다"라고 칭찬한 것을 비롯하여 "신념이 강하고 배짱이 센 사람, 소박하고 검소한 사람, 나서기를 좋아하지 않는 사람" 등으로 공개적으로 찬양한 바 있다. 또한 북한은 김일성 사망 이후 맞이한 김정일의 53회 생일에 즈음하여 1995년 2월 7일 중앙인민위원회 정령(1992. 2. 7, 김일성 비준)으로 김정일의 생일을 '민족 최대의 명절'로 지정하고 주민들에게 이틀간의 휴무일을 부여하는 등 공식적인 권력승계를 앞두고 후계자로서의 상징조작을 강화하였다.

한편 북한은 1993년 1월 28일 <로동신문> 사설을 통해 김정일의 통치방식을 '인덕정치'와 '광폭정치'로 처음 규정한 이래 계속해서 이를 대대적으로 선전하면서 김정일 우상화에 적극 활용하고 있다. 북한은 '인덕정치'의 실현을 통해 "령도자와 인민들이 '사랑을 베푸는 어버이'와 '충성과 효성을 다하는 자식'간의 혈연적 관계가 형성되였다"[58]고 주장하고 있다.

---

58) <로동신문>, 1995년 1월 15일 참조

김정일정권이 공식 출범한 이후에는 '최고사령관 동지', '장군님', '친애하는 지도자동지' 등의 호칭이 일반적으로 쓰이고 있는데, '장군님' 칭호가 대중화되고 있다.

4. 정치이념과 혁명전략

1) 주체사상

통치이데올로기가 된 주체라는 용어가 처음 공식적으로 제기된 것은 1955년 12월 28일 개최된 당 선전선동원대회에서 한 "사상사업에서 교조주의와 형식주의를 퇴치하고 주체를 확립할 데 대하여"라는 김일성의 연설에서이다.59) 당시 김일성이 당사업에서 주체확립의 필요성을 제기한 데는 북한 구석구석에 소련의 영향력이 지나치게 강력하게 미치고 있어 어느 정도 이로부터 독자성을 확보해야 할 필요성이 있었고, 전후복구 시기에 소련 및 중국의 영향력을 등에 업고 있는 당내 반대파들의 도전으로 말미암아 정치·경제·사회·문화 등 모든 영역에 걸쳐 당이 정책을 수립하고 관철해 나가는 데서 심각한 진통을 겪지 않을 수 없었다는 사정이 있었다. 처음 당면한 사상사업 방향을 제시하는 데 국한되었던 '주체'는 김일성이 당내의 여러 파벌에 대한 숙청을 계속하면서 경제에서의 자립, 국방에서의 자위 등 다른 분야로 확대 적용되었다. 그리고 중소간 이념분쟁의 격화로 국제공산주의운동 대열에서 현대 수정주의에 관한 시비가 벌어지자 대외정치 명분으로까지 활용되기 시작하였다.

'주체'가 사상화된 것은 김일성의 1인 독재권력 강화와 밀접히 관련되어 있다. 김일성의 절대권력이 확고해지고 김일성에 대한 개인숭배가 대대적으로 진행된 것은 1967년의 일이다. 이때부터 김일성 우상화의 이론적 근

---
59) 『김일성저작집』, 9권, p.467.

거가 되는 당의 '유일사상체계'라는 용어가 사용되었으며,60) 당의 유일사상체계 확립을 위해서는 주체사상에 기초한 정치사상적 통일이 필요하다고 강조되었다. 따라서 '주체사상'의 등장은 김일성 독재권력의 강화, '유일사상체계' 확립과 관련이 깊다고 할 수 있다.

'주체사상'은 1970년대에 들어서자 당의 유일한 이념으로서 혁명과 건설의 지도적 지침으로 표방되기 시작하였다. 1970년의 제5차 당대회에서 북한은 사상, 정치, 경제, 국방, 외교 등 모든 영역을 포괄하여 주체사상의 내용체계를 종합화·이론화하였으며 1972년에 제정된 헌법은 주체사상을 공식 통치이데올로기로 규정하였다. 1980년 10월 제6차 당대회에서 김정일이 후계자로 공식 등장한 이후에는 주체사상을 '현시대 로동계급의 영생불멸의 지도리념'이라 하여 마르크스·레닌주의보다 우월한 사상으로 위치시키고 있다. 오늘날에는 주체사상을 '김일성주의'로 정식화하고,61) 온 사회의 주체사상화가 '혁명의 총적 임무'라고 강조하고 있다.

그런데 북한은 1950년대 중반에 주체라는 용어를 처음 공식 사용하고 1970년대에 와서 주체사상이 확립되었음에도 불구하고 김일성이 1930년에 주체사상을 창시했다고 주장한다. 김정일은 김일성이 1930년 6월 말 중국 만주의 장춘현 '카륜'에서 열린 '공청 및 반제청년동맹 지도간부회의'에서 주체사상의 원리를 처음 밝혔다고 강조한다.62)

---

60) 북한에서의 사상교양 사업은 정권수립시까지의 '건국사상 총동원운동', 1950년대의 '공산주의 교양', 1960년대의 '혁명전통 교양' 등으로 전개돼 왔다. 이 가운데 1960년대에 진행된 혁명전통 교양은 김일성과 그의 가계 우상화가 중심내용이었다. 김일성은 제4차 당대회(1961. 9)에서 보고를 통해 공산주의 교양과 혁명전통 교양을 결부시킬 필요성을 제기하였다.

61) 김정일, 『주체사상에 대하여』(평양: 조선로동당출판사, 1982); 탁 진·김강일·박홍제, 『김정일 지도자 2』(동경: 동방사, 1984) 참조.

62) 북한은 김일성 전기와 김정일 논문 등을 통해 1930년에 주체사상을 창시했다고 공식화시키고 있으나, 때로는 그 시기를 1926년 10월에 주체사상을 지도적 지침으로 하여 '타도제국주의동맹'을 결성했다고 하기도 한다(『조선중앙년감』, 1982, p.190). 그러나 1970년대 초반에는 '타도제국주의동맹'이 마르크스·레닌주의에 기

주체사상 체계의 형성과정

내 용	제 기 시 기	배 경
사상에서의 주체	당 선전선동원대회 (1955. 12. 28)	· 스탈린의 사망 · 당내 국내파 숙청
경제에서의 자립	당중앙위원회 12월전원회의 (1956. 12. 11)	· 대외원조 감소(5개년경제계획 수립 차질) · 당내 반김일성 운동 고조
정치(내정)에서의 자주	당중앙위원회 12월 전원회의 (1957. 12. 5)	· 공산권내 개인숭배 반대운동 · 당내 연안파, 소련파 타도
국방에서의 자위	당 중앙위원회 4기 5차 전원회의(1962. 12. 10)	· 중·소분쟁의 심화와 미·소 공존 모색 · 남한의 군사쿠데타
정치(외교)에서의 자주	제2차 당대표자회 (1966. 10. 5)	· 중·소분쟁의 확대 · 비동맹운동의 발전
종합체계화	당중앙위원회 제4기 16차 전원회의(1967. 6. 28) 및 제5차 당대회(1970. 11. 12)	· 김일성 1인 지배체제 확립 · 김일성 개인숭배 운동 전개
김일성주의화	제6차 당대회 (1980. 10. 10)	· 부자 세습체제 공고화

 그러나 김일성이 1930년대에는 중국공산당의 무장부대인 동북항일연군에서, 그리고 1940년대 초반에는 소련군의 정찰부대인 88특별여단에서 활동하는 등 주체적 입장과는 동떨어진 위치에 있었다는 점에서, 그가 1930년에 주체사상을 창시하였다는 김정일의 주장은 근거가 희박하다.

 북한에서는 주체사상이 정치체제와 주민생활, 대외관계 등 모든 분야에서 유일한 지도이념이 되고 있다. 김일성 사후에 발표된 김정일의 논문들[63]도 '주체사상에 기초한 우리식 사회주의 건설'을 강조하고 있는 것으로 보아 앞으로도 주체사상은 북한 최고의 지도이념으로서 계속 그 위상을 이어갈 것으로 보인다.

 초하여 결성된 것으로 선전했다(『정치사전』, 1973, pp.1, 145).
63) 김정일 논문 "사회주의는 과학이다"(1994. 11. 1); "사상사업을 앞세우는 것은 사회주의 위업수행의 필수적 요구이다"(1995. 6. 19); "조선로동당은 위대한 수령 김일성 동지의 당이다"(1995. 10. 2) 등.

주체사상은 로동당과 국가활동의 유일한 지도적 지침으로 기능하고 있다. 당규약 전문에는 "조선로동당은 오직 위대한 수령 김일성 동지의 주체사상, 혁명사상에 의해 지도된다"64)고 되어 있으며, 1998년 9월 개정된 사회주의 헌법 제3조는 북한정권이 "주체사상을 자기활동의 지도적 지침으로 삼는다"65)고 규정하고 있다.

북한주민들도 교양과 학습과정을 통하여 주체사상을 일체화하며 이를 삶의 기준으로 받아들이고 있는데, 여기에는 원리교양, 혁명적 수령관 교양, 김일성·김정일의 혁명역사 교양, 당정책 교양 등이 주종을 이룬다. 주체사상은 오늘날 북한주민들의 삶 자체를 규정짓는 하나의 조건이라 할 수 있다.

대외 면에서 주체사상은 자주노선의 추구라는 명분하에 폐쇄체제를 합리화하는 준거로 이용되고 있으며, 대남 면에서는 자주, 평화, 민족대단결을 해석하는 기준 및 인민민주주의 혁명전략 추진을 위한 도구의 역할을 하고 있다.

주체사상은 그 형성과 전개과정이 여러 측면에서 변화·발전을 보인 것과 같이 그 내용도 새로운 면을 보충하면서 변화를 거듭하며 체계를 세워왔다. 북한은 주체사상이란 말을 처음 사용할 때,66) 그 내용에 대해 "사람이 모든 것의 주인이며 모든 것을 결정한다"는 철학적 원리에 기초한 사상이라 했다. 이 경우 사람이란 인민대중을 뜻한다. 김일성은 "주체사상이란 한마디로 말하여 혁명과 건설의 주인은 인민대중이며 혁명과 건설을 추동

---

64) 1970년 11월 제5차 당대회의 규약 전문에는 "맑스-레닌주의를 창조적으로 적용한 김일성 동지의 위대한 주체사상을 자기활동의 지도적 지침으로 삼는다"고 규정했으나 1980년 10월 제6차 당대회에서는 "맑스-레닌주의의 창조적 적용"이라는 내용을 삭제하였다.
65) 최고인민회의 제9기 3차 회의(1992. 4)에서 개정된 사회주의 헌법에서도 "맑스-레닌주의를 우리나라 현실에 창조적으로 적용한"이라는 구절을 삭제하였고, 1998년 개정헌법에도 이 구절은 다시 등장하지 않았다.
66) '주체사상'이란 용어는 1962년 12월 19일 <로동신문> 논설에서 처음 사용되었다.

하는 힘도 인민대중에게 있다는 사상이다"고 교시했다고 한다.67)

주체사상은 사람이 자주성과 창조성, 의식성을 가지고 자기운명을 자주적・창조적으로 개척해 나가는 사회적 존재라는 사실을 밝혔다고 한다.68) 주체사상에서 말하는 사람의 자주성, 창조성, 의식성은 모두 인간개조와 계급적 사상의식을 전제로 하고 있다. 그리고 자주, 창조, 의식 등의 실현에는 하나의 중요한 조건이 따라붙는다. 그것은 혁명적 수령관이다. 인민대중이 역사의 주체이지만 아무런 조건 없이 자기 운명을 자주적・창조적으로 개척해 나갈 수는 없다고 한다. 사회적 주체인 인민대중이 역사의 주체로서 역할을 다하자면 반드시 수령의 올바른 영도를 받아야 한다는 것이다. 따라서 수령에 대한 충실성이 주체확립에서 핵이 되는 셈이다. 이 점에서 수령의 역할과 지위는 절대적인 것이 된다.

국가적 차원에서는 자주적 입장을 견지하는 지도적 지침이 '사상에서 주체', '정치에서 자주', '경제에서 자립', '국방에서 자위'를 구현하는 것이다.

다음으로 창조적 입장을 견지하는 지도적 지침은 인민대중에 의거하는 방법과 실정에 맞게 하는 방법이 된다. 이와 같은 의미의 주체사상은 김일성 탄생 70주년을 기념해서 발표된 1982년 3월 31일 김정일 명의의 논문 "주체사상에 대하여"에서 종합적으로 완성된 형태로 제시되었다. 이때까지만 해도 주체사상은 마르크스・레닌주의와 다른 것이 아니며, 다만 그것을 '조선의 현실'에 창조적으로 적용하는 것이라고 이해되었다. 1986년에는 '수령・당・대중'이 수령을 뇌수로 하는 하나의 유기체적 통일체이며, 이들은 하나의 운명공동체라는 점을 강조한 '사회정치적 생명체'론을 그 내용에 추가하였다. 김정일은 "인민대중은 당의 령도 밑에 수령을 중심으로 조직사상적으로 결속됨으로써 영생하는 하나의 사회정치적 생명체를 이룰 때 력사의 자주적인 주체가 된다"고 하여 '수령론'에서 더 나아가 '사회정치적 생명체'란 개념을 제시하였다.69) 사회정치적 생명체 이론이 등장함으

---

67) 『정치사전』(평양: 사회과학출판사, 1973), p.1,055.
68) 김정일, 앞의 책 참조

로써 혁명적 수령관은 최상의 수준으로 강화되었다. "혁명의 주체는 다름 아닌 수령, 당, 대중의 통일체"이며 "수령, 당, 대중은 하나의 생명체로서 생사 운명을 같이하는 사회정치적 생명체로 결합"되어 있다고 한다.

사회정치적 생명체 이론은 곧 바로 '혈연론'으로 발전하고 있다. 그것은 인민대중이 혁명위업을 승리의 한 길로 이끌어 주는 '어버이 수령'으로부터 영생하는 생명을 받았다는 데 근거하고 있다. 김정일은 "온 사회가 하나의 사회정치적 생명체를 이루고 개인과 집단의 자주성이 다 같이 실현되는 완전한 집단주의적 사회관계"로 되어 간다고 강조한다.70) 북한은 이와 같은 주체사상의 혈연론으로 세습체제의 정당성을 설명하고 있다. 이때부터는 주체사상이 마르크스주의를 능가하는 사상인 것처럼 주장되었다. 마르크스주의는 노동계급이 역사의 주인이 아니었던 시대를 반영한 사상이라면, 주체사상은 사회주의제도가 수립된 이후에 노동계급이 역사의 주인으로 등장한 시대를 이끌어 갈 새로운 세계관이란 것이다.

주체사상은 김일성 사후 강조 빈도가 점차 낮아지기 시작했다. 이는 예를 들어 1995년의 <로동신문>, <조선인민군>, <로동청년> 등 3개 신문의 신년 공동사설에서 주체사상이라는 단어가 3회 출현하던 것이 1996~98년에는 1회로 줄어들었으며, 1999년에는 그나마도 사라진 데서 쉽게 알 수 있다. 그러나 그렇다고 주체사상이 지배이념으로서 자리를 내놓았다는 것은 아니며 극심한 경제난으로 점차 선전강도가 약화되고 있는 것뿐이라고 이해해야 할 것이다. 대신 주체사상에 뿌리를 두고 있으면서도 일정한 간격이 있는 새로운 구호, 이념이 나타나기 시작했다.

---

69) 김정일이 당 중앙위 책임일꾼에게 한 담화(1986. 7. 15), 『주체사상 교양에서 제기되는 몇 가지 문제에 대하여』 참조.
70) 김정일이 당중앙위 책임일꾼들에게 한 담화(1992. 1. 3), 『사회주의건설의 력사적 교훈과 우리 당의 총로선』 참조.

2) 우리식 사회주의와 조선민족 제일주의

동구사회주의가 몰락하고 소련이 해체되자 북한은 엄청난 충격을 받고 체제유지에 총력을 집중하지 않을 수 없게 되었다. 북한정권이 사회주의 몰락의 도미노현상을 차단하고, 변화의 물결이 북한사회에 침투하지 않도록 주민들을 단속하기 위해 내놓은 두 가지가 '우리식 사회주의'와 '조선민족 제일주의'이다.

북한은 1980년대 말부터 "우리식대로 살자"는 구호를 대대적으로 내세우면서 이른바 주체사상에 기초한다는 '우리식 사회주의'를 정식화하였다. 우선 동구사회주의 몰락에 대해 "오늘날 일부 나라들에서 사회주의가 좌절한 것은 일시적 현상이며 인류가 사회주의에로 나아가는 것은 그 어떤 힘으로도 막을 수 없는 력사의 법칙"[71]이고, 일시적 좌절의 이유는 주체사상과 같은 위대한 사상이 없었고 김일성 부자와 같은 위대한 지도자가 없었기 때문이라고 왜곡하였다. 다원주의를 지향하는 동구의 민주화 개혁·개방에 대해서는 "제국주의자들이 사회주의를 파괴하기 위하여 경제협력과 원조를 미끼로 침투해 들어온 반동적 책동의 결과"[72]라고 입장을 정리한 다음, "사회주의사회에서 다원주의를 허용하는 것은 결국 사회주의사회의 기초를 허물고 인민의 정권을 전복하기 위한 반혁명적 책동의 길을 열어 주는 것"이라고 주장하였다.[73]

대신 "우리식 사회주의체제는 인민대중에게 자주적이며 창조적인 생활을 보장해 주는 가장 우월한 사회제도"[74]라고 선전하면서 "수령, 당, 대중이 일심 단결하여 사회주의제도를 튼튼히 고수하고 사회주의위업을 끝까

---

71) 김일성의 1990~94년 신년사 참조
72) 위 담화 참조
73) 김정일의 담화(1992. 1. 3) 참조
74) 김정일의 담화(1991. 5. 5), "인민대중 중심의 우리식 사회주의는 필승불패이다" 참조

지 완성시켜 나아가기 위해 몸바쳐 투쟁하자"75)고 주민들을 학습시키고 있다. 즉 우리식 사회주의란 영원불멸의 탁월한 주체사상에 기초한 가장 독창적이고 우월한 사회주의로서 인류의 참된 복지생활이 보장되는 이상사회를 구현한 정치제도라고 주장하고, 어떠한 시련이 닥쳐오더라도 한 걸음도 물러서거나 주저함이 없이 김정일을 중심으로 굳게 뭉쳐 주체사상을 구현한 우리식 사회주의를 끝까지 지켜 나아가라고 주민들에게 교육시키고 있다.

한편 김정일은 우리식 사회주의와 함께 조선민족 제일주의를 새로운 통치이념으로 내세우면서 북한체제 유지를 위한 선전에 활용하였다. 조선민족 제일주의는 1986년 7월 김정일의 당중앙위원회 책임일꾼들과의 담화 "주체사상 교양에서 제기되는 몇 가지 문제에 대하여"에서 처음 등장하였다. 이후 1989년 12월 당중앙위원회 책임일꾼들에게 행한 김정일의 연설 "조선민족 제일주의정신을 높이 발양시키자"에서 거듭 강조되었으며 1990년대 들어서는 북한주민들에게 집중적으로 교육되었다.

북한은 조선민족 제일주의의 원천이 ① 김일성과 김정일이라는 지도자, ② 주체사상, ③ 혁명전통, ④ 북한식 사회주의, ⑤ 민족의 고유한 역사에서 나온다고 주장하고 있다.76) 결국 조선민족 제일주의는 민족적 우월성을 내세워 붕괴된 여타 사회주의국가와의 차별성을 부각시킴으로써 주민들의 사상적 동요를 막고 체제결속을 도모하는 한편, 대남측면에서는 민족대단결 논리를 뒷받침하여 통일전선을 획책하려는 데 목적이 있는 것으로 보인다. 북한이 많은 자재와 노력을 들여 1994년 10월 단군릉을 완공한 것도 이와 같은 맥락에서다.

---

75) 위 담화 참조
76) 고영환, 『우리민족 제일주의론』(평양: 평양출판사, 1989), pp.127-188.

3) 혁명목표와 단계

북한의 혁명목표는 ① 북한지역에서의 사회주의·공산주의사회 건설, ② 남한지역에서의 인민민주주의혁명 완수, ③ 세계 공산화혁명이라는 세 가지 혁명과업을 달성하는 것인데, 이 세 가지의 혁명과업간의 연관성을 특히 강조하고 있다. 북한에서는 이것을 혁명의 민족적 임무와 국제적 임무를 동시에 추구하는 것이라 설명한다.[77] 북한 내에서의 사회주의혁명과 건설은 '남조선혁명'을 위한 기지를 강화하는 것이며, 동시에 그것은 세계혁명의 일부분을 이루는 것으로 간주한다.

북한의 '사회주의혁명과 건설에 관한 리론'은 공산주의사회에 도달할 때까지의 혁명단계 구분, 각 혁명단계마다의 목표와 전략적 과업 등을 주요 내용으로 하고 있다. 사회주의혁명론의 특징은 프롤레타리아정권이 들어서서 사회주의적 개조를 통한 사회주의제도를 수립한 이후부터 무계급사회가 실현된 사회주의의 완전한 승리까지를 과도기단계로 규정하고 있는 점이다.[78]

김정일은 이와 관련해서 "사회주의사회를 건설하고 완성해 나아가는 과정은 사회주의사회의 공산주의적 성격이 강화되고 과도기적 성격이 극복되어 나아가는 과정"이라고 설명하였다.[79]

북한의 주체사상에 입각한 대남정책은 남한을 공산화하기 위한 전략전술과 밀접한 관련을 맺고 있다. 북한은 표면적으로는 평화협정 체결, 남북대화, 연방제 등을 계속 주장함으로써 남북한간 관계개선을 위해 노력하는

---

[77] 주체사상연구소, 『김일성 동지의 주체사상』(평양: 사회과학출판사, 1975), pp.205-206.

[78] 철학연구소, 『주체사상에 기초한 사회주의·공산주의 건설리론』(평양: 사회과학출판사, 1975), pp.44-58.

[79] 김정일, "맑스-레닌주의와 주체사상의 기치를 높이 들고 나아가자," 『근로자』(평양: 근로자사, 1983. 5), p.8.

듯한 인상을 주고 있지만, 실질적으로는 적화통일이라는 공산주의의 기본적 혁명전략을 그대로 유지하면서 상황에 따라 전술적 변화를 거듭해 왔다.

원래 공산주의 혁명전략은 레닌에 의하여 개발되고 스탈린이 그 이론적 틀을 정식화한 것으로 혁명유형에 따라 부르주아민주주의 혁명전략, 인민민주주의 혁명전략, 사회주의 혁명전략, 세계혁명전략 등으로 구분한다.

공산주의자들에게 전략(strategy)이란 "혁명의 주어진 단계에서 프롤레타리아계급의 주요 공격방향을 결정하고, 이에 상응하는 혁명군의 배치계획과 이 계획을 수행하기 위한 투쟁방법을 결정하는 것"이다. 즉 전략이란 공산당이 투쟁의 대상을 규정하고 공격에 동원될 세력배치 계획을 수립하고 혁명투쟁을 수행하는 것을 말한다. 전술(tactic)이란 "공산주의운동의 간조기, 만조기와 혁명의 쇠퇴기, 고조기 등 비교적 단기간에 취할 행동노선을 결정하고 집행하기 위한 투쟁을 결정하는 것으로, 전략의 일부이다."[80] 그러므로 전술이란 전략목적을 달성하기 위해 취해지는 단기적 투쟁방법을 말하며, 이는 상황에 따라 수시로 변한다.

북한의 대남정책은 인민민주주의 혁명전략을 수행하는 데 있으며, 그 기본목표를 '전 한반도의 공산화 통일'에 두고 있다. 북한은 남한에서 민족해방과 인민민주주의혁명을 달성하기 위해서 주한미군을 몰아내고 친미·반공세력을 제거함으로써 민족해방을 실현한 다음, 한국의 현정권을 타도하고 공산주의자들과 그에 동조하는 세력에 의한 용공정권을 수립함으로써 인민민주주의혁명을 완수하고자 한다. 그리고 그 구체적인 수행방법으로 '3대 혁명력량 강화'노선을 추진하고 있다.

북한의 대남정책 목표는 1970년 11월 제5차 당대회에서 개정한 조선로동당 규약에 잘 나타나 있다. 그 규약에서는 "조선로동당의 당면목적은 공화국 북반부에서 사회주의의 완전한 승리를 보장하며, 전국적 범위에서 반제·반봉건적·민주주의적 혁명과업을 수행하는 데 있으며 최종목적은 공

---

[80] Josepy Stalin, *The Foundation of Leninism* (Peking: Foreign Language Press, 1965) pp. 82-86.

산주의사회를 건설하는 데 있다"고 규정하였다. 그리고 1972년 12월 27일 북한 최고인민회의에서 수정한 북한 사회주의헌법 제5조에서는 "조선민주주의인민공화국은 북반부에서 사회주의의 완전한 승리를 이룩하며, 전국적 범위에서 외세를 물리치고 민주주의적 기초 우에서 조국을 평화적으로 통일하며 완전한 민족적 독립을 위해 투쟁한다"고 선언하였다.

김일성은 통일문제를 "어디까지나 한 나라의 비극적 분열을 종식하고 외래 침략자로부터 빼앗긴 자기의 영토와 인민을 도로 찾으며 완전한 독립을 이룩하려는 민족사활의 요구에 관한 문제"라고 규정함으로써, 남한을 '미제의 식민지'로 규정함은 물론, 통일문제를 '남조선해방' 또는 '민족해방'으로 규정하였다. 김일성은 또한 "국가활동의 모든 분야에서 자주, 자립, 자위의 혁명정신을 모두 철저히 구현하자"는 연설에서 주체사상과 통일문제를 연계시키고 있다.

북한의 통일관은 소위 '남조선혁명'을 선행조건으로 하는 '선혁명·후통일'의 논리와 전략을 일관성 있게 견지해 오고 있음을 보여주고 있다. 북한에서 주장하는 '선혁명'의 논리는 곧 남한에서의 '인민정권 수립'과 관련된다. 주체사상의 지도원리 중 '정치에서의 자주'의 첫번째 실현요건인 인민정권의 수립은 곧 '남조선 인민민주주의혁명'의 문제로 연결된다. 그리고 '후통일'의 논리는 '남조선혁명'에 의해 수립된 '용공 내지 연공 인민정권'과의 합작을 통한 이른바 '평화통일'과 관련된다.

4) 국제혁명역량 강화와 대남혁명

북한은 대내적으로 사회주의의 완전승리를 이룩하기까지 과도기단계의 혁명목표로 물질적 요새와 사상적 요새의 두 가지 고지 점령을 제시하고 있다. 물질적 요새의 점령이란 사회주의의 물질적·기술적 토대를 구축하는 것을 말한다. 사상적 요새의 점령이란 온 사회를 혁명화·노동계급화하여 사람들의 사상을 공산주의적으로 개조하는 것을 의미한다. 이러한 과도기단계에서의 두 가지 혁명목표 달성을 위해서 사상·기술·문화의 3대혁명 수행을 당면한 전략적 과업으로 제시하고 있다.

김일성은 "주체사상에 기초하여 인민정권에 3대혁명을 더하면 공산주의가 된다는 사상을 내놓았다"고 한다.81) 김정일은 "사상, 기술, 문화의 3대혁명을 수행하는 것은 사회주의 공산주의건설의 총로선"이라고 강조했다. "3대혁명을 철저히 수행하여야 낡은 사회에서 물려받은 사상, 기술, 문화의 낙후성과 그에 따르는 로동계급과 농민간의 계급적 차이, 로동과 물질생활 수준에서의 차이를 없애고 공산주의사회의 본질적 요구를 전면적으로 실현할 수 있다"고 한다.82)

북한에서는 3대혁명 중에서 무엇보다 사상혁명을 중요시하며, 이를 계급투쟁의 기본형식으로 인식하고 있다. 사상혁명은 사회 전체를 혁명화·노동계급화하는 인간 개조사업이며, 동시에 혁명적 열의와 창의성을 높이기 위한 정치사업으로 간주되고 있다. 북한은 사상, 기술, 문화의 3대혁명 촉진을 위해 1970년대 초부터 김정일 관장하에 '3대혁명 소조운동'을 전개해왔으며, 전당·전인민적 차원에서 '3대혁명 붉은기 쟁취운동', '숨은 영웅 모범 따라배우기 운동', '90년대 속도 창조운동' 등을 벌이고 있다.

북한은 '남조선혁명'을 '전국적 범위에서의 혁명완수'를 위한 지역혁명으로 간주하고 있으며, 그 성격을 '인민민주주의혁명'으로 규정하고 있다.83) 북한이 말하는 조국통일은 어느 경우든 '남조선혁명의 완수'를 전제로 하고 있다. 남조선혁명의 당면목표는 현 대한민국 정부를 전복하고 공산계열이 주도하는 민주연합정부라는 이름의 인민정권을 수립하는 것이다. 이와 같은 1단계 혁명목표를 달성하기 위한 '혁명력량 강화의 전략적 구상'은 우선 남한 내에 마르크스·레닌주의 당을 건설하며,84) 그 주위에 노동자·

---

81) 김정일의 담화(1992. 1. 3) 참조.
82) 김정일, "맑스·레닌주의와 주체사상의 기치를 높이 들고 나아가자,"『근로자』 (1983. 5), p.9.
83)『남조선혁명과 조국통일에 관한 김일성 동지의 사상』(동경 : 구월서방, 1974), p. 278.
84) <로동신문>, "김일성주의를 지도리념으로 하는 통일혁명당을 말한다," 1979년 8

농민을 결속시켜 '혁명의 주력군'을 편성하고 '보조력량'85)을 동원하는 방법으로 통일전선을 형성하는 것이다.

통일전선 형성은 하층통일을 위주로 하면서 상층통일을 밀접히 결합시킨다는 것을 원칙으로 제시하고 있다.86) 통일전선의 대상으로 삼은 남한의 정당·사회단체 내의 하층군중들과 하층 통일전선을 우선 형성하고, 그 정당·사회단체 내의 지배층과 상층 통일전선을 형성하여 상과 하를 결합시킨다는 것이다. 이러한 방법으로 각 정당과 사회단체들을 하나씩 통일전선체에 흡수시켜 나가야 한다는 것이다. 이러한 전략방침하에 주·객관적 정세에 맞게 정치투쟁과 경제투쟁, 합법투쟁과 비합법투쟁, 폭력투쟁과 비폭력투쟁, 작은 규모의 투쟁과 큰 규모의 투쟁 등 여러 형태와 방법의 투쟁을 결합하도록 한다. 그리고 모든 투쟁은 주권을 쟁취하는 결정적 투쟁의 준비로 되어야 한다고 주장한다.87)

북한의 대남 혁명노선에서는 남한 내의 인민정권 수립은 평화적 방도만으로는 불가능하며, 폭력적 방도에 의거하는 것이 불가피할 수 있다는 점을 강조하고 있다. 북한은 오늘날까지 남북대화와 교류에 임하면서도 명시적이든 묵시적이든 대남혁명의 전략목표와 혁명투쟁의 기치를 버리지 않고 있다.88)

북한은 세계혁명을 궁극적인 목표로 하면서, 다른 한편 이를 전 한반도의 공산화를 위한 여건조성의 수단으로 활용하고 있다. 세계혁명은 사회주의운동과 민족해방운동, 노동운동과 민주주의운동을 그 기본동력으로 하고 있으며 대남혁명의 대외적 환경으로서 국제혁명역량 강화라는 측면에서 매우 중요시된다. 세계혁명의 기본전략으로는 반미투쟁을 세계 모든 혁명

월 25일.
85) 보조역량에는 국군병사 및 중하층 장교, 지식인 등이 포함된다.
86) 『김일성선집』, 6권(평양: 조선로동당출판사, 1960), p.62.
87) <로동신문>, 1970년 11월 4일, 김일성의 제5차 당대회 보고 참조
88) 김일성은 최고인민회의 제9기 1차 회의(1990. 5. 24) 시정연설에서도 '전민족적 통일전선 형성'을 촉구하였다.

역량의 선차적 과업으로 규정하고 있다. 이러한 투쟁목표의 달성을 위해서는 모든 반제·반미 역량의 통일전선 형성, 국제 공산주의운동과 노동운동의 단결이 실현되어야 한다고 주장한다.[89]

그러나 북한은 국제 공산주의운동의 퇴조, 비동맹운동의 변화 등으로 인해 세계혁명의 추진은 이론으로만 갖고 있을 뿐, 실제로는 스스로의 체제 생존에 모든 역량을 집중해야 할 상황에 놓여 있으며, 이제는 그나마 한계상황에 처해 이념과 체제의 대대적인 변화가 예고되고 있다.

---

89) 주체사상연구소, 『주체사상에 기초한 세계혁명 리론』(평양: 사회과학출판사, 1975), pp.91-99.

제4장 행정문화

1. 공산관료제와 북한관료제의 일반적인 행태

지금까지 공산국가와 그 중 북한에 관해서는 정치와 사상, 권력구조, 군사, 외교 등의 측면에서 주로 연구돼 왔고 행정과 그것을 수행하는 관료제에 관해서는 간혹 정치의 일부로 간단히 취급한 것밖에 없다. 이것은 공산국가에서는 아직도 정치가 압도적으로 우세하고 행정은 그것에 예속된 수단의 의미밖에 갖지 못하는 데도 원인이 있겠지만, 공산국가 행정에 관한 자료를 얻기 어렵고 그에 대한 관심이 부족했기 때문이기도 하다.

공산국가에서의 행정관료제는 어디까지나 정치에 예속되는 것으로 그것이 하나의 세력이 되지 않게끔 하는 것이 기본방식이 돼 왔지만, 당과 정권기관의 정책을 받아 그 감독·통제하에서 그것을 집행하고 성과를 올리느냐 못 올리느냐는 주로 관료제에 달려 있는 것이므로 공산국가의 행정수준에 대해서는 자유진영에서 보다 많은 관심을 가져야 한다. 어느 면에서는 자유·공산 양 진영간의 경쟁은 결국 행정수준의 경쟁이라고도 할 수 있는 것이며, 미국에서는 이 점에서 공산국가의 행정에 대한 연구에 상당한 관심을 쏟고 있고, 비교행정론의 연구에 있어서는 공산국가의 행정에까지 범위를 확대해야 한다는 것을 강조하고 있다. 우리의 경우에는 남북간 경쟁의 측면을 넘어 장차 있을 통일에 대비해서 북한의 행정을 연구해야 한다.

그러나 아직도 그에 관한 자료는 얻기 어려운데, 이것은 북한 쪽에서 자료를 내보내지 않는 데도 원인이 있겠지만 행정에 대한 특별한 연구가 없는 데도 원인이 있는 것으로 생각된다.

지금까지 우리나라에서 북한의 행정을 연구하는 주된 방법은 그쪽의 공식 또는 준공식 문서(신문 포함)의 내용을 분석하는 방법(content analysis)이었다. 이것으로는 공식적인 정세방향과 그 중점 및 변동을 추적하는 것 이상으로 나가기는 어려우나, 현재로는 이것 외에 다른 방법이 별로 없는 것 같다. 그러나 앞으로 공산국가의 행정에 더 관심을 쏟는다면 국내외에 걸쳐 더 많은 자료를 얻을 수 있을 것이며, 적어도 소련을 포함한 동구권의 자료는 더 많이 얻을 수 있을 것이다.

1) 공산관료제의 행태

공산관료제는 당관료제와 행정관료제[1]를 포함하고 전자가 우월하다는 첫째의 특색을 지녀 공산당이 모든 국가기관을 모든 단계에서 통제한다는 점에서는 당관료제도 행정과 불가분의 관계에 있다고 할 수 있으나, 여기서는 당관료제를 뺀 행정관료제만을 대상으로 삼기로 한다. 그리고 행정이라고 하면 내각을 중심으로 해서 말하는 것이 보통인데, 정책수립과 행정감독을 담당하는 내각의 기능(executive function)과 그 밑에서 행해지는 기능(administrative function)을 구별한다면[2] 여기서 행정관료제란 내각 밑에 있는 일반 행정조직에 한정해야 한다. 그러나 공산국가의 내각은 집권기관이라기보다 행정 집행기관에 가깝고, 북한의 정무원은 종전의 내각에 해당하나 내각이 가지고 있던 정책결정권을 떼어 중앙인민위원회에 넘기고 지금은 행정집행권만을 가지고 있다.[3] 이러한 공산국가의 행정관료제가 막스 베버(Max weber)가 말하는 일정한 특색을 가진 기구라는 의미에서 관료제(bureau-

---

1) 이것을 정당관료제와 국가관료제로 구별하기도 한다. Merle Fainsod, "Bureaucracy and Modernization; Russian and Soviet case," in La Palombara, ed., *Bureaucracy and Political Development*, 1963, p.235.

2) Montesquieu의 삼권분립론을 비판하고 국가기능을 입법, 집정, 행정, 사법, 공민활동으로 五分한 것은 W. F. Willoughby이다.

3) 극동문제연구소, 『북한정치론』, 1976, p.188.

cracy)에 해당하는가에 대해서는, 그 중 여러 특색은 갖추었어도 당의 통제와 간섭으로 인한 계층제의 왜곡 외에도 중립성이나 독립성이 결여된 정치적 관료제에 가깝다 할 수 있다. 공산국가의 행정관료제는 합리성·전문성·합법성 같은 데 문제가 있으며 더군다나 정책수립에는 관여하지 못하고 당과 집정기관의 통제하에 집행만을 강요당하는 수단적 성격을 지니고 있지만, 행정을 담당하는 조직이라는 점에서는 관료제라고 볼 수도 있다. 공산국가의 행정관료제가 라스키(H. Laski)가 말하는 관료정치라는 의미에서 관료제가 될 수 있느냐에 관해서는, 정부의 통제력을 장악하지 못한다는 점에서는 그러한 관료제가 될 수 없지만, 민중에 대해서 명령·통제하고 착취하는 그러한 특권적 계층으로 화한다는 점에서는 그에 해당될 수 있는 것이다. 공산관료제도 역기능과 병리는 충분히 나타낼 수 있는 것으로서 실제로 공산국가에 특이한 것까지 합쳐 여러 가지 역기능과 병리를 나타냄으로써 공산체제의 중대한 모순의 하나가 되고 있다.

공산국가의 행정관료제는 모든 정치·경제·사회적 활동이 당과 국가의 주관하에서 수행되므로 과도한 부담을 짊어지고 있다. 특히 국방력과 경제력의 강화, 사회주의적 생산관계의 수립에 역점을 두고 위에서 내려오는 명령을 받아 이것을 다시 민중에게 전달하고 그들을 동원해서 그것을 완수해야 하므로 명령적 관료제라고 할 수 있고, 경제는 명령경제에 속한다. 다만 이러한 특색은 선진 공산국가와 후진 공산국가에 따라 정도에 차이가 있을 것이다. 내각은 총리와 부총리 외에 각 부와 위원회의 장 등으로 구성되는데, 그것은 정치적·의원내각제라기보다 행정적인 것이 보통이고, 북한의 정무원처럼 순전히 행정적 집행기관으로 만들고 있는 곳도 있다. 이리하여 공산국가의 내각은 사회의 모든 기관과 조직의 '조정된 순조로운 기능'과 "정치적·사회적 과업의 계획적이고, 조화 있고, 규율 있는 수행을 보장"하는 데 중점을 둔다는 점에서 조직 위주적(organizational)인 것이라고 할 수 있다.[4]

---

4) H. Gordon Skilling, *The Governments of Communist East Europe*, 1966, p.146.

공산국가의 내각은 각 부와 위원회의 수가 많은 만큼 그 구성원의 수가 많고, 각 부의 편제가 놀랄 만큼 자주 바뀌며, 부에는 두 가지 종류가 있다는 또 하나의 특색이 있다. 이것은 모두 소련의 방식에 따른 것인데, 부의 수가 많은 것은 외무부(북한의 경우는 외교부), 보건부 같은 전통적인 부처 외에 특정 경제분야를 맡는 여러 부서(화학공업부 등)를 두고 또 공업성장에 따라 새로운 부를 신설하기 때문이며, 부의 편제가 자주 바뀌는 것도 이 때문이다. 그 외에 여러 위원회가 있으며, 북한의 경우를 예로 든다면 국가검열부와 사회안전부, 인민봉사위원회 같은 기관을 직접 부나 위원회 단위에 두고 있어 총 24개의 부와 위원회가 있고, 여기에 총리와 부총리 8인을 합치면 정무원의 규모는 아주 큰 것이 된다. 이보다 더 큰 규모의 내각을 가진 공산국가도 있었으나 현재 소련과 불가리아는 부의 수를 줄이고 있는데(소련은 현재 15개 부처) 이것은 물론 경제담당부를 통합함으로써 이루어진 것이고, 그 외에 2인으로 된 제1부총리직을 폐지한 예도 있다(폴란드). 어쨌든 공산국가에는 전통적인 부와 경제담당부라는 이중의 부가 있게 되고, 경제담당부의 수가 여전히 많으며, 내각은 전 경제분야의 관리를 위한 일종의 총이사회가 되고 있다는 특색이 있다.5) 그러나 경제분야 중에서도 특히 중점을 두고 있는 것은 여기서도 소련의 방식에 따라 중공업과 군수공업이다(중국은 농업을 중심으로 한 공업정책을 추진하고 있다).

부와 위원회의 서열에 대해서는 어느 것을 더 중요시한다고 말하기 어려운 점도 있으나, 북한의 경우 정무원의 기구표상으로는 국가계획위원회가 첫번째에 있고 다음에 국가검열부, 인민무력부, 외교부, 사회안전부, 중공업위원회의 순으로 되어 있는 것을 보더라도 위원회의 서열이나 중요성이 낮은 것은 아니다. 오히려 전체나 여러 부에 관련되는 조정적 기능과 정책방향의 지시를 담당하는 기구로서 상당한 재량권을 가짐으로써 중요성이 더 큰 것이라고 할 수 있다. 이러한 조정기능은 1개 이상의 업무를 담당하고 때로는 수 개의 부를 통할·조정함으로써 총리를 보좌하는 부총리

---

5) *Ibid.*, pp.144, 146.

에 의해서도 수행되는데,6) 부총리 중 일부는 중앙인민위원회의 위원이기도 하므로 당 및 중앙위원회와 정무원과의 의사소통의 중요한 통로가 되는 것이다. 정무원은 중앙인민위원회의 지도를 받아 중앙인민위원회에서 결정된 사항을 집행하는 '행정적 집행기관'으로서 정책의 수립과 통제에 참여할 수 없도록 되어 있다. 그러나 정책수립이 정무원의 참여나 보조 없이 가능한 것인지, 혹은 정무원의 집행기능에서 정책문제는 제기되지 않는 것인지의 문제와 정책수립과 집행을 엄격히 구별할 수 있다고 생각하는 데는 이론과 실제의 면을 이해하지 못하는 문제점이 내포되어 있다. 그렇다고 정무원이 정치성이 없는 기관으로서 사무직 직원들로만 구성되어 있는 것은 아니며, 그 고위직은 모두 전문성보다도 정치적 충성도에 의해 충원되고 있는 것은 틀림없는 일이다.

북한의 김일성은 스탈린의 관료주의적 권력체계를 모방하여 4차내각 때까지 당의 총비서직과 내각의 수상직을 독점함으로써 최고 권력기관으로서의 로동당은 정책수립 기관이자 실질적인 통제기관이 되어 있었다. 그러다가 1972년 12월 이른바 사회주의헌법을 제정하면서 정책의 효율적인 통제 및 집행의 지도를 목적으로 당과 정부를 연합하는 회의체 형식의 중앙인민위원회를 신설하고, 자신은 국가주석으로서 중앙인민위원회의 지도권, 정무원의 소집 및 지도권과 정책결정권 외에 국가대표권과 군통솔권까지 한 몸에 장악하게 되었다. 이것은 스탈린의 관료주의적 통치제도와 중공의 제도를 혼합하여 공산국가 내에서도 유례를 찾아볼 수 없는 전권적인 일인체제이다. 이는 김일성 자신이 내각 수상까지 겸함으로써 생기던 당의 지나친 통제·간섭과 같은 제반 결함을 시정하였다는 명분이 있지만, 독재적 회의통치를 합법화시키고 자신은 책임을 지지 않으면서 당권과 행정권을 계속 장악하려는 의도의 산물이었다. 국가주석이 중앙인민위원회의 수위이기 때문에 이 위원회는 주석의 보조·자문기관에 불과하며,7) 나아가 그것

---

6) 극동문제연구소, 앞의 책, pp.189-191.
7) 위의 책, pp.184-189.

을 명실공히 내각이 되게 하고 정무원을 두지 않아도 되었을 것이다.

　공산국가에서는 당이 정책을 수립하고 정부는 이것을 집행하며 당은 행정의 모든 단계에서 통제한다는 일반적 원칙이 있으나, 통제보다도 실제로 운영하는 결과가 되기 쉽고 스탈린시대 소련에서는 당이 행정기능을 완전히 장악한 일도 있었다. 그후 다소 완화되는 경향이 보이기도 하나 당의 '지도역할'과 '감독'이라는 것이 크게 감축되었다고는 볼 수 없다. 당의 통제는 중앙위원회를 위시하여 모든 단계와 지역의 당기관과 당원에 의해 행해지고, 행정 각부 내의 당기관(북한의 경우 부내의 정치국)에 의해서도 행해짐으로써 당과 정부의 정책이 수행되는 것을 보장한다. 국가기관이 아닌 당이 우월한 지위에서 국가기관을 통제하는 것이 공산국가의 특징의 하나인데, 이 때문에 당관료제와 행정관료제의 병행과 그로 인한 '감독'과 집행체계 또는 계층제의 혼란을 가져오며, 행정관료제는 전문적 능력보다도 당에 대한 충성과 안전상의 이유에서 임명과 파면이 결정되고 때로는 대규모 숙청대상이 되기도 한다.

　공산국가의 관료제는 당의 강한 통제를 받는 반면 민주국가에서처럼 의회와 법원, 신문과 여론에 의한 통제를 받는 정도는 극히 낮으며, 유고슬라비아를 제외하고는 관료의 위법행위를 시정하기 위한 헌법재판소나 행정재판소가 없다. 당을 제외한 외부통제는 약하지만 내부통제는 강해 통제위원회, 회계검사원, 사회안전기관과 일반경찰, 재무·계획·구매 등 기관의 중복되는 통제를 받고 있어 관료들의 문제를 더욱 복잡하게 하고 있다. 이와 같이 당과 내부적 통제조직이 강화되고 있는 반면 국가행정으로부터 개인을 보호하는 면은 아주 경시되고 있다.[8]

　다음에 고려해야 할 것은 공산국가에서 중간직 이하를 전문적·기술적 능력에 따라 충당하느냐 하는 문제이다. 특히 헝가리의 경우 비고위직은 당원이 아닌 전문가로 충당하는 것이 기본원칙으로 돼 왔고 다른 공산국가에서도 보통 그렇게 한다고 한다.[9] 이 때문에 전문적 관료들이 점차 고위

---

8) Skilling, op. cit., pp.147-150.

직을 차지해 현재의 중심인물들을 대체할 것이라는 전망을 하기도 한다.
  이것을 더 검토해 본다면 특별한 전문성도 없이 혁명에 가담하여 '새로운 계급'이 된 자들은 관리계급인 '제2의 새로운 계급'에 의해 대체돼 가고 있다고도 하지만, 후자의 특색은 혁명에 대한 정열과 이데올로기보다 합리성과 전문성이며, 그 외에 개인적 안전, 국가의 자의적 행위로부터의 보호, 물질적 혜택을 바라는 점도 있다. 동구의 경우 전문성의 강조와 기술적 전문가에 대한 의존은 당원 중에 이들의 수가 증가하는 것과 함께 그들의 지위향상과 정치적 직위로의 진출이 증가함으로써 새로운 혁명이 발생하였다고도 한다. 그러나 이들이 지배적인 지위에 오른 것도 아니고, 장차 그렇게 될 전망도 흐리며, 현재의 지배계급과는 다른 '정치적 인간'이 될 가능성도 희박한 것으로 보인다. 이것은 합리성의 요구가 이들에 의해 증가하겠지만, 지배엘리트의 권력적 지위와 혁명운동의 지속에 위협이 될 독자적인 관료제는 허용하지 않을 것이며10) 이데올로기에 우선하는 합리성이나 전문성은 있을 수 없고, 공산체제는 전문가에 지배당하지 않으면서 그들을 이용하는 체제이기도 하다.11)
  현재 북한과 중국에서는 전문엘리트의 소외 또는 관료주의에 대한 비판이 더욱 심해져 가고 있다. 그러므로 전체주의국가도 일단 관료 제도화하게 되면 ① 분업을 존중하지 않을 수 없고, ② 전체주의가 갖는 비합리성을 대체하여 산업사회의 합리적인 관행이 자리를 잡게 됨에 따라 체제의 본질적인 변경이 가능하게 되며, ③ 비록 당원이기는 하나 경영자 출신 관료가 더 많이 충원·등용되면 험악한 혁명보다는 아무래도 안락의자를 더 찾게 된다는 점에서 산업화(공업화)는 전체주의와 동일체제 내에서는 공존하기 어렵게 될 가능성이 농후하다고 보는 낙관적 견해(Z. K. Brzezinski)도 있다. 한편 산업화가 동서를 막론하고 모든 근대사회에서 공통적인 문화현

---

9) *Ibid.*, p.143.
10) 신종순, "근대화와 행정방식 비교," 『안보연구』, 제2집, 동국대학교 안보연구소, 1972, p.32.
11) Skilling, *op. cit.*, p.148.

상을 만들어 낼 것이라고[12] 볼 수도 없는 것이다. 공업화의 도가 낮은 후진 공산국가에서는 더구나 행정·경영관료의 대두나 공통적인 문화현상에의 접근은 기대하기 어려우며, 선진·후진을 막론하고 공산사회가 서구사회 또는 자유진영과 탈이데올로기적인 완전한 이해와 공존 및 교류를 추구할 수 있을 것이냐는 의문이 아닐 수 없다.

다음에 공산국가에서 행정·경영관료에게 요구하는 기술적 능력 또는 전문성의 내용이 구체적으로 어떠한 것인지 알 수 없다. 또한 일반적 교양으로 마르크스·레닌주의, 마르크스주의 경제학, 김일성사상 등이 요구되고 있다고 생각되지만, 법학, 경영학, 행정학, 사회학 등에 어느 정도의 중요도를 부여하고 있는지 여부와, 임용과 승진에 학적 능력을 얼마나 중시하는지도 알 수 없다.

한 가지 알려진 것은 공산국가의 학자들은 서구, 특히 미국에서 말하는 인간관계에 대해서는 알지 못하거나 알아도 회의적이라는 것이다. 행정에 대한 이데올로기적 접근이 주가 된다고 할 때 경영학·행정학적인 접근이 용이한지 알 수 없으나 영미적인 것은 아닐 것이다. 구독일과 구일본의 영향으로 인해 행정에 대한 행정법학적 접근태도가 강할 수도 있으나 공산국가에서 법치행정이 강조되지는 않을 것이다. 그러나 형식적 법치주의가 아니라 사회적(실질적) 법치주의 측면에서는 강화될 수도 있다. 한편 사회주의경제 건설이라는 것과 군비증강에 치중하는 나머지 사회복지 면은 오히려 경시되고 있는 것이 아닌가 생각되기도 하며, 이것은 북한의 정무원 기구표에서 노동행정부가 끝에서 두번째를, 보건부가 맨 끝을 차지하고 있는 데서 추측할 수 있는 것이다. 북한에서는 절약과 능률, 과학과 기술혁신을 계속 강조하고 있는데, 그것을 구체적으로 어떠한 이론과 체계로 실현하고 있는지도 알 수 없다.

---

12) 이문영, 『북한 행정권력의 변질요인에 관한 연구』, 1969, pp.256-259.

2) 북한관료제의 행태

북한관료제의 행동양식은 공산관료제의 일반적 특색에 따르면서도 후진적이고 가장 경직된 것임을 알 수 있다. 김일성은 장기간에 걸친 1인체제 하에서 군비와 중공업에 치중하고, 농업협동화(집단화) 방식을 취하며, 기술과 절약과 교육을 강조하고, 여러 가지 대중동원 방법에 의거해서 성과를 올리려고 하였으며 당을 중심으로 광범한 계획과 통제를 실시하였다. 각종 구호와 운동의 강조, 집회·언론·상벌 등을 통한 계속적인 사상개조와 대남전쟁 준비, 의욕향상, 노동강화, 능률, 목표의 초기 또는 초과달성을 꾀한 것도 그 특색이다.

당을 최고로 하고 그 밑에 소위 사회주의적 생산관계를 수립하고 국방력과 경제력을 강화한다는 미명하에 민중은 극한적인 혹사와 강행을 당하고 있다고 하겠고, 소위 '국가주권기관'과 '국가관리기관'을 구별하여 행정관료제는 당을 떠나서는 생각할 수 없고 당 집권화의 희생물이 되었다.[13] 기술자와 행정 및 경제를 담당하는 정치적 관료가 새로운 계급으로 나타나고, 노동자는 권력에 대한 영향이나 통제에서 제외돼 왔다. 민중은 동원의 의미에서 참여는 있어도 통제의 의미에서 참여는 없다[14]는 일반적 특색이 여기서도 적용되며, 새로운 단계에는 군인도 포함될 것이다. 노동자와 민중은 본래의 말대로 주인은 되지 못하고 혹사와 착취의 대상이 되고 있을 뿐이며, 자원부족을 외부세계와의 교류를 차단한 채 내부에서의 자력갱생적인 노동강화로 보충해 나가려는 듯이 보인다.

다만 북한의 행정방식에는 시기별로 단계적인 변화가 보인다. 이에 따르면 초기단계에는 정치체제 확립에 역점을 두고 당 및 국가조직, 당이념, 외교정책, 국방 및 치안이라는 4개의 정책범주를 대표적인 변수로 하여 대중

---

13) 신종순, 앞의 글, pp.34-35.
14) A. F. K. Urganski, *The Stages of Political Development*, 1965, pp.95, 97-98.

동원행정으로 나타났다. 제2기에는 경제개발에 역점을 두고 산업, 농수산, 체신 및 교통, 상업, 재정을 대표적인 정책변수로 하여 대중동원 정책과 관리 및 기술정책이었으며, 현재는 생활수준, 예술, 교육 및 과학과 도시 및 지역개발 등의 정책변수로 구성된 사회복지 배분을 실시하는데, 그 행정력은 기술 및 관리행정으로서 이는 관리 및 기술정책에서 볼 수 있다.15) 모든 정책범주가 시기별로 현저하게 중요도의 차이를 나타내지 않았다 할지라도 대체로 어디에 중점을 두고 있는가를 알 수 있는데, 이것을 추진하는 것은 여전히 행정력이며, 여기에 관련되는 것은 당이념, 정당과 국가조직, 군중동원, 관리 및 기술 등이다.

　공산국가의 행정관료제가 정책을 부여받아 집행하는 데 어느 정도의 능률성과 효과성을 나타내는가는 고사하고 병리와 역기능 면이 대체로 알려져 있어, 공산관료제도 이 부분에서는 문제가 있다는 것을 알 수 있다. 이러한 관료제의 문제점이 공산국가의 광범한 행정작용의 범위에 비해 상대적으로 적은 것인지, 경제관리와 경제목표 달성노력에서 오는 불가피성인지, 아니면 비공산국가의 문제점과는 성질이 다른 것인지는 다음 연구과제이지만 관료제의 문제점에 속한다는 것만은 알 수 있다. 공산국가에서는 선진·후진을 막론하고 그 문제를 해결하지 못했을 뿐 아니라 해결하기 어려우며, 현재의 관료제를 대체할 새로운 조직방식을 고안해서 정착시키는 데 성공하지도 못했다.

　공산국가 관료제의 문제점은 당의 수뇌부나 기관지에서 관료제를 비판하고 독려하는 과정에서 외부에 알려진 것이 많다는 점에서 그 심각성을 알 수 있다. 또한 당과 집정기관이 관료제에 의존하면서도 불신하고 경계하며 억제한다는 점이다.

　절약과 능률, 기술과 과학 관리능력과 목표달성을 계속 강조하면서도 구체적인 방법에는 큰 발전이 없고 후진적이며, 당 수뇌부와 관료제 사이에

---

15) 최평길, "북괴의 정치발전과 행정발전(상)," 『북한』, 1975년 12월, pp.55, 58. 여기에서 정치·행정의 '발전'이라는 말은 적합하지 않을 것 같고 『북한』, 1976년 3월에는 "북괴의 정치과정과 행정변화"로 제목이 바뀌었다.

합일할 수 없는 괴리를 나타낸다는 점에 큰 문제가 있다. 북한의 경우 기술혁신에 관해서는 천리마운동과 집단적 기술혁신, 당 통제하에서의 방법 개선이 강조돼 왔고, 절약과 기술혁신, 교육의 강조 외에 장기 및 단기계획의 수립, 시기별 프로그램의 결정, 사업성과의 평가(이른바 사업총화)를 하고 있는 것을 알 수 있다. 아울러 관료주의의 배격을 거듭 강조하고, 생산현장이나 군중 속에 들어가야 한다고 하며 사회주의하에서의 상하관계는 명령·집행의 관계가 아니라 혼연일체가 되어 과업을 해결해 나가는 '동지적 관계'라고 하기도 한다.16) 그런데 이러한 것만으로는 해결되지 않고 계속 여러 가지 문제점을 나타내고 있다.

북한 관료제의 모순은 다른 공산국가와 공통적인 것으로 지적되기도 하나 판이한 양상을 노출하고 있는 것으로 보인다. 이에 따르면 북한 관료주의의 4대 모순 중 첫째로는 그 관료주의가 권력의 화석화, 즉 권력계층의 경직성과 통치기능의 노쇠화를 가져왔고, 이에 따라 요령주의, 보신주의, 무사안일주의를 나타내게 되었다는 것이다.

둘째로 북한의 관료주의는 경제의 정체화를 가져왔다는 것으로, 중앙집권적 계획경제 체제는 경제의 관료화를 촉진시켰고, 하향식 명령경제 체제는 창의성을 상실한 채 비능률만 조장시키는 결과를 가져왔으며, 더욱이 자력갱생적인 이른바 주체경제는 대외협력 관계의 장애요소로 등장하였다는 것인데 이것은 외채의 문제에서도 입증되고 있는 일이다.

셋째로 김일성 1인체제의 관료화는 폐쇄화를 더욱 촉진시키고 있으며, 김일성 교시의 관철이나 무조건성·절대성은 관료주의적 인간을 만들고 창의력과 혁신성을 말살시키는 결과를 초래하고 있다.

넷째로 김일성 유일사상의 지배는 사상적인 면에서 질식화를 가져왔다는 것이다.

이러한 관료주의의 모순은 관료사회 내에 그치지 않고 사회 전체의 모순으로 확대돼, 요령주의, 보신주의, 무사안일주의 외에 형식주의, 주관주

---

16) 신종순, 앞의 글, p.36.

의, 경험주의, 사대주의, 보수주의, 기술신비주의, 기관본위주의, 주인답지 못한 태도와 관료주의적 사업작풍, 허풍치기를 하여 당을 기만하는 것, 공명심에 젖어 과장해서 보고하는 것, 지시와 호령(만)으로 모범을 보이지 않는 것, 낭비와 비능률 등으로 드러나고 있다.17)

김일성이 관료제에 대해서 한 비판의 내용은 위에서 든 여러 가지 병리현상에 많이 포함돼 있는데, 그가 다음과 같이 말한 것은 간부가 의사결정에 앞서 현장에 직접 출장, 대중과의 상담을 통해서 문제점을 발견해야 한다고 한 모택동의 말과 비슷한 점이 있다. 즉 "만약에 아래에 내려간다 하더라도 군중 속에 들어가지 않고 사무실에 앉아 몇몇 일꾼이나 만나 보고 올라오거나 당일치기 유람식으로 돌아다녀서는 아래의 실태를 현미경적으로 깊이 분해 파악할 수 없다"고 지적하고, "군중과 현실을 떠나서는 주관주의 · 관료주의 · 형식주의를 피할 수 없으며, 따라서 대중에 대한 과학적이며 혁명적인 령도를 보장할 수 없다"고 하였다. 그 외에도 북한에서 관료제에 대한 비판과 요망은 "광범위한 군중을 동원하여 속도전의 기세로 불이 나게 계획된 공사를 빨리 해야 한다"고 한 것(<로동신문>, 1975년 6월 2일)과 "인민경제 부문에서 낭비현상을 없애고 절약투쟁을 강화하는 것은 사회주의 경제관에서 중요한 원칙이며 오늘 우리 혁명발전의 절실한 요구"(『근로자』, 1976년 1월)라고 한 것 등 많은 것을 볼 수 있다.

공산주의는 관료제에 보다 더 의존하고, 의존하면서도 통제하고 억제하며, 관료제는 이러한 의존과 과중하고 불합리한 부담 때문에 더 많은 병폐를 나타내고, 다시 또 이것을 통제하려고 하는 체제상의 문제점과 모순이 있다. 그리고 행정관료제가 전문성과 합리성을 억제당한 채 항상 종속적 · 수단적 지위에 남아 있을지도 의문이며, 당관료제와 행정관료제, 행정관료

---

17) 여기서는 관료제의 일반적인 병리와 함께 공산국가의 특이한 병리를 보게 되는데, 이 모든 것을 관료주의라고 하지 않고 '형식주의 · 요령주의 · 관료주의 등'이라고 하는 것과 같이 관료주의를 따로 제시하기도 하는데, 이 경우 그것이 무엇을 의미하는가는 명백하지 않다. 그리고 주관주의와 경험주의, 기술신비주의, 주인답지 못한 태도, 사대주의를 배격하고 있는 것도 특이하다.

제 내에서도 상급관료와 하급관료, 일반관료와 경제관료·경영관료·기술자·전문가 사이에서 대립과 책임전가를 나타내기 쉬운 또 하나의 문제점이 있다. 파슨스(T. Parsons)는 사회주의가 관료주의를 타파하는 데 실패하면 관료주의는 사회주의를 타파할 것이라고 경고하였는데,[18] 여러 가지 통제 방법에도 불구하고 아직은 관료주의를 타파하지 못하였고 앞으로도 그것을 타파하기는 어려울 것으로 보인다.

이처럼 한정된 자료에서도 북한 관료제 내의 자체모순이 내재하고 있고 이로 인해 여러 가지 병폐가 나타나고 있는 것을 알 수 있다. 자체적 또는 체제의 성격상 필연적이라는 점에서 그 모순과 병폐는 시정하기 어렵다는 것을 보게 된다. 이것은 체제 자체의 변경을 가져오지 않는 한 완전히 시정할 수는 없다는 것을 의미하며, 체제를 그대로 유지하려고 하는 한 관료제는 억제당한 채 병폐를 계속 나타내게 될 것이다. 그리고 관료제는 전문적 능력과 합리성에 대한 요구가 증가하게 되면 체제변경에 대한 압력이 가중될 것이고, 외부세계와의 교류가 증대하면 그러한 압력은 더욱 가중될 것이며, 이것은 다시 통제의 가중으로 기능하지 않으면 안 되게 할 것이다.

3) 북한 관료체제의 변천과정과 행정의 특성

북한의 정치·행정체제의 변천과정은 권력의 집중 정도와 그 시기에 나타난 행정의 특성에 따라 공산 지배체제 구축과 동원행정 단계 및 권력 세습체제 구축과 기술 및 관리행정으로 단계화할 수 있다.

1945년 8월부터 1956년 4월까지는 북한의 공산집단 지배체제의 기초적인 바탕을 확립한 시기로서 북한 공산주의자 자신들의 단결과 조직형성에 주력한 시기이다. 이 시기는 공산당의 계보와 출신성분의 잡다성 때문에 복합적 조직형태를 면치 못하였다. 그러므로 단일화 내지 연합전선의 형성을 위한 재편성적 정비가 필요하여 각 지역에서 모인 공산주의자들이 자체의

---

[18] 위의 글, p.791에서 인용.

단결과 당조직 형성에 골몰한 시기였다.

　김일성은 이러한 상황을 고려하여 대중과 연합하는 민족통일전선을 주장하여 민주주의 자주독립국가 건설이라는 미명하에 대중을 공산당 주위에 집결시키는 정책을 통해 반대파를 숙청하고 독재권력 구축을 시도했던 것이다. 이는 모택동의 소위 '신민주주의론'과 유사한 것이라 하겠다.[19] 이렇게 해서 북한 내에 공산당의 기반을 어느 정도 구축한 김일성은 1945년 12월 17일 조선공산당 북조선분국 제3차 확대회의를 통하여 정식으로 당 책임비서직에 취임하였다. 비서직 취임을 계기로 김일성은 중앙집권적인 공산당기구를 갖추기 위해 본격적인 정리작업을 강행하였고 그 결과 김일성의 지위는 상대적으로 굳어졌다.

　김일성은 이와 같은 지위강화 작업과정의 일환으로 민족통일전선이라는 이용물을 전면에 내세워 북조선임시인민위원회를 조직하고, 이를 통하여 토지개혁을 비롯해서 주요산업의 국유화를 단행함으로써 노동자 및 농민계급의 정치적 신뢰를 획득하려 하였다. 이리하여 농촌과 도시에서 당의 계급적 기반을 굳힌 김일성 일파는 소련의 비호를 받으면서 민족통일전선을 깨고 일차적으로 조만식 선생을 위시한 민족주의자를 제거하기 시작했다. 1949년 6월 30일 남로당과 북로당은 남북로동당 연합중앙위원회를 비공개로 열어 합당을 결정하고 조선로동당으로 당명을 바꿨다. 이로써 국내의 공산주의세력이 총 망라된 단일 공산당이 만들어졌다.

　김일성 일파는 1950년 6·25남침이 실패로 돌아가자 잔존 적대세력의 제거를 모색하기 시작하였다. 남침을 준비하는 과정에서 조선로동당은 당내에 군사위원회를 조직하였는데 김일성은 동 위원회의 실권을 장악하였다. 이로써 김일성은 강력한 독재권력을 행사하게 되었고 로동당의 권력구조는 프롤레타리아 독재체제로 전환될 가능성이 커지게 되었다.[20] 이 시기

---

19) 모택동은 항일 민족통일전선, 인민공화국 인민민주주의에 관해서 1935년 말부터 단편적으로 발표한 논문을 정리해 일관된 이론체계를 세우기 위해 1940년 1월 "신민주주의론"을 발표했다. 김상협, 『모택동사상』, 지문각, 1964, p.190.

20) 박재규, 앞의 책, p.10.

북한정권의 정책적 배려는 로동당 및 행정기관 조직에 우선권을 부여하였으며, 그에 못지 않게 당의 이념, 외교정책, 국방 및 치안유지에 전력했고 대중동원에 막중한 행정력을 투입하였으므로, 이 기간에 두드러지게 나타난 행정의 특징은 바로 동원행정이었다.21) 김일성은 "인민경제 복구발전을 위하여"라는 구호 아래 인민경제 복구발전 3개년계획과 공업화의 기초를 구축하기 위한 5개년계획을 추진하기 시작하면서 동원행정을 통한 목표달성을 시도하였다. 김일성은 이 계획을 달성하기 위해서는 전시에 못지않는 사회적 긴장상태를 유지해야 하며, 당대열 내에 적대적 존재를 없애고 당을 명실공히 조직적·사상적으로 강화해야 한다고 강조하였다. 이러한 북한의 사회적 환경과 체제 속에서 김일성은 남로당파의 숙청을 합리화시킬 수 있었다.

김일성은 로동당 중앙위원회 제2대 6차 전원회의에서 행한 연설을 통해 "농촌에서 개인농민 경리를 사회경제적 집단경리로 개조함으로써 농민의 생산력을 사적 소유에 기초한 낡은 생산관계의 구속에서 완전히 해방시킬 수 있다"22)고 강조하고, 농민경제의 사회주의적 협동화를 도모하는 동시에 생산구조의 사회주의적 개혁을 단행하였다.23) 이와 같은 급속한 개혁의 추진으로 북한에서는 1946년 노동자가 12.5%, 개인농이 74.1%, 개인수공업자 1.5%, 기업가 0.2%, 상인 3.3%, 기타 2.2%이던 것이 1959년에 와서는 노동자가 37.3%로 증가·변동되었다. 이와 같은 급격한 사회계급 변동으로 김일성 독재체제는 점차 사회경제적 기반을 확대할 수 있었다.24)

---

21) ① 최평길, "북괴의 정치발전과 행정발전(상)," 북한연구소, 『북한』, 제48호, 1975년 12월, p.57. ② Choi Pyung-Gil, "The Nation-Building Process and Administrative Development in North Korea," Syracuse Univ. Ph. D.(1979), p.29-34.
22) 『김일성저작선집』, 1권, p.411.
23) 『북한전서(상)』, p.105. 이와 같은 개혁을 통하여 김일성은 북한사회에, ① 혁명적 민주기지 강화, ② 사상품 생산경제 및 개인농민 경제를 말살하고, 이를 협동경제 형태로 개조하여 생산수단의 사회적 소유와 집단적 노동조직으로서 농업발전 달성, ③ 전쟁으로 피폐해진 노동력, 자재 등을 동원·보강하려고 하였다.

그러나 김일성이 주도하여 강행한 생산구조의 사회주의적 개혁과 무모한 경제계획은 당 내외에서 많은 반발을 야기했다. 사회구조의 급격한 변화로 인하여 민족적 전통과 미풍양속이 일시에 와해되어 당과 대중의 유리현상이 심화되었고 노동자·농민에 대한 비인간적인 노예노동은 주민들의 불평불만의 요인이 되었던 것이다.

북한에서 정권수립 초기단계에 동원행정은 불가피했으며 특히 6·25 불법남침으로 인한 전재복구를 위해서도 동원행정25)에 의존할 수밖에 없었다. 이상과 같은 내용에서 볼 때 당시 북한의 관료와 주민들은 자원동원 정책에 미온적인 태도를 보였음을 알 수 있다. 북한의 권력집단은 이처럼 자원의 동원을 강조하면서 동시에 노동력동원을 더욱 강조하였다.26)

이처럼 북한정권 초기단계에서 나타난 동원행정은 특별성을 띠고 있어 관료와 주민들은 억지로 따라야 했으므로, 주민의 불평불만과 반발은 대단했으며 대중들의 인간 기계화, 소외현상을 가져왔다. 그래서 김일성은 이와 같은 불평불만과 반발에 대처하기 위해서 당 내외의 계급교양 사업을 한층 강화하였다. 즉 1955년 4월 1일 소집된 전원회의에서 김일성은 "사회주의 혁명의 현단계에 있어서 당 및 국가사업의 몇 가지 문제들에 대하여"라는 제목의 연설을 통하여 앞으로 전 조선적으로 사회주의를 건설할 수 있는 사상적 준비를 하기 위해 당내 계급교양 사업이 그 어느 때보다도 더 심각하게 절실한 문제로 제기된다고 전제하고, 스스로를 현실에 창조적으로 적

---

24) 위의 책, p.106.
25) 『김일성저작집』, 8권, pp.42-46. 이 동원의 중점이 자원과 노력에 있음은 이미 살펴본 바와 같다. 『김일성저작집』에 나타난 동원행정의 사례를 들면 다음과 같다. "우리나라의 모든 내부자원을 인민경제 복구발전을 위하여 최대한으로 동원하며 유효적절하게 합리적으로 이용하여야 할 것입니다."
26) 위의 책, pp.47-48. "우리는 인민경제를 복구하는 데 있어서 인민대중의 애국적 로력동원 사업을 광범히 전개하여야 하겠읍니다. 전쟁시기에 인민들은 전쟁의 승리를 위하여 애국적 로력동원에 널리 참가하여 많은 문제를 해결하였으며 우리의 승리를 보장하는 데 크게 기여하였읍니다."

용한 산 마르크스주의라고 강조하였다.27)

김일성이 주체의식을 본격적으로 내세운 것은 1955년 12월 28일 당 선전선동원들을 모아놓고 "사상사업에서 교조주의와 형식주의를 퇴치하고 주체를 확립할 데 대하여"라는 연설을 통해서였다.28) 김일성은 이와 같은 사상교양 사업을 통해 당의 조직과 규율을 강화함으로써 독재기반의 확대와 제3차 당대회에 임하는 데 있어 정치적으로 유리한 포석을 할 수 있었다.

1956년 5월부터 1972년 12월까지의 시기는 김일성 지배체제를 확립하여 동원과 관리행정이 이루어진 시기였다. 1956년 4월 23일 제3차 당대회 규약에서는 마르크스 · 레닌주의와 조선인민의 혁명전통을 지도이념으로 내걸고 김일성이 1인 독재체제 확립을 위해 대내적으로는 사회주의제도의 수립, 대외 · 대남 면에서는 반제 · 반봉건 민주주의혁명을 기본목표로 정했다.29) 반대파를 모두 제거하고 개인숭배를 더욱 강화하여 독점적인 권력을 향유하고 있던 김일성은 1961년부터 착수한 7개년 인민경제계획의 차질로 시련을 겪게 되었다. 1967년까지는 완료 예정이었던 이 계획은 중 · 소의 지원이 여의치 않아 부득이 연장하지 않을 수 없게 되었다.

당시 소련은 제2의 스탈린으로 등장한 김일성에게 경제원조를 제공하지 않았으며, 중공도 계속되는 재해로 인해 충분한 원조를 제공할 수 없었다. 이러한 상황에 대처하기 위해서 김일성은 당 4기 2차 확대회의를 소집하고 "스탈린 문제도, 반당그룹 문제도, 소련공산당 내부문제도, 우리 당내에서 토론될 성질의 것이 아니다. 형제당은 제국주의와 수정주의를 반대하여 단결을 강화하지 않으면 안 되며 조선인민은 자력갱생의 정신으로 분투하지 않으면 안 된다"고 역설하면서, 그 과제로 6개 고지를 설정하고 수차에 걸쳐 자력갱생을 강조하였다.30)

---

27) 『김일성저작선집』, 1권, p.538.
28) 『김일성선집』, 4권(평양: 조선로동당출판사, 1960), p.326. 여기서 김일성은 왜 사상사업에서 주체의 확립이 필요하게 되는가에 대하여 다음과 같이 말했다. "우리는 어떤 나라의 혁명도 아닌 바로 조선혁명을 하고 있는 것입니다."
29) 『김일성저작집』, 10권, pp.175-288.

1967년 중단되었던 소련의 원조재개로 7개년 인민경제계획을 다시 추진하게 되었다. 이때 당내에서는 박금철, 이효순을 숙청하였다. 김일성이 자파의 중심인물인 이효순 등을 숙청한 것은 경제계획 실패책임이라기보다는 이들이 자신의 독재와 우상화정책 실현에 장애가 되었기 때문이다. 당시 박금철은 당의 핵심인 조직 총책임자였고, 이효순은 대남공작 책임자로서 당내의 중추세력을 이루고 있었기 때문에 김일성은 이들을 두려워하였고, 또한 자신만이 항일투쟁을 하였다고 역사를 날조하여 우상화를 추진하고 있는데 이들은 김일성의 내막을 잘 알고 있었기 때문에 사실 김일성으로서는 눈엣가시 같은 존재였다. 더욱이 이들은 김일성의 혁명전략에 반대하였기 때문에 숙청하지 않을 수 없었다.[31] 김일성은 박금철, 이효순 등의 숙청에 뒤이어 1969년 1월 민족보위상 김창봉, 군총참모장 최광, 대남공작책임자 허봉학 등 고위 군부인물을 숙청하였다. 이들이 숙청된 것은 당의 유일사상체계를 문란시켰다는 이유에서였는데 이는 김일성 1인 독재체제에 장애가 되었기 때문이라고도 풀이된다.

5차 당대회 이후 완전한 1인 독재체제를 확립한 김일성은 1972년 12월 27일 최고인민회의 제5기 1차 회의에서 헌법을 개정함으로써 명실상부한 최고 1인 권력자로 군림하게 되었다. 이상 살펴본 바와 같이 이 시기는 김일성이 자신의 1인체제 구축에 최대 방해가 되는 남로당 계열, 연안파, 소련파에 대한 숙청·제거작업 및 김일성 1인 지배체제의 기반확립 등이 주요과제였다.

조선로동당 제3차 대회에서 한 당중앙위원회 사업총화 보고에 담긴 경제건설을 위한 동원 및 관리행정 조사내용에서 볼 때 당시 행정의 제1과제를 기술발전을 위한 관리행정에 두고 낙후된 공업의 발전을 이룩하려고 시

---

30) 김일성은 자력갱생을 주창함으로써, ① 소련의 대북 경제원조 격감으로 대소의존에서 탈피하고, ② 대소 군사의존에서 북한 자체의 군사체제를 강화하며, ③ 사상적으로 중공 지지의 입장을 취하였다. 이에 따라 당내에서는 군사엘리트의 득세와 함께 항일유격대 군사파가 등장하고 림춘추, 고혁 등 당료파가 후퇴하였다.
31) 위의 책, p.18.

도했음을 알 수 있다.32) 또한 이러한 공업발전을 위한 기술 및 관리행정과 병행해서 농업부문에서는 노력동원과 노동의 기계화를 통한 관리행정을 구사했던 것이다. 농촌경제의 사회주의적 개조를 강조한『김일성저작집』의 내용33)에서 볼 때 동원행정 차원만으로는 그들의 낙후된 경제발전을 이룩할 수 없어 경제발전을 위해서는 동원 및 관리행정이 불가피했던 것이다.

2. 북한 행정문화의 주요 형성요인

북한 행정문화 형성요인을 설명하는 데 회피할 수 없는 논의는 일반적으로 행정문화가 어디에서 연유되는가 하는 문제, 즉 체제내적인 모순에서 발생하는가, 그렇지 않으면 외부와의 접촉에서 기인하는가 하는 문제에 관한 것이다. 원인을 체제내적인 것으로 돌리는 주장을 내인론, 외적인 것에서 찾는 주장을 외인론이라고 한다.

내인론과 외인론은 그 나름의 논리를 가지고 있다. 우선 내인론은 정치 및 경제체제 또는 사회적 측면을 강조하면서 구체적인 요인을 찾는다. 사회주의체제에서 관료부패의 요인으로는 무엇보다도 중앙집권적 경제체제에서 빚어지는 모순을 지적하는데, 국가가 생산부터 유통과 소비에 이르는 전 과정에 깊숙이 개입함으로써 관료들의 비리개입 영역이 광범위하다는 것이다. 내인론은 경제적인 요인 외에도 심한 정치권력의 집중과 그에 따른 관료들의 막강한 사회적 영향력에서 비롯되는 행정문화 요인을 논하기도 한다. 또한 내인론은 문화적인 것으로 자본주의와 사회주의를 막론하고

---

32)『김일성저작집』, 10권, pp.213-231. "우리는 앞으로 공업을 더욱 빠른 속도로 발전시켜야 하겠습니다. 우리 공업의 식민지적 편파성을 완전히 없애고 우리나라에서 사회주의 공업화의 실현을 다그쳐야 하겠습니다."

33) 위의 책, p.232. "우리는 농민들의 앙양된 협동화운동을 계속 밀고나가며 이미 조직된 협동조합들을 조직, 경제적으로 더욱 공고화하여야 하겠습니다."

혈연 및 연고를 중시하는 전통이 분명 행정문화의 중요한 요인이 된다고 한다. 문화적 요인의 예로 아시아의 유교문화권에서 흔히 존재하는 족벌주의(nepotism)나 가부장적 전통을 든다.

한 가지 간과해서 안 될 것은 내인론의 입장에서 제시되는 다양한 요인들의 근간에는 사회주의 이데올로기 자체가 안고 있는 문제점이 있다는 점이다.34) 다른 한편 외인론은 부패란 원래 사회주의적 집단주의에서는 발생하기 힘든 것으로, 그 원인을 외부와의 접촉에서 비롯된 것으로 본다.35)

이상과 같은 문화에 대한 시각차이에도 불구하고 내인론과 외인론은 서로 보완적인 관계에 있다고 할 수 있다. 북한이 극도의 단절전략을 취한 시기에도 행정문화가 존재했다는 사실만 보더라도 내인론적 접근은 필요하다. 그러나 개방과 같은 경제정책의 변화와 이에 따른 외부와의 접촉이 관료들의 사적인 행동공간을 확대시켜 주었다는 점에서 외인론 또한 행정문화 요인을 설명하는 데 필요하다. 즉 내인론과 외인론은 모두 행정문화를 설명하는 데 도움을 줄 수 있다.

여기에서는 정치권력의 집중, 경제체제의 모순, 가부장적 전통문화 등에서 비롯되는 내재적 요인과 함께 1980년대 중반 이래 제한적 개방화를 둘러싼 변화에서 기인하는 외재적 요인을 찾아내고자 한다. 단 형성요인을 분석하는 데 유의할 것은 각 요인이 어떤 특정형태의 부패를 낳을 수도 있지만, 대체로 여러 요인이 복합적으로 작용해 행정문화를 형성한다는 점이다.

---

34) 사회주의는 인간을 자유롭게 하는 기본조건으로 이욕(利慾)으로부터 해방되어야 한다고 주장한다. 실제 인간은 자기중심적 존재로, 이욕으로부터 해방될 수 없을 뿐만 아니라 사회주의체제 자체도 이런 기본조건을 제공해 주는 데 실패하였다.
35) 외인론은 특히 개방화와 관련해서 자본주의적 요소의 도입에 따른 서구적 사고방식의 유입과 소유에 대한 인식변화 등이 관료들로 하여금 부패 개입기회를 높여 준다고 주장한다. 특기할 것은 이러한 주장이 경험적 측면에서 부패요인을 설명하기 위한 논리인 동시에, 행정문화의 원인을 설명하는 사회주의체제 지도부에 의해 많이 주장된다는 점이다.

1) 정치권력의 집중화와 경제체제의 모순

사회주의체제의 중요한 정치적 특징은 다른 어떤 체제보다도 권력이 집중돼 있다는 점이다. 특히 공산당에 정치권력이 집중돼 있어 모든 주요 정책결정이 그곳에서 이루어진다. 막대한 권력을 가진 당은 여러 외곽단체를 거느리면서 사회 각 부문에 그 의사를 전달하며, 군부와 공안기관 같은 무력기관을 정치적으로 통제한다. 비판을 제기할 수 있는 야당과 언론이 존재하지 않은 상황에서 이러한 당으로의 권력집중은 더욱 당연해진다.[36]

이러한 특징은 북한의 경우도 예외가 아니다. 물론 김일성 유일지배체제가 확립되고 김정일로의 권력승계가 준비되기 시작하면서 김일성과 김정일이 전권을 행사해 왔다. 하지만 로동당은 그들과 사회를 연결시키는 신경조직이며 그들의 권위와 의도를 실현·집행하는 최고 권력기구이기 때문에 사회의 어떤 기관도 운영, 조직, 인사사업에서 소위 '당적 지도'를 받지 않으면 안 된다. 당 중심의 권력집중 구도에서 당원은 자연스럽게 사회적 요직을 차지하게 되며, 그 직책에 따른 권위를 행사하는 데 많은 임의적 행동을 취하게 된다. 임의적 행동이 단순히 정보나 경험의 부족 또는 자신의 역할에 대한 이해의 결여에서 나오는 경우 이것은 별 문제가 되지 않을 것이다. 그러나 주어진 직책을 활용하여 적극적이고 의도적인 일탈행위에 접어들 때 이것은 곧 부패에 개입되게 된다고 할 수 있다.

그러면 구체적으로 이상과 같은 권력집중이 어떤 측면에서 행정문화의 원인을 제공하는가? 첫째, 사회주의체제에서는 최고지도자 또는 당의 권력이 법을 능가해 법이 있어도 사실상 효용을 발휘하지 못하는 경우가 허다하다.[37] 북한의 경우는 더욱 그러하다. 김일성, 김정일과 그들의 권력기반인 로동당을 중심으로 하는 권위구조로 인해 법과 규칙은 그들의 유권해석

---

[36] Z. Brzezinski, *The Soviet Bloc* (Cambridge, MA: Harvard University Press, 1967), p.92.
[37] Holmes, *The End of Communist Power*, pp.184-185.

에 따라 정치적 의미에서 임의적으로 적용되거나 유린돼 왔다. 이는 김일성이 "우리는 법조문을 따지지 말라는 것이 아니라 정치와 떨어져서 법의 기본정신을 왜곡하지 말라는 것입니다…… 법은 전적으로 당의 정책을 실현하며 당의 정책을 옹호하기 위하여 만들어진 것이기 때문에 당의 령도를 받지 않고서는 법을 옳게 집행할 수 없읍니다"38)라고 말한 것에 잘 나타나 있다. 이러한 맥락에서 김일성의 현지지도, 김정일의 실무지도, 그리고 당적 지도는 어떠한 법보다 우위에 있기 때문에, 그들의 지도방침이 국가계획에 의해 설정된 부문보다도 언제나 우선시돼 왔다. 이 경우 지도방침을 수행해 나가는 관료들은 그것의 실질적 우선성에서 비롯되는 특권을 이용하여 경제적 또는 비경제적 부패에 개입되게 된다.

둘째, 권력은 그 자체로서 중간관료 개인 또는 기관이 바라는 사회적 가치에 부당하게 접근할 수 있는 중요한 수단을 제공해 준다. 특히 직업기회(career oppotunities)가 소수의 당간부 또는 기관에 달려 있는 북한의 현 상황 하에서는 더욱 그러하다. 예를 들어 노동력의 배치 및 이동은 각급 행정기관의 노동과에서 관장하고 있다. 따라서 노동력 배치와 관련된 관료들은 이를 이용해 경제적 부를 얻는 것은 물론이고 인적 네트워크를 형성하여 기관이나 개인의 권력을 재생산해 나가는 경향이 있다.

셋째, 혁명적 군중노선에 나타난 정치사업 우선의 원리에 내재하는 모순으로서, 권력을 소유한 당원과 그렇지 않은 주민 사이의 괴리를 들 수 있다. 정치사업 우선의 원리는 당원이 주민들에게 혁명의 의도와 목표를 전달하고 동원하는 '사람과의 사업'39)을 중요시하는 혁명적 군중노선의 기본원리로서, 그것의 본래 의도는 부패와 거리가 먼 것이었다. 그러나 그것이 적용되는 과정에서는 경제적 효율성보다 이념적 공고화와 집단의 결속이 우월시될 수밖에 없었다. 그 결과 권력을 행사하는 사람과 그렇지 않은 일

---

38) 김일성, "우리 당의 사법정책을 관철하기 위하여"(1958. 4. 29, 전국 사법, 검찰 일꾼대회에서 한 연설), 『김일성저작집』, 12(평양: 조선로동당출판사, 1981), p.222.
39) 사회과학출판사, 『정치사전』(평양: 사회과학출판사, 1973), p.761.

반대중 사이에 신분에 따른 괴리가 발생하고, 업무와 관련된 합목적적 행위보다 원래의 의도에서 벗어난 일탈행위가 발생하는 경우가 많다. 이것은 흔히 관료주의라는 이름으로 오래 전부터 비판의 대상이 돼 온 것으로, 후원·수혜관계, 책임회피, 뇌물수수 등 수많은 행정비리의 근원이 된다.

넷째, 독립채산제 실시로 관료들은 기업소의 생산능력과 잠재력을 낮추어 보고함으로써 차제에 생산목표를 달성하는 데 용이한 조건을 만드는 현상이 발생하였다. 그리고 인민소비품 증산운동으로 절대적인 소비재생산은 증가하였으나 유통부문의 미비로 암시장의 역할을 더욱 촉진시키는 결과를 낳았고, 합영법이 채택됨에 따라 외화관련 업무가 증대되고 합영기업을 통한 외제물품이 도입되면서 오히려 이것이 뇌물의 수단이 되어 부정적인 행정문화를 증가시키는 역할을 했다. 대내외 경제정책의 변화와 행정문화 사이에 존재하는 이러한 상관관계는 향후 더욱 밀접해질 것으로 보인다.

이상과 같이 권력의 집중이 관료부패의 원인을 제공해 주었을 뿐만 아니라, 김일성·김정일의 권력세습도 부정적인 행정문화를 조장하는 역할을 하였다. 김정일이 1970년대 초반 당 조직사업을 직접 관장하게 되면서부터 김일성시대에 볼 수 없었던 부패양상이 전개되었다. 김정일은 권력기반 형성을 위한 지지세력을 확보하는 한 수단으로 많은 고급관료들에게 선물을 제공하였다. 이러한 선물공세는 관료들에게 물질적 풍요를 누리게 하는 특권을 제공해 주는 데 그치지 않고 그들의 가치규범에 변화를 초래하였다. 즉 선물공세는 관료들의 사회적 지위와 권위를 이용해 더욱 물질적인 혜택을 누리고자 하는 경향을 불러일으켰으며, 이런 경향은 시간이 경과함에 따라 차츰 하위관료들에게 전파되고 그 정도도 심화되는 현상을 낳았다.

2) 유교적 가부장제 전통문화

이제까지 논의한 정치 및 경제적 요인은 북한 특유의 것이라기보다는 상당부분이 사회주의체제 일반에서 찾아볼 수 있는 것이다. 반면에 이제 논의하고자 하는 문화적 요인은 전통문화와 북한 사회주의체제의 독특성이 결합된 산물로서 특유의 행정문화를 낳은 것으로 간주되는 것이다.

무엇보다도 북한 사회주의체제에 잔존해 있는 전통문화 중 가부장적 요소는 밀폐된 체제에서 행정문화의 중요한 요인이 되고 있다. 물론 공식적으로 북한은 사회주의 건설기에 이러한 전통을 반사회주의적인 것으로 규정하고 반제·반봉건의 차원에서 타파의 대상으로 삼았다. 그럼에도 불구하고 가부장적 전통문화는 김일성이 유일지배체제를 확립하는 과정에서 부당하게 활용함으로써 그 내용이 상당부분 왜곡된 채로 잔존해 오고 있다. 그러면 가부장적 전통문화의 왜곡된 내용에는 어떤 것들이 있는가?

첫째, 족벌주의 요소를 들 수 있다. 북한에는 어떤 사회주의체제보다 이러한 경향이 강하다. 김일성·김정일 부자간의 권력세습은 20여 년의 준비작업을 거쳐 이루어졌다. 중국과 소련의 승계문제가 권력투쟁으로 연결된 것을 목격한 김일성이 취한 권력승계 조치는 "피는 물보다 진하다"는 족벌주의의 전형이라고 할 수 있다. 북한에서의 족벌주의는 김일성 부자를 둘러싼 많은 고위관료들이 그들의 친인척인 데서 잘 드러날 뿐만 아니라,[40] 중하위 관료들 사이에서 출신, 교육 등의 연고에 의한 인사가 암암리에 이루어지고 있는 데서도 나타나고 있다. 족벌주의는 바로 인적 네트워크를 중심으로 한 행정문화를 조장한다는 점에서 지도부의 관심대상이 된다.

둘째, 통제와 폐쇄성으로 인해 가족주의가 왜곡된 형태로 나타난 초도덕적 가족주의(amoral familism) 요소이다. 초도덕적 가족주의란 가족의 이익 또는 편의가 어떤 것보다도 우선시되며, 가족을 초월한 조직을 유지하는 데 필요한 신뢰가 부족한 저발전사회의 멘털리티를 말한다.[41] 이런 성향은 중

---

40) 김일성·김정일의 친인척으로서 주요한 직책을 가진 사람으로는 당 경공업부장 김경희(김일성의 딸), 당 청년부장 장성택(김일성의 사위), 국가 부주석 김영주(김일성의 동생), 당 대남담당 비서 김용순(김정숙의 동생), 전 정무원 부총리 김달현(김일성의 외육촌 매제), 최고인민회의 의장 양형섭(김일성의 고종사촌 남편) 등 무수하다.

41) Edward C. Banfield, *The Moral Basis of a Backward Society* (New York: Free Press, 1958), pp.83-101.

국이나 북한 같은 동아시아 사회주의체제에서는 효도(filial piety) 등의 가치를 통해서 나타나기도 하지만, 부모의 의사를 엄중히 받아들이고 형제애를 강조하는 반면 타 가족의 연장자에 대해서는 무관심하거나 또는 무시하는 태도로 나타나기도 한다는 점에 주목할 만하다. 초도덕적 가족주의 성향은 또한 주민들이 비밀을 지키는 가장 중요한 단위인 동시에 사회적 가치를 추구하는 기본조직으로서 가족을 대하는 데서도 나타난다. 이러한 멘탈리티에 의해 공공의 이익보다는 가족의 편의를 위주로 한 관료들의 부패개입 개연성은 커진다.

셋째, 집단주의적 전통이다. 전통사회의 공동생활 원리가 사회주의적 집단주의 원리와 융합되어 나타난 동료집단 사이의 비교 혹은 동료집단의 압력과 같은 경향은 관료들의 부패개입 가능성을 높여 준다. 이러한 경향에 의해 주변사람들이 부패에 관여함에 따라 자신도 행동통일의 차원에서 참여하게 된다. 동료집단 비교가 갖는 중요한 특성은 부패에 개입한 관료들로 하여금 자신의 행위에 대해 별로 죄의식을 느끼게 하지 않는다는 데 있다. 예를 들어 수뢰혐의로 철직당하는 경우 "다른 동료들도 다 뇌물을 먹는데 왜 나만 당해야 하는가?"라는 식의 반응을 보인다. 결국 이러한 집단주의적 전통은 일종의 부패문화를 조장하여[42] 부당한 행위에 대한 자기 정당화의 근거를 제공해 주는 역할을 하게 된다.

집단주의 전통의 역할은 여기에 그치지 않고, 관료와 주민들로 하여금 공공재(public goods)와 사적 재화를 구분하는 의식을 흐리게 한다. 의식성의 측면에서 보자면, 사회주의체제 건설과 관련해서 주요 생산수단과 재화를 공공재로 바꾼다는 것은 개인주의적 사고와 사적 소유의식이 억제되었던 봉건적 공동생활의 원리로부터 크게 이탈한 것이 아니었다고 할 수 있다. 즉 봉건·식민주의에서 사회주의로 생산양식이 변화되었음에도 불구하고 의식성의 중요한 부분이 연속성을 가지고 유지되었다. 이러한 의식성의 연

---

[42] Yan Sun, "The Chinese Protests of 1989: The Issue of Corruption," *Asian Survey*, Vol. 31, No.8 (August 1991), p.771.

속성으로 말미암아 소비재 등이 극도로 부족한 상황에서 관료들의 공공재 횡령과 낭비는 발생할 수밖에 없었다.

요약컨대 전통문화는 북한 지도부에 의해 사회주의체제 건설과정에서 비판의 대상이 되기도 하였으나, 이제는 그 형태가 왜곡된 채로 남아 부패의 근원이 되고 있다. 특히 가부장적 전통은 북한 특유의 행정문화 요인으로 작용하고 있다.

3. 북한의 행정 역기능 극복정책과 한계

지금까지 북한 행정문화의 주요 형성요인을 살펴보았는데, 이제는 행정문화가 사회에 어떤 영향을 미치고 행정관료 지도층이 어떻게 대응하며 그 한계가 무엇인지를 살펴볼 필요가 있다. 행정문화, 특히 개인이익을 위한 경제적 부패의 심화로 인해 경제의 비효율성이 증대되고 제2경제가 확산되며 관료 및 주민들의 경제에 대한 인식이 크게 변화되고 있다. 이러한 경제부문의 변화는 곧 정치적 의미에서 국가권위와 통제력이 훼손된다는 것과 밀접한 관계를 가지고 있다.

1) 행정문화에 대한 지도층의 인식

행정문화가 북한사회에 미치는 영향이 지대한 만큼, 이것을 대하는 지도부의 인식은 신중하며 대응방법도 다양하다. 여기에서는 행정문화에 대해 북한 지도부가 가지는 기본적 인식은 무엇이며 부패의 연원을 어디에서 찾는지 논하고자 한다. 또한 지도부의 대응방식을 이념교양의 강조와 제도적 통제의 측면에서 살펴보고 그것이 지니는 한계가 무엇인지를 고찰해 보고자 한다.

사회주의체제에서 관료기구가 국가의 목표와 정책을 주민들에게 전달하고 그들을 통제하는 메커니즘으로 위치하고 있는 만큼, 북한 지도부는 관료들의 부패와 비리개입이 체제를 위협하는 요소라고 인식하고 있다. 이러한 인식의 근거는 김정일이 동구 및 소련 사회주의체제의 붕괴원인을 규명하는 문헌에서 찾아볼 수 있다. 김정일은 이들 체제가 경제문제에 지나치게 치중함으로써 자본주의적 요소가 유입되었고, 정치적 다원주의를 받아들이고 사상적 측면을 등한시함으로써 사회통합에 실패했으며, '관료주의'의 확산과 함께 사회주의에 대한 신념의 약화를 가져옴으로써 붕괴에 이르게 되었다고 설명한 바 있다.[43] 여기서 그가 말하는 '관료주의'는 우리가 이해하는 관료제의 병리현상보다도 넓은 의미를 가지는 것으로 관료들의 비리 및 부패까지를 포함하는 포괄적 용어이다.

그러면 김정일을 위시한 북한 지도부는 '관료주의' 또는 행정문화의 근원을 과연 어디에서 찾고 있는가? 우리는 지도부의 입장을 크게 내인론과 외인론으로 나누어 볼 수 있다.

첫째, 지도부는 사회주의건설 후기에 등장하는 새로운 세대의 혁명의식 결핍과 세대교체에 따른 관료주의 심화에서 파생되는 모순의 결집으로 본다.[44] 이러한 맥락에서 그는 특히 관료주의에 대해 특별한 주의를 기울이면서 그러한 풍조에 물든 관료들을 사회주의의 기반을 흔드는 '내부의 적' 또는 '배반자'로 간주하고 있다. 김정일은 이러한 측면에서 행정문화의 근원을 내부에서 찾고 있다.

둘째, 지도부는 내재적인 설명 외에도 행정문화가 외부, 즉 제국주의 책

---

43) 김정일, "사회주의건설의 력사적 교훈과 우리당의 총로선"(1992. 1. 3, 당중앙위 책임일꾼들과 한 담화), 조선로동당출판사 편, 『친애하는 지도자 김정일 동지의 문헌집』(평양: 조선로동당출판사, 1992), pp.426-437.
44) 김정일, "혁명적 당건설의 근본문제에 대하여"(1992. 10. 10, 당창건 47돐 기념논문), '중앙방송'(1992. 11. 2). 세월이 흐름에 따라 사람들 속에서 계급적 각성이 무디어지고 생활상 요구가 더 높아진 반면에 혁명적 세련이 부족한 새 세대들이 간부대열에 들어오면서 관료주의가 더 심하게 나타나고 사회주의건설의 첫 시기에는 얼마 없었던 부정부패 현상까지 적지 않게 나타나게 되었다.

동에서 비롯된다는 주장을 동시에 펴고 있다. 이를 대변하는 것으로 1992년 10월 12일자 <로동신문>에 게재된 "현실발전의 요구에 맞게 사상혁명을 심화시켜 나가자"는 제하의 사설을 들 수 있다.45) 그들이 말하는 부르주아 사상과 문화란 개인주의, 자유주의, 다원주의 등 집단주의에 대치되는 의식뿐만 아니라 물질선호와 같은 배금주의까지를 포함한다. 여기에 따르면 결국 행정문화는 혁명성이 약해진 관료들에게 외부의 영향이 침투한 결과로 발생한다는 것이다. 즉 부패의 원인이 잠재적으로 관료들 사이에 존재하기는 하지만 외부의 영향이 결정적 역할을 한다는 주장이다. 여기서 우리가 유의할 것은 북한 지도부의 행정문화 형성요인에 대한 인식이 시간 경과에 따라, 특히 사회주의체제가 붕괴한 이후에 내인론에서 외인론으로 비중이 옮겨가고 있다는 점이다.

2) 지도층 대응의 한계

역기능적인 행정문화에 대한 지도부의 대응은 크게 이념강화와 제도적 통제에 의한 방식으로 이루어지고 있다. 먼저 오랜 기간 북한은 주체사상을 유일한 지배이념으로 발전시켜 왔기 때문에, 역기능적인 행정문화 방지를 위해 특별히 새로운 내용을 제시할 필요는 없었던 것으로 보인다. 다만 최근 들어 김정일이 제시한 부정적인 행정문화 극복방법은 다음과 같다.

첫째는 관료들 사이에서 '혁명적 사업상법'과 '인민적 사업작풍'을 고취시키는 것이라고 한다. 이것은 소위 "인민을 위하여 복무함!"이라는 구호에 따라 주민들의 요구와 고통을 관료 자신의 것으로 여기면서 생사를 같이해야 한다는 것이다.46)

---

45) "제국주의 반동적 공세에서 중요한 내용을 이루고 있는 것은 사상문화적 침투이다. 제국주의자들은 썩어빠진 부르조아사상과 문화를 사회주의나라들에 끊임없이 침투시켜 사람들의 혁명성을 마비시키고 그들 속에서 자본주의에 대한 환상을 조성함으로써 사회주의를 내부로부터 와해하려고 악랄하게 책동하고 있다."
46) 김정일, "인민대중 중심의 우리식 사회주의는 필승불패이다"(1991. 5. 5, 당중앙

둘째는 자본주의문화의 침투를 막기 위한 사상사업에 많은 비중을 두어야 한다는 것이다. 김정일은 "반동적 부르조아사상의 침습을 막아내고 사람들을 사회주의사상으로 무장시키기 위한 사상사업을 힘있게 벌이는 것은 사회주의를 건설하는 당들 앞에 나서는 가장 중요한 과업이다,"47) 또는 "제국주의자들과 반동들이 사회주의나라들에 대한 사상문화적 침투책동을 악랄하게 벌이고 있는 조건에서 조금이라도 사상교양사업을 약화시키면 부르조아 자유화바람이 들어올 수 있다"48)고 말하면서 자본주의사조를 사상교양을 통해 견제해야 한다고 주장하고 있다.

그러나 타 사회주의, 특히 중국의 경우가 그러하듯이 북한 지도부도 이념강화만으로 행정문화를 차단하는 데 성공하지 못한 것으로 보인다. 따라서 지도부는 최근 들어 제도적인 통제를 강화하고 있다. 부정 감시기관을 통한 검열, 노동직장 제도, 국가적 차원의 반부패 캠페인 등이 제도적 통제에 속한다.

우선 부정 감시기관 체제를 보면, 경제적 부정부패에 대한 산소(고발)가 들어오는 경우 검찰소, 사안전부 검찰과 등 5~6개의 기관이 '교방검열'을 한다. 하지만 검열기관의 직원들도 여기에 관여되어 있는 경우가 많기 때문에 실효성을 거두지 못한다. 또한 관료가 비경제적 부분인 관료주의나 세도로 판단되어 세 번 이상 비판을 받게 되면 일단 현 직책을 그대로 둔 채 '혁명화과정'이라는 이름으로 노동직장으로 보내진다. 여기서 노동, 상호비판 등으로 몇 개월 혹은 몇 년을 보내 정상으로 판단되면 복귀하게 한다.49) 그러나 이 제도도 1980년대 후반에 들어오면서 큰 효력을 발휘하지

위 책임일꾼들과 한 담화),『친애하는 지도자 김정일 동지의 문헌집』, p.374. "일꾼들은 인민대중과 조금도 간격을 두지 말고 그들과 허물없이 지내야 합니다. 일꾼들은 틀을 차리거나 행세하기를 좋아하지 말아야 하며 언제나 겸손하고 소박하게 행동하여야 합니다."

47) 김정일, 앞의 글, "혁명적 당건설의 근본문제에 대하여."
48) 김정일, "인민대중 중심의 우리식 사회주의는 필승불패이다,"『친애하는 지도자 김정일 동지의 문헌집』, p.363.

못한 것으로 보인다. 부정 감시기관과 '혁명화과정' 제도의 한계를 극복하고자 북한은 최근 반부패 캠페인을 벌이게 되었다.50)

북한 지도부의 반부패 노력이 성공적이라는 증거는 거의 보이지 않고 있다. 많은 귀순자들은 시간이 경과함에 따라 관료부패가 오히려 증가추세에 있으며 질적으로 심각성을 더해 간다고 증언한다.51) 이러한 반부패활동의 한계는 북한뿐 아니라 타 사회주의체제에서도 마찬가지로 나타난다.52)

그런데 여기에서 주목해야 할 것은 지도부의 대응이 실패한 이유가 무

---

49) 중앙일보사, 『김정일』, 중앙일보사, 1994, p.137.
50) 1991년 10월 중앙인민위원회가 공포한 "각 기관, 기업소, 군, 가정에서 비사회주의를 뿌리뽑을 데 대하여"라는 정령이 가장 대표적인 예이다. 이 정령은 김정일의 지시에 의해 이루어진 것으로, 이것에 의해 각 직장 및 지역별로 사회안전부, 국가보위부, 기관·기업소 모범자로 구성된 '비사회주의 타파 그루빠'라는 단속반이 결성되었다. 단속대상은 당지시 위반 및 정책에 대한 불평불만, 근무태만, 국가재산 남용 및 과다한 전기 및 물 사용, 뇌물공여, 불법 외화벌이, 불법 개인가업, 암거래, 상습적 부부싸움, 미봉인 라디오 및 남한노래 테이프 소지, 강간 및 매음행위 등이 포함된 것으로 알려지고 있다. 사회주의체제의 모순을 폭로하는 희생까지 감수하면서 중앙인민위원회 정령의 형식으로 반부패 캠페인을 전개한 것은 이것이 처음이다.
51) 국가안전기획부, 『최근북한실상』(1994. 7), pp.29-31. 실례로, 1993년 하반기에 북한은 2년에 걸친 '비사회주의 타파 그루빠' 활동을 마감하는 총화를 가졌으나, 처벌 대상자에 간부층은 거의 없고 일반주민들이 대다수를 차지함으로써 그루빠의 활동이 무위에 그쳤음을 간접적으로 입증해 주고 있다.
52) 중국의 경우 1978년 당중앙위 산하에 중앙기율검사위원회를 설치해 당규율과 규칙을 집행하고 덕성을 교화하는 임무를 부여함으로써 부패의 근원을 차단하려 했다. 또한 1986년 초 점증하는 관료부패를 근절시키기 위해 호요방(胡耀邦)과 조자양(趙紫陽)은 반부패 규칙을 선포해 당과 국가의 간부들이 사기업과 연관되는 것을 막으려 했고, 동년 9월 당 12기 6중전회는 "사회주의 정신문명 건설의 지도방침에 관한 결의"를 채택해 도덕성 고취를 통해 부패를 억제하려 했다. 그러나 대체로 이러한 반부패는 지속적으로, 그리고 효과적으로 추진되지 못한 것으로 알려지고 있다. Lynn T. White III, "Changing Concepts of Corruption in Communist China: Early 1950s vs. Early 1980s," *Issues and Studies* (January 1988), p.91.

엇인가이다. 첫째, 반부패를 위한 조치가 성공적으로 추진되지 못한 이유는 부패단속 기구가 원활히 작동하지 않을 뿐 아니라, 북한 지도부로서도 행정문화의 완전한 공개가 곧 사회주의체제의 정당성을 손상시킨다고 믿어 반부패조치를 지속적으로 추진해 나가지 못하기 때문이다. 타 체제와는 달리 정당성의 기초가 최고엘리트로부터 부여되는 소위 '위로부터의 정당화'에 기초한 사회주의체제에서는 부패에 의한 관료의 퇴진은 곧 체제의 정당성이 무너지고 있다는 것을 입증하는 것이므로 반부패조치는 애초부터 한계를 가지고 추진된다. 따라서 지도부는 국가의 권위가 훼손되고 있다는 것을 스스로 드러내는 데 따르는 비용을 치르면서 행정문화를 단속하려고 하지는 않는다.

둘째, 북한이 오랫동안 자력갱생의 경제원칙을 지켜 온 데다 최근 경제가 악화되면서 중앙재정이 지방에 미치지 않는 경우가 많아지자 지방은 거의 자급자족의 공동체가 되었으며, 지도부는 중하위 관료들의 부패를 단속할 정당성을 갖지 못하고 침투력도 갖지 못하게 되었다. 특히 협동농장의 경우가 더욱 그러하다. 국가는 협동농장에서 산출되는 주곡의 일정량을 도시에서의 소비와 군사비축을 위해 수거해 가는 반면, 대부분의 주거, 의식, 생필품 등을 거의 제공해 주지 못한다. 국가가 제공하는 것은 오로지 농사에 필요한 비료, 농약, 기계, 유류 등에 한정되며 그것도 충분한 양이 아니다. 달리 말하자면 생존의 가장 중요한 수단인 식량을 자급자족할 수 있는 협동농장은 국가재정에 의존하지 않는 사회적 단위가 된 셈이다. 이러한 상황에서 국가가 협동농장의 관리위원장이나 당비서, 고위관리 요원이 개입한 비리를 저지하는 데 능력을 발휘하기에는 한계가 있다.

반대로 북한 지도부가 설사 적극적으로 반부패 조치를 추진하여 가시적인 성과를 거둔다 하더라도 그것은 일시적인 것에 그칠 가능성이 높다. 이것은 특히 제2경제부문에서 그렇다고 할 수 있다. 부패의 온상인 암시장을 막기 위해서는 대부분 그것을 폐쇄해 버리는 것으로 끝나는 경우가 허다하다. 그러나 이것은 결코 완전한 해결책이 될 수 없다. 공식적 국가경제에 의해 이루어질 수 없는 수요와 공급간의 균형이 제2경제라는 비공식적 공간에서 이루어지기 때문에 아무리 암시장을 단속해도 다른 형태의 불법시장이 형성될 수밖에 없다.

　북한 지도부의 입장에서는 다음과 같은 해결책을 상정해 볼 수도 있을 것이다. 하나는 노동력이 불법 개인기업 등 제2경제로 흘러들어 가는 것을 막기 위해 국가가 인센티브 보수를 늘려 주는 것이다. 즉 비합법적인 경제활동에 참여함으로써 얻어지는 보수보다 공식적 참여에 의한 보수가 높도록 새로운 인센티브를 보장해 주는 방법이다. 다른 하나는 사적 경제활동을 합법화시켜 주는 것이다. 이것은 붕괴 이전의 동구 사회주의체제에서 적용했던 방법이다. 그러나 이 모든 것은 경제체제 개혁을 의미하는 것이기 때문에, 북한 지도부는 이를 해결책으로 채택하지 못하는 딜레마에 빠져 있다고 할 수 있다.

　결국 북한 지도부는 행정문화에 의해 조장되고 다시 그 온상이 되는 암시장 중심의 제2경제에 대해 대대적 단속을 실시했다가도 다시 물러서는 조치를 취할 수밖에 없는 것으로 보인다.

제5장 군사·경제제도와 문화

1. 군사·경제정책의 기조와 특징

1) 소유개념과 생산수단 체제

　북한을 이해하고자 할 때는 군사와 경제가 분리할 수 없을 만큼 밀접한 관계이므로 여기서는 군사경제를 연계해서 다루고자 한다. 북한은 건국 전부터 사회주의적 소유를 사회주의적 생산관계의 기초가 되는 생산수단과 생산물의 전사회적 또는 집단적 소유라고 개념화했다. 사회주의적 소유의 핵심은 생산수단에 대한 소유인데, 생산수단은 국가와 사회협동단체가 소유한다. 국가소유는 나라의 경제발전에서 주도적 역할을 하는 모든 부문을 포괄한다. 여기에는 나라의 모든 자연자원, 철도, 항공, 운수, 체신기관과 중요 공장, 기업소, 항만, 은행 등이 있다. 북한에서 국가소유권의 대상에는 제한이 없으며 북한헌법은 국가소유를 전체인민의 소유로 보고 있다.
　사회협동단체도 생산수단을 소유할 수 있는데 사회협동단체는 사회단체와 협동단체 두 가지 형태의 단체를 포괄한다. 중요한 사회단체에는 로동당, 직업동맹, 부녀동맹, 사회주의청년동맹 등이 있다. 협동단체의 대표적 형태는 협동농장이며 사회협동단체는 나라의 경제발전에서 주도적 역할을 하지 않는 생산수단을 소유할 수 있다. 즉 사회협동단체는 토지, 농기계, 배, 중소 공장·기업소 같은 것을 소유할 수 있다(헌법 제22조).
　사회협동단체 소유 중에서 대부분을 차지하는 것은 협동적 소유이다. 전인민적 소유와 협동적 소유는 동일한 유형에 속하지만, 북한은 전인민적 소유형태를 더 고차원적인 소유형태로 본다. 그러나 협동적 소유는 소상품 생산을 기초로 하는 사적 소유로부터 전인민적 소유로 발전하는 과정에서 나타나는 불완전한 소유형태로서, 사회주의가 발달함에 따라 전인민적 소유로 이행하게 된다고 북한은 주장한다. 따라서 협동적 소유에 대한 전인민적 소유의 지도적 역할을 높이고 협동단체에 들어 있는 전체 성원들의 자발적 의사에 따라 협동단체 소유를 점차 전인민적 소유로 전환시키는 것을 목표로 내걸고 있다(헌법 제23조). 현재 북한에서 협동적 소유가 지배적인 분야는 농업으로 협동농장이 그 전형이다.

이 밖에 북한은 매우 제한적이나마 개인소유를 인정한다. 북한의 개인소유는 생산수단에 대한 사회적 소유의 토대에서 발생한다고 하여 '사회주의에서의 개인소유'라고 강조한다. 개인소유의 대상은 근로자들이 받는 임금이나 노동의 질과 양에 따라 받는 분배몫과 그것으로 구입한 소비품들이다. 구체적으로 근로소득과 저축, 가정용품, 일용소비품 등이 개인소유의 대상에 포함된다. 이와 같은 개인소유물은 그 소유자가 자유롭게 처분할 수 있으며 그에 대한 상속권도 인정하고 있다.[1] 북한의 각종 수매기관과 농민시장은 개인소유물을 처분할 수 있는 제도적 장치로 이용되고 있다.

북한은 이와 같은 생산수단에 대한 사회주의적 개조를 1946년에 착수하여 12년 만인 1958년에 완수했다고 주장한다. 즉 1946년 2월에 조직된 북조선임시인민위원회는 동년 3월 5일 "토지개혁에 관한 법령"을 발표하여 무상몰수 무상분배의 원칙[2]에 따라 '민주개혁'이라는 이름의 토지개혁을 실시하였고, 동년 8월 10일에는 주요산업의 국유화 법령을 발표, 공장·광산·철도·체신·은행 등의 주요산업을 국유화하였다. 1947년부터는 산업에서 국유화부문을 계속 확대시키는 한편, 농업부문에서는 국영 농·목장을 설치하는 등 '사회주의적 개조'를 점진적으로 실시해 나갔다. 그러다가 1953년 휴전 이후부터 사회주의건설이 본격화됨에 따라 농업의 집단화와

---

1) 『경제사전』, 2권(1970), p.118.
2) 『조선로동당 력사교재』(평양: 조선로동당출판사, 1964), p.16.

개인상공업의 사회주의화를 더욱 강화하여 1958년에는 사회주의적 개조를 완성하게 되었다는 것이다.

오늘날 북한은 어느 공산권국가보다도 소유의 범위가 극히 제한되어 있는 것이 특징이다. 그리고 개인소유로 인정되는 소득이라 하더라도 '축적'을 우선적으로 늘려야 한다는 당의 방침에 따라 북한주민은 소비생활에서 큰 제약을 받고 있다. 즉 북한은 우선 축적에 선차적 의의를 부여하고 축적을 소비보다 빨리 늘릴 것을 강요하고 있으며 '증산과 절약투쟁'을 일상화하고 있다. 이와 같은 북한의 소유제도는 북한주민이 경제활동에 참여하는 목적, 경제의식, 경제기구의 조직과 기능 등에서 자본주의 경제체제와 현격한 차이를 갖게 되는 근본요인이 되고 있다.

국·공유 및 사유화 비율

구분	연도	1949	1953	1956	1957	1958. 6	1958. 10
공업	국·공유	90.7	95.1	98.3	98.7	100.0	
	사 유	9.3	3.9	1.7	1.3		
농업	국·공유	3.2	32.0	80.9	95.5	98.6	리단위로 통합완료
	사 유	96.8	68.0	19.1	74	1.4	
상업	국·공유	56.5	67.5	84.6	87.9	100.0	
	사 유	43.5	32.5	15.4	12.1		

* 출처: 『통일조선년감』(통일조선신문사, 1967~68), p.830.

2) 중앙집권적 계획경제체제

북한경제는 중앙집권화되고 유일적인 지휘에 따라 움직이는 경제이다. 따라서 북한은 계획수립을 비롯한 모든 경제적 의사결정과 이에 필요한 정보의 흐름이 중앙당국에 집중돼 있으며 하부조직은 중앙의 명령에 절대적으로 복종하도록 돼 있어 '중앙집권적 명령경제체제'라고도 한다.

오늘날 북한과 같이 경직된 계획경제체제를 고수하고 있는 나라는 없다.

이는 경제체제 자체의 구조적 모순과 경제규모의 확대에 따른 경제운용의 복잡성으로 인해 중앙집권적인 경제관리가 기술적으로 한계에 이르렀기 때문이다. 북한에서는 경제계획의 작성과 집행 및 감독은 국가계획위원회를 중심으로 도·시·군 및 공장 기업소에 이르기까지 일원화된 체계로 이루어지고 있다. 국가계획위원회는 경제 전 분야에 걸쳐 로동당의 정책을 계획화하고 그 집행을 감독하는 것을 임무로 하고 있다. 1965년부터 계획의 일원화와 세부화 원칙이 강조된 이래, 지구계획위원회와 중앙 공장·기업소 계획부서를 국가계획위원회 직속으로 개편하는 등 계획체제의 중앙집권화를 더욱 강화시켜 왔다.

오늘날에는 내각의 각 위원회 및 성(省)들도 각기 계획부서를 가지고 있는데, 이들이 작성한 모든 계획수치는 일원적으로 국가계획위원회에 집결되어 통제와 조정을 받게 돼 있다. 북한은 이와 같은 계획의 일원화를 통해 경제를 계획화하는 데 구조적인 문제점으로 지적돼 온 주관주의와 기관본위주의, 지방본위주의를 없애야 당의 정책적 요구를 관철할 수 있다[3]고 보았다. 계획의 세부화는 북한경제에서 산업부문간, 단위기업소간의 계획이 상호 맞물리도록 하기 위해 취해지는 계획의 원칙적 체계이다. 이에 대해 북한은 중요한 것만을 계획화하는 것이 아니라 크고 작은 모든 경영활동을 빈틈없이 맞물리게 함으로써 사소한 자연발생성의 요소도 허용하지 않는 계획화 방법이라고 주장한다.[4] 이러한 계획의 세부화는 계획의 일원화와 함께 중앙집권화에서 기본축의 역할을 한다.

계획 작성과정을 살펴보면 다음의 4단계를 거치게 된다.[5] 제1단계는 예비숫자 작성단계로서 하부 생산단위부터 상향으로 작성·제출된 계획숫자를 지구계획위원회 및 내각의 각 위원회와 성(省)에서 이를 통합, 국가계획위원회에 제출하는 과정이다.

---

3) 『김일성저작선집』, 4권, p.173.
4) 『백과전서』, 1권(1983), pp.793-794.
5) 김일성, 『사회주의 경제관리 문제에 대하여』 3권(평양: 조선로동당출판사, 1970), pp.582-608.

제2단계는 당중앙위원회가 별도로 제시한 정책목표 및 방향을 기초로 하여 보고된 예비숫자를 통제숫자로 작성하는 과정이다. 여기에서 통제숫자는 계획시기의 경제발전 방향과 규모 및 균형을 규정한 정부의 지령이며 계획작성의 기준으로, 예비숫자와는 달리 당의 지령으로서 거의 법적 의무성을 띠게 된다. 이 단계에서 공업총생산액과 주요 공업제품의 생산규모, 농업생산 규모, 수송규모, 상품유통액, 각종 소비재 생산관련 지표, 기본건설 투자규모 등이 통제숫자를 통해 명시된다. 통제숫자는 국가계획위원회가 하부로부터 올라온 예비숫자를 참고로 하여 작성하며 당의 비준을 받도록 돼 있다.

제3단계에서는 비준된 통제숫자가 국가계획위원회를 통해 다시 하부단위 기관으로 시달되는데, 이 통제숫자를 근거로 하여 해당 계획부서에서 계획초안을 만들어 상향 보고하고, 국가계획위원회는 이를 토대로 종합적인 계획초안을 작성하게 된다. 이때 각각의 하부단위 기관은 하달된 통제숫자에 의거하여 그것을 실천하기 위한 세부대책만을 세우게 돼 있다. 통제숫자의 수행이 불가능하다고 판단될 경우에는 계획초안에 그 근거를 밝혀 이견을 제시할 수 있으나, 실제로는 통제숫자가 법적 성격을 띠고 있으므로 거의 대부분이 그대로 받아들여지고 있다.

제4단계는 국가계획위원회가 제출한 계획초안을 내각 전원회의나 당중앙위원회에서 최종적으로 검토·확정하는 마무리과정이다. 여기에서 전망계획에 대해서는 형식상 최고인민회의의 승인을 받은 후에 확정하는 절차를 밟는다. 확정된 계획의 수행은 법적 의무로 되며, 이러한 전 과정은 국가에 의해서 지도·통제된다.

북한은 국가계획기관과 감독·통제기관이 국가계획을 제멋대로 변경시키거나 계획권 밖에서 경제활동을 벌이는 아주 사소한 요소도 허용하지 않으며, 계획작성에서 집행에 이르기까지 모든 사업을 법적 요구에 맞게 조직·진행하도록 강력히 통제하고 있다. 만약 '인민경제계획'을 어겨 엄중한 결과가 발생하는 경우에는 행정적 또는 형사적 책임을 면할 수 없게 된다.

3) 자립적 민족경제 건설

북한은 경제체계를 사회주의적으로 개조한 이후 지금까지 자력갱생의 원칙에 입각한 자립적 민족경제를 건설한다는 정책기조를 견지해 오고 있다. 이때 북한경제에서 '자립'이란 자기 완결적이며 폐쇄적인 성격을 강하게 나타낸다.

자립경제 건설의 기본정신이 되고 있는 자력갱생에 대하여 북한은 "혁명과 건설에서 나서는 모든 문제를 자신이 책임지고 자체의 힘으로 해결해 나가는 립장과 정신"[6]이라고 정의하고 있다. 또한 김정일 자신도 "자력갱생은 자기의 힘으로 혁명을 끝까지 하려는 공산주의자들의 혁명정신이며 투쟁원칙"[7]이라고 규정하고 있다. 자력갱생은 경제적인 면에서는 생산수단에 대한 대내 수요를 기본적으로 자체에서 충족시킬 뿐만 아니라 기술혁명과 확대재생산의 물질적 조건을 자체 내에서 해결한다는 것으로 요약된다.[8]

따라서 자력갱생 원칙에 입각한 자립적 민족경제 건설이라는 정책기조는 국가간 자원과 상품의 교류에서 오는 국제분업의 이익을 얻지 못함은 물론이거니와, 선진기술과 해외자본 도입을 비롯한 국제협력의 부진을 초래함으로써 경제성장의 가장 큰 제약요인이 되고 있다.

1980년대에 들어서면서 북한은 내자동원에 의한 경제개발이 한계에 직면하게 되자, 대외무역 및 경제협력의 중요성을 인식하기 시작하였다. 이에 따라 서방 자본주의국가들과의 무역증대를 도모하는 한편, 1984년 9월에는 "합영법"을 제정하여 외자유치를 시도하였다. 특히 1990년대 들어 동구 사회주의권의 연이은 붕괴로 그들이 의존해 왔던 주요 경제협력 기반을 상실

---

6) 『백과전서』, 4권(1983), p.160.
7) 『경제사전』, 2권(1985), p.206.
8) 『우리당의 자립적 민족경제 건설로선』(평양: 조선로동당출판사, 1963), p.2.

하게 되자, 1991년 12월 '나진·선봉 자유경제무역지대' 개발계획을 공식 발표하고 외자유치에 적극 나섰다.

최근 들어 북한은 극심한 경제침체에 직면하게 되자 적어도 외형상으로는 자립적 민족경제 노선을 더욱 강경하게 표방하면서도, 실제로는 실리추구의 실용주의적인 모습을 보여주는 특징을 나타내고 있다. 이러한 맥락에서 북한은 남북교역 및 경협에 높은 관심을 보이고 있으며, 특히 1998년에는 남한과 금강산 관광사업을 추진하기에 이르렀다. 그러나 이데올로기적 측면에서는 자립적 민족경제 노선을 재차 강조하고 있다. 다시 말해 최근 북한은 자립적 민족경제 노선을 역설하면서, 이 노선이야말로 제국주의 세계경제의 일체화 책동에 강경하게 맞서는 것[9])이라고 강변하고 있다.

이와 같은 일련의 태도변화에도 불구하고 북한이 기존의 자력갱생 노선을 완전히 포기하였다고 볼 수는 없으나, 대외경제관계에서 폐쇄적 입장이 바뀌고 있다는 점에서 앞으로 정책의 변화에 대한 귀추가 주목된다.

4) 중공업 및 군수산업 우선정책

북한은 중공업을 생산수단을 주로 생산하는 공업부문들의 총체로 정의하고 있는데, 중공업부문에는 전력공업, 석탄공업, 광업, 금속공업, 기계제작공업, 화학공업, 건재공업 등의 기간공업 부문과 임업이 포함된다.[10]) 북한은 경제체제를 '사회주의적으로 개조'하는 초기과정부터 시종일관 중공업을 우선으로 하는 경제개발정책을 추진해 왔다. 김일성은 "중공업은 인민경제 발전의 기초이다. 중공업을 발전시키지 않고는 경공업과 농업을 발전시킬 수 없으며, 인민경제의 모든 부문을 현대적 기술로 장비할 수 없다"[11])고 강조해 왔다.

---

9) <로동신문>·『근로자』 공동사설, "자립적 민족경제 로선을 끝까지 견지하자," <로동신문>, 1998년 9월 17일.

10) 『백과사전』, 4권(1982), p.695.

11) 『김일성저작집』, 19권, p.294.

북한에서는 산업부문을 공업·농수산업·기본건설·교통운수·통신·상업 등으로 구분하고, 이 중에서 물질적 생산의 주도적·결정적 역할을 하는 부문을 공업·농업·기초건설 부문이라고 하며, 특히 공업은 생산력발전과 경제구조에서 중요한 의의를 갖는다고 보고 있다.

공업은 생산력의 중요한 부문으로, 생산의 '골근체계'를 이루는 노동도구를 생산하고 물질적 부의 생산에서 주도적 역할을 하며, 특히 중공업은 전체 산업구조에서 가장 중요한 역할을 한다.

중공업은 1차산업과 경공업의 뒷받침 위에서 기술적 기반이 마련돼야 발전하는데, 북한에서는 이와 같은 기반이 마련되지 않은 가운데 경제체제를 사회주의적으로 개선하는 과정에서 자력갱생의 원칙에 따라 계속해서 중공업 우선정책을 추구하였다.

스탈린시대의 소련과 비교할 때 그 역사적 배경이 다름에도 불구하고 북한이 중공업 우선정책을 고수한다는 사실은 그들의 독자적 경제정책이 부재한 가운데서 소련의 경제정책을 그대로 답습한 결과라 하겠다. 결국 중공업 우선정책은 군수산업 육성과 연관되어 무력 적화통일 정책의 공언과 더불어 정권기반 강조의 방편으로 이용되어 무리한 산업불균형과 경제침체를 감수하면서까지 계속 추구되고 있는 것이다. 1962년 12월 로동당 제4기 5차 전원회의에서 4대 군사노선을 채택하고, 60년대 중반기에 공산권의 이념분쟁과 중소분쟁의 격화에 따라 '국방에서의 자위'를 제창하면서, 경제발전을 지연시키더라도 군사력을 한층 강화해야 한다고 하여 국방건설과 경제건설의 병진정책이 추진돼 왔다.

경제력과 군사력의 동시강화를 추구한다는 정책은 1966년 10월 로동당 대표자회의에서 선언되었고, 로동당 전원회의에서 채택된 이래 현재에 이르고 있다. 그리하여 1966년까지 예산에서 군사비가 차지하는 비중을 약 10% 정도로 발표하던 것을 1967~71년에는 30% 이상으로 발표하면서 상대적으로 인민경제비의 비중을 낮게 책정하였던 것이다.

그러나 이와 같은 중공업 우선정책의 무리한 추진으로 인하여 산업부문 간의 구조적 불균형이 심화됨으로써 경공업은 물론이고 농업과 사회간접

자본 시설이 매우 낙후되었다. 북한은 이러한 현실을 고려하여 일시적으로 나마 중공업을 위한 중공업이 아니라 경공업의 발전을 효과적으로 뒷받침할 수 있는 중공업의 발전에 주력할 것을 강조한 시기도 있었다. 북한이 1989년에 '경공업발전 3개년계획'(1989~91)을 발표하고 1989년도를 '경공업의 해'로 설정한 것이나 제3차 7개년계획의 완충기(1994~1996) 중점과업으로 농업제일주의, 경공업제일주의, 무역제일주의 등 3대 제일주의 방침을 제시한 것을 대표적인 사례로 들 수 있다.

그러나 북한은 1998년부터 선군사상을 앞세우면서 다시 중공업 우선주의를 강조하고 있다. 이는 구조적인 경제침체로 심대한 타격을 입은 전력, 석탄, 금속 등 이른바 '선행부문'을 정상화시키기 위한 노력의 일환으로 볼 수 있다. 경제발전과 군사력 강화를 동시에 추구하려면, 필연적으로 국민경제생활의 소비부문을 억제시키기 때문에 오늘날 북한주민의 소비생활 궁핍현황은 무리한 중공업 우선정책과 국방·경제 병진정책의 계속적인 추진의 결과라 하겠다.

2. 인민군 창군배경과 과정

1) 인민군 형성과정과 성격

북한에서 인민군의 창설은 1945년 8월 해방 직후부터 '건당·건군·건국'이라는 3대과제의 하나로 추진되었으며 구소련군의 한반도 진주와 더불어 시작되었다.

당시 북한주둔 소련군 제25사령부는 김일성을 내세워 정치조직인 당을 우선적으로 결성(1945. 10. 10)하게 하고, 이틀후인 10월 12일에 "북한지역 내에 있는 모든 무장대를 해산시킬 것, 모든 무기·탄약·군용물자들을 군경무 사령관에 바칠 것, 평민 중에서 사회질서를 유지하기 위하여 임시 도위원회들은 소련군사령부와의 협의하에 기정된 인원수의 보안대를 조직함을 허가한다"는 내용의 성명서를 발표하였다.

이 성명서에 따라 해방 직후 북한지역의 치안을 목적으로 조직되었던 민족진영의 자위대, 국내파 공산계열의 치안대 등 이미 조직된 무장대를 해산시키고, 10월 21일 소련군 출신 한인 2,000여 명으로 구성된 적위대를 중심으로 북한 각지에 보안대를 조직한 것이 바로 인민군의 모체이다.

군내 정치장교와 군사간부 양성을 위해 1945년 11월 '평양학원'을 1946년 6월에는 '보안간부학교' 등 군 교육기관도 설립하였다. 보안대의 규모가 점차 확대돼 감에 따라 1946년 8월 15일 각 지역에 조직된 보안대를 통합·지도하기 위하여 평양에 보안간부 훈련 대대부를 창설하고, 1947년부터는 소련의 군사원조로 신형무기로 무장하면서 급속한 진전이 이루어졌으며 그 해 5월에는 인민집단군 총사령부로 개칭하였다.

1948년 2월 4일에는 북조선 임시인민위원회 내에 현재의 인민무력성의 전신인 '민족보위국'을 신설하였으며 정권수립 7개월 전인 2월 8일 '인민집단군'을 '조선인민군'으로 개칭하고 정규군 창설을 선포했다. 해군은 1946년 6월 5일 수상보안대 사령부를 원산에 창설(동해 수상보안대: 원산, 서해 수상보안대: 남포)한 데서 비롯되었다. 1946년 8월 사령부를 평양으로 이전·확장하였으며 1946년 12월에는 수상보안대를 해안경비대로 개칭하고 47년 6월 원산에 해안경비대 간부학교를 두었는데 이것이 후에 해군군관학교가 되었다. 해안경비대는 1949년 8월 20일 내무성 관할에서 민족보위성 관할로 변경되면서 8월 28일 처음으로 '어뢰정대'를 창설함으로써 정규 해군으로 발족했다. 공군은 1945년 10월 25일 민간기구로 발족한 신의주항공대가 1946년 6월 7일 '평양학원' 예하 항공중대로 편입되면서 군사조직으로 발전하였다. 1947년 8월 20일 소련유학을 마치고 온 신의주항공대 출신 약 300여 명을 중심으로 비행대를 창설하고 1948년 2월 8일 인민군 창설과 함께 항공대대로 증편함으로써 정규공군으로 발전하였다.

북한 인민군은 당규약(제7장 제46조)에 "조선인민군은 항일무장투쟁의 혁명전통을 계승한 조선로동당의 혁명적 무장력"으로 규정한 바와 같이 당의 절대적 지배하에 있는 '당의 군대', '혁명의 군대'의 성격을 띠고 있다.

김정일이 1994년 7월 김일성 사후 군을 앞세워 북한을 통치하는 소위 '선군정치' 실시과정에서 군 인물들의 서열이 급상승하고 군의 영향력이 사회 전반으로 확대되는 데 반해 당의 역할은 상대적으로 축소되는 경향을 나타내자 '당의 군대'에 대한 의문이 제기되기도 했으나, 북한군의 역할 확대는 어디까지나 당의 영향권 내에서 이루어지고 있다. 제도적으로도 당중앙군사위원회가 전반적인 무력지휘부터 당의 군사정책 집행방법의 결정, 군수산업과 인민군대와 모든 무력의 강화를 위한 사업의 조직·지도와 군대를 지휘하도록 돼 있다(당규약 27조). 군의 당적·혁명적 성격 외에 북한은 군을 김일성의 항일빨치산 활동 등과 연결시킴으로써 북한군은 '김부자의 군대'의 성격도 아울러 지니고 있다.[12]

북한은 당규약 제46조에서 '인민군의 항일무장투쟁의 혁명전통 계승'을 강조하고 있으며 지난 1977년까지 2월 8일을 인민군 창건일로 기념해 오던 것을 1978년부터 김일성이 항일유격대를 창설했다는 1932년 4월 25일로 변경하였고 김정일이 인민군대를 불패의 혁명무력으로 강화·발전시키는 사업을 이끌어 왔다고 선전하고 있다. 이는 인민군의 성격을 김일성의 항일빨치산 투쟁경력 및 김정일의 군 영도력과 연결시키려는 의도에서 비롯된 것으로, 김일성 부자를 우상화하고 군대를 사병화하기 위한 노력의 일환으로 볼 수 있다.

이처럼 북한 군대는 대내적으로는 물리적 강제력을 보유한 핵심적인 체제 보위수단이며, 대외적으로는 벼랑끝 외교의 배경으로서, 그리고 대남 면에서는 대남혁명 수행을 위한 실천역량의 역할을 담당하고 있다.

---

[12] 인민군의 '충성의 선서' 첫째항: "우리들은 생의 마지막 순간까지 위대한 김일성동지와 친애하는 지도자동지께 충성할 것을 맹세합니다."

2) 북한사회 내 군의 위상

'당의 군대', '혁명의 군대', '김부자의 군대'로서의 북한군은 김일성 사망 이후 경제난, 체제난 등 위기극복 과정에서 '혁명의 기둥'[13]으로서 체제수호의 중추적 역할을 수행해 오고 있다.

북한은 1998년 3월 9일자 <로동신문> 정론에서 소연방의 해체와 동구 사회주의권 몰락에 대해 "군대를 비사상화, 비정치화함으로써 총 쥔 군대가 당이 변질되고 국가가 와해되는 것을 보고도 속수무책으로 나앉아 혁명의 전취물을 지켜내지 못한 결과였다"고 분석했으며, 김정일은 군대를 "혁명의 주력군이며 나라의 기둥"으로 내세우면서 군대를 강화하고 이를 활용해 북한을 통치하기 위해 '군사 우선정책'을 적극적으로 추진해 오고 있다.

우선 김정일은 군부대 시찰을 포함한 군관련 활동에 적극성을 보이고 있다. 김정일의 군관련 활동은 1995년 20회를 시작으로 1996년 35회, 1997년 40회, 1998년 49회로 급격히 증가해 공개활동의 대부분을 차지하고 있다. 한편 김부자 출생일, 당 창건일 등을 계기로 군장성급 진급인사를 수시로 단행하여 군인들의 사기진작과 충성심을 유도하고 자신의 군부장악을 대내외에 과시하는 등 군인사를 통치수단의 하나로 활용하고 있다.[14] 이에 따라 주요행사시 발표되는 주석단 명단에도 군인의 비중이 크게 늘어났으며 상위서열을 차지하고 있다.[15] 또한 1998년 7월 26일 실시된 제10기 최고인민회의 대의원선거에서도 총 687명의 대의원 중 군인이 107명으로 제9기 때 62명에 비해 대폭 증가했다.

---

13) 1998년 3월 9일자 <로동신문>은 "혁명의 기둥"이라는 제하의 정론에서 역사상 처음으로 김정일이 군대를 혁명의 기둥으로 정식화했다고 주장하였다.

14) 김정일은 최고사령관 추대(1991. 12. 24) 이후 8차례에 걸쳐 총 1,023명(중복 진급자 포함)의 진급인사를 실시하였다.

15) 김일성 생존시 주석단에 등장하는 군 인물로는 오진우, 최광, 백학림, 김광진 등 4~5명에 불과했으나 최근에는 차수 이상(14명)은 대부분 참석하고 있다.

최근에는 김정일의 지시로 군이 주요 공장, 협동농장 등을 비롯한 각급 사회기관에 파견되어 주민들을 감시하고 있으며, '군민일치' 기풍을 강조하여 군에 대한 주민들의 원호사업뿐만 아니라 소위 '혁명적 군인정신'에 기초한 군대와 주민들의 사상과 투쟁기풍의 일치를 강요함으로써 주민사상을 통제하고 있다.
   이처럼 김정일의 군사우선 정책추진으로 북한에서 군은 '혁명의 기둥'으로서 체제 보위기능을 수행할 뿐만 아니라 경제건설 및 사회통제 기능에서도 중요한 역할을 수행함으로써 북한체제를 이끌어 나가는 중심세력으로 부상하고 있다.
   그러나 한편으로 자율성에 입각한 민주국가의 군대와는 달리 북한군은 당의 혁명목표 관철과 체제유지를 위한 타율적인 조직으로 군내 감시조직의 철저한 감시와 통제하에 놓여 있으며 반복적인 정치사상 교육으로 김정일에 대한 절대적인 충성을 강요받고 있다.

3. 군사·경제정책 및 전략

1) 대남혁명 정책기조와 군사전략

   북한의 군사정책 기조는 국방에서의 자위원칙을 표방하면서 대남우위의 군사력 확보와 전후방에서 전쟁총동원 태세를 견지하는 것이다. 북한헌법 제60조는 "국가는 군대와 인민을 정치사상적으로 무장시키는 기초 우에서 전군 간부화, 전군 현대화, 전민 무장화, 전국 요새화를 기본내용으로 하는 자위적 군사로선을 관철한다"고 규정하여 국방에서의 자위원칙을 선언하고 있다.
   김일성은 "자위적 국방건설이란 권력을 장악한 로동계급의 당과 국가가 국방건설에서 견지하여야 할 보편적 의의를 가지는 지도적 지침"이라고 정의하고, "자위로선의 본질은 자력갱생의 혁명정신을 발양하여 자체의 혁명 무력으로 자기 나라를 보위하며 모든 군사문제를 주도, 자체의 힘에 의거하여 자기 나라 실정에 맞게 해결해 나가는 것"16)이라고 하면서 군사자위노선을 강조하였다.

중소에 의존하던 북한이 이처럼 자위원칙을 주창하기 시작한 것은 쿠바사태와 중소 이념분쟁이라는 국제정세 변화에 따라 1962년 12월 당중앙위원회 제4기 5차 전원회의에서 '조성된 정세와 관련된 국방력 강화문제'를 토의하고 "인민경제의 발전에서 일부 제약을 받더라도 우선 군사력을 강화하여야 한다"17)고 강조하면서 국방자위의 원칙을 결의한 데서 비롯되었다.

이 원칙은 그 실질적 의미가 군사력 증강에 박차를 가하는 데 있으며 구체적인 실천방도로 체계화된 것이 바로 4대 군사노선이다. 북한은 '전군 간부화, 전군 현대화, 전민 무장화, 전국 요새화'로 제시되는 이 노선을 1963년부터 강력하게 추진해 왔다.18)

1970년 11월 제5차 당대회의 총화보고에서 김일성은 "4대 군사로선을 적극 추진한 결과, 전체 인민이 총을 쏠 줄 알며 총을 메고 있다. 모든 지역에 철옹성 같은 방위시설을 쌓아 놓았으며 중요한 생산시설까지 요새화하였다. 자립적 국방공업 기지가 창설되어 자체로 보위에 필요한 현대적 무기와 전투기재들을 만들 수 있게 되었다"19)고 평가하였다.

이러한 4대 군사노선으로 표명된 북한의 군사정책은 급속한 군사력증강을 목표로 하고 있는데, 4대 군사노선 채택 이후 북한 군사정책의 시기별 주요 실천방향은 다음 표와 같다.

---

16) 『김일성저작집』, 28권, p.534.

17) 『조선중앙년감』(1963), pp.157-163.

18) "우리는 이르는 곳마다 굴을 파 놓아야 한다. 전연지대뿐만 아니라 후방지대, 제2선, 제3선 할 것 없이 온 나라를 다 요새화하여야 하며 대공방어와 해안방어를 강화하여야 한다. 공장도 땅속에 많이 건설하여야 하겠다." 『김일성저작집』, 17권, p.446.

19) <로동신문>, 1970년 11월 3일; 『김일성저작선집』, 5권(1972), pp.437-475.

4대 군사노선

노 선	정 책 목 표
전군 간부화	군을 정치사상적·군사기술적으로 단련하여 유사시에 한 등급 이상의 높은 직무 수행
전군 현대화	군대를 현대적 무기와 전투기술 기재로 무장, 최신무기를 능숙하게 다루고 현대적 군사과학과 군사기술을 수행
전민 무장화	인민군대와 함께 노동자·농민을 비롯한 전체 근로자계급을 정치사상적·군사기술적으로 무장
전국 요새화	방방곡곡에 광대한 방위시설을 축성하여 철벽의 군사요새로 건설

군사정책의 시기별 주요 실천방향

구 분	내 용	비 고
60년대	(4대 군사노선의 추진) · 경제건설과 군사건설의 병진[1] · 전당, 전인민의 전쟁 동원태세 확립[2]	· 중·소 의존정책에서 탈피 · 1969년 특수8군단 창설
70년대	(4대 군사노선의 관철) · 자립적 군사공업 기지를 완성하여 획기적인 자위력 육성[3] · 정규·비정규, 소부대·대부대 배합 전술 위주의 교리개발[4]	· 독자적 전쟁수행능력 향상 · 휴전선에 남침용 땅굴 공사
80년대	(4대 군사노선의 강화) · 전투 동원태세 완비[5] · 예비전력의 정규군 수준화[6] · 현대전 능력보강[7]	· 기계화군단, 지구사령부, 민방위부 설치 · SCUD미사일 개발 및 배치
90년대	(4대 군사노선의 발전) · 군민일치 강화[8] · 전국가적·전인민적 방위체계 강화[9] · 독자적 전략무기 체계구축[10]	· 군사중시, 군대원호 기풍진작[11] · 로동미사일 개발·배치·수출 및 대포동미사일 시험발사, 방사포 등 장사정포 전방배치

* 출처: 1) 1962년 당중앙위 제4기 5차 전원회의시 김일성 보고
2) 1967년 김일성 신년사.
3) 1971년 김일성 신년사.
4) 1971년 11월 2일 제5차 당대회에서의 김일성 보고
5) 1980년 10월 10일 제6차 당대회에서의 김일성 보고

6) 1988년 4월 24일 인민군 창건 56돌 기념보고
7) 1989년 4월 24일 인민군 창건 57돌 기념보고
8) 인민군 창건 58돌, 59돌, 60돌 기념보고
9) 1993년 김일성 신년사.
10) 1994년 4월 24일 인민군 창건 63돌 기념보고
11) 1994년 김일성 신년사.

김일성은 1980년 10월 제6차 당대회 총화보고에서 "자위적 군사로선을 관철함으로써 강력한 국방력을 마련해 놓았다"고 말하고 1980년대 인민군의 당면과업으로 ① 군대 내의 유일사상체계 확립, ② 전투·정치훈련의 강화, ③ 군사기술 수준의 향상, ④ 부대의 전투력과 전투준비 강화 등을 선언하였다.20) 1990년대에 들어 김정일은 "전군을 주체사상화할 데 대한 군 건설로선"을 제시하고 동구권 몰락 등 국제정세 변화에 따른 군의 사상무장 강화를 주장하면서 '군대는 인민, 국가, 당'이라는 '군중시 사상'을 내세우며 통일혁명 무력과 사회주의체제 수호를 위한 보루로서의 역할을 강조하고 있다.

북한의 군사전략은 김일성의 계급투쟁과 민족해방 전쟁관에서 출발한다. 김일성은 마르크스·레닌주의에 입각한 혁명전쟁론을 전개하였으며 6·25 기습남침도 '조국해방전쟁', '정의의 전쟁'이라고 주장하였다.21) 초기에는 항일유격전 경험을 바탕으로 속공기동 및 포위섬멸 전략을 주내용으로 하는 소련군의 군사전략을 모방하였으나, 1960년대에 이르러서는 6·25전쟁경험을 응용하여 현대전과 혁명전의 배합이라는 기본 전략전술을 설정하였

---

20) <로동신문>, 1980년 10월 11일 참조.
21) 6·25전쟁 발발의 기원을 놓고 북한만이 북침설을 주장하고 있다. 이미 유고학술원 발간 『대백과사전』(1978), 중국어판 『브리태니커 백과사전』(1986. 10), 『흐루시초프 회고록』(2집, 3집) 등에 남침모의와 선제기습을 기술하고 있으며, 소련 역사학자 미하일 스미로노프의 증언(모스크바방송, 1990. 4. 20)과 중국 국제전략연구소 연구원 자이 지하이의 논문(제2차 한국전쟁 국제학술회의, 1990. 6. 14)에서도 남침을 인정하였다.

다. 1950년 12월 당중앙위원회 제3차 정기회의에서 김일성은 6·25남침 실패에 대한 반성을 토대로 한반도 실정에 맞는 새로운 전략적 과제를 제시했는데, 이것이 오늘까지 북한 군사전략의 근간이 되고 있다.[22]

이때 제시된 전략적 과제 중 북한의 군사전략에 반영된 것으로는 ① 정규전에서는 적의 주력을 포위하여 이를 완전 격멸, ② 비정규전 부대는 적 주진지 배후기습 및 후방지역에서 유격전 감행, ③ 점령지역 경계를 위한 기동 타격부대의 준비, ④ 전선 증원을 위한 전술예비와 새로운 군사작전 전개를 위한 전략예비 준비, ⑤ 정치공작 작전의 전개, ⑥ 각급 지휘관의 지휘통솔 능력제고, ⑦ 강인한 정신전력 보유, ⑧ 전쟁물자 비축 및 원활한 보급 등이다. 1958년 중국 인민해방군 철수 이전까지는 중국군과 인민군의 연합작전을 전제로 한 군사전략을 수립하고 있었으나 1960년대에 들어오면서 비로소 인민군의 독자적인 전략을 확립하였다.

김일성은 1969년 1월 인민군 당위원회 제4기 4차 전원회의 연설에서 조국해방전쟁의 경험을 되풀이하면서 전쟁승리의 결정적 요인은 현대전과 유격전을 배합하는 데 있다고 지적하고, 방어전과 정규부대·유격부대의 배합작전, 소부대와 대부대의 필요성, 경보병부대 조직과 무기의 경량화, 곡사포와 저속비행기의 중요성, 산악전의 중시 등을 강조하였다.[23]

또한 김일성은 1970년 제5차 당대회에서 "우리나라는 산과 강, 하천이 많고 해안선이 긴 나라이다. 우리나라의 지형조건을 잘 리용하여 산악전과

---

22) 『조선중앙년감』(1951~1952), pp.24-29. UN군의 반격으로 후퇴중이던 김일성이 자강도 만포시 별오리에서 열린 당중앙위 제3차 정기회의에서 패퇴의 원인과 전략전술을 재검토하였다. 동 회의에서 패퇴의 원인을 ① 예비대 부족 및 사전 전쟁준비 미흡, ② 군간부들의 비조직적인 행동과 지휘통솔 미숙, ③ 부대의 규율약화, 적시 명령 불이행, ④ 적들의 유생역량 말살미흡으로 반격기회 제공, ⑤ 적 해·공군과 화력에 대한 대응미숙 및 공습 산지전과 야간전투 미흡, ⑥ 적 후방지역에서 유격전과 제2전선 형성실패, ⑦ 병참선 유지곤란 및 적시 후방보급 지원실패, ⑧ 부대 내 정치공작사업 추진 및 정치사상교육 미흡 등으로 지적하고 있다.

23) 이후에도 북한은 배합작전을 계속 강조하고 있다. 『자주시대의 위대한 수령 김일성 동지』, 4권(평양: 사회과학출판사, 1988), p.226.

야간전투를 행하며 대부대작전과 소부대작전, 정규전과 유격전을 옳게 배합한다면 설령 최신기술로 무장한 적일지라도 얼마든지 섬멸할 수 있다. 조국해방전쟁 경험과 오늘의 월남전이 이를 증명하고 있다"[24])고 주장함으로써 군사 전략전술의 구체적인 방향을 제시하였다. 김일성의 군사 전략전술을 종합적으로 표현한 것이 1971년 인민군 창건 23주년 기념보고대회에서 군 총정치국장 한익수가 한 보고이다. 한익수는 동 보고에서 "집중과 분산, 적극적 방어와 배후교란의 배합, 대·소부대 활동의 결합, 정규전과 유격전의 배합, 즉시적 반격전과 연속적 타격전, 적 배후의 제2전선 형성, 유격전 저격수 및 유동포 활동, 비행기·탱크사냥 운동 등 김일성의 전략전술법은 현대전과 혁명전쟁의 합법칙성을 정확히 반영한 것이다"고 강조하였다.

김정일은 김일성의 이러한 군사전략의 연장선상에서 전격전과 유생역량(有生力量) 말살, 정치사상의식 고취를 강조하고 있다.[25]) 북한군이 공격이나 후퇴시 가급적 인명을 살상하는 방향으로 작전개념을 세우는 것은 인명을 혁명의 수단으로 취급하는 공산주의 혁명관에 따라 소련군의 철저한 인마살상전술을 교리로 채택하였기 때문이다. 이처럼 북한의 군사 전략전술은 우리 사회의 혼란과 주한미군 철수 등 정치·군사적으로 북한에 유리한 상황이 조성되는 결정적 시기 도래시 기습 및 전후방 동시공격으로 초전부터 대혼란을 조성하고 전쟁의 주도권을 장악하기 위해 전차·장갑차·자주포로 장비된 기동부대를 종심 깊숙이 돌진시킴으로써 미군증원 이전에 전 남한을 석권한다는 단기 속전속결 전략으로 정리할 수 있다.

이러한 전략은 미국의 군사력, 한국의 잠재적 전쟁수행 능력, 한·미 동맹관계 및 연합방위 태세, 유엔과 국제여론 등을 감안할 때 북한이 전쟁도발시 현실적으로 선택할 수밖에 없는 전략으로, 연합군 증원 이전에 전쟁을 종결시킴으로써 전쟁이 한반도 내부문제 해결을 위한 내전이라는 명분

---

24) 제5차 당대회 보고, <로동신문>, 1970년 11월 3일 참조.
25) 『주체의 혁명리론의 발전 풍부화』(평양: 사회과학출판사, 1984), p.331.

을 내세워 국제여론을 왜곡시키고 유엔 및 연합군의 개입을 차단하기 위한 것이다. 북한이 주한미군 철수를 끊임없이 주장하고 있는 것도 이러한 의도를 실현하는 데 주한미군이 최대의 장애가 된다고 간주하기 때문이다.

이를 위하여 북한은 이미 1980년대에 군사력의 전진배치와 기계화군단의 편성, 그리고 대규모 특수전부대 보유 등을 통해 전쟁준비를 완료하였으며, 전 군사력의 60% 이상을 평양·원산선 이남에 전진 배치시켜 놓고 있어 부대의 조정이나 재배치 없이 언제든지 기습적인 선제공격이 가능한 상태이다.

2) 군사지휘 체계

북한의 최고 군사지도기관은 국방위원회이고 국방위원장이 일체의 무력을 지휘·통솔하며 국방사업 전반을 지도한다. 인민무력성은 국방위원회 산하에서 군사집행 업무를 담당하는 기관으로 예하에 총참모부를 두어 지상군의 정규군단, 기계화군단, 전차군단, 포병군단, 평양방어사령부, 경보교도 지도국과 해·공군사령부를 직접 지휘·통제하는 단일 군 지휘체계를 형성하고 있다. 북한군은 이와 같은 군사·행정적 지휘체계 외에 당조직을 통한 정치·정책적 지도를 받는 이원화된 구조로 돼 있다. 인민군에 대한 당의 지도와 통제는 최고 군사정책 결정기관인 당중앙군사위원회를 비롯한 각급 군사위원회에서 담당하고 있다.

김정일은 국방위원장 겸 최고사령관으로서 북한의 무력 일체를 직접 장악하고 있으며 전쟁 및 중요한 군사사항에 대한 결정권한은 모두 김정일 개인에게 집중돼 있다. 김정일은 오진우·최광 인민무력부장 사망 이후에는 인민무력성을 거치지 않고 직접 총참모부를 통해 중요지시를 하달하거나 보고를 받는 등 군에 대한 통제를 강화하고 있다.

3) 군사지휘 조직

국방위원회는 1972년 사회주의헌법 채택시 중앙인민위원회의 사업을 돕는 부문별 위원회로 신설되었다. 1992년 4월 헌법개정에서는 1991년 12월 최고사령관으로 추대된 김정일의 군권장악을 제도적으로 뒷받침하기 위해 중앙인민위원회로부터 분리되면서 국가주권의 최고 군사지도기관으로 승격되고 국가주석이 행사하던 일체의 무력 지휘·통솔권을 국방위원장이 행사하게 된다.

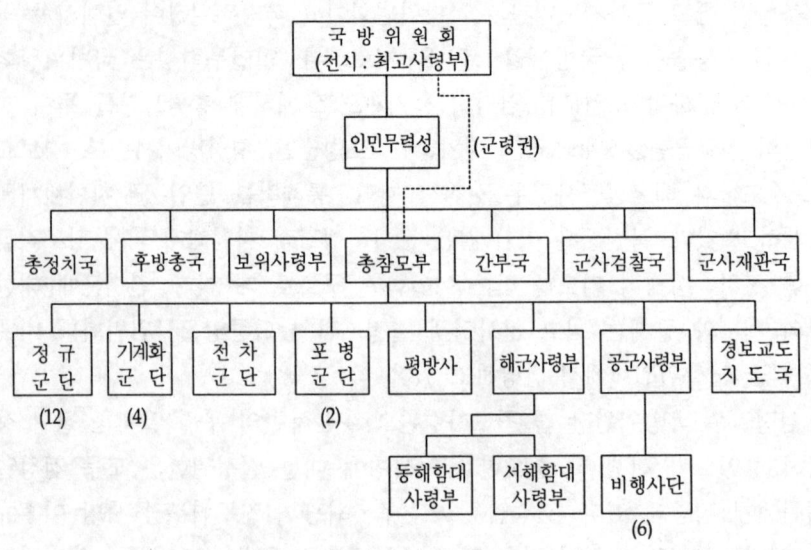

북한의 군사지휘체계

* 출처: 국방부, 『국방백서』(1999), p.40 참조.

1998년 9월 개정헌법(제100~105)에서는 기존의 '국가의 전반적 무력과 국방 건설사업 지도', '중요 군사간부 임명 또는 해임', '군사칭호 제정 및 장

령급 이상 군사칭호 수여', '전시상태와 동원령 선포' 외에 '국방부문의 중앙기관을 설치하거나 폐지'할 수 있는 권한이 추가되는 등 국가주권의 최고 군사지도기관이자 전반적 국방 관리기관으로 강화되었으며 국방위원장은 나라의 정치, 군사, 경제역량의 총체를 지휘·통솔하는 '국가 최고직책'으로 격상되었다.26) 현재의 국방위원회는 1998년 9월 최고인민회의 제10기 1차회의에서 새로 선출되었으며 위원장 김정일, 제1부위원장 조명록, 부위원장 김일철·리용무, 위원 김영춘·연형묵·리을설·백학림·전병호·김철만 등 총 10명으로 구성돼 있다.

북한은 1962년 12월 당중앙위원회 제4기 5차 전원회의에서 김일성이 제시한 '4대 군사로선'을 채택한 후 이를 적극 추진하기 위해 당중앙위원회 산하에 군사위원회를 신설하고 도·시·군 단위에도 각급 군사위원회를 설치하였다. 당중앙위원회 군사위원회는 1982년 11월 이후 '당중앙군사위원회'로 개칭, 기능을 강화해 왔으며 1997년 10월 당중앙위원회와 공동명의로 김정일을 당총비서로 추대하기도 하였다.

당중앙군사위원회의 기능은 당 군사정책의 수행방법을 토의·결정하며, 인민군을 포함한 전 무장력 강화와 군수산업 발전에 관한 사업을 조직·지도하며, 군대를 지휘한다고 당규약 제27조에 규정돼 있다. 당중앙군사위원회 위원들은 당중앙위 전원회의에서 선출되는데 1980년 10월 제6차 당대회 당시 위원장 김일성을 비롯해서 오진우, 김정일 등 18명을 위원으로 선출(총 19명)하였으나, 위원장은 김일성 사망(1994. 7. 8) 이후 공석으로 있다가 김정일 위원이 승계했다.

각급 지방당위원회의 군사위원회는 당중앙군사위원회의 지도를 받아 노농적위대 등 민병조직의 정치사상 교육과 군사훈련을 강화하여 전투태세를 완비하며 군사 동원체제를 유지하는 임무를 수행하고 있다.

인민무력성은 국방위원회 산하의 군사집행기구로서 총정치국, 총참모부,

---

26) 제10기 최고인민회의 1차 회의에서 김영남은 김정일을 국방위원장으로 추대하면서 국방위원장을 국가 최고직책으로 발표하였다(1998. 9. 5).

보위사령부 등을 비롯한 기구들을 통하여 정규군의 군무를 총괄·집행하며, 이 중 총참모부가 실질적으로 군사작전을 지휘·관장한다. 인민무력성은 1948년 북한정권 수립시 민족보위성으로 출범했으며, 1972년 12월 사회주의헌법 채택시 인민무력부로 개칭되고 1982년 4월 최고인민회의 제7기 1차회의 결정에 따라 정무원에서 중앙인민위원회 직속기관으로 개편되었다. 그후 1992년 헌법개정으로 국방위원회가 중앙인민위원회와 동격으로 격상됨에 따라 국방위원회의 지도와 통제를 받게 되었으며, 1998년 9월 국방위원회 명령으로 인민무력성으로 개칭되었다.

오진우 사망(1995. 2) 이후 공석이던 인민무력상(당시 인민무력부장)에 1995년 10월 총참모장 최광이 임명되었으며, 최광 사망(1997. 2)으로 다시 17개월간 공석이었다가 1998년 9월 인민무력성 제1부상이던 김일철이 인민무력상에 임명되었다. 김정일이 최고사령관으로 인민무력성을 거치지 않고 총참모부 등을 통해 직접 군을 통제하고 있으며 인민무력상의 서열이 총정치국장이나 총참모장보다 뒤지고 있는 점 등으로 보아 오진우, 최광 등 이전의 인민무력부장과 비교할 때 인민무력상의 역할은 크게 축소되었으며 군령권 행사에도 직접 참여하지 못하고 있는 것으로 보인다.

제6장 교육·문화이념과 정책

1. 교육이념과 교육정책

1) 사회주의 교육이념

북한에서 교육의 기본이념은 여러 공산국가와 마찬가지로 철저한 공산주의자를 양성하는 것이다. 철저한 공산주의자란 원리적으로 마르크스·레닌주의에 입각한 것임은 당연하다. 공산주의자들은 마르크스·레닌주의의 이론적 기초가 바로 변증법적 유물론이며 이 변증법적 유물론이야말로 그들의 유일한 세계관임을 선언하고 있다.

공산권국가들의 공통된 현상이기는 하지만, 특히 북한의 학교교육은 철저한 사회주의 이데올로기 교육원리에 그 이념과 목적을 두고 있다. 교육철학의 기조는 마르크스·레닌주의에 의거하고 그 이념은 계급혁명 정신에 투철한 인격형성이다.[1] 보다 구체적인 교육 목표관은 북한이 1930년대부터 제시하기 시작했다고 주장하는 이른바 김일성의 주체사상에 근거하고 있다. 주체사상의 교육관은 대략 다음과 같이 요약된다.

① 위대한 수령 김일성 동지께서 창시하신 사회주의 교육학은 주체형의 공산주의적 혁명인재 육성의 혁명적 학설.[2] ② 사회주의·공산주의를 성과적으로 건설하기 위해서는 사상·기술·문화의 3대혁명을 계속 힘있게 추진. ③ 로동당은 언제나 사람들의 사상을 혁명적으로 개조하는 데 선차적

---

1) 김동규, 『북한의 교육학』, 문맥사, 1990, pp.61-65.
2) 『사회주의 교육학』, 평양: 교육도서출판사, 1975.

인 주목을 돌리고, 청소년 교육에서도 그들을 혁명사상으로 교양하는 사업에 선차성을 부여한다.3) ④ 교육에서 당의 유일사상체계를 세운다는 것은 교육사업의 전 행정 모든 고리에서 당의 유일사상, 위대한 수령 김일성 동지의 혁명사상과 그 구현인 당의 정책적 요구를 정확히 관철하여 교육사업이 후대들을 당의 유일사상, 수령님의 위대한 혁명사상으로 튼튼히 무장하고, 수령님의 두리에 굳게 뭉쳐 수령님의 유일 령도를 받들어 나가는 수령님께 끝없이 충직한 혁명전사로 키우는 데 철저히 복무하게 한다는 것을 의미한다.4) ⑤ 학교교육의 제1차적 목표와 이념은 학습자들로 하여금 조선로동당의 정책에 충성하는 당성을 높이는 데 있고 그것은 곧 조국애요 민족애라고 보고 있다.

"주지하는 바와 같이 마르크스주의 교육학은 공산주의교양에 관한 과학이다. 우리 교육학은 조선로동당의 정책을 구현한다. 조선로동당의 로선과 정책은 유일하게 정확한 맑스·레닌주의에 립각한 과학적인 로선과 정책이며 맑스·레닌주의의 일반적 진리를 우리나라의 현실에 창조적으로 적용하고 구체화한 가장 정당한 로선과 정책이며, 또한 공화국 북반부에서의 사회주의건설과 조국의 평화적 통일의 혁명과업 수행에 있어서 우리 로동계급과 전체 근로자들의 실천적 투쟁강령으로 된다. 그러므로 교육일꾼들이 교육리론 연구에서나 교양·실천에서 당의 로선과 정책에 철저하고도 정확하게 의거하여 그를 구체화하도록 투쟁하는 것은 그들의 제1차적인 임무로 된다."5)

1960년대까지만 해도 김일성의 주체사상은 그들의 주장과는 달리 구체적으로 제시되지 않았고, 다만 조선로동당의 강령과 정책에 이바지하는 것이 교육의 이념이요 목표였다. 따라서 북한의 교육이론에서 김일성의 주체사상은 소련의 흐루시초프에 의한 스탈린 격하운동이 전개된 이후부터다.

---

3) 『김일성저작선집』, 제6권, p.278.
4) 『사회주의 교육학』, 앞의 책, p.58.
5) 『교육학』, 동경: 학우서방, 1960. pp.9-10.

이와 같은 이데올로기교육 목표와 함께 제시된 것으로는, 다방면(전면적)으로 발달된 인격완성으로서 지·덕·체의 균형 있는 발달이다.

1961년 김일성은 7개년 경제계획을 발표하면서 교육정책을 제시하였다. 1961년부터 67년까지로 설정된 7개년 경제계획 기간의 북한사정은 경제부흥에 필요한 숙련공과 기능공이 필요했고 문맹자 퇴치로 마르크스주의 이데올로기 사상주입을 도모하려고 했던 것이다. 그리하여 학교 교육과정에 생산노동력을 이용하는 정책을 세웠고 직업기술 교육의 강조와 성인교육 기관의 확대를 국가의 정책으로 제시하였다. 1972년의 "조선로동당 규약" 제39조에서는 학교교육의 이념을 "국가는 사회주의 교육학의 원리를 구현하여 후대들을 사회와 인민을 위하여 투쟁하는 혁명가, 지·덕·체를 갖춘 공산주의적 새 인간으로 키운다"고 규정하고 있다.

결론적으로 요약하면, 북한의 교육이념과 철학은 그 근원이 마르크스·레닌주의에서 출발하여 오늘날에는 김일성 주체사상의 구현으로 귀착되고 있다. 1945년 이후부터 북한은 소련의 영향 아래서 사회주의국가를 건설했고, 따라서 정치이념과 제도를 비롯해 모든 국가의 모델을 소련으로부터 원용하였다. 이리하여 김일성은 당시 소련의 독재자 스탈린의 정치방식과 국민교육 방법, 경제체제의 형식을 그대로 추종하려고 했다. 이러한 연유에서 북한 교육학의 철학은 마르크스·레닌주의와 스탈린의 교육관이었고 교육이념과 목표도 스탈린의 교육정책이었다.

그러나 1953년 1월 스탈린이 사망하고 1956년부터 그에 대한 비판이 대두되었고 특히 개인숭배에 관하여 심한 논쟁이 있었다. 이에 그 동안 오로지 스탈린주의에 입각한 정책과 제2의 스탈린으로 자신을 부각시켜 왔던 북한의 김일성은 실로 커다란 딜레마에 빠지게 되었다. 이때에 북한의 중앙당국에서 고안한 것이 김일성의 주체사상과 철학으로, 소련에서 이념적으로 독립하고 중국의 모택동사상과도 분별한다는 취지에서 이념상의 독자노선을 걷게 된 것이다. 그러나 이른바 김일성의 주체사상이 하나의 기본틀을 갖추고 제시된 시기는 1980년 초에 이르러서다. 정치에서의 자주, 경제에서의 자립, 국방에서의 자위라는 슬로건과 함께 주체사상은 오늘날 북한 전역의 산과 들에 널려 있는 돌멩이와 나무, 잡초에 이르기까지 붙어 있는 보통명사가 되고 있다. 그러므로 이러한 주체는 교육과 교육학 전반에 걸쳐 가령 주체학습법·주체체육·주체음악 등으로 표현되고 있다.

결국 북한의 사회주의 교육학의 이념은 개개인(피학습자)을 공산주의 혁명가로 키우는 데 일차적 목표를 두고 이들에 의한 사회주의·공산주의국가를 건설하는 데 그 최종목표와 이념을 설정하고 있다. 따라서 이러한 이념을 성립시키는 철학적 토대는 마르크스의 변증법적 유물사관에서 찾게 된다. 마르크스에 의하면 자본주의사회의 노동자·농민계급들이 단결하여 계급혁명으로 사회주의사회를 건설하고 끝내는 국제 공산주의사회를 도래하게 하는 것이 역사발전의 최종·최선의 단계라고 보기 때문이다.

북한에서 학교교육의 당면목표는, 첫째로 당성과 노동계급성의 구현이고, 둘째는 주체성의 확립이며, 셋째는 교육이론과 혁명실천의 결합으로 돼있다. 그러나 1980년대에 접어들면서 두번째의 주체성 확립문제가 전 교육의 중심으로 강조되고 있는 것은 김일성 개인숭배와 후계자 김정일에 대한 지도성을 합리화하고 국제사회에서 자본주의적 자유와 개방압력을 막아내기 위한 최후의 사상적 방패막이로 삼고 있기 때문이다. 국가는 곧 조선로동당이고, 조선로동당은 곧바로 주체사상이며, 주체사상은 바로 김일성사상이고, 김일성사상은 다시 김정일의 지도원칙으로 이어지는 북한사회의 논리구조에서 북한의 모든 교육은 주체교육으로 일관돼 있다.

요약하면 주체사상의 본질은 김정일이 1982년에 쓴 "주체사상에 대하여"의 마지막 결론으로 "주체의 혁명관에서 핵심이 되는 것은 당과 수령에 대한 충성심입니다"라고 한 것에 모든 것이 집약돼 있다고 하겠다. "사람들을 혁명화, 노동계급화, 공산주의화하는 것은 우리가 틀어쥐고 나가야 할 교육사업의 기본방침입니다. 우리는 이 방침에 따라 교육방법을 세우고 교재를 만들어 학생들을 가르쳐야 합니다"[6]라고 한 데서도 잘 나타나 있다.

---

6) "학생들을 사회주의, 공산주의건설의 참된 후비대로 교육 교양하자," p.9.

2) 교육정책의 특성

북한은 "사회주의헌법" 제43조에서 "후대들을 사회와 인민을 위하여 투쟁하는 견결한 혁명가로, 지·덕·체를 갖춘 공산주의적 새 인간으로 키운다"고 명시, 교육이념이 공산주의적 새 인간의 육성임을 밝히고 있다. 북한 교육정책의 변화과정은 시기별로 특징을 분류해 볼 수 있는데, 여기에서는 다섯 단계로 살펴보고자 한다.

첫째, 공산주의사상 도입기(1945~52)로서 북한은 교육이념·학교제도·교육행정 체계에 마르크스·레닌주의의 기본노선과 내용을 그대로 도입하였다. 출신성분에 따라 교육기회를 제한하는 신분화정책을 채택하고, 소련식의 복선제(일반교육·특수교육·성인교육 체계)를 채택하였으며, 교육영역에서 당의 통제기능의 기초를 구축했다. 이 시기 북한 교육정책의 목표는 주민들에게 생소한 공산주의이론의 기초지식을 보급하고, 일제시기 식민지교육의 잔재를 일소하며 학교교육을 통해 문맹을 퇴치하는 것이었다.

둘째, 공산주의 정립기(1953~60)는 한국전쟁의 피해를 복구하기 위해 노동교육과 기술교육, 사상교육에 전력 투구하던 시기였다. "일하면서 배우고 배우면서 일하자"는 슬로건하에서 한층 더 철저한 공산주의 사상교육과 이념강화에 박차를 가하였다. 특히 학교교육의 목표를 사회주의 경제건설로 설정하여 노동 및 생산기술 교육에 역점을 두었고, 전쟁으로 황폐해진 북한사회를 시급히 복구하기 위해 연간 의무노동시간을 책정하여 학생들에게 노력봉사를 시켰다.

셋째, 혁명전통 교양 확립기(1961~66)로서 이 시기에는 노동교육과 기술교육을 강화하는 정책을 계속 유지하면서, 각종 근로단체와 조직생활을 통하여 공산주의 가치관과 혁명전통 교양이라는 사상교육이 강조되기 시작하였다.

넷째, 주체사상 확립기(1967~80)로서 이 시기의 교육정책은 김일성의 주체사상 학습에 모든 교육활동을 집중하는 것이었다. 특히 1970년대부터는 주체사상과 유일영도체계를 전면적으로 내세우면서 교육정책의 탈소련화를 추구하였다.

다섯째, 인간개조 교육기(1981~현재)로서 이 시기는 김일성·김정일 세습 정권을 정당화하기 위한 정치사상 교육과 '우리식 사회주의'를 지향하는 북한체제에 적합한 인간으로 개조하기 위한 각종 이념교육이 강화되었다. 이러한 교육이념에 따른 교육정책을 구체적으로 제시한 지침으로 김일성이 교육문제와 관련한 연설, 교시와 명령을 정리하여 1977년 9월 5일 공포한 "사회주의교육에 관한 테제"7)가 있다. 여기에서는 "모든 학생들이 개인주의·리기주의를 없애고, 집단주의원칙에 따라 사회와 인민의 리익, 당과 혁명의 과업을 위하여 몸바쳐 투쟁하도록 교양하여야 한다"고 제시, 충직한 혁명투사로서 필요한 소양을 길러주는 데 교육목표를 두고 있음을 밝히고 있다.

최근에는 "교육법"을 채택(1999. 8)하여 그 동안의 교육에 대한 각종 교시와 지침을 종합함으로써 교육정책의 방향을 분명히 하고 있다. 동 법은 제1장 교육법의 기본, 제2장 전반적 무료의무 교육제, 제3장 교육기관과 교육일꾼, 제4장 교육내용과 방법, 제5장 교육조건 보장, 제6장 교육사업 등 6장 52조로 구성돼 있다.

북한의 교육은 이러한 이념과 목표에 따라 계급의식을 고양, 공산주의적 인간으로 육성하며, 또한 집단주의원칙에 따라 일하고 생활하며, 사회와 인민의 이익, 당과 혁명의 이익을 위하여 몸바칠 것을 교양함으로서 당과 수령의 영도 밑에 하나의 사상, 하나의 조직으로 결속하도록 하고 있다.

---

7) 동 테제는 제1장 사회주의교육의 원리, 제2장 사회주의교육의 내용, 제3장 사회주의교육의 방법, 제4장 사회주의 교육제도, 제5장 교육기관의 임무와 역할, 교육사업에 대한 지도와 방조 등 5개의 장으로 구성돼 있다.

2. 정치이데올로기의 교육원리

1) 혁명전통교양

마르크스에게 이데올로기(ideology)란 그의 사회적 개념인 상부구조와 토대의 관계에서 정치나 과학·도덕·법·철학·문학·예술 등의 비교적 관념적이고 가치관적인 상부구조의 모든 형태를 뜻한다. 따라서 사회주의국가나 사회에서 이데올로기란 유물변증법, 유물사관, 국제공산주의, 프롤레타리아계급 혁명론, 유토피아 국가관 등이 주로 다루어진다. 다시 말해 마르크스·엥겔스가 하나의 역사발전을 철칙으로 제시하고 있는 변증법적 유물사관이 중심이 된 이데올로기의 내용이다.

따라서 사회주의 교육학에서는 공산권국가들의 보편적 공통원리로 이러한 이데올로기교육에 관한 이론이 발달해 있고 학교교육 현장에서도 이데올로기 최우선의 원칙이 그대로 반영되고 있다.8) 소련에서도 일찍이 레닌이 제시한 공산주의 발전을 위한 네 가지의 원칙이 국가운영의 기본으로 돼 있고, 이것은 각 사회주의국가에 도입·적용되고 있다. 레닌의 네 가지 원칙이란 전술전략상의 원칙으로, 첫째는 사상성의 원칙이다. 그는 1902년 『무엇을 할 것인가』라는 글에서 자본주의사회 노동자계급의 혁명전략을 명쾌히 제시하고 있다. 우선 노동자들은 각자의 직장에서 모든 노동자들의 최대 관심사인 임금투쟁(경제투쟁)에서부터 출발하여 노동자간의 유대와 단결력을 배양하고, 조직력이 강화되면 다음으로는 이념투쟁(정치문제)으로 발전시켜 결국은 프롤레타리아 계급혁명으로 나아가 부르주아사회의 전복을 꾀하라고 밝히고 있다.

두번째는 조직의 원칙으로, 1904년에 쓴 『한 걸음 앞으로 두 걸음 뒤로

---

8) 김동규, 앞의 책, pp.22-24.

의 전략』9)이다.

　세번째는 전술전략에 관한 내용으로, 그가 1905년에 『민주주의혁명에 있어서 사회민주당의 두 가지 전술』이라는 책에 나와 있다. 이 글은 1905년 4월에 개최된 사회민주노동당 제3차 대회에서 당시 멘셰비키들과의 투쟁을 위하여 제시된 방침이다. 멘셰비키들과 기회주의자들의 정책을 비난하면서, 부르주아민주주의 혁명에 있어서 프롤레타리아의 헤게모니와 노농동맹 사상의 중요성이 강조돼 있고, 이것만이 사회주의혁명의 승리와 성장을 보증하는 결정적인 조건이라고 밝힌 것이다. 프롤레타리아의 헤게모니에 있어서는 프롤레타리아계급의 사회주의적 독재가 선결조건이라는 내용으로, 혁명계급의 헤게모니(주도권)가 얼마나 중요한가를 제시하고 있다. 이 책의 역사적 의의는 혁명의 성장·변화에 관하여 확실한 전망과 과학적인 전술전략에 의하여 볼셰비키당을 무장시켜 1917년의 러시아혁명을 성공시켰다는 점과 오늘날의 국제공산주의운동의 전략전술상 하나의 기본지침으로 삼고 있다는 것이다.

　네번째 원칙은 이론무장의 원리로, 1908년에 출판한 『유물론과 경험비판론』에서 설명되고 있다. 부제로 '어느 반동철학에 대한 비판적 각서'라는 이름이 붙여져 있다. 레닌의 철학서 가운데서 가장 중요한 위치에 있는 이 저서는 당시 러시아사회에 보급되어 널리 토의되고 있던 오스트리아의 경험비판론이 합법적 마르크스주의자의 변증법적 유물론과 별다른 차이가 없다고 주장하였다. 따라서 볼셰비즘과 경험비판론은 어떠한 상관성도 없다는 논리의 글이다.

　이상과 같은 마르크스·레닌의 이론과 실천에서 그들의 공산주의 이데올로기를 학교교육의 기본과제로 삼고 철저한 혁명정신을 최우선의 교육목표와 내용으로 강화하는 것이 북한교육의 기본원칙과 원리인 것이다.

---

9) '우리 당의 위기'란 부제가 딸린 책으로, 레닌의 중앙집권주의에 기초하여 조직된 부대인 '새로운 형의 당'에 관련된 이론적 근거로 쓰여졌다. 당시 멘셰비키당과 기회주의 온건파들과의 정치투쟁에서 그들의 모순을 폭로하고 비판하면서 투쟁승리의 방침을 제시하고 있다.

1960년대 이른바 김일성의 주체사상이 본격적으로 북한의 통치이데올로기로 대두되기까지는 김일성의 1930년대 항일 무장투쟁사를 기본으로 하는 혁명전통 사상이 정치이데올로기의 주류를 이루어 왔다.10) 이러한 혁명전통에 대한 개념풀이와 내용을 북한의 『백과전서』에서는 대략 다음과 같이 표기하고 있다.

"혁명전통은 로동계급의 탁월한 수령의 령도 밑에 진행되는 혁명투쟁의 불길 속에서 이루어지는 혁명적 유산으로서 당과 혁명의 력사적 뿌리이며 끝없이 귀중한 혁명적 재화이다. 로동계급의 혁명전통은 혁명을 처음으로 개척한 수령에 의하여 혁명투쟁의 폭풍우 속에서 창조되고 풍부화되며 수령의 혁명위업의 계승자에 의하여 고수되고 계승 발전된다.

우리 당과 인민의 빛나는 혁명전통은 위대한 수령 김일성동지에 의하여 항일혁명투쟁의 불길 속에서 이룩되고 해방 후 혁명과 건설의 모든 분야에 구현되는 과정을 통하여 더욱 풍부화되였으며 오늘 영광스러운 당중앙에 의하여 견결히 옹호 고수되고 계승 발전되고 있다.

우리 당과 인민의 이 빛나는 혁명전통은 위대한 수령 김일성 동지께서 혁명의 길에 나서시여 시련 많던 조선혁명을 승리에로 이끄신 그때로부터 마련되기 시작하였으며 간고한 항일혁명투쟁의 전 과정을 통하여 이룩되였다."

김일성은 "항일혁명투쟁을 통하여 수많은 공산주의적 핵심들이 자라나고 혁명대오의 사상의 지적 통일과 단결이 이루어졌으며 불멸의 혁명업적과 풍부하고 귀중한 투쟁경험이 이룩되고 혁명적 사업방법과 인민적 사업작풍이 창조되였다. 그리하여 혁명적 맑스-레닌주의 당창건을 위한 조직사상적 기초가 닦아졌으며 우리 당의 영광스러운 혁명전통이 이루어졌다"11)고 교시했다. 따라서 "위대한 수령님께서 항일혁명투쟁 시기에 이룩하신 우리 당의 빛나는 혁명전통에서 중요한 내용을 이루는 것은 주체의 사상체

---

10) 『백과전서』, 평양, 1983, pp.667-669.
11) 『김일성저작선집』, 7권, pp.259-260.

계와 공산주의적 혁명정신, 불멸의 혁명업적과 고귀한 투쟁경험, 혁명적 사업방법과 인민적 사업작풍이다. 여기에서 가장 중요한 자리를 차지하는 것은 주체의 사상체계와 공산주의적 혁명정신이다."

주체의 사상체계와 공산주의적 혁명정신은 혁명전통에서 기본을 이루고 있으며 혁명전통 전반을 관통하고 있는 사상정신적 기초로 되고 있다. 주체의 사상체계와 공산주의적 혁명정신은 또한 당원들과 근로자들, 자라나는 새 세대들에게 주체의 혁명적 세계관을 심어 주고 혁명에 대한 끝없는 충실성을 비롯하여 공산주의자들이 지녀야 할 혁명정신을 안겨 주는 사상정신적 양식으로 된다. "위대한 수령 김일성 동지께서 항일혁명투쟁 시기에 영생불멸의 주체사상과 그에 의하여 밝혀진 주체의 혁명리론과 령도방법을 창시하시여 위대한 혁명사상을 마련하시고 주체사상에 기초한 유일적인 사상체계를 세우심으로써 혁명전통에서 기본핵을 이루는 주체의 사상체계를 이룩하시였다. 또한 혁명에 대한 끝없는 충실성과 백절불굴의 혁명정신, 혁명적 동지애와 혁명적 의리, 사회주의적 애국주의와 프로레타리아 국제주의정신, 혁명적 락관주의, 계급적 혁명정신를 마련하시였다. 우리 당의 혁명전통에서 중요한 자리를 차지하는 것은 또한 고귀한 혁명업적과 풍부한 투쟁경험이다.

위대한 수령 김일성 동지께서는 항일혁명투쟁을 빛나는 승리에로 이끄시여 자주성의 기치 밑에 전진하는 민족해방혁명의 새 시대를 열어 놓으시고 우리 민족의 자주권과 나라의 독립을 실현하심으로써 인류력사와 우리 인민의 투쟁력사에 불멸의 공적을 쌓아 올리시였다. 위대한 수령님께서는 또한 당건설과 당활동, 인민정권 건설과 혁명무력 건설, 대중단체 건설과 통일전선운동, 문화건설 등 여러 분야에서 고귀한 업적과 풍부한 경험을 창조하심으로써 혁명과 건설의 전반을 힘있게 추진시킬 수 있는 튼튼한 토대를 마련하시였다."

"우리 당의 혁명전통에서 중요한 자리를 차지하는 것은 또한 혁명적 사업방법과 인민적 사업작풍이다. 위대한 수령 김일성 동지께서는 항일혁명투쟁 시기에 늘 군중 속에 들어가 실정을 이해하고 올바른 대책을 세우며 우가 아래를 도와주고 가르쳐주며 모든 사업에 정치사업을 앞세우며 격식과 틀이 없이 모든 일을 창조적으로 해나가며 모든 일을 통이 크게 벌리고 진공적으로 밀고나가며 중심고리를 찾아내고 그 해결에 힘을 집중하며 일반적 지도와 개별적 지도를 옳게 결합시키는 등 불멸의 주체사상과 혁명적 군중로선을 구현한 혁명적 사업방법, 주체의 사업방법을 창시하시였다. 위대한 수령님께서는 또한 고매한 공산주의적 덕성을 구현하시여 겸손성과 소박성, 고상한 인간성과 문화성, 이신작칙12) 중도반단함이 없어 모든 일에서 끝장을 보며 사업처리를 심사숙고하여 로숙하게 하는 등 인민적 사업작풍의 빛나는 모범을 창조하시였다."

이러한 혁명전통이 무엇이며 그것을 각급 학교나 사회단체 및 인민들에게 주입시키는 교양학습은 다음과 같이 이루어지고 있다.

북한의 모든 교육은 "혁명전통 교양—위대한 수령 김일성 동지께서 이룩하신 당의 빛나는 혁명전통으로 무장시키기 위한 사상교양"을 바탕으로 하고 있다. 이러한 사실은 김일성의 직접적인 교시에서도 강조되고 있다.

"우리는 근로자들 속에서 혁명전통 교양을 더욱 깊이 있게 하여야 하겠읍니다."13)

"위대한 수령님께서 이룩하신 우리 당의 빛나는 혁명전통은 우리 당과 혁명의 력사적 뿌리이며 주체의 혁명위업을 완성하기 위한 귀중한 밑천이다. 우리 당의 혁명전통에는 주체의 사상, 리론, 방법이 전면적으로 체현되여 있으며 우리 혁명의 고귀한 업적과 경험이 풍부히 담겨져 있다. 그러므로 당원들과 근로자들 속에서 혁명전통 교양을 강화하여야 당의 유일사상체계를 튼튼히 세우고 혁명적 세계관을 확립할 수 있다. 특히 청소년들 속에서 혁명전통 교양을 강화하여야 혁명투쟁의 시련을 겪어 보지 못한 그들을 참다운 공산주의 혁명가로 키울 수 있으며 위대한 수령님께서 개척하신

---

12) 『현대조선말사전』, 항상 군중의 앞장에 서서 자기의 실천적 모범으로 군중을 교양하고 이끄는 공산주의적 품성.
13) 『김일성저작집』, 25권, p.288

주체의 혁명위업을 대를 이어 빛나게 계승 완성하여 나갈 수 있다. 혁명전통 교양에서 중요한 것은 우선 혁명전통의 순결성을 확고히 고수해 나가도록 하는 것이다. 혁명전통의 순결성은 그 생명이다. 혁명전통의 순결성을 고수하여야 우리 당과 혁명의 주체의 혈통을 순결하게 이어나갈 수 있다. 혁명전통은 혁명투쟁의 력사적 행정에서 발전 풍부화되어 나가는 것만큼 위대한 수령님과 영광스러운 당중앙이 이룩한 고귀한 혁명업적을 대를 이어 충성으로 받들어 나가도록 혁명전통 교양을 폭넓게 진행하여야 한다."

혁명전통 교양에서 특히 강조되고 있는 점은 "당원들과 근로자들을 항일의 혁명전통으로 교양하는 것이 중요하다. 그리하여 지난날 항일혁명 대오 안에 섰던 주체의 사상체계를 전당과 온 사회에 확고히 세우며 당원들과 근로자들이 항일혁명 선열들이 발휘하였던 그 숭고한 혁명정신으로 싸워 나가며 항일의 풍부한 투쟁경험과 항일유격대식 사업방법을 철저히 체현하도록 하여 실천활동과 밀접히 결부시켜 진행하는 것이다. 또한 혁명전통 교양은 단순히 지나간 력사적 사실을 알려주는 데 있지 않으며 혁명전통에 담겨져 있는 그 숭고한 혁명사상과 투쟁정신을 따라 배우고 본받아 혁명과 건설을 성과적으로 수행하자는 데 그 목적이 있다. 그러므로 혁명전통 교양을 실천활동과 밀접히 결부하여 진행함으로써 '실천도 학습도 생활도 항일유격대식으로!'라는 당의 구호를 철저히 관철하며, 실천을 통하여 우리 당의 혁명전통을 끊임없이 빛내여 나가도록 하여야 한다. 혁명전통 교양이 심화되는 데 맞게 혁명전통 교양자료들과 혁명전통을 주제로 한 혁명영화, 혁명소설들을 더 잘 만들어 내며 그것을 실속있게 이용하는 것이 중요하다. 이와 함께 혁명사적을 통한 교양을 강화하여야 한다. 혁명사적들은 혁명투쟁 력사를 생동한 사실과 실물을 통하여 보여주기 때문에 매우 감화력이 크다. 그러므로 위대한 수령님의 영광 찬란한 혁명력사와 투쟁업적이 깃들고 그것을 거점으로 하여 근로자들과 새 세대들 속에서 혁명전통 교양을 다양한 형식과 방법으로 널리 조직 진행하여야 한다" 등이다.

2) 평등주의와 인간개조의 원리

평등개념은 역사적으로 일찍이 플라톤이나 아리스토텔레스의 철학에서도 발견되나, 근대에 이르러서는 르네상스나 종교개혁 이후에 보다 구체화된 인간론으로 등장하였다. 개신교에서 말하는 신 앞에서의 인간평등, 자연주의 사상가인 루소에 있어서의 자유와 평등이 그러한 것들이다. 또한 정치적으로 "세계인권선언"을 시발점을 해서 인간의 존엄성과 평등원칙이 강조되었으며 근대민주주의의 기본이념이 되었다.

그런데 마르크스의 평등사상은 이러한 서구 자유자본주의 관점과 달리 무조건적이고 수량적인 의미에서 인간평등론을 그의 휴머니즘과 결부시켜 사회경제적 의미에서의 평균주의로 해석하고 있다. 마르크스의 주요저서들에서 강조되고 있듯이 생산수단의 공유, 노동과 재화의 공유가 바로 공산주의로서 모든 사회는 오로지 평등원칙에서 이루어져야 한다고 보았다.

이러한 근거 때문에 사회주의국가에서는 사회경제적인 측면만의 평등주의가 더욱 발전하여 남녀간의 성별이나 선천적인 인간지능까지도 모두가 동일하다고 규정하고 있다. 각자의 기능과 능력에 따른 사회적 지위마저 부정하고 전적인 인간평등론을 강조하는 마르크스주의는 개인차이마저 무시한 채 무조건적인 평등주의를 정치·경제·문화·교육의 기본원리로 삼고 있다. 그러나 최근 들어 이러한 무조건적인 수량적 평등관은 근원적인 모순과 한계가 있음을 인정하고 조건적 평등관의 도입이 사회주의국가에서 나타나고 있다. 그렇지만 현실사회의 인간관계에서는 엄연히 개인차가 나타나고 또한 경쟁이 본능적으로 작용하고 있기 때문에 아무리 훌륭한 이데올로기교육도 본능적 욕구를 제어하는 데는 한계를 갖게 마련인 것이다.

자본주의사회의 상호경쟁 원리 대신 상호협동의 효과를 강조하는 것이 사회주의사회의 이론과 실천노력이지만 유전적이며 인간의 공통적인 욕구인 소유욕과 개인차는 어떻게 막아낼 수가 없는 것이다. 그들이 제시하는 역사발전의 최종단계인 유토피아사회가 도래하여 실제로 인류사회를 지배하는 현실로 나타나기 이전에는 인간의 강력한 소유욕과 이기적인 개인주의, 개인차에 따르는 능력주의적 불평등은 사라질 수가 없다.

그러나 이러한 불가능한 현실적인 인간상과 사회상에도 불구하고 오늘날 특히 북한의 교조주의적인 사회주의국가에서는 학교교육에서도 사회제도적 원칙에서 마르크스주의의 평등개념을 그대로 적용하는 모순을 범하고 있다. 즉 북한은 인간교육의 궁극적 목표가 타고난 능력에 따라 자아실현을 하는 데 있음에도 불구하고 인간개조의 원리로 '공산주의 인간상, 혁명적 인간상'이라는 획일적인 인간을 조형하는 것을 교양의 최상목표로 삼고 있다. 현재 구소련을 위시하여 중국과 서구의 여러 공산권국가들이 모두 마르크스주의의 비현실성과 역사성, 모순성을 자인하고 파격적인 개혁과 수정을 거듭하고 있음은 특히 경제영역의 평등주의에서 뚜렷이 나타나고 있는 실정이다.

3) 집단주의사상의 원리

인간의 본성이 집단성을 이룰 수밖에 없는 '사회적 동물'이라는 아리스토텔레스의 명제처럼, 집단주의정신은 인류의 오랜 관습인 것이다. 그러나 인류문명이 발달하고 인지가 높아지면서 이러한 집단성은 원시사회 미개인의 특성으로 규정되면서 오히려 개인주의적 독자성이 나타나게 되었다. 자아가 강조된 근대사회에서 급격히 대두된 개인주의적 자유사상은 원시적인 집단정신을 배격하기 시작했고, 현대의 실존철학에서는 집단주의와 전체주의를 비인간적이고 반도덕적인 것으로까지 매도하기에 이른다. 개인주의적 자유를 원리로 하는 자유자본주의 사회의 철학은 그 근본에서 전체주의적인 평등 또는 집단성의 원리를 부정하고 있다.

마르크스는 자본주의사회의 이러한 개인주의적 자유가 결국 과도한 상호 경쟁심을 유발하고, 따라서 비인도적인 착취형태가 발생하며, 그것은 곧 인간 본능적인 무한한 욕구로 인하여 이기주의로 발전되는 결과가 된다고 본다. 그리하여 마르크스는 비인간적인 착취(노동자들에 대한 자본가들의 착취)사회를 버리고 인간의 무한한 욕구와 욕망(사유재산)을 없애기 위해서는 재화의 국가적(공공적) 소유제도와 집단적 생산과 분배, 소비형태를 취하는 것이 가장 인간적이고 민주적인 제도라고 결론지었던 것이다. 여기서 이른바 사회주의사회의 기본이념이고 철학인 집단주의와 전체우위 사상(중국에서는 이것은 군중관점이라고 표현한다)이 대두된다.

소련에서 집단주의원리에 입각한 학교교육 이론은 크루프스카야와 마카렌코에 의해 정립되었다. 이것은 『생도의 자치와 집단생활』, "학교자치에 관하여"라는 크루프스카야의 저서와 논문에서 쉽게 발견되는 이론이다. 그녀의 1915년의 논문 "학교자치에 관하여"라는 글 중에는 "진정으로 구성된 노동학교만이 아동들에게 보다 광범한 조직화의 가능성을 제공하는바, 자유의 가능성이란 결국 자치인 것이다. 노동학교는 자치가 기본인 것이다. 자치란 성인사회의 자치에 대한 모형이나 어떠한 억압책도 아니고, 그것은 집단노동, 공동생활을 위해 조직된 자유이며 능력이다"고 하면서 자유와 자치, 그리고 집단(공동)의 개념을 연계시켜 동일시하고 있다.

『생도의 자치와 집단생활』의 제1부는 주로 자본주의사회의 부르주아적 학교 자치관을 비판하는 글로 이루어져 있는바, 당시 서구사회의 학교교육에서 널리 성행하던 아동처벌(퇴학, 체벌 등)을 신랄하게 비판하고 있다. 제2부의 내용에서는 소비에트 학교에서 노동과 종합기술 교육이 매우 중요하며 아동들에게 공동생활과 집단노동이 얼마나 중요한가도 밝히고 있다. 이러한 집단주의적 노동관과 아동생활관은, 1922년에 발표한 "제1과학교의 임무"라는 논문에서도 거듭 강조되고 있다.

특히 "학교와 피오네르(영어의 Pioneer로서 개척자라는 의미)운동" 또는 "피오네르운동의 당면과제"라는 부분에서는 "어린이는 모든 집단의 이익을 언제나 앞세우는 데 익숙하도록 교육하고 자신의 행동을 집단의 행동과 결부시켜 나가도록 해야 한다. 아동의 마음에는 일정한 집단주의적 심리가 있어서 그것이 본능적 욕구를 잘 조절하므로 무력감이나 고독감을 없애게 한다. 어린이의 집단생활이 빠르면 빠를수록 전심으로 공동사업에 투입하게 되고 이것이야말로 참다운 공산주의자가 되는 계기인 것이다"고 집단정신

의 유전적 근거를 제시하고 있다.,

한편 마카렌코는 그의 『집단주의와 교육학』이라는 역저에서 다음과 같이 적고 있다.

"어린이들에게는 군대식이 정말 멋있게 보이고 용어도 군대조직체처럼 '대장'이라고 부르게 하고 체계적인 책임분담제가 좋으며 항상 빨리 보고하게 시키며 옷도 제복을 입혀 집단체조나 규칙적인 집회가 필요하다. 그러나 아동들로 구성된 집단은 강대하지만 헤어지기 쉬운 약점도 있다. 자체 내부에 잘못이 개재되어 있다거나 지도력이 모자라 일관성이 없을 때는 조직체가 오합지졸의 군중처럼 변하고 말 것이다.…… 그래서 집단정신에는 뚜렷하고 자랑스런 전통의 주입과 엄격한 규율이 요구되는 것이다."

마카렌코는 실제로 몸소 1920년부터 거의 16년간이나 고리키(Gorky) 기념 콜로냐(Colonia: 자치구)와 제르진스키(Dzerzhinski) 기념 콤뮨(Commune: 최소단위의 행정구역)에서 10대 불량청소년들을 모아 집단노동촌을 설립하고 실험적으로 학교를 운영하였다.

그가 제시한 집단주의원리로는 ① 집단과 그 조직성, ② 집단의 일반적 운용과 그 법칙, ③ 노동의 일반적 상태와 스타일, ④ 교사집단의 중심적 역할, ⑤ 규정과 규율의 관계, ⑥ 집단의 미학, ⑦ 한 집단과 다른 집단간의 결합, ⑧ 집단의 개별적 독자성, ⑨ 집단성원에서의 세대간 계승문제 등으로 제시되어 있다.

이러한 원리에 기초한 집단주의의 효과는 "① 목표달성을 위한 성취욕구의 증진에는 집단과 집단간의 상호경쟁 부여가 효율적이다. ② 개개인의 행동은 집단의 목표에 어느 정도 연결되어 있는가에 의해 평가된다. ③ 상벌문제도 집단적인 단위로 부여되어야 한다. ④ 사회통제로서의 인정과 비판은 공개적으로 행해야 한다. ⑤ 집단의 조직과 질서강화로서 자기비판제도를 이용한다. ⑥ 집단의 원리는 조기교육일수록 효과적이다"는 것에서 잘 제시돼 있는바, 이것은 그의 저서 *The Collective Family*에서 보게 된다.

이상과 같은 구소련의 집단주의적 교육원리는 그대로 북한의 사상교육과 학교교육 방법론으로 도입되어 오늘날까지 이른바 교양원리로 채택하고 있다.

4) 주체사상의 원리

북한의 주체사상[14] 성립과정의 역사적 개관은 "김일성 동지는 1926년에 타도제국주의동맹을 맺고 혁명의 새로운 길을 개척하는 과정에 주체사상의 출발점으로 되는 두 가지 진리를 발견하고 그에 의거하여 조선혁명의 성격과 과업 및 수행방도를 독창적으로 밝혔으며 새 세대의 참다운 공산주의 혁명가들을 키우고 광범한 대중을 혁명조직들에 묶어세웠다. 김일성 동지는 이에 기초하여 1930년대 6월 카륜회의에서 한 력사적인 보고 '조선혁명의 진로'에서 주체사상의 원리를 천명하고 조선혁명의 주체적인 로선을 밝혔다"는 글에서 요약된 과정을 보게 된다. 그런데 1912년생인 김일성은 그의 아버지 김형직이 별세했던 1926년에는 14세의 나이에 불과하다. 이러한 청소년의 나이에 무슨 투쟁조직을 주관할 수 있었는지, 극히 황당한 주장이다.

"수령님께서는 고루한 민족주의자들과 행세식 맑스주의자들, 사대주의자들과 교조주의자들을 반대하고 혁명의 새로운 길을 개척하는 투쟁과정에서 주체사상의 진리를 발견하셨으며 마침내 1930년 6월 카륜에서 진행된 공청 및 반제청년동맹 지도간부회의에서 주체사상의 원리를 천명하시고 조선혁명의 주체적인 로선을 밝히셨던 것입니다. 이것은 주체사상의 창시와 주체의 혁명로선의 탄생을 선포한 력사적 사변이었습니다"라는 분명한 문장이 김정일의 "주체사상에 대하여"라는 1982년 논문에서 발견된다.

이러한 주체사상은 김일성이 일찍이 마르크스·레닌주의에 통달해 있었으나 마르크스·레닌주의로는 조선혁명의 실천에 적용하는 데 한계가 있음을 알고 새로운 독창적이고 유일한 혁명이론을 만들었다는 주장이다. 그

---

14) 북한은 영어로 'Ju-Che'라고 고유명사화시키고 있으나, Subjectivity 또는 National Identity의 뜻이다. Self-Determination으로 보는 학자(조명훈: 서독)도 있다.

래서 당의 유일사상, 김일성의 주체사상이라고 불렀다. 주체사상에 대한 이와 같은 북한의 역사적 설명과 성립근거와는 달리 실제에 있어서는 전혀 다른 비판적인 관점도 있다. 이와 같은 견해에서 주체사상을 재음미한다면 주체철학의 성립근거나 발전과정에 커다란 허위가 내포돼 있다고 하겠다. 그러면 이른바 주체철학이란 어떤 뜻으로 이해되고 요약돼 있는가.

"주체사상은 사람이 모든 것의 주인이며 모든 것을 결정한다는 진리를 밝혀 주고, 모든 것을 사람을 중심으로 생각하고 사람을 위하여 복무하게 하는 사람중심의 세계관을 밝힘으로써 근로인민대중의 자주성을 실현하기 위한 길을 밝힌 위대한 혁명학설이다"15)로 되어 있다.

이러한 주체사상은 자연과 사회를 자기의 의사와 요구에 따라 변화·개조시켜 나가는 창조성과 어떠한 구속이나 예속에서도 벗어나 자기의 운명을 스스로 개척해 나간다는 자주성, 세계와 자신에 대한 인식능력, 즉 여타 동물과는 다른 자주성과 창조성에 관한 인식능력인 의식성이 주체사상의 속성과 특성으로 규정돼 있다.

주체철학이 내세우는 인간론, 다시 말해 인간중심 사상이나 인간본위의 세계관은 철학사적으로 볼 때 이미 고대 그리스의 철학자 프로타고라스의 '인간은 만물의 척도'라는 명제에서부터 시작하여 근대사에서의 종교개혁과 프랑스혁명 등 일련의 계몽사조에서도 발견되는 것이며, 현대사에서 대두된 실존주의사상과 실용주의의 진리관에서도 인본주의적 형태로 나타났던 것이다. 이와 같이 주체사상에서 주장하는 인간론은 이러한 철학사적인 뿌리에서 이미 규정되고 있음에도 불구하고, "주체사상은 김일성 동지가 창시하고 전일적인 사상리론체계로 완성하였으며 김정일 동지가 전면적으로 심화 발전시키고 있는 우리 시대의 가장 과학적인 혁명사상이다"16)고 밝히고 있다. 다시 말해 인본주의적 인간관과 세계관인 주체철학과 사상은 김일성에 의해 처음으로 발견된 진리이며 유일한 사상이라고 역설하고 있

---

15) 사회과학출판사 편, 『주체사상의 철학적 원리』, 평양, 1985(백산서당, 1989), p.15.
16) 『주체사상의 철학적 원리』, 위의 책, p.15.

다. 그러나 그의 인간관과 세계관은 이미 서양철학사에서는 고대부터 정립된 하나의 낡은 이론에 불과하며, 다만 새로운 것이 있다면 그것을 그의 공산주의 혁명이론과 결부시킨 일종의 김일성주의라고 할 수 있을 뿐이다.

주체사상은 철학이나 이념적 영역에만 그치지 않고 북한의 모든 문화와 역사, 자연과학 등 전반에 걸쳐 새로운 용어와 개념을 만들어 내고 있다. 주체철학, 주체사상, 주체예술, 주체교육, 주체농업, 주체체육 등 정말로 주체할 수 없을 만큼 많은 만사형통의 '주체약'이 오늘날 북한 전역에 퍼져 있다. 교육이란 원래 '인간행동의 계획적인 변화'[17])라고 정의하는 서구의 행동주의적이고 조작주의적인 해석이 있는데, 오늘날 북한의 학교교육만큼 이러한 행동주의와 조작주의적 교육관에 철저한 이론과 실천은 없다고 하겠다.

1985년 조선로동당 창건 40주년 기념으로 평양의 사회과학출판사가 펴낸 『인간개조 리론』이라는 저서의 서문에는 다음과 같은 글이 있다. "인간개조 리론은 주체의 혁명리론의 중요 구성부분의 하나이다. 인간개조 문제는 자주성을 위한 혁명투쟁, 사회주의, 공산주의건설에서 리론실천적으로 매우 중대한 의의를 가지는 문제이다. 사람들의 자주성이 완전히 실현되는 사회, 사회주의 공산주의사회를 실현하려면 자연과 사회를 개조하여 모든 사람들을 전면적으로 발전된 공산주의적 인간으로 만들어야 한다."

다시 말해 인간개조란 평범하고 개성적인 개개인을 모두 공산주의적 인간으로 규격화·획일화시키는 것으로, 공산주의적 인간은 결국 계급혁명의식에 투철하고 집단주의적으로 사고하고 행동하는 인간을 뜻한다고 하겠다. 즉 다양한 인간성보다는 단일한 인격, 개성보다는 전체, 화합과 사랑보다는 투쟁과 증오(계급의 적)를 교육의 목표와 내용으로 삼아야 한다는 관점이다. 이러한 인간개조론을 김일성과 김정일의 사상이론에 근거한 업적으로 내세우고 있는데, 이는 "온갖 구속과 예속에서 벗어나게 하는 것"이며, "낡은 사상과 문화의 구속에서 벗어나는 유일한 길"이라고 규정하고

---

17) 정범모, 『교육과 교육학』, 배영사, 1969, p.18.

있다. 온갖 구속과 예속이란 자본주의 지배계급으로부터의 해방이고, 낡은 사상이란 자본주의사회의 봉건적인 가치와 제도를 뜻한다고 설명한다.

한편 "주체의 인간개조 리론은 온 사회의 혁명화, 로동계급화를 사회주의, 공산주의건설의 합법칙적 요구로, 인간개조의 중심과업으로 제기하고 원칙과 방도를 전면적으로 밝혀 준다"고 함으로써 개개인의 개성말살은 물론이고 계급적·계층적 일원화와 단일화도 꾀하는 전체주의적 사고와 교육관을 보여준다. 결론적으로 말해 "인간개조는 본질에 있어 사상개조"라고 못박고 있듯이 북한 교육론의 단면을 여실히 보여주는 하나의 이론이다."18)

『인간개조 리론』에서 목표와 교육방법, 교육내용이 어떠한가는 그 저서의 차례를 개괄해 보면 명백해질 것이다. 교육목표에 있어서는 "로동계급의 혁명화와 농민의 혁명화, 인테리의 혁명화, 청소년들의 혁명적 교양"이며, 교육내용은 "주체사상의 교양과 당정책의 교양, 혁명전통 교양, 공산주의 교양"이고, 교육방법으로는 "해설과 설복, 긍정적 모범에 의한 감화 사상전" 등으로 제시돼 있다.

3. 교육과정과 주요 교육내용

북한의 교육정책 수립과 총괄적 지도·통제는 로동당 중앙위원회의 과학교육부에서 하고 정책집행과 교육행정의 총괄은 내각 산하의 교육성에서 하도록 분담하고 있다. 교육성 밑에는 고등교육부와 보통교육부를 두고 있으며 각급 학교에 대한 총괄지도는 시·도(직할시)인민위원회 교육국이 관장하고 있다.

---

18) 『인간개조 리론』은 강운빈의 저작으로 돼 있으나, 북한의 모든 인문사회과학 분야의 글들이 그렇듯이 저자의 개인적 이론전개는 전혀 없고 다만 김일성 또는 김정일의 교시를 주문으로 인용하고 저자는 풀이하는 형식일 뿐이다. 따라서 북한의 교육학자는 오로지 김일성과 김정일 두 사람뿐이다.

학제는 4-6-4(7)제로서 인민학교 4년, 고등중학교 6년, 대학은 4~7년으로 돼 있으며, 11년제 의무교육은 유치원 높은 반 1년부터 인민학교 4년, 고등중학교 6년까지로 돼 있다.

1) 의무교육과 고등교육

북한에서 의무교육은 "사회의 모든 성원들을 공산주의적 인간으로 키우기 위한 전민교육"이라고 규정하고 있다.19) 북한에서 말하는 의무교육의 취지는 '주체형의 공산주의적 인간'을 양성하기 위하여 조기에 사회주의 정치사상 교육을 강화한다는 측면과 함께 학생들의 노동력을 최대한으로 활용하는 데 두고 있다.

북한의 의무교육은 최고인민회의 제1기 4차회의(1949. 9. 8)에서 1950년 7월 1일부터 전반적 초등 의무교육제를 실시키로 하였으나 6·25전쟁으로 실시되지 못하고 1956년부터 단계적으로 실시되었다. 즉 1956년부터 초등 의무교육제(4년제 인민학교)가 실시되고 1958년부터 3년제 중등교육까지 의무교육이 확대되었다.

1967년에는 9년제 기술 의무교육이 전반적으로 실시되었는데 이는 4년제 인민학교와 5년제 중학교를 의무제로 한 것으로, 중학교 5년 과정은 처음 3년간은 일반적인 중학교육을, 그후의 2년간은 한 가지 이상의 기술을 습득시키는 기술교육으로 돼 있다. 1970년 11월 제5차 당대회에서는 의무교육 연한을 1년간 연장해 10년제 의무교육으로 할 것을 결정하였으며, 이 결정에 따라 1972년 당 제5기 4차 전원회의에서 '10년제 고등중 의무교육과 1년간 학교전 의무교육'을 동년 9월부터 단계적으로 실시할 것을 결의하였다. 1975년 9월부터는 이를 '전반적 11년제 의무교육'이라 하여 의무교육을 시작하는 연령이 유치원 높은 반, 즉 취학 전 나이인 만 5세로 1년이 낮아졌다. 북한은 '전반적 11년제 의무교육'은 이 기간 동안 중등 일반지식

---

19) 김일성의 "사회주의교육에 관한 테제" 참조

교육과 기초기술교육을 결합시켜 모든 학생들이 한 가지 이상의 기술을 습득하게 하는 것을 목표로 한 것이라고 주장하고 있다.

북한에서 고등교육기관은 1946년 조직된 북조선 임시인민위원회가 동년 9월 1일 '김일성종합대학'을 평양에 건립할 것을 결정함으로써 시작되었다. 1948년 7월 7일에는 북조선인민위원회 제157호 결정에 의해 고등교육 확장 시책이 발표되었다. 휴전 후 '3개년 복구건설기'(1954~56)에는 정치·경제분야 대학들이 신설되었으며 1957년부터 시작된 '5개년계획' 기간에는 전반적 중등 의무교육 실시와 관련해서 중등교원의 대량양성을 위한 교원대학과 사범대학 확장에 주력하였다. 1960년 8월에는 로동당 확대전원회의를 개최, 6개년계획 수행에 필요한 기술자 확보를 위해 '일하면서 배우는' 공장대학·야간대학 설립을 결정하였으며 7개년 인민경제계획(1961~70) 기간 동안 공장대학이 증설되었다.

현재 북한의 고등교육기관으로는 '김일성종합대학', '김책공업종합대학', '고려성균관' 등 3개의 종합대학을 위시하여 280여 개의 대학이 있는데, 각 도에 공업대학, 농업대학, 의학대학, 사범대학, 교원대학, 공산대학 등이 있으며, 주요 공장과 기업소 및 산업지구에는 공장대학이, 대규모 협동농장과 수산사업소에는 농장대학, 수산대학 등이 부설돼 있다. 이외에 체육 및 예술 전문학교와 기술계 전문학교가 있다. 이어 2차 7개년경제계획(1978~84) 기간에는 부족한 각급 학교건설을 당면과업으로 설정하고 소규모의 공장대학·통신대학·전문학교 등의 증설에 주력하였다.

2) 인민학교와 고등중학교 교육과정

북한의 모든 교과과정은 정치사상교육과 기술교육 양대 과목을 위주로 편성돼 있다. 인민학교는 4년 동안 '위대한 수령 김일성 대원수님 어린 시절', '경애하는 령도자 김정일 장군님 어린 시절'을 위시하여 '공산주의 도덕', '국어', '수학' 등 총 12개 과목에 대해 교육을 실시하고 있다. 고등중학교는 6년 동안 '위대한 수령 김일성 대원수님 혁명활동', '경애하는 령도자 김정일 장군님 혁명활동', '현행 당정책', '수학' 등 총 23개 과목에 대해 교육을 실시한다. 이 밖에 일과 후에는 하루 1~2시간씩 체육 등 특기교육을 실시하고 있다. 또한 고등중학생들은 견학명목으로 공장, 기업소, 협동농장 등에 파견되어 1주일간 노동을 해야 하며 방학기간에는 김일성·김정일의 혁명전적지·사적지 등을 답사하고 있다.

교 육 체 계

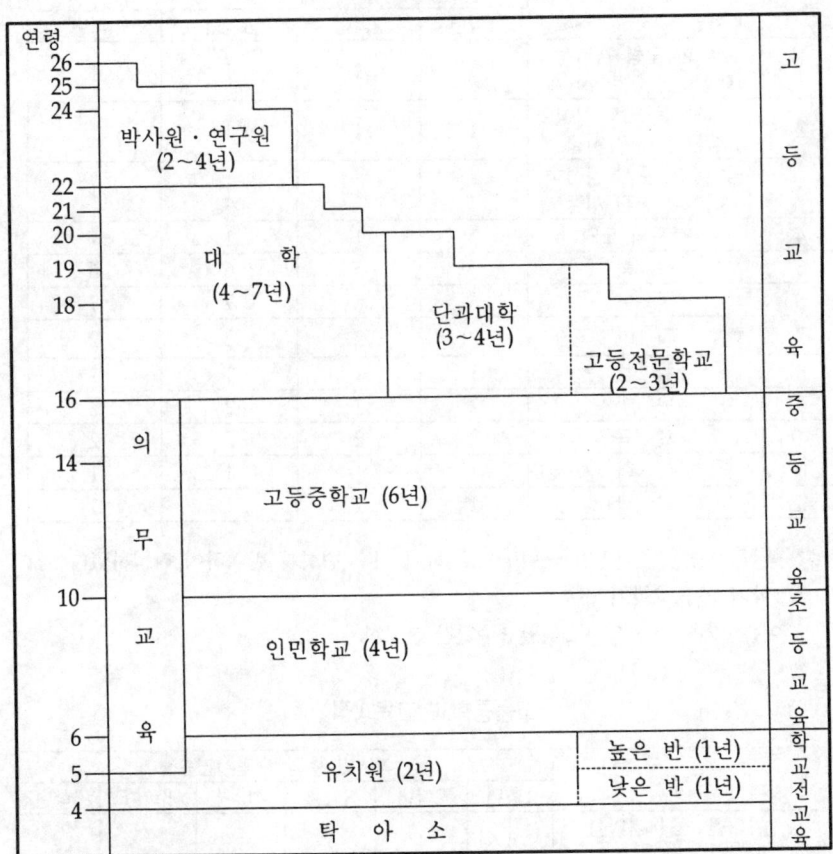

* 출처: 『조선개요』.

대학은 전공분야와 상관없이 공통과목으로 '주체철학', '혁명력사', '주체정치경제학' 등을 이수해야 하고 전공에 따라 20~30개 과목을 이수하도록 돼 있으며, 특히 영어, 노어를 비롯한 외국어를 1개 이상 수료토록 하는 등 외국어교육에 치중하고 있다.

인민학교 교육과정

번호	구 분 과목명	학년 학기별 수업주수 및 주당 수업시간수			
		1학년	2학년	3학년	4학년
1	위대한 수령 김일성대원수님 어린 시절	1	1	1	1
2	경애하는 령도자 김정일장군님 어린 시절	1	1	1	1
3	공산주의 투사 김정숙어머니 어린 시절	1	1	1	1
4	공산주의 도덕	1	1	1	1
5	수 학	5	5	6	6
6	국 어	8	8	7	7
7	자 연	2	2	2	2
8	위 생	1	1	1	1
9	음 악	2	2	2	2
10	체 육	2	2	2	2
11	도 화	1	1	1	1
12	공 작	1	1	1	1

* 북한 교육성의 과정안을 바탕으로 하여 이후 변화를 반영하여 작성하였다.
* 1학기 16주, 2학기 18주.
* 여름·겨울방학 외에 3월말 1주일간 봄방학.

고등중학교 교육과정

번호	구 분 과목명	학년별 주당 수업시간수					
		1학년	2학년	3학년	4학년	5학년	6학년
1	위대한 수령 김일성대원수님 혁명활동	1	1	1			
2	위대한 수령 김일성 동지 혁명력사				2	2	2

번호	구분 과목명	학년별 주당 수업시간수					
		1학년	2학년	3학년	4학년	5학년	6학년
3	경애하는 령도자 김정일 장군님 혁명활동	1	1	1			
4	경애하는 령도자 김정일 동지 혁명력사				2	2	2
5	공산주의 혁명투사 김정숙 어머니 혁명력사				1		
6	공산주의 도덕	1	1	1	1	1	1
7	현행 당정책				1주	1주	1주
8	국어	5	5	4			
9	문학				4	3	2
10	한문	2	2	1	1	1	1
11	외국어	4	3	3	3	3	3
12	력사	1	1	2	2	2	2
13	지리	2	2	2	2	2	
14	수학	7	7	6	6	6	6
15	물리		2	3	4	4	4
16	화학			2	3	3	4
17	생물		2	2	2	3	3
18	체육	2	2	2	1	1	1
19	음악	1	1	1	1		
20	미술	1	1				
21	제도					1	1
22	컴퓨터				2	2	2
23	실습(남·여)	1주	1주	1주	1주	1주	1주

* 북한 교육성의 1996년 과정안을 바탕으로 하여 이후 변화를 반영해 작성했다.
* 1~3학년은 연간 50주, 4~6학년은 연간 40주.

3) 교사론과 교원양성 제도

북한의 학교교육에서는 교사역할의 중요성과 혁명적 임무의 중대성이 거듭 강조되고 있다. 실제로 "인민교원들은 당과 정부의 깊은 배려에 보답하며 당의 붉은 교육전사자로서 영예스럽고 고상한 임무와 역할을 다하기 위하여서는 자기의 정치사상적 및 리론실무적 자질을 향상시켜야 한다. 인민학교 교원들은 특히 자기가 담임한 학급의 학생들에 대하여 거의 혼자서 영향을 주고 있다. 그러므로 그들은 젊은 세대들이 지적, 도덕적, 기본생산 기술적, 미적 및 육체적 등등 전면적으로 발전된 사회주의·공산주의 건설자로 교양할 수 있도록 충분히 준비되여야 한다."[20] 그리고 교원 자신이 갖춰야 할 기본조건으로는 공산주의적 정치사상성과 교육적 지향성이라고 규정하고 있다. 여기서 공산주의적 정치사상성이란 교원에게 가장 중요한 품성이 공산주의자의 붉은 혁명사상이며 당성이라는 것을 의미한다.

김일성은 학교 교육사업의 성과 여하가 전적으로 교원들의 정치사상성에 의존한다는 데 대하여 "교원들의 당성을 단련시키고 당 사상사업을 교원대열 내에서 일층 강화하여야 함을" 교원 열성대회 때마다 교시했다. 즉 교원들이 당의 붉은 사상으로 무장된 인간정신의 전사로 되기 위하여 특히 중요한 것은 당적 사상체계를 확립하는 것이다. 교원들이 당적 사상체계를 확립한다는 것은 "조선혁명을 맑스·레닌주의의 길로 확고하게 인도하는 조선로동당의 령도이며 당적 사상체계를 확립함으로써 전체 교원들이 김일성 원수를 수반으로 하는 당중앙위원회와 한마음, 한뜻으로 사고하며 말하고 행동하여야 한다"는 것을 말한다. 교원들이 당과 국가와 혁명에 무한히 충실하기 위해서는 무엇보다도 먼저 김일성 지도하의 항일무장투쟁 시기에 이룩된 영광스러운 혁명전통을 심오하게 연구·계승해야 한다. 북한 인민교원의 교육적 지향성은 교육사업의 아동들에 대한 육친적 사랑, 교육적 낙관주의에서 표현된다. 교원은 자기 직업을 열렬히 사랑하며, 교원의 고상한 직업에 영예감과 긍지감을 가지며 일생 변함없이 혁명사업의 일환인 후대 교양사업에 헌신하며, 그 어떠한 경우에도 교육사업에서 동요하지 않는 확고부동한 신념에서 표현된다.

교원양성 제도는 정규과정과 비정규과정으로 나눌 수 있는데, 정규과정은 교원대학이나 사범대학을 나와 교원이 되는 과정이며, 비정규과정은 통신대학, 교원·사범대학의 야간학부 등을 졸업한 후 '교원자격 검정시험'을

---

20) 『교육학』, 사범전문학교용 교원의 자질론, 평양, 1960.

통해 교원이 되는 과정으로 돼 있다. 그리고 1990년대부터는 사회경력자 중 6개월~1년의 단기과정 교원양성소를 거쳐 교원이 될 수도 있다.

교원대학과 사범대학의 실태를 보면 교원대학은 3년제로 유치원 교양원과 인민학교 교원을 양성하며, 각 도·직할시에 1개씩 총 13개가 있다. 사범대학은 4년제로 고등중학교 교원을 양성하며, 각 지역에 19개가 분포돼 있다. 교원대학과 사범대학의 교원(교수)은 6년제인 김형직사범대학에서만 양성해 왔으나, 1994년부터는 각 사범대학에 교육기간 3년인 박사원을 설치하고 있다. 또한 탁아소에 종사하는 보육원을 양성하는 기관인 '보육원양성소'는 고등중학교 졸업자로서 주로 사회경력이 있는 부녀자들을 대상으로 선발하며, 교육기간은 1년으로 북한에 총 20개가 있다.

한편 북한은 교원들의 자질을 높이기 위하여 모든 교원들을 대상으로 재교육을 실시하고 있다. 재교육은 각 도·시·군 단위에 설치되어 있는 '재교육 강습소'에서 실시하며, 재교육기간은 1개월, 3개월, 6개월 단위로 나누어져 있다. 그리고 매년 여름방학이나 겨울방학에 '재교육 강습소'에서 '자질향상 시험'을 통해 교원들의 정치사상 수준을 평가하고 있으며, 이를 활용하여 스스로 자질향상의 계기가 되도록 하고 있다. 북한에서 교육의 중요성을 논할 때 교원의 자질과 양성문제 외에 특수교육을 빼놓을 수 없다. 북한의 특수교육 기관으로는 과학영재 교육을 위한 '제1고등중학교', 혁명유가족 및 특권층 자제 교육을 위한 '만경대혁명학원', '강반석혁명학원', '해주혁명학원', 무용·음악·조형예술·교예 등의 각급 예·체능전문학교, 외국어 중점교육을 위한 '평양외국어학원' 등이 있다.

'제1고등중학교'는 정규 고등중학교 과정으로서 1984년 9월 평양 제1고등중학교 설립을 시발로 하여 전국에 20개가 설립되었고, 1999년에 시·군에까지 확대 신설하여 현재 200여 개가 있는데 주로 과학·수학·물리분야의 과학영재 양성을 위한 교육이 중점 실시되고 있다.

'만경대혁명학원'은 11년제로서 1947년 10월 12일 인민무력부 산하 교육기관으로 설립되었으며, 입학자격은 혁명유가족 및 당·정 고위간부 자녀들로서 입학과 동시에 기숙사에 집단 수용되어 군사적 체제하에서 교육을 받는다.
 '평양외국어학원'은 6년제 고등중학교 과정으로 노어, 중국어, 일어, 영어 등 8개 외국어를 중점 교육시키고 있다. 기타 각 시·도에 설치돼 있는 외국어학원은 10년제로 운영되고 있다.

제7장 사회문화와 문예정책

1. 사회정책과 구조

1) 공산주의 사회정책

　북한의 사회정책 기조는 '온 사회의 주체사상화와 공산주의사회 건설'이라는 당이 추구하는 당면목적을 충실히 성취시키는 데 두고 있다. 즉 로동당 규약 전문에 "조선로동당의 당면목적은 공화국 북반부에서 사회주의의 완전한 승리를 이룩하여 전국적 범위에서 민족해방과 인민민주주의의 혁명과업을 완수하는 데 있으며 최종목적은 온 사회의 주체사상화와 공산주의사회를 건설하는 데 있다"고 명시하고 있는 것처럼 사회정책도 이 목적 달성을 위해 추진되고 있는 것이다.
　이러한 사회정책의 기본은 계급정책으로, 북한사회의 계급적 성격은 로동당 규약과 헌법에 제시돼 있다. 당규약 전문은 "조선로동당은 온 사회의 혁명화, 로동계급화, 인테리화를 촉진하고"라고 명시하고 있으며, 헌법 제8조에는 "국가는 국가와 사회의 주인으로 된 로동자, 농민, 근로인테리와 모든 근로인민의 리익을 옹호하며 보장한다"고 밝히고 있다. 즉 북한은 사회주의국가로서 기본계급을 노동자, 농민, 근로인텔리 및 모든 근로인민으로 분류하고, 표면적으로는 이들이 주권을 행사하는 주체임을 밝히고 있다. 또한 계급노선을 견지함으로써 프롤레타리아독재 사회를 지향하고 있다.[1]
　다시 말해 북한은 프롤레타리아계급이 중심이 된 자주적이고 창조적인

---

1) 사회주의헌법 제12조

사회주의사회 건설을 당면목표로 삼고 최종적으로는 온 사회의 주체사상화와 공산주의사회 건설을 국가목표로 삼고 있으며, 사회정책은 이러한 목표를 달성하기 위한 수단적 의미를 갖는다. 이러한 목표달성을 위한 수단으로서 공산주의 사회정책이란 "온 사회를 정치적으로 단합된 하나의 집단으로 만드는 것"이며, 이를 위해 강력한 프롤레타리아독재를 실시하고 계급이 생성될 수 있는 물질적 토대를 없애는 계급투쟁을 계속 전개할 것이 요구된다. 이에 따른 구체적 수단으로 주민들에 대한 사상교양 사업과 함께 소위 '반당·반혁명분자'에 대한 색출과 감시를 강화하여 전 주민을 '공산주의적 인간'으로 개조해 가는 과정을 추진해 왔다. 그리고 한편으로는 전 주민에 대한 성분조사 사업과 계층구분 사업, 로동당의 조직적 지도사업과 감시계통의 조직화를 통해 '온 사회의 주체사상화'에 모든 주민들의 노력을 최대한 이용하는 전사회적 동원체제를 갖추고 있는 것이다.

　북한은 이러한 '온 사회를 정치적으로 단합된 하나의 집단'으로 만들기 위해 분단 이후 수차에 걸친 성분조사 사업을 실시하여 주민들을 사회자원 배분과정에서 발생되는 자연스러운 것이 아니라 성분별로 계층을 구분하고 그에 따라 사회적 직종과 직위를 맡기고 있다. 북한사회의 계층구조는 정치적이고 인위적인 계급정책에 의한 의도적 산물로 나타난 것이다. 즉 북한사회는 사회주의체제에서 표방하는 평등사회가 아니라 오히려 자본주의국가보다 더 크게 계층간에 불평등한 사회구조로 돼 있다.

2) 성분조사 사업

　북한은 헌법 제65조에 "공민은 국가생활의 모든 분야에서 누구나 다 같은 권리를 가진다"고 규정하고 있어 외형상 모든 주민의 평등한 권리향유를 인정하고 있다. 북한은 여기에서 말하는 평등이 헌법상 규정된 권리의 실현에 있어서의 평등을 의미한다고 주장한다. 그러나 북한은 해방 이후 여러 차례에 걸쳐 성분조사 사업을 실시하여 주민들을 출신성분과 사회성분별로 엄격히 구분하고 있다. 1958년 8월 사회주의적 제도개혁을 완비하고 사회주의건설을 위한 '전주민의 로동자화'를 목표로 그 해 12월부터 전체주민을 출신성분별로 구분하는 작업을 추진했다. 이는 전주민에 대해 가족의 계급적 배경과 사회적 활동 등을 기준으로 정치성향을 파악하고 소집단으로 분류함으로써 주민들을 효과적으로 관리·통제하기 위해 북한이 시도한 사회주의적 계급정책이었다.

출신성분 구분작업으로는 1958년 12월~1960년 1월에 실시한 '중앙당 집중지도 사업', 1966년 4월~1967년 3월에 실시한 '주민 재등록사업', 1967년~1970년 6월에 걸쳐 조사한 '3계층 51개 부류 구분사업', 그리고 '외국귀화인 및 월북자에 대한 요해사업'(1980. 4~1980. 10), '북송교포에 대한 요해사업'(1981. 1~4) 등이 단계적으로 추진되었다. 특히 1980년에 김정일의 지시로 실시된 '외국귀화인 및 월북자에 대한 요해사업'에서는 13개의 부류가 새롭게 추가되었다.

그러나 주민성분 조사사업을 단계적으로 실시하면서 폐지 또는 추가되는 부류가 많았기 때문에 현재 북한주민의 성분분류 세목을 정확히 파악하는 일은 쉽지 않다. 예컨대 동요계층과 적대계층의 일부로 분류되었던 민족자본가나 지주 등은 현재 폐지된 것으로 보이며, 시기별로 새로운 사회집단이 계속 추가되고 있는 것으로 보인다. 김정일은 통치자로서 모습을 드러낸 1980년대 중반에 성분 완화정책을 시달하고 당시의 시점에서 불필요하게 남아 있는 부류를 폐지 내지 통합한 것으로 보인다.

북한당국은 이러한 성분정책을 대외적으로 공식 인정하지 않고 있는데, 이는 1980년대 중반 이후 김정일의 성분정책 완화지침에 따른 공식입장을 반영한 것이다. 그러나 여전히 많은 주민들은 성분정책으로 정치적·사회적 권리를 박탈당하고 정신적 고통을 겪고 있다. 북한이 1987년에 제작·상영한 영화 '보증'은 실제로 북한에서 차별적인 성분정책이 실시되고 있음을 극명하게 보여준다. 물론 이 영화는 김정일의 성분완화 정책을 홍보하기 위해 제작되었기 때문에 차별적 성분정책을 시정해야 한다는 내용으로 돼 있으나, 남한에 가족을 둔 한 노동자가 성분문제로 각종 불이익을 겪으면서 사회적·심리적 고통을 당하는 현장이 생생하게 소개되고 있다.

주민성분 조사사업

구 분	시 기	내 용
중앙당 집중지도사업	'58. 12~'60. 12	· 불순분자 색출처단 및 산간벽지 강제이주
주민 재등록사업	'66. 4~'67. 3	· 100만 적위대의 사상결속을 위한 주민성분 분류(직계 3대 · 처가 · 외가 6촌까지 내사)
3계층 51개 부류 구분사업	'67. 4~'70. 6	· 주민 재등록사업 결과를 토대로 전주민을 핵심계층, 동요계층, 적대계층으로 구분, 이를 다시 세분하여 51개 부류로 구분
주민요해사업	'72. 2~'74	· 남북대화 관련, 주민동태 조사 · 파악, 전주민을 믿을 수 있는 자, 반신반의자, 변절자로 구분
주민증 검열사업	'80. 1~'80. 12	· 김정일 지시로 공민증 대조 · 갱신으로 불순분자 색출과 통제기능 강화
외국귀화인 및 월북자 등에 대한 요해사업	'80. 4~'80. 10	· 월북자 등 외부에서 입북한 자들을 13계층으로 구분, 감시자료를 체계화
북송재일교포 요해사업	'81. 1~'81. 4	· 북송교포들에 대한 자료를 세분하여 동향 감시자료를 과학화
주민증 갱신사업	'83. 11~'84. 3	· 공민증 갱신 및 주민문건 정비

북한당국은 성분분류 작업을 통해 북한체제에 반대하는 정치세력을 사전에 색출하여 이들의 반당적 · 반혁명적 행위를 진압하고 반동계급에 대한 감시체계를 강화하고 있다. 출신성분에 따라 구분된 소집단은 의식주 배급에서부터 사회적 이동 및 법집행, 여행허가증 취득 등 사회생활의 모든 영역에서 차별대우를 받는다.

북한의 전 주민은 핵심계층(핵심군중), 동요계층(기본군중), 적대계층(복잡군중)의 3계층으로 분류된다. 핵심계층은 북한체제를 이끌어 가는 통치계급으로 전 주민의 약 30%를 차지한다. 여기에는 김일성 · 김정일과 그의 가족 및 친척들과 약 20만 명(인구의 1%)으로 추산되는 고급간부들, 그리고 나머지 28~29%의 중하급 간부들이 포함된다. 이들은 대부분 항일혁명 투사와

성분 분류 및 대우

계 층	부 류	대 우
핵심계층	노동자, 고농(머슴), 빈농, 사무원, 로동당원, 혁명유가족, 애국열사유가족, 8·15 이후 양성된 인텔리, 6·25피살자 가족, 전사자 가족, 후방가족, 영예군인 등	· 당·정·군간부 등용 · 타계층과 분리 특혜조치(진학, 승진, 배급, 거주, 진료 등에서 특혜조치)
동요계층	소·중상인, 수공업인, 소공장주, 하층 접객업자, 중산층 접객업자, 월남자 가족(제2·3부류), 중농, 민족자본가, 중국 귀환민, 일본 귀환민, 8·15 이전 양성된 인텔리, 안일·부화·방탕한 자, 접대부 및 미신 숭배자, 유학자 및 지방유지, 경제사범 등	· 각종 하급간부 및 기술자 진출 · 극소수 핵심계층으로 승격

적대계층	8·15 이후 전락노동자, 부농, 지주, 친일·친미주의자, 반동관료배, 천도교 청우당원, 입북자, 기독교신자, 불교신자, 천주교신자, 출당자(철직자), 적기관 복무자, 체포·투옥자 가족, 간첩 관계자, 반당·반혁명 종파분자, 처단자 가족, 출소자, 정치범, 민주당원, 자본가, 월남자 가족(제1부류) 등	· 유해, 중노동에 종사
		· 입학, 진학, 입당 봉쇄·탄압
		· 제재·감시·포섭대상으로 분류
		  - 제재: 강제이주
		           격리수용
		  - 감시: 지정하여 항시
		           동태감시
		  - 포섭: 집중적 교양
		· 극소수 기본계층으로 재분류(자녀)

* 주: 1970년 당시 북한의 주민 재등록사업 결과를 토대로 분류하였다.

그 가족, 한국전쟁시 피살자와 전사자 및 유가족들이다. 북한은 핵심계층 자녀들을 위해 각종 특수학교와 만경대혁명유자녀학원, 강반석혁명유자녀학원 등을 설립·운영하고 있다. 고급간부들은 호화주택에 살면서 자녀들을 특수학교에 보내고 최신 유행품 등을 소유할 수 있다. 개인전화도 소유하고 있고, 외국 출판물도 구독하며, 외국방송을 청취할 수 있는 라디오를 가지고 있다. 이들은 대부분 평양을 비롯한 대도시에서 살면서 당·정·군 간부등용에서 우선적인 특혜를 받고 있고, 진학, 승진, 배급, 거주, 의료 등 각종 분야에서 특혜를 누리며 봉건적 세습 신분집단을 형성하고 있다.

북한이 이와 같이 사회계층간에 불평등구조를 만들어 놓고 있는 것은 반당·반혁명적 색채를 가진 인사를 근본적으로 제거하고 김정일체제에 반감을 가질 소지가 있는 사람을 원천적으로 격리시키려는 데 있다. 이러한 인위적인 계층구조가 설정됨에 따라 주민들은 성분분류에 의해 의식주생활은 물론 진학, 직장선택 등에서 차별대우를 받으며 자기가 속한 계층에 대한 순종과 아울러 상위계층으로의 이동을 위해 당과 수령에 대한 끊임없는 충성심을 강요당하고 있다.

2. 사회통제와 사회문제

1) 조직생활과 경제·사회적 통제

북한사회에서 로동당은 최고권력기관으로 행정·사법·입법부의 상위에 있으며, 모든 주요기관의 간부는 로동당 당원직을 가지고 있다. 따라서 이들 모든 기관과 단체에는 각기 당위원회가 조직되어 당의 통제 아래 있다. 일반주민들을 직접 통제하고 있는 로동당의 하부조직은 도·시·군당위원회와 최일선 조직인 당 세포조직으로 구성돼 있다. 이러한 당적 통제 이외의 주민통제 방법으로 모든 주민들은 직업총동맹, 사회주의청년동맹, 농업근로자동맹, 녀성동맹 등 로동당 외곽단체인 각종 사회단체에 의무적으로 가입해야 하며, 이들 단체는 로동당을 정점으로 지도·감독을 받고 있어 주민들은 이중으로 당의 통제를 받고 있다.

또한 각종 사찰기관이 주민들의 동태를 감시·통제하여, 반당·반혁명세력과 불순분자를 색출하고 있다. 사찰기관으로는 1945년에 조직된 사회안전성과 1973년 5월 정치사찰 전담기구로 조직된 국가안전보위부가 있는데, 사회안전성은 치안유지 및 반당·반국가 행위자의 색출·검거와 주민이동 사항을 통제하며, 국가안전보위부는 반당·반국가 음모자 색출, 주민 사상

동향 감시, 첩보활동을 위한 공작원 양성 등을 주임무로 하고 있다.
　주민통제를 위한 조직으로 최고인민회의 제6기 1차 회의시(1977. 12. 15) 신설된 '사회주의법무생활 지도위원회'가 있는데, 이는 주민의 일상생활에서 당의 사상적 지침 위반내용을 지적·시정하는 것을 임무로 하고 있다. 또한 주민들은 직장별·세대별로 주 1회 정도의 생활총화를 통해 개개인의 생활에 대한 사상적 검토를 받는다. 주민들은 각자가 속한 인민반에 의해서도 일상생활을 통제·감시받고 있다. 인민반은 통상 30~40세대 단위로 조직되고 반장, 세대주반장, 위생반장, 선동원(인민반 당 분조장 겸임) 등이 주민들의 일상생활을 감시·감독한다.
　주민에 대한 경제적 통제는 국가에서 일반주민의 생존 기본수단을 장악하여 주민들을 통제에 이용하는 것이고, 사회적 통제는 출신성분과 계층에 따라 직장배치 등 사회적 차별대우를 하는 것이다. 경제적 통제의 기본적 수단으로 북한은 의식주 생활의 기본수단에 대해 배급제를 실시해 왔으나 경제난이 심화되기 시작한 1995년 이후는 중앙배급체계가 사실상 붕괴했다. 최근에는 식량난이 다소 호전되고는 있지만, 지역에 따라 1년에 2~3개월 분량이 지급되고 있는 실정이므로 대부분 장마당 등에서 식량을 조달하고 있다. 그 밖에 주택도 변칙적인 수단을 통해 거래가 성행되고 있으며, 일반 생활용품 등도 개인적으로 장마당 등을 통해 조달한다. 따라서 경제적 통제는 거의 실효를 거두지 못하고 있는 실정이다.
　가장 근본적인 사회적 통제로는 당에 의한 직장배치를 들 수 있다. 노동법은 "국가기관은······ 근로자들의 창조적 지혜와 능력을 최대한으로 낼 수 있도록 성별, 년령, 체질, 희망, 기술기능 수준에 맞게 구성원을 적재적소에 배치하여야 한다"[2]고 규정함으로써 직장배치에서 당의 개입근거를 마련해 놓고 있다. 실제로 국가는 직장배정시 개인의 소질, 능력, 희망보다는 출신성분을 우선적으로 고려하고 있다. 이에 따라 한번 배치된 직장은 임의로 바꿀 수 없다. 오직 계획적인 직장의 조정, 불순분자의 벽지이주, 도시인의

---

　2) 사회주의 노동법 제30조

농촌이주 같은 중앙의 근본적인 구조조정시에만 가능하다. 그러나 최근 사회통제가 다소 이완되는 틈을 이용해 비공식적인 직장이동이 묵인되기도 한다. 또한 사회적 통제를 효율적으로 하기 위해 일반주민들의 사적인 목적의 여행을 통제해 왔으나 1995년 이후 식량난이 심각해지면서 여행증 없이 타 행정구역으로 식량을 구하러 가는 일이 빈번하게 발생하기도 했다. 한편 1998년 9월 사회주의헌법 개정시 헌법(제75조)에 거주·여행의 자유를 신설하였지만 지금도 여행증명서 소지를 의무화하고 있다.

2) 사회 일탈행위 및 범죄자 처벌생활

북한에서는 경제난과 더불어 최근 김정일체제로 옮겨가는 과정에서 절도·강도 등 생계형 범죄의 증가와 함께 부정·부패 등 사회형 범죄가 증가하고 있다. 경제난 심화에 따른 생계형 범죄는 단순절도는 물론이고 생계유지를 위한 일부 여성들의 매춘행위로까지 발전되고 있으며, 특히 물자부족과 관련된 횡령·착복·배임 등과 대민업무 처리과정에서의 뇌물수수 행위의 일반화는 사회적 통제시스템의 문제점을 노정시키면서 주민들의 불만을 증폭시키고 있다. 이러한 범죄증가는 기존체제에 대한 누적된 불만이 경제난 심화에 따라 외부로 표출된 것으로 사회형 범죄와 생계형 범죄가 동반 증가하는 현상을 보이고 있다.

또한 범죄율이 급격하게 증가할 뿐만 아니라 그 형태도 조직화되고 있는 실정이다. 대도시를 중심으로 한 범죄조직은 주로 20~30명 정도의 구성원으로 돼 있으며, 암시장에서의 생필품 밀매, 자릿세 갈취 등을 자행하고 있다. 이 과정에서 안전원 등과 부패의 고리를 형성하며 특히 변경지역에서는 밀수(담배, 술, 의류, 의약품 등)에 개입하기도 한다. 일부분이기는 하지만 권력 등 기관과의 연계하에 중국으로 매춘인력을 조달하는 형태로까지 발전하고 있다. 특히 청소년범죄는 근본적으로 1989년 평양축전 이후 외부사조 유입에 따른 청소년들의 의식변화에 기인하고 있으며, 출신성분으로 인한 사회진출 좌절, 경제난에 따른 가정붕괴 등으로 청소년 범죄율은 더욱 높아지고 있으며, 단순절도에서 강력범죄로 형태도 다양해지고 있다. 최근 북한이탈 주민들의 진술에 의하면, 북한사회에는 상당수의 청소년 폭력조직이 있는데 이들의 각종 불법행위가 급증하여 사회문제로 대두되고 있다고 한다. 청소년 폭력조직은 원산, 함흥, 남포 등 외국인 출입이 잦은 항구와 대도시지역을 중심으로 강도, 절도, 강간, 소매치기 등을 자행하고 있는데, 북한은 이러한 청소년들의 일탈행위가 외부사조 유입 때문에 확대되는 것으로 보고 청소년 교양사업에 주력하고 있다. 이러한 범죄증가는 통제사회에 대한 반감, 물질생활 향상 욕구증가 등에 의해 초래되는 것으로, 이는 개혁과 개방의 정도에 따라 더욱 촉진될 가능성을 안고 있다.

한편 북한은 범죄자 수용시설로 사회안전성 산하에 각 시·군마다 집결소(유치장)를 설치하고, 각 도에는 교화소를 설치하고 있다. 집결소에는 수사가 진행중인 범죄 가담자나 6개월 미만의 경범죄자를, 교화소에는 1년 이상 15년 미만의 중범죄자를 수감하고 있다. 각 도의 교화소는 범죄종류·수감대상에 따라 성격별로 특화돼 있는데, 강·절도범은 함북 회령교화소, 여성 범죄자는 평남 개천교화소, 전염병환자는 강원도 원산교화소 등에 수감되는 것으로 알려져 있다. 죄수들은 매일 8~9시간씩 목표량이 부과된 중노동에 종사하며, 일과 후에는 2시간씩 김정일사상 학습 등 의식개조 활동에 전념토록 하고 있다. 배식은 1일 500g씩 3식을 제공하지만, 콩·옥수수·조 등 잡곡이 대부분으로 교화소 수감자들은 이로 인해 만성적 영양부족 상태에 있다. 최근에는 식량난으로 하루 100~200g 정도도 배급되지 못하고 있다고 한다.

3) 사회적 부조리와 정치범 수용소

북한사회는 일당독재 체제라는 사회주의국가 특유의 체제 경직성과 왜곡된 중앙집권적 자원배분 구조, 이데올로기 유지를 위한 과도한 통제시스템으로 사회적 부조리의 태생적 요인을 내포하고 있다. 체제 운용과정에서 비효율성과 이에 따른 부조리현상이 노정돼 왔으며, 이에 대한 문제점은 김일성·김정일의 교시와 보도매체의 사설 등을 통해 계속 지적돼 왔고 이에 대한 척결의지도 무수히 강조돼 왔다. 1990년대 들어서는 당 및 경제 지도간부들의 월권, 무사안일주의 등의 사업태도에 대한 비판과 자본주의 색채유입에 대한 경고가 계속돼 왔다.3)

북한당국에 의해 이제까지 공식적으로 지적된 사회적 부조리 사례를 간추려 보면 다음과 같다. 사상학습에 대한 기피, 당 조직생활의 태만·외면, 소극성·열성부족, 노동기피, 관료주의, 요령주의, 형식주의적 사업방식 등 부정적 사업태도가 만연돼 있다. 노동력과 원자재 낭비, 국가재산 낭비 및 유용, 뇌물수수 등 반사회적 범죄와 관련된 것과 보수주의, 봉건 유교사상 등 낡은 사상잔재, 청년인텔리의 반사회적 행동, 자본주의 색채유입 등은 사상적 이완과 관련이 있다. 북한 스스로가 공식모임 및 보도매체를 통해 지적하고 있는 이러한 부조리현상들은 지나친 통제와 당권만능이 빚어낸 결과로, 이는 북한주민의 통제에 대한 매너리즘적 수용과 내면적 저항의식을 반영한 것이라 볼 수 있다.

북한은 1956년 이후 정적을 숙청하는 과정에서 처형을 면한 대상자들을 산간오지에 집단수용, 특별 관리해 왔으며 1966년 4월부터는 새로운 성분분류에 따른 적대계층을 특정지역에 집단 수용하기 시작하였다. 특히 반당·반체제분자들은 특별독재 대상구역이라는 정치범수용소에 수용하였다. 또한 1973년부터 김정일 세습체제 구축을 위한 정치투쟁 조직인 3대혁명소조가 본격적으로 활동, 1980년 제6차 당대회에서 김정일이 후계자로 공식 등장하기까지 후계체제에 대한 비판자와 정적들을 적발, 그 가족들과 함께 수용소에 수감해 왔다.

이에 따라 현재 20여만 명의 정치범이 10개 수용소에 수용돼 있는 것으로 추정되고 있다. 그러나 북한은 1995년 4월 국제사면위원회 조사단 방북시 전체 죄수는 800~1,000명으로, 이 중 정치범은 240명에 불과하다고 주장하였다. 정치범수용소에 수용된 사람은 주로 반국가 음모자, 유일사상체계

---

3) <로동신문>, 사설, 1995년 5월 29일.

반대자, 일부 납북인사들과 반혁명분자, 종파분자, 당정책 위반자 등 소위 그들이 말하는 혁명화 대상자들이다. 이들은 재판과정을 거치지 않고 국가안전보위부의 관리 아래 수용되고 있으며, 일단 정치범수용소에 들어가면 가족·친지의 면회, 서신연락 금지 등 모든 기본적인 권리가 완전히 박탈당하는 것은 물론 가혹한 인권유린 행위까지 자행되고 있는 것으로 알려지고 있다.

3. 문예정책 및 이론

1) 문예정책의 기조

북한에서 '문학예술'이라는 용어는 문학만을 가리키는 용어가 아니라 문학을 비롯하여 음악·미술·공연예술 등 모든 예술 장르를 포괄하는 용어이다. 북한은 문학예술을 "근로대중을 정치사상적으로 교화하는 수단"이자 "온 사회를 혁명화, 로동계급화하는 데 복무하는 수단"으로 규정함으로써 기본적으로 목적주의 예술관을 가지고 있음을 보여준다.

이러한 예술관 아래 북한에서는 예술의 본질적 특성과 이념을 당성·노동계급성·인민성으로 보고 있다. 원래 당성·노동계급성·인민성은 마르크스·레닌주의 문예관으로부터 비롯된 예술의 기본이념이지만, 북한에서는 주체사상이 대두된 이후 사회주의적 사실주의를 주체 문예이론으로 대체하고 그 내용을 변형하여 문예정책의 기본으로 삼고 있다.

북한예술에서 '당성'이란 "당에 대한 끝없는 충실성"[4]을 의미하는 것으로 당성의 이념에 따라 예술은 "당의 로선과 결정을 관철하기 위하여 모든 것을 다 바쳐 투쟁"[5]하는 모습을 보여준다. 또한 북한에서는 노동계급을

---

4) 『김일성저작집』, 35권, p.378.
5) 위의 책, p.378.

"어느 계급보다도 혁명성이 강한 가장 선진적인 계급"6)으로 규정하고 예술은 그 본질적 특성인 '로동계급성'에 따라 "사회주의·공산주의사회를 건설하기 위한 혁명투쟁과 건설사업에 복무하며 인민대중을 공산주의 세계관으로 무장시키며 온 사회를 혁명화·로동계급화 하는 것"7)이라고 주장한다.

'인민성'이란 "인민들의 생활을 진실하게 반영하고 인민들의 사상감정에 맞는 예술로 만드는 것"8)을 의미한다. 이에 따라 인민대중에게 맞도록 예술을 대중화함으로써 "인민들을 혁명사상으로 철저히 무장시켜 그들의 역할을 높이며 혁명과 건설을 힘차게 떠밀고 나가도록"9) 하는 수단으로 예술을 이용하고자 하는 이념이 '인민성'이라 할 수 있다.

그러나 북한에서는 예술의 세 가지 본질 중에서 '당성'을 "로동계급성의 가장 철저한 표현이며 인민성의 가장 높은 형태"로 규정하여 당성을 노동계급성이나 인민성보다 우위에 놓고, 당성을 '당과 수령에 대한 충실성', '당과 수령의 혁명위업에 대한 철저한 복무성'으로 규정함으로써 종국적으로는 김일성 유일사상체계로 모든 예술을 수렴하는 것을 볼 수 있다. "우리의 작가, 예술인들에게 현실을 정치적으로 예리하게 분석 판단하며 그에 대한 옳바른 평가를 내릴 수 있는 유일하게 옳은 자를 주는 것은 경애하는 수령 김일성 동지의 위대한 혁명사상, 주체사상과 그 구현인 당의 로선과 정책"10)이라는 글에서 보는 바와 같이 이제 북한의 예술은 오직 김일성의 주체사상만을 '유일하게 옳은 자'로 인정함으로써 다른 어떠한 선택도 있을 수 없는, 오직 김일성 유일사상과 당의 정책과 지도에 의해서 창작되는 철저한 체제종속의 예술이 되었다.

---

6) 위의 책, p.249.
7) 『문학예술사전』(평양: 사회과학출판사, 1972) p.364.
8) 『김일성저작집』, 13권, p.345.
9) 『주체사상에 기초한 문예리론』(평양: 사회과학출판사, 1975), p.88.
10) 위의 책, p.96.

2) 주체 문예이론

북한에서는 1970년대까지 사회주의적 사실주의를 예술의 기본원리로 삼아 왔다. 그러나 1980년 10월에 개최된 조선로동당 제6차 당대회를 통해 김정일을 후계자로 공식화하고 "맑스·레닌주의를 우리나라 현실에 창조적으로 적용한 김일성 동지의 위대한 주체사상"이라는 당규약을 "오직 위대한 수령 김일성 동지의 주체사상"으로 바꿈으로써 김일성 권력과 주체사상을 절대화하게 된 이후부터 사회주의적 사실주의는 주체 문예이론으로 대체되었다.

주체 문예이론이 공식화하게 된 것은 1980년 12월 김정일이 "전국선전일꾼대회에 보낸 서한"에서 "문학예술 사업에 대한 수령의 유일적 령도를 철저히 실현하고 창작가, 예술인들을 당의 유일사상으로 철저히 무장시키며 그에 기초한 혁명적 문학예술의 창작"을 제창하면서부터라고 할 수 있다. 이때부터 북한에서는 1972년부터 문학예술 부문에 하달된 김정일의 지시를 종합하여 '주체의 문예리론'이라고 일컫고 '말씀 시리즈'로 발간하여 예술분야의 종합적인 지침으로 삼고 있다. 북한은 이러한 주체 문예이론의 등장에 대하여 "세계 문예리론사에서 유례를 찾아볼 수 없는 력사적 사변"이라고 주장하고 있다.

주체사상의 형성과정을 김정일이 주도했듯이 주체 문예이론 역시 김정일에 의해 형성되었다. 주체 문예이론은 기본적으로 사회주의적 사실주의의 문예관, 기본이념, 창작방법 등을 바탕으로 하면서 종국적으로는 모든 문학예술의 기본원리를 '김일성 유일사상'으로 종속시키고자 하는 이론이라고 할 수 있다. 따라서 주체 문예이론은 "문학예술 사업에 대한 수령의 유일적 령도를 철저히 실현"하고 "당의 문예정책 관철과 당의 유일사상이 정확히 구현된 문학예술 작품을 만들어 낼 것"[11]을 기본적인 목표로 삼고

---

11) 『주체사상에 기초한 문예리론』, 앞의 책, p.20.

있다.

주체 문예이론은 주체사상의 기본원리인 '공산주의적 인간학'을 기초로 하고 사회주의적 사실주의의 기본이념인 '당성·로동계급성·인민성'을 김일성 유일사상으로 종속시키고 있으며, 이를 바탕으로 전형화론, 종자론, 속도전 등을 기본이론으로 내세우고 있다.

전형화론이란 공산주의적 인간을 기본 주인공으로 중심에 내세우고 그의 사상성과 생활을 형상화하는 것을 말하는데, 공산주의적 인간이란 '당과 수령에 대한 끝없는 충성심'을 지니고 "주체의 혁명위업의 승리를 위하여 모든 것을 다 바쳐 투쟁하는 주체형의 인물"을 말한다. 이러한 전형화 이론에 따라 북한의 문학예술은 '비타협적 투쟁으로 긍정인물이 승리'하고 '부정적 인물은 결국 교양·개조'되며 사회주의 우월성과 김일성을 찬양하는 작품에서는 갈등을 설정하지 않는12) 획일적인 예술의 모습을 보여주게 되었다.

종자론은 1970년대부터 도입된 이론으로, 종자란 "소재와 주제, 사상을 유기적인 련관 속에서 하나로 통일시키는 작품의 기초이며 핵"13)으로 규정하고 있다. 그런데 "종자에 있어 기본은 사상에 두어야 하고 소재와 주제의 요소들은 사상적 알맹이에 의하여 제약되며 거기에 복종된다. 종자의 선택에 있어 가장 중요한 것은 수령님의 교시와 그 구현인 당정책의 요구에 맞는 것"14)이라고 규정함으로써 결국은 종자론은 예술을 통해 김일성 유일사상과 당정책을 구현해야 한다는 이론으로 귀착된다.

속도전이란 예술창작에서 "모든 력량을 총동원하여 창작사업을 최대한으로 빨리 밀고 나가면서 작품의 사상예술적 질을 가장 높은 수준에서 보장하는 것"15)이다. 북한에서는 사회주의사회에서 예술에 대한 수요가 양적·질적으로 높아 가고 있기 때문에 더 우수하고 많은 작품을 창작해야

---

12) 한중모 외, 『주체의 문예리론 연구』(평양: 사회과학출판사, 1983), pp.195-208 참조
13) 김정일, 『영화예술론』(평양: 조선로동당출판사, 1973), p.17.
14) 『문학예술사전』(평양: 사회과학출판사, 1972), 종자론 참조
15) 한중모 외, 앞의 책, p.186.

하고, 그래서 속도전이 필요하다고 주장한다. 이러한 속도전을 벌이기 위해서는 문학예술의 사상의 핵인 '종자'를 바로 쥐어야 한다고 말하는데, 이는 결국 김일성과 당이 제시하는 노선과 정책을 빠른 속도로 예술창작에 반영함으로써 예술을 인민대중의 사상의식 강화의 수단으로 삼기 위한 이론이라 할 수 있다.

주체 문예이론에서 내세우고 있는 이러한 이론은 문학예술을 통해 김일성의 교시와 당정책을 관철하고 이를 통해 인민대중을 사상적으로 무장시킴으로써 김일성 유일사상을 확립하는 데 기여하고자 하는 '수단으로서의 문예관'을 잘 드러내 준다고 할 수 있다. 북한에서는 이러한 기본이론을 바탕으로 하여 '조선민족 제일주의정신', '붉은기 사상', '고난의 행군' 등 매 시기마다 필요한 새로운 정책을 내세우고 이를 예술작품에 반영하도록 작가·예술인들을 추동하고 있다.

제8장 여성정책화 과정

1. 여성정책의 기조

초창기 북측의 공산주의적 사회주의는 기본적으로 마르크스와 엥겔스의 이론이 바탕이 된다. 마르크스는 특별히 여성이나 가족문제를 체계적으로 다루지는 않았다. 단지 초기저작에서 인간주의적 색채가 짙었던 시기에 공산주의 유토피아사상에서 남녀관계의 문제를 다루었고, 『자본론』에서도 공산주의사회의 미래상을 제시하면서 가족의 모습을 묘사하고 있다. 마르크스는 유적 존재로서의 인간의 의미 있는 관계를 위해서는, 인간의 사회성과 타인 지향성을 인정하는 사회주의나 공산주의라는 사회적 맥락을 필요로 한다는 논지를 펴는 과정에서 남녀관계를 미래사회의 패러다임으로 부각시킨 일이 있다. 그는 남녀관계를 사회주의사회의 인간관계 구조에 대한 모형을 도출하는 전형으로 간주하였다. 남녀관계는 서로를 필요로 하는 자연스러운 관계이며 특별히 자기 중심적이 아니고 타인 지향적인 것이 특징으로서 상대방을 반드시 필요로 하는 상호적인 관계이기 때문이다. 이러한 관점은 『공산당선언』에서 부르주아 가족에 대한 신랄한 공격을 낳게 되는데, 그는 19세기 부르주아세계는 가족생활의 제한된 관계조차 불가능하게 만들었으며 여성을 한갓 대상으로 전락시켰다고 주장하였다. 자본과 개인 소득에 기초를 두고 있는 부르주아 가족은 부인을 단순한 생산의 수단으로 격하시켰다는 것이다.[1]

---

1) S. Avineri, 『칼 마르크스의 사회사상과 정치사상』, 이홍구 역, 까치, 1989, pp.124-127.

마르크스의 이러한 견해는 가족의 기원에 대한 유물사관적 해석에 뿌리를 둔 가족이론으로 연결된다. 생전에 마르크스가 공술한 것을 그의 사후에 엥겔스가 저작·출판한『가족, 사유재산 및 국가의 기원』에서는 사유재산제도라는 하부구조적 특성과 관련하여 가족을 분석하고 있는데, 특히 남녀관계, 부부관계, 부모, 자녀관계 등의 성격규명에 주안점을 두고 있다. 유물사관에 입각한 엥겔스의 논지를 요약하면, 유사 이전 시대의 잉여개발로 사유재산제도가 생성되었고, 이를 바탕으로 하여 가부장제가 성립하였는데, 사유재산제도는 집합적 가구보다는 개별적 가구를 요구하고, 나아가 재산 상속제를 필연적으로 요청하게 되어 가부장적 가족의 근거가 되었다는 것이다. 특히 엥겔스는 여성의 경제적 의존을 남성에게 예속되는 주요인으로 보고, 취업을 통한 경제적 독립이 여성해방의 첩경임을 암시하였다. 그리하여 그는 "부인들의 해방을 위한 첫째 조건은 무엇보다도 모든 여성을 공적 사업에 참여시키는 것이다"고 주장하였다.2) 마르크스·엥겔스의 가족론이 암시한 것은 공산주의사회가 도래하면 이전 형태의 가족은 국가와 함께 사라진다는 예측이었다.3)

북측은 광복 직후부터 공산정권 수립을 위한 준비를 시작하였고 각종 사회주의사회 건설을 위한 기초개혁들을 속속 진행시켜 1950년대 후반에는 농업과 공업의 집단화를 실시했다. 이러한 격변과 혼란의 와중에서 여성과 가족에 대한 기본이념과 정책은 마르크스·레닌주의적 틀 속에서 관념적으로만 인식되고 있었고 법률적 규정도 그 테두리를 크게 벗어나지 않았는데, 정책방향이 비교적 뚜렷해진 것은 1960년대 이후로 보인다.

북측의 여성과 가족에 관련된 정책방향은 주체사상 교육을 중핵으로 하는 이념교육의 강조와 여성의 노동력화라는 두 가지로 집약될 수 있다. '가정의 혁명화'에 의하여 전체 사회의 혁명화를 시도하는데, 이를 위하여 자

---

2) Frederick Engels, *The Origins of the Family: Private Property and the State*, New York: Pathfinder Press, 1972, p.66.

3) 이온죽,『북한사회의 체제와 생활』, 법문사, 1993, pp.154-156.

녀에 대한 어머니의 교양기능을 강조하는 '여성의 혁명화'를 추구하는 한편, 여성의 '로동계급화'라는 구호 아래 여성의 노력동원을 위한 자녀교육의 공공화, 집단화 시설을 확충하는 일을 추진하였다. 탁아소나 보육원은 여성노동의 사회화 수단으로도 중요하지만, 어린이 정치교양의 집중적인 기회확충이라는 이중효과를 갖는 것으로 간주되었다.

여성 일반에 관한 선언들에서도 가정의 혁명화, 노동계급화는 주요과제로 부상했는데 1971년 10월 7일 녀맹 제4차 대회에서 김일성의 "녀성들을 혁명화, 로동계급화할 데 대하여"라는 주제의 연설은 여성정책의 방향을 제시하는 기본문서가 되었다.[4]

여성 일반에 관한 북한당국의 공식적 견해는 여성해방을 우선 가사로부터의 해방으로 간주하고 있으며, 여성의 혁명화를 노동계급화로 보는 것이다. 따라서 가정에 매여 사회진출을 하지 않는 것은 혁명과업에 장애가 된다고 보았다. 그러면서도 사회의 세포로서의 가정 그 자체는 국가의 보호를 받아야 한다고 규정하며 가정의 혁명화를 강조하였다.

2. 여성정책의 기본방향과 법제화과정

북측은 여성문제 해결을 통해 남성가장 중심의 봉건적 사회경제 질서를 청산하는 대신 여성을 새로운 정치적 지지기반 세력으로 활용하고자 법제도를 정비하였다. 이는 정치적 동원의 필요성뿐 아니라 해방 이후 월남민 증가로 초래된 심각한 노동력부족 현상을 해결하기 위한 의도도 포함되어 있다.

마르크스와 레닌의 여성해방적 전략의 영향으로 여성이 가정에서 가사에 머물고 있는 한 그 지위가 변할 수 없으므로 완전한 여성해방은 여성의 사회경제체제 생산활동 참가에 의해서만 가능하다는 것이다.[5] 이를 위하여

---

4) 위의 책, pp.167-170.

북측은 여성해방을 위한 법적 조처와 함께 실질적이고 구체적인 노력도 병행해 왔다.6)

해방 직후 몇 년 동안 사회주의원칙에 입각한 여성해방 조치들은 그 이후 50년을 통해 수행된 제반 여성정책 전체보다 질이나 양에 있어 더 다양하고 철저했던 것으로 평가되기도 하지만, 전쟁 이후 북한의 정책변화를 보면 여성해방을 표방했던 정권의 초기의도에 의문점을 갖게 된다. 한국전쟁 이후부터 1970년대까지 북한의 여성정책은 이중적이어서 여성의 노동계급화를 표방하는 동시에 가사 및 가정의 사회주의적 개조를 강조하였다. 이와 병해서여 주체사상을 중심으로 김일성 주석의 유일체제를 구축하고 김정일 위원장 후계체제를 준비하는 과정에서 국가적 차원의 가부장제 환원이 시작되었다. 즉 1980년대 이후 북한사회의 경제적 침체와 김정일 후계체제의 공고화과정에서 '사회정치 생명체론'과 '사회주의 대가정' 개념을 도입하여 가부장적 국가관을 강화해 왔다. 이 기간에는 경제사정의 악화로 여성실업이 증가하게 되고 이에 따른 소득감소와 여성의 남성 의존도가 심화된 시기였다. 따라서 남성가장들의 제반 사회적 불만을 가정 내에서 희석시키고자 하는 당의 의도로 여성의 재가정화가 진행되었다. 이와 같은 여성의 가정 내에서의 역할강화는 곧 가부장적인 정책으로서 이는 사회주의 여성해방의 기존원칙과 실질적으로 모순되는 부분이다.7)

사회주의국가에서는 여성이 사회에 진출하여 노동을 하여도 모성에 대한 국가적 예찬은 대단하다. 구소련에서는 정부차원에서 젊은 여성들에게 직업적·사회적 공명심을 떠나 모성의 역할에 충실해 줄 것을 당부하기까지 했다. 북한에서도 '위대한 어머니'나 '영웅적 여성상' 혹은 '모성영웅'을

---

5) 윤미량,『북한의 여성정책』, 한울, 1991, p.61.
6) 여성노동력의 사회적 동원을 위하여 탁아소나 유아원 건립을 통한 자녀양육의 사회화를 추진하였으며, 여성의 정치적 참여를 장려하여 1945년 11월 '조선민주녀성동맹'(녀맹)을 창립, 이를 기반으로 여성의 사상적 혁명화의 계급교양을 실시하였다.
7) 숙명여대 통일문제연구소,『남북한 사회문화 비교』, 숙대출판부, 1999, pp.119-200.

내세워 여성의 희생을 강요했다. 부부관계에서도 협동과 단합을 강조하지만 성별분업의 고정관념이 남아 있어 여성 고유의 집안일이 여성에게 과중한 부담이 되고 있다.8)

　북측 여성정책의 방향은 초기에는 보편적 사회주의이념에 따른 남녀평등과 여성해방이었고, 1960년대 후반부터는 주체사상이 강조되면서 여성을 통한 '가정의 혁명화'와 여성의 '로동계급화'를 목표로 삼았다. 북측은 1945년 11월 조선민주녀성동맹을 창립하여 문맹퇴치와 선전교양 사업에 주력했고 그 이듬해인 1946년 7월 "남녀평등권 법령"을 발표하면서 정치·경제·사회·문화 등 모든 영역에서의 남녀평등을 명시하였다. 그러나 김일성은 여성해방이나 평등은 "평등권 법령"의 발표만으로 완전히 해결된 것은 아니고, 여성들이 사회에 나가서 실질적으로 일을 할 때 실현된다고 역설하였다. 그는 녀맹 제4차 회의에 참석하여 여성들이 학교를 졸업하자마자 가정생활에 파묻히지 말고 시집을 좀 늦게 가더라도 당과 혁명을 위하여 더 많이 배우고 더 많이 일하도록 강조하였다.

　이와 관련해서 완전한 사회주의혁명을 위한 준비단계로 1948년 "여성상담소에 관한 규정"과 "유아상담소에 관한 규정"을, 1949년에는 "탁아소에 관한 규정"과 "전반적 초등의무교육 실시에 관한 법령" 등을 제정하였다. 초등의무교육은 전쟁으로 연기되어 1956년부터 실시하였다. 또한 마르크스와 레닌과는 달리 김일성 주석은 1956년 협의 이혼제를 폐지하여 북한여성들은 전쟁복구 과정에서 많은 고충을 겪어야 했다. 예를 들면 김일성은 신체적으로 튼튼한 처녀들을 골라 상이용사와 결혼시켜 가족과 남편을 부양하는 방법을 통해 여성의 노동력을 최대한 활용하는 정책을 폈다. 1961년 '전국어머니대회'에서 김일성은 녀맹원과 모범 어머니 2천 명이 모인 가운데 자녀교양의 책임이 어머니에게 있음을 역설함으로써 어느 사회주의국가에서도 유례가 없는 '모성이데올로기'를 노출하여 여성의 희생을 강조하

---

8) 남인숙, "남·북한 여성정책 비교," 『북한학보』, 20집, 1996, p.193.

였다. 그런 가운데 녀성동맹위원회는 1968년 '가정의 혁명화'를 구체화시키고 전 여성을 가사로부터 해방시켜 충실한 혁명전사와 노력경쟁으로 유도하기 위해 탁아소와 유아원을 급속도로 증가시켰다. 또한 1968년부터 1년간에 걸친 주민성분 재분류 사업기간중 모성근로자들의 노동시간에 관한 규정과 탁아소·유치원의 전국가적·인민적 운동화 및 어린이들의 보육교양 사업을 개선·강화하기 위한 내각결정 등을 하였다.9)

3. 여성정책화의 과정과 주요기능

1) 법제적 기능

북측은 중앙집권적 권위와 통제를 행사하는 사회이므로 법률은 선언적 의미만을 지닌다는 한계가 있지만, 북한 여성정책의 성격을 이해하기 위해서는 법적인 규정을 기초자료로 삼을 수밖에 없다. 이러한 관점에서 먼저 북의 헌법조항들을 살펴보면, 1946년에 제정된 구헌법 제22조와 제23조에 여성에 관한 내용이 명시되어 있다.

> 제22조 녀자는 국가의 정치·경제·사회·문화생활의 모든 부문에 있어서 남자와 동등하다. 국가는 모성 및 유아를 특별히 보호한다.
> 제23조 혼인 및 가정은 국가의 보호 밑에 있다. 결혼생활 이외에서 출생한 자녀에 대한 부모의 의무는 결혼생활에서 출생한 자녀에 대한 것과 동일하다. 결혼생활 이외에서 출생한 자녀는 결혼생활에서 출생한 자녀와 동등한 권리를 가진다. 혼인 및 가정에 대한 법적 관계는 따로 법령으로 규정한다.

이후 1992년 4월 9일 제정·공포한 사회주의헌법 제76조와 제77조에도

---

9) 위의 글, pp.194-195.

여성과 가족에 관한 내용이 개정되어 실려 있다.10) "제76조 녀자는 남자와 똑같은 사회적 지위와 권리를 가진다. 국가는 산전산후 휴가의 보장, 여러 어린이를 가진 어머니를 위한 로동시간의 단축, 산원, 탁아소와 유치원망의 확장, 그 밖에 시책을 통하여 어머니와 어린이를 특별히 보호한다. 국가는 녀성들이 사회에 진출할 온갖 조건을 지어 준다. 제77조 결혼과 가정은 국가의 보호를 받는다. 국가는 사회의 기층 생활단위인 가정을 공고히 하는 데 깊은 배려를 돌린다."

초기에 제정한 구헌법과 1992년의 사회주의헌법 사이에는 몇 가지 차이점이 나타난다. 첫째, 구헌법에서는 남녀평등의 원칙만 주장하였는데, 신헌법에서는 가사로부터의 해방과 그에 따른 여성의 사회참여에 대한 구체적인 내용이 언급되었다. 둘째, 어머니와 유아에 대한 보호의무를 명시한 것은 공통적이지만, 신헌법은 그에 따른 보호정책을 구체적으로 제시하였다. 셋째, 구헌법에는 혼인 이외 자녀의 권리와 부모의 의무를 밝힌 조항을 둔 반면에, 새 헌법에는 결혼과 가정에 대한 보호와 가정의 중요성이 규정되었다.

이와 같은 법률적 이념의 변화는 북의 사회변동과 맥락을 같이한다고 볼 수 있는데 북한의 주요 사회변동은 외세의 힘을 배경으로 한 소수 엘리트집단에 의하여 이루어진 '위로부터의 의도적·계획적 변화'였고 목표는 표면상 사회주의사회 건설에 두었다. 다시 말해서 정치적·정책적 결정에 의한 사회변동이 주종을 이루었는데 여성과 가족을 둘러싼 정책변화도 이러한 맥락에서 이해할 수 있다.

2) 정치사회화 기능

북측은 "남녀평등권법령"(1946)과 "조선민주주의인민공화국 사회주의헌

---

10) 이들 조항은 1972년 12월 27일 개정한 헌법의 제26조 및 제23조와 기본적으로 같은 내용을 담고 있다.

법"(1972)을 통해 남성과 동등한 여성의 권리를 명시하였다. 또한 최고인민회의, 지방인민회의, 대의원 등의 각종 요직에 여성을 배치하고 이를 육성하여 1990년에는 최고인민회의 687명 중 여성 대의원이 20%를 넘게 차지하고 정무원 부총리와 최고인민회의 의장을 여성으로 하는 등 동남아 어느 국가보다 많은 수의 여성이 정치에 참여하고 있다.

북측의 정책적 이념에서는 여성해방이 따로 규정되지 않았으며 사회주의 국가건설이라는 과업이 수행되면 당연히 뒤따르는 것으로 되어 있어 여성만의 특수한 정책과제 해결부분은 결여되었다고 보겠다. 그러므로 여성의 정치활동은 여성이익을 대변할 수 없는 대의원에 국한되어 있고, 행정각료의 비율은 정부수립 이후 총 260명 중 6명에 불과하여 실질적인 국정참여에 있어 대표성을 실현하지 못한 채 배제되어 있음을 알 수 있다.[11]

한편 북측 여성의 정치참여 실태를 보면 다음과 같다. 북한은 1946년 7월 30일에 선포한 "남녀평등권에 대한 법령" 제1조와 제2조에 여성의 정치적 평등—남성과 동등한 선거권과 피선거권 부여—을 규정하였다. 즉 1946년 9월 14일 발표한 남녀평등권에 대한 법률 시행세칙 제1조에서 "녀성은 남성과 같이 지방(도·시·군·면·리) 및 중앙인민위원회 위원을 선거하며 또 위원에 피선될 권리를 가진다. 녀성은 남성과 같이 국가기관, 정당, 사회단체 및 공공단체의 위원 또는 직원이 될 수 있다"고 명시하였다.

북측의 여성정치 사회화 실상을 살펴보면 여성 정치교육은 여성들로 하여금 김일성에 대한 충성심과 애국심을 불러일으켜 정치체제에 대한 기반을 형성하고자 하는 의도에서 시행돼 왔다. 북한은 여성들에게 모범적인 여성상으로 강반석과 김정숙을 제시하여, 공산주의 혁명가로 생활해야 하는 것뿐만 아니라 혁명가의 아내와 어머니로서의 역할을 감당하는 전통적인 여성의 덕목—순종과 헌신—을 강조하고 있다. 여성정치화 정책의 한 형태인 사회주의 경쟁운동은 당이 정책적으로 특정운동을 결정하고 하급기관에 명령을 내리면 당 하부단체들은 그 명령을 무조건적으로 수용하여

---

11) 한국여성개발원, 『북한여성의 지위에 관한 연구』, 1992, pp.193-195.

궐기대회나 충성 결의모임을 갖는 것이다.

북측 사회에서 유일한 여성 전국조직은 '조선민주녀성동맹'이다. 남한사회와는 달리 여성만의 단체가 하나뿐인 이유는, 조직생활과 사상교양사업의 내실화, 여성대중의 조직적 단결과 통일의 중요한 담보기능, 대중조직의 분산성과 대중의 분열방지, 당 밖의 모든 여성의 조직화를 위해서이다.12)

이런 관점에서 볼 때 북한 당국자가 정권을 출범시키면서 남녀평등과 여성해방을 표방하였음은 놀랄 일이 아니다. 1946년 '북조선임시인민위원회' 결정 제54호로 "북조선의 남녀평등권에 대한 법령"을 제정·공포하였으며, 이후 "사회주의 로동법"을 제정하여, 여성들이 "사회적 로동에 적극 참가할 수 있도록…… 탁아소, 유치원, 아동병동, 편의시설을 꾸려야 하며, 직장에 나가지 못하는 녀성들이 희망에 따라 일할 수 있도록 가내작업반, 가내 협동조합 등을 조직하여야 한다"고 명시함으로써 '남녀평등'과 '여성해방'을 위한 제도적 기반을 꾸준히 마련해 왔다.

그 결과 표면적으로 볼 때 북측 여성의 사회적 지위가 어느 정도 향상되었다고 할 수 있다. 경제활동 참가와 관련하여 여성노동력 비율이 1957년 20%, 1964년 39%, 1976년 48%, 1991년 49%로 꾸준히 증가하였다.13) 또한 최고인민회의 대의원 중 여성이 점유하는 비율이 20%(1998년)로 남녀평등이라는 이념에 비추어 볼 때 적절하다고는 할 수 없지만 결코 낮은 비율이

---

12) 1970년대 후반 이래 녀맹조직이 축소되는 경향이 보이는데, 이는 전체 여성을 대상으로 한 조직에서 가두여성과 전업주부 중심의 조직으로 변했기 때문이다. 이와 같은 녀맹조직의 개편으로 녀맹의 역할은 전체 여성에서 가두여성과 전업주부 중심의 정치사상교육으로 전환되고 유휴노동력 동원 측면이 더욱 중요하게 부각되었다. 모든 여성이 일종의 정치조직인 근로단체에 가입해야 하는 상황에서 녀맹의 축소는 여성문제에 대한 관심이 줄어드는 경향으로 해석되기도 한다.

13) 북한연구소, 『북한총람, 1983~1993』, p.615. 북한에서 입수한 자료에 의하면, 1987년 현재 북한 여성노동자는 715만 명으로 전체 노동자의 57%를 차지하고 있다. 이는 노동자 절대수에서 여성이 다수를 차지하고 있음을 의미한다. N. Eberstadt, "Population and Labor Force in North Korea," *Journal of the Population Association of Korea*, Vol.14, No.2, 1991, pp.18-44 참조.

라고 하기도 힘들다. 그러나 이런 현상은 피상적 관찰일 뿐, 북측 여성노동력의 진입과 퇴출과정, 성별 직종격리 현상과 임금불평등, 그리고 여성의 비공식적 지위를 분석해 볼 때 북한여성은 심각한 차별을 받고 있음을 알 수 있다.

이는 북측 여성의 사회참여가 '남녀평등'이나 '여성해방'이라는 이념적 목적보다는 오히려 '여성의 주체형 공산주의화, 로동계급화, 가정혁명화'라는 정치적·경제적 목적에 동원된 결과라는 것을 반증한다. 해방과 동시에 '조선민주녀성동맹'이 창립되었고, '천리마운동', '3대혁명 붉은기쟁취운동' 등 다양한 정치사상 운동에 북측 여성이 대거 동원되었던 것을 보아도 알 수 있다.

3) 경제정책적 기능

6·25전쟁 후 복구건설에 노동력수요가 폭발적으로 증가하였을 때도 남성노동력의 부족으로 여성노동력을 동원하였으며, 농업집단화 과정에서도 여성노동력을 강제로 배치하였다.14)

1958년 7월 19일 공포한 "인민 각 경제부문에 녀성들을 더욱 인입시킬데 대하여"에는 교육 및 보건부문에 여성비율이 평균 60% 이상, 기타에는 30% 이상으로 제고시키고, 여성이 할 수 있는 일에는 반드시 여성들을 배치시킬 것을 규정하였는데, 이는 교육 및 보건부문이 여성에게 적합한 직업이라는 인식을 반영한다. 또한 여성노동력을 '개별적 특성에 맞게' 배치한다는 내각결정은 북한의 경제개발 전략이 중화학공업 중점육성이며 이를 위해 남성노동력을 최대한 이용한다는 점으로도 해석할 수 있으나, 기본적으로 여성노동력을 '가볍고 쉬운 일'에 적당하다고 인식한 점에 주목

---

14) 1953년부터 농업집단화가 완료되는 1958년까지 농촌여성들의 노동참여가 가속되었다. 또한 이 시기의 여성노동력 증대는 1차 5개년계획(1957~61)과 외부 경제원조의 격감으로 노동력강화를 통한 생산증대 방안으로 실시된 1957년의 '천리마운동'과도 직접 관련되어 있다. 숙명여대 통일문제연구소, 앞의 책, p.124.

해야 할 것이다.

1970년에 들어서 6개년 경제계획(1971~76) 기간 동안 노동력부족 현상 타개와 생산성향상을 위한 '3대기술혁명'을 강력히 추진하게 되었다. 이 시기에 여성들이 결혼과 함께 직장을 떠나고, 기혼여성들의 비취업률이 증가되는 상황에서 결혼으로 인한 여성노동력 유실 방지정책을 취하였다. "가족법" 9조에서 남 18세, 여 17세 이상으로 정해 놓은 결혼연령을 남 30세, 여 28세 이상으로 장려하고, 각종 사회주의노력 경쟁운동, 정치적 사상교육 강화, 가정의 혁명화 등 여성을 노동계급화하기 위한 정책을 적극적으로 추진하였다.

1970년 11월 조선로동당 제5차 대회에서 "녀성들을 부엌일로부터 해방시킨다"는 결정 이후, 1971년 10월 7일 녀맹 제4차 대회에서 김일성 주석이 "녀성들을 혁명화, 로동계급화할 데 대하여"를 발표함으로써 여성들의 경제참여를 가속화하기 시작했다. 또한 1978년 4월 "사회주의 로동법"에서 노동의 의무를 명시해 강제 노력동원의 법적 근거를 마련하였다.

1980년대에 들어서서 주민생활과 직결된 경공업분야 투자의 필요성을 느끼게 되어 1984년 이른바 '8·3인민소비품 생산확대운동'을 실시하였다. 북한은 2차 7개년계획(1978~84)을 추진한 이래 경제성장률이 2%로 떨어지게 되었으며 1980년대 후반에 들어서는 전반적인 경기침체가 심화되었다. 이러한 과정에서 기혼여성의 실업률이 증가했다.

여성들의 경제참여를 여러 부문으로 확대시키기 위한 행정적 조치―1962년 2월에 채택된 내각명령 제3호, 1967년 10월에 채택된 내각명령 제70호―에 따르면, "인민경제 여러 부문에 더 많이 진출시키기 위하여 녀성들의 체질과 능력에 맞는 일자리에서 일하는 남성로력을 다른 힘든 부문으로 돌리고 여기에 녀성로력을 배치하도록" 한다는 것이었다. 또한 이러한 노력은 1983년 8월 김정일 위원장의 지시에서도 강화되었다. 그러나 이러한 일련의 조치들을 여성의 경제적 지위향상을 위한 정책으로 해석하기에는 많은 문제점이 있다. 즉 여성들을 특정직종―흔히 여성의 체질과 능력에 맞는 것으로 간주되는 직종―에 의도적으로 배치함으로써 성별 직종분리를 심화시켜 왔다는 점을 간과할 수 없다. 따라서 북측 여성은 성별 직종격리(sex segregation of occupation), 즉 직종에 따른 성별 노동력분포의 불평등이 심각한 상황이다. 이는 북측 여성들이 방직공장 수리공, 양수기 운전공, 관리일꾼, 공장·기업소의 통계원, 부기원, 경리원과 같이 '녀성들의 체질과 능력에 맞는' '녀성의 직종'에 집중 배치되었기 때문이다. 교육분야에서도 여성들은 하급학교에 집중 배치되어 있기 때문에, 인민학교 80%, 고등중학교 35%, 기술계통 학교 30%, 대학교 15% 등 상급학교로 올라갈수록 그 비율이 감소하고 있다.15)

1995년 '북경여성대회'에서 발표한 자료에 따르면, 남녀간 직업별 구성비는 여성이 농업부문에서 53%, 공업부문에서 44%, 상업유통에서 73%, 교육부문에서 56%, 보건부문에서 65%를 차지하고 있다. 1963년 북한의 29만 4천 명의 전문가 및 기술자 중 여자는 4만 3천 명으로 전체의 14.6%에 불과했으나, 1995년에는 총 135만 명 중 40%에 달하는 54만 명이 여성인 것으로 보도되었다.16)

북측에서는 가사노동의 사회화를 추진하여 셋 이상의 어린이를 가진 여성노동자들에게는 6시간 노동에 8시간의 임금을 주고, 동일노동 동일임금제를 실시하여 남자 만 60살, 여자 만 55세에 연금을 준다. 노동시간은 남한처럼 하루 8시간으로 규정되어 있어도 실제로는 보통 8시간 노동 이외에 과중한 노동정량과 목표량 달성을 위해서 연장근무를 하며 매일 학습과 총화를 하므로 과업이 밀릴 때에는 12시간 이상을 일한다.

---

15) 성별 격리와 관련된 자료는 북한연구소, 『북한총람, 1983~1993』, pp.614-617 참조
16) 북한의 공식발표에 따르면 특히 보건·상업·보육·교양분야 전체 공무원의 70%가 여성이다. 북한 경제활동인구의 50%(1999년)를 차지하고 있는 대부분의 여성들은 사회적으로 저평가되는 특정부문의 노동자로 일하고 있다. 따라서 육체노동자로 분류되는 노동자와 농민 중 여성이 차지하는 비율은 남성보다 높다. 구체적 실례로 북한의 대표적 방직업체인 평양방직공장의 경우 종업원의 75%가 여성이다. 정부기관 등 사무직에 종사하는 남성이 65% 이상인 점을 감안하면 여성의 노동착취는 심각한 실정이다.

산전산후 휴가는 150일까지 가능하며 휴가가 끝나는 대로 아이를 탁아소에 보낸다. 필요에 따라서는 산전산후 휴가를 당에 대한 충성의 표시로 반환하는 영웅적 행동을 하기도 한다.

4) 가족정책적 기능

동유럽이나 여타 사회주의국가처럼 북측의 가족정책 또한 다른 정치목적을 달성하기 위한 수단으로 발전했다. 1974년 새로운 가족개념의 도입과 함께 북한은 가족정책적으로 탁아소사업, 모성보호법을 잇달아 시행하였으나 이는 여성노동력 활용이라는 정치적 목적을 성취하기 위한 도구였으며 이로 인해 본질적 의미에의 가족제도는 붕괴했다. 북측 체제의 초기 가족정책은 1917년 러시아혁명 직후의 조치들을 모방하여 봉건적 가족제도의 말살과 이의 선결과제로서의 여성해방을 위한 남녀평등 구현이었다. 따라서 북에서는 헌법제정 이전부터 "남녀평등권에 대한 법령"이 제정되어 종래 가족제도에 관한 모든 규범이 무력해졌다.

특히 1974년에 호적제도를 없애고 신분등록 제도인 공민증제도를 실시하여 가장을 중심으로 하는 문벌과 조상숭배 관념을 없애는 동시에 18세가 넘는 가족성원은 가족적 단위에서 개체적 존재로 법적 지위를 바꾸어 놓았다. 그러면서도 사회주의헌법 제77조에서 "결혼 및 가정은 국가의 보호를 받는다," "국가는 사회의 세포인 가정을 공고히 하는 데 깊은 배려를 돌린다"고 명시하였다. 토지개혁, 농협협동화 추진, 중요산업 국유화조치, 개인 상공업의 전면 국유화 등을 거치면서 가족제도의 물질적 기반은 무너졌으며, 마르크스주의자들이 말한 것같이 사유재산과 상속제가 없어지자 가장의 권위는 무의미해지고 가족적 경제관계 개념이 사라지게 되어 조상의 제사를 모시며 대를 잇던 가계관념이 호적의 폐지와 함께 사라지게 되었다.[17]

---

17) 이태영, 『북한의 여성생활』, 민족통일중앙협의회, 1981, p.15.

북측의 가족정책을 경제의 사회주의화와 결부시켜 볼 때 보통 세 단계로 구분할 수 있는데, 그 첫 단계가 1945년부터 53년까지로서 이 시기에는 가정에 잔존하던 봉건적 유습을 없애고 혼인과 이혼의 자유를 법적으로 보장하였던 시기이다. 1946년 토지개혁이 단행되었지만, 경제활동은 여전히 가족 중심으로 유지되었다.

제2단계는 전통적 가족제도의 물질적 기반이 무너진 시기로서 산업의 집단화와 여성노동력의 사회화를 위한 기반으로서 가정에서의 봉건적 유습을 청산하고 혼인의 자유를 법적으로 보장했으며 가족성원이 개인적으로 경제활동에 참여한 시기였다. 한편 전쟁을 겪는 과정에서 발생한 인명피해와 이산가족 등으로 여성가장이 많아지고 동시에 핵가족화 현상이 일어났으며, 국가의 전후복구와 사회주의 공업화정책은 여성노동력의 사회화와 산아장려 정책을 적극 마련케 하였다. 따라서 이 시기에 여성들의 지위가 근본적으로 변화할 수밖에 없었다. 부부관계는 사회주의 과업달성을 위한 동지애로 정의되고 가족도 당적 과업을 촉진하는 매개집단으로서만 가치 평가될 수 있었다.

제3단계는 1961년부터 현재까지로, '가정의 혁명화'와 여성의 경제사회적 활동이 강화되었다. 여성은 가정에서 자녀들을 공산주의과업을 수행할 수 있는 공산주의적 인간형으로 양육하여 가정을 '사회주의 혁명리론의 학습장'으로 만드는 임무를 수행하며 주체사상의 주입을 시도하여 혁명화되지 못한 가정을 자아 비판하게 하였다. 탁아소와 보육원을 설치하고 가사노동의 사회화를 추진하면서 여성들의 사회진출을 '가정의 혁명화'의 일환으로 간주하였는데, 가정은 공산주의혁명을 수행하는 데 필요한 하나의 조건이므로 가정에서도 사회주의적 인간을 생산하고 당을 위해서 언제든지 목숨을 바칠 결사대로 자식을 키워야만 하였다.[18] 1970년 11월, 지도자들이 가정의 혁명화에 앞장설 것을 재강조하면서 공동 세탁소·밥공장·반찬공장·공동식당·탁아소 등을 설치하였고 1976년 4월에는 "어린이 보육법"을

---

18) 남인숙, 앞의 글, p.210.

만들게 되어 아동교육의 제도화를 이루게 되었다.

북한이 지금까지 추진해 온 탁아소와 유치원에 관한 주요 조치 및 활동 사항은 다음 표와 같다.

어린이 보육에 관한 주요 조치

시 기	조 치 내 용
1947. 6	탁아소 규칙에 대한 보건국 명령 제5호
1964. 7	유치원사업을 개선 강화할 데 대한 새로운 대책에 대한 내각결정
1966.10	전국 보육교양원 대회
1968.	유치원 교육과정제도 심의회 구성
1972. 5	만 5세의 모든 어린이들에게 학교 전 교육을 의무적으로 줄 데 대한 김일성 교시
1975. 9	11년제 의무교육을 전면적으로 실시
1976. 4	최고인민회의 제5기 6차회의, 어린이 보육교양법 채택
1979. 3	최고인민회의 제6기 3차회의 교육부문 보고 - 어린이 보육교양 사업을 가일층 강화

제9장 부패문화와 인권문제

1. 북한관료 부패의 사회적 위기

 이 장은 관료부패의 사회적 영향을 경제적 측면과 정치적 측면 모두에서 살펴보고자 한다. 관료부패, 특히 개인이익을 위한 경제적 부패의 심화로 인해 경제의 비효율성이 증대되고 제2경제가 확산되며 관료 및 주민들의 경제에 대한 인식이 크게 변화되고 있다. 이러한 경제부문의 변화는 곧 정치적인 의미에서 국가권위와 통제력이 훼손되는 것과 밀접한 관계를 가지고 있다.

1) 경제적 비효율성의 증대와 지하경제의 확산

 관료부패는 장기적으로 북한경제의 비효율성을 증대시키고, 따라서 국가이익을 훼손시키는 결과를 낳는다고 할 수 있다.
 물론 관료부패가 중앙집중적인 사회주의 경제체제의 경직성에서 빚어지는 역기능을 일부 보완해 주는 역할을 한다는 주장도 있기는 하다. 예를 들어 나이(J. S. Nye)는 기본적으로 경제발전이란 사적 동기(private incentive)에 의해 촉진되는데, 이것이 공식적으로 금지된 체제에서는 부패를 통해 사적 동기가 작용할 수 있는 비공식적 공간이 확보된다는 기능주의적 주장을 한 바 있다. 나이는 소련의 경우를 예로 들어 공장 및 기업소 지배인의 부패 개입이 오히려 계획경제를 보다 효율적으로 운용하도록 하는 데 필요한 융통성을 제공해 준다고 설명하였다.[1]

그러나 이러한 기능주의적 해석은 미시적이고 단기적인 측면에서 관료부패의 사회적 영향을 분석한 것에 불과하다. 기관이나 조직의 생산목표 달성을 위해서 발생하는 관료부패는 '조직이익을 위한 경제적 부패'에 속하는 것으로, 부패의 여러 유형 중 하나에 불과하다. 또한 지배인 또는 당 책임비서가 조직의 이익을 위하거나 또는 궁극적으로 자신의 이익을 위해서 비리에 개입되는 경우 이는 단기적 측면에서 효율성을 발휘할지 모르지만, 장기적으로는 국가이익과 상치되는 결과를 초래하는 경우가 흔히 있다.

그 대표적인 예로는 기업소간의 수주경쟁 사례처럼 외국으로부터 임가공무역 계약을 획득하기 위해 북한 기업소간에 이루어지는 출혈경쟁이 있다. 여기서 경쟁이 경제원칙, 즉 낮은 단가를 제공하는 기업이 계약에 유리하다는 원칙에 의해 움직이는 게임이라면 게임이 반복됨에 따라 서로를 위해 담합(collusion)이 이루어져 국가이익을 저해하지 않는 방향으로 전환될 수도 있을 것이다. 그러나 북한의 경우 이런 경쟁은 대부분 불균등한 상태에서 이루어지는 경쟁으로, 로동당 같은 권력기구에 속한 기업소가 그 권위를 업고 공정하지 못한 경쟁을 통해 수주계약을 쟁취하게 된다.

그러므로 자율성이 부족한 사회주의 경제체제에서 부패가 효율적일 수 있다는 일부 견해는 적절하지 못할 뿐 아니라, 조직의 이익을 위한 부패일지라도 거시적으로 경제의 비효율성을 증폭시키고 국가이익을 저해하는 역할을 한다고 할 수 있다.

실제 생산과 유통과정에서 관료들의 부당한 개입은 사회주의체제에서 제2경제, 특히 그것의 전형이랄 수 있는 암시장(black market)의 확산에 의해 경제구조가 이원화된다. 제2경제가 사회주의 경제체제에서 가지는 의미는 실로 심대하다고 할 수 있는데, 그것은 중앙집중식 경제체제에서 벗어난 비공식적 경제영역이 확대되고 국가의 경제적 통제력이 약화되는 결과를 낳는다. 이런 의미에서 암시장을 중심으로 하는 제2경제의 형성은 경제의

---

1) J. S. Nye, "Corruption and Political Development: A Cost-Benefit Analysis," *American Political Science Review*, Vol.51, No.2 (June 1967), p.420.

실질적인 분산화(decentralization)현상을 낳는다고 할 수 있다.2)

북한도 예외는 아니며 이런 현상은 최근 더욱 두드러지고 있는 것으로 보인다. 북한에서 암시장은 원래 농민들이 텃밭에서 생산한 농산물을 매매하도록 허가된 농민시장을 무대로 형성되었다. 그러나 일부 관료들이 수완 좋은 하수인을 시켜 과잉 생산하거나 불법으로 생산한 소비재 공산품을 농민시장에 유출시켜 판매하도록 함으로써 농민시장 원래의 기능을 왜곡시켜 왔다. 아직도 소비재가 절대 부족한 상황에서 암시장의 판매가격은 대부분 국정가격의 10배를 훨씬 능가하게 되어 그들에게 많은 이윤을 남겨주게 되었다. 결국 농민시장을 중심으로 하는 암시장은 국가경제가 미치지 못하는 분산화현상을 낳음으로써 국가의 고민대상이 되지 않을 수 없게 되었다.

우리는 농민시장을 중심으로 한 암시장이 주민들의 '정보교류의 장'으로 역할함으로써 국가의 정보통제력을 약화시킨다는 점에도 주목해야 한다. 농민시장의 이러한 역할은 그것이 지니는 다음과 같은 특성 때문에 나타난다. 우선 농민시장은 이질적인 집단에 소속된 다양한 사람들이 모이는 장소이다. 이 경우 사람들은 자신이 발언한 것에 대해 크게 책임져야 할 상대가 없기 때문에 안면이 익은 사람이나 친척과는 비교적 자유스럽게 자신이 경험한 세계와 인지한 사항을 담론할 수 있게 된다.3) 특히 신의주, 강계

---

2) Gregory, Grossman, "The 'Second Economy' of the USSR," *Problems of Communism*, Vol.26 (September-October 1977), p.40; Barbara N. Sands, "Decentralizing an Economy: The Role of Bureaucratic Corruption in China's Economic Reforms," *Public Choice*, Vol. 65, No.1 (1990), pp.85-91.

3) 북한과 같이 통제된 사회에서는 주민들이 정기적으로 단체별 혹은 집단별로 교양받고 총화하기 때문에 사생활의 노출 정도가 매우 높다. 따라서 같은 집단 또는 인접집단에 소속된 사람에게는 언행을 주의해야 한다. 반면에 이질적인 집단에 속한 사람들은 대체로 그럴 필요가 없으며, 이들 사이에서는 조심스럽게 다양한 정보가 교환되는 경우가 흔히 있다. 이러한 현상은 농민시장에 국한되지 않고 군대와 같은 규율이 엄한 집단 내에서도 발견된다. 소속을 달리하는 군관들이 집단으로 교육을 받는 장소는 그들이 자신의 부대에서 취득한 정보를 교류하는 곳이

등 중국과 국경을 접하고 있는 지역과 평양, 청진 등 대도시의 농민시장에는 지역주민들이 친척과 화교를 만나 물물교환하는 것 외에 정보를 교환하는 것이 중요한 일상생활의 하나가 되고 있다.

또한 농민시장은 중국에서 온 사람들로부터 개혁개방에 관한 소식을 전해듣고 남한에 관한 정보를 들을 수 있는 장소가 되고 있다. 1980년대 중반 이후 중국을 방문한 사람들을 통해 들어온 남한가요 테이프와 무역회사 직원들을 통해 밀반입된 남한제품이 유통됨에 따라 남한경제에 대한 관료들과 주민들의 인식이 변화되고 있다. 또한 농민시장에서 유통되는 제품 중에는 라디오가 많은 양을 차지해 서울과 연변의 방송을 청취하는 계기를 마련해 주고 있다.[4]

이렇게 관료부패는 암시장을 중심으로 하는 제2경제를 확산시켜 경제구조가 이원화되는 역할을 수행할 뿐 아니라, 다시 이 암시장은 공식적 매스컴체계에 의해 차단된 사회정보의 중요한 유통채널 역할을 한다. 결과적으로 관료부패에 의해 국가가 통제하는 경제영역이 잠식되고, 그 결과 다시 관료부패의 공간이 더욱 확대되는 악순환의 되풀이 현상이 나타날 뿐 아니라, 비공식적 정보유통 체계가 형성됨에 따라 브레진스키가 말한 전체주의의 중요한 특성 중의 하나인 당의 매스컴 장악이 점차 어려워진다.

2) 관료 부패문화의 확산과 체제위기

관료부패는 관료 및 일반주민들의 경제생활에 대한 인식에 커다란 변화를 초래하고 있다. 1980년대 중반 이후의 선택적 개혁개방에 따른 관료부패의 심화와 암시장의 확산, 그리고 매개수단으로서 외화의 유통은 다음과 같은 두 가지 점에서 관료 및 주민들의 의식구조를 변화시키고 있다.

되며, 따라서 새로운 정보에 대해 '귀가 커지는 현상'이 발생하게 된다. 김정민과의 면담(1994. 2. 17; 1994. 3. 10); 김남준(전 북한 인민군 경비소대장)과의 면담 (1994. 3. 16).

4) 고청송과의 면담(1994. 3. 25).

하나는 관료 및 주민들의 돈에 대한 인식이 변화하고 있다는 점이다. 북한에서 암시장이 확산되기 전까지는 주민들의 주요한 가치는 돈보다는 사회적 상승, 구체적으로는 당원이 되는 것이었다. 돈을 가져도 상점에서 구입할 상품이 없었던 반면, 당원이 되면 여러 가지 배급혜택과 권위가 동시에 주어졌기 때문이다. 물론 그러한 사회적 가치는 중요한 것으로 남아 있지만, 암시장이 확대되면서 돈이 또 하나의 중요한 가치가 되었으며, 특히 외화는 절대적인 가치와 위력을 발휘하게 되었다. 외화는 가장 중요한 뇌물의 수단인 동시에 어떠한 욕구도 충족시킬 수 있는 수단으로 인식되기에 이르렀다. 북한 관료 및 주민의 외화에 대한 관심은 1980년대 후반, 즉 대외경제사업의 확대·발전에 박차를 가한 제3차 7개년계획(1987~93)이 한창 진행되던 때부터 급속히 증진되었다고 할 수 있다.5) 외화에 대한 인식변화는 결과적으로 관료부패와 상승작용을 하게 되는 것으로 분석된다.

다른 하나는 관료들의 부패개입 목적에 대한 인식이 변화하고 있다는 점이다. 1980년대 중반 이전 관료일탈의 주목적은 단순히 생존을 위한 수단에 불과했다고 할 수 있다. 그러나 그 이후 관료들은 이원적인 경제구조, 즉 제2경제에 익숙하게 되고 외부세계에 접하게 되면서 '부의 축적'에 대한 관심이 높아졌다. 이에 대해 국가는 이들의 정치적 충성심만 확고하면 이들의 불법적 경제활동을 묵인해 줌으로써 체제를 유지시키고 있다. 국가의 이런 대응은 결국 계급철폐라는 공식적 입장과는 달리 사회적 계층화를 더욱 조장하는 동시에 특권계층이 형성되는 계기를 마련하고 있다.

관료와 주민들의 경제인식, 특히 돈에 대한 인식의 변화는 다시 관료부패를 더욱 조장하는 결과를 낳는 한편, 관료에 대한 지도부의 비호로 인해 사회적 계층화가 심화되는 현상이 발생하고 있다.

이로 인해 대변혁 이전 소련 및 동구 사회주의체제에서 국가권위의 위축과 정당성의 침식은 주로 지식인 중심의 시민사회에 의해 가속화되었다

---

5) 이정의, "시베리아 벌목장 실태," 김균태 엮음, 『안경없는 군대이야기: 공개되지 않은 인민군 쫄병생활』, 의암출판, 1993, pp.243-247.

고 할 수 있다. 반면에 북한과 같은 동아시아 사회주의체제는 유교문화적 요인과 함께 지식인에 대한 국가의 지속적인 통제에 힘입어 비교적 성공적으로 지식인의 정치적 역할을 제한할 수 있었다. 따라서 이러한 체제에서는 지식인 중심의 시민사회에 의해 국가의 정당성이 훼손될 가능성은 비교적 낮다.

이러한 상황에서 기층사회의 주민과 국가기구의 중추인 관료 사이에서 발생하는 부패는 국가의 권위를 잠식하는 중요한 요인으로 작용한다. 그 이유는 사회주의체제 특유의 속성상 비대해진 관료기구가 개인 또는 조직의 이익을 위한 비리에 개입함으로써 그 원래 기능을 상당정도 상실하게 되는 것을 의미하기 때문이다.

물론 관료부패가 미시적 차원에서 체제에 기여할 수 있다고 보는 견해도 있다. 나이(J. S. Nye)는 부패를 통해서 주민이 국가를 공포의 대상이 아닌 인간화된 실체로 간주할 수도 있게 된다는 점에서 부패가 기층사회를 통합하는 역할을 한다고 주장한 바 있다.6) 이와 비슷한 맥락에서 거대 관료조직 또는 단일조직의 성격을 지닌 사회주의체제에서 관료부패가 관료와 일반주민의 유리현상을 다소 완화시켜 주는 측면이 있다. 또한 지도부는 주민과 관료간의 상호작용인 부패행위를 용인해 줌으로써 주민의 정치적 행동주의를 억제하는 효과를 거둔다는 것이다.

북한의 경우에도 실제로 이러한 일면이 있는 것은 사실이다. 최근 국가안전보위부나 사회안전부 요원과 주민들 사이의 관계가 다소 완화되어 후자가 전자에게 우회적인 방법으로 체제에 대한 불만을 표시할 수 있을 정도가 되었다고 한다. 이것은 주민의 집합적 불만을 사전에 차단하는 효과를 낳을 수도 있다.

이렇게 미시적 및 단기적 측면에서 관료부패가 체제에 기능적 역할을 할 수 있음에도 불구하고, 거시적·장기적 측면에서는 국가의 권위를 손상시킨다는 점에 우리는 유의해야 한다. 관료부패가 국가권위를 훼손하는 구

---

6) J. S. Nye, "Corruption and Political Development," p.420.

체적인 과정은 대체로 다음과 같은 세 가지이다.

첫째, 관료부패는 사회에 대한 국가 관료기구의 통제력 상실을 가져온다. 위에서 언급된 바 있는 관료와 일반주민간의 유리현상이 완화된다는 것은 다름 아니라 국가안전보위부나 사회안전부 요원들이 주민을 감시하고 통제하는 데 효율성을 발휘하지 못하게 된다는 것을 의미한다. 북한에서 이러한 현상은 이들 정보 및 권력기관 요원들의 통제권이 주민들로부터 저항을 받는 사태로 발전하고 있다. 최근 러시아 동방학연구소의 한 보고서는 사회안전부 요원들이 업무 집행과정에서 주민들로부터 항의를 받는 일이 자주 발생하고 있으며, 더욱이 주민에 의해 살해되는 일까지 발생하고 있다고 기술한 바 있다.[7] 이러한 사례는 국가권위에 대한 산발적 도전이기는 하지만 예전에 볼 수 없었던 새로운 양상이라고 할 수 있다.

둘째, 관료부패란 많은 경우 주민과 관료 사이에서 이루어지는 것으로, 이러한 상호관계에 참여할 수 없는 주민들로 하여금 심한 상대적 박탈감을 느끼게 한다. 예컨대 경제적 부패의 경우 주민이 관료에게 뇌물을 공여하고 생활편의와 관련된 혜택을 받는다. 하지만 뇌물을 공여할 수 있는 사람은 외국에 거주하는 친척을 통해 외화나 외국제품을 받을 수 있는 사람이거나 해외근로를 마치고 돌아온 사람에 한정돼 있다. 따라서 그렇지 못한 일반주민들은 상대적 좌절감을 느끼게 되고 사회주의체제가 표방하는 '계급 없는 사회'에 대해 회의를 갖게 된다. 실제로 북한에서는 뇌물수수란 '끼리끼리' 이루어진다는 불평이 주민들 사이에서 표출되고 있는데, 이것은 상대적 박탈감이 심각함을 입증하는 것이다. 이러한 현상은 장기적으로 국가의 권위와 정당성 전반에 대해 의문을 품게 하는 요인이 될 수 있다.

셋째, 관료부패는 국가 또는 관료체제에 대한 주민들의 신뢰를 상실케 함으로써 국가권위가 실추되는 결과를 낳는다.[8] 북한은 '인민을 위하여 복

---

[7] <조선일보>, 1994년 7월 18일.

[8] 부패와 관련해서 주민의 대중적 신뢰가 훼손되는 것은 타 사회주의체제에서도 마찬가지다. 베트남의 정치국원이었던 레 둑토(Le Duc Tho)가 주요신문인 <난단>(Nhan Dan)에 1986년 5월 기고한 다음 글을 참고해 보자. "우리에게 닥친 도전은

무' 또는 '인민대중 중심의 우리식 사회주의'를 표방하고 있지만, 부패를 통해 혜택을 얻을 수 있는 계층을 제외하고는 이러한 구호에 쉽게 동의하기 힘들 것이다. 물론 인민들로부터의 신뢰의 상실이 관료부패만을 통해서 나타나는 것은 아니다. 하지만 주민들은 사회주의의 완전승리를 위해 혁명을 계속해야 한다고 주장하는 국가와 그것을 역설하는 관료들이 구호와는 모순된 삶을 보았을 때, 국가의 권위와 정당성에 의문을 제기할 수밖에 없다.

2. 사회 제방면과 인권문제

북한은 국제사면위원회(Amnesty International), 미 국무부, 프리덤 하우스(Freedom House) 등이 발간하는 각종 인권보고서에서 대표적인 인권 최빈국으로 꼽히고 있다.

북한은 집단주의에 입각, 개인의 자유로운 정치·경제·사회적 행동을 철저히 배격하고 있다. 물론 북한은 인권문제를 철저히 '우리식'으로 해석, 북한에는 인권문제가 전혀 없다고 강조하고 있다. 그러나 북한이 인권 최빈국이라는 사실은 세계적 인권단체들이 인정하고 있고 귀순자들의 증언을 통해 사실로 드러나고 있다. 이제 북한 인권문제는 우리가 더 이상 무관심하게 지나칠 수 없는 문제이다. 왜냐하면 북한의 인권개선 없이는 통일과정뿐 아니라 통일 이후까지도 각종 문제를 야기할 것이기 때문이다.

물질적 유혹, 부르주아 스타일, 돈, 예쁜 여자, 그리고 소비재 등이다…… 이러한 도전은 혁명가의 자질과 윤리를 점차 흔들리게 하고 있다. 그것은 암암리에 우리의 힘을 파괴시키고 있다…… 이데올로기적 측면에서 관료와 당원들 사이에 수습하기 어려운 사태가 발생하고 있다. 이들 사이에서 빈번히 발생하는 현상으로는 부패, 뇌물수수, 밀수, 축재, 타락한 생활, 선물을 통한 공공연한 수뢰 등이 있다…… 이런 현상은 생활에 엄청난 낭비를 초래하며 관료와 당을 타락시키고 인민의 신뢰를 상실케 한다." Holmes, *The End of Communist Power*, p.6에서 재인용.

북한의 인권개선 없이는 북한 내 민주정부 수립이 불가능할 것이고 그 결과 통일은 보다 지연될 것이다. 또한 통일이 된다 할지라도 인권 피해자들의 복수 등으로 인해 사회안정 유지가 어려울 것이고, 이로 인해 통일의 근본목적인 한민족의 공동번영은 달성되지 못할 수도 있다.

따라서 우리는 원만한 통일과 통일 이후의 부작용을 최소화하기 위해 북한 인권개선에 최선의 노력을 다해야 할 것이고, 이를 위해서는 북한 인권상황에 대한 철저한 실태파악을 토대로 한 현실적 개선방안 모색을 강구해야 할 것이다. 이러한 이유에서 여기에서는 북한의 인권에 대한 인식, 인권상황을 최악으로 만든 북한의 체제적 특성, 북한 인권실태 등에 대해 고찰한다.

1) 경제·사회·문화적 권리의 침해

여기에서는 정부가 정책적으로 주민의 경제·사회·문화적 권리를 침해한 경우와 권리침해의 세세한 증거도 제시될 것이며, 그렇지 못한 경우에는 그러한 권리와 관련된 설명적인 자료만 제시될 것이다.

공식적인 퇴직연령은 남자가 65세이고 여자는 60세이다. 퇴직에 의하여 근로자의 근무시간이 줄지 않는다는 보고가 있기는 하지만, 근로자에게 덜 힘든 일을 배정하는 것은 허용된다고 한다. 북한 방문자와 탈북자의 증언에 의하면 공민의 기본권리가 헌법에 보장되고 있음에도 불구하고 퇴직자가 정기적으로 여가활동에 시간을 보낼 시설이 있다고 해도 절대적으로 부족한 형편이며 퇴직하면 노인의 식량배급은 자연적으로 줄어든다고 한다.[9]

북한의 당 지배관료를 제외한 모든 사람은 헌법 제70조 사항과 관계없이 최소한의 급료와 한정된 식량배급을 받기 위해 법정 근무시간을 초과하여 매우 오랜 시간 일하도록 강요되고 있는 것은 상식적인 일이며, 인민들에

---

9) 1998년에 개정된 북한 사회주의 헌법 제5장 제71조, 72조 공민의 기본권리와 의무 참조

게는 일자리가 한번 배정되면 정부의 허가 없이는 그 일자리를 바꿀 수 없고 독자적인 노동조합 활동도 금지되고 있다.10)

북한의 헌법(제69조)은 강제노동을 금지한 국제적인 규범에 대해서는 별로 관심을 나타내지 않고 있다. 즉 "로동은 공민의 신성한 의무이며 영예이다. 공민은 로동에 자각적으로 성실히 참가하며 로동규율과 로동시간을 엄격히 지키지 않으면 안 된다"고 규정하고 있다.

제30조는 또 "하루 로동시간은 8시간이다. 국가는 로동의 강도와 특수한 조건에 따라 하루의 로동시간을 이보다 짧게 적용한다"고 규정하고 있다. 또 제71조는 "공민은 휴식에 대한 권리를 갖는다. 이 권리는 8시간 로동제, 유급휴가제, 국가비용에 의한 정양, 휴양제, 계속 늘어나는 여러 가지 문화시설 등에 의하여 보장된다"고 규정하고 있다.

북한 형법의 일부 규정은 의무노동을 면하는 권리를 침해하고 있다. 예를 들면 제197조는 "의무적 로동, 사회적 및 국가적 과업, 또는 국가적 의의를 가지는 생산로동을 악의적으로 기피"하는 자에게는 교정노동의 형벌을 허용하고 있다. 제174조의 규정에는 "학교를 졸업한 후 취업할 의무가 있는 자로서 상당한 이유 없이 취업을 거부한 경우에 최고 2년의 금고형에 처할"수 있게 돼 있다. 임시인민위원회 법안 제57호의 제52조는 공안당국의 허가 없이는 직업의 변경을 금하고 있다.

북한은 국가의 유일한 이념으로 주체사상을 설정하고 주체사상 이외의 어떠한 사상이나 문화도 허용하지 않으며, '주체사상에 의한 사상의지적 통일단결을 단속·강화'하기 위해 엄격한 사회통제 정책을 실시함으로써 주민들의 인권을 크게 위협하고 있다.

김정일은 각종 교시를 통해서 끊임없이 집단주의 가치에 충실하도록 지시하고 있다. 북한은 집단주의 원칙을 실현하기 위해서는 집단주의적 조건과 사회환경에 맞도록 인간을 개조시키는 작업이 필요하다고 주장한다. 인

---

10) (제70조) 공민은 로동에 대한 권리를 가진다. 로동능력이 있는 모든 공민은 희망과 재능에 따라 직업을 선택하며 안정된 일자리와 로동조건을 보장받는다. 공민은 능력에 따라 일하며 로동의 량과 질에 따라 분배를 받는다.

간개조란 공산주의적 품성을 갖춘 인간으로 주조하기 위해 인위적으로 인간의 성격과 기질을 개조하자는 것이다. 사회주의사회를 건설하기 위해서는 이타주의적이고 집단주의적인 사고방식을 가진 인간이 필요하다. 또한 주체사상의 수령론을 지속시키기 위해서도 '공산주의적 인간개조'가 필요하다. 따라서 북한은 '인간개조'를 위해 각종 학습과 '따라배우기 운동' 등으로 주민들을 조직 속에 얽어매고 있다.

북한은 인간개조 운동을 통해 주민들을 정치적으로 무관심한 순응적 인간으로 양산하고 있다. 그 일환으로 우상화정책을 실시하여 오직 1인에게만 맹종하도록 선전·선동함으로써 탈정치화된 인간을 만들어 복종적인 인간을 주조해 내고 있다. 북한은 연례적으로 '광복의 천리길 답사행군'을 실천하고 청소년·학생들에게 김일성에 대한 충성을 다짐하게 한다. '충성의 편지 이어달리기', '김일성·김정일화 가꾸기', '쌍무지개 등장' 등 수많은 상징조작을 통해 단세포적 인간으로의 개조를 시도하고 있다. 특히 김일성의 사망과 관련해서 언론매체들은 김일성을 신격화하고 김일성과 인민의 불가분리성을 강조하고 있다. 북한은 인민의식을 개조하여 김일성·김정일이라는 용어만 나오면 자동 반사적으로 찬양과 칭송을 하는 인간으로 만듦으로써 주민들의 인권을 침해하고 있다.

북한이 집단주의를 이처럼 강조하는 것은 집단주의라는 명분 아래 공민의 기본권이 얼마든지 제약될 수 있다는 것을 반증한다. 북한은 집단주의 생활원리를 설명하면서 "공민은 조직과 집단을 귀중히 여기며 사회와 인민을 위하여 몸바쳐 일하는 기풍을 높이 발휘하여야 한다"(헌법 제82조)고 거듭 강조하고 있는데, 이는 당과 사회조직의 목적을 위해서는 개인의 이익과 권리가 얼마든지 제한될 수 있음을 보여준다. 실제로 북한은 개인의 이익을 집단의 요구에 희생시키는 것이 참된 집단주의라고 주장하고 있으며 개인의 인권은 당과 정부, 사회단체의 결정에 철저히 예속돼 있다.

북한의 집단주의 사회통제 정책은 학교 교육과정에 그대로 반영됨으로써 보호막이 없는 어린 학생들의 권리까지도 무시되고 있다. 북한헌법 제47조는 "국가는 모든 학생들을 무료로 공부시키며 대학과 전문학교 학생들에게는 장학금을 준다"고 규정하고 있다. 그러나 헌법의 보장에도 불구하고 교육의 권리가 모든 사람에게 균등히 제공되지 않고 정치적·계급적 지위와 성분에 따라 좌우되고 있다. 또한 학생들은 집중적으로 김일성·김정일의 저작과 이데올로기교육을 받고 있다. 탁아소에서는 말을 알아듣고 배우기 시작하는 만 2세 정도에 이르면 아이들이 좋아하는 사탕이나 장난감을 주면서 "아버지 원수님, 고맙습니다," "김일성 원수님, 감사합니다"를 따라하도록 반복시킨다. 유치원에서도 제공되는 모든 물품을 수령이 베푸는 것으로 교육하고 식사나 간식시간에 김일성에게 감사하다고 복창하도록 한다. 취학 전 가치판단이 서지 않은 시기부터 자극·반응의 조건반사적 교육을 실시하여 김일성·김정일 우상화를 학습시킨다.

김일성에게 무조건 충성하고 김일성의 교시만을 절대적 지침으로 삼아야 한다는 원칙은 "유일사상 체계확립 10대원칙"으로 명문화되어 있다. 소위 북한의 '10계명'으로 되어 있는 이 10대원칙은 북한의 모든 주민생활을 규제하는 궁극적인 규범으로 작용하고 있다. 김정일이 당권을 장악한 1974년부터 당원과 전 주민들에게 강요된 10대원칙에서는 헌법이 천명한 기본권의 보장을 발견할 수 없다. 10대원칙은 다음과 같다.

① 위대한 수령 김일성 동지의 혁명사상으로 온 사회를 일색화하기 위하여 목숨바쳐 투쟁하여야 한다.
② 위대한 수령 김일성 동지를 충성으로 높이 우러러 모셔야 한다.
③ 위대한 수령 김일성 동지의 권위를 절대화하여야 한다.
④ 위대한 수령 김일성 동지의 혁명사상을 신념으로 삼고 수령님의 교시를 신조화하여야 한다.
⑤ 위대한 수령 김일성 동지의 교시 집행에서 무조건성의 원칙을 철저히 지켜야 한다.
⑥ 위대한 수령 김일성 동지를 중심으로 하는 전당의 사상의지적 통일과 혁명적 단결을 강화하여야 한다.
⑦ 위대한 수령 김일성 동지를 따라 배워 공산주의적 풍모와 혁명적 사업방법,

인민적 사업작풍을 소유하여야 한다.
⑧ 위대한 수령 김일성 동지께서 안겨주신 정치적 생명을 귀중히 간직하며 수령님의 크나큰 정치적 신임과 배려에 높은 정치적 자각과 기술로써 충성으로 보답하여야 한다.
⑨ 위대한 수령 김일성 동지의 유일적 령도 밑에 전당, 전국, 전군이 한결같이 움직이는 강한 조직규율을 세워야 한다.
⑩ 위대한 수령 김일성 동지께서 개척하신 혁명위업을 대를 이어 끝까지 계승하며 완성하여 나가야 한다.

10대원칙은 각 원칙마다 3~10개의 세부조항을 담고 있다. 예를 들어 제3원칙 "위대한 수령 김일성동지의 권위를 절대화하여야 한다"에서는 제6항에 "경애하는 수령 김일성 동지의 초상화, 석고상, 동상, 초상휘장, 수령님의 초상화를 모신 출판물, 수령님을 형상한 미술품, 수령님의 현지 교시판, 당의 기본구호들을 정중히 모시고 다루며 철저히 보위하여야 한다"고 규정해 놓고 있다. 이러한 원칙에 입각하여 1993년 4월 28일자 <로동신문>은 작업장에서 발생한 화재를 목격하고 김일성과 김정일의 초상화를 불타지 않게 꺼내오려다 불에 타서 사망한 두 젊은 여성의 죽음을 수령님의 교시를 받들어 실천한 아름다운 소행이라고 극찬하였다. 이는 개인의 자유와 권리를 말살하고 "수령님을 위하여 모든 것을 다 바치도록" 강요하는 극도의 비인간적인 모습을 보여준다.
또한 제4원칙 제5항은 "위대한 수령 김일성 동지의 혁명사상을 배우는 학습회, 강연회, 강습을 비롯한 집체학습에 빠짐없이 성실히 참가하여 매일 2시간 이상 학습하는 규률을 철저히 세우고 학습을 생활화, 습성화하며 학습을 게을리 하거나 방해하는 현상을 반대하여 적극 투쟁하여야 한다"고 명시하고 있다. 제5원칙의 제1항은 "위대한 수령 김일성 동지의 교시를 곧 법으로, 지상의 명령으로 여기고 사소한 리유와 구실도 없이 무한한 헌신성과 희생성을 발휘하여 무조건 철저히 관철하여야 한다"고 규정하고 있고, 제8원칙의 1항은 "정치적 생명을 제일 생명으로 여기고…… 정치적 생명을 위해서는 육체적 생명을 초개와 같이 바칠 줄 알아야 한다"고 밝히고 있다.

(1) 성분 차별정책에 의한 인권침해

북한은 헌법 제65조에 "공민은 국가생활의 모든 분야에서 누구나 다 같은 권리를 가진다"고 규정하고 있어 외형상 모든 주민의 평등한 권리향유를 인정하고 있다. 북한은 여기에서 말하는 평등이 헌법상 규정된 권리의 실현에 있어서의 평등을 의미한다고 주장한다. 그러나 북한은 해방 이후 여러 차례에 걸쳐 성분조사 사업을 실시하여 주민들을 출신성분과 사회성분별로 엄격히 구분하고 있다. 1958년 8월 사회주의적 제도개혁을 완비하고 사회주의건설을 위한 '전 주민의 로동자화'를 목표로 그 해 12월부터 전체주민을 출신성분별로 구분하는 작업을 추진했다. 이는 전 주민에 대해 가족의 계급적 배경과 사회적 활동 등을 기준으로 정치성향을 파악하고 소집단으로 분류함으로써 주민들을 효과적으로 관리·통제하기 위해 북한이 시도한 사회주의적 계급정책이었다.

출신성분 구분작업으로는 1958년 12월~1960년 1월에 실시한 '중앙당 집중지도 사업', 1966년 4월~1967년 3월에 실시한 '주민 재등록사업', 1967년~1970년 6월에 걸쳐 조사한 '3계층 51개 부류 구분사업', 그리고 '외국귀화인 및 월북자에 대한 요해사업'(1980. 4~1980. 10), '북송교표에 대한 요해사업'(1981. 1~4) 등이 단계적으로 추진되었다. 특히 1980년에 김정일의 지시로 실시된 '외국귀화인 및 월북자에 대한 요해사업'에서는 13개의 부류가 새롭게 추가되었다.

그러나 주민성분 조사사업을 단계적으로 실시하면서 폐지 또는 추가되는 부류가 많았기 때문에 현재 북한주민의 성분분류 세목을 정확히 파악하는 일은 쉽지 않다. 예컨대 동요계층과 적대계층의 일부로 분류되었던 민족자본가나 지주 등은 현재 폐지된 것으로 보이며, 시기별로 새로운 사회집단이 계속 추가되고 있는 것으로 보인다. 김정일은 통치자로서 모습을 드러낸 1980년대 중반에 성분완화 정책을 시달하고 당시의 시점에서 불필요하게 남아 있는 부류를 폐지 내지 통합한 것으로 보인다.

　북한당국은 이러한 성분정책을 대외적으로 공식 인정하지 않고 있는데, 이는 1980년대 중반 이후 김정일의 성분정책 완화지침에 따른 공식입장을 반영한 것이다. 그러나 여전히 많은 주민들은 성분정책으로 정치적·사회적 권리를 박탈당하고 정신적 고통을 겪고 있다. 북한이 1987년에 제작·상영한 영화 '보증'은 실제로 북한에서 차별적인 성분정책이 실시되고 있음을 극명하게 보여준다. 물론 이 영화는 김정일의 성분완화 정책을 홍보하기 위해 제작되었기 때문에 차별적 성분정책을 시정해야 한다는 내용으로 돼 있으나, 남한에 가족을 둔 한 노동자가 성분문제로 각종 불이익을 겪으면서 사회적·심리적 고통을 당하는 현장이 생생하게 소개되고 있다.

　북한당국은 성분분류 작업을 통해 북한체제에 반대하는 정치세력을 사전에 색출하여 이들의 반당적·반혁명적 행위를 진압하고 반동계급에 대한 감시체계를 강화하고 있다. 출신성분에 따라 구분된 소집단은 의식주 배급에서부터 사회적 이동 및 법집행, 여행허가증 취득 등 사회생활의 모든 영역에서 차별대우를 받는다.

　북한의 전 주민은 핵심계층(핵심군중), 동요계층(기본군중), 적대계층(복잡군중)의 3계층으로 분류된다. 핵심계층은 북한체제를 이끌어 가는 통치계급으로 전체주민의 약 30%를 차지한다. 여기에는 김일성·김정일과 그의 가족 및 친척들과 약 20만 명(인구의 1%)으로 추산되는 고급간부, 그리고 나머지 28~29%의 중하급 간부들이 포함된다. 이들은 대부분 항일혁명 투사와 그 가족, 한국전쟁시 피살자와 전사자 및 유가족들이다. 북한은 핵심계층 자녀들을 위해 각종 특수학교와 만경대혁명유자녀학원, 강반석혁명유자녀학원 등을 설립·운영하고 있다. 고급간부들은 호화주택에 살면서 자녀들을 특수학교에 보내고 최신 유행품 등을 소유할 수 있다. 개인전화도 소유하고 있고, 외국 출판물도 구독하며, 외국방송을 청취할 수 있는 라디오를 가지고 있다. 이들은 대부분 평양을 비롯한 대도시에 살면서 당·정·군 간부등용에서 우선적인 특혜를 받고 있고, 진학, 승진, 배급, 거주, 의료 등 각종 분야에서 특혜를 누리며 봉건적 세습 신분집단을 형성하고 있다.

3계층 51개 부류 분류표

3계층	51개부류
핵심계층	노동자, 고농(머슴), 빈농, 사무원(당·정·행정기관에 근무하는 자), 로동당원, 혁명유가족(반일투쟁에서 희생된 자의 유가족), 애국열사 유가족 (6·25 당시 비전투원으로 희생된 자의 유가족), 혁명인텔리(8·15 이후 북한이 양성한 인텔리), 6·25 당시 피살자가족, 6·25 당시 전사자가족, 후방가족(인민군 현역장병의 가족), 영예가족(6·25 당시 부상한 상이군인)
동요계층	중소상인, 수공업자, 소공장주, 하층 접객업자, 중산층 접객업자, 무소속 남한출신, 월남자 가족(제1부류), 중농, 민족자본가, 월남자 가족(제2부류), 월남자 가족(제3부류), 중국귀환민, 8·15 이전 인텔리, 안일·부화·방탕한 자, 접대부 및 미신 숭배자, 유학자 및 지방유지, 경제사범
적대계층	8·15 이후 중소기업가·부농·상공업자에서 전락된 노동자, 부농, 지주, 친일·친미행위자, 반동관료배, 입북자, 기독교신자, 불교신자, 천주교신자, 출당자, 철직자, 적기관 복무자, 체포·투옥자 가족, 간첩 관계자, 반당·반혁명 종파분자, 처단자 가족, 출소자, 정치범, 개인재산을 완전 몰수당한 자본가

* 출처: 통일원, 『'92 북한개요』, p.268.

　　동요계층은 북한체제의 기본계층으로 핵심군중에 속하지 않고 당원이 아닌 일반노동자, 기술자, 농민, 사무원, 교원 및 그 가족 등을 중심으로 구성되며, 전체인구의 약 50%를 차지한다. 이들은 주로 하급간부나 기술자로 진출하고 있으며 극도로 제한된 수입과 배급식량으로 생활을 꾸려가고 있다. 이들은 대부분 지방의 중소도시와 농촌에 살고 있는데, 보건혜택도 불충분하며 특별허가 없이는 평양을 여행하지 못한다. 이들 중에서 일부는 핵심계층으로 신분이 상승하는 경우도 있다.

　　적대계층은 계급적 적대자와 민족적 적대자로 구성되며, 소위 불순분자, 반동분자로 낙인찍힌 자들로서 사회로부터 소외되고 인권을 유린당하는 집단이다. 적대계층은 북한 전체인구의 약 20%를 차지한다. 이들은 과거 지주·자본가 가족, 일제시 공직자, 종교인 가족·부역자 가족 출신 등으로 대학진학, 입당, 군장교 등의 자격이 원칙적으로 박탈된다.

　　출신성분에 따라 이와 같이 차별대우하는 성분정책은 동요계층에게도 사회적 진출을 억제하는 불리한 정책이지만 성분정책으로 직접적인 피해를 입는 부류는 역시 적대계층에 속한 사람들이다. 적대계층은 위에 열거한 출신성분 외에 당원자격을 박탈당한 자, 간부에서 파직된 자, 체포·투옥자 가족, 정치범 출소자, 경제사범, 반당·반혁명 종파분자 등 북한의 권력투쟁에서 희생당하거나 소외된 엘리트와 관료들도 포함하고 있다.

적대계층은 대체로 힘들고 유해한 중노동에 종사하고 있으며 강제이주를 통한 격리수용의 대상이 되는 독재대상, 항상 동태를 감시당하는 고립대상, 집중적인 교양학습을 통해 체제 순응적인 대상으로 교육하는 포섭대상 및 교양대상 등으로 구분되어 관리되고 있다.

적대계층 분류표

독재대상	독재대상자는 현재 북한체제와 제도를 전복하려는 부류로 이들은 일반주민들과 분리시켜 소위 '안전지대'로 불리는 산간고지와 탄광지대 등 특수지역으로 이주시키고 있다.
고립대상	고립대상자는 상당히 위험한 대중으로 일단 유사시에는 남한에 동조 내지 동조할 가능성이 있다고 판단된 자들이며 일반군중에 공개하여 집단 감시케 한다.
포섭대상 및 교양대상	포섭대상자들은 일부 동요계층까지도 포함하며 사회적 일탈 정도가 경미하여 체제·이념에 다시 순응할 수 있다고 판단되는 부류이며, 교양대상자들은 사상교양을 강화하면 전향할 가능성이 있는 자들이라고 보는 유동적인 부류이다.

(2) 사회조직 및 주민통제 실태

북한은 사회통제 효과를 극대화하기 위해 국가안전보위부나 사회안전부 등 국가 억압기구 외에도 인민반, 5호담당제 등을 통해 상호 감시하도록 하는 통제정책을 시행하고 있다. 인민반조직은 동인민위원회 산하에 15~20세대 단위로 조직돼 있다. 이것은 행정의 가장 기초단위 조직으로서 행정의 효율화에 우선적 목적이 있겠지만, 인민의 전·출입 감시, 노력 및 행사동원, 인민의 사상교양 등을 실시하는 기구로 활용하여 집단주의 강화와 체제보위를 실현하려는 목적도 갖고 있다. 농촌에서는 인민반 대신 전통적인 리단위의 생활권을 유지하며 협동농장과 작업반 및 분조를 학습활동에 긴밀히 연결시킴으로써 주민들을 통제하고 있다.

인민반회의는 매주 토요일 저녁 또는 일요일 저녁에 모임을 갖고 학습 및 제반 생활문제를 광범위하게 토론하고 자아비판도 하고 있다. 인민반 감시·감독원들은 위의 임무와 함께 그 임무를 수행할 수 있는 상당한 권한을 가지고 있기 때문에 기업소 등 직장의 간부라 할지라도 가정생활에 있어서는 반장으로부터 철저한 감시와 통제를 받도록 돼 있다. 또 인민반에는 국가안전보위부와 사회안전부에서 별도로 감시원(정보원)을 배치하여 반 내 방문자 조사보고, 특히 반 내 적대계층 주민의 동태와 그 주민과 접촉한 자의 행적을 내사·보고하도록 돼 있다.

5호담당제는 1958년 7월 김일성이 "유급간부 한 사람이 5호씩만 책임지고 교양사업과 경제과업 등 일체를 지도하도록 해서 리사업을 추켜세우며 리당위원회에서 그들을 모아 놓고 과업을 주고 그 집행정형을 총화하면 일이 잘된다"고 교시함으로써 전 세대를 5호씩 나누어 열성당원 1명을 배치하면서 시작되었다. 이는 농촌지역에서 작업반단위를 분조로 세분화시켜 분조를 중심으로 인민생활과 학습활동을 강화해 나가고자 한 북한의 방침이라고 볼 수 있다. 이 제도는 결국 열성당원인 5호담당관이 타 가정의 사상을 감시하고 교육함으로써 가정간의 인간관계를 파괴하고 상호불신과 질투심을 높이는 부작용을 낳았다. 특히 각종 '총화'를 통해 '비판과 자기비판'을 하도록 함으로써 비인간화를 더욱 촉진시켰다.

인민반과 5호담당제는 정치적 통제와 경제적 동원에 이르기까지 북한주민에 대한 최소단위의 사회통제 조직이다. 이것은 북한주민의 일상생활의 세밀한 부분까지 파고 들어가 철저하게 감시하고 억압하는 통제장치라고 할 수 있다.

이외에도 여성조직, 종교결사, 노조 등을 포함하는 모든 조직과 결사는 정부에 의해 통제되며 정부는 이들 조직을 통해 로동당 당원과 후원자를 양성한다. 독립적인 기관이나 결사의 존재는 결코 용납되지 않는다. 모든 주민은 자신의 직업, 성별, 나이에 기초하여 이들 조직에 의무적으로 가입하도록 되어 있다. 조선로동당은 10개가 넘는 각종 대중조직에 대한 감독을 책임지고 있다. 이 가운데 사회주의로동청년동맹(사로청, 14~30세), 조선민주녀성동맹(녀맹, 31~60세 여성), 조선직업동맹(직맹, 31~65세 사무원·노동자), 조선농업근로자동맹(농근맹, 31~64세 협동농장원) 등 4개 단체는 1천만이 넘는 회원을 갖고 있다.

직업동맹은 형식상 노동자, 사무원들의 조직체로 되어 있으나 실제로는 로동당의 완전한 통제하에 있다. 즉 간부는 당에서 지명하고 직맹회의에서 형식적인 절차를 거쳐 선출되며 그 사업은 당의 지시와 감독을 받는다. 1968년에 수정된 직업동맹 규약은 맹원들이 "김일성의 교시를 무조건 집행할 것"을 제1항으로 명시하고 있다. 직업동맹은 모든 노동자·사무원들을 당의 통제 속에 몰아넣기 위한 기구일 뿐만 아니라, 사회주의 경쟁운동을 비롯한 모든 노동제도와 노동질서, 노동자·사무원의 사생활까지도 일일이 구속하는 감독기관으로 기능하고 있다.

사로청도 규약 총칙에 6가지 과업을 제시하고 있는데, 제1과업을 "청년들을 당의 사상체계로 무장시키고 당을 목숨으로 지키며 당의 로선과 정책을 무조건 관철"하도록 규정하고 있다. 사로청은 행정 및 생산단위로 세분화되어 있으며, 시·군위원회와 각 직장, 공장, 기업소, 군대, 학교에 조직돼 있다. 농근맹도 역시 로동당의 외곽단체로서 로동당의 명령과 지시를 철저히 수행하도록 농민을 감시·통제하며 농민의 노동력을 최대한 동원하는 기능을 담당하고 있고, 녀맹과 소년단 조직도 주민과 학생들의 개인생활을 통제하는 매개체로 활용되고 있다.

이들 단체의 주목표는 로동당을 보좌하고 정부의 목표달성을 위한 각종 운동에 참여하며 김일성과 김정일에 충성을 바치는 일이다. 예를 들어 천리마운동에는 생산성제고와 같은 목표달성을 위해 청년, 여성, 노동단체, 기타 단체 등 전체사회가 동원되었다. 어린이들도 '소년단'(7~13세)에 가입하여 외국손님 북한방문시 공항에서 평양까지 연도에 도열하는 작업에 동원된다. 이러한 행사의 준비과정과 행사 자체, 그리고 다른 여러 모임에도 의무적으로 참석해야 한다. 참여하지 않을 경우 이는 혁명열기의 결여로 간주되며, 심지어는 충성부족으로 간주되어 보복의 위협을 받는다.

북한의 조직별 학습교양체계 현황

종 류	시 간	내 용
월요학습침투	월요일 저녁(요일변동 가능)	등급별 학습, 주체사상의 요구, 맑시즘과의 차이
수요강연회	수요일 저녁	국가정책, 국제문제, 자유주의적 행태 단속
주총화학습	토요일 오후	찬양가, 로작학습, 자아비판 등 '예배형식'
인민반학습	도시지역: 토요일 저녁 또는 일요일 저녁 농촌지역: 장마당 서기 전날 저녁	주부, 노인대상 생활정보 교환, 로작학습
아침독보회	근무 전 30분간	선동원 1명 주관 로작 또는 <로동신문>

　노동자들은 보통 아침 8시에 출근하여 오후 6시에 기본일과를 마치고 하루 평균 2시간씩 사상학습을 실시한다. 학습은 각각 직장별, 작업반별, 조직별로 나누어 실시하기 때문에 중첩적인 학습망으로 얽혀 있다. 또한 요일에 따라 월요 학습침투, 수요강연회, 토요 주총화학습 등 다양한 방법으로 학습활동을 실시한다.
　뿐만 아니라 사로청, 직맹, 농근맹, 녀맹 및 소년단 등 각종 대중단체들은 학습활동의 핵심적 매개체로 기능하는데, 이들 조직이야말로 북한주민들을 혁명사상으로 무장하고 당의 지시에 따라 움직이도록 하는 중요한 사회통제 기구이다.

(3) 이동·여행·정보 통제
　북한은 인간의 자유로운 활동을 최대한 제한함으로써 정보교환으로 인한 체제 부정적 일탈행위를 방지하고 있다. 따라서 북한주민들은 능력과 기호에 따른 주거지선택의 자유와 여행의 자유가 없음은 물론, 당국의 허가 없이 주민들은 자의로 주거지를 옮길 수 없으며, 주거지를 허가 없이 옮기면 공민증을 받을 수 없고 취직과 식량배급을 받을 수 없게 된다.

북한은 중앙인민위원회 결정 제56호에 "거주지를 벗어나 다른 지역에서 90일 이상 체류하려는 사람은 사회안전부로부터 허가를 받아야 한다"고 규정하고 있으며, 제57호에는 "모든 인민들은 가족이 아닌 일시적 손님이나 여행자를 숙박시키려면 역시 사회안전부로부터 허가를 받아야 한다"고 규정하고 있다. 또 여행자가 유숙지를 떠날 때 주인은 그에게 유숙했다는 증명서를 발급해 주고 여행자는 집에 돌아가면 이 증명서를 공안당국과 직장의 책임자에게 제출하도록 규정하고 있다.

북한이 이처럼 이동과 여행을 제한하는 이유는 사회주의사회에서 생산과 노동을 강조하여 여행을 곧 노동력상실로 보고 있기 때문이기도 하지만, 여행기간 동안 심리적 해이가 일어나기 쉬우며 서로의 정보교환을 통해 정부정책에 대한 비판의 계기를 마련해 준다고 보기 때문이다. 북한은 치안을 이유로 이와 같이 여행을 최대한 제한하며 다른 지방으로 여행하려면 소속 사회안전부에서 발행하는 여행증을 소지해야 하기 때문에 북한주민들은 대부분 그들이 태어난 곳과 배치된 단위에서 일생을 보낼 수밖에 없다.

북한주민은 특별한 경우를 제외하고는 개인여행이 불가능하고 공무여행을 하는 경우에는 공민증, 신분증, 신임장, 출장증을 갖추어야 하며, 비록 이러한 증명서류를 소지한다고 하더라도 여행범위는 크게 제한된다. 지방주민이 평양 여행허가를 받는 데는 대규모 집회나 행사참가, 대학입학 등 특별한 자격이나 목적이 있어야 하고 성분이 확실해야 한다.

1987년 귀순한 김창화, 어성일의 증언에 의하면, 주민들의 여행신청은 14일 전에 해당 단위의 직장장에게 제출하여 1차로는 노력동원과 사상에 대한 검토를 거쳐 승인을 받아야 하며, 2차로는 해당 지역 사회안전부 증명서 발급과에 3일 전에 여행신청서를 제출하여 위험분자, 감시자, 동향불순 등록자 여부를 검토받은 후 지역보위부 종합과에서 이를 대조·확인한 후에 해당 직장 초급당 비서를 경유하여 여행증이 교부된다고 한다. 여행증명서를 발급받은 여행자는 여행지에 도착하면 그 지역 인민반장에게 확인을 받은 후 숙박 등록부에 등록하고 사회안전부로부터 여행증 뒷면에 검인을 받아야 한다. 여행증에는 귀향 일시가 기재되며 귀향 4일 전에 여행지 역전 분주소에 신고해야 승차권을 매입할 수 있도록 돼 있다. 이러한 복잡한 절차로 인해 타지에 있는 부모·형제·친지 등이 사망했을 경우 장례식에 참석하지 못하는 것이 관례로 되어 있다.

북한주민들은 여행중에도 심리적 압박이 매우 심하다. 모든 직장 성원에게 일정한 작업량이 정해져 있어 여행으로 그 작업량을 완수하지 못하면 성적평점에 영향을 받기 때문이다. 성적평점이 나쁘면 태만자로 분류되고 그것은 배급, 자녀들의 진학 등에 영향을 미치게 된다. 뿐만 아니라 식량 및 주요 생필품을 '배급제'로 운영하고 있는데, 이는 주민들을 통제하는 가장 효과적인 장치 가운데 하나에 속한다. 누구를 막론하고 사회조직(직장 및 사회단체)에 속해야 식량을 공급받을 수 있기 때문이다. 식량배급제는 협동농장원을 제외하고 노동자와 비노동자(부양가족)간의 지급기준에 차등을 둠으로써 노력동원의 기피를 원천적으로 봉쇄하는 기능도 수행한다.

북한은 거주이전의 자유를 허용하지 않을 뿐 아니라 정치적으로 믿을 수 없는 사람들에 대해서는 강제이주를 시키고 있다. 정치범이나 체제 불만자들에게 행하는 강제이주는 일반적인 현상이며, 그 외에도 자강도와 양강도 등 새로 신설된 공업지대나 탄광지대, 그리고 최근 나진·선봉 경제특구 같은 지역에 필요에 따라 주민들을 강제 이주시키는 것은 보편화된 정책이다.

1993년 9월 귀순한 안명진에 의하면, 1992년 10월 김정일의 "비사회주의 요소를 없애라"는 지시에 따라 평양시는 직장, 지역단위로 사회안전부원, 국가안전보위부원, 모범근로자 등으로 구성된 '비사회주의 제거 그루빠'를 조직하여 당지시 위반자, 당정책 불평불만자, 근무태만자들을 집중 색출하여 지방으로 강제 추방했으며, 20~30세대로 구성된 인민반에서 위반자 발생시에는 연대책임을 물어 단전·단수조치를 취하였다.

또한 불구자들에 대해서도 강제이주를 시키고 이들을 집단 관리하고 있다. 북한에서 불구자들은 평양에 거주하지 못하도록 되어 있다. 북한은 평양을 국제도시로 꾸미기 위해 신체불구자를 외국인의 눈에 띄지 않게 지방으로 이주시킨다는 계획하에 평양시내에 거주하는 벙어리와 귀머거리는 물론 신체장애자·정신병자와 그 가족들까지도 지방으로 강제 이주시켰다. 외국인의 출입이 잦은 남포, 기성, 청진시에서도 장애자들을 산간오지나 외딴섬으로 추방하였다. 평양을 방문한 사람들은 평양에 불구자가 없음을 증언하고 있으며, 최근 귀순자들은 불구자는 불구의 정도에 따라 분류되어 일정한 벽지에 살도록 제한받는다고 증언하고 있다. 또 국가가 불구자들의 배우자를 지정해 주며, 이들은 불구자를 보살피고 훈련시키는 일을 도와주며 작업장까지 교통편을 제공하도록 의무를 부여받는다.

그런가 하면 신체적 특징에 따라 혹독한 차별대우를 받는다는 증언도 있다. 북한은 난쟁이를 없앨 수 있는 방법을 강구하라는 김정일의 지시에 따라 난쟁이를 색출하여 특수지역으로 추방하고 있으며, 난쟁이가 유전에 의한 것일 경우에는 그 가족들과 함께 여진족형 마을이라고 불리는 함경남도 산골의 작은 벽촌마을에 집단 수용한다고 한다. 난쟁이들은 그 수가 줄어들어 이제는 약 30쌍만이 남아 있는데 당국은 난쟁이들을 없앤다는 명목으로 난쟁이들간의 결혼을 금지시키고 있다고 한다.

(4) 종교인에 대한 탄압

북한은 "종교는 인민의 아편"이라는 마르크스의 언명에 따라 건국 이래 종교탄압을 꾸준히 실시해 왔다.

북한은 종교를 계급사회에서 지배계급의 착취를 옹호하는 도구로 설명하고 있다. 따라서 무계급사회인 북한에서 종교는 무의미하고, 더구나 주체사상이라는 '완벽한 종교'가 존재하는 상황에서 종교는 존재의의가 없다고 보는 것이 그들의 기본적인 인식과 태도라고 볼 수 있다. 이러한 종교에 대한 기본인식에 따라 과거 많은 종교인들이 성분불량자로 간주되어 무자비하게 고문을 받거나 처형되었다. 특히 한국전쟁 직전과 전쟁중 많은 종교인들이 체포되어 처형되거나 실종되었다. 종교인들은 대부분 반민족적·반혁명적 적대대상으로 무자비한 탄압을 받았고, 특히 기독교는 제국주의 침략의 정신적 도구로 간주되어 많은 기독교인들이 숙청당하였다.

1958년부터 시작된 중앙당 집중지도 사업으로 종교인들은 모두 자취를 감추고 말았다. 불교의 경우 400여 개의 사찰 가운데 60여 개의 사찰을 제외하고는 모두 사라졌으며, 1,600여 명의 승려와 3만 5,000여 명의 신도가 사라졌다. 기독교의 경우는 1,500여 개의 교회와 30만여 명의 신도가 사라졌고, 천주교의 경우 3개의 교구와 5만여 명의 신도가 사라졌다. 천도교의 경우 12만여 명의 신도가 자취를 감추었다.

김일성은 1972년 사회안전부에서 행한 연설에서 다음과 같이 회고한 바 있다. "우리는 그러한 종교인들을 함께 데리고 공산주의사회로 갈 수가 없읍니다. 그래서 우리는 기독교, 천주교에서 집사 이상의 간부들을 모두 재판해서 처단해 버렸고 그 밖의 일부 종교인들 중에서도 악질들은 모두 재판하였읍니다. 그리고 일반 종교인들은 본인이 개심하면 일을 시키고 개심하지 않으면 수용소에 가두었읍니다."

종교의 자유 역시 헌법에는 명문으로 인정돼 있다(제68조). 종교의 자유에 관해서 1972년 헌법은 신앙의 자유와 아울러 반종교 선전의 자유를 동시에 언급함으로써 사실상 종교의 자유를 부정하고 있었다. 이에 비해 1992년 개정헌법에서는 제68조 1항에 종교건물을 짓거나 종교의식을 거행하는 것을 허용한다고 규정함과 아울러 '반종교 선전의 자유'를 삭제함으로써 형식적이나마 종교의 자유를 허용할 수밖에 없는 변화된 시대적 상황을 반영하였다. 그러나 제68조 2항에서 "누구든지 종교를 빙자하여 외세를 끌어들이거나 국가·사회질서를 해치는 데 이용할 수 없다"고 규정하고 있어 북한당국이 허용하는 종교의 자유가 갖는 제약 내지 한계를 잘 나타내고 있다.

1991년 5월 미국을 방문한 북한 종교단 일행은 거의 종교인에 대한 오해 때문에 북한당국이 많은 종교인들을 탄압했음을 솔직히 시인하였다. 1988년 말 봉수교회와 장충성당이 건립되었으며, 1992년 칠골교회가 완공되어 종교의 자유가 부분적으로 허용되었다. 그러나 1만여 명의 기독교신자와 500백여 개의 가정교회가 있다는 북한의 주장과는 달리 종교인에 대한 감시와 탄압은 계속되고 있다.

2) 교육과 인권침해

북한은 헌법 제73조에 교육받을 권리에 대해 규정하고 있는데, 이에 따르면 교육의 목적은 사회주의적 세계관의 확립, 로동당이 부과하는 임무를 수행하는 데 필요한 지식과 기술의 소유 및 로동당의 이념을 실현하는 데 필요한 체력을 함양하는 데 두고 있다. 즉 북한은 사회주의건설을 위해 '사상적 요새' 점령의 중요성을 강조하고, 이를 위한 방안으로 '전인민의 인테리화'를 교육의 당면과제로 설정, 투자를 강화해 왔다. 따라서 1973년부터 실시하고 있는 '11년 무료 의무교육제'나 1977년에 제정된 "사회주의교육에 관한 테제"는 공산주의적 인간교육을 위한 목적에서 설치되었다고 분석할 수 있다. 결국 이것은 '참교육'을 위한 제도는 아니고 주조화된 '주체인간' 양성을 위한 김일성 유일사상 주입에 중점이 있다고 할 수 있다.

북한은 정치적 신분에 따라 교육혜택을 부여하고 있기 때문에 학생 당사자의 실력이나 본인의 의사와는 거의 상관없이 지망대학이 일방적으로 정해진다. 중앙당 부장, 정무원 부장 등 김정일의 측근이나 소위 간부 자녀는 무시험 특별입학이 허용된다. 1993년 10월 1일 귀순한 박수현은 고위간부의 자녀들은 김일성·김정일의 지시로 입학이 결정된다고 하면서 이런 학생들은 '교시받은 학생', '지시받은 학생' 또는 '말씀 받은 학생' 등으로 부른다고 증언하였다.

한편 대학입학 예정자 중 김일성종합대, 김책공대 등 주요대학의 경우는 직계 존비속 6촌까지, 일반 사범대학 경우는 직계 존비속 4촌까지 성분조사를 받는다. 성분조사 과정에서 작은 결점이라도 발견되면 입학이 취소되어 남자는 군대에 입대하여 7~10년간 복무해야 하고, 대다수의 여학생은 생산기업소로 배치된다. 연좌제 등 출신성분에 따른 진학포기 피해실상은 많은 귀순자들의 증언을 통해 드러나고 있다. 귀순자 임영선은 1988년 4월 '군관'(장교)이 된 후 총정치국 간부에게 대학진학을 위해 뇌물을 상납하였음에도 불구하고 성분이 좋지 않으니까 포기하라는 언질을 받은 바 있으며, 원산 남자고등중학교 김모 학생은 평양에서 열린 '전국 알아맞추기 경연대회'에 출전하여 2등을 한 수재였으나, 큰아버지가 월남자라는 이유로 대학에 진학하지 못하였다고 한다. 북한은 소련·동구 사회주의국가 붕괴는 청년들의 사상교육과 통제사업이 미약했기 때문이라고 분석하여 성분이 제기된 대학생은 과감히 퇴학시키고 있는 한편, 대학입학도 실력보다는 출신성분에 의한 선발기준이 더욱 강화되어야 한다는 내용의 "성분을 다시 볼 데 대하여"라는 지시를 내린 바 있다.

대학입학 예정인원 배정에서도 지역적 차별이 심해 성분이 좋고 간부가 많은 평양에 제일 많이 배정된다. 군 및 구역 행정위원회의 대학생 모집과는 군당 및 구역당의 지시에 따라 간부들의 자녀들을 지명 추천하며, 최근에는 외화를 많이 보유하고 있는 북송교포 자녀들이 포함되기도 한다고 귀순자 김영성은 증언하고 있다. 북송교포들은 자녀의 대학입학을 위해 일류대학일 경우 학교측에 방송차나 화물차를 기증하며, 이류대학일 경우 몇 대의 칼라TV를 기증하고 있다고 한다.

동요계층에 대한 대학입학 통제실상은 많은 귀순자들을 통해 드러나고 있다. 출신성분이 좋지 않은 계층에 속한 사람들은 실제로 대학시험을 통과했다 하더라도 정밀한 신원조사를 무사히 통과해야 입학이 허용된다. 연좌제 등 출신성분에 따른 피해에 대해 귀순자 김영성은 자신이 인민학교와 고등중학교 전 기간 동안 전교 1등을 했지만 1979년 3월 초에 있은 대학시험에 파견장이 나오지 않았다고 증언하였다. 그가 다니던 학교 교장선생님과 어머니가 재직하고 있던 학교 교장선생님이 대학교 모집처에 찾아가 문의한 결과 "학생의 외삼촌이 1946년 12월경 월남을 한 '10호대상'(월남자 가족)이기 때문에 파견장이 안 나갔다"는 것이었다.

북한헌법 제39조는 "국가는 사회주의 교육학의 원리를 구현하여 후세들을 사회와 인민을 위하여 투쟁하는 견결한 혁명가로, 지·덕·체를 갖춘 공산주의적 인간으로 키운다"고 규정하고 있다. 또 헌법 제41조의 규정은 다음과 같다. "국가는 로동하는 나이에 이르기까지 자라나는 모든 세대들에 대하여 전반적 10년제 고등의무교육을 실시한다." 이어 제42조는 "대학 및 고등전문학교 학생들에게는 장학금을 지급한다"고 규정하고, 제43조는 "국가는 모든 어린이에 대하여 1년간의 학교 전 의무교육을 실시한다. 국가는 모든 학령 전 어린이를 탁아소, 유치원에서 국가와 사회의 부담으로 키운다"고 규정하고 있다.

이와 같은 헌법의 보장에도 불구하고 교육은 모든 사람에게 균등하게 제공되지 않고 정치적·계급적 지위와 서열에 따라 좌우되고 있다. 좋은 학교는 평양과 대도시에 자리잡고 있다. 전에 북한에 살던 사람은 지배계급 출신 학생들만이 중학교 이상의 교육을 받을 수 있다고 시사하고 있다. 수많은 학생들이 고등학교 또는 대학으로 진학하기 전에 실시하는 정치배경 조사에서 실격된다고 한다. 학생들은 외국인에 대해 관용하지 않을 것을 교육받으며 교과과정도 김일성의 저작과 이데올로기에 집중돼 있다.

북한은 교육기관의 창설을 통해 문맹을 정복했다고 주장한다. 교육제도의 기반은 11년 의무교육제다. 이 의무교육을 마친 학생은 입학요건을 갖추면 주로 직업학교인 고급중학에 진학할 수 있다. 고급중학을 마친 학생들은 대부분이 사회에서 2년 동안 일해야 한다. 그리고 직장에서 적절한 추천을 받은 학생은 158개의 전문학교(예컨대 사범학교, 공업학교)나 256개의 중학 이상의 교육기관 중 하나에 진학할 수 있다.

"사회주의 교육학에 관하여"라는 1979년 논문에서 김일성은 학교시설, 공급품과 교육요원에 적절하지 않은 점이 많다는 것을 시인하고 있다. 북한 방문자들은 평양의 학교조차도 전일제가 아니라 반일(半日)제라는 말을 학생들에게서 들었다고 한다. 교실을 참관한 그 방문자는 학생간에 상호 의견교환이 거의 허용되지 않고 그 대신 강의, 암기, 학생들에 대한 질문에 의존하는 교육을 목격했다. 교실을 참관하고 학생들을 만난 방문자들은 북한학생들은 자발성이나 개인주의가 적고 서로 말하기를 꺼리는 것 같다고 보고하고 있다. 평양의 교실에는 교사 개인이 준비한 자료 외에는 교육용 전시물이 적다는 것이 목격되었다. 수도 이외의 학교사정은 더 나쁘다고 한다.

일본에서 귀국한 교포의 자녀들은 특히 엄격한 규제를 받는다는 증거가 있다. 예를 들면 일본인 방문자는 김원조라는 젊은 귀국자의 경우를 보고 했다. 그는 대학입학 승인을 담당한 위원회가 내린 불공정한 결정에 관하여 김일성에게 직접 편지를 썼다. 그의 견해로는 그가 당과의 관계가 없고 위원회에 대한 그의 가족의 기부가 불충분하다고 하여 위원회가 그의 입학원서를 기각했다는 것이다. 항의한 결과 그는 반혁명분자라는 혐의를 받아 공안부대에 체포되어 종적을 감추고 말았다. 귀국한 교포들은 그의 소재를 찾았으나 허사였다. 교포 귀국자들은 그가 강제노동수용소에 억류돼 있거나 산골 형무소에서 처형되었을 것이라고 믿었다.

교과과정과 대학 입학권은 조선로동당이 엄격히 통제한다. 김일성 숭배에 관한 연구는 교육경험의 내용이나 시간에서 중요한 역할을 한다. 예를 들면 외국어 입문을 수업할 때 김일성사상과 그의 개인배경을 외국어로 번역한 교재가 사용되고 있다. 한 학교교재에는 다음과 같은 구절이 있다. "우리의 자랑스러운 땅 밑에 묻혀 있는 모든 금과 은은 김일성의 선물이다." "우리의 한글은 김일성과 당이 만들었다." 1학년 사회 교과서에는 "김일성 원수," "김일성 원수 고맙습니다," "우리 아버지 김일성 원수"에 관한 여러 장이 들어 있다. 김의 이름은 페이지마다 평균 한 번씩 나타난다.

학교교육에 추가하여 모든 북한인은 김일성의 정치사상을 평생을 통해 배우라는 지시를 받고 있다. 북한주민은 의무적으로 참가해야 하는 야간학습에서 정치 세뇌교육을 받는다. 과거의 북한주민들에 따르면 조선로동당의 간부는 토요일에 학습을 받고 장기간의 학습은 특수학교에서 받는다고 한다. 이러한 엄격한 일정이나 규정된 교과과정에서 벗어나는 행위는 징계나 처벌의 원인이 될 수 있다.

교과과정은 대부분 전쟁의식 고취에 충당되고 있는 것 같다. 자료는 반미·반한·반자본주의적 메시지로 메워져 있다. 예를 들면 본 연구를 위해 검토한 고등학교 수학교재에는 이러한 문제가 실려 있다.[11] 3학년에서 배

---

11) 양키 제국주의 강도놈들은 전쟁준비를 위하여 1953년에 남조선인민으로부터

우는 노래 후렴에는 "양놈들아, 조선에서 물러가라"는 가사가 들어 있다. 고등학교 지리 교과서에는 "양키 제국주의자들은 자기 나라에서 팔 수 없는 연료를 남조선 사람들에게 살 것을 강요하고 있다"고 적혀 있다.

본 연구를 위해 검토한 북한의 교육자료에는 "지주놈들," "원쑤를 때려 죽여라," "제국주의 개들을 난도질하라" 같은 형용어구가 공통적으로 들어 있다. 이처럼 편협하고 저속하며 호전적인 용어는 로동당의 교육학이론에서 나온 것이다. 이 교육학을 반영하여 한 교과서는 다음과 같이 권하고 있다. "이야기를 성공적으로 말하는 최선의 방법은 사람의 경험을 생생하게 전달하는 것이며, 그렇게 함으로써 과거에 우리 사회를 지배했던 일본제국주의자와 지주놈들에 대한 증오와 적대적인 감정을 효과적으로 선동할 수 있다." 다른 교재도 이와 비슷하게 "우리의 적을 말할 때는 '미국 깡패놈들', '미국놈의 대가리' 등등과 같은 말을 써야 한다"고 촉구하고 있다.

적에 대한 이와 같은 공식적인 표현은 많은 젊은 북한인들의 간담을 서늘하게 만들고 미국인과 남한인들을 두렵게 만들고 있다. 남한으로 온 한 북한 여성은 서울에 처음 왔을 때는 미국 군인에게 강간을 당하고, 굶주리고 타락한 남한인들에게 모욕을 당할까 봐 두려워서 방안에 숨어 있었다고 말했다. 남한에 망명하자는 제의를 받은 북한의 다른 주민은 그처럼 나쁜 남한에 살 바에는 자살하겠다고 답변했다. 평양을 방문한 한국계 미국인들은 북한사람들이 그들을 보고 공포감을 가졌다고 전한다.

3) 문화와 인권침해

북한문화의 현저한 특징은 공표된 모든 예술작품과 과학적 업적이 김일성, 김정일 또는 그들의 영감과 지도의 덕택으로 돌려지고 있는 점이다. 북한헌법 제40조는 "조선민주주의인민공화국은 문화혁명을 철저히 수행

4,500억 달러를 세금으로 빼앗았다. 그러나 1963년의 징수액은 7,900억 달러였고 1965년에는 8,500억 달러였다. 1953년에 비하여 1963년과 1965년의 세금 증가율은 얼마인가.

하여 모든 사람들을 자연과 사회에 대한 깊은 지식과 높은 문화기술 수준을 가진 사회주의 공산주의 건설자로 만들며 온 사회를 인테리화한다"고 표방하고 있다. 헌법 제41조는 "국가는 사회주의적 민족문화의 건설에서 제국주의의 문화적 침투와 복고주의적 경향에 반대하며 민족문화 유산을 보호하고 그것을 사회주의 현실에 맞게 계승 발전시킨다"고 규정하고 있다. 헌법 제42조는 또 "국가는 모든 분야에서 낡은 사회의 생활양식을 없애고 새로운 사회주의적 생활양식을 전면적으로 확립한다"고 규정하고 있다. 저자의 이름을 숨기는 것을 정당화시켜 주는 헌법조항은 제63조 "하나는 전체를 위하여 전체는 하나를 위하여"에서 찾아볼 수 있다. 수많은 김일성과 김정일의 저작은 주로 '4·15창작집단'이라고 부르는 대필자들의 작품이다. 이 집단에 관한 정보는 학술전문가와 북한에 살던 주민을 포함하여 여러 군데서 나오고 있다. 이 집단은 '김일성 저작'이나 또는 소위 '집단 창작'을 쓰고 또 써 왔다. 당의 역사이론 연구소가 김일성의 가족사를 쓰고 개인숭배를 발전시키며 김의 이론을 만드는 담당기관이다. 이 연구소의 작가들은 문학작품과 연극 각본을 써서 김일성 부자에게 그 공을 돌리고 있다. 예를 들면 "피바다," "군인의 운명," "꽃 파는 소녀"와 "안중근 이 또히로부미를 쏘다" 등이 그것이다.

북한의 문학예술은 사회주의혁명의 완전한 달성을 위해 복무하는 중요한 사상적 무기이다. 즉 문학예술을 "근로자들을 공산주의적으로 교양하며, 온 사회를 혁명화·로동계급화하는 데 복무하는 수단"으로 규정하고 있다. 따라서 북한의 문학예술은 당의 명령에 따라 일사불란하게 움직이는 중요한 이념적 동원매체로 기능하게 된다.

김일성은 반대파를 제거하고 1인 독재체제를 강화함에 있어 작가예술인들을 철저히 통제하여 활용해야 할 필요성을 절감하게 되었고, 이를 위해 1961년 3월 문화예술 분야의 통일적인 조직체로서 '조선문학예술총동맹'(문예총)을 결성하였다. 문예총은 조선작가동맹, 조선미술가동맹, 조선음악가동맹, 조선영화인동맹, 조선연극인동맹, 조선무용가동맹, 조선사진가동맹 등을 망라하고 있다. 그리고 각 동맹 산하에는 분과위원회가 있으며, 각 도에는 총동맹 지부와 부문별 동맹지부가 있다.

　문예총 결성 후부터 북한의 문예정책은 문예작품 창작에서 '사회주의 사실주의 창작방법'의 준수, '당성·계급성·인민성' 원칙 관철, 당의 노선과 정책에 철저히 의거해야 한다는 요구를 정면으로 내걸었다. 그리고 문예작품의 내용이 김일성을 우상화하기 위한 '혁명전통물', '전쟁물', '사회주의 건설물', '조국통일물' 위주로 구성돼야 한다는 요구를 강력히 내세웠다.

　문학예술이 당의 노선과 정책에 철저히 의거해야 한다는 것은 문학예술이 당의 요구에 의한 계획생산이어야 하고, 창조과정에서 당의 지령과 통제를 받아야 하며, 출판 및 공연에서 당의 엄격한 검열을 거쳐 당이 요구하는 범위에서 요구하는 정도로 실현돼야 한다는 것을 의미한다.

　한편 1966년 조선로동당 대표자회의에서 북한사회를 주체사상으로 무장할 것을 요구함에 따라 문예분야에서도 이를 수용하여 주체사상에 기초한 문예이론, 즉 '주체 문예리론'을 내놓게 되었다. 주체 문예이론은 사회주의 문예이론의 원류라 할 수 있는 사회주의적 사실주의의 당성·노동계급성·인민성을 관철하기 위해서는 당의 유일적 지도와 당의 유일사상체계를 철저히 세워야 한다는 논리하에 주체사상과 사회주의적 사실주의를 결합한 것이다.

　이러한 주체 문예이론은 창작방법론으로 '종자론'과 '속도전' 이론을 도입하고 있다. 종자론은 김정일이 창안했다는 것으로 "문예학이 지금까지 알지 못하던 새로운 분야를 개척하고 인류 문예과학의 보물고를 더욱 풍부히 하는 데 불멸의 공헌"을 하였다고 선전된다. 이로부터 주체 문예이론은 김일성주의를 체현한 '공산주의자의 절대적인 전형'으로서 김일성을 직접 형상화하는 과제를 우선적으로 제기하였다. 또한 김일성을 절대화·우상화함에 따라 그의 가계 전체를 신성한 것으로 신격화하는 요구를 내세우게 되었다.

　그러나 김일성이 '절대적인 존재'이기 때문에 그의 형상화가 어느 한 개인의 능력만으로는 불가능하다는 전제하에 '집체창작'을 강요하게 되었다. 창작작업을 물질생산과 같은 차원으로 생각하는 북한은 당의 정치사업과 혁명적 조직생활의 결합을 강조하게 되었다. 정치사업이란 쉽게 말해 사상교육을 말하는 것이고, 혁명적 조직생활이란 '4·15창작단' 같은 문예인들을 집단화·조직화하여 집체창작을 하도록 유도하는 것이었다.

이와 같이 북한 문예정책은 '문학예술혁명'이라는 구호 아래 김일성으로부터 김정일로 이어지는 유일체제를 확립·강화하고 합리화하는 김일성 일가족과 그 추종자들의 '혁명성격'과 투쟁과정을 우선적으로 형상화하는 데 핵심을 두게 되었다.

이러한 성격을 지니는 북한 문예정책의 실현과정은 무자비한 통제성을 보이고 있다. 작가 예술인들에 대한 강력한 통제는 당중앙위원회 문화예술부에서 직접 담당하며, 명목상 사회단체로 되어 있으나 사실상 로동당의 산하단체인 문예총을 통하여 진행된다.

작가 예술인들에 대한 통제는 우선 그들의 창작 및 공연활동에 대한 계획의 하달로부터 시작된다. 로동당은 각 예술분야와 작가 예술인들에게 창작계획을 연, 분기, 월별로 작성·제출할 것을 강요하며, 또 이 계획은 반드시 주제별 할당범위에 준해야 한다. 주제별 할당은 확고히 고정돼 있는데, '혁명전통 주제'(과거 김일성 일파의 반일투쟁 업적을 날조·찬양하고 김일성을 우상화하는 내용) 작품 30%, '전쟁주제' 작품 30%, '사회주의건설 주제' 작품 20%, '조국통일 주제' 작품 20%로 되어 있다.

해당 동맹단체에서는 제출된 계획을 종합하여 당중앙위 문화예술부에 제출하여 비준을 받는다. 작가 예술인들의 창작 및 공연활동은 무조건 이 계획에 의거해야 하며 각 동맹 지도부의 엄격한 통제하에 진행돼야 한다. 작가 예술인들은 크게 산업지구·공장·기업소 및 농촌으로 파견된 작가 예술인들(해방작가라고도 칭함)과 직장을 가진 작가 예술인들(문학예술총동맹, 각 출판기관, 당·행정기관에 현직을 두고 있는 자)로 구분되는데, 이들 모두에 대한 통일적인 감독과 통제를 위하여 각 동맹별로 분기에 1회 '당생활 총화회'를 소집하며 1년에 1회 조선문학예술총동맹 총회를 소집하여 작가 예술인들의 활동을 점검하고 새로운 과업을 제시해 준다.

작품출판 및 공연에 대한 통제는 아주 엄격하고 철저하다. 이 통제야말로 작품출판 및 공연의 현실화에 앞서 최종적인 관문이 되기 때문이다. 그리고 로동당은 출판 및 공연계획을 직접 통제한다.

출판 및 공연에 대한 주제할당은 앞서 언급한 바와 같이 상세한 비율로 정하고 각 출판사 및 공연단체의 연간계획서는 해당 동맹 상무위원회를 거쳐 당중앙위 정치국의 비준을 받도록 되어 있다. 출판과정에 대한 통제·감독은 문학예술총연맹을 비롯한 해당 동맹에서 일상적으로 수행하며, 공연단체에 대한 일체의 통제·감독은 정무원 문화예술부와 공연담당 부문 사회단체에서 이중으로 수행하고 있다.

이 과정은 대체로 세 가지로 구분된다. 작품의 회부과정, 작품의 검열과정, 작품의 출판 및 공연과정이 그것이다. 작품의 회부과정은 제출된 작품을 두고 편집부 또는 공연단체에서 작가와 편집원간에 검토를 하는 과정인데, 편집부 및 공연단체에서는 작품에 대하여 작가 예술인들과 함께 공동책임을 지게 되어 있어 작품의 사상, 예술성을 두고 편집부에서 작가에게로, 작가로부터 다시 편집부로 3~4차례 이상 원고수정을 거치게 된다.

편집부 및 공연단체에서 채택된 원고는 정무원 출판총국 검열국의 검열을 받아야 한다. 검열은 매우 엄격하게 수행되는바, 부분적으로 몇 곳만 수정의견이 제출돼도 작가에게 반환해 수정시킨 다음 다시 제출하게 한다. 검열내용은 대체로 다음과 같다.

첫째, 작품이 철저히 사회주의적 사실주의 창작방법에 입각하고 있는가? 둘째, 국가 및 군사비밀을 노출시킨 부분이 없는가? 셋째, 사회제도의 부정적 측면이 묘사된 곳이 없는가? 넷째, 자본주의적 사상요소가 나타난 부분이 없는가? 다섯째, 대중의 공산주의교양에 도움이 되는가? 여섯째, 전투성·혁명성·계급성이 충분히 발양되었는가? 일곱째, 예술적으로 지나치게 졸렬하지는 않는가? 여덟째, 단어 및 어휘표현은 정확한가?

검열에 통과되어 검열인을 받아야 비로소 출판에 회부할 수 있다. 이는 미술작품이나 음악작품의 경우도 마찬가지이다. 모든 소설, 시, 희곡, 무용극, 미술작품, 음악작품 등에는 검열인이 반드시 찍히게 되는 것이다. 특히 '김일성의 투쟁업적을 날조·찬양하는 혁명전통 작품'에 대해서는 지극히 세심한 주의를 기울이고 있다. 즉 북한 지도층의 비위에 맞는 작품인가 아닌가 하는 점이 가장 큰 검열기준이 된다. 잘못된 것을 통과시켜도 책임을 지지만 김일성을 찬양하는 작품을 예술성이 떨어진다고 부결해도 책임을 지게 된다.

이상과 같이 북한의 문학예술은 당과 수령의 명령에 따라 사회주의건설에 충실히 복무하는 선전·선동·조직자의 기능을 담당하고 있다.

4) 국제사회에서 본 인권문제의 심각성

UN 창설 이래 인권침해의 방지 및 최소한의 인권기준 확립문제와 관련된 국제사회의 임무는 더욱더 증가해 왔는데 실제로 UN은 인권에 근거하여 1948년에 "세계인권선언"을 선포하기에 이르렀다. 그 이후 "세계인권선언"에 기초한 국제적 인권규범 및 법규가 정식으로 채택되었는데 최근 UN 창립 50주년이후를 기점으로 제기되고 있는 문제는 대개 인권, 평화유지 발전에 관한 내용이 주를 이루고 있다.

그러나 국제사회에서 인권의 역사는 두 개의 전혀 다른 방식으로 전개돼 왔다. 즉 대부분의 국가들이 인권신장에 있어 발전해 온 반면에, 일부 인권 침해국들은 이러한 국제적 주류를 완전히 무시해 왔던 것이다. 북한은 점점 위축돼 가는 후자 집단에 속해 있다.

UN은 문서 및 결의안 내용을 확장시켜 여성, 소수민족, 어린이의 권리를 보호하기 위한 규약뿐 아니라 경제·사회·문화적 권리에 관한 규약과 시민적·정치적 권리에 관한 규약도 포함시켰다. UN의 규약 및 협약은 인종차별의 철폐, 사형제도의 철폐, 고문 및 학대의 금지 등을 그 주요골자로 한다. 그리고 재판, 죄수에 대한 대우, 망명자나 보호시설이 필요한 사람들이 보호받을 권리와 같은 국민생활의 많은 영역에 대하여 최소한의 기준을 확립시키고 있다. 1993년에 UN세계인권회의가 6월 14일 비엔나에서 개막되었다. 이는 정부와 NGO단체, 일반 인권운동가들이 모인 사상 최대의 집회였으며, 다음의 5가지 사항을 주목적으로 하였다.

① 1948년 세계인권선언이 채택된 이후 인권분야에서의 발전사항을 조사하고 평가하기 위해서.
② 여러 장애물과 이들을 극복할 수 있는 방법을 모색하기 위해서.
③ 경제적·사회적 및 문화적·시민적·정치적 권리의 개선과 향유 정도의 연계성을 검토하기 위해서.
④ UN의 업무처리 방법과 절차의 효율성을 평가하기 위해서.
⑤ UN 인권활동을 위한 적절한 재정 및 재원확보의 방침에 대한 권고를 위해서.12)

북한의 인권문제는 간과돼 왔는데, ISHR(국제인권협회)은 '한국국제인권연맹'과 함께 북한인권의 실상에 관한 출판물, 전시회, 토론 등의 활동에 참여함으로써 1993년 비엔나회의에서 북한의 실태가 주목받을 수 있도록 했다.

UN 세계인권회의의 결과 "비엔나선언"이 공표되었으며, 이는 앞으로의 인권신장을 위한 일련의 구체적인 계획뿐만 아니라 국제적으로 채택된 인권규범에 대한 중요하고 새로운 시발점이라고 할 수 있다. 모든 다양한 사상과 신념체계와 세계의 의견 불일치 속에서도 대다수의 국가들이 인권 및 민주주의와 자유의 중요성을 점점 더 많이 인정해 가고 있다는 사실은 매우 중요한 의미를 갖는다. 인권과 민주주의규범은 국가 내부 논쟁의 대상이 아니며, 오히려 개인의 권리가 국제적인 주요 관심사임을 국제사회가 인정해 왔다는 사실을 꼭 명심해야 한다.

북한은 국제사회에서 인권을 보호하고 지지하기 위한 공식적 공약에 거의 참여하지 않았다. 북한은 경제·사회·문화적 권리에 대한 국제조약과 시민적·정치적 권리에 관한 국제규약 가입국이지만 다른 선택의정서는 가입하고 있지 않으며 가입할 수도 없을 것이다.

북한에서는 형법이 규정하는 바에 따라 정치범에게 내리는 전형적인 형

---

12) "Human Rights, the New Consensus," Regency Press and the United Nations High Commissioner for Refugees (UNHCR), 1994.

벌로 사형을 채택하고 있다. 모든 형태의 '반혁명죄'는 사형을 선고받을 수 있는 것이다.13) 20만 명14)의 사람들이 잔인한 정치범수용소에 감금돼 있는데, 이 수용소의 환경은 매우 열악한 상태이며, 이러한 압제기구가 없다면 북한정권은 붕괴될 것이라는 사실은 이미 모두가 알고 있는 바다.

북한은 상습적이고 체계적으로 이러한 인권규약의 주요규정을 위반하고 있다. 양성철 교수에 의해 다음 내용과 같은 매우 비관적인 평가보고서가 작성되었다. "식량 및 에너지의 부족, 감소하는 해외자산, 100억 불 이상의 외채, 그리고 전국적인 수해 등…… 국경을 접하고 있는 러시아는 북한과의 35년 동안의 우호조약을 금주에 파기하였으며, 북한과의 유일한 공식 군사동맹국이며 석유 및 식량의 주 공급국인 중국은 그 자신이 식량 및 에너지부족 상태에 직면하게 되었다."15) 인권침해가 자행되고 있다. 20세기에 들어서서 나치의 대량학살, 스탈린주의와 소련의 전제정치 같은 세계적으로 전례가 드문 심각한 인권침해가 계속적으로 자행돼 왔다. 인권과 관련된 협정들을 그대로 준수한 국가는 거의 없었다. 이라크, 북한, 르완다, 그리고 전 유고슬라비아에서의 전체주의와 집단학살이 1990년대까지도 계속 자행돼 오자 인권법을 확립시키는 문제는 인권법을 강제 집행토록 하는 문제로 전환되었다. 1995년 현재 "세계인권선언"의 어떠한 조항도 전세계적으로 완전히 시행되거나 강제로 집행되지는 않고 있다.

---

13) The North Korean Penal Code prescribes death for a multitude of political offences, including many non-violent offences e.g seeking counter-revolutionary sentiments" (Article 56) See "North Koreas Criminal Law" (Institute of North Korean Studies, Seoul, March 1991) Former camp inmates have reported how the rare escape attempts by prisoners were punished by horrific, violent death.

14) Estimates of the total number of camp inmates vary a great deal. Former inmates who became defectors cited in the report "Shocking Reality of Human Rights Violations in North Korea" guess up to 200,000, but latest estimates go up to 400,000(National Unification Institute, Quoted from International Herald Tribune 22.9.92)

15) Professor Sung Chul Yang, Professor of Political Science at Kyunghee University (Seoul), *Times* (London), 17. 7 .93.

그러나 구소련의 붕괴와 동유럽국가들에 대한 구소련의 통제가 사라지면서 인권영역에서 커다란 도약이 시작되었다. 식민통치에서 해방된 나라에서뿐만 아니라 전제정치에 직면한 나라에서도 이러한 움직임이 있었다. 이러한 국가들에서 인권의 발전은 쉽지 않았으며, 어떠한 나라에서도 이러한 발전이 당연하게 여겨지지는 않을 것이다. 그러나 동유럽, 폴란드, 헝가리, 불가리아 또는 체코공화국을 방문하게 되면, 이들 나라가 완전히 압제에서 벗어나 국제사회와 재결합된 모습을 보게 될 것이다.

이들 나라는 현재 실업이나 범죄와 같은 '전형적인' 20세기의 문제를 다루는 대신 새로운 좀더 고차원의 문제를 다룬다. 즉 이제는 독재정권이 아닌 자유사회가 건설된 것이다. 그러나 소연방과 북한간의 밀접한 관계에도 불구하고 이러한 자유화의 과정은 북한에 어떠한 반향효과도 가져오지 않았다. 오히려 극단적이고 난폭한 '주체'라는 전체주의사상을 표명하는 정권의 새로운 사상적 태도가 인권침해를 더 많이 자행해 왔음을 모든 보도를 통해 알 수 있다. 시간이 경과하면서 경제적 곤란은 더 커다란 불만을 초래하게 되었을 것이므로16) 이에 수반하는 억압과 감금, 살인 등이 증가했을 가능성이 있다.

---

16) The current situation of the North Korean economy is assessed e.g John Burton, *Financial Times* (London) 4. 7. 95. or comparatively With the South, *The Economist* (London) 17. 7. 93.

제 3 부

분단이질화
통합과정의 갈등

제1장 통합 민족사회 구성상의 주요 가치체계

1945년 해방과 함께 한반도에 대한 미·소 양군의 분할점령으로 우리 국토는 남북으로 갈라져 제각기 다른 정치이데올로기와 정치제도를 이식받게 되었다. 남과 북에 이식된 서로 다른 정치제도는 우리 민족의 전통적인 정치문화와 쉽게 조화할 수 없는 것이어서 처음부터 충돌하지 않을 수 없었다.

남북간에 형성된 두 제도는 전통적인 사회관행을 변화시키는 데 큰 차이점을 보였다는 데 유의할 필요가 있다. 남한의 경우는 그 속도가 완만하였고 북한의 경우는 빨랐는데, 그 이유는 두 체제가 가진 이념적 특징에 기인한 것이었다. 특히 북한의 사회주의정권은 마르크스·레닌주의적 유물사관에 근거하여 혁명적 계급투쟁과 계획적인 인간개조 사업을 전개하여 기존의 사회체제를 타도하고 그 기초 위에 사회주의사회를 건설해야 한다는 혁명적 이데올로기에 근거한 것이어서 다양한 사회적 관행을 의도적으로 변화시키면서 획일화시켰다. 분단 53년 동안 남북한사회는 공업화와 도시화, 그리고 그에 따른 직업구조 및 계층구조의 변화, 생활관행의 변화 등 광범한 사회문화적 변동을 경험하였다. 그뿐 아니라 이념과 체제의 차이에 따른 남북한간의 이질화를 심화시켜 온 것도 사실이다. 즉 남한사회에서는 자유민주주의 이념에 따라 국민의 자유를 최대한 보장하려는 가운데 기본적으로 시장원리에 입각한 자본주의적 사회변화가 진행돼 온 데 비해 북한에서는 사회주의이념에 따라 모든 산업을 국유화하고 강력한 중앙통제 방식에 입각한 사회주의적 사회변화가 추진되었다.

따라서 분단 반세기가 넘는 동안에 진행된 남북한 사회변동은 외견상으로는 다 같이 급속한 공업화와 도시화 등으로 특징지어지는 것이기는 하지만 그 내용에 있어서는 이념·전략·결과 등에서 양극적인 차이, 즉 이질화양상을 드러내고 있을 뿐만 아니라 이에 따른 생활관행의 변용양상 역시 남북한 사이에 현격한 차이가 생겨 민족공동체 복원에 큰 장애가 되지 않을 수 없다.

남북 이질화문제는 분단 전의 한국사회, 현재의 남한사회, 그리고 평화적으로 재통일된 조국상 등 어느 것을 기준으로 삼는가에 따라 그 성격이 달라진다.[1] 예를 들면 "우리는 고유의 언어, 유구한 역사와 문화전통을 나누어 가진 단일민족이면서도 오늘날 북한사회는 심한 이질감을 주고 있는데, 그것은 바로 우리 민족의 이러한 제특징이 북한사회에서 왜곡·말살되어 가고 있기 때문"이라는 언급은 비교의 기준을 현재의 한국사회로 하기 때문이다. 많은 경우 북한이 변한 것을 이질화된 것이라고 비판하고 있지만 이질화의 정도를 그리 심각하게 문제시하지는 않았다. 향후 남북한이 통일되는 경우 어떤 영역은 비교적 불변상태를 유지하고 어떤 영역은 급속한 변화를 할 것이지만, 그것을 나누어 설명한 연구 또한 거의 없을 뿐만 아니라 남북한에서 서로 다르게 나타나는 것이 단순한 차이인지 아니면 심각하게 이질화된 것인지에 대한 명확한 구분도 부족한 실정이다.

이 연구의 목적은 남북 분단상황하에서 야기된 민족사회적 가치체계의 이질화양상이 통일실현 이후에 심각한 사회적·심리적 갈등요인으로 작용할 가능성에 유의하여 그 해소방안을 체계적으로 모색하려는 데 두고 있다. 그럼으로써 통일성취의 기반이 되는 민족공동체 형성에 이바지하고, 나아가 예상되는 통일후유증을 극소화하여 민족공동체 형성의 실질적 기반이 되는 민족사회적 가치체계를 융화시키는 방안모색은 물론 통일 준비과정의 내실화와 통일비용의 극소화에 간접적이나마 기여하려는 것이다.

---

1) 차기벽, "전통과 정치체제: 이질화의 정치적 측면," 『통일정책』, 제3권 제4호(평화통일연구소, 1977), p.155.

여기에서는 분단 이후 누적적으로 야기된 남북한사회의 변화와 이에 수반하여 야기된 남·북한 사회성원들의 유형화된 가치관의 변화양상을 통합적 민족사회상의 구성요건과 밀접한 관련이 있는 역사관·도덕규범관·국가관·사회생활관의 4범주로 대별하여 분석하고자 한다. 특히 민족공동체의 형성·유지·발전을 기본적으로 저해하는 요소가 무엇인지에 주목하게 될 것이다.

1. 남북한 역사관과 국가관

이질화과정은 남한과 북한이라는 두 개의 사회가 제각기 발전해 온 과정이다. 그 동안 남북사회가 서로 방향과 방법을 달리하면서 발전해 왔다는 것은 국제관계 면에서나 정치적·경제적 측면에서나 사관적으로나 문화인류적으로 부인할 수 없는 객관적 사실로 되었다. 분단은 이질적인 이념과 체제를 가져왔고 이에 따라 모든 생활영역에서 상당한 이질화가 진행되고 있다. 그 중에서도 현재 남북한 사학계의 상황은 이질화의 현실을 상징적이고 총체적으로 보여주고 있다. 동일한 민족사에 대한 해석과 인식이 극단적으로 다르고 대립되는 분단사학의 폐해가 그대로 노정되고 있다.

북한 역사학의 이질화를 가져온 근본원인에 대한 이해를 통해 이질화된 부분을 회복하기 위한 방안의 모색이 가능할 것이다. 한국의 경우 역사는 오늘의 삶을 비춰 주는 거울이고 내일을 바라볼 수 있는 창이기도 하다. 따라서 역사서술은 과거가 어둡다고 숨기거나 없는 것을 있다고 과장해서는 안 된다는 입장이다. 그러나 북한에서는 역사 해석권을 당이 장악하고 현재의 정치적 필요에 따라 과거의 역사가 재편성되고 있다. 공산주의사회에서 역사는 사학자들의 영역이 아니라 당이 역사를 해석할 절대적 권한을 갖고 있다. 현재의 권력을 합리화하기 위한 정치적 필요성에 따라 역사적 사실을 조작할 수 있다고 보는 것이다. 북한의 역사인식은 북한의 정치상황 변화와 맞물려 변해 왔다. 역사란 그 자체가 현실의 눈으로 과거를 해석하는 것이므로 역사를 어떻게 해석하느냐 하는 것은 주도적 정치세력의 판단과 이해와 직결된다.2) 한마디로 북한의 역사학은 "사회적 정치적인 변화에 대응하는 양상을 보일 수밖에 없는 역사학, 특히 사회적 정치적 요구를 민감하게 수용하면서 전개되는 역사학"이라고 볼 수 있다.3)

남북한은 분단 이후 자유민주체제와 공산체제하의 사회화과정을 거치면서 서로 다른 사관을 갖게 되었다. 역사는 본래 과거에 대한 학문이며 그 대상으로 삼는 사실은 과거의 사실이다. 그리고 그 사실은 다름 아닌 인간의 사상과 행동에 대한 사실이므로 그 어떤 것으로도 왜곡돼서는 안 된다.

유물사관의 시각에서 민족사를 볼 때에는 민족 내부에서의 적대관계, 예컨대 가진 자와 못 가진 자, 지배층과 피지배층, 상층과 하층 등으로 표현되는 계층간의 관계는 적대적인 것이며 또 그러함이 타당하다는 것이다. 계층간의 관계를 갈등으로 보는 것은 상당한 정도 타당성이 있다고는 하지만, 그러나 그러한 갈등의 부정적 측면과 동시에 긍정적 측면이 있음에도 불구하고 무엇이 민족사회를 하나로 지탱해 오게 했는가 하는 이유를 무시해 버리는 데는 이론의 여지가 크다. 이러한 갈등의 사관이 일련의 인간관과 국가관을 체계적으로 동화시켜 통일논의에 임할 때 안일하게 기대돼 온 국민적 합의나 통일된 역사인식은 불안정한 혼미 속에 빠져 버리게 되는 것이다.

북한의 민족사 해석의 기본입장은 다음과 같이 정리된다. 첫째, 우리 역사의 시대구분은 유물사관에 따른 5단계 사회발전 법칙에 맞추고 있다. 둘째, 우리 역사를 계급투쟁의 관점에서 지배층 중심의 역사를 민중 중심으로 바꾸어 농민, 노동자를 역사의 주인으로 서술하고 있다. 셋째, 대외 항쟁사를 부각시키고 근세 일제에 대한 투쟁을 사회주의적 운동으로 파악, 사회주의적 애국주의를 강조하고 있다. 넷째, 우리 역사상 종교의 역할을

---

2) 통일원, 『통일백서, 1992』, p.381.
3) 안병우·도진순 편, 『북한의 한국사 인식 Ⅱ』, 한길사, 1992, p.53.

경시하였으며 실학을 유물사상의 입장으로 강조하고 있다.[4] 끝으로 1970년대 이후 북한의 역사학은 주체사관의 확립과 김일성 개인 영도력의 절대화라는 요구에 더욱 종속되었고, 모든 역사서술은 김일성의 교시에 입각하여 그것을 검증하는 형태로 진행되었다.

북한 역사인식의 출발점은 마르크스·레닌주의 역사학으로서, 인류역사를 무엇보다도 사회적 생산의 발전에 의한 사회제도의 교체과정으로 보며, 인민대중을 역사의 창조자로 규정하고 계급사회 이후의 사회역사 발전의 가장 중요한 동력을 계급투쟁이라고 본다. 북한은 이러한 마르크스·레닌주의적 역사학이 북한에서 구현된 것은 김일성의 위대한 혁명사상, 주체사상에 기초함으로써 빛나게 실현되었으며 이때부터 역사학의 새 시대가 열리게 되었다고 평가하고 있다.[5]

자유민주주의 사회에서 일반적으로 "국가란 무엇인가"에 대해 정의를 내리기는 매우 어렵다. 이에 비하여 사회주의체제를 가진 국가에서는 비교적 쉽다. 국가의 공식적 입장에서 정치지도자에 따라 다소 변하긴 했지만 명확하게 밝히고 있기 때문이다. 북한은 국가를 "계급 또는 사회공동의 이익에 맞게 사회의 모든 성원들을 통일적으로 조직하고 관리하며 정치적 지배권을 행사하는 일정한 계급의 권력기관"이라고 정의하였고, 김일성은 "국가는 독재기능을 수행하는 권력기관"이라고 말했다. 북한에서 일정한 계급이란 노동자, 농민, 근로인텔리를, 정치적 지배권이란 주권을, 김일성이 말한 독재기능이란 권력의 행사를 배타적으로 한다는 것을 의미한다.

북한에 따르면 국가는 원시사회가 붕괴하면서 발생하였다고 한다. 즉 사회가 착취계급과 피착취계급으로 나누어지면서 국가가 태어났고 이때부터 국가는 착취자의 지배수단이 되었다고 한다. 역사적으로 여러 가지 국가형태가 있었고, 주권이 누구의 이익을 위하여 누구의 손에 있었는가에 따라 국가형태가 다른데, 즉 노예소유자 국가, 봉건국가, 자본주의국가, 사회주

---

4) 김갑철 외, 『북한학개론: 북한사회주의 현재와 미래』, 문우사, 1990, p.317.
5) 『북한개요』, 통일원, 1992, p.382.

의국가 등이 대표적인 예가 된다.

　북한에게 국가는 바로 착취를 제거해야 한다는 데서 필요하다. 김일성은 일찍이 "조선민주주의인민공화국은 우리 인민의 자유와 독립의 기치이며 사회주의 공산주의건설의 강력한 무기이다"고 말한 적이 있다. 공산주의자들에 의하면 오늘날 현대사회에서 소수가 다수자를 착취하는 현상이 일어나고 있는 국가는 자본주의국가이며, 다수자의 피착취자들이 정권을 가지고 있는 국가를 사회주의국가라고 한다.

　따라서 북한에게 있어 이론적인 국가의 목적은 착취현상을 자신의 사회에서 나아가 국제적으로 제거시켜야 한다는 데 있다. 현실적으로 이를 위해 북한 내에서는 사회주의제도를 정착·실현시키고 한국사회에서 사회주의혁명이 일어나도록 직접·간접으로 참여하고 있으며, 국제적으로 사회주의혁명을 위해 소위 제국주의국가들과 싸우는 전략을 세워 놓고 있다. 이러한 목적을 가진 북한은 자신을 노동계급의 국가, 프롤레타리아 독재국가, 당이 영도하는 국가라고 표현하며 사회주의체제를 고수해야 하고 대외적으로는 국가의 자주성이 유지돼야 한다고 한다.

　남북한 국가관의 차이점은 북한을 중심으로 아래와 같이 요약할 수 있다. ① 국가개념을 계급적 이해관계로 정의하고 있어 주권행사가 배타적이다. ② 국가의 기원과 발전을 계급관계로만 보기 때문에 주민들의 정치적 권리와 의견을 무시하고 있다. ③ 국가의 기본목적이 주민들의 복지보다는 사회주의에 반대하는 자들에 대한 계급투쟁에 있다. ④ 인민개념이 계급적이므로 정권과 체제 반대자들을 포함시키지 않고 있다. ⑤ 정치권력 행사가 당과 수령에 의거하기 때문에 독재적이다. ⑥ 대내적으로 정치권력 투쟁을 할 수 없고 대외적으로만 허용되나, 이것은 구체적으로 사회주의혁명을 위한 투쟁일 뿐이다. ⑦ 국가제도로서 사회주의제도라고 하는 것은 정치적으로 일당독재, 경제적으로 국가에 의한 소유, 계획, 경영을 의미한다. ⑧ 국가의 중요한 역할이 국가주도로 사회주의를 건설하는 것뿐만 아니라 개인의 사생활까지 통제·감시하며 강제적으로 국민을 배치·활용한다.

　이러한 차이점이 통일이 실현되기 이전과 이후(한국에 의한 통일)의 상황에서 어떻게 문제가 되는가를 평가해 보면 전반적으로 통일된 이후에는 거의 갈등요인이 안 될 것으로 전망된다. 왜냐하면 첫째로 한국이 갖고 있는 가치관이 북한보다 더 보편적이고 인간적이라 자연적으로 한국의 입장이 적용될 것이며, 둘째로는 이미 통일되었을 때에는 기본적으로 누구에게 주권이 있고 어떻게 정치권력을 행사하며 대외적으로 누가 우리의 적이고 우방인가에 거의 동의한 상태이기 때문이다. 문제는 통일이 실현되기 이전에 무력에 의한 통일을 하려는 것이 아니라 평화적으로 대화를 통해 통일을 하려고 할 때 어떻게 이러한 차이를 해소 또는 완화시키느냐이다. 현재와 같은 북한의 정권이 계속 유지된다면 통일은 매우 비관적이다. 특히 국가관에서 핵심인 정치권력의 문제는 누가 권력을 장악하고 어떻게 행사하느냐의 문제이므로 하나의 정치제도를 평화적으로 구축하는 일은 거의 불가능하다고 본다.

2. 남북한의 사회관과 윤리관

1) 남북한 사회관의 이질화와 갈등요소

장기적인 남북분열 양상은 통일과정과 그 이후의 문제에 대한 심각한 의문을 제기하면서 남북한의 사회가치 체계의 갈등양상을 극복하고 동질성을 강화하기 위한 방법론의 강구가 선행돼야 한다는 과제를 던져 주고 있다.
그 동안 공산사회를 이해하는 데 상부구조 현상의 파악으로 변동의 정도를 재는 분석이 정치적 결정론의 입장에서 난무해 왔기 때문에, 공산사회의 사회가치 체계의 실제와 숨겨진 인간사회 체계를 이해하는 데 도움을 주지 못하였다. 일반적으로 가치관의 구성요소와 단위는 가치, 가치지향, 가치체계, 가치관 등 각 차원에서 목표가치, 표준가치, 도덕가치, 미적 가치로 파악되는데, 실제로 사회가치는 사람들의 태도, 판단, 선택의 기준이 되기 때문에 사람들이 갖는 가치관은 사회에 대한 태도의 내용을 규정하고 실천의 동기가 되며 사회집단이 지향하는 가치체계를 이루게 돼 중요하다.

여기에서 다루고자 하는 일상 사회생활에서 가치관의 문제는 가치의식으로서 욕구성향에 한정되는 것이 아니라 내재된 목적의식과 그를 실현하기 위한 행동까지 포함하는 것으로, 사회체계와 관련된 사회가치의 의미를 지니고 있다. 따라서 그 본질에는 가치의식 체계와 함께 사회적 측면에서 인격형성의 문제가 포함되며, 개인이 어떻게 사회의 지배적 가치를 내면화시켜 왔고 그 과정에서 남북한사회가 각기 추구하고 있는 사회목표의 이질성이 개인적 차원에서 어떻게 개성으로 사회화되어 왔는가 하는 문제도 다루게 된다. 여기서 주요 이론적 토대가 되는 것은 사회적 가치를 사회체계와 관련시켜 분류하고 있는 파슨즈(T. Parsons)의 가치이론6)과 사회적 실체의 두 가지 존재형태, 즉 공동사회와 이익사회가 동시에 존재할 수 있다고 보는 퇴니스(F. Tönnis)의 사회이론7)이다.

이들 이론 가운데 사회적 기반이 가치의식을 규정해 나간다는 의미는 북한과 같이 편향된 사회체제 구조를 지니고 있고 강한 목적의식을 가지고 있는 대상을 연구하는 데는 타당성을 지니고 있다고 보며, 민족공동체 형성을 위한 공동 가치규범의 재창조라는 사회화과정을 겪어야 하는 남북한 사회에서 이질적인 일상 사회생활 가치관의 비교연구를 위해서는 퇴니스 사회이론이 적합하다고 본다.

그러나 남북한사회의 구조변화에 따른 생활양식의 총체적 측면으로서 가치관 형성문제를 다루는 것은 너무 포괄적인 문제8)인 동시에 실질적 접

---

6) T. Parsons and E. A Shils, *Value, Motives and System of Action: Toward a General Theory of Action* (Cambridge Mass: Harvard Univ. Press, 1951).

7) F. Tönnis, 『공동사회와 이익사회』, 황성모 역, 삼성출판사, 1992. 퇴니스에 의하면 사회의 발전은 ① 합일적 공동사회→② 결합적 공동사회→③ 결합적 이익사회→④ 합일적 이익사회로 전개된다고 한다.

8) 생활양식의 총체적 측면을 다루는 사회관은 공동체 생활관으로서 역사관, 도덕관, 국가관이 사회성원들의 일상생활의 의식구조에 내면화됨으로써 구현되는 사

근의 한계가 있기 때문에 여기서는 일상생활에 관한 문헌연구와 귀순자들의 증언에 의한 방법으로 일상생활상의 사회 기본 가치체계 영역인 가정생활, 동료집단, 여가생활, 직업생활 등을 통해 유형화된 가치정향과 그 특성을 살펴보는 데 주력하고자 한다.

민족공동체 통일방안이 점진적이고 기능주의적이며 심지어 반통일적이라는 비판을 받을지라도 남북간이 혈연·문화공동체인 이상은 현실에 바탕을 둔 비교적 합리적인 접근방법임에 틀림없다고 하겠다. 그러나 앞으로 정치·경제적 단일체제에 의한 물리적·물량적 통일보다는 가정생활, 경제활동, 여가생활 등 민족공동체로서의 생활공간 형성이라는 사회심리적 통합을 더욱 지향해야 할 것이다.[9]

여기서 남북 민족공동체 형성이라 함은 우리 민족이 오랫동안 같은 공간에서 같은 말과 문화를 갖고 살아오는 과정에서 발생한 문화양식과 사고방식의 정형, 즉 민족적 원기(原基, mores)[10]를 전제로 함은 물론이다. 따라서 민족공동체 형성에서 공동체 구성요소들간 이질성 및 차이는 존재하나 그 갈등이 서로 배타적·분열적 작용을 하지 않고 원기를 바탕으로 상호보완적 관계로 발전하면, 이질성이 있다 해도 공동체 형성에 방해가 되지는 않을 것이다. 그러나 그 동안 남과 북의 사회가 각기 갈등해소 능력을 얼마나 성숙시켜 사회문화 수준을 높였느냐에 대해서는 회의적이다.

더욱이 문제가 되는 것은 남북분단으로 인한 생활문화의 차이에서 온 이질적 요소가 얼마나 누적되었을까 하는 점이다. 즉 사회주의이념이 사회화과정을 통해 주민생활에 내면화되면서 사회구성원들의 가치관을 크게 변화시켰다는 점이다. 물론 이와 같은 가치관의 변화는 일상생활의 요인이라기보다는 정치·경제·사회·문화적 체제를 달리한 지 반세기가 지나는 동안 공동의 목표와 공동의 문화를 상실했기 때문이기도 하다. 남북한간의

회생활의 가치체계로 문화공동체관, 경제공동체관을 포괄하고 있다.
9) 한국심리학회, "남북의 장벽을 넘어서: 통일과 심리적 화합"(통일문제 학술심포지엄 발표내용), 1993, p.127.
10) 북한연구소, 『북한학보』, 제15집, 북한학회, 1991, p.34.

이질화문제의 심각성은 이념과 체제가 다르다는 측면보다는 민족공동체 구성원간의 일상생활 면에서도 서로 통할 수 없는 이질적인 도덕관, 인간관, 활동관, 경제관, 종교관, 성공관 등에서 오는 행동양식과 사고방식, 삶의 가치차이일 것이다. 따라서 민족이란 혈연이나 지연에 의해 성립된 경제, 정치, 문화 등 다방면에 걸친 생활이라든가 역사적 운명의 공동, 그리고 그에 따른 공통의 심리상태를 특색으로 하는 기초집단이기 때문에 민족공동체 형성에서 가장 중요한 요인은 다른 이념과 체제 못지 않게 일상 사회생활과 관련된 제가치이다.

그러나 우리 민족이 단일민족이라는 것은 오랫동안 우리가 의심을 품을 여지도 없었던 상식인데, 현재 남북한의 이질화는 언어가 통하지 않을 정도로 달라졌다는 데 문제가 있다.11) 또 다른 우려는 한반도에 서로 다른 두 민족이 형성되는 것 아니냐 하는 것이다. 한 핏줄을 나눈 한 겨레인데, 현재는 같은 민족성을 유지하며 살던 세대보다는 동질적인 생활경험이 전혀 없는 세대가 주류를 이루고 있다. 결국 분단세대의 이질화는 민족의 염원인 평화통일을 조속하게 실현시키는 데 이바지하는 것이 아니라 통일의 길을 더욱 험난하고 복잡하게 만드는 장애요인이 되고 있다. 현재는 물과 기름이 고루 섞일 수 없듯이 남북한의 이질화가 물과 기름에 가깝게 진행되고 있는 것 아닌가 할 정도로 이질화현상이 심각하다.12)

이질화 현실의 속도를 늦추거나 동질성을 향한 방안을 모색해 본다면 전통적인 민족의 원기를 중심으로 삼고 일상생활상에서 경험할 수 있는 가치관을 동질화해 나가는 길이다. 때문에 남북 민족공동체 형성에서 일상생활상에 나타나는 이질적인 가치관을 우선하여 규명하는 것은 실질적인 통일접근을 위해서도 매우 유용한 일이라 본다.

이미 서언에서 언급되었듯이 이질적인 가치관의 영역은 개인의 내재된 목적의식과 그를 실현하기 위한 행동까지 포함돼야 하기 때문에 사회가치

---

11) 국토통일원, "언어 이질화 실태조사," 1978 참조
12) 국토통일원, "북한의 이질화 실태," 1978 참조

및 사회화과정, 즉 사회의 지배적 가치를 내면화하는 내용을 포함시켜야 한다. 특히 북한주민의 가치관 형성과정을 이해하기 위해서는 무엇보다 전제돼야 할 것이 정치사회화에 따른 퍼스낼리티(personality)→정치적 신념→개인의 행태→제반 행위패턴13)이다.

실제 북한에서 일상생활의 단위와 조직인 가정, 학교, 직업 등은 이와 같은 정치사회화의 도구와 수단으로 이용되기 때문에 남한의 가정, 학교, 직업과는 엄격한 의미에서 구별돼야 하고, 북한의 교우관계, 여가생활, 전통적인 세시풍속, 관혼상제 등도 넓은 의미에서 정치교육의 틀 안에서 이뤄지기 때문에 개인과 전통에 따라 다른 남한의 경우와는 양상이 다를 것이다.

이와 같은 이질적인 남북사회 변동으로 인하여 그동안 야기된 사회생활 관련 가치관 전체를 비교할 수는 없으나, 변용양상에 따른 그 특징을 사회적 성격과 가치문화 체계 및 사회화를 위한 제도적 성격(가정생활, 동료집단, 직업생활, 여가생활 등)별로 비교·관찰하면 남북한간 현존 사회가치 체계 갈등양상이 어느 정도 파악될 것이다.

2) 남북한 윤리관의 갈등양상

분단현실하에서 자유민주사회와 폐쇄독재의 공산주의사회라는 서로 다른 삶의 풍토 위에서 형성돼 온 남북한사회 각각의 가치관이나 윤리관을 연구하고 분석하는 일은 사실상 쉽지 않다. 우리 사회의 건전한 가치관은 여전히 사람들에 의해 바람직한 것으로 선호되고 있으면서도, 우리의 도덕적 현실은 중증에 가까운 도덕병이 들어 있다는 진단이다. 한국병이라 불릴 수 있는 이 병의 치료를 위해서는 많은 인내와 노력이 필요할 것으로 보인다. 왜냐하면 이는 단순히 이상과 현실의 괴리라는 자연적 현상에서 나타나는 병이 아니며 산업화와 경제개발에 따른 물질적 풍요의 달성을 우리의 정신이 따라가지 못한 데서 비롯된 물질과 정신의 유리현상에서 오는

---

13) Fred Greenstern, *Personality and Politics* (Chicago: 1969), p.127.

병으로 보아야 할 것이기 때문이다. 사람으로 비유한다면 일종의 자기이화 (自己異化), 곧 정신병에 걸린 상태인 것이다. 머지않아 통일이 이룩된다고 한다면 바로 이 병은 북한사회와의 53년 단절에서 오는 단순한 이질감의 극복과 더불어 훨씬 더 큰 문제를 야기할지도 모른다.

일반적으로 남한사회에서 중시되고 있다고 생각되는 도덕원리를 네 가지로 정리해 보면, 그 첫번째는 기독교 도덕원리로, 이는 사랑과 정의의 원리로 함축된다. 두번째는 칸트(I.Kant)의 의무주의로, 옳은 행위는 오로지 옳다는 이유에서 행해야 한다는 것이다. 세번째는 벤담(J.Bentham)과 밀(J.S.Mill)에 의해 주창된 공리주의로, 고통을 회피하고 행복을 추구하고자 하는 인간의 심리적 성향을 토대로 최대의 행복과 쾌락을 최선으로 삼는 유용성의 원리가 주축을 이루고 있다. 네번째는 재화와 가치의 분배에서 기본적인 자유의 평등과 사회적·경제적 불평등의 가능성 및 사회정의 실현의 길을 모색한 롤즈(J. Rawls)의 정의론이다. 남한사회에서 일반적인 상식을 가지고 도덕적 행위를 하고자 하는 사람은 대부분 적어도 이 네 가지 원리 안에서 자기행위의 동기나 근거를 제시할 것이다. 바꿔 말하면 자신의 도덕적 행위에 대해 하나님 사랑의 실천이나 정의구현, 의무감, 역지사지(易地思之)에 의한 보편화 가능성, 모두의 행복과 사회적 정의 등의 근거를 제시할 것이라 믿는 것이다.

북한사회에서 모든 사상적 기초는 주지하다시피 주체사상이다. 주체사상이란 대단히 복잡한 모습으로 나타나지만 북한에서 발간된 주체사상 총서를 인용한다면 한마디로 "사람이 모든 것의 주인이며 모든 것을 결정한다는 진리를 밝혀 주고, 모든 것을 사람을 중심으로 생각하고 사람을 위하여 복무하게 하는 사람중심의 세계관"이다.[14] 이는 또한 "혁명과 건설의 주인은 인민대중이며 혁명과 건설을 추동하는 힘도 인민대중에게 있다는 사상"으로 설명되기도 한다.[15] 글자 그대로 받아들인다면 바로 사람중심의 철학

---

14) 『주체사상의 철학적 원리』(평양: 사회과학출판사, 1989), p.15.
15) 이서행, 『북한 주체사상의 본질과 실체』, 한국자유총연맹, 1989, pp.67-68.

이며 인민대중에 의한 인민대중을 위한 철학사상이다.

따라서 우리가 탐구하고자 하는 북한사회의 도덕원리도 궁극적으로는 주체사상에서 이끌어져 나와야 할 것이다. 그러나 북한사상을 연구하는 대부분의 학자가 공통적으로 느끼듯이 주체사상을 도덕과 연계시키기는 결코 쉬운 일이 아니다. 왜냐하면 사람을 위한 인민대중을 위한 철학인 주체사상의 골격은 철학원리, 사회역사원리, 나아가 지도적 원칙으로 구분되고, 또한 인간의 본질을 자주성과 창조성, 의식성을 지닌 존재16)로 이해하고 있음에도 불구하고 그 핵은 궁극적으로 수령관으로 요약되고 있기 때문이다. 수령은 인민대중의 의사와 이익의 최고 체현자이고 최고 대표자이며 혁명의 최고 영도자인 까닭에 당과 수령에 대한 충실성이야말로 주체사상의 핵심이며, 이는 북한의 수령이었던 김일성과 지도자동지인 김정일에 대한 개인적인 충성으로 비약된다.

주체사상에서 도덕에 관한 직접적인 언급을 찾아보기 어려운 까닭은 공산주의 학설의 창시자인 마르크스에서 연유하는 것일 수도 있다. 왜냐하면 마르크스는 도덕의 절대성을 인정하지 않고 도덕은 인식의 부적합성에서 유래하는 것으로, 역사적으로 결정되는 지극히 상대적인 사회적 산물로 간주했기 때문이다. 마르크스는 도덕을 이데올로기의 한 형태로 취급하는 상대주의적 도덕관을 가지고 있었다.

남한사회에서는 정치체제가 사회의 도덕규범을 형성하거나 유지하는 데 소극적·간접적으로 접근하는 데 비해 북한사회에서는 적극적이고 직접적인 방법으로 접근하고 있다. 따라서 가능하다면 이러한 양 체제하에서 국민들이 그들의 부모, 이웃, 국가, 사회, 조상 등에 대해 어떤 태도를 갖고 있는가에 대한 경험적 자료를 획득할 수 있으면 좋겠지만 현실적으로 불가

---

16) 주체사상의 철학적 원리에 따르면 사람은 자주성, 창조성, 의식성을 지닌 사회적 존재이다. 자주성이란 세계의 주인으로서 자유를 의미하며, 창조성은 세계를 개조해 나가는 속성을 뜻하며, 의식성은 세계와 자기자신을 파악하고 개변하기 위한 모든 활동을 규제하는 속성을 뜻한다.『주체사상의 철학적 원리』, 앞의 책, pp.154-155 참조

능하므로, 기존의 연구결과를 토대로 접근할 수밖에 없다. 그리고 현재 또는 미래에 남북 양 체제의 도덕규범관간의 있을 수 있는 갈등양상의 진단은 논리적으로 분단구조로부터 출발할 수밖에 없을 것이다. 분단 이전의 우리나라가 무언가 동일한 것으로 식별될 수 있는 도덕규범의 정체성이 있었다고 보면, 현재 양 체제간에 유의미한 차이가 있다는 것은 그것이 분단의 결과로 파생된 것이며, 그 원인은 주로 지배이념의 차이나 정치체제 구성의 차이에 기인된다는 것을 의미한다.

남북한사회의 통일을 가정할 때 있을 수 있는 갈등양상은 크게 인식의 틀을 중심으로 세대간의 차이와 이데올로기의 차이를 염두에 두고 분석하는 것이 중요하다. 개인이 속한 사회적 목표는 사회적 세계를 인식하는 개인적 인식의 틀을 구성하는 중요한 요소가 된다. 이데올로기는 특정 사회집단에 소속된 개인이 그가 속한 사회집단의 목표를 그의 인식의 틀로 삼을 때 나타나는 것이다. 따라서 남북한간의 도덕규범관의 갈등양상은 역시 두 가지로 나누어 생각해 볼 수 있을 것이다. 하나는 이데올로기적 측면에서 나타나는 사회주의적 규범관과 자본주의적 규범관이며, 다른 하나는 이데올로기와 불가분의 관계에 있는 체제특성의 측면에서 나타나는 봉건체제적 규범관과 민주체제적 규범관이다.

모든 정치적 이데올로기에는 그것이 지향하는 이상이 있고 이상은 일련의 주장되는 가치를 포함하고 있다. 단순하게 볼 때 자본주의 이데올로기가 지향하는 이상은 자유이며, 그것을 보장하고 실천하는 가치나 규범은 높이 평가하나 상대적으로 평등에 대해서는 낮은 가치를 부여하고 있다. 반대로 공산주의 이데올로기에서는 평등에 대해서는 높은 가치를 부여하나 자유에 대해서는 그렇지 않다. 따라서 분단 이후 북한에서는 집단주의와 평등사상에 기반을 두고 공산사회 건설을 목표로 한 반면, 남한에서는 개인주의와 자유사상에 기반을 둔 산업사회 건설에 목표를 두었다. 물론 북한은 주체사상과 왕조체제적 구도에 의해 많은 내부적 변용을 거쳤지만 중심가치로서의 집단우선, 평등중시를 강조하는 인식의 틀은 북한인민들에게 공유되고 있을 것이다.

남한에서도 군부통치라는 특수현실 속에 실질적인 상당한 변용을 거쳐 왔지만 자유중시, 개인중시는 오히려 강화되는 경향도 나타났고, 일부에서는 평등과 집단중시 사상이 남한사회의 무규범성, 비도덕성을 치유하는 대안으로 제시하기도 하였으나 주류적 지위를 차지하기는 어려웠다. 이러한 경향에 따라 북한사람들은 전체나 집단을 위한 개인의 희생의식이 강하나 순응적이고 타율적인 획일적 사고방식의 특징이 나타난 것이고, 반대로 남한사람들에게서는 개인적 자유의식을 기반으로 자아의식과 자기주장이 뚜렷하나 개인중심의, 이기주의와 자유로 포장된 방종주의가 등장하였다.

모든 중요판단을 김일성에게 의존하고 지식인들은 김일성의 판단을 재해석하는 작업에 머무르고 있는 사회환경에서 성장한 사람들이 자유와 이기를 주축으로 한 남한사회에 던져졌다고 가정할 때 그들이 인식의 틀을 바꾸지 않는 한 남한사회는 썩은 사회로 비칠 것이다. 이처럼 쌍방간의 인식의 틀이 조정되지 않는 한 다양한 차원에서 한편에서는 옳다고 보는 것이 다른 쪽에서는 그르다고 인식되는 일이 허다할 것이고, 이러한 인식의 상충은 다양한 갈등을 양산할 것이다. 특히 남한 대도시 생활의 복잡성, 개인위주의 익명성, 무규범이라고 보아도 좋을 다양한 가치관 등을 공산주의적 왕정체제하에서 신민의 획일적 도덕교양으로 교화된 북한사람들이 이해하기 위해서는 상당한 시간을 필요로 할 것이라는 것이다.

요컨대 남한사회와 북한사회의 도덕원리 비교는 지금까지 살펴본 것처럼 남한사회는 정치적 목표가 도덕원리의 실천보다 우선적이라 할 수 없는 까닭에 다양한 도덕관이 가능한 반면, 북한사회는 정치적 목표가 다른 무엇보다 우선적인 것으로 취급되는 까닭에 언뜻 보기에는 도덕관이 없는 사회로 인식될 수 있다. 그러나 북한사회도 도덕이 정치적 목표에 우선되지 않을 뿐 도덕이 없는 사회 혹은 비도덕적인 사회로 취급돼서는 안 될 것이다. 중요한 것은 북한사회의 정치적 목표를 선택한 사람들의 의지이다. 만약 북한사회에도 다양한 도덕관이 열려 있고 스스로 선택할 기회가 있음에도 불구하고 사람들이 당과 수령에 대한 충성이라는 정치적 목표를 최선의 것으로 선택했다면 그들은 목적론적 입장을 견지한 사람들일 것이다. 그 경우라면 통일된 이후에도 그들은 여전히 정치적 목표를 포기하지 않을 수 있을 것이다. 그러나 실제로 그와 같은 사람이 얼마나 있을 것인가? 그들에게는 다양한 도덕관도 선택의 여지도 없었던 것 아닌가? 만약 선택의 여지도 없었을 뿐만 아니라 자신의 의지와도 상관없이 같은 사회에 탄생했다는 우연성으로 말미암아 같은 정치적 목표를 갖게 된 사람들이라면, 그들에게 다양한 도덕관이 열리게 되고 또한 스스로가 선택할 수 있는 기회가 주어지게 되면 지금과는 다른 도덕관을 갖게 될 수도 있는 것이다. 북한사회는 폐쇄된 사회로서 어려서부터 오직 정치적 목표만이 우선적으로 강조되었을 뿐 도덕적인 삶이나 인격적인 삶은 항상 부차적인 목표였을 것으로 보인다. 그러므로 통일이 이루어져 다양한 도덕관 가운데 선택할 수 있는 기회가 그들에게 주어진다 할지라도 그들은 오히려 한동안은 혼란과 어려움을 겪게 될지도 모른다. 획일적인 삶의 방식에 젖어 있는 그들에게 다양성에서의 선택은 오히려 거추장스런 일이 될 수도 있을 것이기 때문이다. 그러나 정치적 목표만이 아닌 다양한 도덕적 삶의 선택에 관한 교육이 이루어지고 스스로 선택하는 일의 중요성을 인식하게 된다면, 그들 역시 남한사회의 사람들과 크게 다르지 않을 것이라 생각된다. 인간의 본성은 궁극적으로 크게 다르지 않다고 여겨지며, 사람은 또한 본디 자신이 처한 환경에 쉽사리 적응할 수 있는 잠재력을 지니고 있다고 믿기 때문이다.17)

3. 통일과정에서의 융화방안

현재 남북한 사이에 존재하는 갈등·대립적인 사회가치 체계는 통일과정을 어렵게 할 뿐만 아니라 통일 후에도 많은 문제를 야기할 것이기 때문에, 이를 융화시켜 통일과정에 방해가 되지 않고 통일 후에도 후유증을 적

---

17) 이민수 외, 『바람직한 통일문화』, 민족통일연구원, 1997, pp.67-68.

게 할 수 있는 가치체계를 형성해야 한다. 가치체계를 역사관, 국가관, 사회관, 윤리관으로 나누어 볼 때 일방의 타방에 대한 완전흡수가 아닌 양 사회의 융합에 의한 통일을 전제로 한다면, 통일 지향적 가치체계는 대체로 다음과 같은 내용이 되어야 할 것이다.

먼저 통일 지향적 역사관 형성은 남한의 실증주의사관과 북한의 계급사관의 대립을 극복 내지 완화하는 것이어야 하는바, 이는 단순한 절충이 아니라 계급적 적대감을 조성하는 역사해석을 지양하고 민족의 영광과 고난을 함께 공유하는 역사의식을 개발하는 것이어야 할 것이다. 이 문제에서는 남한의 역사관보다는 북한의 역사관이 민족 내 계급의 대립을 강조하는 것이기 때문에, 북한의 계급사관을 완화하는 문제가 매우 중요하다고 본다.

다음으로 국가관에서는 계급적·갈등적이며 배타적인 국가관을 민족공동체를 기본으로 한 화합적·포용적 국가관으로 융화해야 할 것이다. 남한에서는 지나친 개인주의적 국가관이 지양돼야 할 것이며, 북한에서는 계급적 국가관을 지양하고 양측이 민족공동체 의식에 기초한 화합적·포용적 국가관에 접근하도록 노력해야 할 것이다. 사회관에서는 경제생활, 문화생활의 이질감을 극복하기 위한 상호이해 증진에 주력해야 할 것이며, 윤리관에서는 남한의 개인주의적 도덕관과 북한의 집단주의적 도덕관의 갈등을 양측 도덕관의 결점을 보완하는 방향으로 융화해야 할 것이다.

통일 이전에 남북한의 갈등적 가치관의 융화는 여러 가지 접근방법으로 추구할 수 있다. 먼저 남북한 정책당국자에 의해 상호주의에 입각하여 남북 양 정권의 결단에 의해 의식적으로 추구하는 방법이 있다. 이는 남북대화를 통해 합의에 의해 남북 양측이 체제간 정책조정을 해 나가는 방법이다. 다음으로는 남북 양 사회간의 직접적인 교류·협력을 통해 가치관의 자연스러운 융화를 도모하는 방식인데, 가치관의 갈등을 해소할 수 있는 민족사회적 기반을 형성하는 방안이다. 그리고 북한사회의 반응 여하에 관계없이 남한 쪽에서 통일에 대비하여 통일교육을 통한 통일 지향적 가치관을 형성하는 방안을 모색하는 일이다. 통일 지향적 가치관 형성을 위한 방안설정에서는, 첫째, 갈등적 가치관의 충돌방지와 함께 통일 후의 통합과정을 용이하게 하는 민족공동체 가치관의 형성을 지향하는 방안을 모색해야 한다. 이를 위해서는 남북간에 동질감을 가질 수 있는 민족고유의 가치관에 유의하는 동시에 통일조국의 미래상에 대한 공통분모를 찾아내는 노력이 필요하다고 할 수 있다. 둘째, 통일 지향적 가치관을 형성하는 데 있어 한민족공동체 통일방안에 따라 교류·협력단계와 남북연합 단계를 구분하여 가치관 형성전략을 모색하는 것이다. 셋째, 바람직한 가치체계 형성을 촉진하는 기능적 협력분야를 선택·추진하면서 다른 한편으로는 또한 파급효과가 큰 구조적 틀을 합의·추진하는 것이다.

이상에서 통일된 민족공동체 형성의 과제와 관련된 주요 가치체계상의 갈등양상에 대해 개괄적으로 살펴보았거니와, 이러한 기본적인 가치체계상의 문제는 궁극적으로 민족성원들의 생활문화로 반영되어 표현되게 마련이다. 그래서 일상생활에서 가치관의 문제가 가치의식으로서 욕구성향에 한정되는 것이 아니라 내재된 목적의식과 그것을 실현하기 위한 행동성향까지 규정한다고 전제하고, 역사관, 국가관, 사회생활관, 윤리관 등을 통해 유형화된 남·북한주민의 가치성향으로서 생활문화를 비교·고찰한 것이다. 획일성과 다원성, 폐쇄성과 개방성, 명령경제의 원리와 시장경제의 원리, 전투적 사고와 협조적 사고, 집단주의와 개인주의 등으로 대별되는 남·북한주민의 생활문화상의 차이점은 통일 접근과정에서는 물론 통일 이후의 새로운 생활환경 속에서 문화적 충격요인으로 작용하여 심리적으로는 당혹감·모멸감을 불러일으킬 수 있으며 사회적으로는 심각한 갈등요인으로 표면화될 수 있다는 진단이다.

끝으로 통일과정이 얼마나 착실히 준비되느냐에 따라 통일의 후유증은 감소될 수도 또 의외의 증폭양상을 보여줄 수도 있다. 따라서 남·북한주민간에 잔존하는 갈등적 요인을 해소하고 나아가 공동체의식을 함양하는 의도적인 노력은 통일 이후에도 필요한 것이다.

제2장 남북사회의 변화와 이질적 가치관

　한민족은 국토의 분단으로 같은 민족이면서도 정치·경제·사회·문화적 체제를 달리하면서 해방 이전의 전통적 사상과 가치의 원형이 변질돼 가고 있으며, 이는 더욱이 6·25를 통해 이념적 가치관의 충돌이 가치혼란으로 상징화되면서 민족적 동질성이라는 근원적 차원에 치명적 손상을 가져왔다. 이러한 극단적인 분열양상은 통일과정과 그 이후의 문제에 대한 심각한 의문을 제기하면서, 통일문제를 논의하기 위해서는 남북한의 가치관의 차이를 극복하고 동질성을 강화하기 위한 방법론의 강구가 선행돼야 한다는 과제를 던져주고 있다.
　일반적으로 어떤 정치체제이든 그 체제가 지향하는 가치, 태도를 국민에게 내면화시키는 문제를 체제의 유지와 안정문제에 직결시켜 놓고 있다. 특히 사회주의사회인 북한의 경우는 그 추구하는 목표를 "로동계급 의식이 투철한 사회주의적 인간유형을 창출"하여 전 주민의 정치사상적 통일을 이룩함으로써 체제에 순응토록 하는 데 두고 있으며, 이러한 새로운 형태의 사회주의적 인격체를 형성하기 위해 당, 국가, 대중조직이 계획적이며 포괄적인 방식을 지속시켜 나가고 있다. 이를 통해 북한주민의 가치체계와 행동양식을 체제가 지향하는 틀 속에서 규정화시켜 나갈 수 있도록 주체형의 새로운 의식구조를 내면화시키는 데 초점을 맞추고 있다. 그 과정에서 특성은 공산주의 인간형이라는 규격화된 조직인을 의도적으로 산출해 내는 작업을 진행하는 일방적 정치교화의 성격을 띠고 집단주의 원리에 기초해 획일화를 도모하고 있다는 점에서, 개인의 차이를 의식적으로 부정해 버리는 획일화된 가치 지향성을 띠고 있다는 점이다.

반면 남한에서는 1960년대 경제성장 과정에서 촉발된 산업구조 변화에 따른 물질주의 성공관이 지배적 가치관으로 자리잡음에 따라 아노미와 소외현상이 극심해지고 있는 형편이다. 그 이면에는 성장지상주의와 불균형 개발전략에 따른 도덕성상실이 큰 원인이 되고 있으며, 이에 따라 사회윤리가 무너지고 가치관이 흔들리고 있다. 절대빈곤을 타파하는 과정에서 생겨난 상대적 빈곤감은 남한사회의 통합을 어렵게 하고 있으며, 이러한 문제는 자본주의체제라는 구조적 속성이 한국적 풍토라는 문화적 토양 위에서 올바로 구현되지 못함으로써 파생된 문제에 그치지 않고, 한국인의 생활양식 전반을 규정하는 가치관의 상실로까지 파급되고 있는 실정이다.

시대와 사회를 막론하고 사회윤리는 전통적 속성을 지니고 있게 마련이다. 그런데 현재 남북한 사회규범을 볼 때 그 동안 이질적인 요소가 전통문화의 가치관을 상당히 변질시켜 점점 남북 민족공동체라고 할 수 없는 방향으로 치닫고 있어 문제의 심각성을 나타내고 있다. 이러한 남북 사회규범의 상호 근본적 모순과 이질적 측면의 원인으로는 한편에서는 농경문화의 전통사회가 이룩한 집단적인 삶의 문화가 극단적으로 강조되고 있는 반면, 또 한편에서는 해체되는 과정을 겪으면서 그러한 전환기적 사회구조가 기존의 전통적 가치관과 삶의 방식의 틀을 기본적으로 흔들어 놓고 있기 때문이라고 할 수 있다. 즉 북한사회의 집단적 도덕성—비록 왜곡된 것이기는 하지만—에 대한 극단적인 강조와 남한사회의 물질성에 대한 비이성적 숭배는 오히려 기존의 공통된 가치규범 문화의 상실을 초래했으며, 그 결과 남북한사회의 이질성 극복문제는 이제 단순한 이질화현상을 규명하거나 복원하는 차원이 아닌 새로운 통일문화의 형성이라는 차원에서의 모색을 필요로 할 정도가 되었다.

여기에서 다루고 있는 남북한사회의 변화에 따른 이질적 가치관의 문제는 가치의식으로서의 욕구성향에 한정되는 것이 아니라 내재된 목적의식과 그를 실현하기 위한 행동까지 포함하는 것으로서 사회체계와 관련된 사회가치의 의미를 지니고 있다. 따라서 그 본질에는 가치의식 체계와 함께 사회적 측면에서의 인격(personality)형성 문제가 포함되며 개인이 어떻게 사회의 지배적 가치를 내면화시켜 왔고 그 과정에서 남북한사회가 각기 추구하고 있는 사회목표의 이질성이 개인적 차원에서 어떻게 퍼스낼리티로 축적돼 왔는가 하는 문제를 다루게 된다. 여기서 이의 주요 이론적 토대가 되는 것은 사회적 가치를 사회체계와 관련시켜 분류하고 있는 파슨즈의 가치이론이다.[1] 사회적 기반이 가치의식을 규정해 나간다는 개념은 특히 북한과 같이 편향된 사회체제 구조와 강한 목적의식을 가지고 있는 대상을 연구하는 데는 일응 타당성을 지니고 있으며, 더욱이 통일문화 형성을 위한 공동 가치규범의 재창조라는 사회화과정을 겪어야 하는 남북한사회에서 이질적 가치관을 비교·연구하기 위해서는 사회체계의 속성비교가 전제로 되어야 하기 때문이다. 그러나 남북한사회의 구조변화에 따른 생활양식의 총체적 측면으로서 가치관 형성문제를 다루는 것은 너무 포괄적인 문제인 동시에 실질적 접근에서도 한계가 있어 여기서는 남북한 사회구조와 기능의 특성에 따른 이질적인 가치관 형성과정과 그 특성을 살펴보고 그에 따라 향후 통일문화[2] 형성을 위한 가치관문제에서 극복돼야 하고 제기돼야 할 과제를 취급하고자 한다.

1. 단일민족 의식과 공동체 가치관

우리 민족에게 현재적 과제로 주어져 있는 통일의 의미에는 국가적 통

---

1) T. Parsons and E. A. Shils, "Value, Motves and System of Action," *Toward a General Theory of Action* (Cambridge Mass.:Harvard Univ Press, 1951).
2) 여기서 말하는 문화는 정치, 경제, 사회, 문화 등의 분야를 말할 때의 의미보다는 인지적(cognitive), 감정적(affective), 평가적(evaluative)인 통일지향적 가치정향이 내포된 상관개념이며 특정사회와 그 구성원이 공통적으로 갖는 생활양식의 총체이다. Gabriel Almond and Sidney Verba, *Civic Culture* (Princeton Univ. Press, 1963), p.15.

일과 국민적 통합의 의미가 동시에 내포돼 있다. 이는 통일의 외연 못지 않게 내부문제가 중요하기 때문이다. 따라서 통일을 지향하는 민족의지의 발현은 먼저 모든 차별을 초월해 온 국민이 통합되고, 이를 통해 국가적 통일을 이룰 때 진정한 의미의 통일을 이룰 수 있을 것이다.

우리가 삼국통일을 얘기할 때 그 근간이 되었다고 할 수 있는 화랑도정신은 신(信)과 충(忠)으로 이어진 공동체정신을 가리킨다. 즉 신(信)을 매개로 한 수평적 연대감을 통해 기초를 닦은 뒤에 충(忠)을 통한 수직적 연결을 매듭지음으로써 온 국민의 협력을 얻는 국민적 통합을 이룰 수 있었던 것이다. 이와 같은 사회적·정신적 기반 위에서 개인보다는 전체를 위하는 공동체적 정신인 화랑도정신이 통일의 가치관으로서 그 빛을 발하게 될 것이다. 따라서 분열된 국가의 통일문제는 곧 온 국민의 일체감을 불러일으킬 수 있는 공통의 가치관의 기반 위에서만 가능해진다고 하겠다.

우리 민족의 이러한 전통적 공동체정신은 현재 남북한으로 나누어진 이질적인 가치관을 극복할 수 있는 저력으로 이어져 내려오고 있기에, 우리가 통일을 위한 가치관문제를 다룸에 있어서는 우리 민족이 공통의 목표로서 민족주의적 가치관의 재창출을 위한 공동체정신의 현재적 의미를 되살릴 필요가 있다.

공통의 전통을 토대로 자발적으로 공동생활을 원하는 의식을 가진 집단을 민족으로 규정할 때, 민족이 처음부터 그러한 의식을 지니고 있는 것은 아니며 일종의 지연, 혈연의 사회로 존재할 뿐이다. 그러나 한민족에게 민족의식을 성립시켜 주는 상황적 배경은 5천 년을 면면히 이어져 내려온 우리의 민족사이다. 그러한 장구한 세월 동안 변질되지 않은 그 무엇이 한국적인 본질로 남아 있으며, 바로 민족의식의 원류로 작용하고 있다. 여기서 역사가 길다는 것은 물리적인 시간의 중요성 때문이 아니라 그렇게 살아온 생명력이 중요한 것이다. 그 이면에는 민족역량을 결집하고 단합시킬 수 있었던 강인한 공동체정신이 존재한다. 민족의 생명력의 근원으로서 이러한 공동체정신은 한국적 정신문화의 중요한 위치를 차지하고 있으며, 인간과 인간의 관계를 규정하고 인간이 살아가는 데 가져야 할 생활가치를 규범화한 윤리로 작용해 왔다.

우리 민족에게 공동체정신의 철학적 기초는 포용적 조화사상인데, 이는 사물을 조화와 통일의 관계로 파악하는 인식체계로서 화엄학에서는 이를 '一而二 二而一' 또는 '一卽一切 一切一卽'으로 표현하고, 천태학에서는 '會三歸一' 또는 '三諦圓融'으로 표현하고 있다. 유교에서도 '中庸'과 '中和'를 존중하고, '一而二 二而一'의 논리는 성리학의 기본구조를 이룬다. 원리로서 理와 현상으로서 氣는 둘인 듯하면서 하나요, 음과 양이 둘이면서 하나의 태극으로 통일되는 것이다. 따라서 이는 자연과 인간이 둘이면서 하나인 까닭에 천인합일사상이 성립된다. 이는 인간관계에서도 이어진다. 이처럼 포용성을 중요의식으로 지니고 있는 한국인은 나보다는 우리를 내세우는 것이 미덕이며 사회적 차원에서는 그것이 공동체정신으로 발현된다.3)

전통사회에서 공동체는 세 가지로 구성돼 있다고 볼 수 있는데, 국가와 민족공동체, 부락공동체, 가족공동체가 그것이다. 이 세 가지 기본적인 공동체는 상호 유기적인 관계를 가지면서 작용해 왔다. 가족공동체는 공동체의 기본단위로서 이것이 혈연적으로 확대되었을 때 친족공동체, 지역적으로 확대되었을 때 부락공동체, 나아가 국가와 민족공동체가 되는 것이다.

우리 민족의 맥을 잇게 한 이러한 유기체적 요인 중에서 가장 큰 단위인 공동체로서의 한민족은 혈연·지연·언어·문화공동체를 이루고 있다. 먼저 혈연공동체로서 한민족은 씨족 차원에서 실제적 혈연관계라기보다는 의식된 혈연관계로 볼 수 있으며, 지연공동체로서는 일정한 지역에서 공동생활을 영위하는 지연집단으로서 운명공동체적 연대의식을 지니게 된다. 언어공동체로서는 의사의 전달수단인 동시에 감정, 가치관 등을 교환하는 매개체로서 동일한 언어를 지님으로써 유사한 개성과 세계관을 공유하고 있으며, 문화요소의 통합체로서 한민족은 민속문화, 종교관을 공유하는 운명공동체로서 강한 연대의식을 지니고 있다. 이러한 공동체적 정신은 집단의식 체계로 자리잡아 대외적으로는 자기방어 속성을 지닌 지속의식을 체

---

3) 한영우, 『한국의 문화전통』, 을유문화사, 1988, pp.33-34.

계화하여 우리 민족만이 갖는 도덕·가치체계를 지키기 위한 참여의식과 연대의식을 지니게 하였던 것이다.4) 이처럼 한민족은 공동생활의 터에서 문화적 요소를 융합해 나가는 운명공동체의 터전을 마련해 왔던 것이다.

그러나 해방 이후 억제되었던 공동체의식은 상이한 이데올로기의 전파 과정에서 단절되는 아픔을 겪고 있다. 그 단절은 주체성의 왜곡인 동시에 총화적 측면에서의 분열을 의미한다. 따라서 우리가 통일 민족국가를 형성한다는 것은 단순한 국토의 통일이나 정치적 통일만이 아니라 민족의 만남, 역사의 맥을 잇는 일이다. 남북한의 이질화, 그 중에서도 가치의식의 변질은 바로 이러한 민족적 총화에 바탕을 두고 민족적 주체관을 확립하는 방향에서 파악되어야 하고 극복되어야 할 문제인 것이다.

2. 남북한의 가치체계와 문화양식

1) 문화구조의 형성과정과 특징

한국인들은 전통적으로 고유의 체계적인 전통문화를 형성하는 과정에서 외래문화의 수용에서도 배타적 성격을 띠지 않고 현실에 맞게 주체적으로 창조적 변용능력을 발휘해 왔다. 그 바탕에는 문화민족으로서의 강한 긍지와 자주적 독립의식이 깔려 있었기 때문이다. 그러나 해방 이후 보인 남북한사회에서의 외래문화 수용에는 이러한 창조적 수용태도에 많은 변질을 가져왔다.

먼저 북한의 경우 문화전통에 대한 인식문제를 살펴보면 민족 전통문화를 부인하고 사회주의적 민족문화를 내세우는 경향을 보여 왔다. 사회주의적 민족문화라는 이론체계는 이미 스탈린에 의해 제시되었는데, 스탈린은 "사회주의적인 프롤레타리아문화는 사회주의를 건설해 나가는 여러 민족

---

4) 이광규,『민족형성과 단일민족의식』, 한국아카데미총서, 1975, pp.257-265.

에게 있어서 언어와 생활풍습 등의 상이에 따라 각각 다른 표현방식과 방법을 가지게 되며, 내용에 있어서는 프롤레타리아적이며 형식에 있어서는 민족적인 문화, 이것이 사회주의가 지향하는 문화"라고 하였다.[5] 이러한 기조하에서 북한은 1972년에 제정된 사회주의헌법 제37조에 "사회주의적 민족문화를 건설하려면 제국주의문화의 침투를 반대할 뿐 아니라, 또한 복고주의를 반대하는 원칙적 항쟁을 벌이며 민족문화 유산을 사회주의 현실에 맞게 계승 발전시켜야 한다"고 규정하고 있다. 여기서 복고주의란 "혁명하는 시대의 요구와 로동계급적 원칙을 떠나서 지난날의 것을 되살리며 찬미하는 반동적 사상의 조류"로 규정하고, 이를 허용할 경우 반동적인 부르주아사상과 봉건적 유교사상 등 낡은 사상이 솟아난다고 하여 전통문화의 계승을 철저히 배격해 왔다.

이러한 성향은 북한의 문화관에서 분명히 드러나고 있는데, 김일성은 제5차 당대회에서 "문화예술은 근로자들을 공산주의적으로 교양하며 온 사회를 혁명화, 로동계급화하는 데서 역할해야 한다. 문학예술 앞에 나선 중요한 사업은 근로자들을 공산주의 세계관으로 무장시키는 혁명적 작품을 더 많이 창작하는 데 있다"고 강조한 바 있다. 이러한 문화관에 입각한 북한 문화정책의 기본방향은 사회주의 민족문화이다.

우선 북한의 사회주의적 문화가 의미하는 것은 사회주의사회 건설을 위해 요구되는 공산주의적 세계관과 혁명사상, 계급성과 집단주의에 입각한 사고양식과 생활양식을 총칭하는 의미를 갖는다. 여기에 민족문화를 결부시킨 의도는 사회주의적 내용과 민족적 형식을 결부시켜 나가는 것이라는 의미가 내포돼 있다. 이와 관련해서 김일성은 문화의 내용과 형식이라는 두 가지 측면에서 과거의 문화와는 구별되어야 하며 사회주의적 생활양식과 감정에 결부되도록 고쳐 나가야 한다고 강조하고 있다. 이처럼 북한은 사회주의적 내용과 민족적 형식을 결합하여 사회주의 민족문화를 건설한다는 이론적 체계를 지니고 있다. 이런 측면에서 그들은 전통문화와 민족문

---

5) 한국정신문화연구원 편, 『북한체제 연구』, 고려원, 1987, p.347.

화를 부정하고 있으며, 대신 혁명적 문화와 계급적 문화를 강조하고 있다.
 북한이 주장하는 이러한 사회주의문화의 내용은 혁명을 수행하는 계급의 이익을 반영하는 당적 문화로 돼야 한다는 논리로 연결된다. 따라서 혁명에 위배되며 당적 성격에 위배되는 문화는 낡은 문화 내지 반동문화로 규정하고 있다. 이러한 맥락에서 그들이 내세우는 민족문화 유산의 계승이란 형식적 논리이고, 실질적인 내용은 사회주의사회 건설에 유익한 면의 승계를 의미한다고 볼 수 있다.
 그 동안 북한이 추진해 온 사회주의문화의 형성과정을 간략히 살펴보면,6) 첫째, 1950년대 후반까지로 소련식 사회주의문화를 모방한 시기이다. 북한의 문화정책은 전후복구 사업을 추진할 무렵부터 구체화되기 시작했으며, 이 시기에 북한은 사회주의혁명이라는 구호 아래 사회 전 분야에 걸쳐 대대적인 개혁을 단행하였다. 즉 이 시기에 종래의 가족제도를 해체하고 사유재산의 몰수, 토지개혁, 생산과 노동의 집단화 등 경제제도의 개혁과 함께 전통적 제도나 생활양식을 타파하는 의도적인 사상교육을 시행하여 집단노동, 집단주의 문화정책을 강압적으로 추진하였다. 이 시기의 개혁방향은 마르크스·레닌주의적 세계관을 바탕으로 체제와 제도, 사고방식과 행동양식을 포함한 생활양식을 사회주의적으로 개혁하기 위해 전통적인 것을 낡은 것으로 규정하고 사회주의적 애국주의와 국제주의를 강조하는 것이었다.
 둘째, 1960년대 후반까지로 주체사상에 입각한 혁명전통 수립시기이다. 주체사상을 본격적으로 부각시켜 내적으로 혁명전통을 확립하려던 시기로, 외교적으로 국제정세에 적응하기 위한 필요성에서 나온 주체노선과는 또 다른 측면에서 사회주의제도를 현실화하는 데서 야기되는 전통문화와의 갈등을 극복하기 위한 의식구조 개혁에 초점을 맞추어 나갔던 시기이다.
 즉 사회의 제반 제도를 사회주의적으로 개조하는 데는 크게 성공하였으나 의식구조를 개조하는 데는 어려움이 있었음을 지적하고, 이를 위해 남

---

6) 위의 책, pp.348-354.

의 것만을 모방하는 것은 혁명과업의 수행에 오히려 해가 된다는 논리하에 민족적 형식에 사회주의적 내용을 담아 가는 형태로서 전통문화에 대한 부정적 인식을 다소 완화하는 방향, 전통문화와의 모색을 꾀하는 방향으로 문화정책을 수정하는 태도를 취했던 것이다.

셋째, 1960년대 말부터 강화되기 시작한 김일성 독재체제 확립을 위한 주체확립, 혁명전통 확립, 유일사상 확립의 시기이다. 주체확립이라는 명분으로 문화정책의 방향을 다소 수정한 시기로부터 김일성 1인 지배체제의 확립을 위한 사상적·정치적 기반을 확고히 하기 위해 문화정책의 방향을 주체의 확립, 혁명전통 체계의 확립, 김일성 유일사상의 확립이라는 방향으로 전환하고 모든 수단을 김일성 우상화에 초점을 맞춰 온 시기이며, 현재는 권력세습의 정당성 홍보에 주력하고 있는 실정이다. 특히 이 시기에는 모든 문화정책의 방향이 김일성 우상화를 위해 총동원되었으며 모든 언어와 언론이 수단화되기까지 했다.

북한사회의 문화는 그들의 체제유지와 지배의 합리화수단이 되고 있다는 점에서 북한 문화구조의 이념적 바탕은 일반적인 문화이념과는 다른 요인으로 형성돼 있다. 그것은 개인의 행동을 유형화하고 개인의 기대까지 결정하며 개인의 행동을 강제·통제하는 사회구조에 기인한다. 북한문화의 구조적 특징은, 첫째, 전체주의적 규범에 동조하는 집단주의적 성격을 지니고 사회우선의 조직 지향성을 띠고 있다. 둘째, 사회구조가 단순한 만큼 문화구조 역시 단일적이고 획일적인 면이 강해 문화의 공통적 영역이 넓다. 셋째, 당의 지배하에 강제로 조성되는 타율적 성격을 띠고 있다. 이와 같은 구조적 특성하에서 북한문화의 기능은, 첫째, 유일체제의 타당성을 주민들에게 수용케 하는 주민교화의 방법으로서 정치실현의 수단과 도구로 이용된다는 점, 둘째, 생산능력을 고취시키는 수단으로서, 또한 공산주의사상과 혁명이론으로 주민들을 맺게 하는 사회통합 수단으로서 기능을 담당하고 있다는 점, 셋째, 정책수행의 효율성을 높이기 위한 교도적·선도적 역할을 담당하고 있다는 점 등을 들 수 있다.[7]

이러한 북한 문화구조의 특성은 결국 북한주민의 가치관과 의식구조를 순응적·폐쇄적·절대적·단일적으로 전환시킴으로써 전체적으로는 능률을 가져올 수 있었으나, 그것이 내적으로 수용되는 과정에서 생기는 갈등과 마찰은 총체적 발전을 저해하는 근본요인으로 작용하고 있다고 하겠다.

한편 남한사회에서는 산업화에 따라 집중화·대형화·집권화되는 조직 속에서 소외의식을 통한 비인간화 추세라는 현실구조와 인간성상실을 회복하기 위한 가치 지향적인 개인적 욕구증대라는 다층적 문화구조가 형성됨으로써 수동적이면서도 저돌적, 비판적이면서도 무관심한, 도구와 목적의 문화가치의 혼란양상을 빚고 있는 실정이다.

산업사회에서 조직원으로서 개인적 무기력증은 집단화될 경우 집단이기주의로 나타나 전통적 가치의식인 중용과 화의 논리가 사이비, 사쿠라, 무소신으로 지탄받는 흑백논리의 단선적 문화가 통용되고 있다. 즉 자기방어 윤리와 생존의 윤리가 우선시되고 직업윤리, 시민윤리는 상대적으로 뒤쳐지고 있는 것이다.

2) 가치체계와 생활윤리

한 사회의 지배적인 규범문화는 그 사회가 가치체계화한 생활윤리에 집약적으로 담겨 있다고 할 수 있다.[8] 우리 민족의 경우 동방예의지국이라고 불릴 만큼 도덕과 예의를 중시한 생활윤리의 특성을 지니고 있어 왔다. 그러나 해방 이후 남북한사회는 각기 새로운 규범문화를 흡수해 가는 과정에서 전통적 생활윤리가 붕괴되는 과정을 겪어 왔다. 이는 외래적 생활문화에 대해 한편에서는 의도적인 강제성을 띠고, 또 한편에서는 스스로 몰입하는 과정을 겪으면서 나름의 의의를 부여하는 특성을 나타내고 있다. 먼저 북한의 경우 민족 고유의 도덕과 예절을 봉건적 잔재라고 비난하는 대

---

7) 위의 책, pp.344-346.

8) Kluckhohn은 가치체계화한 생활윤리는 사람의 욕구성향과 규범의식이 서로 겹치는 부분으로 구성되어 있다고 주장했다. F. R. Kluckhohn and F. L. Strodtbeck, *Variations in Value Orientations* (New York: Harper & Row, 1961).

신 공산주의 교양도덕이라는 새로운 가치체계의 윤리덕목을 강조해 왔다. 이러한 윤리덕목에도 "사회경제적 관계를 반영하는 사회의식의 한 형태로서 력사적으로 변화하며, 계급사회에서는 반드시 계급성격을 띤다"고 보고 계급의식과 밀접히 관련돼 있음을 강조하고 있다.

이러한 측면에서 북한에서 내세우고 있는 공산주의도덕의 성격과 행동양식으로는 '개인의 이익보다 집단의 이익을 더 중히 여기는 집단주의정신, 자력갱생의 혁명정신, 노동에 대한 공산주의적 태도, 사회주의적 애국주의와 프롤레타리아국제주의, 공산주의적 인간성과 문화성' 등을 규정하고 있다. 먼저 집단주의윤리는 개인주의·이기주의와 대립되는 것으로 자아의식을 버리고 개인의 사상과 행동을 집단에 귀속시키는 것을 의미한다. 이의 역할에 대해서는 "인민대중의 정치사상적 통일을 강화하고 사회주의·공산주의에 헌신하려는 열의를 발양시킴으로써 사회의 정치적 지위를 공고화하는 필수적 담보"로 인식하고 있다. 이처럼 북한은 개인의 조직생활에 특별히 중요한 의의를 부여하고 있다.

둘째, 사회통합의 주요 메커니즘으로서 외부의 적에 대한 개념을 적절히 강조하면서 사용하고 있다. 즉 사회주의적 인간상을 형성함에 있어 사회주의사회 건설에 방해가 되는 적개념을 설정하고 전투적 이미지를 형상화함으로써 실생활에 있어 항상 긴장감을 조성하는 한편, 그것의 타파를 생활화의 주요목표로 삼음으로써 사회체제의 효과적인 강화방법으로 이용하고 있다.

셋째, 군중노선에 입각한 생산증대를 미덕으로 삼고 있다. 즉 주민들의 일상생활을 생산증대 운동과 밀접히 연관시킴으로써 내적으로는 경쟁심을 유도하고 외적으로는 따라배우기 운동을 실천화시키고 있다. 또한 생산증대 운동에 있어서도 전술한 전투개념을 원용하여 고지(생산목표량), 고지점령(목표량 달성), 돌격대(특수한 단기적 과업을 달성하기 위한 노동조직), 전투계획(생산계획), 섬멸전(생산과업을 하나씩 집행해 나가는 것) 등이 일상적 생활용어가 되어 있다.

넷째, 가족을 윤리적 공동체의 기반으로 보지 않고 사회주의 혁명이론의 실습장, 생산의 기본단위로 보는 한편, 사회의 기본적 구성단위로 활용하고 있다. 이는 친족간의 활동은 금지하더라도 사회적 세포로서 가족을 유지하는 것이 전체사회의 통합에 유리하다는 인식에 근거하고 있다고 할 수 있다. 우리 민족은 혈연공동체인 가족을 기본으로 생활문화와 윤리, 도덕을 발전시켰으며, 그에 기반해 경애와 신의를 바탕으로 상부상조하는 협동적 기풍을 숭상해 왔다. 그러나 북한의 경우는 친족으로서의 아버지, 사회가족 차원에서의 어버이 수령으로 이원화돼 있고 부의 책임이며 권위의 근거인 부양책임이 어버이 수령의 역할로 인지되고 있어 가정에서 부의 위상은 전통사회의 그것과 비교할 때 상당한 차이가 있다. 우리 전통사회의 기본단위는 개인이 아니라 가족중심으로 이루어진 가부장적 가족이었는데, 이는 현재 북한에서 변질된 형태로 김일성의 가부장적 권위로 활용되고 있다.

이처럼 북한주민의 가치관 형성과정과9) 생산윤리적 가치는 집단우위 의식, 전투개념의 생활화, 노동우대에 의한 경쟁심 유발, 가족기능의 변질에 의해 남한과는 상당한 차이를 보여주고 있다. 한민족의 고유한 전통적 동질문화는 남북한이 상이한 정치이념과 체제를 추구해 나가는 가운데 이질화돼 버렸고 이는 가치체계의 변화를 초래함으로써 생활방법을 규제하는 윤리적 측면에까지 변질을 초래한 것이다. 따라서 생활공동체로서 동질성과 연대성 대신 경쟁성, 배타성, 이기성이 사회체제를 유지해 나가는 데 중요한 가치기준으로 자리잡고 있는 특성을 보이고 있다.

3) 의식구조의 변화와 특징

가치의식이란 고정된 원칙이 아니라 그 자체가 생성·발전하고 변화하는 유동적 사고방식이라 할 수 있다. 그것은 주위환경과 시대적 상황에 따라 변하기 때문이다. 그럼에도 개인에게 개인의 가치의식이 있듯이 집단에게도 나름의 독특한 가치의식이 있다. 이러한 점에서 같은 지역, 같은 문화

---

9) 앞의 책, 『북한체제 연구』, pp.329-339.

권에서 수천 년을 살아온 우리 민족에게는 하나의 집단으로서 다른 민족과 구별되는 독특한 가치의식의 원형을 지니고 있다.

우리 민족이 가지고 있는 가치의식은 시대적 상황과 생활조건, 문화에 영향을 받으면서 형성되고 발전해 왔다.10) 그 과정에서도 면면히 이어져 내려오고 있는 중심된 것을 살펴보면 먼저 인간중심적 사상을 지니고 있다. 둘째, 사대주의적 처세를 취해 오면서도 그 이면에는 강한 저항의식이 있었으며 그것은 민족주의적 소신으로 나타났다. 셋째, 현실중심의 가치의식을 지니고 있다. 넷째, 생활에 있어 정신적 측면을 강조하여 정신적인 것을 물질적인 것보다 높이 받드는 경향을 지니고 있으며 질서와 안정을 위한 윤리성을 강조해 왔다.

이러한 우리 민족의 의식구조는 미래를 위한, 구체적으로는 남북한사회의 이질적 가치관의 극복을 위한 새로운 가치의식으로 재창출돼야 한다. 우리의 정신에 조상의 얼이 깃들어 있는 것이 바로 전통이라고 할 때 주입되고 강제되는 의식구조란 일시적일 수밖에 없는 것이다. 따라서 현재 시점에서 우리의 역할은 전통의 전달자가 아니라 전통의 계승자인 동시에 전통의 창조자가 되어야 함을 요구하고 있다.

이러한 측면에서 남·북한주민의 변화된 의식구조의 비교를 통해서 새롭게 수정되고 지향돼야 할 방향을 모색해 보는 것이 필요하다. 북한주민의 의식구조는 각종 예술활동, 사상교육, 조직생활, 노동생활 등으로 공산주의적 도덕관을 확립시켜 사회주의사회 건설을 위한 혁명적 행동특성을 형성함으로써 개인보다 집단능률을 강조하는 전체주의적 사고양식의 틀로 정형화되는 양상을 보이고 있다.11) 이것은 개인중심의 내적 지향성을 갖고 있는 남한사회와 구별되는 가장 큰 특징적 요소이다.

이와 관련해서 북한은 로동당 규약(제1장 5조)에서 북한주민들이 갖추어

---

10) 개항 이후와 해방시대의 의식구조 변화에 대한 연구로는 황성모, 『분단사회의 평가적 인식』, 한국정신문화연구원, 1987, pp.63-90 참조.

11) 朴在奎, 『북한사회의 구조적 분석』, 미네르바사, 1973, pp.145-171.

야 할 소위 이상적인 공산주의적 인간형의 품성과 가치기준에 관해 제시하고 있는데 이를 몇 가지 예시하면, 첫째, 조국의 통일과 사회주의 및 공산주의건설을 위하여 적극 투쟁하며 사회주의조국을 튼튼히 보위해야 한다. 둘째, 당의 혁명적 전통을 깊이 연구·체득하고 그것을 계승·발전시키며 우리 당의 사상체계로 확고히 무장하며 당중앙위원회의 주위에 굳게 단결하여 그를 튼튼히 보위하며 종파주의, 가족주의를 반대하여 과감히 투쟁하며, 당의 통일과 단결을 고수해야 한다. 셋째, 당에 무한히 충실하며 당의 노선과 정책을 무조건 접수하고 철저히 옹호하며 그것을 정확히 관철시켜야 한다 등이다. 이처럼 북한은 주민의 의식구조를 전체주의적 사회구조의 한 부분으로만 봄으로써 가족, 부락, 국가·민족공동체에 대한 개념규정보다 당에 대한 충성만이 가장 가치 있는 삶으로 강조하고 있다. 이에 우리의 전통적인 인본주의적 요소는 공산주의의 획일적 혁명의식으로 강제 변모되어 개인윤리, 사회윤리 대신 당에 대한 충성윤리, 공산주의적 집체윤리만을 미덕으로 삼는 특성을 보이고 있다. 이러한 측면에서 북한주민의 의식구조는 행동 면에서는 집단이익의 우선, 자아의식보다는 집단에의 귀속의식, 전통적 신앙 대신 당의 이데올로기가 의식구조를 지배하는 가치기준이 되고 있다.

한편 남한사회가 경험하고 있는 의식구조의 변질된 특성을 살펴보면, 첫째, 산업사회의 진전과정에서 수용된 외래사상의 선호와 상대적인 전통적 가치규범 의식의 무시로 인한 제반 윤리의식의 실종, 둘째, 인본주의에서 물질주의로의 단절적 전환으로 인한 행동 면에서의 무규범성, 셋째, 산업사회 사회구조와 구성원으로서의 본래적 의식구조와의 부조화로 인한 갈등문제, 넷째, 소비 지향적, 과다한 현실주의적 성향으로 인한 찰라적·허무주의적 가치관으로의 전환 등이 지배하는 사회가 되고 있다.

전통에는 합리적인 측면도 있고 비합리적인 측면도 있다. 따라서 전통적 생활양식이나 사고방식에 대한 비판적 태도를 통해 취사선택하는 과정을 거쳐 참다운 발전을 가져오게 하는 지혜가 필요하다. 현재 남·북한주민의 의식구조의 격차는 북쪽에서는 의식적인 가치구조의 전환노력을 전사회적으로 하고 있고, 남쪽에서는 밀려오는 외래문화의 비주체적인 수용을 통해 개인 각자가 그에 몰입하는 과정을 거쳐 결국 양자 모두가 우리 민족 고유의 전통적 가치의식의 맥을 상실해 가는 모습을 보임으로써 그 정도는 더욱 심해져 가고 있는 실정이다.

발전이라는 측면과 전통계승이라는 측면은 그것이 한민족의 정서에 부합되는 것이냐 하는 문제에 직면해서는 새로운 가치판단이 요구된다. 즉 사회주의사회 건설에 필요한 공산주의 인간형을 만들기 위한 의도된 의식구조나 시대적·외세적 조류에 휩싸여 부합해 가는 의식구조나 양측 공히 원래의 자리에서 반추해 보는 기준이 되는 것은 전통적 가치의식이며, 이는 바로 창조적 계승의 차원에서 합리적으로 해석되어야 할 것이다.

3. 이질적 가치관의 극복방향

47년간 서로 다른 환경에서 형성된 남·북한주민의 이질적 가치관은 통일을 저해하는 제약요인으로 작용하고 있다. 이는 통일과정이나 통일 이후에도 진정한 의미의 민족적 융합을 가로막는 내부과제로 남을 것이다. 남북한의 이질적 가치관의 실질적인 내용은 정치적 동기에서 비롯된 전통사회의 해체와 새로운 성격의 사회로의 재편성과정에서 빚어진 사회구조와 생활관, 세계관에 기초하고 있다. 이렇게 볼 때 분단 이후의 이질화문제는 이데올로기의 차이에서 비롯된 가치관문제에 대한 해결로 귀결된다고 하겠다. 따라서 통일문화 형성을 위한 이질적 가치관 극복의 과제는 우리 민족공동체의 전통적인 삶의 양식에 기초한 사상적 기반[12] 위에서 전개되고, 또 그 바탕 위에서 조화롭게 통합을 이룰 수 있도록 실현돼야 할 것이다. 통일문화의 기본적인 삶의 양식이란 어느 일방의 강요나 단순종합에 의해

---

12) 김학준 외, 『남북의 생활상』, 박영사, 1986, pp.49-56 참조.

이루어지는 것은 아니며 보다 포괄적인 가치관에 입각한 새로운 비판적·창조적 통합을 통해서만 가능하다.

현재 남북한의 체제를 각기 고수하는 자기합리화의 연장은 민족공동체적 삶의 원리와는 거리가 멀다. 탈이데올로기의 조류와 한반도문제의 민족화 추세 속에서 남북한은 공히 민족주의를 내세우고 있어 이질화 극복의 원리로서 민족주의가 체제와 이념을 초월해 공통분모로 작용하고 있다. 즉 민족공동체 형성을 위한 가치관 극복의 근본원리로서 민족주의를 남북한이 공히 내세우고 있다는 의미이다. 문제는 그 내용이다. 민족의식은 누구나 할 것 없이 강조하고 있지만 그 내용과 방법론에서는 해석을 달리하고 있다.13) 따라서 민족공동사회를 형성하는 문제에서 서로가 타협점을 찾기 위해서는 우선 자율성과 통합성의 조화를 이루어야 한다. 어느 한쪽의 소외의식을 최소화하는 동시에 평등과 자유의 폭을 동시에 넓혀 나가는 슬기와 양보의 정신이 필요하다.

먼저 인간존엄성의 민주주의적 가치를 실현하기 위해서는 자유가 전제돼야 한다. 즉 통일국가는 다름 아닌 자유의 나라여야 한다. 개인의 자주성이 보장되기 위하여 민주주의가 요구되는 것은 바로 의식의 독립성을 전제로 하고 있기 때문이다. 개인의 창조성과 능동성이 자유롭게 펼쳐질 수 있는 삶의 터전이어야 한다. 그 바탕 위에서 개인의 자유가 함께 공립할 수 있도록 평등을 확대해 나가야 한다. 이것이 우리의 전통적 가치의식에 입각한 대동주의적 차원에서 총화성의 발로이다.

서구에서 평등의 의미는 자유와의 관계적 측면에서 상대주의적 성격을 갖고 개인의 자유와 사회적 평등개념을 대비되는 것으로 보아 온 데 비해, 한국사상에서 평등이념의 원류는 홍익인간에서 찾았다고 하겠다. 즉 홍익인간의 이념은 천부경의 人中天地一이라는 말처럼 인간이 천지만물 중에서 가장 존귀한 존재인 동시에 주체가 된다는 인간존엄성에 그 사상적 기반을

---

13) 이서행, "한국의 민족통일이념과 사상," 『민주문화논총』, 제22호, 민주문화아카데미, 1992, pp.48-58.

두고 있다. 人中天地一에서 中이란 중간이나 중립이 아닌 중심자적 위치에 서는 것이며, 天과 地를 一한다는 것은 같아지되 만남이 있어야 한다는 和의 개념을 내포하는 것이다. 홍익인간이란 이 세상 모든 인간의 번영과 평화를 위한다는 것이며, 그 방법으로서 이화세계(理化世界)라는 우주의 이치를 말한다. 이처럼 홍익인간은 세계론적 의미이며 재세이화(在世理化)는 우주론적 의미를 지닌다. 재세이화의 사상은 덕치주의(德治主義)와 법치주의(法治主義)를 이치주의(理治主義)로 조화시키는 것인데, 이 조화의 원리는 중화(中和)의 원리이며 이것이 평등과 결부될 때 바로 평화의 개념이 도출된다. 따라서 한국사상에서 평등의 이념은 바로 인류세계 공영의 원리이며 조화를 통한 평화의 원리가 되는 것이며, 그 평화는 정신적 평화와 평화적 질서를 함께 포함한다. 이처럼 한국사상에서 평등의 의미는 마르크스주의의 유물론적인 분평(分平)의 개념이 아니라 융평(隆平)의 개념을 가리키며, 동시에 필연성을 띤 극단적 평등이념도 아니고 당위성을 띤 관념적 평등이념도 아닌 융평과 평화를 내포한 합리적 평등이념인 것이다.

　이와 같이 전통적 가치관의 맥락 위에서 자유와 평등의 조화를 통한 공동사회적 생활영역을 확대해 나감으로써 보다 넓은 사회의식, 민족의식 속에서 일체감을 찾도록 해야 하는데, 그러면 그 합의점을 찾는 방법은 어떠해야 하는가. 이는 민주주의원칙에 의해 남북한의 이질적 가치관을 창조적으로 적용하여 민족공동체적 가치관을 공유해 나감으로써 결국 행동규범으로 삼을 수 있도록 하는 가능성 있는 부분부터 출발해야 할 것이다. 또한 그 가치관을 공유하도록 강화하기 위해서는 민족의식이라는 틀 속에서 융화하여 민족발전의 방향으로 귀일하도록 해나가는 것이 필요하다. 이렇게 될 때 이질적 가치관은 각 개인차원에서 주관적 가치관으로 내면화되어 개인의 가치관으로 받아들여질 수 있을 것이다.

　남북한 사회문화 구조의 차이는 지금까지 남·북한주민의 가치관과 사회의식에도 많은 변화를 가져와 가치판단의 기준과 의식구조의 측면에서 이질성이 증대되어 통일 장애요인의 기본이 되고 있다. 지금까지 논의한 바로는 한 사회의 구성원들이 갖고 있는 행동의 기준인 관념의 체계, 즉 가치관을 제한된 여건하에서 다루는 문제도 어려운 일이었고 남북의 이질적 가치관의 공통점을 발견하는 데는 더 많은 제약조건이 따랐다.

그러면 이러한 남북한의 이질적 가치관을 어떻게 극복할 것이며, 이를 위해 나아갈 바람직한 방향이 무엇인가를 살펴본 결과 남북한사회를 가치적 측면에서 통합할 수 있는 방안 몇 가지를 제언하고자 한다.

첫째, 민족구성원의 가치체계와 그 지향점에 대한 이론적 체계를 정립하는 것이 필요하다. 통일국가의 형성은 민족공동체를 만들어 나가는 일이며, 이는 양 체제의 상극성을 해소하고 서로의 장점을 통합할 수 있는 공통적 기반으로서 이념을 정립하는 일이다. 이를 위해 우선적으로 고려돼야 할 것이 이미 살펴본 민족공동체 이념의 현재적 재창조이다. 통합이념으로서의 민족공동체 정신은 남·북한주민의 전통적 가치의식에 내재된 민족사적 정통성의 계승이라는 의미를 함유하고 있다. 우리 민족 고유의 문화유산을 토대로 해서 그 현재적 의미를 체계화함은 물론 상이한 남북한 사회문화 체제의 장단점을 취사선택하고 장점을 살려 공감대를 형성할 수 있는 새로운 통일문화의 내용을 창출해 낼 수 있는 이론적 체계를 정립해 나가야 할 것이다.

둘째, 남북한은 각기 자기 문화구조에 있어 전통적 인본주의를 구현하는 한편 현대적 인간주의를 적극 수용해 나가야 할 것이다. 북한의 문화구조는 지배체제의 정당성 홍보와 집단주의체제를 유지하기 위한 통제적 수단의 의미가 강하다. 반면 남한의 문화구조는 개체의식의 강조로 인한 집단이기주의로 사회 전체의 이익과 발전이 저해되고 있는 실정이다. 북한의 경우 전체주의, 즉 극단적 집단주의의 병폐를 고쳐 나가야 할 것이며, 이를 위해서는 개인의 창의성과 자율성을 제고시키는 방향에서 개인주의를 발전적 측면에서 수용해야 하며, 남한의 경우에는 연대의식에 바탕을 둔 집단주의가 보편화돼야 할 것이다. 남북한사회가 공히 그러한 문제점을 극복해 나가기 위해서는 도덕성회복과 공동체의식 형성을 위해 노력해 나가는 자세가 필요하다. 계급문화와 물질문화의 극복은 정신문화의 올바른 구현을 통해서만 가능하며, 이는 우리 민족정신의 원류로 이어져 내려오고 있는 민족공동체 정신이 그 바탕이 되어야 할 것이다.

셋째, 자유와 평등이 조화되는 복지사회로의 발전을 위한 제도적·정책적 노력이 요구된다. 즉 자유민주주의 체제하에서 형평주의와 인도주의에 바탕을 두고 협동주의와 국가적 효율성을 강조하는 이념으로 복지국가를 지향해 나가야 한다. 이러한 이념적 테두리 안에서 한국적인 상황에 맞는 한국적 복지사회 모형을 개발해 나가는 것이 필요하며, 한국적 복지사회에서의 가치관 형성은 균부(均富)를 위한 능률과 형평의 조화를 전제로 한국인 특유의 가치관과 사회적 유대감을 최대한 활용할 수 있어야 한다. 따라서 그 기본방향은 단순히 어려운 사람을 돕는다는 차선의 정책이 아니라 어려운 사람의 능력을 키워 주고 생산성을 향상시킴과 동시에 미래에 대한 희망을 갖게 하는 최선의 정책이 되어야 할 것이다. 결국 이 문제는 우리가 지향하는 통일국가의 가치관은 한민족의 복지와 행복을 전제로 해야 한다는 의미이다.

넷째, 도덕성회복과 참여의 확대를 통한 민주화의 진전이 필요하다. 가치관은 개인의 행위결정에서 중요한 역할을 하며 공동의식 형성에 불가결한 요인이 되기 때문에, 그 사회의 각종 활동을 영위하는 데 원칙적 규율을 제공한다. 따라서 사회구성원인 개인의 가치관이 어떤 것이냐는 그 사회의 생존유지와 발전에 커다란 영향을 미친다. 남북한사회의 구성원으로서 각 개체가 도덕성회복을 통한 올바른 가치판단의 기준을 확립하고 그에 바탕해서 참여의 확대를 이루어 나간다면 이것이 공동의 선을 향한 방향을 정립하는 길이며, 그 방법은 바로 민주화를 통해서만 가능할 것이다. 이질적 가치관을 극복하고 민족공동체의 발전방향을 결정하는 과정에 이러한 구성원 개개인의 자율적 참여를 최대한 보장하고 그 결과를 제도화함으로써 민족적 합의점을 도출해 낼 수 있을 것이다.

남북한사회는 그 동안 구조적 모순과 사회적 갈등의 심화 속에서 체제유지와 안정이라는 명분으로 그 문제점의 해결을 위한 진지한 노력을 게을리 해왔다. 이로 인한 과정에서 두 사회는 공히 전통문화의 해체경향이 있어 왔으며, 그 방향은 극단적으로 상반된 것이었다. 따라서 인간의 이상적인 삶은 넓은 의미에서 도덕적으로 만족스러운 삶일 수밖에 없다고 볼 때 남북한사회가 이질적 가치관의 극복을 위해 지향해야 할 방향은 남·북한 주민에게 공히 도덕적으로 올바른 삶을 살기 위한 터전을 마련한다는 목표 하에서 귀일점을 찾아 나가기 위한 노력이 전제되어야 한다.

제3장 남북한 통합과정에서 발생할
가치갈등과 가변성

　구소련과 동구제국이 공산사회로 전이된 역사적 사실을 연구할 때 사회주의 전통사회가 깨지는 혁명적 변혁으로 인식하고 전통문화가 완전히 소멸되는 과정으로서 사회주의개혁을 분석한다면, 우리는 공산사회의 심리문화 체계의 상호작용을 인식할 수 없는 오류를 범하기 쉽다. 가시적 변동 속에 면면히 지속되는 전통문화의 속성들이 공산사회에서 어떠한 의미를 지니고 있는가를 분석하는 심리인류학적 인식하에[1] 남북한 통합과정에서 발생할 수 있는 전통가치와 현대가치 및 사회생활 관련가치의 갈등요인과 가변성을 분석하는 작업은 의의 있는 일이 될 것이다.

　앞에서도 언급되었지만 남북분단으로 인한 이념과 체제의 차이는 남북 간의 생활문화에 있어서도 이질적인 요소들을 누적시켜 왔다. 남북은 반세기에 가깝게 서로 다른 정치문화와 생활환경에서 살아왔기 때문에 그 동안 형성된 생활상의 이질적인 가치관은 통합을 저해하는 갈등과 제약요인으로 작용하고 있다. 이질적 가치관을 극복하고 정치적 단일체제를 이루기 위해서는 먼저 사회·문화적 통합이 이루어져야 통독의 후유증과 같은 것을 반복하지 않을 것이다.

　남북 가치통합 과정에서 예측되는 과제는 남북간의 다양성보다는 공통성을 목표로 하는 사회 생활문화 가운데 갈등적 요소를 발견하고 가변성을

---

[1] 오세철, 『문화와 사회심리론』, 박영사, 1979, pp.91-92.

찾는 일이 될 것이며 또한 이 범위로 좁혀서 생각할 일이다. 때문에 남북 각각이 사회적 갈등을 조장하고 공동목표를 향한 협동을 저해하는 계층간의 위화감을 막아야 할 것임은 의심의 여지가 없으나, 이 글에서 시도하고자 하는 것은 통합과정에서 발생할 갈등요인과 가변성으로 제한하기 때문에 우선은 남북 각 사회에서 형성된 갈등원인 분석은 논외로 하고자 한다.

여기서 유의할 점은 분단국의 통합에 관한 심리학적 문제를 찾는다고 해서 심리과정 분석에 너무 집착한 나머지 일상생활에서 일어날 수 있는 개인의 행동과 사회적 상황을 등한히 해서는 안 된다는 점이다. 통합과정에서 발생할 수 있는 문제를 예측해 보면, ① 노동인력의 재편성에서 오는 문제, ② 다른 사상이나 생활양식에 길들여진 사람들이 만나 함께 살면서 일어나는 마찰의 문제, ③ 남북한 사람들의 서로에 대한 상대적인 사회적 지위변동이 빚어내는 문제, ④ 일시적으로 일어나는 생활고와 적응의 어려움으로 생기는 스트레스의 문제 등을 생각할 수 있다.2)

특히 기존의 사회생활과 경제체제가 붕괴되면 개인의 기존 기반이 해체돼 극심한 불안을 경험하게 되고 개인간에는 새로운 이해관계가 형성될 것이다. 더욱이 6·25를 경험한 세대는 무서운 적개심과 불신으로 공격행동과 살인을 포함한 각종 범죄로 통합에 역행할 가능성도 있기 때문에 사전에 통합의 장애요인3)을 제거하고 사회·문화적 분열을 예방할 필요가 있다.

이러한 남북의 장애요인, 즉 이질적 가치관의 영역은 개인의 내재된 목적의식과 그를 실현하기 위한 행동까지 포함돼야 하기 때문에 앞 장에서 비교 논의된 결과를 중심으로 해서 ① 가정, ② 사회집단 및 직업생활, ③ 여가생활, ④ 생활습속 등의 갈등요인을 규명하고 그 가변성 여부를 알아보겠다.

이미 북한의 사회 생활문화 현황에서 언급했듯이 북한에서는 개인의 행

---

2) 한국심리학회, 『남북의 장벽을 넘어서: 통일과 심리적 화합』, 1993, p.15.
3) 위의 책, pp.127-132. 이장호 교수는 한국심리학회가 주최한 세미나에서 장애요인을 ① 6·25의 상처와 적색혐오증, ② 변화에 대한 무관심 또는 저항, ③ 보수적 권위주의 문화, ④ 파행적 의식구조(의존성, 분파의식, 자폐성) 등으로 분석했다.

동을 유형화하고 개인의 기대까지 결정하며 개인의 행동을 강제로 통제하므로, 이러한 사회문화 구조는 통합에서 가치갈등의 기본적인 틀이 될 것이다. 그 특징을 보면, 첫째, 전체주의적 규범에 동조하는 집단주의 성격으로서 사회 우선의 조직 지향성, 둘째, 단일적이며 획일적인 문화구조, 셋째, 당의 감시하에 강제적이며 타율적인 성격 등이다. 이러한 문화구조의 틀이 일상생활을 통해 주민들을 교화시키고 생산능력을 고취시키며 선도적 역할을 강요하게 되는데, 실제로 생활영역에서 발생하는 갈등요인과 가변성을 보면 다음과 같다.

1. 가정생활에서의 갈등요인

남한에서의 개인은 자율적 선택에 의해 개인의 행복추구를 목적으로 하면서 가정과 사회적 책임을 다하는 가운데 자아실현을 한다. 그러나 북한은 인간 개개인의 존엄성을 무시하고 혁명의 도구로 삼는 통제사회의 구성원에 지나지 않는다. 남한에서의 가정은 인간 고유의 가치실현을 위한 혈연 구성체인 가부장제의 기초단위이고, 북한에서 가정은—남한의 가정과 공통되는 요소가 있기는 하지만—당과 수령중심의 사회주의혁명을 위한 세포단위와 노동력의 동원단위인 동시에 혁명의 기본조직으로 강조되고 있다. 통합과정에서 기본적 인간관과 가정에 대한 가치관이 다르기 때문에 심한 갈등이 발생할 것은 분명하다. 그러나 전통적인 혈연중심의 가정문화가 아직도 북한사회에 상당히 남아 있으리라 보이며, 이념과 개인숭배로 인해 교화된 가정적인 가치갈등은 체제가 붕괴되면 쉽사리 해소될 수 있으리라 전망된다. 단 6·25후세대들에게는 전세대보다 세뇌교육이 심화되었기 때문에 갈등의 시간이 길어지리라 본다.
의·식·주 생활에서도 상당기간 폐쇄사회에서 형성된 우리식 사회주의 가치갈등으로 인하여 자유시장경제 사회에서 나타나는 빈부격차, 실업문제,

지역격차가 새로운 사회문제로 부각될 것이다.

2. 사회생활에서의 갈등요인

　북한은 경제활동의 기본토대가 집단화돼 있기 때문에 사회생활의 집단화가 용이하게 이루어지고 이 집단화가 사회주의적 생활양식의 근간으로 작용한다. 생산현장에서 생산단위마다 각종 직업조직과 사회조직을 통해 집단화가 이뤄지며 직장을 포함한 각종 사회조직은 혁명의 기지가 된다.
　남한은 직장생활이나 동료간의 생활이 개인의 자의에 의해 선택되어 가치형성이 되지만 북한은 '집단주의원칙'에 준거하는 획일적인 조직사회이기 때문에, 사회생활이나 동료간의 생활공간이 자유롭지 못하고 갖가지 조직에 얽매여 통제받으면서 혁명을 위한 단체생활을 일상적으로 하지 않으면 안 된다. 이로 인하여 발생될 가치갈등은 이기적인 개인주의 대 통제 속에서 이뤄지는 집단적인 단체생활일 것이다.
　집단주의사회에서 살다가 자유분방한 개인주의사회에서 살려면 가장 문제가 되는 것은 자기 인생 가치관에 대한 재정립이다. 모든 것을 스스로 책임질 수 있는 생활을 터득해야 하며 평등의 가치보다 자유의 가치에 대한 참된 의미를 생활경험을 통해 체득하지 않으면 안 된다. 이로 인한 사회문제는 제도의 개혁으로 어느 정도 극복할 수 있겠지만, 개인의 사회생활 가치관의 변화, 즉 조직보다 인간 본연의 가치 중요성에 대해서는 상당한 시간이 요구될 것이다.
　북한사회에서 형성되고 있는 집단 적개심이 어떤 비중을 차지하고 일상생활에서 주민의 행동양식에 끼치는 영향은 어떠한가?
　적개심(hostility)이 축적되면 공격성으로 표출된다. 북한정권은 적개심을 이용한 대중투쟁에 의해 창출되었고 지금도 적개심은 동원체제 유지에 절대적으로 기여하고 있다. 적개심이 누적되면 무의식적인 태도에까지 영향을 주고 이 유·무의식적 적개심이 조직 구성원과 이웃들간에 상승적으로 작용하게 된다. 북한사회는 집단적 적개심을 형성함에 따라서 이 집단적 적개심은 대외적으로는 '남조선혁명'과 결부되어 있고, 대내적으로는 북한의 '김일성 주체'를 위한 민족적 감정과 결부되어 있다고 볼 수 있다. 이 적개심은 북한주민에게 '까부수자', '웬쑤놈', '피바다'와 같은 살벌한 용어로 의식화돼 있는데 주로 체육, 음악, 연극, 영화, 무용, 강연, 학습 등을 통해 이뤄지고 있다.

이와 같은 적개심이 남북 통합과정에서 야기할 갈등요인으로는, 첫째, 사회통합을 가장 크게 저해할 것이며, 둘째, 청소년문제와 폭력사태를 야기할 수 있을 것이고, 셋째, 염세적·자기학대적 분위기 고조 및 파행적 인력구조가 형성될 가능성이 높다.4)

앞으로 어느 문제보다도 대치적 갈등구조가 빚어낸 6·25와 적색 혐오증 같은 적개심의 문제를 처리하지 않고서는 통합의 과정이 순탄치 않으리라 생각되지만, 한편 오랜 시간이 흘러 왜곡된 진실과 역사를 바로잡아 간다면 어느 시점에서는 적개심도 같은 핏줄이라는 민족정신에 용해될 가능성이 있다.

3. 여가생활에서의 갈등요인

북한사회는 동원이나 '집단주의원리' 아래 움직여지기 때문에 남북 통합과정에서 발생할 일상생활상의 여가문제는 심각하게 대두될 것이다. 하루 일과를 마치고 직업, 소득수준, 교육수준에 따라 자유분방하게 생활하는 남한사람들의 생활태도는 그들에게 갈등을 일으키게 할 것이다.

또한 풍요로운 물질생활을 누리는 남한사람들의 행동에서 상대적 빈곤

---

4) 위의 책, pp.149-150 참조

의식과 소외감을 경험하게 될 것이다. 북한의 여가생활 수단은 대부분 대중매체, 즉 영화, 연극, 집체예술 등 집단주의원칙에 의거해 이루어지며 개인적 차원의 여가향유 수단은 극히 제약된다. 대중매체 활용이 허락된다 해도 통제사회인 북한에서는 TV 시청과 라디오 주파수가 제한되고 있다.

귀순자들의 증언을 들어보면 바로 이 여가생활에서 남북의 차이와 갈등을 느낀다고 한다. 대부분의 귀순자들은 귀순 초기에 남한 사회생활 부적응기에 같은 동료끼리 과음을 하면서 자신의 소외감을 극복하고, 차차 종교생활을 해 나가면서 정상적인 자신의 여가생활을 하게 된다는 것이다.

어떻게 보면 여가생활 속에서 국민소득, 개인소득, 사회보장제도, 문화유흥시설 등 그 사회의 종합적 성격을 들여다볼 수 있게 된다. 남북 통합과정에서 여가생활이 얼마나 빠르게 적응되느냐에 따라 가정생활이나 사회집단생활에서의 동질화 정도도 빨라지게 될 것이다.

여가생활의 올바른 정착은 동서독의 경험을 교훈삼아 남북의 경제생활 차이와 문화의 차이를 얼마나 빨리 좁히느냐에 달려 있다고 본다.

서언에서 이미 언급한 바와 같이 이 글은 남북통합시 민족공동체 형성에 역기능적으로 작용하는 이질적 측면을 사회관 및 일상적 사회생활과 관련된 가치관을 중심으로 진단하고 사회가치 체계 융화의 소재를 탐색하는 데 목적을 두었다. 과거 남북통일 연구가 이념과 체제 중심이었다면 최근에는 일상적인 사회생활과 관련된 가치관에 대한 사회심리학적인 심층적 연구가 보다 활발하게 전개되고 있다. 이는 아마도 통독의 후유증을 염두에 두고 남북통일 과정에서는 통독의 전철을 밟지 않겠다는 반성적 입장에서 취해지는 예방적 태도에서 비롯된 것이라고 본다.

남북통합을 전제한 사회심리적 견지에서 현존 사회 생활문화 가치체계의 갈등양상을 가정, 사회집단, 직업생활, 여가생활, 생활습속 등을 중심으로 비교・진단한 결과 드러난 몇 가지 특징을 요약해 보면 다음과 같다.

첫째, 이제까지 분단되어 살고 있던 서로 상충되는 사상과 가치관을 가진 사람들이 갑자기 뒤섞이는 과정에서 오는 가치혼란이다. 이를테면 자신의 신념기반의 와해를 경험하게 되고, 서로의 고정관념으로 인해 적대적으로 보고 있던 사람들과 만나 함께 생활할 것을 강요당하는 그런 혼란된 상황이 전개될 것이다.

한편 남북한 공통적으로 맥을 잇고 있는 전통적인 가족주의와 인정주의로 인해 통합을 위한 흡인력이 강하게 작용할 가능성도 있다.

둘째, 자본주의경제와 사회주의경제의 융합에서 오는 마찰과 갈등이다. 통일독일은 물론 현재 개혁과 개방을 추진하고 있는 러시아와 중국에서 나타나고 있는 상황과 비슷한 현실이 전개될 것이다. 이를테면 개인의 경제생활 기반이 재편성을 겪는 과정에서 재산상의 손해도 보고 실직도 경험하게 될 것이며 상대적 빈곤감이나 박탈감에서 오는 소외심리를 깊이 경험하게 되는 가운데 사회불안을 야기할 수도 있다. 이는 러시아의 현실과 통독의 교훈을 거울삼아 충분한 시간적 여유를 가지고 단순흡수나 결합이 아닌 창의적인 민족공영의 공동체 형성을 통해 극복의 길이 있을 수 있다고 본다.

셋째, 무엇보다도 남북 통합과정에서 겪어야 할 큰 경험은 적대적이었던 사상과 이념의 융합과정에서 사회집단간 또는 개인간 접촉에서 대립의 양상이 심각하게 전개될 수도 있다는 것이다. 이의 극복을 위해서는 탈이데올로기 분위기조성으로 바른 역사의식 정립과 민족 공통의 가치문화 정착이 요청된다고 하겠다.

넷째, 예상되는 가장 큰 가치갈등은 개방사회와 폐쇄사회의 차이에서 오는 문화적 갈등과, 북한의 호전적이며 집단주의적인 가치와 남한의 이기적이고 개인주의적인 가치간의 충돌이 될 것이다. 이를테면 폐쇄사회에서의 경직된 사고와 행동에는 자유로운 융통성이 허락되지 않아 남한의 자유분방한 사고와 행동이 그들의 규범의식에서는 용납이 되지 않을 것이며, 실제 남한사회의 전통문화와 서구문화의 혼재, 특히 범람하는 외래문화가 북한사람들에게는 반민족적이고 비윤리적인 것으로 비쳐 규범적 혼란이 야기될 것이다. 반면 김일성식 주체의식의 경직된 틀에 박힌 북한사람의 생활이 남한사회에서는 조롱 내지 비난의 대상이 될 수도 있다.

이상의 이질적인 요소가 남북통합에서 결정적 또는 어느 정도 장애요인은 될 수 있겠으나, 극단적인 통합 불가능으로까지 가지는 않으리라 본다.

어떤 것도 가로막을 수 없는 우리 민족의 고유한 혈연의 동일성, 지역적인 공주성(共住性), 문화의 공통성, 역사적 운명의 공유의식 등이 언어와 일상 생활풍습 및 관습 속에 아직도 면면히 남아 있기 때문에 이질적인 요소를 동질화하는 데는 오직 민족공동체 이념 아래 인내와 융화의 노력이 필요할 따름이다.

제4장 통일후유증: 남북 사회가치 체계의 갈등양상

　요즘 우리는 분단국이었던 독일이 통일성취 이후 대내적 통합과정에서 상당한 부담과 혼란상을 보여주고 통일후유증에 시달리고 있음을 본다. 아마도 대내적 조정과정을 거칠 겨를도 없이 급속히 조성된 대외환경적 여건의 압력에 쫓겨 이룩한 돌연한 통일이었기 때문에 동독주민들의 소외현상, 부적응, 사회심리적 불안이 가일층 심화된 것 같다.
　거의 반세기 동안 분단돼 온 우리 민족은 이념과 체제를 달리하면서 분단 이전의 단일민족으로서의 전통적인 공동체의식은 사라지고 더욱이 6·25로 인하여 이념적 가치관의 충돌이 가치혼란으로 상징화되면서 반목과 불신으로 인한 이질화현상은 참으로 심각할 정도이다. 현재 독일주민간의 사회심리적 갈등요소가 체제 통합과정의 순조로운 진행을 저해하는 걸림돌로 작용하고 있듯이 우리의 경우도 통일실현 이전에 남북의 상호관계를 통하여 사전에 해소 또는 조정해야 될 이질적 갈등요인들이 구조적으로 중첩되어 있음을 간과할 수 없다.

1. 남북한 생활문화의 현황과 가치문화체계

　오늘날 사회변화는 단순히 정치·경제 등의 제도적 성격만을 의미하는 것이 아니라 정신적 차원에서의 관념이나 가치체계까지 포함하고 있음을 전제로 할 때 그것은 자연히 총체적이고 복합적인 성격을 가질 수밖에 없으며 사회구성원 가치관의 전반적인 변화를 수반하게 된다.

따라서 사회변화는 그 사회의 가치체계와의 연관성에 의해 설명될 때 사회심리 측면에서 이해된다. 최근 사회변화에 대한 연구가 구조적인 면에서는 계급구조의 변혁에 초점을 맞추고 있으며 가치론적 의미에 있어서는 사회심리적 상황에 관심을 두고 있는 것도 여기에서 비롯된 것이라 할 수 있다. 한 사회는 그 사회구성원들의 특정적인 심리적 요인의 작용에 의한 결과로 변동의 양식을 보여주게 된다. 즉 이러한 심리적인 요인들이 드러나서 기능하게 되면 사회변화는 일어나게 되고, 만일 그러한 요인이 소멸하거나 또는 결여되면 사회는 정체 또는 쇠퇴하게 된다는 것이다.

남한이 전자의 경우에 가깝다면 북한은 후자에서 표현하고 있는 것처럼 공산사회주의 사회변동사에서 가장 뒤떨어진 채 변화의 가능성만을 시사하고 있는 것이다.

사회·문화변동의 대표적인 이론이라 할 수 있는 '산업화 결정론'이나 '근대화이론'에 따르면 기술과 산업발전이 사회·문화구조 변화의 가장 핵심적인 요인이라고 한다. 이에 따라 남한의 경우는 산업화가 진행됨에 따라 사회·문화구조는 가치체계의 측면에서 세속화·합리화, 생활형태는 집단주의로부터 개인주의, 사회계층구조는 분화와 전문화의 방향으로 변화되어 왔으며 북한은 이의 반대현상으로 변화되었다.

우리 사회는 그 동안 전통적으로 고유의 정신문화를 형성해 오는 과정에서 외래문화의 수용에 있어서도 배타적 성격을 띠지 않고 현실에 맞게 주체적으로 창조적 변용능력을 발휘해 왔다. 그러나 광복 이후 보인 남·북한사회에서의 외래문화의 수용에는 이러한 창조적 수용태도에 많은 변질을 가져와 오늘과 같은 남과 북, 전통과 현대간의 갈등구조가 심화되고 있다. 남한사회에서만도 가치의 다양화로 갈등구조를 이해하기가 어려운데 남·북 사회생활과 관련된 가치파악은 더욱 용이한 일이 아니다. 그래서 남·북 사회생활 관련 가치관의 특징적 변용양상을 비교하기 위해서는 먼저 남·북의 사회생활 문화의 일반적 현황 및 사회적 성격과 가치문화 체계를 알아보고 사회화를 위한 제도적 성격에서 나타나는 가치관의 특징을 가정, 사회집단 및 동료집단, 직업생활, 여가생활, 관혼상제 및 세시풍속 등으로 구분하여 비교·고찰하고자 한다.

1) 남·북한사회 생활문화의 일반적 현황

해방 이후 남한사회는 자유와 민주이념에 따른 다원주의와 민주화를 추구했으나 결과적으로 장기집권과 그로 인한 정치적 혼란과 낭비를 조장시키는 악순환을 거듭해 왔다. 5·16 후의 한국정부는 민주화보다는 산업화를 근대화의 우선정책으로 추진해 왔기 때문에 일상생활에 있어서 물질적인 풍요는 어느 정도 획득했지만 한편 갈등과 분화의 정도가 점증돼 왔다.

남한은 기본적으로 다원화사회이기 때문에 다양한 집단들간의 상이한 이해 및 가치지향의 다원성으로 개인주의, 핵가족화, 사회일탈 증대를 특징으로 한다. 사회적 갈등과 분화는 정치권력을 둘러싼 분쟁을 비롯하여 집단간, 지역간, 노사간, 세대간 소유문제로 인한 여러 가지 형태로 나타나고 있다. 특히 문민시대를 맞은 현시점에서는 갖가지 갈등구조와 정신적인 문화가치에 이완된 문제가 제기되고 있는 실정이다.

분단 이후 북한사회는 공산사회주의 이념하에 가장 폐쇄적인 사회병영화를 추진해 왔으며 사회체계를 제도화시키기 위하여 위로부터는 사회통제를, 밑으로는 획일적 사회화를 강화해 왔다.

사회통제는 사회체계의 유지·존속이 목적이기 때문에 그 대상은 개인과 집단이 되며, 따라서 개인생활은 물론 계층조직을 통한 단체생활 등이 모두 통제의 대상이 된다. 북한사회에서의 조직은 당을 정점으로 해서 당의 외곽 변두리인 사회단체, 그 밖에 행정조직 등으로 짜여져 있다. 따라서 로동당은 북한사회의 여러 가지 조직체의 가장 높은 형태의 조직이며 그 조직은 피라미드식의 계서제(階序制)로 되어 있어 상급당은 하급당에 대해 절대적인 권한을 가지고 있다.[1]

북한의 계층형성은 개방사회의 계층형성처럼 자연스러이 형성된 것이 아니라 1958년 중앙당 집중지도, 1964년 주민등록사업을 통해 출신성분이라는 귀속적 요인과 당성에 의해 형성되었다. 주민등록사업은 당 4기 8차 전원회의 결정에 따라 북한주민을 출신성분, 전직, 당성을 기준으로 기본군중과 복잡한 군중으로 크게 구분했으며 기본군중은 다시 핵심군중과 기본군중으로 분류했다.

북한은 주민등록사업을 통해 성분을 조사하고 다수를 포섭하려 했으나 기본군중보다 복잡한 군중이 더 많은 문제점을 발견하였으며, 그 현황을 보면 핵심계층 27%, 기본계층(동요계층) 22.1%, 복잡한 계층(적대계층) 51.1%로 나타났다. 북한은 이 주민등록사업의 결과에 따라 1967~70년 전 주민을 5개 계층으로 다시 분류하는 사업을 추진하였다.2)

우선 북한의 사회주의적 문화가 의미하는 것은 사회주의사회의 건설을 위해 요구되는 공산주의적 세계관과 혁명사상, 계급성과 집단주의에 입각한 사고방식과 생활양식을 총칭하는 의미를 갖는다. 여기에 민족문화를 결부시킨 의도는 사회주의적 내용과 민족적 형식을 결부시켜 나가는 것이라는 의미가 내포되어 있다. 이와 관련해 김일성은 문화의 내용과 형식이라는 두 가지 측면에서 과거의 문화와는 구별되어야 하며 사회주의적 생활양식과 감정에 결부되도록 고쳐 나가야 한다고 강조하고 있다. 이처럼 북한은 사회주의적 내용과 민족적 형식을 결합하여 사회주의 민족문화를 건설한다는 이론적 체계를 지니고 있다. 이런 측면에서 그들은 전통문화와 민족문화를 부정하고 있으며, 대신 혁명적 문화와 계급적 문화를 강조하고 있다.

북한이 주장하는 이러한 사회주의 생활문화의 내용은 혁명을 수행하는 계급의 이익을 반영하는 당적 문화로 되어야 한다는 논리로 연결된다. 따라서 혁명에 위배되며 당적 성격에 위배되는 문화는 낡은 문화 내지 반동문화로 규정하고 있다. 이러한 맥락에서 그들이 내세우는 민족문화 유산의 계승이란 형식적 논리로서, 그 실질적 내용은 사회주의사회의 건설에 유익

---

1) 『정치사전』(평양: 사회과학출판사, 1973), p.785.
2) 『北韓全書(中券)』, 極東問題硏究所, pp.210-211.

한 면의 승계를 의미한다고 볼 수 있다.

그 동안 북한이 추진해 온 사회주의 생활문화의 형성과정을 간략히 살펴보면 다음과 같다.3)

첫째, 50년대 후반까지로서 소련식 사회주의문화를 모방한 시기이다. 북한의 문화정책은 전후 복구사업을 추진할 무렵부터 구체화되기 시작했으며, 이 시기에 북한은 사회주의혁명이라는 구호 아래 사회 전 분야에 걸쳐 대대적인 개혁을 단행하였다. 즉 이 시기에 종래의 가족제도를 해체하고 사유재산의 몰수, 토지개혁, 생산과 노동의 집단화 등 경제제도의 개혁과 함께 전통적 제도나 생활양식을 타파하는 의도적인 사상교육을 시행하여 집단노동, 집단주의 문화정책을 강압적으로 추진하였다. 이 시기의 개혁방향은 마르크스·레닌주의적 세계관을 바탕으로 체제와 제도, 사고방식과 행동양식을 포함한 생활양식을 사회주의적으로 개혁하기 위해 전통적인 것을 낡은 것으로 규정하고 사회주의적 애국주의와 국제주의를 강조하였다.

둘째, 60년대 후반까지로서 주체사상에 입각한 혁명전통 수립시기이다. 주체사상을 본격적으로 부각시켜 내적으로 혁명전통을 확립하려던 시기로서 외교적으로 국제정세에 적응하기 위한 필요성에서 나온 주체노선과는 다른 측면에서 사회주의제도를 현실화하는 데서 야기되고 있던 전통문화와의 갈등을 극복하기 위한 의식구조 개혁에 초점을 맞추어 나간 시기이다.

즉 사회의 제반 제도를 사회주의적으로 개조하는 데는 크게 성공하였으나 의식구조를 개조하는 데는 어려움이 있었음을 지적하고, 이를 위해 남의 것만을 모방하는 것은 혁명과업의 수행에 오히려 해가 된다는 논리하에 민족적 형식에 사회주의적 내용을 담아 가는 형태로서 전통문화에 대한 부정적 인식을 다소 완화하고 전통문화와의 결합을 꾀하는 방향으로 사회생활 문화정책을 수정하는 태도를 취했던 것이다.

셋째, 60년대 말부터 강화되기 시작한 김일성 독재체제의 확립을 위한 주체확립, 혁명전통 확립, 유일사상 확립의 시기이다. 주체확립이라는 명분

---

3) 한국정신문화연구원 편, 『북한의 체제연구』, 고려원, 1987, p.347.

으로 문화정책의 방향을 다소 수정했던 시기로부터 김일성 일인 지배체제의 확립을 위한 사상적·정치적 기반을 확고히 하기 위해 문화정책의 방향을 주체의 확립, 혁명전통 체계의 확립, 김일성 유일사상의 확립이라는 방향으로 전환하고 모든 수단을 김일성 우상화에 초점을 맞춰 온 시기이며 현재는 권력세습의 정당성 홍보에 주력하고 있는 실정이다. 특히 이 시기에는 모든 생활문화 정책의 방향이 김일성 우상화를 위해 총동원되었으며 모든 언어와 언론이 수단화되기까지 했다.

이와 같이 북한사회의 문화가 그들의 체제유지와 지배의 합리화수단이 되고 있다는 점에서 북한 문화구조의 이념적 바탕은 일반적인 문화이념과는 다른 요인으로 형성되어 있음을 알 수 있다. 개인의 행동을 유형화하고 개인의 기대까지 결정하며 개인의 행동을 강제·통제하는 북한 사회문화의 구조적 특징은 다음과 같다. 첫째, 전체주의적 규범에 동조하는 집단주의적 성격을 지니고 사회 우선의 조직 지향성을 띠고 있다. 둘째, 사회구조가 단순한 만큼 문화구조 역시 단일적이고 획일적인 면이 강하여 문화의 공통적 영역이 넓다. 셋째, 당의 지배하에 강제적으로 조성되는 타율적 성격을 띠고 있다. 이와 같은 구조적 특성하에서 북한문화의 기능은 첫째, 유일체제의 타당성을 주민들에게 수용케 하는 주민교화의 방법으로서 정치실현의 수단과 도구로 이용된다는 점, 둘째, 생산능력을 고취시키는 수단으로서 또한 공산주의사상과 혁명이론으로 주민들을 맺게 하는 사회통합 수단으로서의 기능을 담당하고 있다는 점, 셋째, 정책수행의 효율성을 높이기 위한 교도적·선도적 역할을 담당하는 기능 등을 들 수 있다.[4]

이러한 북한 사회생활 문화구조의 특성과 기능은 결국 북한주민의 가치관과 의식구조를 순응적·폐쇄적·절대적·단일적으로 전환시킴으로써 전체적으로는 능률성을 가져올 수 있었으나, 그것이 내적으로 수용되는 과정에서 생기는 갈등과 마찰은 총체적인 발전을 저해하는 근본요인으로 작용하고 있다고 하겠다.

---

4) 위의 책, pp.344-346.

2) 남북한의 사회적 성격과 가치문화 체계

그 동안 남한의 경제성장 위주의 사회정책은 계급의식을 조장시켰으며, 산업화과정에서 일어난 물질적 요구와 개인의 성취 사이의 간격이 큰 문제로 대두되었다. 우리의 농촌 가족주의, 집합주의, 권위주의, 인정주의를 지배적인 의식이라고 한다면 산업화된 도시인에게는 개인주의, 몰인정주의, 형식주의가 두드러지게 나타나고 있다. 그렇다고 도시인도 농촌문화에 남아 있는 전통문화 의식을 완전히 버린 것은 아니다.5) 남한은 아직도 가족적 분위기, 인간적 이해 등을 통한 사회적 연대를 중시하는 전통성이 있는가 하면, 개인적 경쟁과 같은, 즉 개인 사유재산의 축적을 성공의 척도로 삼는 근대성을 갖고 있기도 하다. 그래서 남한의 시민의식에는 전통성과 근대성의 혼재가 그 특징이다.

따라서 남한사회는 60년대 산업화 이후 욕구수준의 향상으로 개인의 치부, 출세, 명예, 업적을 사회적응의 메커니즘으로 동기화시키고 있으며, 적응에 실패할 경우 욕구불만의 해소책을 여러 가지 방도로 모색할 수밖에 없기 때문에 개인차원이나 집단차원에서도 무질서한 향락이나 부조리로 사회 역기능현상이 급증하고 있는 현실이다.

가치문화 체계에 있어서 현재 남한은 유교적 윤리의 전통문화와 서구적 개인주의에 바탕을 둔 대중문화가 혼재되어 있다고 할 수 있다. 남한에서의 대중문화는 해방 이후 외래문화 수용과정에서 선택적으로 좋은 것만 받아들이지 못하고 외국의 것은 무엇이든 받아들인 데서 시작되었지만, 무엇보다 60년대 중반 이후부터 불어닥친 매스미디어의 증가에 따라 대중문화 현상이 급속히 확대되었다. 이 결과로 저속한 상품적 문화가 판을 치게 되었으며 전통적 가치를 무시한 외래적 성격 때문에 민족적 가치를 외면하게 되었다. 대중문화의 상품적 성격은 사회경제적 측면에서 이기주의와 범죄

---

5) 金泳謨『한국사회학』, 법문사, 1974, p.150.

와 폭력을 조장했으며 정치 측면에서는 불신을 가져왔고 정서 측면에서는 건전한 오락이 아니라 호기심만 자극해 긴장상태를 높여 주고 있다. 그러나 바람직스러운 것은 학계와 문화계에서 가치문화의 보편성과 특수성문제에 관심을 가지면서 우리 민족문화의 고유성 및 독자성 강조와 보편성 확보문제에 대한 논의가 활발히 전개되는 가운데 정신문화의 중요성이 고조되고 있다는 점이다.

일반적으로 공산주의국가는 공산사회주의 혁명을 위해서 사회개조와 함께 인간의식의 개조까지 수행하는 것을 목표로 한다. 따라서 북한사회에서는 당원과 주민들에게 공산주의 새 인간, 김일성 주체사상에 의한 주체적 인간이 될 것을 요구해 오고 있다. 앞에서도 언급한 바 있지만 로동당 규약 제1장 제5조에 모든 당원은 당중앙위원회와 같이 사고하고 행동해야 한다면서 '새 형의 인간'이 될 것을 당원의 의무로 규정하고 있다. 뿐만 아니라 일반주민에게도 '혁명전통교양' 사업을 통해 '김일성식 주체인간'이 되도록 사상개조 및 인간개조 노력을 해 왔다. 이렇게 하여 의도적으로 형성된 북한주민의 사회적 성격은 인간 자체의 가치실현을 위하는 자유민주사회인 남한과 달리 김일성식 이데올로기적 인간으로 조형되는 획일적 집단주의사회로 이질화된 채 사회 의식구조화 되기에 이르렀다.

이렇게 해서 형성된 북한의 '사회주의적 민족문화'는 북한주민들에게 김일성식 공산사회주의적 가치관, 행동양식, 생활영역의 확장, 방어기제 양식을 반세기나 가깝게 제공하고 이를 내면화시킴으로써 유일한 폐쇄사회를 유지하고 있다. 구체적으로 북한의 가치문화 체계를 파악하기 위해서는 공산사회주의 사상과 그 가치가 담긴 관념문화, 생활양식이 반영된 규범문화를 먼저 이해해야 할 것이다.

관념문화 체계는 다시 사회의 존속을 위한 사상체계, 가치체계, 지식체계 등으로 나누어진다. 사상체계는 관념문화의 종합적 체계로 공산주의적 이데올로기가 된다. 북한 공산주의 이데올로기는 해방 후 소련으로부터 수입된 변형된 마르크스·레닌주의이다. 북한헌법 제4조에 명시되었듯이 "맑스·레닌을 현실에 맞게 창조적으로 적용된 주체사상을 지침으로 삼는다"

고 함으로써 북한의 사상체계는 주체사상이 중심이 되고 있다.

주체사상은 정치·경제·사회·군사 모든 분야에 구체적으로 구현되어 '사상에서 주체', '정치에서 자주', '경제에서 자립', '국방에서 자위' 등으로 나타나며 김일성 혁명사상의 핵심이 된다. 공산사회주의에 맞는 가치체계는 새로운 도덕품성을 말하며 북한은 '건국사상 총동원운동', '계급교양', '공산주의 교양', '혁명전통 교양' 등을 시기별로 실시해 오면서 공산주의적 새 인간 가치형성에 주력하였다.

북한의 지식체계는 북한주민에게 공산주의적 사상과 가치를 부여하고 이에 따른 혁명적 투쟁을 고취하는 것을 임무로 한다. 이와 같은 지식체계를 이루는 학문연구는 결국 공산주의혁명을 위한 당적인 과학이기 때문에 그 이론과 연구방법이 학자의 소산이 되지 못하고 주민의 투쟁을 현명하게 지도한 김일성에게 귀일되고 있다.

한 사회의 관습, 법률, 도덕 등으로 형성된 규범문화는 관념문화가 공산주의화를 위한 목표문화인 데 반해 전이문화(轉移文化)이다. 북한은 온 사회의 혁명화, 노동계급화를 추진하기 위해 주민의 일상생활을 낡은 사회의 생활양식을 버리고 사회주의적 행동준칙을 지키는 이른바 '사회주의적 생활양식'을 확립하기 위한 원칙으로 "하나는 전체를 위하여 전체는 하나를 위하여"라는 집단주의적 생활원칙을 견지하며 민족적 형식에 사회주의적 내용을 담아 창조할 것을 강조한다.6)

한 사회의 규범은 그 사회성원의 주관적 요구나 동기와 일치되어서 나타나기 때문에 이를 일탈하는 사람을 제재하기 위해서 통제수단이 등장하는 것이다. 북한은 이 규범이 주민의 의사와 무관하게 주어진 것이기 때문에 강제적 수단을 동원해서 주입되도록 하고 있다.

북한은 사회정책 면에서나 산업구조 면에서 중공업우선 내지 군수산업에 치중함으로써 주민들의 복지향상은 부차적 목표로 하고 있으므로, 물질생산을 확보키 위해서 기술혁명, 사상혁명, 문화혁명을 강조하였으나 결국

---

6) 『정치사전』, 앞의 책, p.585.

동원과 통제목적으로 활용하였다.
　이상에서와 같이 남한에서는 전통적인 가치문화 위에 개인주의와 물질주의가 지배적인 반면에 북한에서는 혁명문화와 김일성 우상화로 인한 집단주의와 혁명전쟁주의가 지배적이다.

2. 남북한의 사회화를 위한 제도 및 가치관

　인간은 보통 사회화과정에서 가치관이 형성돼 간다고 한다. 왜냐하면 사회화과정은 인간이 태어나 성장하기까지 여러 사회조직을 통과하는 순환 과정에서 형성돼 가는 성격, 가치관의 총계로 볼 수 있기 때문이다. 일반적으로 사회화는 그 사회의 행동양식과 규범을 전수시킴으로써 체제유지 기능을 수행하게 되는데, 개인은 가정, 사회집단 및 동료집단, 직업생활, 여가생활, 사회풍속 등 다양한 제도적 장치를 통해 자기의 개인적 목표달성을 추구하게 된다. 여기서는 비교적 관점에서 남북한의 이질화된 차이점만을 중점적으로 다루고자 한다.

1) 가 정

　현대사회는 나라와 지역에 따라 가정의 형태와 기능이 다양하기 때문에 이를 이해함에 있어서도 문화차이에 따라 다르다.
　일반적으로 가정을 구성하고 있는 가족이란 결혼과 혈연 양자의 유대로 결합한 인간집단으로서, 단일의 가계(家系)를 형성하고 가족성원으로서의 사회적 역할에 따라 서로 관계를 맺으며 공통문화를 창조·유지하는 집단이라고 한다.7)

---

7) 崔在律, 『宗敎社會學』, 全南大學校出版部, 1988, p.1.

한 나라의 가정생활은 그 사회의 체제적 특성에 따라 좌우되기도 하지만, 가정생활의 유형이 사회구조적 특성을 결정하는 요인으로 작용하는가 하면, 나아가 국민성 형성의 터전이 되기도 한다. 전통적으로 우리 민족은 가정을 가장 중요시해 왔으며 이러한 전통적 가정문화에는 아직도 근본적 변화가 없으나, 분단상황하에서 가정생활의 성격도 크게 달라져 민족 이질화를 촉진하는 요인으로 작용하고 있다.

남한에서 가족 내의 사회화방식은 전통적 가족규범이 아직 강하게 작용하고 있다. 산업화의 발달에 따라 서구식 방식을 많이 받아들였더라도, 아직은 가장 중심의 가족관계이며 효도관념을 중시하는 복합형을 이루고 있다. 그러나 현재는 가족 내부에서도 부모와 자식간의 세대차와 시어머니와 며느리간의 의식의 불균형이 이루어져, 친자 중심의 가족관계와 부부 중심의 핵가족관계 사이에 긴장과 갈등을 빚고 있다. 북한에서는 당을 위한 일이면 가족성원의 의견을 무시할 수도 있지만, 남한에서는 가족의 영향력이 가장 크며 가족의 기대를 어겨서는 안 된다는 관습이 지배적이다.

이런 면에서 남한의 가정은 애정 지향적인 가치가 지배적이면서도 동시에 활동위주의 가족주의가 여전히 상존하고 있다.[8]

북한에서는 가족 구성원간의 무조건적인 애정은 자본주의 유물 및 봉건적 사고방식이라 하여 배척되고 있다. 가족 내의 사회화방식으로 공산사회주의 및 김일성 주체사상에 의한 가족규범이 강하게 작용하면서 전통적 가족규범 의식이 크게 변질되었다.[9] 북한헌법 63조에 의하면 북한의 가정은

---

8) 김학준 외, 『남북의 생활상』, 박영사, 1986, p.126.
9) 국토통일원, 『북한사회에 관한 사회과학적 연구』, 1988. 이온죽 교수의 "북한소설에 나타난 사회적 가치관과 인간관계 유형분석" 참조 『먼 해구에서』(1965)라는 작품에는 김일성 이름이 단 한 번 나오지만, 『빛나는 세대』(1969)는 전체 276면인데 김일성에 대한 언급이 약 200회 되고 있어 김일성이 차지하는 비중이 점점 높아져 가는 한 예가 되겠다. 이교수는 이 논문을 통하여 북한소설에 나타난 대표적인 북한사회의 가치로 ① 주체사상, ② 인정주의, ③ 열정적 헌신, ④ 집단주의, ⑤ 이상주의를 들고 있다.

사회주의사회의 세포단위로 되어 있어 혈연과 인간의 고유한 가치를 중심으로 한 것이 아니라. 가장을 중심으로 하는 서열구조와 동족집단의 조상숭배 관념은 배제하고 그 대신 소위 '사회주의적 가족'의 개념으로 대체시킨 것이다.

김일성은 가정을 성분화하고 혁명 기지화할 것을 명한 바 있고, 전통적인 이웃관계를 반사회주의적 가족주의라고 비판하여 가족회의, 가족비판회를 두고 감시했으며, 더욱이 1960년대 전반 이후부터 노동생활 단위화를 가속화시켰다. 가사노동이 사회화됨에 따라 전체 가족원의 노동참가가 이루어지고 집합적 소비수단의 광범한 확충과 사회기구의 확장에 따라 생활의 사회화가 급속하게 행해짐으로써 집단주의적 가치관과 인생관이 형성된다. 때문에 남한에서처럼 가장 중심의 가족관계나 효도관념은 찾아볼 수 없고 오직 그 자리에 당과 수령이 존재할 뿐이다. 남녀구별 없이 생산노동장에 동원돼야 하므로 일찍부터 탁아소가 운영되었고, 1976년에는 "어린이보육교양법"이란 것을 제정, 영아 때부터 탁아소에 유치토록 하여 조건반사 교화교육을 실시했다. 이로 인하여 이른바 '여성해방운동'에 의해 여성의 사회적 노동참여가 상대적으로 활발해졌으나 일상적인 생활 면에서는 남성우위의 관습이 지배적이다. 이와 같은 공산사회주의 사회화교육을 받은 북한주민들은 우리가 상상할 수 없을 만큼 가치관이 달라져 있다.

소설이 비록 허구(fiction)라는 점에서 보면 실제적 관찰로 볼 수 없겠지만, 북한이 전형적으로 표방하고 있는 사회주의문학은 사실주의에 입각하고 있다는 점에서 사회학적 자료로서 가치가 허용된다면 여기에서 전통적인 공동체 요소도 찾아볼 수 있다. 즉 북한소설 분석에서 일반적으로 나타난 인간관계의 특성은 상당히 공동체주의적이고 인정주의적이다. 부부관계에 전통적인 측면이 존속하는 반면 그에 대한 비판과 사회주의적 협동관계, 신뢰하는 부부의 의지가 공유되고 있다. 부모자식 관계에서도 혈육과 천륜의 전통이 존속되고 있고 조손간(祖孫間)·형제자매간·친족간의 전통적인 관계도 잘 묘사되고 있음은[10] 주목할 만하다.

가정생활 가운데 가장 어려운 것은 식생활과 함께 주택사정이다. 신혼부부가 주택을 배정받지 못해 1~2년씩 별거를 하는 사례도 많다. 식생활에서도 1970년대 후반부터 이미 심각한 문제가 제기되고 있다. 만성적인 식량난을 타개하기 위해 "쌀은 공산주의다"는 김일성의 교시[11])까지 등장할 만큼 심각하다. 식량 배급난[12])을 극복하기 위해 국가차용 및 대여가 증가추세에 있으며 절도와 암거래도 성행하고 있는 실정이다.

그래도 주택이나 식량에 비해 외관상 큰 변화를 보여 온 것은 의생활인데, 일반주민에게는 일상복, 작업복이 여름과 겨울철에 각 한 벌씩 지급되고 특수층에게는 천이 공급된다. 1978년 김정일의 지시 이후 시작된 여성의 양장과 남성의 넥타이 착용에 이어 색상의 다양화와 디자인의 변화도 수반되었다.[13]) 김일성 자신도 1984년 소련 및 동구권 순방 이후 인민복 대신 넥타이 양복을 착용하기 시작한 변화를 보였다. 앞에서 언급한 북한소설 분석결과와 귀순자들의 증언에 의하면 북한정권의 '가정의 혁명화' 정책이 전통적인 가족관계에 미친 외형적이고 제도적인 충격에도 불구하고 부모와 자식관계, 부부관계, 남아선호 경향, 전통적인 조상숭배 의식, 친족간의 교류관습 등은 상당부분 완전히 파괴되지 않고 면면히 계승되고 있어, 민족공동체 형성의 큰 가능성을 보여준다.

2) 사회집단 및 동료집단

남한사회는 자유분방할 정도로 다원화된 사회에 맞게 많은 사회조직과

---

10) 위의 책, pp.148-163 참조 이온죽,『북한사회의 체제와 생활』, 범문사, 1993, pp. 170-202 참조

11) 김일성의 당중앙위 제6기 제4차 전원회의 연설(1981. 10. 5).

12) 1957년 내각결정 96호 및 102호에 의해 "식량판매를 국가적 유일체계로 할 데 대하여"를 발표하면서부터 협동농장원을 제외한 모든 주민에게 확대 실시하고 있으나 해마다 식량난은 누적되고 있다. 최근 재외동포들의 증언에 의하면 북한사회에 "하루 두 끼만 먹자"는 구호의 입간판이 눈에 많이 띈다고 한다.

13)『조선여성』(평양, 1984년 4호), p.7 참조

동료조직이 있다. 사회사업, 종교활동, 직업과 관련된 조직, 각종 동기동창생 조직, 같은 취미끼리 모이는 동호인조직 등이 무수히 많다.

남한에서는 집단 속의 인간관계를 북한처럼 특정목표를 위한 수단이 아니라 친목도모 자체를 목적으로 하는 인성 지향형이기 때문에, 북한에서처럼 당성이 아닌 횡적인 인간관계 속에서 인정, 사정과 가족 내 분위기, 정서적 유대 등을 중시한다. 따라서 동료집단을 통한 사회화과정에서 남한은 북한과 달리 사교적 적응도가 높은 사람이 인기를 얻고 있으며, 각종 조직화된 단체에 가입하는 것도 의무적인 북한과는 달리 자의에 의한 취사선택의 분위기가 보장돼 있다.

북한은 공식조직이 지배하는 통제된 사회로서 '집단주의원칙'에 준거하여 전 사회를 일원적으로 조직화하고 있다. 따라서 북한의 사회집단은 당의 방침에 따라 그 참여 여부가 결정되며, 조직의 구성원들에게는 정치사회적 지향에 대한 복종만이 최고의 가치로 인정된다. 다음 표에서 보는 바와 같이 북한은 각급 사회단체(근로단체)를 사회통제의 매개적 도구로 활용하고 자생적 조직의 생성은 개인주의, 지방주의, 가족주의, 문벌주의, 종파주의로 규정하여 철저히 배척할 뿐만 아니라 혁명적 투쟁의 타도대상으로까지 간주된다.

한편 당의 후비대 역할을 담당하는 외곽단체, 즉 직업총동맹, 문학예술동맹, 기자동맹, 사회주의로동청년동맹, 민주녀성동맹 등을 의도적으로 육성하고 이의 활동을 권장한다. 이외에도 주민들의 사생활을 감시·통제하는 각종 행정조직인14) 5호담당제와 인민반, 학습반이 계통적·중첩적으로 구성되어 동원과 통제의 수단으로 이용되고 있다.

이처럼 북한식 사회집단과 동료집단은 남한의 자의적인 성격과는 완전히 다르며 개인을 조직 속에 묶어 당적인 행동지도와 사상적 관리를 형식화하고 사회동원 능력을 최대한 보장하여 체제유지의 수단으로 활용하고 있다.15)

---

14) 주민통제를 위한 조직으로는 1977년에 신설된 '법무생활 지도위원회', 인민재판제도와 흡사한 '동지심판제도', '인민반', '학습반', '5호담당 선전원' 제도가 있는데, 이를 통해 각 가정생활 전반과 사상을 감시·지도하게 된다.

그러나 한편 가족성원들의 인간관계처럼 인정주의와 집단주의 가치를 바탕으로 사제간, 친구간, 직장동료간의 우의와 상호존중, 상호부조 풍토가 완전히 사라지지 않고 남아 있다.16)

북한 사회단체와 생활

단체명	가입대상	구성인원	구성방법・활동	창립일
직업총동맹	노동자・사무원 30~65세 (여 60)	약 150만명	・노동자・사무원의 직장단위조직 ・10개의 산별 직업동맹으로 구성 ・사상교양, 기술습득, 노력경쟁 지도	45. 11. 30
농업근로자동맹 (농근맹)	협동농장원 31~65세 (여 60)	약 130만명 (81. 12 현재)	・농장단위의 농민단체 ・사상교양, 농촌사업 지도	66. 3. 25
사회주의 로동청년동맹 (사로청)	14~30세	약 400만명	・학교, 직장단위로 조직 ・당 후비대로서 사상교양, 노력동원	46. 1. 17
민주여성동맹 (녀맹)	여성 31~60세	약 270만명	・여성 위주의 직장단위 조직 ・당 후비대 역할, 사상교양, 노력동원	45. 11. 18
소년단	7~13세	약 300만명	・학교단위 조직 ・사로청의 지도, 집단생활 습득	46. 6. 6

* 『북한개요』, 통일원, 1990, p.64.

3) 직업생활

자유스러운 직업선택과 국가의 보장은 개인과 사회, 국가발전의 모태이다. 남한은 전통적인 자본주의 경제사회에서 본인의 능력과 희망에 따라 직업과 직장을 선택할 수 있는 자유가 보장돼 있을 뿐 아니라 각 직장마다

---

15) 『북한 오늘과 내일』, 도서출판 평화, 1992, pp.263-264.
16) 국토통일원, 앞의 책, p.148.

나름대로의 선발제도하에 거의 대부분 각종 자격시험을 통해서나 공개적으로 소요인원을 선발·채용하는 제도적 장치가 마련돼 있다. 그러나 취업과정에 학연, 지연, 혈연, 연고 등 비제도적 요소가 적용되고 있음을 부인할 수 없지만, 대부분의 경우 일정한 자격과 능력을 갖춘 대상에 대해서는 동등한 기회를 부여하고 있으며 선발기준에서 가장 중시되는 것은 개인의 능력이다.

남한에서는 근로의 의무와 노동의 신성한 권리를 법적으로 규정하고 있으나 노동권리의 보장이 심각한 사회문제로 제기되고 있으며, 자본주의사회가 안고 있는 공통적인 현상이기는 하지만 산업의 기계화·자동화 등으로 고용기회의 확대가 점점 어려워져 실업률이 증가해 심각한 취업경쟁이 사회문제가 되고 있다. 개인의 능력과 자질에 상응한 직업 선택권과 이에 대한 사회적·국가적 보장은 현대사회가 경쟁사회라는 측면에서 더욱 필요 불가결하게 요청되지만 취업의 자리는 절대부족이다. 사람은 직업을 통해 의식주는 물론 사회생활, 자아실현을 성취해야 하는데 실제로는 인간의 가치실현에 있어 갈등이 심화되고 있다.

남한의 경우와 달리 북한헌법 제68조는 "공민은…… 집단과 조직을 사랑하며 사회와 인민의 리익, 조국과 혁명의 리익을 위하여 몸바쳐 일하는 혁명적 기풍을 세워야 한다"고 규정하고 있다. 또한 북한의 "로동법" 제4조에 의하면 "사회주의사회에서 공민은 로동에 참가할 의무를 지니고 로동능력이 있는 모든 사람들은 자기 능력에 따라 사회적 로동에 참가한다"고 규정돼 있으며, "노동하지 않는 자는 먹지도 말라"는 공산주의 교리에 따라 전 주민의 노동참가를 의무화하고 있다. 북한에서는 개인이 직업과 직장을 선택하는 권리와 자유가 극도로 제한돼 있어 취업은 희망자의 의사보다는 당과 정권기관의 조정, 통제에 의해 이루어지고 있다. 직장배치에서 가장 핵심적인 판단기준은 성분과 당성이라는 정치이데올로기에 다름 아니다.

1970년에 실시한 성분조사를 통해 주민을 핵심계층, 기본계층, 복잡계층으로 분류[17]하고 있는데, 지배계층인 핵심계층은 당·정·군의 간부로 등용될 수 있고, 동요계층인 기본계층은 각종 하급간부나 기술자로 진출하며,

적대계층인 복잡계층은 전체주민의 반이 넘는데 주로 월북자, 전 지주, 자본가계급 등으로 주로 유해업종이나 중노동 직종에 배치된다. 이외에도 직장배치와 사회적 지위를 결정하는 또 하나의 부차적 기준은 직무수행능력인데, 학력, 자격, 실무능력, 근무평점 등이 고려된다.

북한에서도 노동의 권리, 취업의 기회는 외형적으로는 완전 보장돼 있다. 그러나 직장배치 과정을 보면 모든 취업은 전적으로 당의 지시에 따라 이루어지고 노동부나 간부부를 통해 취업이 가능하도록 되어 있다.

이와 같은 획일적·차별적 인력배치에 따른 주민들의 불평불만과 태업적인 근무자세를 방지하기 위하여 끊임없는 정치교육이 실시되고, 사회주의경쟁이라는 명목하에 집단적 감시에 의한 노력의 집단화와 노력동원[18]의 극대화를 강요하고 있다. 그러면서도 근로자들의 이익을 대변할 수 있는 제도적 장치가 거의 결여돼 있어 직업을 통한 자아실현의 길이 원천적으로 봉쇄될 뿐 아니라 폐쇄적인 사회주의사회의 한계를 드러내고 있다.

4) 여가생활

여가생활은 인간의 종합적 활동의 한 측면이며 자기표출, 자기해방, 자기만족을 가져다주는 기회를 제공한다. 따라서 여가생활의 질과 양은 삶의 질 전체를 결정하는 주요한 요소 중의 하나가 되며, 사람들은 열심히 일하고 여가시간에는 즐겁고 보람있는 사생활을 즐기기를 희망한다.

그러나 최근의 경향을 보면 분주한 생활로 시간적 여유가 없지만 시간을 쪼개 평일에는 연극영화 관람, 운동, 어학강습, 서예, 꽃꽂이, 교양강좌,

---

17) 북한연구소, 『북한총람』, 1983, p.895.
18) 조선직업총동맹 규약 제1조에는 "직총은 로동당의 옹호자인 동시에 당의 지도하에 자기의 모든 활동을 전개하며 당이 제기한 혁명업무를 수행하기 위하여 로동자들을 조직 동원"하도록 명문화돼 있다. 이로 인해 1950년대 중반 이후 천리마운동 등 각종 경쟁운동이 추진되고, 70년대에는 김정일 주도하에 '3대혁명 소조운동'이 전개되었으며, 80년대에는 다시 속도창조운동 등의 노동동원이 이루어졌다.

컴퓨터강좌 등으로, 그리고 휴일에는 주로 여행과 휴식으로 시간을 보낸다. 요즘 젊은 세대에게는 레저 용역회사를 통해 모험스포츠, 즉 윈드서핑, 스킨스쿠버다이빙, 자동차경주, 행글라이딩 등으로 여가를 보내는 새로운 경향이 나타나고 있다.

남한에서는 철두철미하게 모든 일상생활을 자신이 계획하고 선택하며 실천하는 개방된 자유민주사회이기 때문에 여가시간이 개개인의 조건에 따라 다양하게 분화돼 있다. 즉 직업, 소득수준, 교육수준, 그리고 각자의 개성과 일과에 맞는 휴식시간을 갖게 된다. 북한사회처럼 동원이나 집단주의원리 아래 움직이는 사회가 아니기 때문에 각자가 높은 책임의식을 가지고 질서있고 규칙적인 일상생활에 임해야 한다. 그렇지 않으면 오히려 통제사회에서 일어나는 타율적인 문제보다 더 심각한 무질서·무절제한 향락·퇴폐생활로 떨어질 가능성도 없지 않다. 귀순한 사람들에게 공통적으로 일어나는 문제이지만 귀순 초기에 과업을 주지 않아 심심해서 죽겠다고 푸념하거나 할 일이 없어 매일 향락에 빠져 생활하는 예도 있다. 남한에서의 여가생활은 대부분 자신의 정서상에 필요한 것을 보충하기 위한 생활의 일부분이기 때문에 보다 나은 삶의 질을 높이기 위해 주로 휴식과 취미생활로 활용되는 경향이 높다고 하겠다.

북한의 경우를 보면 "사회주의 로동법" 33조에는 8시간 노동, 8시간 학습, 8시간 휴식으로 되어 있다. 여가시간이란 개인의 생활 가운데 자신만이 누릴 수 있는 시간적 여유를 의미하는데, 북한에서는 이러한 여유가 각종 집단주의와 동원체제 때문에 사실상 불가능하다.[19] 영화관람의 경우만 해도 단체관람, 즉 동원관람이 50%나 되며, 여가가 없어 못 보는 경우는 1960년대에 19.9%, 70년대에 44.4%이고, 여가시간에 관람하는 경우는 겨우 16.7%에 해당된다.[20] 더욱이 북한의 영화와 연극도 그들 표현대로 '공산주의

---

[19] 오전작업 전 30분씩 <로동신문>의 사설이나 당의 지시문을 읽는 독보회로 하루 일과가 시작되며, 오후 7~8시경 하루 일과가 끝나면 작업총화라 하여 지배인 및 당비서 중심으로 평가회를 갖고, 이것이 끝나면 40분에서 2시간 가량 당세포 비서를 중심으로 학습이 있고 통상 8~10시경에 퇴근하게 된다.

사상교양의 도구'로 기능하기 때문에 영화감상과 연극관람이란 취미나 오락으로 받아들이고 이를 즐기는 것이라기보다는 정치학습 및 우상화교육의 연장이라고 보아야 할 것이다. 스포츠활동도 당의 관리와 통제하에 계획·운영되며 모든 스포츠활동이 국방력과 노동력의 강화수단으로 이용되어 남한이 개인의 건강한 신체를 위해 하는 것과는 거리가 멀다. 이와 같이 북한은 주민들에게 가급적 여가를 주지 않고, 준다 해도 동원체제 사회이기 때문에 국가가 관리하려 한다.

5) 관혼상제 및 세시풍속

남한에서는 결혼으로 자기를 완성하고 사회적 인간으로서 소명을 다한다는 의미에서 인류사회에 전통적으로 내려오는 가족사회학적인 결혼관을 계승하고 있다. 단지 해방 이후 급격한 서구문화의 영향과 도시화·산업화로 인해 전통적인 혼례방식이 사라지고 현대식 예식이 유행하고 있다. 형식만 서구식이지 내용 면에서는 아직도 전통혼례 풍속이 계승되고 있다. 장례식도 서구의 영향으로 근대화되면서 현대식으로 바뀌었지만 결혼식과 마찬가지로 전통상례와 제례의 풍속이 유지되고 있다.

급변하는 도시에서는 전통사회에 없던 신종 세시풍속인 직장휴가와 대학가의 봄·가을 축제, 효도관광 등이 생겨났다. 종교 세시풍속으로도 불교의 석가탄신일, 기독교의 성탄절 등 국가 공휴일로 제정된 종교축제가 있으며 명절로는 추석과 설날, 대보름이 전통 그대로 유지되고 있는데, 도시화라는 사회현상과 공휴일의 연장으로 추석과 설날에는 민족 대이동이 일어나 새로운 명절 풍속도를 보이고 있다. 농촌에서는 아직도 농기에 따른 세시풍속인 당산제, 단오놀이, 백중놀이, 시제, 고사, 굿 등 각종 민속놀이가 지역의 특색에 따라 전래되고 있는데, 특히 민속경연대회를 통해 그 맥이 잘 계승되고 있는 편이다.

---

20) 『북한의 이질화 실태』, 앞의 책, p.7.

한편 북한에서 결혼은 원칙적으로 '사상적 동지의 결합'인 동시에 '사회주의적 혁명전사간의 결합'이며 붉은 가정의 탄생을 위한다는 의미가 강하다. 때문에 결혼의 시기나 배우자 선택의 기준이 남한처럼 자유롭지 못하고 출신성분을 중시하며, 결혼식 참석인원도 제한된 채 당의 승인이 있어야 한다. 1950년대에는 애정이나 외모가 중요한 기준이었으나(30%), 60년대 중반 이후부터는 성분과 당성이 63%, 70년대는 75%로 높게 나타났다.21) 예식은 보통 신랑, 신부집에서 올리나 때로는 식당, 회의실, 유치원 등을 빌리기도 한다. 혼례절차는 간소화되었으나 상견례, 약혼식과 예물교환, 결혼식, 축의금, 신랑 다루기 같은 행사는 여전히 치러지고 있다.

장례식이나 제사도 남한과는 달리 공산사회주의 이론에 따라 전통적인 것은 전부 노동력상실이나 미신으로 간주되어 부정되고 문상객들도 이웃 친지나 동료에 한하며, 부모 제례도 당원은 지낼 수 없으며 일반주민도 점차 배급제도로 통제하였다. 1953년을 기준으로 보면 50% 정도 제사를 지냈는데 70년대는 11%에 그쳤다.22) 상복은 입지 않고 팔에 상장이나 검은 천을 두르는 것으로 대신하며 1년 탈상이 통례이다.

남한에서 가장 큰 명절이라 할 수 있는 전통명절인 설날이나 추석은 배격되고 사회주의 명절로 김일성의 생일(4. 15), 정권 수립일(9. 9), 당 창건일(10. 10)이 주요명절이며, 현재는 김정일의 생일(2. 16)까지를 명절로 삼고 있다. 그러나 1972년 남북대화 이후부터 추석날에는 인근에 있는 조상의 산소에 가서 성묘를 할 수 있도록 허용해 왔으며, 1988년에는 추석을, 1989년부터는 음력설과 단옷날을 휴식일로 지정하는 등 전통적인 명절을 부활하고 있다. 많은 민속놀이는 없어지거나 문화성, 인민성, 집체성이 담긴 군중적 집단놀이 등 새로운 형태로 변형되었지만, 경우에 따라서는 전통적인 씨름, 그네, 활쏘기, 윷놀이와 장기놀이, 널뛰기, 줄다리기, 농악 등은 정치적으로 남한보다 더 강조되고 있다.

---

21) 위의 책, p.13.
22) 위의 책, p.15.

제 4 부

민족동질성 회복과 통일문화 창조

제1장 통일문화 형성의 방향

1. 통일문화의 개념화작업

　지난 6·15남북정상회담과 그 결과 발표된 공동선언문은 분단 반세기의 민족사에 커다란 획을 그은 일대사건이 아닐 수 없다. 무엇보다도 지난 반세기 동안 지속돼 온 대립과 갈등의 남북관계를 말 그대로 교류와 화합, 협력의 시대로 진입하게 만든 역사적 이정표가 되었다는 점에서 그러하다.
　그런 만큼 민족통일 문제를 둘러싸고도 획기적인 인식의 전환과 접근방식의 전환이 급격하게 이루어지고 있는 것이 작금의 상황이라 하겠다. 반만년의 유구한 민족사를 이어 오는 동안 견고하게 축적된 민족적 동질성과 공통성이 있음에도 불구하고 세계사적 냉전의 시기에 남북한은 그 어느 곳에서도 보기 어려운 이념적 갈등과 대립의 역사를 기록해 왔고, 그것은 한국전쟁이라는 민족상잔의 전쟁을 통해 더욱 구조화되고 견고해져 온 것이 사실이다. 그러한 분단 반세기의 역사는 개개 민족구성원들에게 깃들어 있는 민족적 동질성과 공통성을 억압하고 외생적 이질성과 차별성을 구조적으로 확대 재생산해 온 과정이라 하지 않을 수 없다.
　물론 남북에서 진행된 사회변동의 양상은 그러한 과정을 가속화시키는 요인으로 작용했음에 틀림없다. 남에서 민주주의와 시장경제를 지향하는 자본주의적 근대화가 진행되는 동안, 북에서는 집단주의와 계획경제를 바탕으로 한 공산주의적 근대화가 진행되었다. 그러한 근대화의 기본성격은 각기 그 사회의 문화과정 속에 그대로 투영되게 마련이어서 남북한간의 문화적 이질성 역시 확대 재생산돼 왔다고 보아도 무리가 없을 것이다. 그야말로 단절 속의 이질화과정이 지난 반세기 동안에 진행돼 온 것이다. 남북 이산가족 상봉을 비롯한 최근의 남북간 교류에서 민족적 동질성이 자연스럽게 부각되기도 하지만, 그것은 그 동안 드러나지 않았던 전체의 일부분에 불과한 것일 뿐 반세기 동안 진행된 문화적 이질화 자체를 무로 돌릴 만한 성질의 것은 아니라고 할 것이다. 교류와 왕래가 빈번해지면 질수록 민족적 공통성의 요소는 퇴색해 가고 삶의 양식이나 가치체계와 관련된 문화과정의 이질성이 점점 커다랗게 드러나게 될지도 모를 일이다.

교류·협력의 시대를 맞이한 남북관계에서 경제협력을 통한 남북간 경제공동체 형성이나 군사·정치적 교류와 협력을 통한 신뢰회복의 과정도 물론 중요한 과정이 아닐 수 없지만, 남북한 주민들 각자에게 다가오는 통일의 의미가 보다 확연한 것이 되기 위해서는 문화통합의 과제를 설정하지 않을 수 없게 된다. 우리가 통일문화의 개념과 그 형성방안을 모색하고자 하는 이유가 바로 거기에 있다고 하겠다.

통일문화와 관련된 논의 또는 통일에 대한 문화적 접근의 논의가 과거에도 전혀 없었던 것은 아니다. 오히려 뜻있는 학자와 기관에서 선구적인 업적을 남겨 두고 있어 다행이기도 하지만, 남북한간에 화해와 협력의 새로운 시대가 전개되고 있는 지금의 상황에서 이를 새롭게 검토해 보고 새로운 전망을 제시하는 것도 뜻깊은 일이라 생각된다.

통일문화와 관련된 기존의 논의에서는 '통일문화' 개념이 다양하고 다차원적이어서 개념사용의 추상성에 따라 지칭하는 바가 상이한 점이 발견되기도 한다는 점에서 우선 통일문화의 개념에 대한 검토와 재정립이 필요하다고 하겠다. 또한 과거 냉전시기, 따라서 남북대결의 시기에는 특정 이데올로기의 우월성을 전제로 한 체제 및 이념 중심의 통일문화 논의가 주종을 이루어 왔다고 하겠는바, 남북화합의 전기가 된 6·15공동선언의 정신에 비추어 통일문화 논의는 물론 통일문화 형성의 방향모색에 있어서도 일대 전환이 있어야 한다고 본다.

여기에서는 우선 선행연구의 검토를 통하여 통일문화의 개념에 대한 새로운 인식을 도출해 보고자 시도하며, 이어서 남북한 가치체계의 이질화와 문화인식의 차이를 살펴봄으로써 통일문화 형성의 가능성과 방향을 탐색하는 순으로 논의를 진행해 보도록 하겠다.

통일문화라는 개념이 널리 사용되기 시작한 것은 1980년대 중반이었다. 분단과 전쟁을 겪으면서 통일논의가 남북한에 존재하는 체제의 정당성문제에 초점을 둔 다소 대립적이고 경직된 것이었던 반면, 80년대 중반에 이르러 통일문화에 대한 관심이 대두하게 되는 연구관심의 변화과정은 통일논의의 흐름에 있어 하나의 성숙화과정이라고 평가할 수도 있겠다.

남북분단 직후에는 통일문제가 외세에 의해 강요된 38선 획정이라는 비정상적인 상태의 정상화를 뜻한다는 의미에서 민족의식의 동질성에 기초한 민족해방 또는 자주권회복이라는 기본인식의 연장선상에서 통일논의가 다루어졌다.1) 그러다가 1948년 남북에 각기 별개의 정부가 수립될 기미가 보이기 시작하면서 외세에 의해 주어진 분단 위에 민족적 분열이 겹치는 과정이 현실화되고 있었지만, 통일의 당위에 집착하는 양상은 지속되고 있었다. 김구를 위시한 이상주의자는 물론이고 이승만의 무력통일론도 역으로 민족의식의 동질성을 믿는 낙관적 인식의 소산이었다고 할 수 있다.

민족의식의 동질성에 기반한 낙관적 인식은 한국전쟁을 계기로 일변하게 되었다. 국제적으로 미국과 소련이 서로 한반도를 포기하지 않는다는 결의를 확인하게 됨으로써 한반도 분단은 국제적으로 제도화되었고, 남북한의 두 체제는 각기 그에 적응하는 방향을 취하게 됨으로써 남북간의 민족 이질화를 구조적으로 심화시키는 결과를 가져오게 되었다. 그러한 배경에서 통일논의와 연구 역시 민족적 당위에 기초한 연구는 엄격히 제약되고, 반공정책에 기여하는 범위 안에서만 통일문제를 다루는 것이 당연시되었다. 공산주의의 본질, 공산집단의 혁명전략과 전술, 국제연합을 통한 통일방안 등이 당시 통일논의의 주류를 이룰 수밖에 없었다.

---

1) 통일논의의 추세에 대한 보다 상세한 설명은 강광식, "통일문화 창조를 위한 연구의 의의," 『통일문화 창조를 위한 연구』, 한국정신문화연구원, 1985, pp.6-13을 참조

4·19 이후 제2공화국 당시에는 자유화의 흐름 속에서 종전에 금기시돼 온 통일논의 역시 활발하게 전개됐는데, 북한의 남북연방제 제기, 오스트리아식 중립화모델 제시 등으로 통일논의가 더욱 가열되기도 했다. 그러던 것이 5·16 이후 60년대는 남북한 두 체제가 각기 다른 방향에서 체제건설에 주력한 시기이기도 했다. 북한 역시 전후복구와 경제건설에 몰두했고, 남한 역시 '선건설 후통일'의 기치 아래 조국근대화 과업에 몰두하고 있었다. 그러한 체제건설 작업이 진척되면서 통일문제 역시 민족적 상징과 의식에 대한 막연한 의존으로부터 벗어나 실제의 생활환경이 되는 사회성에 주목하게 되고 이에 대한 사회과학적 인식이 대두하기 시작했다.

1970년대에 들어와 남북대화가 이루어지고 이른바 조국통일 3대원칙이 포함된 남북공동성명 발표로 통일의 당위적 명제가 확인되었지만, 통일원칙의 해석을 둘러싸고는 남북간에 심각한 차이가 드러나기도 했다. 남북의 체제지향이 명백하게 드러나게 되면서 양 체제의 정통성에 대한 논의가 통일논의와 연구의 주된 대상이 되기도 했다. 이후 1970년대 말 이후 체제정당성의 문제에 초점을 둔 연구관심이 통일 이후의 사회상을 모색하는 문제로 나타나게 되었다.

통일사회상을 모색하는 문제는 한편으로 대북한 체제우월성에 기초하여 현존체제를 명분화하는 측면을 지니기도 하지만, 다른 한편으로 현존체제의 개선방향을 모색하는 지표로서 통일사회상에 접근하는 연구관심으로 나타나기도 한다. '통일문화 창조'라는 문제의식도 그러한 연구관심과 문제의식의 연장선상에서 제기된 것이라 할 수 있다.

그런 점에서 한국정신문화연구원이 1985년에 발간한 『통일문화 창조를 위한 연구』는 선구적 작업의 하나라고 지적할 수 있다. 강광식 교수는 '통일문화'의 '문화'개념은 문화 일반에 대한 하위문화를 뜻하는 문화개념과도 구별되는 것으로 이해하고, 알몬드(G. A. Almond)의 '정치문화' 개념의 맥락에서 '통일문화' 개념을 '통일문제에 대한 가치정향 내지 통일 지향적 가치정향'을 지칭하는 것이라고 규정한다. 그리고 그것은 통일이데올로기와 동의어적인 속성을 지니고 있으며, 다만 특정한 정치적 입장을 합리화 내지 정당화하는 상징체계로서 작용하는 이미지를 불식시키기 위해서 사용하는 용어로 이해한다. 따라서 '통일문화'의 개념은 통일이데올로기의 기능을 지니게 되며, ① 통일이라는 목표를 위하여 국민의 의지와 에너지를 동원하는 정신적 지주의 기능, ② 통일논의와 국가정책을 수렴하는 지도이념의 기능, ③ 통일을 위한 제반 노력의 내용과 성격 및 그 방향을 분석·평가하는 데 필요한 평가기준의 기능을 들 수 있다고 한다. 나아가 '통일문화 창조'라는 명제가 ① 통일문제를 분단현실의 틀 속에서만 한정시켜 보지 않고 민족사의 당위적 진행방향에 비추어 봄으로써 왜곡된 분단현실의 광정(匡正)의 방향을 모색하며, ② 이를 위하여 정치군사적 및 냉전이데올로기적 요인을 일단 상대화시켜 민족의 통합과 민족문화의 창조라는 근원적 각도에서 분단현실을 재조명함으로써 통일을 위한 문화적·사상적 기반의 재구성을 꾀하자는 것을 문제의식으로 담고 있다고 주장한다.[2]

그러한 통일문화에 대한 논의의 연장선에서 황성모 교수는 통일문제를 단순히 정치적 문제이기 이전에 어떤 문화사적 전환을 의미하는 것이라고 주장한다.[3] 그 경우 문화사적 전환이란 유교적 중화의 가치관을 극복하고 근대 자연법적 보편가치관의 발전과정을 겪지 못했던 점을 보완해야 한다는 것이다. 이때 통일문제는 사회적 차원에서 인간관계의 원리로서 '계약'이라는 형태를 확립하는 것과 직결된다. 그런 관점에서 통일은 사실성과 당위성이 사회계약의 원리에서 조화롭게 타결될 수 있는가의 문제로 간주된다고 본다. 분단된 민족의 재결합이 폭력적·강제적·음모적 방법으로는 불가능하다는 것이 분명하다고 할 때, 통일문제는 결국 문화적 창조의 길로 통하게 되며, 남과 북의 경우 서로 다른 근대화의 길을 걸어왔다는 점에서 민족적 문화혁명으로서 통일문화의 형성은 결국 진정한 의미에서의 근대화밖에는 있을 수 없고, 그것은 다시 각 개인의 자유의지에 의한 생활구조, 정치구조, 시민생활 구조의 선택을 의미할 수밖에 없다는 것이다.

---

[2] 위의 책, pp.13-15.
[3] 위의 책, pp.48-49.

그러한 논의의 개념구조에서 볼 때 통일문화는 어느 시점에 통일이 이루어질 때 통일국가의 구성원들이 성취해야 할 '삶의 양식'과 '가치체계'를 의미하는 것이 된다. 그 경우 통일문화의 구성요소로서 삶의 양식과 가치체계가 남과 북에 현존하는 체제의 어느 일방을 지칭하는 것이 아님은 물론이거니와, 오히려 남과 북 모두가 사회변동의 과정을 통하여 지향해야 할 이념형 또는 원리로 이해될 수 있는 것으로, 통일한국의 미래상이라고 이해될 수도 있는 성격의 것이다. 이때 미래상이라고 하는 것은 현재의 조건에 바탕을 둠으로써 실현 가능성을 갖는 동시에 현재의 부정적 여건을 변화시키고 또 재구성하는 이념적 지표로서 실천적 의의를 함께 지니는 것이라 할 수 있다.4)

한편 김문환 교수는 1980년대 중반 당시 '통일문화'라는 용어를 '통일을 지향하는 문화' 또는 '통일 이후 민족적 동질성을 확립하기 위해 노력하는 문화'로 이해하는 것이 지배적이었다고 지적하면서, 통일문화를 위한 방안으로 ① 역사적 전통에 의존하여 동질성을 확보해 보려는 노력, ② 예술창조 및 향수에서 독창성과 참신성, 즉 개성이라는 가치평가의 존중을 들고, 당시까지의 남북 문화교류의 실적을 열거하고 있다.5) 이 경우 문화개념은 다소 하위수준의 문화를 지칭하는 것으로 보이며, 앞서의 논의와는 논의의 차원을 달리하는 것으로 보인다. 이 경우 문화는 단지 남북교류를 촉진하는 하나의 하위단위에 불과하게 되고, 통일문화라는 하나의 통합된 개념으로 이해하기는 곤란한 것으로 보인다.

통일문화에 대한 본격적인 논의는 1990년대 들어와 더욱 활발해졌다고 할 수 있다. 1994년 12월 민족통일연구원이 주최한 '통일문화와 민족공동체 건설'이라는 주제의 국내학술회의를 기초로 펴낸 『통일문화 연구』(上, 下)는 그러한 시도를 잘 보여주고 있다. 윤덕희 박사는 "통일문화의 개념정립과

---

4) 그러한 문제의식에서 논의한 것으로는 강광식·고범서·정범모 외, 『통일한국의 삶의 양식과 가치체계 탐색』, 한국정신문화연구원, 1993 참조.
5) 김문환, 『분단조국과 통일문화』, 서울대출판부, 1994, pp.3-23.

형성방향 연구"라는 논문에서 '통일문화' 개념의 정립을 시도하고 있다. 그는 "'문화'개념의 복합성과 추상성으로 인해 연구별로 개념정의 및 연구의 초점이 다양하다"[6]고 지적하고, "통일문화 형성을 통해 통일문제에 접근한다는 것은 기본적으로 통일성취의 외향적 측면보다는 그것의 실질적 기반이 되는 내면적 측면에 주목하여 사회통합의 차원에서 접근하는 것을 뜻한다"[7]고 주장한다.

나아가 '통일'의 복합적 의미는 '통일문화' 개념의 내용상 복합성을 설명하는 데 시사하는 바 크다고 지적하고, '통일문화'의 개념이 ① 통일한국의 사회구성원이 다 같이 지향해야 할 신념, 가치체계, 행동양식 체계로서 통일한국의 이념에 부합되는 민족문화의 바람직한 미래상을 의미한다는 점, ② 통일과정을 통해 분단된 사회문화 구조에서 파생되는 남북한간 이질화 및 갈등을 해소함으로써 통일을 앞당기고 민족통합을 이루게 하는 실천적 기능을 지닌 문화체계를 의미한다는 점, 두 가지 요소를 포함한다고 지적하고 있다.[8]

결국 통일문화란 현재의 분단체제하의 남과 북이 모두 지향해야 할 가치체계와 삶의 양식을 기초로 한 통일한국의 문화적 미래상이라 할 수 있고, 그것은 현재의 남과 북 어느 한쪽의 가치체계나 삶의 양식에 다른 한쪽이 흡수되거나 수렴되는 방식이라기보다는 남과 북 양쪽의 현재상태를 지양하면서 힘을 합쳐 창조해 내야 할 역사적 과업이라 할 수 있겠다. 따라서 통일문화 형성의 과제는 어느 한쪽의 문화적 현실의 정당성이나 우월성을 확인하는 문제라기보다는 남과 북이 각기 현실 속에 지니고 있는 가치체계의 이질화과정과 그 결과 생겨난 문화인식의 차이를 확인하는 데서 출발하여 새로운 지향점으로서 남과 북의 구성원 모두가 공감하고 수용할 수 있는 가치체계와 삶의 양식을 새로운 민족문화의 구현양식으로 내재화

---

6) 윤덕희, "통일문화의 개념정립과 형성방향 연구," 『통일문화 연구(上)』, 민족통일연구원, 1994, p.7.
7) 위의 글, p.9.
8) 위의 글, pp.22-23.

하는 문제라고 할 수 있다. 그 경우 통일문화의 구성요소가 민족문화의 특수성을 담고 있으면서도 인류역사의 발전방향과 상응하는 보편성을 담지해야 하는 것은 물론이다. 민족통일의 과제가 민족사의 과거로 회귀하는 것이 아니라 미래를 향한 새로운 창조의 과업이기 때문이다.

2. 남북한의 가치체계와 문화양식

1) 남북한 가치체계 이질화의 배경

앞서 언급했듯이 민족화합시대의 통일문화 형성의 방향을 모색하기 위해서는 우선 남북한 가치체계의 이질화와 남북한 문화인식의 차이를 해소하는 문제에 주목하지 않을 수 없다. 그리고 남북한 가치체계의 이질화문제와 관련해서는 일제 식민통치와 독립운동, 분단과 전쟁 및 냉전적 대결시대를 거치면서 남북한의 가치체계가 어떠한 이질화과정을 밟았으며, 이 질화의 현 상황이 어떠한가를 먼저 진단해 볼 필요가 있다.

1945년 일제의 패망으로 조국에 해방의 구호가 메아리쳤을 때 미국과 소련이 38선을 경계로 일본군의 무장을 해제한다는 것이 이후 반세기가 넘는 민족의 분열로 장구화되리라고 여겼던 사람은 그리 많지 않았을 것이다. 해방을 맞이하여 38선을 경계로 남북이 정치적 독립과 사회경제적 근대화를 통한 근대적 민족국가 건설이라는 과제를 공통으로 지니고 있었다면, 그 과제의 해결을 위한 방법론은 미국과 소련이 규정해 줄 수밖에 없었다는 데 문제가 있었지만, 주어진 방법론에 따라 과제를 수행할 세력마저도 이미 분열돼 있었다는 데도 문제가 있었다. 그것은 해방 자체가 우리 민족 역량의 독자적 힘이나 적어도 연합국과의 대등한 자격으로 쟁취한 것이 아니라 연합국의 승전의 결과로 주어졌다는 사실과, 항일 독립투쟁에서 방법론과 이념에 따라 독립운동 세력이 나누어져 있었다는 사실에 기인한다.

항일 독립운동의 역사에서 좌우합작의 민족통일전선인 신간회의 해체가 국제공산주의 코민테른의 지시에 의해 이루어짐으로써 독립투쟁에서 민족주의세력과 공산주의세력이 분열하게 되고, 해방 이후 건국노선의 분열로까지 이어지게 된 것은 외세에 의한 해방과 외국군대의 주둔 못지 않은 결정적 의미를 지니는 것이다. 남과 북을 점령하게 된 미·소 양국이 제각기 그들의 본국의 이데올로기인 민주주의와 공산주의를 해방된 한국민족의 정치적 사상과 행위의 준거로 제시한 것은 당연한 일이라 하겠거니와, 거기에 민족내부에서 독립투쟁 과정에서 이미 이념적으로 분열된 정치세력이 건국을 위한 운동세력으로 존재하는 상황에서 미·소 양국이 각기 선택할 파트너는 이미 정해진 바나 다름이 없었다.

미·소를 정점으로 하는 냉전체제가 굳어져 가는 것과 동시에 남북에서의 상이한 체제 역시 견고화되어 가는 것은 당연한 일이었다고 하더라도, 그것이 우리 민족의 사상적 전통과의 철저한 단절 속에서 전개된 사태였다는 점에서 우리 민족은 이중의 민족적 자기소외를 겪을 수밖에 없었다. 한국의 전통적 민족주의의 흐름에는 자유민주주의와 소비에트 공산주의의 사고유형이 존재하지 않았다는 사실에서 한번 자기소외를 경험했고, 이식된 이데올로기를 철저하게 추종할 수밖에 없었다는 점에서 이중의 사상적 자기소외를 경험했다는 것이고, 그것은 결국 본질적으로 사상에 있어서의 주체성의 상실을 의미한다.[9]

그러한 주체성의 상실 위에서 6·25라는 민족상잔의 전쟁은 그 누가 아무리 민족해방전쟁이었다고 주장하더라도 당시로서는 그것이 기본적으로 구소련의 세계 적화계획의 일환일 수밖에 없었고, 결국 국제전으로 변해 버린 한국전쟁은 그 기원과 과정 및 결과에 있어서 반민족적일 수밖에 없는 것이었다. 그로 인해 38선이라는 잠정적 분단상태가 휴전선이라는 구조적 분열상태로 악화된 것을 비롯해서 이념과 체제의 대립이 더욱 심화되고 남과 북의 문화적 이질화가 비로소 시작되게 되었기 때문이다.

---

9) 황성모, "현대 한국사회의 정신적 상황," 『한국사회사론』, 심설당, 1984, p.131.

전쟁이라는 극한상황을 겪은 후에 남한에서는 민주주의가 반공산주의를 뜻하는 것으로, 북한에서는 반자본주의를 뜻하는 것으로 이중 구조화되고 말았다. 민주주의는 국민의 일상생활과 정치체제가 표리일체의 관계에 있으면서 인간의 기본적인 자유권으로서 사상의 자유, 결사의 자유 등을 제도적으로 보장함으로써 비로소 그 현실적 정당성을 갖는다. 따라서 민주주의는 근본적으로 전근대적 사회구조의 근대화를 전제로 하는 것이었던 반면에, 한국에서 민주주의는 처음부터 한국사람의 의식구조나 사회구조 면에서 생활양식으로 정착하지 못하고 집권자의 명분, 정당의 구호로 부동하는 내용 없는 형식에 불과했던 것이다. 그러한 사정은 남이나 북이나 본질적으로 공통된 상황이라 하겠다.

다만 남한의 경우 1960년대 이후 근대화의 물결 속에서 급속히 그리고 꾸준히 전개된 산업화의 흐름이 사회구조 면의 근대화, 나아가 의식구조 면의 근대화를 촉진시킬 수밖에 없는 사회변동을 이끌어 냈다고 한다면, 북한의 경우는 집단주의와 군왕적 1인 지배체제의 공고화가 전개되는 과정에서 근대화에 상응하는 사회변화를 이끌어 냈다기보다는 주민들의 의식구조나 사회구조의 면에서 전근대적 수준으로 응결되는 결과를 초래했다는 사실을 간과할 수 없다.

이같이 상호 대칭적인 방향에서 사회변동의 지속, 그것도 장구한 시간에 걸친 지속이 가져온 결과는 남북한 주민들의 의식구조와 사회구조에 내면화되고 고착화된 가치체계의 이질화라고밖에 칭할 수 없는 결과를 낳았던 것이다. 남북교류 과정에서는 일단 한 민족 한 핏줄이라는 정서적·감정적 차원의 동질성이 우선 피부에 와 닿을지도 모른다. 그러나 남북간의 교류가 일회적인 이벤트성에서 벗어나 일상적 삶의 현장 속으로 오게 될 때―그때에야 비로소 실질적인 통일의 과정은 시작되는 것이지만―내면 속에 구조화된 가치체계의 이질성이 고개를 내밀게 될 것이다. 바로 그때에 이르러서는 통일문화 형성이라는 경로를 통하여 가치체계의 이질성을 극복하고 있어야만 하는 것이다. 그와 같은 사태가 전개되기 위해서는 남과 북에 현존하는 가치체계의 면모가 여하한 경로를 거쳐 탈구조화되어 통일 지향적 가치체계로 내면화될 것인가를 면밀하게 검토해야 함은 물론이거니와, 그러한 과정이 남북화해와 협력의 과정에서 자연스러운 사회변동의 경로를 통과할 수 있도록 프로그램화해야 하는 것이다. 나아가 남북한간에 실재하는 가치체계의 이질성을 극복하기 위한 방향으로 민족문화의 역사성과 세계문화의 보편성을 동시에 충족시키는 가치체계의 정립, 그를 통한 새 천년의 한국인 상 및 새로운 공동체의식의 정립을 통한 이질성 극복의 목표와 과정을 밝혀야 한다.

다음으로 이러한 이질성 극복의 가치체계 정립은 바람직한 통일문화의 형성을 유도하기 때문에, 남북한간에 존재하는 문화인식의 차이를 설명하고 그것의 불식을 위한 정책적 대안을 모색하는 것 역시 필수적이라 생각된다. 분단 이후 반세기간에 걸친 양 체제의 특성 및 전개과정, 특히 남북한의 상이한 사회발전 전략 및 그에 기저하는 이데올로기적 배경을 통하여 남북한간에 어떠한 문화인식의 차이가 어떻게 발생하였는가를 진단·분석하는 것이 필요한 것이다.

문화가 흔히 사람들이 살아가는 총체적 방법체계를 의미한다면,10) 비록 한민족으로 오랜 기간 동일한 문화를 공유해 온 남북한 민중들이라 할지라도 이질적인 국가형태와 사회체제에서 생활하는 한 동일한 문화를 유지할 수 없음은 자명한 일이다. 특정한 사회의 문화는 사회체제의 성격에 따라 자연적으로 규정된다고 할 수 있으나, 경우에 따라서는 지배집단의 의도에 따라 문화의 골격이 규정될 수도 있다. 왜냐하면 지배집단이 문화를 통하여 그들이 추구하는 이념을 확산함으로써 특정한 사회체제를 유지하고 발전시킬 수 있기 때문이다. 이러한 맥락에서 남북한의 문화는 지배집단의 의도적인 대중지배 정책에 영향을 받은 바가 크다고 볼 수 있다. 남북한의 지배집단은 각각의 사회체제에 적합한 문화형태를 구성하고, 이를 의도적으로 제도화했다고 할 수 있다. 따라서 문화가 지배집단의 의도된 사회발

---

10) 양종회, "사회이론에 있어서 문화의 위치," 『한국사회학』, 제28집(1994년 겨울), pp.4-7.

전 전략의 연속선상에 있다는 점을 감안한다면, 남북한의 문화에 대한 인식의 차이는 그 문화개념의 지위와 문화의 사회적 역할을 표현하는 문화정책에서 드러난다.

2) 남북한의 문화개념과 사회적 역할

문화에 대한 남북한의 개념적 또는 사전적 정의는 다음과 같다. 북한에서 문화는 "력사발전의 행정에서 인류가 창조한 물질적 및 정신적 부의 총체. 문화는 사회발전의 매 단계에서 이룩된 과학과 기술, 문학과 예술, 도덕과 풍습 등의 발전수준을 반영한다. 문화는 사회생활의 어떤 영역을 반영하는가에 따라 물질문화와 정신문화로 구분된다. 매개 나라의 문화는 자기의 고유한 민족적 특성을 가지고 있으며 계급사회에서 문화는 계급적 성격을 띤다."[11] 한편 남한에서 문화란 "인류가 모든 시대를 통하여 학습에 의해서 이루어 놓은 정신적·물질적 일체의 성과. 의식주를 비롯하여 기술·학문·예술·도덕·종교 따위 물심양면에 걸치는 생활형성의 양식과 내용을 포함한다"[12]고 정의된다.

이렇게 볼 때 남북한 모두 문화를 사람들이 생활하는 총체적인 삶으로 인식하고 있다는 점에서 '인류학적 문화개념'[13]과 일맥 상통한다고 볼 수 있으나, 좀더 구체적으로 살펴보면 북한의 문화개념은 남한의 그것과 다음과 같은 차이를 보인다.

남한이 문화를 정치, 경제, 사회를 지탱하는 가치구조에 내재하는 기본개념이자 그 자체가 목적인 목표개념으로 설정하고 있는 데 반해, 북한은 문화를 정치, 경제, 사회의 발전을 달성하기 위한 수단개념으로 간주하고

---

11) 사회과학원 언어연구소 편, 『조선말 대사전』(평양: 사회과학출판사, 1992), p.1185.
12) 신기철·신용철 편, 『새 우리말 큰 사전』, 삼성출판사, 1992, p.1248.
13) 문화에 대한 다양한 인류학적 정의에 대해서는 다음을 참조 Clifford Geertz, *After the Fact: Two Countries, Four Decades One Anthropologist* (Cambridge, MA and London: Harvard University Press, 1995), pp.42-63.

있다. 따라서 북한에서 문화의 개념화는 문화의 보편적 특성보다는 개별사회가 가지고 있는 민족적 특성이 강조되고 있으며, '문화상대주의'가 인정되지 않고 문화에 대한 절대적 가치판단이 가능하다. 즉 계급문화를 인정함에 따라 "로동계급의 문화가 가장 선진적이며 혁명적인 문화"14)가 될 수 있다고 한다. '좋은' 문화와 '나쁜' 문화가 존재하며, '좋은'(바람직한) 문화를 유도하는 억압적인 문화정책이 가능해진다. 여기서 문화가 계급적 성격을 띤다고 말하는 것은 문화가 계급에 종속되는 것으로 인식하는 것이라고 볼 수 있다. 문화가 계급에 종속된다는 것은 문화의 자율성을 침해하는 것인데, 즉 계급에 종속된 문화는 자율성을 갖지 못하고 계급을 규정하는 정치경제적 조건에 의해 좌우된다. '좋은' 문화와 '나쁜' 문화로 분류 가능하기 때문에 문화는 윤리적인 문제와 결부된다. 북한에서는 "사람들로 하여금 자주의식과 창조적 능력을 키우고 고상한 정신도덕적 풍모를 갖추며 다양한 문화정서적 요구를 실현하기 위한 문화생활"15)이 부각된다. 문화와 윤리문제가 결합됨에 따라 문화적 교양은 윤리교육, 즉 주체사상 교육 또는 사회주의 정치교육과 동일시된다.

이로부터 북한의 문화개념은 범주적으로 그 외연이 남한의 그것보다 훨씬 광범위하다고 할 수 있다. 실제로 북한의 1992년 헌법의 제3장 문화조항에는 문학예술뿐 아니라 교육, 학술, 언어, 체육, 환경, 그리고 의료 및 건강사업까지 포함하고 있다. 이렇게 문화의 개념적 외연이 확장됨에 따라 북한에서는 문화가 '전체로서의 사회'와 같은 의미로 사용되기도 한다. 이와 같은 개념화가 잘 드러나는 것이 문화혁명의 경우이다. 문화혁명은 사상혁명, 기술혁명과 함께 북한의 3대혁명의 일부분이고, 그것은 "모든 사람들이 자연과 사회에 대한 깊은 지식과 높은 문화예술 수준을 가진 사회주의 공산주의 건설자로 만들며 온 사회를 인테리화"16)하는 것이다.

---

14) 사회과학원 문화예술연구소 편, 『문화예술사전』(평양: 과학백과사전출판사, 1993), p.808.
15) 위의 책, 같은 쪽.
16) 북한헌법 제40조에서 재인용.

이러한 문화개념의 사회적 구현을 위한 정책적 수준은 문학예술 분야에서 분명히 드러나는데, 따라서 북한에서 문화정책이라고 지칭할 때 그것은 주체사상의 이데올로기로 해석된 문화의 일부분으로서 문예활동의 방침을 의미한다. 곧 실질적으로 문학예술이 문화의 기본속성으로 인식되며, 문학예술과 문화를 구별 없이 동일체로 간주하고 있다고 볼 수 있다. 예를 들어 문화인이라고 하는 기표는 문학예술인이라고 하는 기표와 동일한 기의를 갖는다. 이런 맥락에서 문화인은 '붓으로 싸우는 사람'17)을 지칭하는데, 이는 문화인과 문학예술인을 구별하지 않고 있음을 증언한다. 그리고 구체적인 문학예술 작품의 창작과 향유가 문화의 핵심이고, 이를 대중적으로 구현하도록 하는 것이 바로 문화정책인 셈이다.18) 결국 문화정책은 문예활동을 통해서 정치이념을 전달하는 에이전시의 역할(주체사상 교육 등)을 떠맡게 된다.

북한과는 대립적으로 남한에서는 인류학적 문화개념에 더 충실하여, 문학예술은 문화의 하위범주로서 수많은 문화형태 중의 하나로 취급되는 경향이 있다. 물론 문화에서 문학예술이 차지하는 비율은 적지 않으나 문학예술이 곧 문화는 아니다. 그리고 개념적 지위에서뿐만 아니라 현실적으로도 문화와 문학예술은 명확히 분리돼 있다. 이를테면 남한에서 '문화인'은 일정한 수준의 교양과 도덕을 가진 지성인을 의미하지만, 문학예술인은 창작활동을 하는 직업적 전문가를 말한다. 그리고 남한의 문예활동에서 특징

---

17) 김일성, "문화인들은 문화전선의 투사로 되여야 한다"(1946. 5. 24), 『김일성저작집』, 제2권(평양: 조선로동당출판사, 1979), p.231.

18) 문학과 문학예술을 혼용하는 것은 북한만의 특수한 상황이라고 보기는 어렵다. 일반적으로 몰락한 현실 사회주의사회에서 문화는 어떤 경우 문화인류학적 차원의 개념으로 받아들여지기도 하나, 기본적으로 문학예술을 지칭하는 개념으로 인식된다. 실제로 문화현상이나 문화정책과 같이 현상적인 수준에서 문화를 개념화하는 경우에는 문화를 문학예술과 동일시하는 경향을 보인다(Tom Bottomore, *A Dictionary of Marxist Thought*, Worcester: Blackwell Reference, 1983; 임석진 역, 『마르크스思想事典』, 청아출판사, 1988, p.193-195).

적인 것은 그 활동의 일정한 조건과 다양성을 강조한다는 점에 있다. 이것은 문학예술의 활동방법뿐만 아니라 활동목적에서도 다양성을 인정한다는 것을 의미하는바, 다양한 문학예술 작품이 공존할 수 있고 획일적이거나 지배적인 문화형태가 상존하는 것을 부인하는 것이다.

이러한 문화와 문화예술의 개념적 차이와 더불어 구체적인 문화정책의 방향에서도 차이가 있다. 북한에서 문화정책은 근본적으로 사회적이고 정치적인 산물로 인식한다. 따라서 남한과는 달리 문화 또는 문학예술의 다양성 또는 상대적 자율성은 인정되지 않는다. 문화형태와 문예활동은 문화적인 현상일 뿐만 아니라 사회적이고 정치적인 현상이 된다. 따라서 문화정책은 정치체제에 종속되고 문화형태의 형성은 정치적인 의미가 뚜렷하게 부각된다. 이러한 북한의 문화정책이 지니는 정치적 의미와 사회적 역할을 규명하기 위해서는 문예활동의 기본속성을 파악할 필요가 있다.

북한의 문예활동은 '당성', '로동계급성', '인민성'의 세 가지 원칙하에서 이루어지고 있다.[19] 당성이란 당에 대한 끝없는 충실성으로서 "당의 로선과 결정을 관철하기 위하여 모든 것을 다 바쳐 투쟁하는 혁명정신"을 의미한다. 그리고 당성은 "로동계급의 혁명적 당과 그 창건자이며 령도자인 수령에 대한 충실성"으로 이해함으로써, 김일성 개인숭배와 연관시킨다.[20] 그리고 노동계급성은 "로동계급의 의향과 요구를 반영하고 로동계급의 리익을 견절히 옹호하며 로동계급의 혁명위업에 적극 이바지하는" 것이다. 이 대목에서 "제국주의자들의 침략적 본성과 자본가계급의 착취적 본성"에 대한 비판을 강조하고 반남한·반미적인 문예활동을 유도하고 있다.[21] 인민성은 "문학예술이 철저하게 인민들의 사상과 감정에 맞도록" 창작하는 것을 의미한다.[22] 인민성의 부각을 통하여 일반대중과의 일체감을 형성하

---

19) 박승덕,『사회주의문화 건설리론』(평양: 사회과학출판사, 1985), p.169.
20) 한중모,『주체적 문예리론의 기본 I : 사회주의공산주의 문학예술의 건설』(평양: 문예출판사, 1992), p.114.
21) 위의 책, p.116-117.
22) 위의 책, p.120-130.

고, 대중들이 흥미 있는 작품을 수용할 수 있도록 이념성과 예술성을 강조하고 있다.

이러한 문화정책의 방향을 검토해 본 결과, 북한에서 문화는 대중지배의 이데올로기를 확산하는 중요한 정치적 도구라고 할 수 있다. 앞서 지적했듯이 문예활동을 통해 전파하고자 하는 이데올로기적 내용은 당성과 노동계급성이지만 그 구체적인 중심은 김일성 유일지도 체제의 정당성과 그 위대함이다. 그러므로 북한에서 문화는 현 권력구조를 정당화하는 데 중요한 역할을 수행하고 있는 셈이다. 다시 말해 문화의 사회적 기능화에서 가장 중요한 것은 문예활동이 지배이데올로기의 정당화와 주민의 교양, 즉 정치사회화의 역할을 수행하고 있는 것이다. 문예활동을 정치사회화의 매체로 활용하기 때문에, 사상교육과 문예활동이 밀접히 결합하여 문화의 핵심은 이데올로기적 지향성이 돼 버린다. 즉 어떻게 개별적 문화형태나 문예작품이 당의 이념을 잘 표현하고 주민을 잘 설득할 것인가가 핵심이 된다.[23]

이와는 반대로 남한의 문화정책과 문예활동의 정치적 차원은 부차적이거나 상대적으로 경시된다. 정치적 목적이 강한 문예활동은 항상 그 '텍스트성' 또는 '예술성'이 의심받는 실정이다. 문예활동의 사회성이나 정치성이 주목받는 경우는 그것이 특정 이데올로기의 내용을 전파하고 있기 때문이 아니라, 남한사회의 단면을 반영하고 있다고 판단되기 때문이다. 다시 말해 정치적인 것이 문예활동에 대하여 갖는 일정한 영향력을 인정하지만, 그 역은 상대적으로 중요하게 여기지 않는다는 것이다.[24]

이렇게 남북한간의 문화에 대한 인식은 문화의 개념적 차원에서, 그리고

---

23) 물론 인민성이라는 문화정책의 방향에서 볼 때 문예활동이 갖는 대중성이나 오락성도 중시된다고 볼 수 있으나, 그것은 이데올로기적 정치이념에 비해서는 부차적일 수밖에 없다.

24) 그러나 경우에 따라서는 남한의 문화정책 역시 정치적 의미가 부각될 때도 있다. 예를 들어 1990년대 이후 대중문화에서 성담론의 급증과 이에 대한 공론화는 권위주의 정치체제에 대한 비판을 희석화시키고 집단 연대의식을 해소시키는 사회적 역할을 하였다고 볼 수 있기 때문이다.

정책적 방향에서 전반적으로 차이가 드러나지만, 이를 단순화시켜 말할 경우 일정한 문제가 발생할 수 있다. 특히 남한은 다양성을 인정하는 사회이기 때문에 문화와 문예활동을 이야기하는 주체마다 차이가 난다는 것에 주의할 필요가 있다. 남한에서도 문예활동의 사회성 또는 정치성을 강조하는 관점이 엄연히 존재하고, 반대로 개인적 또는 심미적 차원에 몰두하는 관점 역시 공존한다.[25] 또한 1990년대 이후 극단적인 상업성을 강조하는 조류도 있고, 대중문화의 몰역사성을 비판하는 부류도 존재한다.[26]

일반적으로 북한의 문화가 남한의 그것보다 동질성이 높다고 볼 수 있으나, 각 시기별로 문화가 수행하는 정치사회적 역할이 변해 왔으며, 구체적인 성향 및 요소는 부분적이나마 변천해 왔음을 알 수 있다. 특히 북한이 지향하는 문화정책은 대내외적 상황에 따라 적지 않게 변화를 보이고 있는 것이 사실이다.[27]

또한 남북한 민중이 문화를 이해하는 태도나 취향도 역사적으로 변해 왔다는 사실에 주목할 필요가 있다. 남한의 경우 급격한 산업화와 정보화 과정에서 문화가 갖는 예술성 및 정치성보다 상품성이 강조되었으며, 문화산업이 본격적으로 융성하다 보니 이제 '좋은' 작품이 예술적 잣대로만 가늠되는 것은 아니다. 북한의 민중도 남한 민중에 비해 상대적으로 완만하기는 하지만 문화적 취향이 변해 가고 있으며, 더 이상 '항일 혁명문학'을 절대적인 가치로 받아들이지 않는다고 볼 수 있다.[28] 문화를 실질적으로

---

25) 일제시대부터 오늘날까지 문예활동의 사회적 참여문제는 중요한 논쟁거리였다. '순수' 또는 심미성을 강조하는 집단은 문예활동의 상대적 자율성에 집착하였고, '참여' 또는 민중민주주의적 활동을 강조하는 집단은 문예활동의 사회적 책임과 정치적 임무에 주목하였다.

26) 이정호, "X세대 문화의 특질," 『포스트모던 문화읽기』, 서울대학교출판부, 1995, pp.216-223.

27) 김창근, "북한의 위기와 김정일정권의 변화 수용방식 연구," 『統一政策硏究』, 제8권 제1호, 1999, pp.98-103.

28) 이우영, "북한영화 길라잡이," 『탈분단시대를 열며: 남과 북, 문화공존을 위한 모

향유하는 민중의 태도나 취향의 차이는 궁극적으로 사회적 차원에서 문화의 개념적 지위를 변화시키거나 문화정책의 방향을 바꿀 수 있다.

따라서 남북한 문화의 개념적 차이나 사회적 역할의 차이를 단순하게 열거하는 것은 또 다른 문제를 야기할 수 있다. 다만 이러한 차이에 대한 기술적 이해는 일차적으로 남북한 문화가 서로 공존의 길을 걷기 위해서, 나아가 문화인식의 차이를 극복하기 위한 실천적 지표로서 민족문화라는 공통성과 세계문화라는 보편성을 아우르는 문화인식의 준거틀을 마련하기 위해서 필요할 뿐이다. 그렇지 않다면 남북한간의 의사소통은 왜곡되고 문화적 갈등은 빈번해질 것이며, 어느 한쪽에 의한 다른 한쪽에 대한 문화적 지배로 이어질 위험이 있기 때문이다.

3. 통일문화의 가능성

1) 통일문화 형성을 위한 새로운 관점

위에서 살펴본 진단적 이해에 의하면, 새로운 통일문화의 가능성은 남북한 가치체계의 이질성 극복과 문화인식의 차이 극복이라는 양대 과제를 중심으로 열리는 것으로 보인다. 그리고 가능성이 현실화되기 위해서 그 과제의 해결은 통일문화 형성을 위한 새로운 관점의 정립으로부터 시작돼야만 한다.

나아가 기존의 반공주의적 입장이나 규범적이고 낭만적인 민족주의적 입장에서 벗어나 탈이데올로기적이고 현실적인 관점에서 통일문제를 인식해야 한다. 남북한 인식통합으로 형성되는 통일문화는 남한의 '흡수통일' 또는 북한의 '적화통일'이 아니라면, 통합의 형태에 있어 남북의 공통된 문화인식에서만이 가능하다.

색』, 삼인, 2000, pp.226-254.

사실상 남한의 문화통합 논리는 주로 분단 이전에 존재한 전통문화를 강조하면서 낙관론을 펼치든지, 아니면 단절로 인한 비관론을 펼친다. 그러나 두 입장의 특장은 막연하게 '동질성의 확대'라든지 '이질성의 극복'이라는 문구로 축약된다.29) 여기서 동질성이란 '한 핏줄'이라는 상징이나 가족주의적 공동체 문화원리를 이야기하는데, 이러한 문화적 공통점이 있다고 해서 문화통합이 용이한 것은 결코 아니다. 특히 전통문화의 변질된 부분을 없애고 그 원형을 그대로 보존하면 된다거나, 이미 깨진 문화질서를 복구하면 된다는 식의 단순하고 정태적인 관점은 역동적이고 다면적인 문화통합의 동태성을 파악하는 데 적절치 않다.

따라서 통일문화는 정치, 경제, 군사 등을 중심으로 하는 제도적 차원을 넘어 일상적 삶의 영역을 포괄하고, 그 영역이 새로운 통일담론 구성의 진원지가 되게 해야 한다. 이제 통일을 현재적 과정으로 바라보면서 현실적으로 통일을 이루어 가는 문화적 주체의 형성, 즉 남북한 모두를 망라한 새로운 민주시민 사회를 구성해 가는 실천적 차원으로 발전해 가야 한다.

더 이상 통일문화의 형성을 위해서는 기존의 이분법적 대립구도로 상대방을 파악하는 관성을 버려야 할 것이다. 통일을 위한 남북의 문화적 실천은 서로의 가치체계를 상대화하여야 하는데, 그것은 탈이데올로기·탈정치 환경조성, 그리고 지금까지 정치에서 소외돼 왔던 대중의 담론구성 능력이 제고됨으로써 가능하리라고 본다. 실제로 바람직한 통일문화의 형성은 남과 북이 서로에 대한 새로운 이해를 수반해야 하고, 대중 속에서 통일공간을 확장할 수 있는 새로운 문화창조의 담론적 실천을 고민해야 한다. 따라서 그것은 통일에 관한 어떤 새로운 주제를 생산하는 데 그치는 것이 아니라, 통일과 연관된 억압적 가치체계를 근본적으로 해체·재구성하는 출발

---

29) 이러한 논의는 주로 전국 대학의 '국민윤리학과' 또는 통일관계 연구원의 '통일정책학'을 통해 생산된다. 대표적인 사례로 오기성, 『문화의 구조분석에 의한 남북한 문화통합 연구』(서울대학교 국민윤리학과 대학원, 1998); 이인창, 『남북한 사회통합을 위한 전통문화의 역할에 관한 연구』(서울대학교 국민윤리학과 대학원, 1997); 이우영, 『남북한 문화정책 비교』(민족통일연구원, 1994) 등이 있다.

이어야 한다. 말하자면 통일을 위한 실천은 분단이라는 외적 규정성을 단순히 해체하는 것으로는 실행될 수 없다. 하루빨리 우리 삶의 각 부분에 스며들어 있는 분단논리를 해체하고 전통문화와 민족복리를 토대로 통일논리와 통합의 틀을 구축해 나가야 한다.

2) 심리적 차원에서 본 통일 지향적 가치체계

이 대목에서 남북의 민족구성원이 만들어 나가야 할 새 천년 한국인의 상(인성구조)의 정립과 관련된 통일 지향적 가치체계가 문제시되는 것이다. 그러면 통일 지향적 가치체계란 무엇인가? 문용린 교수는 그것을 "통일을 성취하는 데도 도움이 되고 통일 이후의 남북 주민들간에 생겨날 긴장과 갈등을 해소하는 데도 소용이 닿는 새로운 가치체계를 뜻한다"[30]고 말한다. 나아가 그는 가치체계의 내용과 형식을 구분하면서, 이 양자를 고찰해 보면 남북한간에 심각한 분열 또는 차이를 목도한다고 지적하고, 결국 이러한 차이의 극복은 '끝없는 논쟁'으로 귀결되기 십상인 내용적 측면에 초점을 둘 것이 아니라, 형식적 절차에 초점을 두어야 한다고 강변하고 있다.[31] 그도 그럴 것이 이질화된 가치판단의 내용을 합의에 의해 동질화시킨다는 것은 상당히 지난한 작업일 뿐만 아니라 꽤 오랜 시간을 요구하는 과정의 문제일 것이기 때문이다. 따라서 가치체계 형성의 기본원칙과 실험적 절차를 통일문화의 형성 속에서 확인하고 제도화하는 것이 중요하다고 생각된다. 이에 필자는 주로 심리적 차원에서 그 원리와 기제를 제시하고자 한다.

통일의 과정, 심지어 정치적 통합 이후에도 남북한사회는 주기적으로 개인적 또는 집단적 분열과 퇴행의 소용돌이에 이끌리게 될 수도 있다. 우리

---

30) 문용린, "통일지향적 가치체계 형성방안 모색," 『통일한국의 삶의 양식과 가치체계 탐색』, 한국정신문화연구원, 1993, p.161.

31) 위의 책, pp.167-169.

는 통일과정에서 또는 정치적 통일 이후 증오와 이익의 주장으로 가득 차 있는 분열된 사회적 주체를 어떻게 설명할 수 있는가? 우리는 정치적 권위의 옹호자이자 "만인의 만인에 대한 투쟁"을 상기시키는 은밀한 홉스주의자로서 우리의 형상을 그려야 하는가? 필자는 그렇게 생각하지 않는다. 통일문화의 형성을 위한 '포용'(containing)32)의 정치원리는 분열과 퇴행에 반대하여 스스로를 방어할 것이다. 그리고 상호적이고 관용적인 틀을 포함한 '집합표상'(collective representation)으로서의 가치체계는 개인이 사회에서 '건강한' 발달을 이루도록 작동한다. 그리고 중재자 또는 매개자로서 '이행대상'(transitional objects)33)의 중요성은 정치사회화 과정에서 어떤 안정성과 포용의 효과를 유발하여 민주적 시민사회 건설에 심리적 기초를 제공한다.

---

32) 포용은 클라인학파의 정신분석적 치료에서 핵심적인 개념이다. 그 개념은 한 사람이 타자의 일부분을 포용한다는 투사적 동일시의 비병리적 측면을 기술하는 것으로부터 유래한 것이다. 클라인학파의 대표주자격인 비온은 치료자와 환자의 상호작용을 연구함으로써 이 개념을 발전시켰다. 그는 치료자의 역할을 환자의 투사된 무의식적 불안을 포함하여 환자의 의사소통을 이해하고 변형시키는 '포용자'로 자리매김했다(R. D. Hinshelwood, *A Dictionary of Kleinian Thought*, London: Free Association Books, 1989, pp.244-9).

33) 아동정신분석가 위니코트는 유아의 자기 관련성 변화를 설명하기 위해 '이행대상'이라는 개념을 중요시하였다. 즉 이행대상은 아이가 일차적 자기애으로부터 세계와 관련된 존재로 이행하도록 도와주는 대상이다. 보통 이행대상은 전능성(omnipotence)의 감각이 환경적 영역과 교차하는 계기로서 아이가 사용하는 친숙한 장난감이나 의류 종류를 의미한다(Donald Winnicott, "Transitional Objects and Transitional Phenomena," *Through Paediatrics to Psycho-Analysis*, New York: BRUNNER/MAZEL, Publisher, 1992, pp.229-242). 이것을 정치세계에 원용하면, 공유된 경험에서 성립되는 이행대상은 자아를 망상적 퇴행과 자기애적 퇴거로부터 방어한다는 것이 위니코트의 주장이다. 즉 이행대상은 집단과 권력표상들에 대한 자아의 관계를 성립시키고, 자아가 자기애적 과장(왜곡된 '자아이상')이 아니라 차이와 타자의 존중을 강화하는 상호적 교환과 인정으로서 권력을 행사하도록 한다. 이행대상은 문화 속에서 자아가 상호적 의무와 책임성을 지각게 하여 공동체를 묶어 세우고 망상적 투사물에 대항하여 방어하게 하는 것이다.

하나의 개념으로서 이행대상은 가치체계의 근원을 설명할 수 있게 하고, 그 형성에서 건강한 신념구조는 병리적인 열광주의와 구분되게 된다. 이행대상이 개인심리에서 자아와 타자의 가교(架橋)라면, 그 대상은 자폐증적인 이데올로기에 대립하는 공유된 가치체계의 투사를 통해 정치과정에서 스스로를 드러낸다. 정치적으로 이러한 이행대상 개념에 대한 고려는 동의 또는 합의의 정동적 또는 감정적 기초를 중시하는 것이다. 포용의 정치에서 권리, 자유, 개인성을 존중하는 인성구조는 분열되고 양극화된 정동을 포용하고 변형시킬 수 있는 자아를 구성하는 것이다.34) 그것은 '치료하는 통일문화'를 정당화하는 문제가 아니다. 개인과 집단의 관계는 치료의 문제가 아니라, 대인관계적 동태성이 감정과 사고에 미치는 영향의 문제이다. 자아의 일차적 고립을 지탱하고, 타자들과 함께 살아가다가, 상호성의 영역에서 만족을 얻는 것이다. 상호성의 쾌락을 경험하고, 절망을 초극하며, 타자를 자율적인 존재로 간주하는 것, 즉 자아경험의 유독한 측면을 포용하는 방법을 배움으로써 심리내적 세계에서 외부세계로 이행하는 이러한 심리적 적응은 통일문화의 형성에서 요구되는 본질적 인성이다.

이러한 인성이 자아와 타자의 상호작용의 장인 '대상관계'(object relations)의 상호성을 중시하고 합의적 현실을 수용하는 심리적 기제를 창출하며, 이에 입각한 정치원리는 자아와 타자 사이의 매개 또는 의사소통을 발달시키는 경험영역인 '이행'의 공간을 횡단함은 분명하다. 그 기제를 세부적으로 열거하면, ① 공유된 가치체계의 중재, ② 동의와 자율성의 존중, ③ 타협에의 의지와 상보적 권력행사, ④ 자기규제와 그것의 사회적 조직화를 위한 균형, ⑤ 인간적 교환의 가능성과 공감의 변증법(관용과 동정 및 의무의 실행), ⑥ 분열되고 양극화된 정동 또는 감정을 담보하고 변형할 수 있는 자아의 능력배양 등이라고 할 수 있다. 실제로 통일문화 형성과정에서 이러한 심리적 기제 또는 조건에 입각한 정치원리를 적극적으로 수용하지 않

---

34) 월프레드 비온(Wilfred Bion)의 포용자/피포용자(container/contaioned) 이론을 참조. Wilfred Bion, *Elements of Psycho-Analysis*, Northvale, NJ: Jason Aronson INC, 1995.

는다면, 통일한국의 정치사회화의 모습은 억압적 지배자가 피지배자의 기능과 잠재성을 구조적으로 배제하는 '조증적 가해자'(manic persecutor)[35]의 잔치로 얼룩질 것이고, 그 가해자들간에 국가제도를 장악하기 위한 끊임없는 권력투쟁이 발생하여, 문화적으로 '남근 추구적' 경쟁의 정치문화를 지속시킬 것이다.

이렇게 볼 때 앞에서 통일국가의 구성원들이 성취해야 할 삶의 양식과 가치체계로 정의된 통일문화는 재개념화될 필요가 있는바, 그것은 포용의 정치원리에 근거하여 짜임새가 형성되고, 통일한국의 인성구조를 '조증적 가해자'로부터 '상호적 포용자'로 전화시키는 약호체계라고 할 수 있다.

이상의 남북한 문화의 하위구조에 있어 이질적 측면과 동질적 측면의 분석을 통해 볼 때, 과거의 이데올로기 편향적 시각에 따라 남북한 문화의 상이한 기본적 특징을 서로 배타적인 관점에서 보는 것은 문제가 있는 것 같다. 남북한 문화통합의 가치정향은 민족 대다수의 이익을 위한 민족생활공동체의 정립이며, 그 통합수행의 주체는 남북한 주민 전체, 즉 보수적 일부 기득권층이 아닌 변화를 수용하는 시민대중이다.

또한 통합의 접근방법은 의식 및 태도의 전환을 포함하는 '과정적 작업'에 두어야 할 것이다. 다시 말해 문화적 통합의 초점은 통치체제의 통일(체계통합)보다 호혜적 생활무대의 형성(생활세계, 즉 사회·문화통합)을 위한 것이고, 한반도 주변 4대강국의 정치지역학 관계의 함수 및 그 대응력만이 아니라 주로 민족 주체적인 자율적 에너지에 의해서, 중장기적인 뿌리작업에서 출발하는 것이다.

앞으로 우리 사회는 이질적인 이념과 생활방식을 지닌 동포들끼리 '더불어' 사는 공동체적 삶의 공간이 되어야 한다. 물론 정치제도 통일 후에 사회적·문화적 통합을 기할 수도 있겠으나, 이것은 반세기 동안의 대립적 이질성 때문에 정치제도적 통일 자체를 희생시킬지도 모르는 사회·문화

---

[35] 이 용어는 지배의 권력관계로 구조화된 정치제도와 문화형태에 순응하고, 집단적 이상화와 구조적 배제라는 이분법적 가치체계에 입각하여 행위하는 사회적 행위자 또는 인성을 의미한다.

적 분열을 초래할 가능성이 있고, 그렇게 되면 현재의 분단상태보다 더 열악한 상황이 상당기간 지속될지도 모르는 것이다.

3) 문화통합 사례

이러한 측면을 보여주는 통합사례를 우리는 우선 통일된 독일과 예멘에서 볼 수 있다. 또한 이와 어느 정도 차이는 있지만 최근 홍콩반환 후 나타나는 중국과 홍콩지역 주민간의 문화적 갈등에 주목할 수 있으며, 비록 통일은 이루지 않고 있으나 지속적인 교류가 이루어지고 있는 중국과 대만간의 문화교류는 남북한 문화통합과 관련해서 우리에게 여러 가지 시사점을 주고 있다.

(1) 통일 후 동서독

우선 동서독 통일 후 나타나는 동·서독인간의 문화적 갈등은 극우주의(신나치즘)의 만행과 민족주의문제, 그리고 동독인들의 자본주의적 경쟁사회와 소비사회에 대한 적응문제, 사회주의 이데올로기의 소멸로 인한 정신적 공허감과 무방향성, 문화적 주체성의 상실 등으로 요약된다.

특히 이러한 문제 중에서 통일 후 동독국민이 2등 국민이라는 의식과 더불어 소외감을 느끼고 있다는 점이 주목된다. 이러한 소외감의 원인은 40년 이상의 분단이 국가의식에 미쳐 온 영향과 문화적 이질감에 대해 독일 지도층이 과소평가한 데 따른 것으로, 경제적 통일은 통일과정의 사소한 부분적 절차에 불과한 것임을 보여준다.[36] 즉 정치적 통일이나 경제적 통일은 이루어졌지만 동·서독인간의 내적·정신적 삶의 통합은 큰 어려움을 겪고 있다는 것이다.

예컨대 동독인과 서독인들의 상호불신 증가가 이를 반증해 준다.[37] 동독

---

36) 국가안전기획부 편, 『독일 통일모델과 통일후유증』, 국가안전기획부, 1997, pp. 466-467.

인들은 서독인들이 구동독지역을 식민지형태로 정복했다고 인식하고 있다. 서독인들은 복지를 누리고 있으면서도 나누어 가지는 것을 배우지 못했고, 서독인들은 구동독지역을 단지 상품시장으로만 간주하며, 생산지역으로 만들기 위해 너무나 적게 투자한다, 서독지역에는 통일이 되지 않았으면 더 좋았을 것으로 생각하고 살고 있는 자들이 있다, 연방정부는 구동독의 실업자를 구제하기 위해 하는 일이 거의 없다는 등의 편견을 가지고 있다.

이에 비해 서독인들은 구동독주민들이 너무나 단순하게 행동한다고 본다. 즉 그들은 서독과 같은 수준의 생활을 원하는 반면 일은 구동독에서처럼 하려고 한다는 것이다. 또한 구동독인들은 스스로를 불쌍하게 여기는 경향이 있으며, 구동독의 노동자와 사무원들은 서독수준의 노동성과를 낼 만큼 충분히 성숙하지 못했다고 보고 있다.

이러한 동·서독인간의 서로에 대한 편견을 독일의 시사주간지 *Focus* (1996. 9. 30)가 통독 6주년을 기념하여 실시한 통독후유증과 동·서독인의 의식형태 변화에 관한 설문조사에서 잘 나타난다.[38] 이 조사에서 서독인의 57%가 구동독 재건비용 지출이 과중하다고 보고 있는 데 반해 동독인의 67%는 서독의 재정지원이 너무 약소하다고 평가하고 있다. 동·서독인간의 이러한 견해차는 하나의 민족이라는 일체감 형성에도 부정적 영향을 미치고 있는바, 서독인의 29%와 동독인의 57%가 동·서독인간 이질감이 이전보다 훨씬 더 깊어진 것으로 평가하였다.

이러한 사실은 동서독인의 자기평가에서도 명백히 드러나고 있다. 즉 서독인의 73%와 동독인의 59%는 자기자신을 독일인이라고 칭하고 있으나, 나머지 27%의 서독인과 41%의 동독인은 여전히 자기자신을 과거의 서독인 또는 동독인으로 칭하고 있다. 또 동독인의 71%는 자기자신이 앞으로

---

37) Max Kase, "Innere Einheit," *Handbuch zur Deutschen Einheit*, hrsg. von W. Weidenfeld & K.-R. Korte (Bonn: Bundeszentrale für politische Bildung, 1993), p.279; 김학성, "통일문화 연구의 방향: 독일사례를 중심으로," 『통일문화연구(상)』, 민족통일연구원, 1994, p.192에서 재인용.

38) 국가안전기획부 편, 앞의 글, pp.479-480.

상당기간 2등 국민으로 지내야 한다고 생각하고 있는 것으로 나타났다.
 또한 동서독의 체제비교 면에서는 동독인의 14.8%가 구동독 시절에는 대체로 모든 것이 공평하게 진행되었다고 보고 있으며, 18%는 오히려 동독체제가 부정적 측면보다 긍정적 측면을 더 가지고 있다고 평가하고 있는 것으로 나타났다. 특히 동독인의 48%는 국가통제 위주의 경제체제를 선호한다고 답변하였다. 또한 동독인의 80%는 구동독이 남녀평등권의 보장이나 사회복지 및 치안제도 면에서 서독보다 우월했던 것으로 평가하고 있다. 이에 따라 동독인의 65%가 공산주의의 시조인 마르크스에 대해, 그리고 19%가 공산주의에 대해 친근감을 표시했으며, 사회주의에 대해서는 동독인의 44%와 서독인의 32%가 친근감을 표시하였다.
 그러나 이러한 후유증에도 불구하고 통일 전 동서독간의 인적 교류는 남북한 인적 교류에 많은 시사를 준다. 우선 이산가족 재회와 같은 인도적 문제의 해결은 물론이고 한반도 평화질서 구축이라는 당면과제를 안고 있는 우리의 입장에서는 무작정 북한이 변하기만을 기다릴 수는 없다. 즉 북한의 변화를 유도하는 노력이 요구되는 것이다. 이와 관련해서 독일사례가 시사하는 바가 있다.[39] 특히 동서독 인적 교류의 발전과정에서 동독정권은 시종일관 부정적·소극적인 태도를 취했음에도 불구하고 비전과 인내력을 가진 서독의 독일정책 앞에 결국 굴복했다는 것은 주목할 만한 일이다.
 따라서 한국의 경우 체제유지에 급급한 북한의 실정을 감안할 때 북한이 바라는 분야의 남북교류를 상호접촉 및 협상기회로 확대시킬 수 있는 계기로 활용하기 위해서는 서독보다 더 인내심을 가지고 장기적인 성과를 염두에 두는 태도가 필요할 것이다. 따라서 현재에도 소규모나마 이루어지고 있는 중국을 통한 이산가족 재회를 보다 확대하는 방법을 적극 강구할 필요가 있다.
 한편 대다수 북한주민들에게는 남북한의 합의에 의한 평화통일이 이루어진 뒤에도 남한의 시장경제적인 자본주의 풍조가 결코 긍정적인 모습으

---

39) 김학성, 『동·서독 인적 교류 실태연구』, 민족통일연구원, 1996, pp.87-100 참조

로 부각되기보다는 '변태적이며 서양화된 비극'으로 비칠 수 있으며, 통독 이후 구동독인에게 나타나고 있는 복고주의적 사회심리 현상이 독일에서 보다 더 심하게 나타날 수도 있다.40) 실제로 북한 이탈 주민들이 대부분 현재의 북한에 대해 거부감을 표출하면서도 "제도는 본래 좋은데"라는 여운을 남기고 있는 것은 흥미로운 사실이다.41) 북한은 사상적·제도적으로는 아주 좋으나 현실이 따라주지 않는 것이 문제라고 인식하는 사람들이 많은 것이다.

따라서 통일 이후 특히 북한주민들은 남한주민들에 대해 누적된 적개심을 갖게 되거나, 상대적 빈곤감 내지는 염세적 자기학대 풍조가 사회·문화적 통합을 저해하는 현상이 될 수도 있을 것이다. 시장경제에 길들여져 있는 남한주민들의 경우에도 민족의 숙원인 조국통일을 위해 감수해야 한다는 고통분담의 의지는 지나친 세금부담으로 처음의 의지는 쇠퇴하고, 경직성을 지닌 북한주민들에 대해 경멸을 보일 수도 있다.

(2) 통일 후 남북예멘

예멘의 경우를 통해 보면, 남예멘과 북한이 사회주의체제를 채택했고, 북예멘과 남한은 자본주의체제를 채택하고 장기간 군사정권에 의해 유지되었다는 점에서 유사점이 있다. 무엇보다 중요한 점은 예멘인과 한국인 모두 동족상잔의 전쟁을 겪었지만 강한 민족적 일체감을 유지하며 동일한 민족의식에 의해 체제간 이질성을 극복하고 평화통일을 이룩하려는 노력을 계속해 왔다는 점일 것이다.42)

통일 이후 남·북예멘의 사회는 전반적으로 큰 차이를 보이지 않았지만, 남·북예멘 지역의 주민들은 가족문제, 여성문제, 생활습성에 따른 이질감

---

40) 이정춘, "통일 이후 남북한 방송통합," 『분단국 통합과 방송』, 문화방송사, 1997, p.273.

41) 차성근의 증언, 『서재진, "북한사회의 계급갈등 연구』, 민족통일연구원, 1996, pp.151-152에서 재인용.

42) 김국신, 『예멘통합 사례 연구』, 민족통일연구원, 1993, pp.121-122.

을 아직 극복하지 못하고 있다. 남북한의 경우 철저히 단절된 상태에서 이질화가 심화되었기 때문에 통일 후 사회적 갈등이 심하게 나타날 수 있을 것이다. 따라서 남북한은 통일 과도기간중 남북한 주민의 인적 왕래를 장려해 민족의 동질성회복에 노력해야 한다. 그러나 민족의 동질성회복이 단순히 전통문화로 복귀함으로써 달성될 수 있는 것은 아니기 때문에, 북한 각지에 사회교육기관 및 직업훈련소 등을 설치해 북한주민이 새로운 정치·경제체제에 쉽게 적응할 수 있도록 노력해야 한다.

예멘의 사례에서 주목되는 것은 사회·문화적 통합은 전반적으로 합리적 가치관(북예멘)이 비합리적 가치관(남예멘)을 압도해 가는 형태로 확산되었다는 점이다. 따라서 남북한은 사회·문화적 통합을 원활하게 진전시키기 위해서 사회관계에 대한 합리적 가치관을 창출·육성해 나가야 한다. 특히 통일한국의 효율적인 사회통합에 필요한 가치의 추구는 매우 중요하며 여기에는 인류의 보편적 가치와 시대정신이 반드시 반영돼야 한다. 이러한 의미에서 문화통합이 지향하는 보편적 가치는 평화, 복지, 자유와 평등을 보장하는 민주주의적 가치의 실현과 결코 분리해서 생각할 수 없다.

동시에 남북간의 통합에는 이질화된 사회체제와 생활가치를 서로 인정하고 전향적으로 포용하는 과정이 전제돼야 한다는 것을 인식해야 한다. 권위주의적 권력의 남용으로 인해 민주적 관행이 정착될 수 없고, 공생적 동반자정신이 흔들리는 상황에서는 남북화합을 위한 어떤 노력도 유익한 결과를 가져오기 힘들 것이다.43) 민족적 생활공동체로서 올바른 문화통합은 서로간의 동반자정신과 시민적 공동체의식을 토대로 할 때에만 이룩될 수 있는 것이다.

북예멘의 보수주의자들은 이슬람율법을 통일정부의 모든 법의 유일한 근원으로 규정하기를 원하지만, 가족법과 여권문제에서는 북예멘 여성이 남예멘 여성을 모방하고 있고 북예멘 근로자에게 남예멘의 주민보다 사회

---

43) 도흥렬, "남북한 체제변화 과정과 주요 사회적 관행의 변화양상: 사회·문화분야," 한국정신문화연구원 편, 『통일후유증 극복방안 연구: 민족사회적 가치체계의 융화』, 한국정신문화연구원, 1994, pp.103-104.

주의이념이 강하게 주입돼 있다. 따라서 남북한 통일 이후 예멘의 경우와 달리 보수세력의 불만이 발생할 가능성이 크다.

더욱이 남한사회가 아직도 지방색과 계층에 따른 갈등을 완전히 해소하지 못하고 있기 때문에, 이 상태로 통일이 되면 지역갈등과 노사갈등이 증폭될 우려도 있다. 따라서 남북한은 통일과정에서 각기 사회 내에 내재돼 있는 불합리한 사회적 규범을 제거하여 통일 이후 사회적 갈등이 최소화되도록 준비해야 할 것이다.44)

(3) 중국과 대만 및 홍콩

중국과 대만간이 문화교류 사례를 통해 보면, 남북한과 중·대만은 공히 장기간 이념·체제의 대립을 경험하였고, 비록 정도의 차이는 있지만 궁극적으로 교류, 협력의 확대를 통한 민족화해, 민족통일을 지향하고 있다는 점에서는 유사한 측면을 가지고 있다.45) 이러한 점에서 남북한과 중·대만은 이념과 체제의 대립을 완화하고 상호교류, 협력을 확대하는 과정에서 서로의 경험을 유용하게 활용할 수 있을 것이다.46)

문화교류의 측면에서 중국과 대만은 지난 45년간 단절을 겪고 나서 대만 인민이 다시 고토를 밟고 고국의 문물을 접함으로써 자연히 형용하기 어려운 감동을 맛보고 같은 혈연의 정을 불러일으켰다. 필경 양안은 혈연상으로나 문화상으로나 단절시킬 수 없는 관계이며 5천 년에 걸친 문화에 바탕

---

44) 김국신, 앞의 글, pp.127-128. 통일예멘의 그 밖의 사회·문화통합 실태에 대해서는 통일원 편, 『통일예멘의 부분별 통합실태』, 통일원, 1991 참조

45) 중국과 대만 통일정책의 공통점은 첫째, 중국은 통일을 매우 장기적으로 보고 비정치적 교류부터 시작해 서서히 통일의 공감대를 형성하려고 하며, 둘째, 이러한 장기적인 통일은 결국 국민의 삶의 질로 결정되며, 셋째, 통일의 전제조건으로 쌍방이 모두 개혁·개방정책을 통한 민주화에 중점을 두고 있다는 데 있다. 최관장, "중·대관계의 과거·현재·미래," 『충북대 국제관계연구』, 제3집(1991), p.138.

46) 이상근, "중국·대만관계가 남북한 통일에 미치는 영향," 경찰대, 『공안연구』, 제8권 제1호(1996. 2), pp.97-103 참조.

을 둔 상호이해는 단절되기 어려운 것이다. 따라서 심오한 문화적 이해는 또한 미래에 통일로 매진하는 데 돈독한 기초가 될 수 있다.

대만과 대륙은 기본적으로 하나의 동질문화에 속한다. 대만과 대륙이 여전히 의식형태, 정치체제와 경제발전 방향에 상당한 차이가 있지만, 미래의 장기적 발전의 측면에서 '중국적 특색', '현대화'는 양안 미래의 문화교류에서 공통된 목표라고 할 수 있다.[47] 대만은 자유스러운 분위기와 만주제도 중에 전통문화에 기인한 창조적인 활력을 보존하고 있을 뿐만 아니라 중국인의 현대생활의 맥락 속에서 창조한 문화전통의 새로운 방향이 표출되고 있다. 따라서 대만과 대륙의 문화교류는 중국대륙을 중화문화로 회귀시키는 '과정'이라고 할 수 있다.

이러한 대만과 대륙 쌍방의 문화교류는 기본적으로 쌍방에서 계승되고 있는 공동의 문화유산을 운용하여 상호작용의 과정을 통해 양안 인민의 공동적인 이해를 형성하려는 것이다. 따라서 45년간 국토분열에 의해 조성된 생활상의 격차를 보충함으로써 중국인들이 공감할 수 있는 이성적인 대화의 공간을 창조하는 것은 제도적 통일을 달성하는 선결조건이 될 것이다. 중·대만관계의 발전과정에서 인적 교류가 수행했던 역할의 중요성은 인적 교류가 활성화된 1988년 이후와 그 이전의 중·대만관계가 확연하게 구분된다는 점에서도 잘 나타난다.

이러한 점에 비추어 이전의 남북한의 인적 교류 역시 남북한 주민의 상호이해 촉진, 각종 교류·협력 확대의 요인으로 작용하여 남북한관계의 변화의 새로운 계기를 조성해 줄 수 있을 것이다. 특히 중·대만관계의 발전과정을 보면 홍콩이나 싱가포르 등 많은 지역의 화교가 양안관계를 촉진시키는 데 매우 중요한 역할을 담당하였다는 사실이 주목된다. 현재 우리 해외동포는 총 523만 명에 이르고 있으며, 특히 연변지역이나 미주지역은 교포들이 집중돼 있어 남북한간 중개역할을 하기에 충분한 여건을 갖추고 있

---

47) 심청송, "문화교류를 통해 본 중국의 통일전망," 『서강대 동아연구』, 제21집, 1990, pp.276-277.

지 않나 판단된다.[48]

반면 지속돼 온 중국과 대만간의 교류에서 표출되는 문화적 및 심리적 갈등에 주목할 필요가 있다. 예컨대 본토를 여행하고 온 홍콩인과 대만인들은 본토의 일부 관료나 경제 파트너들에게서 생색내는 듯한 태도와 우월감의 표출을 종종 경험했고, 그것은 그들의 분리정서를 강화시켰다. 본토의 부패상, 본토 친척들의 지원요구, 열악한 생활과 여행조건 또한 그런 감정을 더욱 부추겼다. 본토인의 입장에서는 홍콩과 대만 여행객은 거만하고 요구가 지나치며 신의가 없는 것으로 인식되었다. 너무 밀접한 접촉이 어떤 방식으로든 문화적 차이에 대한 감정을 증폭시켜 놓았다고 할 수 있다.

양안관계를 역사적으로 살펴보면 홍콩과 구룡반도는 19세기에 영국에게 1세기 동안 양도되었다. 즉 신영토(New Territories)라 불리는 식민지의 나머지 90%는 1898년에 1997년을 기한으로 99년 동안 영국에 양도되었다. 1984년 합병선언(Joint Declaration)에서 영국은 1국가 2체제라는 형식하에 홍콩을 1997년 7월 1일 중국에 주권 반환하는 데 동의하였다. 홍콩은 현재 특별행정구역으로 되어 있다.

정치적으로는 중국에 통합되었으나, 홍콩 자체의 정치체제, 문화, 생활양식, 경제체제는 그대로 유지되고 있다. 홍콩 자본가들은 홍콩을 경유하여 미국과 다른 시장으로 수출되는 상품공장에 대략 3백만의 본토 중국인을 고용하는 거대한 외국투자가였다.

흥미로운 것은 중국이 본격적으로 자본주의로 이행하려고 하는 과정에서 홍콩이 반환되었다는 점이다. 따라서 홍콩이 중국의 자본주의화에 가정교사 역할을 할 수 있을지가 관심의 대상이다. 돈과 경제력을 토대로 한 문화는 물처럼 높은 곳에서 낮은 곳으로 흐른다. 이러한 입장에서 "당분간 북경이 홍콩을 정치적으로 주관하겠지만, 시간이 지나면 거꾸로 북경이 영향을 받아 변하게 될 것이다. 북경이 홍콩을 따라갈 것이다"는 전망이 제

---

48) 홍관희, "남북한의 문화적 동질화를 위한 인적교류 확대방안," 『통일과 북한 사회문화(하)』, 민족통일연구원, 1995, p.40.

기되기도 하였다.

　문화적 차원에서 주목되는 것은 반환 전인 1997년 1월 3일 홍콩의 구룡반도 홍홈지역에 있는 성공회 초등학교에서의 한 이색적인 행사에서 나타났다. "아이 러브 차이나, 아이 러브 홍콩"이라는 제목이 붙은 이 행사는 홍콩반환을 앞두고 홍콩 어린이와 중국 어린이간 상호교류를 통해 우정과 이해의 폭을 넓혀 주자는 취지로 마련된 편지교환 행사였다. 이날 이 학교에는 중국 각지의 어린이들이 보내온 1,997통의 편지가 전달됐다. 그러나 문제는 아무도 이들 편지를 제대로 읽지 못하는 상황이 벌어진 것이다. 한자로 쓰인 편지인데도 정자체 한자를 쓰는 홍콩의 어린이들이 중국의 간자체 한자를 읽지 못한 것이다.49)

　이러한 현상은 남북한의 경우 50여 년간 어휘의 이질화문제에 대해 좋은 시사점을 준다. 물론 1998년 5월 리틀엔젤스 북한공연에서 경험한 것처럼 남북한 어린이들이 편지를 주고받는 것에서 볼 때, 일상적인 대화에서는 그렇게 큰 이질화가 발생하지 않은 것 같다.

　반면 홍콩 주권반환 1백 일이 지났을 때 홍콩은 영국 식민지에서 중화인민공화국 홍콩특구가 된 뒤로도 외형적으로는 여전히 활기에 넘쳐 달라진 것이 전혀 없는 것으로 보였다. 그러나 조금만 깊이 들여다보면 홍콩의 변화는 곳곳에서 감지된다.50) 그 변화는 질서의 후퇴와 자율의 위축 등 바람직하지 못한 방향인 경우가 더 많다. 관광지로서 홍콩의 이름도 퇴색하고 있다. 홍콩관광협회에 따르면 주권반환 이후인 7월 홍콩을 찾은 관광객은 65만 8천여 명으로 지난해 같은 기간에 비해 35%나 감소했다. 급격히 상승하는 물가 때문에 쇼핑천국으로서의 매력이 없어진 데다 '동양 속의 서양'이라는 독특한 이미지를 잃어버렸기 때문이다.

　이러한 변화에 대해 홍콩인들의 반응은 이중적이다. 홍콩의 미래에 대해서는 낙관하는 쪽이지만 중국을 여전히 심정적으로 받아들이지 못하고 있

---

49) <동아일보>, 1997년 3월 23일.

50) <동아일보>, 1997년 10월 7일.

는 것이다. 최근 정체성을 묻는 한 여론조사에서 17%만이 '중국인'이라고 응답한 반면 32%는 여전히 자신들은 '홍콩인'이라고 응답했다. 심리적 분단의 사례는 배우자의 선택에서 잘 나타난다. 예컨대 홍콩신문 <사우스차이나 모닝포스트>는 1998년 2월 1일자 특집기사에서 홍콩에 건너와 사업가·전문직 등으로 크게 성공한 본토출신 총각 수백 명이 현지에서 신부감을 구하지 못해 애태우고 있는 현상을 '통일(주권회귀)의 그늘'로 소개하고 있다. <포스트>는 학력과 재력은 물론 홍콩에서 사업하는 데 필수적인 대본토 관시(關係: 연줄)까지 두루 갖춘 이들 1등 신랑감이 홍콩처녀들에게서 외면당하고 있는 현상을 본토·홍콩간 '심리적 분단'의 대표적인 사례로 제시했다.51)

많이 배우고 돈 많고 잘생긴 본토총각을 홍콩처녀가 신랑감으로 마다하는 것은 주로 이들 남녀의 상이한 성장환경과 사고방식에 기인한다. 홍콩대학 사회학과의 세실리아 찬 교수는 "본토총각은 아무리 돈이 많아도 홍콩처녀의 배금주의와 실용주의를 만족시키기 어려우며, 홍콩처녀는 아무리 돈이 아쉬워도 고리타분하고 촌스러운 본토총각에게 시집가려 하지 않는 데서 이런 현상이 빚어지는 것 같다"고 분석했다. 한마디로 전혀 다른 사회에서 살다 만난 청춘남녀는 서로 잠깐 데이트할 수는 있을지 몰라도 결혼하기는 어렵다는 것이다.52)

---

51) <경향신문>, 1998년 2월 2일.
52) 홍콩에서 홍콩사람과 본토사람을 구분하는 기준은 사고방식이다. 외모에 관한 한 아시아에서 하위권에 속하는 홍콩 아가씨들이 돈 많고 직업 좋고 잘생긴 본토총각, 그것도 홍콩에서 탄탄하게 자리를 잡은 동포남성을 마다하는 이유는 한마디로 "사고가 고리타분하다"는 것이다. 반면 홍콩남자는 본토여자라면 사족을 못 쓰는 편이라고 한다. 무엇보다 외모가 일반적으로 홍콩여자보다 월등한 데다 대체로 남자에게 순종적이기 때문이다. 본토를 넘나들며 사업하는 홍콩 유부남 가운데 절대다수가 본토에 현지처를 두고 있으리라는 것이 홍콩 유부녀들의 추측이며 이러한 추측은 여러 경로를 통해 상당히 근거가 있는 것으로 확인되고 있다.

4) 남북 문화통합의 방향

서로 다른 두 개 문화의 통합과정을 설명하는 분석틀을 고려해 볼 때, 남북한 어느 쪽도 지배모델을 선호하지 않는다. 더구나 체제와 이념에 의해 대립이 두드러질 경우 상호의존적 통합모델을 추구한다는 것은 쉽지 않다. 그러므로 남북한의 문화적 동질성의 기반을 바탕으로 앞의 두 가지 문화통합 모델에서 그 장점을 취하여 보다 포괄적인 새로운 문화통합의 기틀을 만들지 않으면 안 된다.

최근 국내에는 북한이 사회주의 정치체제를 건설함으로써 남북간에 극심한 이질화가 초래됐다고 보는 견해가 있지만, 이질화는 남과 북의 공통적이고 동일한 현상이다. 그 변화가 자본주의와 사회주의라는 제도와 구조적 차이에 기인하건 또는 근대화라는 원인에 따른 결과이건, 사실상 남과 북은 서로 상대방이 이질화시켰다고 생각하는 만큼 자신도 이질화를 시켰다.[53] 즉 남이 변질의 측정을 남한의 현대를 규준으로 삼는 까닭에 모든 변질은 북한의 현상으로 보인다. 소위 환상적 이질의식 또는 이질감이다.

분단 이전의 상태인 과거의 공통 기준점에서 보면 북이 남에게 이질화된 것으로 보이는 만큼 북에게는 남이 이질화된 것으로 비칠 것이다. 소위 이질화의 상대성이다. 예컨대 남한은 비교적 자유로운 입장에서 전통문화를 지속시켜 왔으나, 공업화과정에서 전통문화의 크나큰 변질을 경험했다. 반면 북한은 사회주의적 내용을 민족적 형식에 담는 내면적인 전통문화의 변형을 의도적으로 진행해 왔다.[54] 남한이 형식적인 것으로 전통문화를 변형시켜 왔다면, 북한은 내부에서 외형으로 전통문화를 변질시켜 온 것이다.

반면 이러한 이질화의 상대적 진실을 망각하거나 무시하고 북한의 상대

---

[53] 이영희, "남북한 정치사회상의 이질감과 극복," 남북한 이질감과 그 극복 전망, 효성여대 현대사상연구소 주최 1993년 통일문제 교수 학술세미나(1993. 9. 23), pp.5-6.

[54] 이광규, 『새로운 민족관의 수립을 위하여』, 서울대출판부, 1995, p.141.

적 이질화를 반공주의 냉전의식 논리로 절대화하게 된다면, 북쪽사회의 이질화는 실제의 두 배(남쪽사회의 이질화의 정도에 따라서는 3배) 또는 그 이상의 것으로 보게 되는 환상적 인식의 오류에 빠지게 된다. 동시에 어떤 면에서 남한은 민족의 전통적인 고유 생활양식이나 풍습, 가치관을 포기한 측면이 많기 때문에, 북한 사람들의 감각에는 남한사람들이 북한을 느끼는 것보다 더 먼 거리로 남한사회가 변해서 떠나 버린 것으로 인식될 것이다.

자본주의와 공산주의 이데올로기의 대립은 이들이 신봉하는 개인의 '인식틀'이 다르기 때문에 발생한 것이라 볼 수 있다.55) 보다 정확히 말하면 이들의 사회적 위치, 즉 사회구조나 제도 내에서 그들의 존재가 서로 다르기 때문에 발생한 것이다. 그들이 자신의 존재에 구속되어 사회문제를 인식했기 때문에 갈등이 야기된 것이다. 그러나 인식의 틀이 상이하고, 그럼으로써 상충되더라도, 그 인식이 특정한 인식의 틀에서 얻어진 산물이라는 것을 자각할 수 있을 때는 각자 자기의 인식만이 절대적으로 옳다고 고집하지 않게 된다. 따라서 갈등을 통합적인 문제해결 양식으로 풀어 나가기 위해서는 먼저 갈등 당사자들이 범하는 인식의 오류를 제거해야 한다.

사회적 갈등에서 갈등상대의 인식틀이 재인식된 연후, 그 인식의 틀에서 자기를 되돌아볼 때 자기의 인식의 틀이 인식되는 것이다. 이때 소위 역할취득(role-taking)이 중요한 기제가 된다.56) 이는 '시각의 교호성'이라고도 하는데, 타인의 입장에 자신을 위치시키거나 또는 상대방의 관점을 취하는 데 사용된다.57)

이러한 역할취득을 통해 자신의 갈등상대의 인식의 틀인 사회적 정체가

---

55) 이수원·신건호, "남북한의 이데올로기갈등과 사회발전," 『남북의 장벽을 넘어서: 통일과 심리적 화합』, 한국심리학회 주최 1993년도 통일문제 학술심포지엄 발표논문(1993. 6. 11~12), pp.101-108 참조.
56) 역할취득에 대한 상세한 논의는 Joel M. Charon, *Symbolic Interactionism: An Introduction, an Interpretation, an Integration* (N.J.: Prentice-Hall, 1992), pp.109-116 참조.
57) J. H. Turner, "Analytical Theorizing," Anthony Giddens and J. H. Turner, (eds.), *Social Theory Today* (Stanford, CA: Sanford Univ. Press, 1987), p.178.

인식의 대상이 되어 이를 반성적으로 인식할 수 있게 되면, 갈등관계에 있는 모든 사회집단의 목표에는 순기능만 있는 것이 아니며 역기능도 함께 공존하고 있다는 것을 볼 수 있게 된다. 즉 절대적 선은 없다는 것을 깨닫게 된다. 또 이러한 인식을 토대로 사회구조나 제도를 개혁해 나가게 된다. 갈등관계에 있는 양 제도의 순기능은 최대한 살리면서 동시에 역기능을 최소화하는 새로운 제도를 모색하게 된다. 갈등관계에 있는 주 집단이나 사회범주, 즉 정과 반을 함께 부정함으로써 새로운 합을 낳는 것이다.

(1) 남북문화 통합론의 모형

이러한 관점에서 보면 통합론의 모형은 '나'와 '너'의 통합으로서 '우리' 모형이다.58) 이는 남북한 통합의 역사문화적 접근에 기초한 모형이다. 이 통합과정은 쌍방간의 교호작용을 전제로 하고 있을 뿐만 아니라, 한민족의 전통적인 역사문화 속에 우리 의식이 존재하고 있으므로 그것을 현대적으로 계발한다는 의미를 갖는다.

현상학에서 논한 바와 같이 사회과학의 대상인 사회적 세계는 인간행위로 환원되며 또한 인간의식의 세계이다. 즉 '나'와 '너'의 의식의 상호작용 체계이다. 사회적 세계는 '나'만의 세계가 아니라 '나'와 '너'의 상호주관적 세계이다. 훗설에 의하면 생활세계 안에서 우리는 관점의 상호교환과 동일한 대상에 대한 관련성의 체계를 이념화함으로써 나와 타자의 사적 경험을 대신하는 사고대상을 형성한다.

내가 타자와 위치를 바꿈으로써 그의 '거기'가 나의 '여기'가 된다고 생각하면, 나는 사물을 그와 같은 거리에서 그리고 동일한 정형성으로 보게 되며, 우리들의 고유한 성장과정으로 규정된 상황에서 생기는 관점의 차이에 관계없이 나와 그는 실제로 혹은 잠재적으로 공통의 대상을 선택했다고 생각한다. 슈츠는 이러한 사유작용을 관점 혹은 상호교환의 일반정립이라

---

58) 한정일, "통일국가의 정치체계," 제4회 한국정치 세계학술대회(1994. 7. 19), pp.4-6 참조.

고 부른다. 내가 당연하다고 여기는 세계의 일부를 너도 당연하다고 여기고 '우리'가 당연하다고 여긴다.

생활세계에 있어 풍습과 관습, 전통적 행태는 고도로 사회화한 구조의 정형화된 지식이며, 이것은 나와 이웃의 사적 지식을 초월한다. 이 지식은 고유의 역사를 지니며 그것은 우리의 사회적 유산의 일부이다. 모든 사회제도는 개개인의 상호작용을 통해서 마련된다. 제도는 인간이 부여하는 의미의 복합체이며, 생활세계는 바로 이 복합체이기도 하다. 이 세계 안에서 나는 다른 개인과 언어, 그리고 기타 상징을 통해서 서로 의사를 나눈다. 일상어의 낱말과 어구는 사회적으로 유래하는 지식이 전파되는 정형화의 매체이다.59) 따라서 생활세계는 '활동적인 것이며 사회적인 것이고 역사적인 것'이다.60) 비록 그것은 개념적으로 구별될 수 있는 것이라 할지라도 생활세계의 이러한 특성은 실제로 서로 분리될 수 없는 것이다.

남북한의 문화현상 전개를 훗설의 생활세계 개념에 적용시켜 보면, 우선 우리는 분단 이전의 한민족의 생활세계와 분단 이후 남북한간의 생활세계로 구분할 수 있다. 분단 이전의 생활세계는 한민족이 개개인의 상호작용을 통해서 사회제도를 형성했으며, 풍습, 관습 및 전통적 행태가 형성돼 있었다. 즉 문화의 하위구조가 동일했다고 볼 수 있다. 반면 분단 이후의 단절된 생활세계는 양측의 지향이데올로기와 지배적 구성원들에 의해 서로 상이한 사회제도를 형성시켰고 이는 이질화의 양상으로 표출되고 있다. 말하자면 주로 선정된 인지적 경험문화의 상징적 차원에 의해 그 외의 하위문화가 채색됨으로써 이질화가 발생한 것이다.

또한 앞에서 제시한 통합모형을 '우리' 모형의 관점에서 보면, 북한체제에서는 전통문화에 공산주의 이데올로기가 결합되었으나, 공산주의가 이단적 상격을 띠고 있어 전통적인 '우리' 식을 이용하여 '우리'만이 있다고 볼

---

59) 차인석, 『사회인식론: 인식과 실천』, 민음사, 1992, pp.113-116 참조.
60) Hwa Yol Jung, *Rethinking Political Theory: Essay in Phenomenology and the Study of Politics* (Athens: Ohio Univ. Press, 1993). p.7.

수 있다. 반면에 남한체제는 전통문화에 자유자본주의 이데올로기가 결합해 토착화되었다기보다는 이질적이고 혼합된 상태에서 전통적인 '우리' 식의 파괴로 이기주의적인 '나'만의 형태로 나타나고 있음을 볼 수 있다.

그러나 '나'와 '너' 그리고 '우리'라는 논리는 사회적 세계와 생활세계의 원형이다. '나' 없이 '너'가 존재할 수 없고 '너' 없이 나를 인식할 수 없으므로 '나'는 존재하지 않는다. '나'가 '너'를 인정하고 '너'가 '나'를 인정할 때 '우리'라는 생활세계와 사회적 세계를 이루며 그때는 하나의 운명공동체 속에 들어 있는 것이다. '나'와 '너'의 통합으로서의 '우리'는 개인이나 집단, 사회뿐 아니라 분단된 민족국가와 대립된 이데올로기, 문화 등 그 모든 것에 적용될 수 있다. 따라서 과거보다는 현재를, 이념보다는 민족의 이익을, 개념보다는 심정을, 제공·지원 형식보다는 상호작용적 교류를, 그리고 '그것', '그 사람', '그네들'이 아니라 '나와 너, 그리고 우리'라는 발상의 전환과 그에 따른 태도변화와 실천적 행동이 강조돼야 할 것이다.

전술한 바와 같이 하버마스에 의하면 생활세계는 언제나 행위가 의사소통적으로 이루어지는 영역이다. 삶의 세계는 상호이해 가능성의 조건을 갖는 영역이다. 삶의 세계는 '말하는 이'와 '듣는 사람'이 만나는 선험적 장소인 것이다. 그러므로 남북한 사람들은 생활세계라는 장소에서 상호 삶의 연결이 이루어지고, 그것은 삶의 세계 통합의 확고한 기초가 된다.

이와 같은 것은 남북한 사람이 한 식탁에 둘러앉아 느끼는 '김치의 맛'이나 전통적인 미풍양속, 통과의례에서 갖는 공통적인 삶의 양식인 것이다. 더 나아가 이 생활세계 개념은 민족동질성 회복의 첫걸음이고 통일 후 새로운 사회화의 중심인 것이다. 분단 반세기가 지나는 동안 문화적 요소가 이질화되었지만, 그래도 분단사회 이전의 유전적 지속성(genetic continuity)에 대한 의사소통 행위는 결국 삶의 세계 통합의 이해 지향적 행위로 작용하는 것이다.

이러한 의미에서 남북한 모두가 과거의 전통, 삶의 세계를 가볍게 지나쳐 버리거나 스스로의 위치를 비역사적으로 규정했는지 아니면 논의를 회피했는지 반성적으로 성찰해 보아야 한다. 남북한이 이런 생활세계의 가치

일반화, 혈연의식, 민족동질성, 전통문화를 인식하면 의사소통적 행위는 더욱 구체화될 수 있다. 두 세계간의 가장 어려운 핵심은 정치·군사문제이지만, 쉬운 것부터, 즉 생활세계의 표상을 회복하는 것부터 선행해야 하는 것이다.61) 또한 진정한 '통일사회'로 가는 길은 민족정체성을 기초로 단순 대응적 거래가 아니라 호혜적인 중장기적 교류를, 자기중심적이 아닌 이질성에 대한 개방적 수용을 바탕으로 해야 하며, 손쉬운 가시적인 실적주의가 아니라 힘든 기초 '뿌리작업'을 착실히 진행하는 과정이 돼야 할 것이다.

이러한 뿌리작업에서는 정치·경제체제 개혁 및 풍토의 개선뿐만 아니라 비록 시간이 많이 걸리더라도 남북한 주민에 의한 자율적 '의식개혁의 틀'이 먼저 조성되는 것이 바람직할 것이다. 그리고 이러한 의식개혁 작업은 앞서 말한 바와 같이 과거보다는 현재를, 개체적 이념보다는 공통적 이익을, 제공·지원의 형식보다는 상호적응적 교류를, 즉각적 보답이나 현실적 명분보다는 장기적 충족 및 실천적 과정을 강조하는 발상 및 처리방식의 대전환을 요하는 것이다.62)

분단 50년이 지난 지금 남북한은 인지적 경험문화의 상징적 차원을 기초로 각기 상극적인 '자족체제'를 형성하고, 이를 바탕으로 한 사회변화 속에서 서로가 서로를 적대시할 정도까지 사회적 성격 또한 대조적으로 형성해왔다. 남북한의 현실은 분단의 장기화에 따른 정치적 양극구조가 형성된 것 외에 민족의 단절화와 이에 따른 동족의식의 쇠퇴가 가속화되고 있으며 문화적 상극성이 심화되고 있다.

그러나 다른 한편으로 인지적 경험문화의 외현적 차원에서는 남북한사회의 수렴적 사회변화도 발견된다.63) 사회주의권 전체의 대변동에 이어서 북한사회 역시 나름의 자체변화를 모색하고 있으며, 이러한 자체변화(주체

---

61) 우정, "남북한 체제접근에서의 재구성적 현실성의 이론화(Ⅱ)," 『북한』, 1991년 11월, p.123.
62) 이장호, "문화와 사람의 통일에 대한 논평 및 답변," 『통일사회로 가는 길』, 연세대 통일연구원, 1996, p.118.
63) 도흥렬, "분단 반세기의 남북한 사회변화의 비교," 위의 책, pp.28-29.

적 개조) 속에는 개방적 변화도 내포돼 있기 때문이다. 1990년대 이후부터 주목되는 '개방적' 변화가 엿보이는 것도 사실이다. 그 결과 분단 반세기 동안 남북한의 사회변화는 일정단계에 도달하면서부터 남북한이 서로 닮아 가는 측면이 분명하게 나타나고 있다. 특히 1980년대 중반 이후 이러한 수렴적 변화조짐이 더욱 짙어지고 있다.

북한에서는 사회주의권의 변혁, 외부세계의 개방압력, 북한식 사회주의의 한계에 따른 불가피한 구조적 변화, 내부로부터 대두된 주체적 시민문화 및 실용주의적 사고 등 여러 조건에 힘입어 사회체제 변화의 징후가 서서히 나타나고 있다. 또한 신중간층이 급속히 증가되고 있는가 하면, 이와 더불어 추석이나 단오, 설날 같은 전통명절이 새롭게 살아났고 자본주의문화의 일정한 요소까지도 이를 주체적으로 수용하려는 경향이 증가하고 있다.

이와 함께 오늘날 남북한체제가 우리 민족의 정서와 배치될 수 있는 인지적 경험문화의 상징적 차원으로 채색되기는 했지만, 우리 민족의 삶을 지배하던 공동생활의 원리(전통적인 규범문화와 의식주문화)는 아직도 우리의 삶을 지배하고 있다. 이러한 동질적인 문화지층을 떠받치고 있는 것이 수백 년간 형성된 유교문화와 천여 년의 역사를 지닌 불교문화, 또한 외래문화의 영향을 받기 전 수천 년간 축적된 무교문화이다. 특히 이렇게 동일한 문화지층은 현재에도 인정주의, 연고주의, 가족주의적 집단주의, 가부장적 권위주의와 상호 연결돼서 나타나고 있다.

그러나 이러한 전통적 가족주의, 권위주의, 집단주의, 개인 및 집합적 이기주의 등은 통합을 유도하는 친화력으로 작용하기보다는 분리와 해체, 갈등을 유발하는 동질적 요소로 평가받을 수 있다. 물론 가족주의적·집단주의적·권위주의적 성향의 분리성 및 갈등성은 배제하지 못하겠지만, 이들 성향의 통합적 동인으로서 잠재적 요소를 간과하게 할지도 모른다는 우려를 낳는다. 이들 성향은 생산적으로, 비생산적으로, 또 비생산적·생산적으로, 즉 상호 연결적으로 작용한다는 점을 주목할 필요가 있다.[64]

---

64) 이장호, "문화와 사람의 통일에 대한 논평 및 답변," 위의 책, p.120.

또한 인지적 경험문화의 상징적 차원과 그 외 하위문화간의 단순한 선형적 동일성을 가정하는 것도 문제가 있는 것으로 보인다. 예컨대 우리는 북한주민들이 정치·사회문제에 관해 질문을 받았을 때 천편일률적으로 국가의 공식적 견해와 똑같은 말을 하다고 해서 체제가치가 주민들 개개인에게 완전하게 내면화되었다고 확신할 수는 없다.65)

탈북자들의 증언을 종합하면 북한주민들의 속마음은 비록 표출되지는 않지만 정권의 공식적 이념문화와 항상 일치하는 것은 아닌 것으로 보인다. 남북한에 있는 규범문화와 인지적 경험문화의 외현적 차원을 통해서 볼 때, 우리는 북한사회에서 정권이 제시하는 인지적 경험문화의 상징적 차원과는 별개로 제한적이나마 의식과 행위를 지배하는 다층적 문화가 존재하고 있음을 확인할 수 있다.

이러한 사실을 바탕으로 남북한의 문화현실을 바라보면 남북한의 문화적 이질성은 체제중심적 사고에 의해 범주화될 수 없다는 것이 더욱 자명해진다. 어떤 점에서 외재적 접근법(external approach)이 이러한 연구결과의 기초를 이루고 있으며, 나아가 체제중심적 사고를 초래하게 하는 데 큰 역할을 하는 것으로 보인다. 문제는 이러한 외재적 접근법에 기초하여 문화적 이질성을 체제 이질성에서만 찾으려는 기존의 인식방법상 한계를 인정하고 보다 적절한 인식방법을 모색하려는 노력이 필요하다는 것이다.

(2) 남북 문화통합에 있어 상호주의적 인성구조

그러나 문제는 그렇게 간단치 않다. '상호적 포용자'의 인성이 확대되어 남북한 의사소통의 환경을 마련한다고 해서 우리가 원하는 문화통합의 지름길이 직접적으로 열리는 것은 아니기 때문이다. 상호성과 차이에 입각한 '포용의 정치'원리는 사회적 행위자들이 통일문화의 형성을 위해 상호성과 변화 및 관용을 지탱한다는 점에서 긍정적인 것은 분명하다. 그런데 사회적 주체는 주위세계와 연계되어 대상과의 상호작용을 가장하기 마련이다.

---

65) 김학성, "통일문화 연구의 방향," 위의 책, pp.252-253.

즉 모든 주체는 어느 정도 분열돼 있고 갈등으로 충만하며, 그리고 철저하게 지각과 행위에 영향을 주는 무의식적 가치체계에 의해 이끌린다는 것을 명심해야 한다. 따라서 진정한 통일의 정치원리는 포용된 것(주체의 분열)을 고려하는 것이고, 사회화의 도구에 대한 신념 때문에 상호성과 타자성을 관념화 또는 신비화하지 않고, 즉 통일비용의 현존을 부인함이 없이 포용행위를 성취하는 것이다.

언뜻 생각하면 통일문화 형성을 위해서는 권력독점을 향한 파괴적 충동을 동화하고 길들여 보상해야 하는 것으로 생각하기 쉽다. 문화통합을 향한 통일주체의 사회운동은 치료, 보상 및 성장을 의미하는 것으로 보인다. 그러나 그것은 '주체의 추동'을 신비화시키는 것이다. 우리의 심리적 '내사물'(introjects),[66] 즉 '나쁜' 권력표상은 단순히 억압되고 해체되기를 원한다고 해서 그렇게 되는 것은 아니다. 북한에 대한 우리의 내사물은 이미 우리 자아 속의 '기괴한 타자'(uncanny other)[67]——또는 '내적인 이방인'(internal foreigner)——이라고 할 수 있다. 이것은 우리가 누구인가 하는 발생적 측면을 보여주는 것이 아니다. 그것은 집단경험을 구성하는 정신병적 분노와 증오이다. 또한 그것은 인간의 욕망을 지배하는 '천박성'(abjection)[68]의 잔여이며, 폭력적인 열정 속에 공고화된 대중에 대한 지배주체의 탄생이다. 이러한 '천박성'과 지배주체의 위상을 제대로 포착하지 못하는 곳에 바로 상

---

66) 정신분석적으로 내사물이란 우리가 주위세계와 환상적으로 연관된 자기 또는 대상표상으로서 심적 현실을 장악한 권력표상이다(R. D. Hinshelwood, *A Dictionary of Kleinian Thought*, London: Free Association Books, 1989, p.327).

67) Toril Moi (ed.), *The True-Real, The Kristeva Reader* (New York: Columbia University Press, 1986), p.217.

68) 크리스테바에 의하면 천박성은 "위협으로 가득 찬 폭력적이고 어두운 존재의 반란, 안과 밖의 해리, 또한 가능한 것, 통제 가능한 것, 그리고 생각할 수 있는 것의 범위를 넘어서 나타나는 이미지의 수용"(Julia Kristeva, *The Powers of Horror: An Essay on Abjection*, trans. by R. Diaz, New York: Columbia University Press, 1982, p.1.)이다. 따라서 천박성은 합의적 현실을 인식하지 못하는 망상세계 속에 자기를 위치시키는 정신분열의 상태이다.

호주의의 '순진함'이 있다.

병리적 정치과정의 속성을 이해하기 위해서는 우리가 누구이고 무엇인가 하는 불유쾌하고 위험스러운 측면을 생각해야 한다. 그리고 자기가 완전하게 될 수 있고, 관념화된 통일에 기초한 타자성을 자리매김함으로써 우리 자신으로부터 '나쁜' 부분을 어느 정도 일소할 수 있다는 생각은 신화거나 오류이다. 정신분석적 의미로 이러한 타자를 나로부터 분리하고, 무의식적 환상을 배제하며, 나의 존재로부터 자기애적 요소를 제거하고, 그것을 무의식이라는 '내세'로 다시 돌려보내는 것은 불가능하다. 사실상 인간존재의 이러한 모든 것은 단순히 통일문화에 동화될 수 있는 것이 아니다. 그것은 주체에게 너무도 무거운 실재적 '하중'이다.

확실히 남북한관계에서 상호주의를 '경작'할 필요는 있다. 허나 그 과정에서 '기괴한 타자'를 받아들인다고 해서 상호성과 관용에 대한 믿음에 위배되는 것은 아니다. '기괴한 타자'를 유해하지 않은 것으로 만들 수 있다는 믿음이 중요하다. 그렇게 함으로써 우리는 그것을 인식하고, 표상하며, 그것으로부터 벗어날 수 있다. 그리고 우리는 정치과정에서 그 타자를 포용함으로써 갈등을 이해하고 관용해야 하며, 외부의 개인이나 집단을 희생화시키고 박해하는 것을 제어해야 한다.

결론적으로 필자가 주장하는 것의 요점은 '완전함'의 민족공동체 의식으로 형성된다는 것이다. 물론 통일문화 형성이라는 목적을 이루기 위해서 반드시 인간경험의 갈등과 분열된 속성을 무시하는 완전함으로 민족공동체를 인지할 필요는 없다. 통일문화의 민주적 제도화는 이러한 '천박성'의 혐오스러운 투사물에, 그리고 그 문화에 내재한 그 투사물의 위험에 대한 예민한 감성을 요구할 뿐이다.

우리는 통일주체로서 분열되고 갈등하며, 그리고 그 갈등이 이성의 이면에서 인지되고, 그것이 자연적인 것을 의미할 때만 통일문화 형성에 기여할 수 있다. 이런 의미에서 통일문화는 완전함의 공동체성이 아니라 갈등에 대한 감성을 요구한다. 문제는 어떻게 갈등을 유지하고 다루며, 어떤 개인, 집단 또는 프로젝트를 희생함으로써 경험을 전체화하지 않고, 갈등을 통일문화적 프로젝트의 일부분으로 받아들이는가이다. 의사소통의 한 형태로서의 갈등은 제거될 필요가 없다. 갈등이 통일주체의 행위를 동기화한다는 것을 이해하는 한에서, 갈등은 잠재적으로 창조적이고 상호성과 관용의 목적을 지탱할 수 있다. 자아 속의 '기괴한 타자'는 완전함의 이름으로 치료될 수 없고, 그 타자가 포용되는 장소가 공적 정치과정이어야만 민주주의적 문화가 양태된다. 따라서 '기괴한 타자'의 포용은 통일문화의 제도화에서 핵심이다.

문화의 억압적 기율, 일상생활과 정치에서의 물질적 욕망 및 갈등과 천박한 권력표상 등은 그렇게 순순히 사라지지 않을 것이다. 문화통합 과정에서 매개자의 포용하는 효과는 환상적으로 사라질 수도 있다. 정치사회화의 기능적 도구에 선행하는 것은 자아 속에 구현된 원초적 욕망의 권력표상이고 그것은 진정시키거나 길들이지 못한다. 따라서 분열과 분열의 산물로서 우리 자신을 이해하는 것은 보다 관용적인 통일주체를 구성할 수 있으며, 참을 수 없는 것을 관용하는 그 주체는 보다 탄력적이 되고 파괴적 충동을 보다 잘 수용하여 자신의 사고와 행위를 강제하는 혼란스러운 정동을 규제할 수 있다. 그러므로 상호주의에 입각한 화해, 합의 및 타협은 통일문화 인성구조의 한 측면만을 이룰 뿐이다. 또 다른 측면은 권력충동을 동반하는 갈등과 분노 속에서 사는 방법을 배우는 것이고, 문화통합에 대한 잘못된 환영 또는 신화를 대체하는 열망을 무시하거나 과소평가하지 않는 것이다. 갈등하고 분열된 통일의 사회적 주체가 갈등하는 자아 속에서 살 수 있다면, 그 자아가 '기괴한 타자'를 관용하고 포용할 수 있다면, 그리고 우리가 공적 제도의 포용적 잠재력을 통해 반통일적 경향을 해독할 수 있다면, 그때 비로소 우리는 상호성과 차이를 근절함이 없이 통일문화를 형성할 수 있을 것이다.

제2장 최근 남북관계의 변화와 개선방향

1. 남북관계의 변화양상

　반세기 만의 수평적 정권교체라는 역사적 의미를 갖는 '국민의 정부' 출범과 함께 우리 사회전반에 걸쳐 많은 변화가 있었다. 특히 국민의 정부 출범 이후 지난 4년간은 남북관계에도 급속도로 획기적인 변화를 가져왔다. 국민의 정부가 출범하면서 '남북간 화해와 교류·협력시대 개막'이라는 햇볕 포용정책을 폈으며, '평화·화해·협력'의 방법으로 남북관계 개선을 이룩한다는 확고한 대북정책을 목표로 삼았다. 이의 실현을 위해 ① 평화를 파괴하는 일체의 무력도발 불용, ② 흡수통일 배제, ③ 화해협력의 적극 추진이라는 대북정책 3대원칙과 ① 안보와 협력의 병행추진, ② 평화공존과 평화교류의 우선 실현, ③ 화해·협력으로 북한의 변화여건 조성, ④ 남북간 상호이익 도모, ⑤ 남북당사자 해결원칙하에 국제적 지지 확보, ⑥ 국민적 합의에 기초한 대북정책 추진 등 6대 추진기조를 제시했다. 이러한 대북정책의 목표와 3대원칙 6대 추진기조하에 실현할 대북정책 추진방향과 구체적인 과제를 보면 다음과 같다.
　먼저 남북간 대화를 통한 남북기본합의서 이행과 실천을 위해 특사교환을 비롯해서 각종 남북대화 성사를 위해 노력할 것이며, 실제로 정경분리 원칙에 입각해 남북경협을 활성화한다는 의지를 표명했다. 두번째 과제는 북한의 식량문제 해결을 위한 대북지원의 탄력적 제공을 위해 식량지원은 물론 남북 농업개발 협력 및 경협 활성화 등을 통해 북한 식량문제를 근원적으로 해결하기 위해 지원하는 것이다. 세번째는 대북 경수로 지원사업의 차질 없는 추진이며, 나아가 한반도 평화환경 조성을 위해 4자회담 등을 활용해 주변국과 긴밀한 협력체제를 도모하는 것 등이다.
 이상의 추진과제도 어디까지나 '남북 이산가족 문제'를 우선 해결하기 위한 것이었으며, 남북관계 변화에서 획기적인 것은 이산가족들이 우선적으로 금강산관광의 문을 통해 북한 땅을 밟았다는 성과를 거둔 점이다.
 한편 북한에서도 김일성 사후 자체변화는 물론 대남전략 노선에서도 대남적화라는 불변의 목표하에 안개 속의 변화라는 이중적 태도를 나타내고 있다. 김일성 사망 후 4년여 동안 정치·경제적 불안정 속에서 국가수반이 없는 비정상적인 통치구조를 유지해 온 북한은 1998년 9월 5일 최고 인민회의 제10기 제1차 회의를 개최해 헌법을 개정하고 권력구조를 개편했다.
 기존의 주석직과 중앙인민위원회를 폐지하는 대신 국방위원회를 사실상의 최고권력기관으로 개편하고 위원장에 김정일을 재추대함으로써 전시체제 지도자의 면모를 보여주었다.
 김정일이 자신의 짧은 정치적 경륜 탓인지는 몰라도 권력구조 개편내용에서 조약의 비준·폐기, 외교사절의 임면 등 외교업무는 최고인민회의 상임위원장에게 일임하고 내치는 내각총리가 책임지도록 하면서 오직 군사적 모험주의로 대남혁명 사업만은 김정일이 직접 담당한다는 의지가 담겨 있어 한반도정세가 불안한 데다 핵개발 위협마저 끊이지 않았다.
 대남 군사적 위협을 뒷받침하고 있는 것은 인사개편의 가장 큰 특징이 대폭적인 세대교체가 이루어지면서 군부인물들이 부상한 점이며, 군부 핵심인물들이 당비서들보다 상위서열로 부상하는가 하면 국방위원회 위원 대다수가 당 고위직을 겸하고 있다는 점이다.
 헌법개정에 또 하나 두드러진 점은 구소련이나 중국의 개혁·개방 초기 현상과 유사하게 경제난관 극복이라는 현실적 측면에서 시장경제 개념을 일부 도입하고 가축이나 건물 등을 소유할 수 있도록 한 점이며 부분적으로 거주와 여행의 자유를 허용한다는 것이다.
 최근 몇 년간의 신년사에서도 나타났듯이 김정일은 군부중심의 비상통치 체제를 유지하면서 '강성대국' 건설이라는 명분하에 정치·사회적 통제를 강화하는 동시에 경제분야에서는 실리추구 외교를 강화해 왔다.

대북정책에서 극복해야 할 것은 우리 정부가 포용정책이라는 햇볕정책으로 남북관계 개선을 적극적으로 추진할수록 북한은 이것을 남한의 흡수통일 정책으로 인식하고 더욱 부정적인 태도를 취하면서 예측 불허의 강경책으로 반발할 가능성을 배제할 수 없다는 점이어서 정책적인 햇볕용어 사용에서부터 갈등이 나타났다. 그러는 가운데서도 정부는 지난 4년여 동안 화해협력과 평화정착에 토대를 두고 남북관계를 지속적으로 발전시켜 나가기 위한 대북 화해협력정책을 일관되게 추진해 왔다. 특히 국민의 정부는 우방국과의 공조하에 민족 내부적 노력과 국제적 노력을 병행하면서 북한의 호응을 유도해 왔으나 국민적 합의를 이끌어 내는 방법에 있어서는 갈등의 소지가 남아 있다.

정부는 대북 화해협력정책을 일관되게 추진한 결과 2000년 6월 분단 55년만에 최초로 역사적인 남북정상회담을 개최하고 "6·15 남북공동선언"을 채택하는 등 남북관계는 획기적인 변화과정에 진입하는 성과를 거두었다. 먼저, 대북 화해협력정책 추진의 가장 중요하고 의미 있는 성과는 한반도 내의 신뢰분위기가 싹트기 시작했다는 점이다.

그러면서도 자주국방력의 지속적 증강과 한·미연합 억지력을 바탕으로 전쟁재발을 방지하면서, 북한의 무력도발에 대해서는 단호하게 응징(1999. 6, 연평해전)하여 북한의 도발의지를 꺾고, 국민들의 안보 불안감을 해소해 왔지만 2002년 6월 다시 북측의 도발로 서해교전이 발생하여 재발 방지의 과제를 안고 있다. 그러나 분명한 것은 다각적인 접촉과 대화, 교류와 협력으로 남북관계는 적대관계에서 화해협력관계로 바뀌어 가고 있으며, 상호 비방중상이 감소되고 긴장이 완화되는 등 한반도에서 평화 분위기는 그 어느 때보다 고조되고 있는 셈이다.

2001년도에 미국의 테러와의 전쟁으로 국제적 긴장이 고조됐음에도 불구하고 남북간에 긴장이 발생하지 않은 것은 평화증진을 목표로 한 대북정책이 어느 정도 성과를 거두고 있는 셈이라 할 수 있다. 두번째로는 남북관계가 개선되었다는 점이다.

남북간 교류와 협력을 적극 추진한 결과, 민간차원의 경제협력과 교류가 확대되었으며, 이러한 성과는 당국차원의 대화로 발전하여 이산가족문제 등 남북의 현안을 협의하는 기반을 제공하게 되었다. 이를 계기로 남북관계는 본격적인 화해협력과정으로 진입하게 되었으며 남북대화가 빈번해지고, 남북대화를 통해 이산가족 상봉, 대북지원, 경의선 철도·도로연결 등 현안문제와 관계발전을 위한 구체적 사업을 합의하여 추진하고 있다.
　　세번째는 북한에서 변화가 진행되고 있다는 점이다. 대북 화해협력정책은 경제난으로 인해 한계상황에 처해 있던 북한에 변화의 환경을 조성해 주었다. 북한은 서방 17개국과 국교를 수립하고 국제사회의 식량지원을 확보하는 등 대외개방과 의존도를 높여 가고 있는 추세다. 내부적으로는 김정일의 상해 푸동 방문 이후 경제건설을 최우선 과제로 제시하면서 "과거의 사고와 방식에서 탈피하여 새로운 사고와 방식을 가질 것"을 촉구하는 등 변화의 필요성을 공개적으로 밝히고 있다.

2. 남북대화의 개선과 주요성과

　　정부는 미국에 대한 테러사건으로 조성된 어려운 상황에서도 대북 화해협력정책을 일관되게 추진함으로써 한반도 상황을 평화적·안정적으로 관리하였다. 상반기에는 미 부시행정부의 대북정책 재검토, 하반기에는 테러사건과 대테러 전쟁 등 2001년은 국제정세의 변화가 남북관계에 커다란 영향을 미친 한 해였기 때문에 남북정상회담 이후 이에 따른 후속조치에 차질을 가져왔다. 특히 북한이 이러한 정세변화에 의구심을 갖고 대응방안을 검토하는 데 시간을 보냄으로써 남북관계 일정이 지연되어 실제 김정일 위원장의 답방과 장관급회담, 이산가족 만남 등에서 기대에 어긋나기도 했다. 다행인 것은 북한측의 남북회담 일방적 연기, 북한선박 영해침범, 8·15남북공동행사에 참가한 일부 사람들의 물의 등 우여곡절이 있었으나, 남북간 대화와 교류협력은 지속 추진됨으로써 남북관계 진전의 계기가 계속 유지되었다.69) 한편 북한도 당국간 대화가 없는 기간에 대남비난을 자제하고 민간교류를 계속하였으며, 돌출행위가 악화되지 않도록 조치하는 등 과거와는 달리 신중히 대처하는 모습을 보였다. 이에 따라 국민적 합의와 국제 공조를 통해 대북정책 추진역량을 강화해 나갈 필요성이 제기되었으며, 이는 국민여론 수렴활동의 확대와 관계국과의 정책협력 강화로 반영되었다.

사회문화 교류협력 활성화 조치들을 보면 첫째, 문화·학술·예술분야 교류협력을 추진하며 이를 위해 남북 공동행사 지원 및 한반도 내 개최유도, 민족문화유산 공동 조사발굴 등을 실현한다. 둘째, 남북 체육경기 교환개최 및 국제체육행사 공동참가와 유치를 추진한다. 특히 축구와 탁구 등 시범종목을 중심으로 정례적 교환개최를 추진하고 종목별 세계선수권대회 등 각종 국제경기대회에 대한 공동참가 및 유치노력을 강화한다. 셋째, 종교·언론분야 교류를 확대한다. 이를 위해서는 제3국 개최 남북 종교교류 행사를 지원하고 순수 종교교류 목적의 방북을 확대하며 명승·자연풍물 등 비정치분야 방북취재를 지원하고 방송프로그램 교환 및 공동제작을 추진한다. 이미 북한방송을 전면 개방하는 방안이 적극 검토되기도 하였다. 넷째, 보건·의료분야 교류를 추진한다. 이를 위해 인도적 차원의 의료기반을 조성하고 기술을 지원한다.

그리고 현재 제3국에서 이루어지고 있는 민간차원의 이산가족 교류를 적극 지원하기 위해 정부는 여러 가지 내부정비를 했는데, 첫째, 98년 국민

---

69) 남북정상간의 6·15공동선언 이후 가장 큰 성과는 당국간 대화, 즉 장관급회담과 이산가족 만남의 정례화이다. 2001년 한 해만도 남북회담을 총 8회 개최하여, 남북간 현안문제 해결을 모색하였다. 제4차 적십자회담, 제4·5차 군사실무회담, 제1차 전력협력 실무협의회, 제1차 임진강 수해방지 실무협의회, 제5·6차 장관급회담 및 제1차 금강산사업 활성화 당국회담 등이 개최되었다. 또한 제3차 이산가족 방문단 교환과 생사·주소확인 및 서신교환이 지속 추진되었다. 이와 함께 남북 교류협력이 증진되고 대북 경수로 지원사업도 계속되는 한편, 경의선 연결을 위한 군사보장 합의서가 타결되었고 남북교역 및 경협이 꾸준히 추진되었으며 각종 문화예술, 학술, 체육 등 남북 공동행사들도 성사되었다.

의 정부 들어선 직후 4월 1일부터 경제적으로 어려운 이산가족들에 대한 교류 소요경비 지원을 시작했는바, 생사·주소확인 주선 사례비 40만 원 내외, 상봉 주선사례비 80만 원 내외, 제3국 여행경비 60만 원 내외를 지원하고 있다. 둘째, 고령 이산가족 방북절차를 기존 허가제에서 신고제로 완화하기 위한 작업도 꾸준히 추진하여, 고령 이산가족에 대해서는 일정한 요건을 갖추어 신고하면 규제없이 방북할 수 있게 하였다. 셋째, 이산가족 관련자료의 통합·전산화를 통해 이산가족 찾기 등의 대국민 서비스를 제공하고, 향후 이산가족 교류 본격화시 폭주할 행정수요에 대비하기 위해 "이산가족 정보통합센터" 설치도 추진하고 있다.

인도적인 차원의 대북지원도 우리 경제사정이 어려움에도 불구하고 중단하지 않았다. 정부와 민간지원이 1년에 2,156만 불이었고 UN기구와 개별국가 지원도 1억 9,691만 불이나 된다. 특히 적십자 대북지원에서 "겨레사랑북녘동포돕기 범국민운동" 등 6개 단체 6명이 구호물자 인도요원으로 참여했으며, "우리민족서로돕기운동" 등 3개 단체 8명이 대북지원 협의목적으로 방북하기도 했다. 그러나 북한은 우리 정부나 민간단체가 지원하는 것은 다 받으면서도 이산가족 문제를 우선적으로 해결하려는 우리측의 요망에는 아무런 성의를 보이지 않았다. 정부가 유의할 것은 다른 분야에서는 포용정책으로 양보를 한다 해도 안보상 저촉되는 문제에서는 상호주의 원칙을 깨서는 절대 안 된다는 것이다. 우리의 보안법이 개정된다면 이에 상응하는 북한사회의 개방이 전제돼야 하고 미군이 철수되려면 북한이 군사우선정책을 포기하고 정상회담을 통해 불가침 선언이 전제돼야 한다.

남북관계에 있어서 현정부는 포용정책으로 과거 어느 정권보다도 북한과 중장기적 공존정책을 펴고 있으며 금기시했던 보안법문제와 북·미, 북·일관계 개선까지에도 과감한 융통성을 적용시켜 북한에게 상당한 환심을 사고 있는 것은 분명하며, 북한도 이에 상응하지는 않지만 금강산 관광지 개방, 공식석상에서 대한민국 호칭사용 등의 변화된 모습을 보여주고 있다. 그러나 백번 경계할 것은 북한의 변화조짐의 진정한 저의가 어디에 있는가를 간과해서는 안 되며 저들의 자주적인 한반도 평화체제 구축 뒤에

핵개발과 위성발사라는 군사적 위협과 혁명유업이 가려져 있음을 절대 잊어서는 안 된다는 것이다.

3. 남북경제협력의 확대

남북교역은 1984년 이후 계속되었던 남북경제회담과 북한의 합영법(1984. 9. 8) 발표, 그리고 1988년 "7·7특별선언" 이후 남북경제교류를 허용하는 우리 정부의 조치가 취해짐으로써 적극화되기 시작했다. 남북 고위급회담이 본격적인 단계에 접어들던 1991년에 남북교류 협력분위기가 급속히 확대되었고, 동시에 유엔개발계획(UNDP)의 두만강지역 개발계획과 북한이 내부적으로 자유경제 무역지대라는 특수지위를 부여(1991. 12 .28)한 나진·선봉지역 개발계획 추진에 남한이 참여하려는 시도를 보임으로써 남북경제협력 논의가 구체적으로 진행되었다. 그후 남북경협 문제는 1993년 북한의 핵문제로 일시 주춤하다가 1994년부터 다시 확대되기 시작하여 10여 년 넘게 진행돼 오면서 정경분리 요구가 강하게 제기되었다. 국민의 정부는 남북경협 확대를 위해 정경분리 원칙에 입각하여 98년 4월 30일 "남북경협 활성화조치"를 취하였다. 즉 기업의 자율적 판단을 존중하고 민간주도의 경협 확대와 기업인의 북한주민 접촉승인 유효기간 확대, 그리고 품목확대는 물론 투자규모 제한 완전폐지 등의 조치를 취했다. 그럼에도 불구하고 교역규모는 1998년 기준으로 전년에 비하여 41.8%나 감소했다.

이와 같이 급격한 감소세를 보인 것은 지난 10년간 처음 있는 일이었다. 우리의 외환위기 때문에 사업이 위축된 것에 기인한다고 볼 수도 있지만, 북한이 우리의 외환위기를 관망하고 있었다는 점도 배제할 수 없다. 교역규모 축소를 주도한 것은 반출이 아니라 반입이며 대북반출은 전년대비 16.7% 감소한 데 비해 반입은 57.9%나 감소했다. 특히 남북교역에서 가장 상품성이 높은 철강제품 반입은 82.9%가 감소했고 아연괴는 51.7%나 된다.

1998년 4월에 대기업 총수의 방북을 허용한 "남북경협 활성화조치"에 따라 현대 정주영 명예회장의 북한방문이 이루어져, 현대의 금강산 관광사업이 추진되어 7개월 만인 11월 18일 관광유람선의 첫 출항 이후 2000년 기준으로 월 평균 15,000여 명이 금강산을 다녀왔다. 북한이 최고의 외화벌이 수단으로 당장 가능한 것은 관광이라는 지적이 있어 왔는데 체제보호라는 차원에서 매우 부정적이었으나 김정일 총비서가 직접 현대 정주영 명예회장을 만나면서부터 관광교류가 성사되었다.

  1999년에는 금강산 관광사업과 서해안공단 조성사업에 관해 북한의 고위층과 직접 논의가 이루어지기 시작했으며, 실제로 정상회담 이후 남북경제분야 회담은 남북경제 교류협력을 안정적으로 확대해 나가는 데 긴요한 제도적 장치를 마련하는 접촉부터 이루어졌다. 2000년 9월 제2차 남북장관급회담과 북한 김용순 특사 방문시 이런 문제를 해결하기로 합의한 데 따라 경협관련 제도적 장치마련 문제를 협의하기 위해 서울과 평양을 오가며 남북경제협력 실무접촉이 두 차례 개최되었다. 특히 2000년에는 이런 장치 마련을 위한 당국간 협의를 위하여 11월 남북경협 실무접촉을 가졌으며, 12월 남북경협추진위원회을 개최하여 평양에서 당국간 경제협력 문제를 협의하였다. 나아가 북한은 6·15남북공동선언 제4항에서 "경제협력을 통하여 민족경제를 균형적으로 발전시키기로" 합의했다. 이를 실천하기 위해 남과 북은 2년(2000~01)에 걸쳐 모두 6차례의 경제분야 회담을 개최함으로써 남북경제협력 활성화를 위한 각종 제도적 장치를 마련하는 등 발빠르게 남북간 현안을 해결하기 위한 협의를 진행했다. 또한 남북경제협력을 효율적으로 추진해 나가기 위해 제주에서 있었던 제3차 남북장관급회담(2000. 9. 27~30)에서 남북경제협력추진위원회를 설치하기로 원칙적 합의를 본 데 이어, 제4차 남북장관급회담에서 이 위원회의 구성·운영에 합의하고 첫 회의를 평양(2000년 12월)에서 개최했다. 이와 함께 협력사업의 추진과 협의를 위한 우리 경제인들의 북한방문도 지속적으로 이루어졌다.[70]

---

70) 남북간의 물자교역은 1989년부터 시작돼 꾸준히 증가했지만, 2001년 한 해에 삼성전자의 임가공사업 및 소프트웨어 공동개발 협의, 하나비즈닷컴·엔트랙·훈넷 등의 정보기술(IT) 분야 협의, 한국담배인삼공사의 담배 임가공사업 추진, 평화자

교역규모 면에서 보면 남북교역이 시작된 초기에는 2천만 달러에도 미치지 못하던 교역규모가 1990년 8월 "남북교류협력에 관한 법률"의 제정 등 관련법제가 마련되면서 교역량이 1억 달러를 넘어서기 시작했다. 1995년부터는 남북 교역규모가 2억 달러 수준을 넘어서기 시작하여 1997년에는 북한산 철강금속류의 반입증가, 위탁가공교역의 확대, 경수로 건설사업 시작에 따른 공사물자의 반출증가 등으로 남북 교역규모가 3억 달러를 돌파했다. 1998년에는 외환위기로 인해 일시 남북교역도 위축되어 교역량이 전년보다 28% 감소한 2억 2,194만 달러에 그치기도 했지만 1999년에는 국내 경기회복에 따라 위탁가공교역이 확대되고 금강산관광 사업 및 경수로 건설사업 등 경협사업이 진전됨에 따라 교역량이 다시 3억 달러를 넘어섰다. 2000년에는 농수산물의 반입증가, 전기·전자제품 등 위탁가공교역의 확대, 대북 비료지원, 경수로 본공사 착수 등에 따라 남북교역이 사상 처음으로 4억 달러를 넘어서게 되었다(자세한 남북교역현황과 연도별 교역수지는 다음 표를 참조).71)

남북교역 현황 (단위: 천달러)

연도	반입			반출			합계		
	건수	품목수	금액	건수	품목수	금액	건수	품목수	금액
1989	66	25	18,655	1	1	69	67	26	18,724
1990	79	23	12,278	4	3	1,188	83	26	13,466
1991	300	44	105,719	23	17	5,547	323	61	111,266
1992	510	76	162,863	62	24	10,563	572	100	173,426
1993	601	67	178,167	97	38	8,425	698	105	186,592
1994	708	73	176,298	267	92	18,249	975	165	194,547
1995	976	105	222,855	1,668	174	64,436	2,6444	279	287,291
계	20,685		1,794,717	21,311		1,134,458	41,996		2,929,174

동차의 자동차 수리개조 사업추진, 녹십자의 의약품 개발사업 및 물자교역 등 남북경협 다양화와 질적 변화를 가져와 실질적인 경제교류에서 큰 성과를 거두었다.
71) 통일부, 『통일백서』, 2001년, pp.136-139 참조

연도	반 입			반 출			합 계		
	건수	품목수	금액	건수	품목수	금액	건수	품목수	금액
1996	1,475	122	182,400	1,908	171	69,639	3,383	293	252,039
1997	1,806	140	193,069	2,185	274	115,270	3,991	414	308,339
1998	1,963	136	92,264	2,847	380	129,679	4,910	486	221,943
1999	3,089	172	121,604	3,421	398	211,832	6,510	525	333,437
2000	3,952	203	152,373	3,442	505	272,775	7,394	647	425,148
2001	4,720	197	176,170	3,034	468	226,787	7,754	603	402,957
계	20,685		1,794,717	21,311		1,134,458	41,996		2,929,174

* 1995년 교역실적은 대북 쌀지원 237,213천 달러 반출을 제외한 것임.

연도별 남북한간 교역수지 (단위: 천달러)

연도	반 입	반 출	계	교역수지	비 고
1989	18,655	69	18,724	△18,586	-
1990	12,278	1,188	13,466	△11,090	-
1991	105,719	5,547	111,266	△100,172	1991~2001연평균 △57,325 (△115,612)
1992	162,863	10,563	173,426	△152,300	
1993	178,167	8,425	186,592	△169,742	
1994	176,298	18,249	194,547	△158,049	
1995	222,855	64,436	287,291	△158,419 (△169,414)	
1996	182,400	69,639	252,039	△112,761 (△127,016)	
1997	193,069	115,270	308,339	△77,799 (△133,049)	
1998	92,264	129,679	221,943	37,415 (△40,629)	
연도	반 입	반 출	계	교역수지	비 고
1999.	121,604	211,832	333,437	90,228 (△53,929)	
2000	152,373	272,775	425,148	120,402 (△61,315)	
2001	176,170	226,787	402,957	50,617 (△110,639)	
합계	1,794,715	1,134,459	2,929,175	△660,256 (△1,301,409)	

* ( ) 내는 경수로 물자, 대북 무상지원, KEDO 중유, 협력사업용 물자 등 비거래성 반출입 금액을 제외한 실질교역수지임.

제3장 북한 개혁·개방의 불가피성

1. 21세기 동북아시아의 좌표

　냉전종결 후 동북아시아 질서재편에서 중요한 변수가 되는 것이 조선민주주의인민공화국(이하 북한)이다. 향후 북한이 어떤 길을 걸어갈 것인가, 그 결과 어떤 변화가 일어날 것인가 하는 문제는 한반도의 통일문제뿐 아니라 동북아시아 질서 전반에 커다란 영향을 미칠 것임에 틀림없다.
　한반도는 세계에서 전략적으로 가장 중요하고 가장 역동적인 지역의 하나인 동북아시아의 중앙에 위치하고 있다. 뿐만 아니라 한반도는 미·일·중·러 4대강국의 이해관계가 직접 충돌하는 유일한 지역이기도 하다. 그로 인해 19세기 후반부터 이 지역은 국제정치 변동으로부터 커다란 영향을 받아 왔다. 청일전쟁, 러일전쟁, 일본의 식민지배, 제2차 세계대전에서 일본의 패배에 따른 독립, 미·소의 분할점령과 이데올로기 대립으로 인한 분단, 한국전쟁, 분단의 고착화 등 한반도의 근현대사를 규정해 온 모든 사건이 국제정치 변동과 밀접히 연관돼 있다. 동시에 한반도는 국제정치 무대에서 발신지이기도 했다. 한국전쟁으로 인한 '냉전의 열전화(熱戰化)'는 그 전형적인 예라 할 수 있다.
　1989년 11월의 베를린장벽 붕괴를 계기로 세계적 차원의 냉전은 끝나고 역사는 새로운 단계에 접어들었다. 그러나 냉전의 산물인 한반도의 분단은 아직도 끝나지 않고 있다. 오히려 새로운 군사충돌의 위험조차 배제할 수 없는 상황이 지속되고 있다. 이처럼 오늘날 한반도를 국제정치의 예외로 만들고 있는 최대원인은 경제파탄에도 불구하고 체제유지 능력을 보유하고 있는 북한 특유의 강인한 정치체제에 있다.

그렇지만 이와 같은 '특수성'이 사회주의의 종언이라는 역사적 '보편성'을 대체하는 것이라고 보기는 힘들 것이다. 요컨대 기존 북한체제의 생존은 일정기간에 걸쳐 성립하는 특수한 현상이라 이해하는 것이 타당할 것이다. 결국 아주 머지 않은 장래에 평화적인 형태든 폭력적인 형태든 기존체제의 변화는 시작될 것으로 예상된다.

일반적으로 북한의 장래 시나리오를 생각할 때 세 개의 키워드가 떠오른다. 전쟁, 내부붕괴, 평화통일이 그것이다. 이는 단지 세 가지 시나리오만 있을 수 있다는 것을 의미하는 것은 아니다. 세 개의 키워드가 결합된 다양한 시나리오를 상정해 볼 수 있다. 그것을 정리해 보면 다음과 같다.

① 핵무기 및 탄도미사일 문제로 인해 북한과 미국을 중심으로 한 국제사회와의 긴장이 고조돼 무력충돌로 발전한다. ② 경제파탄과 국제적 고립 등으로 북한정권이 자포자기 상태가 되어 최후의 카드로 전쟁을 일으킨다. ③ 경제파탄이 체제 전반의 질서와해로 이어져 내부에서 폭발한다(쿠데타, 암살, 민중봉기 등). ④ 개혁개방을 추진해 가는 과정에서 당국이 급격한 변화에 대한 통제력을 상실해 내부 붕괴한다(구 동유럽형). ⑤ 개혁개방에 성공, 남북한이 장기간에 걸친 평화공존을 거쳐 통일로 향한다.

그런데 이상과 같은 시나리오를 논함에 있어 가장 중요하게 고려해야 할 것이 시간적 요소이다. 왜냐하면 어떤 방향으로 갈 것인가 하는 갈림길이 특정시점에 집중돼 있지 않기 때문이다. 또한 일정방향으로 진행되기 시작했다 해서, 즉시 종착점에 도달하는 것도 아니기 때문이다.[1]

이러한 견지에서 봤을 때, 북한의 장래에 관한 기존의 다양한 시나리오 중에서 가장 유효성이 있다고 판단되는 것이 게이오대학 오코노기 마사오 교수의 '세 개의 시나리오'[2]다. 여기에서는 그것에 입각해서 논의를 전개해

---

1) 小此木政夫, "北朝鮮危機と日本の對應," 小此木政夫 編, 『金正日時代の北朝鮮』, 日本國際問題研究所, 1999, p.2.

2) 세 개의 시나리오에 대해서는 小此木政夫, "朝鮮半島―三對應," 小島明之・小此木政夫 編著, 『東危機の構圖』, 1997, 東洋經濟新報社를 참조하기 바람.

나가기로 한다. '세 개의 시나리오'를 알기 쉽게 정리하면 다음과 같다.

〈그림〉 오코노기 마사오의 '세 개의 시나리오'

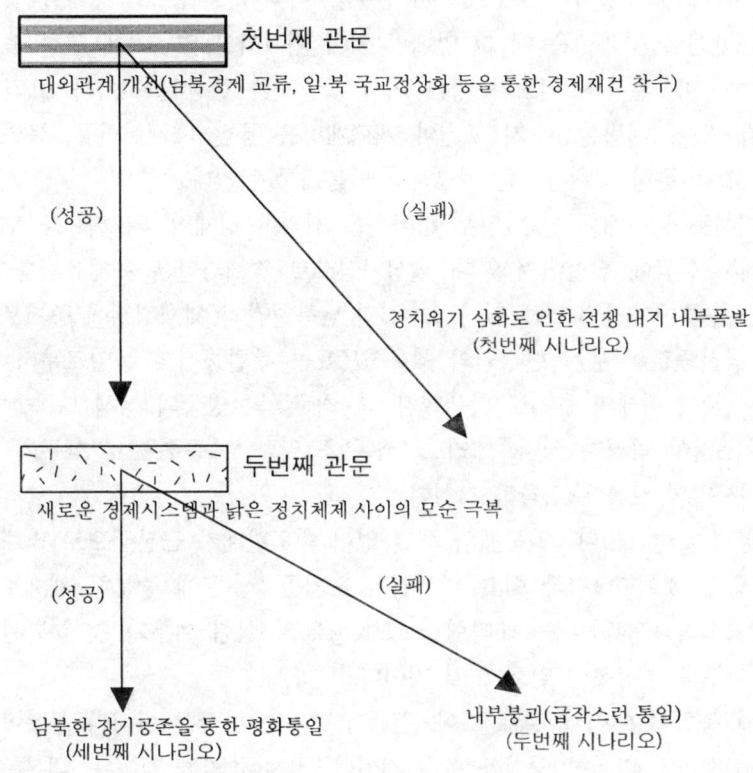

※ 미국측의 선제공격에 의한 전쟁 시나리오는 구체적으로 묘사되어 있지 않지만, 첫번째 시나리오의 연장선 또는 변형으로 충분히 생각할 수 있다.

그럼 현재의 상황은 어떠한가? 1994년 10월 제네바에서 조인된 미북간의 "합의"(Agreed Framework) 이후 김정일정권은 첫번째 관문을 통과하고자 했지만, 아직 완전히 통과하지 못하고 있다. 또한 김정일정권이 첫번째 관문을 무사히 통과할 수 있는가 여부도 여전히 불투명한 상태다.

이처럼 대외관계 개선의 시발점이라고 할 수 있는 제네바합의 이후 5년 이상의 시간이 경과했음에도 불구하고, 아직도 그 종착점은 보이지 않고 있다. 왜 그런 것일까? 이는 첫번째 관문을 어떠한 모습으로 통과할 것인가, 즉 관문을 통과했을 때 그 앞에 무엇이 기다리고 있는가에 관한 북한측과 한·미·일측의 의도가 다른 데서 기인하는 현상일 것이다. 요컨대 한·미·일은 대량살상무기 포기와 개혁개방을 통한 체제변화를, 북한은 경제재건을 통한 체제강화를 겨냥하고 있음에 틀림없다.

주지하듯이 현재 북한은 일부 군사력을 제외한 경제력, 외교력 등 모든 분야에서 한국에 뒤떨어져 있다. 설상가상으로 경제파탄은 체제유지를 위협하는 수준에까지 도달해 있다. 그 결과 남북한간의 체제경쟁에 종지부를 찍은 냉전종결 이후 북한정권의 최우선목표는 북한중심의 통일로부터 김일성·김정일체제의 유지로 바뀌었다. 즉 최근 북한당국의 정책목표는 '생존'에 초점이 맞춰져 있다. 그리고 '생존'을 위한 '보증수표'로 핵무기 및 탄도미사일의 보유에 집착하고 있다.

그렇지만 핵 및 미사일문제의 해결 없이 대외관계가 근본적으로 타개될 수는 없을 것이다. 결국 핵과 미사일의 포기를 '생존'에 충분한 체제보장 및 경제협력과 교환하는 '대타협'(grand bargain)의 실현 여부가 첫번째 관문 통과 여부를 결정짓는 열쇠가 될 것이다.

한편 북한이 어떠한 길로 나아가든 그 결과는 한국뿐 아니라 동북아시아 국제정치에 막대한 영향을 미칠 것이다. 전쟁에 의한 것이든, 내부폭발에 의한 것이든, 또는 평화적 방법에 의한 것이든, 통일코리아의 출현은 동북아시아의 전략적 환경을 크게 바꿀 것임에 틀림없다. 예컨대 통일코리아가 어떠한 외교적 자세를 취할 것인가, 즉 미·일의 해양세력과 중·러 대륙세력의 어느 쪽에도 속하지 않은 중립국가를 지향할 것인가, 그렇지 않으면 해양세력과의 관계를 중시하는 서방국가를 지향할 것인가 하는 문제는 미·중관계, 일·중관계는 물론, 나아가서는 미·일 안보동맹의 모습에까지 상당한 영향을 미칠 것이다. 그렇기 때문에 주변국가들은 한반도의 동향을 예의 주시하면서, 가능한 한 자국의 이익에 합치되는 상황을 조성하기 위해 외교전을 전개하고 있는 것이다.

예컨대 미국의 전략국제문제연구소(The Center For Strategic and International Studies)가 펴낸 보고서[3])에 의하면, 4대강국은 한반도의 항구적 평화를 바라고 있지만 조기통일에 관해서는 각각 다음과 같은 이유로 소극적이다.

첫째, 미국은 한반도의 통일이 주한미군 철수로 이어져 동아시아에서 미국의 영향력이 저하되는 결과가 초래되는 것과 더불어 통일의 결과, 미국의 6번째 무기수출국을 잃는 것을 우려하고 있다.

둘째, 중국은 전략적 완충지대(strategic buffer)를 상실하고 한국의 대중투자가 북한 경제재건으로 돌려지는 것과, 내부붕괴의 경우 예상되는 대량의 난민문제로 인해 조기통일을 바라지 않고 있다. 무엇보다도 급작스런 통일이 자국의 개혁개방 추진에 불가결한 주변정세의 안정을 무너뜨리는 것을 경계하고 있다.

셋째, 일본은 남북한 공통의 반일감정이 통일 후 안보위협으로 발전하는 것과, 주한미군 철수가 주일미군 철수로 이어지는 것을 두려워하고 있다.

넷째, 러시아는 대량의 탈북난민이 연해주지역으로 유입된 결과, 이 지역의 민족구성에 변화가 생겨 그것이 중앙정부와의 경제적·문화적 결속의 이완으로 이어지는 것과, 한국의 대러투자가 북한으로 돌려지는 것을 우려하고 있다.

이와 같이 4대국은 한반도의 행방과 관련해서 다양한 이해관계를 가지고 있다. 북한문제는 틀림없이 21세기 동북아시아 국제정치에 가장 막대한 영향을 미치게 될 요인의 하나가 될 것이다. 따라서 북한의 현황과 행방에 관해서 체계적으로 연구하는 것은 중요한 의의를 지닌다.

---

3) "Great Power Interest in Korea Reunification," October, 1998.

2. 북한의 개혁·개방과 주변환경

　미·일·중·러뿐만 아니라 한국도 북한의 돌연한 붕괴에 의한 조기통일을 바라고 있지 않다. 이는 독일통일이 가르쳐준 교훈이기도 하다. 즉 파산상태에 있는 북한경제를 한국이 떠안으려면 너무나도 막대한 자금이 소요되어 감당하기 힘들 것이라는 논리이다. 그렇다고 해서 한국이 전쟁에 의한 문제해결을 바라고 있는 것도 아니다. 한국측이 최종적인 승리를 거두는 것이 확실하다고 해도, 제2의 한국전쟁은 내부붕괴와 비교할 수도 없는 고통을 안겨줄 것이기 때문이다. 이유는 다르지만, 미·일·중·러도 전쟁방지에 공동의 이해관계를 갖는다. 이와 같이 한국과 미·일·중·러는 장기적인 의도는 다르지만, 단기적으로는 평화와 안정에 기초를 둔 현상유지(분단의 평화적 관리)라는 점에서 일치하고 있다.
　그런데 현상유지의 방법과 관련해서 각국의 의도는 상이하다.
　첫째, 북한은 체제유지를 위협할 수도 있는 본격적인 개혁·개방보다 핵·미사일 등 군사적 수단을 이용한 벼랑끝 외교로 경제원조를 획득, 당면한 경제위기에서 벗어나 체제를 공고히 하고자 하고 있다.
　둘째, 한·미·일은 북한이 대량살상무기를 포기하고 개혁개방 정책을 도입하여 경제를 회생시킴과 동시에 체제를 변화시킬 것을 바라고 있다. 이른바 '단계적 체제이행'을 통해 통일비용을 분산시키고 평화통일의 기반을 조성한다는 계산이다.
　셋째, 중국은 북한의 대량살상무기 보유에 의한 지역정세의 불안정화를 원하지 않으며, 자국과 같이 개혁개방을 통해 경제발전을 이룰 것을 기대하고 있다. 요컨대 자국과 닮은 사회주의 동맹국의 확보라는 계산이다. 그러나 그것이 여의치 않다면 국제원조를 얻어서라도 체제를 유지하는 것이 차선책이라고 생각하고 있다.[4]

이상에서 알 수 있는 것처럼 의도는 다르지만 한·미·일·중 4개국은 북한의 개혁·개방을 지지하고 있다. 그런 의미에서 북한의 개혁·개방은 국제사회의 합의이며 관계국간의 포지티브 섬 게임(Positive Sum Game)이 가능한 유일한 시나리오라고 할 수 있다. 이는 급격한 통일로 인한 기존질서 변화에 대한 관계 각국의 불안을 해소시키는 방법이기도 하다. 요컨대 북한이 중국, 베트남과 같이 시장경제 도입을 통해 파탄한 경제를 회생시키고 내부붕괴의 가능성을 없앰과 동시에, 그 자연스러운 결과로 체제를 변화시켜 전쟁 가능성을 해소한다는 시나리오가 한반도뿐만 아니라 동북아시아의 평화와 안정을 위해 가장 바람직한 상황전개라는 점에 한국, 미국, 일본, 중국 등 관계 각국의 인식이 일치하고 있다고 해도 좋을 것이다.

그런데 이러한 사안의 중요성에 비추어 볼 때 개혁·개방에 관한 본격적인 연구는 매우 미약한 형편이다. 물론 식량난 등 북한의 파탄한 경제실정을 전하는 보도나 논문은 상당수 존재하며, 나진·선봉 경제특구나 지하경제 등에 관한 선행연구도 일정정도 축적돼 있다.

그러나 ① 경제파탄의 구조·실태는 구체적으로 어떠한 것이며 북한의 앞날과 관련해서 무엇을 시사하고 있는가. ② 북한당국은 그와 같은 경제파탄에 어떻게 대응하고 있으며 그러한 대책은 과연 실효성이 있는 것인가. ③ 한정적이기는 하나 이제까지 북한당국이 실시해 온 '개혁개방' 정책의 실태는 어떠한 것이며 그 한계와 문제점은 어디에 있는가. ④ 냉전종결 후 북한의 국가전략 속에서 대외관계와 경제전략은 어떤 관계에 있어 온 것인가, 본격적인 개혁·개방추진에 불가결한 대회관계의 개선(앞 절에서 제시한 <그림>의 첫번째 관문)은 어떤 조건하에서 가능해질 것인가. ⑤ 만일 북한이 '개혁개방' 노선으로 전환한다면 어떠한 전개가 가능할 것인가, 주체사상과 시장경제의 공존(<그림>의 두번째 관문)은 과연 가능할 것인가. 이상의 질문에 총체적으로 답한 분석서는 존재하지 않는다.

---

4) 중국 현대국제관계연구소와 서울국제포럼 대표단의 토론요지, 1998년 5월, 주중 한국대사관.

여기에서는 이러한 기존 연구의 현황에 대한 인식에 기초하여 북한의 개혁・개방에 관한 의지와 주요정책의 시도만을 중심으로 소개하고자 한다.5) 개혁・개방에 관한 정확한 논의를 전개시켜 나가기 위해서는 먼저 개혁・개방이란 무엇인가 정의를 내릴 필요가 있다. 일반적으로 사회주의국가에서의 개혁・개방은 '시장화' 및 '자유화'라는 문맥에서 논의되고 있다. 따라서 개혁・개방은 반드시 경제분야에 한정된 개념이 아니라 정치적 민주화까지를 포함하는 총괄적인 개념이라 할 수 있다. 그러나 1978년 중국의 개혁개방 실시 이후 개혁・개방이란 용어는 정치개혁과 분리되어 경제분야에만 한정해서 쓰는 경향이 있다.

바꿔 말해 개혁・개방을 경제분야만의 협의의 개념으로 파악할 것인가, 그렇지 않으면 정치분야를 포함하는 사회 전반의 개혁・개방을 가리키는 광의의 개념으로 파악할 것인가에 따라 논의의 범위와 초점은 크게 달라진다. 예를 들어 1997년 한국에 망명한 전 조선로동당 서기 황장엽은 개혁은 개인독재를 포기하고 민주주의를 도입하는 것을 의미하며, 개방은 민주주의원칙에 따라 시장경제를 도입하고, 국제사회에 문호를 여는 것을 의미한다고 정의내리고 있다. 즉 그가 말하는 개혁・개방은 수령 절대주의의 종언을 의미하는 것이다. 그러나 개혁・개방을 경제분야에만 한정해서 사용하면 중국이나 베트남 같은 공산당정권과 시장경제의 공존도 있을 수 있다.

여기에서는 후자의 입장을 취하기로 한다. 즉 개혁은 시장경제 메커니즘 내지 그것에 준하는 것의 도입, 개방은 자본주의국가 또는 국제기관과의 경제교류라고 각각 정의하기로 한다. 이러한 입장을 취하는 가장 큰 이유

---

5) 북한의 최근 몇 년간 개혁・개방 움직임을 보면, 2000년에 있어 ① 김정일 국방위원장의 중국방문(5. 29~31), ② 남북정상회담 개최(6. 15), 2001년에는 ③ 김위원장 신년에 신사고 강조(1. 1), ④ 김위원장 중국 개혁 특구지역인 상하이 등 산업단지 시찰(1. 15~20), ⑤ 평양마라톤에 필라 등 서구식 광고 최초 등장(4. 15), 2002년에는 ⑥ 최고인민회의에서 선진 과학기술 도입 천명(3. 27), ⑦ 아리랑축제 외국인에게 개방(5. 30~7. 30), ⑧ 배급제 폐지 등 우리식 사회주의 시장경제 도입 등 조용하면서도 의도적인 변화를 시도하고 있다.

는 논의의 현실성에 있다. 즉 경제분야만의 개혁·개방에도 주저하고 있는 김정일정권이 사회 전반의 개혁·개방을 단행할 리가 없기 때문이다. 또한 한·미·일·중 4개국이 바라고 있는 개혁·개방도 급격한 변화를 가져올 전면적인 개혁·개방이 아니다. 상황이 이러할진대 전면적인 개혁·개방을 논한다는 것은 공리공론이 될 가능성이 높다.

그러나 이와 같이 정의한다고 하더라도, 김정일정권이 개혁·개방이란 말에 강한 거부반응을 나타내고 있다는 점을 고려하지 않으면 안 된다. 예컨대 김정일정권은 다음과 같이 말하고 있다.

'개혁', '개방'에 대한 우리들의 립장은 명백하다.
우리는 이미 주체사상의 원리에 기초하여 경제관리 체계와 방법을 우리식으로 끊임없이 개선하여 왔으며 지금도 개선하고 있다. 우리의 대외경제 관계도 평등과 자주성의 원칙에서 열어놓을 것은 다 열어놓았다. 우리나라의 문호가 언제 한번 '폐쇄'된 적이 있었는가. 우리에게는 새삼스럽게 더 '개혁'할 것도 없고 '개방'할 것도 없다. 제국주의자들이 우리보고 '개혁', '개방'하라는 것은 결국 자본주의를 되살리라는 것이다. 적들은 언제인가는 우리나라도 '서방식'을 받아들이게 될 것이라고 하고 있지만, 그것은 우리의 신념과 의지를 오판하고 있는 어리석은 수작이다.6)

즉 김정일정권에게 개혁·개방은 곧 서방자본주의의 도입, 우리식 사회주의의 종언을 의미하는 것이다. 그렇기 때문에 그들은 합영기업, 경제특구 등 비록 제한적이기는 하나 개혁·개방정책을 실시하면서도, 개혁 또는 개방이라는 말을 일체 쓰지 않고 있다. 바꿔 말해 향후 설령 경제운영의 기본노선으로서 개혁·개방정책을 실시한다고 해도, 결코 개혁·개방이라는 표현은 쓰지 않을 것이다.

북한이 2002년 7월부터 대폭적인 물가인상과 이에 따른 급여인상, 식량

---

6) "자립적 민족경제 건설로선을 끝까지 견지하자," 1998년 9월 17일자 <로동신문>, 『근로자』 공동논설.

배급제의 내용변화, 환율변동 등 새로운 경제개혁 조치를 취하고 있다는 소식이 언론을 통해 전해지고 있다.7) 아무래도 극심한 식량난과 경제의 구조적인 한계로 인한 불가피한 조치일 것이다.

북한은 실제 임금과 물가인상 등 가격개혁 조치와 함께 사상 처음으로 각 단위 및 사업소별로 '실적제'를 병행 실시함으로써 본격적인 시장경제 체제를 도입하는 실험에 나선 것으로 알려졌다. 북한의 실적제는 모택동 사후 중국이 1978년 개혁·개방노선을 처음 채택하면서 도입한 '생산책임제'와 같은 의미이며 각 부문별로 생산성을 향상해 경제파탄 및 체제위기를 극복하려는 의도인 것 같다. 북한의 이러한 경제개혁 조치는 이미 그 효과를 나타내 각 사업소를 떠났던 근로자들이 직장으로 돌아오는 조짐이 뚜렷하게 나타나고 있다고 최근 북한을 다녀온 사람들도 확인하고 있으며, 실제 "북한주민들은 월급이 오른 만큼 물가도 오르기 때문에 임금인상보다는 실적제에 더 관심을 갖고 있다"고 한다.

북한은 이러한 각종 경제개혁 조치를 7월 들어 부분적으로 시행한 데 이어 8월 1일부터 전국적으로 확대 시행할 계획이었으나, 국가적 행사인 '아리랑축전'이 이 달 말까지 연장되는 바람에 시기를 늦춘 것으로 전해진다. 그렇다면 북한은 구소련과 동구권의 개방·개혁을 통한 변화가 있을 때 실제로 90년대 이후 줄곧 '우리식 사회주의경제 체제'의 틀을 유지하기 위해 심혈을 기울이면서 시장경제적 요소로 볼 수 있는 일련의 개혁정책을 동시에 지속적으로 시행해 왔다고 할 것이다. 제도적으로는 98년 9월 제10기 1차 최고인민회의의 사회주의헌법 개정을 계기로 사유재산 개념을 부분적으로 반영한 신헌법을 채택한 것이 큰 변화의 도화선이 되었으며 그후 새로 제정하거나 개정한 경제법률만도 14건에 이른다. 이와 동시에 대외무역 활성화를 위해 각종 법규를 새로 제정하고 정비했는데, "무역법"을 통해 대외무역을 체계화한 데 이어 헌법개정 과정에서는 그 동안 국가가 독점했

---

7) <조선일보>, 2002년 7월 19일; 재일본조선인총연합회(총련) 기관지, <인터넷 조선신보>, 2002년 7월 26일.

던 대외무역을 일반 사회협동단체에도 허용한 것이 특징이다.

　사실상 북한은 그 동안 개혁·개방이 곧 사회주의체제 붕괴라는 걱정에 사로잡혀 개혁·개방을 한사코 피하면서도 산업조직 구조조정을 통해 기업경영 효율화조치를 취하는 등 '경제사업 개선'을 강조, 경제회생을 위한 변화의 숨통을 터 나갔다. 특히 북한은 2001년 1월 김정일 총비서가 중국의 개혁·개방 현장인 상해 푸동을 답사하고 돌아온 이후부터는 '실용주의', '간부의 실력전', '실리' 등으로 표현된 신사고적인 마인드를 경제사업에 적극 반영해 왔다. 최근 재일본 조선인총연합회(총련) 기관지 <조선신보>에 의하면 북한은 이미 7월부터 임금과 물가가격 인상조치 실시에 들어가 쌀가격이 55배 인상됐으며, 모든 가격을 원래의 가치대로 계산해 kg당 8전이었던 쌀의 가격은 44원 이상으로 매매되지만 그것도 품귀현상이라고 한다. 또한 이 신문은 쌀 수매가격을 인상함으로써 농민들의 생산의욕이 더욱 높아질 수 있다며, 이번 가격조정에는 농민들의 생활 및 노동조건을 개선하는 목적도 있다고 강조했다. 한편 "무료 의무교육제, 무상치료제, 사회보험제와 휴양제, 영예군인 우대제 등 사회적 시책들은 발전시켜 나갈 방침"이라고 밝혀 북한의 무상 공공서비스 부문은 종래대로 병행 추진된다고 한다.

　특히 <조선신보>는 "이제는 자기가 일한 만큼 받게 되는 노임의 액수로 직접 확인할 수 있게 됐다"며, "국가가 근로자들에게 돌려주는 혜택의 범위를 조정한 것은 사회주의 분배원칙이 자기의 기능과 역할을 원만히 수행할 수 있도록 하기 위한 조치라고 볼 수 있다"고 평가했지만, 상당기간 변화에 따른 혼란은 불가피 할 것이다. 북한의 우방인 중국이나 베트남이 개혁·개방을 추진할 때는 시장지향의 개혁파에 의한 세력교체가 있었으나, 북한에는 아직 그러한 변화가 일어나지 않고 있기 때문에 전면적인 시장경제로 변화를 가져오기까지는 오랜 기간의 개혁과 변화 준비과정이 소요될 것이다. 북한이 결코 잊어서는 안 될 사항은 개혁·개방과정에서 중국과 베트남이 시장경제를 도입할 때 한국의 도움과 역할이 지대했다는 사실인데, 민족공영 차원에서 북한의 개혁·개방이 추진되어야 할 것이다.

제4장 문화공동체 의식형성과 효과적인 평화통일교육

1. 평화통일교육의 의미

　21세기는 벽두부터 냉전시대의 유물인 적대적인 통일이념교육을 탈피할 환경이 조성되고 있어 변화에 따른 통일교육을 준비할 필요가 있다. 남북정상간의 공동선언(2000. 6. 15)이 있은 이후 남북관계는 새로운 화해와 협력의 시대로 접어들고 있으며 실제로 북한이 변하고 있다는 조짐이 보인다. 김정일 국방위원장은 신년사에서 "기존관념에 사로잡혀 지난 시기의 낡고 뒤떨어진 것을 붙들고 앉아 있는 것이 아니라 대담하게 없애 버릴 것은 없애고 기술 개건(改建)을 해야 합니다"라고 당간부들에게 '신사고'를 가질 것을 강조했다. 이는 북한이 적극적인 개혁·개방정책을 추구해 갈 것을 예고하는 것으로 받아들여진다.

　실제 김위원장은 전통적 우방인 중국을 2000년 5월 방문해 베이징(北京)의 첨단전자 단지 등을 직접 둘러봤는데, 2001년 1월 14일에는 중국의 대표적인 대외개방 지역인 상하이(上海)의 푸둥(浦東)과 광둥(廣東)성 등 서해 경제특구 지역을 방문한 후 '혁신', '일신', 과거 관례 탈피 등 어휘의 사용빈도가 급증하고 있다. 이러한 김정일의 중국방문은 북한이 중국의 개혁·개방에 관심을 갖고 '제2의 중국'을 지향하는 것으로서 북한의 변화를 입증하는 움직임으로 보인다. 즉 중국식 개방·개혁정책을 과거 사회주의의 타락이라고 비난하는 데서 벗어나 점진적인 개혁·개방의 길로 들어섰다고 해도 과언이 아니다. 김위원장이 최근 <로동신문>에서 "경제건설을 잘 하는 것보다 중요한 사업은 없다"고 한 것은 이러한 사실을 잘 보여주고 있다.

　최근 북미관계의 갈등으로 주춤하고 있지만 2000년 남북 두 정상의 역사적인 만남과 6·15남북공동선언을 시작으로 장관급회담과 적십자회담, 국방장관회담 등이 이어지고 있어 남북화해의 가시적 성과가 나타난 것도 사실이다. 나아가 반세기가 넘게 헤어졌던 혈육들이 눈물과 감격의 극적인 상봉을 하고, 많은 사람들이 금강산관광을 다녀오고 얼마 전에는 제한적이지만 이산가족들의 서신교환이 이루어진 것도 큰 성과이다. 논의중인 이산가족 상봉을 위한 면회소설치 문제가 전향적으로 해결된다면, 현재의 제한적·일시적 만남에서 진일보한 통일접근의 형태가 될 것이다.[1]

　현정부는 김정일 위원장 답방시 세계 화약고인 비무장지대의 군사력 후방배치와 같은 재래식 군비감축, 냉전적 대결을 종식하는 "서울평화선언" 채택을 추진하고 있다. 그리고 남과 북이 당사자로 나서고 미국과 중국이 이를 지지·보증하는 4자회담을 통한 한반도의 국제적 평화보장이라는 제도적 틀을 구축하려는 계획을 갖고 있지만 현재상황으로서는 불확실하다.[2]

　이런 일련의 정책이 한반도평화와 궁극적으로는 통일을 위한 거시적 접근이라면, 남북 사회문화 교류와 협력을 통한 문화공동체 개념의 확립은 미시적 접근이라고 할 수 있다. 3차에 걸친 이산가족 교환방문은 이념의 철책과 소떼 방북을 보고 "소라도 되어 고향 땅을 밟을 수 있었으면" 하고 절규하던 이산가족들의 혈육상봉의 뜨거운 눈물이 남북 상호간의 적대적

---

1) 북한은 경직된 체제 내부의 충격을 완화하기 위해 남한과의 전면적 교류협력 방식보다는 점진적 방식을 선택할 것으로 보인다. 이산가족 문제에서도 당분간은 내부준비를 위해 제도적 접근보다는 시범사업 성격의 상봉과 생사확인, 서신교환 등에 치중할 것이라는 게 전문가들의 지배적인 관측이지만, 김정일 서울답방을 계기로 이벤트적 성격이긴 하지만 파격적인 면회소설치 가능성을 점칠 수도 있다.
2) 현정부의 대북 포용정책은 지금 안팎의 시련에 직면해 있다. 안으로는 경제사정의 악화 등으로 여론의 대북 관용도가 점차 낮아지고 있고, 밖으로는 보수색채가 강한 부시행정부의 등장으로 대북정책을 새롭게 조율해야 할 형편에 놓여 있다. 한반도 정세변화의 핵심변수인 미국의 대북 강경기조가 현정부에 큰 부담이 되고 있는 것이 큰 변수다.

냉전의식을 녹일 수 있다는 가능성을 잉태케 했다.
　이제 통일은 관념상의 단어가 아니라 가시적인 염원이며, 통일정책은 대내외적 전시용이 아닌 실질적인 정책으로 전환되고 있다. 상황이 호전되어 김정일 위원장의 서울답방으로 남북관계가 급속히 평화와 화해무드로 이어진다고 하더라도 상호간에 불신과 이질감의 해소에는 적지 않은 시간이 필요할 것이다. 즉 155마일 휴전선 철책을 걷어치우는 국가간의 외형적·형식적·물리적 통일보다 가치관과 문화가 하나로 융합되는 민족공동체로서의 내형적·내용적·화학적 통일, 즉 '사실상의 통일'이 훨씬 멀고 험한 길이다. 더군다나 주변강국들의 다양한 이해관계와 남북의 대립, 그리고 남남갈등을 극복하고 두 국가의 영토를 합치는 외형적 통일 역시 무척 어려운 과제임에 틀림없다.
　외형적 통일이 정치적·사회경제적으로 하나의 국가체제를 형성하는 것을 의미한다면 내형적 통일로서의 사회·문화적 통합은 내면적으로 민족구성원들의 가치관, 생활양식, 물질적 조건 등을 동질적인 상태로 전환시키는 것을 말한다. 따라서 통일이 분명 7천만 겨레의 소원임에는 틀림없겠지만, 분단역사만큼이나 어려울지도 모르는 내면적 통일을 위해 우리는 통일에 앞서 민족동질성 회복을 위해 노력해야 한다. 외형적 통일에 앞서 분단 이후 정반대의 이념을 추구하는 과정에서 이질성이 심화된 민족이 하나의 문화권으로 통합되는 '실질적 통일'에 민족적 역량을 집중하지 않으면 안된다. 내면적 민족통합이 이뤄지지 않은 외형적 통일은 완전한 통일국가의 모습이라 할 수 없으며, 이는 결국 엄청난 사회적 통일비용을 요구하게 될 것이다.
　이질화 극복과 동질성의 회복 없이 무조건적인 일대일의 대등통합, 흡수통일, 무력통일은 통일 후 엄청난 사회적 비용을 치러야 함을 우리는 통일된 분단국의 선례에서 잘 알고 있다. 반세기 가까운 분단체제하에서 길들여진 의식과 생활문화상의 이질적 양상이 통일의 전도에 어떤 영향을 미치는지에 대해서는 독일의 통일사례가 실증적으로 보여주고 있다. 통일된 독일의 대내적 현실은 이른바 '통일후유증'에 대한 양독 주민들의 컨센서스

결여 때문이 아니라, 그것을 구체적으로 뒷받침하는 의식과 생활문화의 이질성에 기인하는 것임이 분명하다.

평화정착을 위한 노력과 동시에 반세기가 넘는 사이에 너무 멀어져 버린 민족동질성 회복을 위한 노력이 병행되지 않으면 안 되는 이유가 여기에 있다. 이 글은 바로 이런 외형적인 통일만이 아니라 사실상의 통일의 본모습인 민족동질성 회복을 통한 민족공동체 의식 형성을 위한 하나의 준비과정으로서 통일교육의 시대적 중요성과 필요성을 제기하고 그것의 효과적 방향과 방법을 탐색하는 데 그 의의를 부여한다.

2. 평화통일교육의 내용과 목표

통일교육을 정의하기에 앞서 우선 정립돼야 할 것은 통일의 개념이다. 한반도에서 통일은 남북한 체제통합뿐만 아니라 50여 년간 상이한 체제와 이념 속에서 삶을 영위해 온 사람들간의 사회문화적 통합을 의미한다.[3] 통일은 단순히 분단의 공간적 통합만이 아니라 한민족의 자유·평화·복지 증진·안전보장 등이 확보되는 과정을 함께 의미하여 민족공동체의 회복과 세계 속의 발전이라는 미래지향적 개념에 초점이 맞춰져야 한다. 따라서 통일은 분단상태 해결과 함께 해외동포와의 공영, 북한사회의 인권문제, 우리 사회의 물질지향 중심의 천박한 자본주의 극복 등을 통해 한민족 전체 복지차원의 동질성확보를 추구하는 개념[4]이어야 한다. 이는 제도적 통일뿐만 아니라 통일 이후 민족공동체의 삶을 충분히 고려해야 하며, 각기 다른 체제 속에서 살아온 이질화된 의식과 사고방식에서 오는 다양한 사회

---

3) 통일교육원, 『사회통일교육 지침서』, 2000, p.91.
4) 여기서 통일교육의 개념은 21세기를 맞이하면서 남북관계가 급진전돼 가고 있기 때문에 과거 통일을 이루기까지 필요한 범국민적 통일대비 교육과 통일 이후 민족의 동질화에 필요한 가치규범 교육이 통일과정에서 동시에 진행된다는 의미다.

적 균열의 치유가 중요하다는 것을 지적한 것이다.
 반세기라는 물리적 시간은 유구한 인류역사에 비하면 찰나에 불과하지만, 그것이 결과한 삶의 유형과 사고방식의 구체적 변화의 양상을 이전과 비교하면 가히 혁명적이라 할 수 있을 만큼 의식과 가치관의 차이가 크다. 18세기 말엽 영국에서 시작된 산업혁명의 불길이 전세계에 퍼져 이전의 농업중심의 삶의 양식에 근본적인 변화를 추동하였듯이, 20세기 최고의 발명품이라 불리는 인터넷은 지금 우리의 삶을 지배하는 가장 영향력 있는 문명의 이기이다. 산업사회에서 후기산업사회를 거쳐 지식정보화 사회로 이행하는 혁명적 변화의 한가운데에 서 있는 우리들에게 다가오는 현실은 앞으로 불어닥칠 대변화의 예고편에 불과하다고 미래학자들은 지적한다.
 1945년 미·소의 한반도 분할점령으로 시작된 분단은 처음의 단순한 임시적 성격이 시간이 지나면서 동서 냉전체제의 강화와 함께 자본주의와 사회주의라는 전혀 다른 두 체제로 고착화되었다. 이런 분단체제는 남과 북 사회구성원들의 사고방식을 폐쇄적이고 이념적이며 자기중심적으로 만들었을 뿐만 아니라 자유로운 의사표현과 건전한 토론문화를 제약해 왔다. 따라서 과거 50여 년 동안 분단의 기간은 시간적으로는 반세기에 불과하지만, 그것이 추동한 우리 삶의 구체적 변화의 결과는 이제 서로의 문화를 어색하게 만들 정도로까지 이질화되었다.
 이러한 분단이 가져온 남북한간의 이질화를 극복하고 사회문화적 통합을 통한 정서적 분단의 극복을 위해서는 문화와 가치관의 통합을 중시해야 한다. 정서적 분단의 극복을 통한 민족공동체적 공감대가 선행되지 않은 단지 외형상의 물리적 통일은 엄청난 통일비용을 요구하고, 이는 결국 국가경제의 큰 부담으로 작용한다는 사실을 우리는 통일독일의 현실에서 확인할 수 있다. 1969년 빌리 브란트의 동방정책 이후 꾸준히 통일을 대비해 온 독일에서도 1990년 급작스런 통일 이후 실질적인 통일을 달성하는 데 수많은 사회적 비용을 지불하며 혹독한 통일후유증을 앓고 있다.
 따라서 통일과정에서의 사회적·문화적 통합을 지향하고 상호 협력하는 가운데 통일 후 비용을 절감하기 위한 차원에서 통일교육의 중요성이 절실히 요청된다. 특히 6·15남북공동선언 이후 평화적 남북관계로의 급속한 변화, 그리고 정통성을 확보한 민주적 정권의 등장으로 인한 남한사회의 정치적 안정과 발전, 사회적 성숙으로 인해 통일교육은 한 단계 발전할 수 있는 기반을 갖추고 있다고 말할 수 있다.

통일교육이란 사회주의 이념가치를 내포한 자유민주주의에 대한 신념과 민족공동체 의식 및 건전한 안보관을 바탕으로, 남북한간에 평화정착을 실현하고, 나아가 통일을 이룩하는 데 필요한 가치관과 태도를 함양하는 것을 목적으로 하는 제반 교육을 말한다. 따라서 이러한 통일교육은 단순히 분단된 국가가 하나가 되는 것이 아니라 이질화되었던 민족의 두 부분이 다시 하나로 동질화돼 가고 민족공동체를 재구성해 가는 과정임을 교육 대상자들에게 인식시키는 역할을 한다. 이 과정은 단순히 법적·제도적 통일을 통해 국가를 합치는 것보다 민족의 재통합을 이루는 것이 더 많은 기간과 더 많은 노력이 필요한 작업임을 이해시키는 노력의 과정이다. 또한 분단체제 유지를 위해 드는 비용보다는 평화가 비용도 적게 들 뿐만 아니라 인권과 복지 등 삶의 질을 높이는 데 도움이 된다는 전략적 인식전환을 하도록 계속 설득하는 작업이다.

사실 현단계에서 평화체제 구축을 위해 남북간, 그리고 주변 4강과 긴밀한 협력과 유대를 공고화하는 것이 통일준비의 하드웨어라면 민족동질성 회복을 위한 통일교육은 소프트웨어라고 할 수 있다. 정치·군사적 신뢰구축을 통한 무기감축, 군사력의 균형을 통한 전쟁억지력의 달성, 그리고 평화선언, 4자회담을 통한 한반도 평화체제의 국제적 승인 등은 하드웨어의 구체적인 모습이다. 이런 분단의 평화적 관리와 이의 극복을 위한 노력은 남북관계라는 민족 내부조건과 주변국의 대한반도 정책이라는 국제적 여건의 향방에 따라 크게 영향을 받는다. 하지만 이와 달리 소프트웨어로서의 통일교육은 전적으로 남한 내부의 독자적 의지에 달려 있다. 복잡한 국제적 역학관계를 고려하지 않고 우리가 주체로서 자체의 의지에 따라 통일교육의 성패가 결정되는 것이다.

민족·문화공동체 형성의 지름길로서의 통일교육을 소홀히 한 독일은 지금 통일후유증 치료를 위해 엄청난 사회적 에너지를 소비하고 있다. 같은 분단국이었던 예멘과 베트남의 경우 역시 통일과정에서 통일교육의 중요성을 보여주는 역설적 사례이다. 때문에 우리 통일교육의 의미 속에는 당위적 과제해결에 있어서 국민적 공감대 형성 및 통일과정, 통일 이후에 뒤따르게 될 후유증 등을 사전에 예방하는 내용이 함의되어 민족공동체 형성이 순조롭게 진행되어야 한다.

해방 이후 지금까지의 통일교육을 크게 뒤돌아본다면, 우선 분단상황에서부터 1970년대까지는 반공교육이었다. 1980년대는 통일안보 교육, 그리고 1991년부터는 통일교육으로 명칭이 바뀌어 오늘에 이르고 있다. 그리고 이런 명칭은 당시 통일교육의 내용을 그대로 반영하고 있다. 2000년 남북공동선언이 있기 전까지 사실 그 동안의 통일교육은 통일의 실현보다는 대북 안보의식의 형성에 많은 비중을 두고 실시돼 왔다고 해도 과언이 아니다. 하지만 바람직한 통일교육은 기성세대의 적색공포증이나 통일에 대한 막연한 향수를 아무런 여과장치 없이 후세대에게 전수시켜 주는 것이 아니라, 학습자들의 마음속에 적극적인 민족의식과 평화의식을 함양시켜 그들 스스로 통일과 안보의 중요성을 체감할 수 있는 능력을 길러 주는 것이어야 한다.

하지만 과거의 통일교육에 대해서는 방향과 목표설정에서 국민적 합의가 간과되고 정치상황의 변화에 따라 변하는 한계가 지적돼 왔다. 더욱이 통일에 대한 국민적 공감대를 형성하지 못하고 정권의 이해에 좌우되었던 문제점도 제기돼 왔다. 사실 그 동안의 통일교육은 반공과 안보중심의 교육이었고 통일의 대상이자 파트너인 북한에 대한 기술은 그 동안 늘 이념적 대립의 내용으로 얼룩진 것이어서, 북한을 있는 그대로 이해하는 데 커다란 걸림돌로 작용해 왔다. 그로 인해 북한사회의 성격 및 전반적인 운영원리라는 포괄적인 모습이 아니라 단편적인 모습만을 보고 북한사회를 이해하려 했기 때문에, 그 동안 우리의 통일교육 내용은 다소 객관적이지 못했다는 비판을 받아 왔다. 통일교육의 내용이 객관적이지 못한 점은 특히 '북한의 실상' 부분에서 많이 나타났다. 예를 들어 북한의 현실을 다룸에 있어 김일성 및 김정일 개인숭배를 중심으로 하는 부정적 측면만을 크게 부각시키다 보니, 학습자들이 사회주의체제인 북한을 총체적이고 객관적으로 파악하는 데 상당한 장애를 받았다.

하지만 시대적 상황은 크게 변해 통일교육 방향의 근본적 전환을 요구하고 있으며, 북한에 대한 객관적 이해를 바탕으로 민족공동체 형성을 위한 동질성회복의 길로 나아가도록 하고 있다. 이제 북한을 바라볼 때는 군사적으로 대결상태에 있는 경계대상이라는 점과 하나의 공동체형성을 위해서 함께 협력해 나가야 할 동포라는 이중적 현실인식이 필요하며, 남북이 서로간의 적대성을 감소시키고 동포애를 증진시켜 북한을 공존과 동반자관계로 이끌어 가는 지혜와 노력이 필요하다. 또한 북한을 제대로 이해하기 위해 우리는 합리적인 북한인식과 객관적인 북한이해, 역지사지(易地思之)의 자세가 요청된다.5)

첨예하게 대치되는 구조적 냉전질서하에서 약소국의 위치와 분단과 동족상잔의 전쟁경험이라는 특수한 사정을 안고 있던 우리로서는 그 동안 반공 일변도의 교육이 부득이했다고 할 수도 있다. 하지만 이념대결의 종식과 성공적 남북정상회담의 결과로 조성된 평화통일의 분위기가 신장된 현재로서는 상호이해와 신뢰를 바탕으로 한 평화공존과 민족공동체 형성을 위한 방향으로 통일교육의 무게중심을 옮겨야 한다.

통일교육에서 제기되는 또 다른 문제점으로 학교교육과 사회교육의 유기적 체계화 결여의 문제를 들 수 있다. 남북의 상호무지를 해소하기 위한 교육은 학교 내에서 강의교육으로만 이루어져서는 안 된다. 학교교육과 사회교육이 유기적으로 잘 연계되면 학교교육의 성과는 그만큼 배가될 것이다. 사실 그 동안 추진해 온 통일교육은 이 두 분야를 일관되게 적용할 수 있는 체계적 연계성이 미흡했다. 각각의 내용도 체계성을 갖추어야 하나, 실제로 학교교육과 사회교육에서 실시되고 있는 통일교육은 체계적 연계가 이루어지고 있지 않다. 이는 통일교육이 전반적인 교육체계와의 연계성, 시민교육과의 체계적 관계가 수립되지 않은 채 파편적으로 이루어져 온 결과이다.

---

5) 통일부, 『통일교육 지침서』, 2001, p.9.

다음은 대중매체와의 연계성 문제인데, 대중매체를 포함해서 각종 사회활동이 통일의식 형성에 중요한 역할을 수행함에도 불구하고 교육기관과 각종 사회활동간의 연계성이 매우 부족한 실정이다. 즉 신문, 방송, TV, 라디오 등 대중을 대상으로 한 모든 매체와 도구들이 긍정적인 통일관의 형성에 크게 기여하고 있는 점을 감안할 때, 통일교육에서 대중매체의 적극적 활용은 매우 중요하다고 할 수 있다. 독일 통일 이전에 서독주민의 약 95%가 동독 TV를 시청했다는 사실은 시사하는 바가 적지 않다.

이외에도 통일교육의 전담자 부족과 일회성 강의방법에서 오는 문제를 지적할 수 있다. 통일교육에 대한 전문적 지식과 풍부한 경험을 갖춘 전문가의 부족은 통일교육의 개념과 방향의 부재와 연결되어 효과적인 통일교육을 가로막는 장애물이 되고 있다. 실제로 교사를 비롯한 교육전문가들의 64.8%가 현행 학교 통일교육에 대해 전면적 개선의 필요성을 제기하고 있으며, 겨우 23.5%만이 그런 대로 무난하다는 의견을 보이고 있다.[6] 또한 현재 통일교육의 수업방식은 대부분 강의 중심으로 실시되고 있다. 현실여건상 어쩔 수 없다고 하더라도 이런 강의 중심의 통일교육은 지양돼야 한다. 강의 중심의 평면적인 교육은 학습자에게 수동적·소극적 자세를 갖게 할 뿐만 아니라 일회성으로 끝나 버리기 쉽기 때문이다.

통일교육이 무엇이며 무엇이어야 하는가에 대해 한마디로 정의하기는 매우 어렵다. 왜냐하면 이것은 통일교육의 내재적 성격인 사상성, 정치성, 시사성, 종합성은 물론 통일의 본질과 방법론적 문제 등에 따라 달라질 수 있으며, 한시적 교육이라는 한계성을 가지고 있기 때문이기도 하다. 하지만 극단적 이데올로기 대립의 종식과 민족동질성 회복과 자주·평화·민족이라는 통일의 3대원칙에 의거해서 본다면 통일교육의 개념과 그 기본목표의 큰 그림은 그려질 수 있을 것이라 생각된다.

통일교육 개념에는 국가통일과 민족통일이 동시에 포함돼야 하며 민족

---

[6] 문용린 외, 『남북통일 대비 교육준비에 관한 교육전문가의 의견조사 연구보고서』, 서울대학교 사범대학 통일교육연구위원회, 1995.

공동체의 형성과 세계 속의 통일한국의 미래상 내용이 제시돼야 한다. 이런 원칙하에서 통일이란 남과 북의 정치적·제도적·법적 통일을 성급하게 서두르기보다는 우선 남북간의 긴장해소와 신뢰형성을 통해 화해·협력의 공존적 관계를 성취한다는 '사실상의 통일'을 추구해야 한다.[7] 그것은 정치와 경제, 사회체제간의 통합일 뿐만 아니라 남북한 주민들간의 의식과 가치관의 통합을 포함하는 것이다.

이처럼 통일은 모든 방면에서 남북의 주민이 삶의 양식과 정신문명을 공유하는 것이다. 그러나 남과 북이 상호 적대성을 감소시키고 평화정착을 실현하여 남북연합이라는 국가연합을 형성했을 때 우리는 그것을 과도적 단계의 통일로 볼 수 있을 것이다. 즉 법률적·제도적 분단상태에서도 평화정착, 화해·협력을 통해 민족공동체를 재창조하면 사실상의 통일이 가능하며, 이를 더욱 발전시키면 남북한은 완전한 통일에 도달할 수 있다.

사실 한반도 냉전구조에서 각 행위자들은 냉전적 이데올로기로 무장한 채 두 편으로 나누어져 서로 대결하고 부딪히면서 긴장관계를 계속해 왔다. 그러나 장차 한반도는 남북한간의 극단적 대립과 갈등, 북한과 미국·일본간의 갈등, 남북한 내부에서의 불신과 편가르기 같은 냉전구조의 산물을 통일교육으로 무너뜨리고 화학적 통일을 이루어야 한다. 이를 성취하기 위해서는 통일교육의 확고한 기본목표를 설정해야 한다. 통일교육이 지향하는 기본목표는 통일교육이 달성하고자 하는 궁극적인 종착점으로서 통일교육의 기본방향을 제시하며, 내용선정과 방법 등에 중요한 영향을 미치는 것으로서 국민적 컨센서스를 바탕으로 신중하게 결정해야 하는 문제이다.

한반도 상황의 급속한 변화와 자주적 통일달성의 입장에서 살펴본 통일교육의 기본목표는, 첫째로 통일 지향적 인간상의 육성과 민족공동체 의식을 바탕으로 민족동질성 의식의 회복을 기르는 데 있다. 이는 두번째의 바람직한 통일관의 정립과 직결되는 문제이기도 하다. 이를 위해서는 일상생활의 의식태도와 생활문화에서 통일의 당위성을 구호만이 아니라 설득력

---

7) 통일교육원, 위의 책, p.6.

있게 제시해야 한다. 또 교육내용도 과거의 이데올로기와 체제비판에서 민족의 평화통일 실현을 위해 남북이 공유할 수 있는 전통문화의 민족동질성 회복의 방향으로 전환돼야 한다.

결국 이런 목표는 통일을 '결과'가 아닌 '과정'으로 보는 의식의 전환을 이룰 때 가능하며 그 내용도 깊이가 있어질 것이다. 사실 통일을 '달성'·'미실현'의 이분법적 개념으로 구분하는 결과적 시각에서 벗어나 '몇 퍼센트' 달성이라는 과정으로서 연속성의 차원에서 파악해야 한다.[8] 즉 통일은 어느 날 한 시점에 갑자기 달성되는 것이 아니라 꾸준히 성취해 나가는 과정으로 이해해야 한다. 통일을 법적·제도적 통합의 결과로만 이해할 경우 설사 통일을 달성했다 하더라도 통일 후 사회통합의 어려움에 봉착하기 때문이다. 이는 나름대로 교류와 협력의 절차를 거친 독일이 엄청난 통일후유증을 앓고 있는 경우에서도 확인되고 있다.

둘째, 통일환경과 남북한 실상에 관한 객관적 이해와 건전한 안보관 확립이다. 남북관계의 이중성에 대한 이해와 아울러 북한의 정치, 경제, 사회, 문화 및 주민의 생활상을 사실에 기초해서 다면적으로 인식시킴으로써 객관적인 북한관을 형성하도록 하여 '다름'을 인정하고 '같음'을 확대·창조하는 능력을 배양할 수 있도록 해야 한다. 한편 냉엄한 국제질서와 한반도의 군사적 대치상황에서 국가의 유지·보존을 위한 안보의 중요성을 인식시키고 튼튼한 안보를 바탕으로 북한의 무력도발을 억지하는 바탕에서 화해·협력을 통해 평화를 만들어 가는 대북정책의 안보관을 이해하도록 해야 한다.

셋째, 통일주체로서의 책임감과 통일실현 의지의 함양이다. 앞으로 통일교육이 지향해야 할 바는 통일문제에 대한 지식과 이해수준을 높이고, 이를 토대로 통일주체로서의 책임감과 역할인식을 고취하는 것이다. 아울러 개개인에게 통일에 대한 합리적인 사고와 태도 및 규범을 습득케 하며, 이를 바탕으로 통일에 대한 올바른 가치관과 태도를 형성하게 해야 한다.

통일의 주체는 어디까지나 국민 모두이기 때문에 통일의 가능성 여부는

---

[8] 위의 책, p.20.

국민의 통일의지에 달려 있다고 해도 지나친 말이 아니다. 따라서 정부가 아무리 통일을 향한 의지가 강하다 하더라도 국민적 공감대가 형성되어 단합된 의지의 표명이 없다면 통일은 달성할 수 없을 것이다. 하지만 추상적·감상적 통일의지가 아닌 구체적·현실적 통일의지는 통일주체인 일반 국민들에게 남북한간 평화공존의 실현과 통일의 당위성을 인식시킴으로써 비로소 가능하다. 사실 엄청난 통일비용 때문에 통일에 주저하고 망설이는 국민들은 통일 후 삶의 질의 '하향 평준화'를 우려하고 있다. 통일후유증을 줄이는 최선의 방책은 분단의 평화적 관리를 통해 교류와 협력의 점진적 관계증진과 평화적 공존뿐임을 이해시켜야 한다. 즉 평화, 교류와 협력은 분단 때문에 발생하고 있는 비용과 고통을 줄이는 정책이며, 이는 궁극적으로 통일을 위한 투자임을 이해시켜야 한다.

넷째, 민족공동체 의식으로 이질화를 극복하고 통일문화를 창조할 수 있어야 한다. 남북한 관계개선의 장애요인으로는 외적 요인보다는 민족의 이질화와 상호불신이 더욱 심각하게 작용하고 있다. 서로가 상대방의 실체를 인정하는 가운데 대결의 논리에서 화합의 논리로 전환해 남북한이 함께 민족공동체 의식을 고취하고 민족통합을 지향하면서 공동 문화유산의 교류를 통해 통일문화를 창조하도록 노력해야 한다.

3. 통일 문화공동체 형성과 평화통일교육의 방향

1) 통일교육의 일반적 지도원칙

통일교육의 방향이나 목표의 효과적인 달성 여부는 통일교육 실행을 위한 지도원칙과 밀접히 연관돼 있다. 통일교육의 목표와 내용을 설정했다고 해서 통일교육이 저절로 현장에서 효과적으로 실시되지는 않는다. 그러므로 이제는 통일교육의 실행을 위한 지도원칙을 설정하고, 구체적인 지도방법을 제시하는 데 많은 관심을 기울여야 할 때이다.

그렇다면 통일교육은 어떠한 지도원칙에 입각해서 실행돼야 하는가? 사실 이제껏 우리는 이 질문에 대한 해답을 찾는 데 커다란 관심과 노력을 기울이지 못했다. 통일교육의 목표와 내용이 설정됐다고 해서 통일교육이 저절로 잘되는 것은 아니다. 통일교육은 내용과 방법을 유기적으로 통합해 교수·학습과정으로 구현될 때 효과를 볼 수 있다. 그러므로 이제는 통일교육 실행을 위한 지도원칙을 설정하고 구체적인 지도방법을 개발하는 데도 많은 관심을 기울여야 한다. 통일교육의 개선과 활성화를 위해 제도적 정비와 더불어 보다 적극적인 지원이 요구되고 있는 상황이다.

(1) 객관적 사실에 기초한 북한이해

오늘날 통일교육의 목표는 종전 반공교육의 한계를 극복하고 북한을 민족공동체의 일원으로 포용하면서 통일을 준비하고, 나아가 통일 이후를 대비하는 적극적 태도를 함양하는 데 주어지고 있다. 이를 위해서는 북한의 현실과 통일문제에 대한 정확한 정보와 지식, 이에 바탕한 합리적인 판단과정, 바람직한 태도의 형성 등이 통일교육의 기초가 되어야 할 것이다.[9]

사실 그 동안 통일교육은 한쪽 눈을 가리고 '있는 그대로의 북한'이 아니라 '그렇게 있었으면 하는 북한'을 보아 왔다고 할 수 있을 것이다. 이는 북한도 마찬가지다. 오른편에 서서 보는 왼쪽에 서 있는 사람은 단지 반대편에 선 '다른' 사람이 아니라 도깨비 방망이를 든 뿔 달린 괴물의 형상을 한 '괴상한' 사람이었고, 곧 극복의 대상이었다. 이념의 차이에 따른 상대적 다양성을 인정하지 않는 획일적 사고방식의 일방적 강요는 이념과 권력의 폭력이었다. 하지만 이념적 다양성이라는 한 가지 사실만을 인정하면 북한은, 그리고 남한은 다름보다는 같음이 훨씬 많은, 반만년 유구한 역사를 함께 해온 뜨거운 혈육이자 동포이다. 언어의 동질성, 동질적 유교문화,

---

9) 위의 책, p.9.

동일한 가정문화, 그리고 민속문화의 동질성 등은 냉혹한 휴전선 철책도 막지 못하는 귀중한 통일의 자산이요 동질성회복의 소중한 종자다.

통일교육의 출발점이라 할 수 있는 '객관성의 확보'를 위해서는 바로 시비의 차원이 아니라 '다름'의 차원에서 북한을 보는 접근방식이 필요하다. 북한의 현실을 우리의 입장에서 본 부정적 측면이나 단점만을 들춰내려는 시도에 치우치다 보면 통일교육의 객관성을 저해함은 물론 상당한 이질감을 조장하는 결과를 낳을 수도 있음을 명심해야 한다. 교육자는 분단의 현실, 북한의 실상, 통일문제에 대한 신뢰성 있고 공정한 지식과 정보의 제공을 주임무로 하여 학습자들이 나름대로 합리적인 판단력을 바탕으로 비판할 수 있는 능력을 키워 주는 일에 보다 많은 강조점을 두어야 한다. 최종적인 판단과 결정은 그들의 몫인 것이다.

통일교육에서 객관적 사실이 중요한 또 다른 이유는 능동적이며 현실적인 학습자관과 밀접한 관계가 있다. 통일교육에서 우리는 학생들을 통일에 대한 지식과 신념을 수동적으로 받아들이는 입장으로 상정해 왔다. 학습자들은 그들에게 주어진 사실과 정보를 바탕으로 그들 나름의 지식과 신념을 구성해 갈 수 있는 능력을 갖추고 있다는 사실을 명심할 필요가 있다. 그러므로 우리는 그러한 능력을 갖고 있는 학습자들이 분단현실을 올바르게 이해하고, 통일의 파트너인 북한 및 북한주민을 적대적으로 바라보기보다는 객관적·합리적으로 바라볼 수 있도록 가능한 한 객관적 사실의 제시·전달에 충실해야 한다.10)

(2) 개방적이고 합리적인 토의를 통한 교육주체의 자율성 확대

안보의 중요성만 강조하는 통일교육은 자칫 통일교육 자체에 대한 편견과 무관심을 초래하는 원인이 될 수도 있다. 이러한 문제를 극복하려면 통일교육에서 안보를 강조하되 미래지향적 시각에서 화해·협력의 중요성을 제시하면서, 교육주체가 자율성과 정치적 중립성을 보장받은 상태에서 개

---

10) 통일부, 『통일교육 지침서』, p.55.

방적이고 합리적인 토의를 거친 후 스스로 판단하게 해야 한다. 사실 이제까지의 통일교육은 국제적 냉전질서의 치열한 대결이라는 당시의 시대적 상황에서는 어쩔 수 없는 선택이었다고 하더라도, 우리의 일방적 시각으로 본 북한의 모습을 강제적으로 주입하는 교육이었다. 이러한 일방적인 주입식교육에 근거하여 강의가 지나치게 안보중심의 통일논의로 치우칠 경우 통일교육은 교육자와 학습자들에게 북한에 대한 논의를 제한하게 되고 자료공개의 제한과 통제를 가져오게 한다. 그 결과는 정부에서 제공하는 통일교육 자료에 대한 불신을 가져오기 쉬우며, 통일교육 자체에 대한 무관심과 편견까지도 초래할 수도 있다.

따라서 정부는 교육주체의 정치적 중립성을 보장해 주고, 그들의 자율적인 통일논의를 허용하며, 그리고 합리적이고 객관적인 통일논의에 기초가 되는 통일관련 정보 및 자료를 늘 활용할 수 있도록 지원해 나가야 한다.

이런 목표를 도달하기 위한 교육방법으로 토의식 수업을 적극 활용하는 방안을 생각해 볼 수 있다. 토의는 어느 안건에 대해 자유로운 분위기 속에서 서로의 의견을 주고받으며 대화하듯이 진행해 나가는 것으로, 단순한 대화로 볼 수도 있으나 좀더 의도적이고 체계적인 집단의 대화를 의미하는 것이다.

토의수업은 통일교육에서 가장 많이 제안되고 있는 수업모형으로, 어떤 정해진 한 가지 절차만으로 한정해서 말하기는 어렵다. 여기서 말하는 토의수업은 대화식 수업, 토론식 수업, 논의식 수업 등으로 불리는 일단의 모든 수업과정 곧, 교사와 학생간의 일문일답식 수업, 집단토의 수업, 문제에 대한 판단과 대안 찾기 수업, 찬반이 있는 문제에 대한 찬반토론 수업 등을 광범위하게 포괄하는 의미이다.

(3) 컴퓨터기술의 발전과 사이버 통일교육

최근에는 컴퓨터기술의 발전으로 문자는 물론 비디오, 사진, 영화, 오디오 등 다양한 매체를 종합적으로 활용할 수 있는 기술이 발달했고, 첨단 정보통신기술을 활용해 시간적·공간적 제약을 초월한 원격교육이 가능해졌다. 이러한 기술의 발전과 더불어 북한관련 정보의 공개확대로 국내외 정부기관 및 비정부기구의 다양한 자료은행과의 연결이 가능하며 자료공급에 있어서 일방통행이 아닌 수요자의 선택을 중시하는 분위기가 확산돼 가고 있다. 그리고 통일에 대해 점차 무관심 내지 냉소적 경향을 보이는 신세대들에게 통일에 대한 관심 및 흥미를 유도해 통일논의에 적극적으로 참여하도록 하기 위해서도 사이버 통일교육이 중요하다.

특히 신세대 청소년들은 인터넷(internet)[11]을 이용해 정보검색, 전자우편, 전자토론 등에 많이 참여하고 있다. 따라서 이러한 청소년들을 통일교육에 적극적으로 참여하도록 하기 위해서는 인터넷을 통한 통일교육을 체계적으로 운영하는 것이 매우 바람직하며, 수요자의 특성에 맞는 간단명료한 문장형식을 사용함으로써 참여도를 높일 수 있다. 이러한 사이버 통일교육에서 실제로 개발할 수 있는 프로그램으로는 사이버 통일토론 마당, 청소년 사이버 통일백일장 등의 문예활동 프로그램, 통일교육원의 통일강좌를 사이버 통일교육 강좌로 활용, 통일문제 중 특정 현안에 대한 난상토론, 통일관련 각종 여론조사 등이 있다.

(4) 참여와 관찰을 통한 체험학습

가장 바람직한 학교 및 사회 통일교육은 이론중심의 교육에서 벗어나 학습자들이 참여하고 체험하는 학습이다. 여건이 허락될 경우 체험학습 중심의 교육이 바람직하다. 특히 비교적 단기간의 교육일수록 디지털식을 통

---

11) 통일부에서는 2000년 10월부터 통일교육원에 인터넷을 활용한 사이버통일교육센터를 설치해 운영하고 있다. 사이버통일교육센터는 http://www.uniedu.go.kr을 클릭해 직접 들어가도 되고, 아니면 기존에 주로 활용하던 http://www.unikorea.go.kr을 클릭한 후 그 중 통일교육센터를 클릭해 들어가도 좋다. 사이버통일교육센터는 현재 통일교육원, 열린통일강좌, 자료실, 통일꿈나무, 여론조사, 대학통일연구, 참여마당 등 다양한 사이트를 운영해 남녀노소 구분 없이 통일에 관심이 있는 모든 사람들이 참여해 통일 및 북한관련 정보와 의견을 자유롭게 나누고 전문적인 지식을 습득하는 새로운 가상학습 공간으로 자리잡아 가고 있다.

한 문화이해와 같은 가상체험 학습이 필요하다. 또한 북한이탈 주민 초청 강연이나 대담을 통한 교육은 북한의 이념이나 체제, 정책이나 제도보다는 북한사람들의 삶의 문제를 다룰 수 있어 바람직하다.[12]

샘패스(Sampath)에 의하면, 학습자들은 귀로만 들은 정보의 20%, 눈으로 본 정보의 30%, 눈으로 보고 귀로 들은 정보의 50%, 말한 정보의 80%, 말하고 직접 체험해 본 정보의 90%를 기억한다고 한다. 따라서 체험학습은 학습과정과 기억 측면에서 상당한 효과가 있다고 볼 수 있다. 그 외에도 현장견학이 필요한 이유는 학생들의 '마음'(도덕적 민감성)을 흔드는 데 이것이 매우 효과적인 교육방법이기 때문이다.[13]

구체적으로 학습자들로 하여금 참여 및 현장견학을 하게 하는 방법이 있다. 즉 학습자가 견학할 수 있는 활동거리를 개발하고 답사할 수 있는 장소를 물색하는 등의 노력을 통해 통일교육을 내실있게 수행할 수 있도록 할 수 있다.

예컨대 오두산 통일전망대, 전쟁기념관, 임진각, 땅굴, 철의 삼각 전적지, 금강산, 군부대 등에 대한 현장견학을 확대함으로써 분단의 고통을 경험하고 나아가 통일의 의지를 함양한다. 이를 위해 청소년단체나 민간 사회단체에 위탁교육을 실시하는 방안과 관광코스의 하나로 개발해 활성화시키는 방안도 생각해 볼 수 있다.

통일교육과 관련해서 학습자의 흥미와 관심, 적극적 참여를 유도하기 위해서는 현실적으로 체험이 불가능한 학습내용을 모의실험 형태로 체험하게 하는 수업인 시뮬레이션 게임을 고려해 볼 수 있다. 현재의 통일교육에서는 북한의 실상을 체험해 볼 수 있는 기회를 제공하는 것이 어려운 실정이다. 이러한 문제점은 컴퓨터 시뮬레이션을 통한 가상체험 활동에 의해 쉽게 해결될 수 있다. 가상현실 속에서 이루어지는 컴퓨터 시뮬레이션은 인터넷 웹사이트 형태를 통해서 이루어질 수도 있고, 별도의 CD-ROM을

---

12) 통일교육원, 위의 책, p.96.
13) 통일부, 위의 책, p.66.

통해 이루어질 수도 있다. 별도의 CD-ROM을 만들어 북한의 현실을 가상적으로 체험해 볼 수 있는 다양한 활동을 한 곳에 모아 둘 수도 있다.

이 학습법은 북한에 대한 이해를 이론적 학습에만 의존하지 않고, 실제 상황에 직면하는 것처럼 설정해 그들의 삶을 보다 더 잘 이해하게 하고 민족적 동질성을 발견하게 하는 데 활용할 수 있다.

(5) 북한주민 생활 체험하기

이것은 인지적 변화와 함께 실천적 영역의 변화를 유도할 수 있는 방법이다. 또한 이를 통해 북한주민들의 생활과 문화를 이해하고 그들의 삶을 그들의 입장에서 이해하고 존중하며 서로 공존할 수 있는 방법을 터득할 수 있도록 하는 기법이다. 이는 북한주민의 입장에서 북한주민의 눈으로 특정현상을 이해하도록 하는 것이다. 정치학의 입장에서 현상학적 방법의 유용성 문제를 제기한 칸(M. Kahn)에 따르면 이는 관련된 행위자의 다양한 원초적 인식, 동기, 의도, 환경적 요인 등을 민감하게 받아들이는 감정이입(empathy) 단계이다.14)

듣거나 학습한다는 고답적인 교육보다는 자발적 실천을 통해 즐기는 통일과 관계된 삶을 갖게 해야 한다. 이런 관점에서 최근 통일관련 교육기관을 중심으로 통일캠프, 통일학교, 통일자료실 등의 운영을 통해 학습자들에게 다양한 통일체험을 할 수 있도록 도와주고, 북한에 있는 금강산에 수학여행을 간다든지, 탈북자들의 거주지인 하나원을 방문한다든지, 귀순자 자녀들과 함께 생활해 본다든지 하는 다양한 체험학습을 제공하고 있는 것은 매우 바람직한 일이라고 할 수 있다.

(6) 수요자 중심의 통일교육 운영

기존의 통일교육 방법은 주로 교육자 중심의 강의식으로 이루어져 왔고, 피교육자의 관심이나 발달수준에 대한 고려는 거의 이루어지지 못했다. 또

---

14) 통일교육원, 위의 책, p.94.

한 통일교육의 다양한 방법 및 기법에 대한 연구도 매우 빈약했다. 대부분 100~200여 명 정도가 함께 듣는 특강식이 주류를 이루고 있어 교육생 주도식 교육을 불가능하게 했다. 물론 현재 공공단체의 교육환경과 직무중심의 교육과정을 감안한다면, 어느 정도 강의식 교육이 불가피하며 강의식 교육이 모든 면에서 그릇된 것이라고 할 수도 없다. 그러나 교육생들은 이미 강의식 교육에 식상해하고 있으며, 가능한 한 눈으로 보면서 느낄 수 있는 다양한 방법을 원하고 있다.15)

게다가 통일교육의 방향과 목표설정에만 너무 치중해 온 결과, 통일교육의 목표를 달성할 수 있는 효과적인 프로그램 개발이나, 이를 운영하는 데 도움이 되는 교수・학습방법과 기법 및 자료개발 등 통일교육 방법론에 대해서는 큰 관심을 기울이지 못한 것이 문제였다. 또한 통일교육 방법론의 취약함은 이를 담당하는 교사연수(직전 교육, 재직 후 교육)와도 밀접히 관련돼 있다. 이런 문제를 개선하기 위해서는 북한・통일문제 관련교과 담당교사와 기타 교과 담당교사의 연수에 차별을 두어야 한다. 즉 전자는 담당교과에 맞게 특화된, 예컨대 국어과의 경우 남북 언어생활 등에 초점을 맞추어 특화된 프로그램으로 교육을 실시해 학교교육 현장에서도 원용될 수 있도록 하고, 후자는 남북관계 현안문제와 통일 및 통일교육의 중요성 등을 내용으로 하는 일반프로그램으로 교육을 실시해 통일의지를 높이는 것이 바람직하다.16)

통일교육의 효과성을 제고하기 위해서는 수요자의 흥미와 관심, 발달수준, 인지양식, 다양한 지능 등에 대한 고려가 필요하다. 즉 앞으로의 통일교육은 학습자의 발달단계와 준비도 및 개인차를 고려한 눈높이 통일교육이어야 한다. 누구에게나 효과적인 단 하나의 수업방법은 있을 수 없다. 효과적이고 효율적인 학습, 즉 학습자의 학습결과를 극대화하는 학습은 개별학습자의 요구와 필요에 맞는 수업, 적응수업을 제공할 때 가능하다.

---

15) 위의 책, p.86.
16) 위의 책, p.87.

일반적으로 학습자들은 자신들이 배우고 싶어하는 것을 더 잘 배우는 경향이 있다. 학습동기는 학습자들이 공부할 것인지 말 것인지를 결정하는 가장 중요한 요인의 하나이다. 말을 연못으로 끌고 갈 수는 있을지라도 말이 물을 먹느냐 마느냐는 말의 의지와 욕구에 달려 있듯이, 아무리 훌륭한 학습환경을 마련하고 좋은 수업을 제공한다고 해도, 학습자가 열의를 가지고 공부에 임하느냐는 학습자가 충분히 동기 유발되었을 때만 가능하다. 이런 관점에서 본다면, 학습자의 동기변인을 고려하지 않은 어떠한 수업방법도 성공을 보장할 수 없다고 하겠다.

통일부가 마련한 『통일교육 지침서』에 나타난 내용을 중심으로 정규교육과 비정규교육의 지도원칙을 보면 다음과 같다.

2) 통일교육의 대상별 지도원칙

(1) 학교 통일교육의 지도원칙

학교 통일교육의 성과는 역량 있는 교사의 질에 크게 영향을 받는다. 통일교육을 담당하게 될 모든 교사는 무엇보다도 통일문제에 대한 확고한 신념과 열의가 있어야 한다. 즉 통일교육은 남북한 동포들 사이에 실질적인 마음의 통일, 정신의 통일을 이룰 수 있는 가장 확실하면서도 경제적인 교육투자라는 생각을 지닌 교사가 돼야 한다.

통일교육에 애착과 열정을 가지고 있는 훌륭한 교사는 학교 통일교육을 실제로 실행함에 있어 자신의 삶과의 유의미성 중시, 학생의 일상적 질문과 호기심의 존중, 열린 의사소통이 가능한 수업환경 조성, 과제해결시 협동의 기회 부여, 학습 보조도구의 다양한 활용, 그리고 활발하고 적절한 실천기회 부여 등을 적절히 고려해야 한다.

첫째, 학생의 유의미성(meaningfulness)과 호기심 존중이다.

일반적으로 학생들은 새로 배우는 학습내용이 학생 자신이 궁금해하는 문제를 해결해 주고, 그들의 경험을 이해하게 해주고, 그들의 관심사나 가치와도 관련이 되고, 그들의 목적에 도달하는 데 도움이 된다고 믿을 때 학습에 더 흥미를 갖게 된다. 즉 제시되는 학습내용이 학생들과 개인적인 관련성을 가져야 한다는 사실에 유념해야 한다.

따라서 교사는 학생들이 배워야 할 통일교육의 학습내용이 그들의 실제적인 삶과 어떻게 관련돼 있는가를 보여줌으로써, 학습주제를 더 재미있고 흥미롭게 만들 수 있어야 한다.

둘째, 생활관련 소재를 통한 흥미 유도이다.

학생들의 생활과 관련된 친근한 소재를 중심으로 학교 통일교육이 이루어져야 한다. 요즈음 학생들의 가치지향은 상당히 현실적이며 사실적이다. 자신의 문제와 직접 관련되지 않는 것에는 흥미를 갖지 않으려는 경향이 짙다. 따라서 통일교육에 대한 접근도 무엇보다 학생들의 일상생활과 관련을 시켜야 한다. 북한 인민학생의 학교생활, 무엇을 배우는지, 무슨 활동을 하는지를 알아 통일교육에 흥미를 느끼게 하는 것이 필요하다.

셋째, 협동과 의사소통이 가능한 수업환경 조성이다.

협동적인 학습은 상호존중에 바탕을 둔 사회적 상호작용의 기회를 제공해 주기 때문에, 민주시민적 자질을 기르게 하는 데 매우 유용하다. 또한 사회적 상호작용은 통일문제에 대한 학생들의 지식구성에 다양한 시각을 경험하고, 자신이 구성한 지식과 이해의 타당성을 검토해 보는 기회를 제공해 준다.

기타 학습 보조도구의 다양한 활용과 통일문제와 관련된 학생들의 파지(把持)와 전이(轉移)를 촉진하기 위해 학생들이 실제 생활 속에서 학습한 내용을 실천해 볼 수 있는 다양한 실천기회 제공 등이 고려돼야 한다.

(2) 사회 통일교육의 지도원칙

사회 통일교육의 교육대상은 실제로 통일을 준비하고 통일된 사회에서 삶을 이끌어 갈 다양한 계층의 일반국민이다. 따라서 사회 통일교육 프로그램은 이런 교육생들이 지닌 특성과 관심에 중점을 두어 개발하는 것이 바람직하다. 즉 각기 자기의 직업과 관련해서 북한을 이해하도록 함으로써 자기 분야에서 통일준비 태도를 갖게 하는 것이다. 또한 생활세계와 관련해서 북한을 이해하고 통일문제에 접근하기 위해서는 많은 내용을 다루기보다는 최소한의 핵심적 내용을 중심으로 하고, 여타 사항은 기관이나 단체의 자율에 맡기는 것이 바람직하다. 이러한 과정을 통해 형성된 이해와 판단의 경험은 그들로 하여금 통일문제에 적극적·능동적으로 참여할 수 있는 민주시민적 자질을 지닐 수 있게 해준다.

사회 통일교육의 효율성을 제고하기 위해서는 수강자의 다양한 경험을 존중하고 이의 적극적 활용을 통해 수강자 자신의 필요나 문제해결에 도움을 주고, 동료집단과의 상호작용 및 협동의 기회를 부여하며, 기관별·성별·세대별로 특화된 다양한 자료 및 프로그램을 제공해 주는 동시에 지속적인 사후관리가 필요하다.

첫째, 자기 주도적 학습(self-directed learning)의 중시이다.

사회 통일교육은 자기주도적 학습이어야 한다. 대부분의 경우 성인 수강자는 아동에 비해 많은 역할을 함께 수행하고 있다. 수강자라는 역할 이외에도 부모, 직장인, 시민 등의 역할을 담당하는 사회인이다. 수강자이기 이전에 다양한 학습상황에서도 스스로 그 상황을 조절하고 이끌어 나가기를 원한다.

따라서 성인 수강자에게는 보다 개방적이고 자율성이 존중되는 학습환경을 제공함으로써 수강자가 필요로 하고 원하는 학습목표 및 내용이 다루어지도록 한다. 또한 수강자 스스로 수업을 이끌어 가도록 유도하며, 교육자는 지식의 제공자가 아니라 학습환경에의 또 다른 참여자로 존재하도록 한다.

둘째, 수강자의 생활세계와 구체적으로 연계이다.

수강자의 다양한 경험을 존중하고 이를 적극적으로 활용해야 한다. 수강자의 경험은 곧 학습의 자원이 되어 그들의 지각과 학습기대에 근간이 된다. 다양하고 풍부한 경험은 학습자원으로서 성인들의 기여도를 높일 수 있으며, 수강자가 보다 쉽게 새로운 경험을 받아들일 수 있는 연결고리로 작용한다.

  이렇듯 수강자의 경험과 지식을 활용한다는 것은 곧 학습과정에 그들을 적극적으로 참여시키는 것을 의미한다. 능동적 참여를 위하여 다양한 형태의 발표 및 토론의 기회를 제공하고, 워크숍 등 실험환경을 마련하며, 상황극과 역할극을 통해 스스로 발견하도록 하는 기회를 제공해야 한다.

  셋째, 수강 대상자의 특성에 맞는 통일교육이다.

  학교 통일교육의 대상자는 학교별·학년별 차이를 제외하고는 어느 정도 공통된 특성을 지니고 있으나, 사회 통일교육의 대상자는 기관별·성별·세대별로 매우 다양하다. 따라서 사회 통일교육에 있어서는 이들 대상자의 특성에 맞게 특화된 교육자료와 표준교재를 개발하고 가능한 한 최신 자료와 정보를 제공하도록 해야 한다.

  넷째, 교육종료 후의 지속적 관리를 통한 관심 제고이다.

  학교 통일교육이 정해진 교육시기에 따라 이루어지는 것과는 달리, 사회 통일교육은 교육시기의 상한선이 없다. 사회 통일교육의 대상자는 전 생애에 걸쳐 언제나 교육의 대상이 된다.

  생애교육의 특징을 지닌 통일교육은 교육종료 후에도 성인 수강자들을 지속적으로 관리하고 관심을 제공해야 한다. 일정시간 통일교육 전문기관에서 통일교육 연수를 받은 대상자에게 일정기간이 지난 후 체험을 위한 현장견학(금강산, 오두산 통일전망대, 전쟁기념관, 판문점, 땅굴 등), 북한이탈 주민들과의 만남, 그리고 특화되고 전문화된 연수기회를 지속적으로 제공해야 한다.

  우리가 사실상의 통일상태를 말하는 것은 서로 상이한 제도와 사상을 가진 채 반세기 이상 적대적 갈등을 지속해 온 남과 북이 평화적 방법으로 제도, 사상, 영토를 한꺼번에 통일할 수 있는 방법은 사실상 없으며 또 있다 해도 바람직하지도 않기 때문이다. 사실상의 통일상태는 남북간에 정치,

경제, 사회문화, 외교 등 모든 방면에서 교류협력이 제도화되고 군사적 신뢰구축이 공고화되는 상황을 말한다. 우리가 이러한 상태를 이루기 위해서는 2000년 6월 남북정상회담에서 천명한 6·15남북공동선언을 철저하게 이행하고 그것을 제도적으로 보장해 나가는 것이 중요하다.

통일교육 역시 바로 이런 남북의 '사실상의 통일'상태를 준비하는 과정이다. 과거의 적대적 공생관계의 헌옷을 벗어 던지고 우호적 상생관계라는 새옷으로 갈아입는 전환기의 남북관계를 생각할 때 통일교육 역시 안보교육·반공교육의 구시대적 틀에서 과감히 탈피해야 한다.

사회적 행동(social action)을 위한 교육, 포괄적 접근으로서의 통일, 이 두 가지는 굳건한 안보의 바탕 위에서 민족공동체로서의 사실상의 통일을 준비해야 하는 통일교육이 앞으로 지향해야 할 큰 방향이라고 생각한다.

통일교육은 분단과정이나 통일정책에 대해 무기력한 관념을 지닌 학습자를 길러내는 것이 아니라, 통일과정에 능동적으로 참여할 수 있는 살아있는 관념을 지닌 학습자를 길러내기 위한 것이다. 따라서 통일교육은 사회적 행동을 위한 교육 혹은 행동지향적 교육(action-oriented education)이 되어야 한다. 또 통일교육은 인간주의 교육, 민주시민 교육, (민족)공동체교육, 다문화교육, 평화교육, 도덕교육 등 포괄적 접근으로 실시돼야 한다. 훌륭한 통일교육은 통일이라는 말을 적게 쓰고도 실질적으로는 통일교육을 강화할 수 있는 것이어야 한다. 남북한간에 교류가 빈번해지면 남북한간의 경제력 차이, 문화수준의 차이 등으로 다양한 갈등이 발생할 소지가 있다. 이를 근본적으로 해결하기 위해서는 장기적인 관점에서 남북한 주민들의 상호이해와 존중을 도모할 수 있는 포괄적인 교육접근이 필요하다.

끝으로 통일교육은 자유민주주의와 시장경제를 바탕으로 평화와 번영의 통일국가를 지향하는 자세를 지속적으로 배양하면서, 오랜 분단과 체제·이념의 차이로 인한 이질화를 극복하고 민족동질성을 확대함으로써 민족공동체 속에서 함께 하는 삶을 준비할 수 있도록 하며, 나아가 다원주의사회에서의 통일논의 활성화와 민족적 합의도출에 노력할 때 정서적 분단을 극복하고 '사실상의 통일'을 통한 민족문화공동체 형성이 가능할 것이다.

참 고 문 헌

Ⅰ. 단행본

Ⅰ-1. 북한문헌

1. 사전류 및 전사

『경제사전, 1·2』 평양: 사회과학출판사, 1985.
『력사사전 1·2』, 사회과학원 력사연구소 편, 평양: 사회과학원출판사, 1971.
『문학예술사전, 상·중·하』, 사회과학원 주체문학연구소 편, 평양, 1988·1991·1993.
『정치사전』, 사회과학출판사 편, 평양: 사회과학출판사, 1973.
『정치학사전』, 사회과학출판사 편, 평양: 사회과학출판사, 1973.
『철학사전』, 사회과학원 철학연구소, 평양: 사회과학출판사, 1985.
사회과학원 력사연구소 편,『조선전사, 1-33』, 평양: 과학·백과출판사, 1979-1982.
_____,『조선전사 년표, 1-2』, 평양: 과학·백과출판사, 1983.
사회과학원 문화예술연구소 편,『문화예술사전』, 평양: 과학백과사전출판사, 1993.
사회과학원 언어연구소 편,『조선말 대사전』, 평양: 사회과학출판사, 1992.

2. 김일성선집·저작집·전집·문헌집

『김일성선집, 1-4』, 평양: 조선로동당출판사, 1953.
『김일성선집, 1-6』, 평양: 조선로동당출판사, 1960-1964.
『김정일선집, 1-13』, 평양: 조선로동당출판사, 1992-1998.
『김일성저작선집』, 1-7권, 평양: 조선로동당출판사, 1967-1978.
『김일성저작집』, 1-44권, 평양: 조선로동당출판사, 1976-1996.
『김일성전집, 1-27』, 평양: 조선로동당출판사, 1992-1999년 말 현재.
『김일성 문헌집』, 동경: 미래사, 1987.
『김일성 주체혁명위업의 완성을 위하여, 1-5』, 평양: 조선로동당출판사, 1987.
『친애하는 지도자 김정일 동지의 문헌집』, 평양: 조선로동당출판사, 1992.
김일성,『세기와 더불어, 1-6』, 평양: 조선로동당출판사, 1992-1995.
_____,『세기와 더불어, 7-8』(계승본), 평양: 조선로동당출판사, 1996~1998.
_____,『남조선 혁명과 조국통일에 대하여』, 평양: 인민출판사, 1970.
_____,『미제를 반대하는 아시아 혁명적 인민들의 공동투쟁은 반드시 승리할 것이다』, 평양: 조선로동당출판사, 1971.

박재선,『김일성선집, 2-6』, 조선로동당 력사연구소, 1964.
_____,『김일성저작선집, 1-9』, 조선로동당 력사연구소, 1967-1987.
_____,『김일성저작집, 1-35』, 조선로동당출판사, 1979-1989.

3. 단행본

고영환,『우리민족 제일주의론』, 평양: 평양출판사, 1989.
과학원력사연구소,『조선통사, 상·하』, 평양, 1958(오월출판사 재발간, 1989).
금성청년출판사 편,『주체의 학습론』, 동경: 미래사, 1989.
김남진,『김정일 그의 지도사상, 상·하』, 동경: 웅산각출판사, 1996.
_____ 외,『향도의 태양 김정일 장군』, 평양: 평양출판사, 1995(일본의 동사에서 낸『향도의 태양 김정일 장군』을 그대로 재판한 것임).
김룡덕·김경섭,『불멸의 글발(1): 혁명적 수령관』, 평양: 금성청년출판사, 1991.
김욱민,『후계자론』, 신문화사, 1984(동경: 구월서방, 1986 번각발행).
김인숙,『민족의 운명과 김정일 령도자』, 평양: 평양출판사, 1995.
김일회,『조국의 평화적 통일에 대한 우리 당의 방침』(이론과 실천), 평양: 국립출판사, 1962.
김정웅,『문학예술 건설경험』, 평양: 사회과학출판사, 1984.
_____,『종자와 작품창작』, 평양: 사회출판사, 1987.
_____,『종자와 그 형상』, 평양: 문예출판사, 1988.
김정일,『주체사상에 대하여』, 평양: 조선로동당출판사, 1991.
_____,『주체문학론』, 조선로동당출판사, 1992.
_____,『사회주의를 위하여』, 평양: 조선로동당출판사, 1993.
_____,『조선로동당의 강화발전을 위하여』, 평양: 조선로동당출판사, 1994.
김창하,『불멸의 주체사상』, 평양: 사회과학출판사, 1985.
김화종,『주체의 령도방법의 계승발전』, 평양: 사회과학출판사, 1984.
『련합기업소는 사회주의공업에서 새로운 공업소 조직형태』, 평양: 과학백과사전출판사, 1979.
류만·김정용,『주체의 창작리론 연구, 상·하』, 평양: 사회과학출판사, 1983.
리기섭,『사회주의적 민주주의』, 평양: 사회과학출판사, 1987.
리사엘·따빠니 께스키넨,『진정한 인민의 지도자 김정일』, 평양: 외국출판사, 1986(주체사상연구소의 저자들이 쓴 책을 번역·출판한 것임).
리영복,『조선민주주의 인민공화국에서의 교육』, 평양: 사회과학출판사, 1984.
박승덕,『사회주의 문화건설리론』, 평양: 사회과학출판사, 1985.
박창호,『사회주의교육학』, 평양: 교육도서출판사, 1975.

박태호,『조선민주주의 인민공화국 대외관계사, 1』, 평양: 사회과학출판사, 1985.
『백두산밀영』, 평양: 조선로동당출판사, 1992.
백재욱,『천리마운동은 사회주의건설에서의 우리당의 총로선』, 평양: 조선로동당출판사, 1965.
사회과학원 언어학연구소,『위대한 수령 김일성동지의 주체적 언어사상』, 평양: 사회과학출판사, 1976.
사회과학원 김일성동지 혁명력사연구소,『조선로동당의 사회주의건설 령도사』, 평양: 과학백과사전종합출판사, 1995.
사회과학출판사 편,『조선민주주의인민공화국 사회주의헌법 연구론문집』, 평양: 사회과학출판사, 1973.
_____,『주체의 사회주의헌법 리론』, 평양: 사회과학출판사, 1977.
_____,『주체의 사상·리론·방법의 심화발전, 1-5』, 평양: 사회과학출판사, 1984.
_____,『위대한 주체사상 총서, 1-5』, 평양: 사회과학출판사, 1985(백산서당, 지평, 오월, 조국에서 1989년 분할 발간).
_____,『친애하는 지도자 김정일 동지의 문학예술업적, 3』, 평양: 문예출판사, 1990.
_____,『청년사업 경험』, 평양: 사회과학출판사, 1990.
_____,『주체문학의 새 경지』, 평양: 문예출판사, 1991.
『위대한 풍모』, 평양: 조선로동당출판사, 1982.
『우리의 령도자』, 평양: 등대사, 1994.
윤기덕,『수령형상문학』, 평양: 문예출판사, 1991.
윤종성·윤기덕 외,『문예상식』, 평양: 문예출판사, 1994.
이일복,『고사집 위인: 김정일 2』, 평양: 외국문출판사, 1996(중국어판).
인민과학사 편,『조선민주주의 인민공화국 사회주의헌법 해설』, 평양: 인민과학사, 1973.
전용석,『수령의 공산주의적 덕성』, 평양: 조선로동당출판사, 1991.
조선로동당중앙위원회 당력사연구소,『리제순 동지의 활동과 생애』, 평양: 조선로동당출판사, 1965.
_____,『조선로동당략사』, 평양: 조선로동당출판사, 1979.
_____,『인민의 지도자, 1-2』, 평양: 조선로동당출판사, 1979.
_____,『조선로동당력사』, 평양: 조선로동당출판사, 1991.
_____,『위대한 령도자 김정일 동지 략력』, 평양: 조선로동당출판사, 1995(제2판 1996년도를 사용함).

『조선로동당의 사회주의건설 령도사』, 평양: 과학백과사전종합출판사, 1995.
조성박,『세계를 매혹시키는 김정일 정치』, 평양: 평양출판사, 1999.
천재규·정성무,『조선문학사, 14』, 평양: 사회과학출판사, 1996.
최길상,『주체문학의 새 경지』, 평양: 문예출판사, 1991.
최성욱,『우리당의 주체사상과 사회주의적 민족주의』, 평양: 조선로동당출판사, 1966.
최승섭·김재형,『영광스러운 우리당의 혁명전통』, 평양: 조선로동당출판사, 1987.
탁진·김강일·박홍제,『김정일 지도자, 1-3』, 동경: 동방사, 1984-1992(동경: 구월서방, 번각발행).
_____,『김정일 지도자, 4』, 동경: 동방사, 1998(문화사에서 2000년, 3권으로 분권하여 재발행).
한석봉,『조선민주주의 인민공화국 국가사회제도』, 평양: 과학백과사전출판사, 1984.
한재만,『위대한 지도자 김정일: 인간·사상·령도』, 평양: 평양출판사, 1994.
한중모,『주체의 인간학』, 평양: 사회과학출판사, 1992.
_____,『주체적 문예리론의 기본, 1』, 평양: 문예출판사, 1992.
허담,『김정일의 위인상』, 동경: 조선신문사, 1996.
황정상,『과학환상문학 창작』, 평양: 문학예술종합출판사, 1993.

I-2. 국내문헌

1. 단행본

강광식,『북한의 실태: 분야별 경험자료 및 예비적 고찰』, 한국정신문화연구원, 1987.
강정구,『좌절된 사회혁명』(Rethinking South Korean Land Reform:Focusing on U.S. Occupation as A Struggle Against History), 열음사, 1989.
_____,『통일시대의 북한학』, 당대, 1996.
구갑우 외 역,『미국은 협력하지 않았다. 북한과 미국의 핵외교』, 사회평론사, 1999.
김갑철 외,『북한학개론』, 문우사, 1990.
김경웅,『북한정치사회화론』, 박영사, 1995.
김계동,『북한의 외교정책』, 백산서당, 2002.
김기태,『김일성과 김정일』, 공산권문제연구소, 1976.
김남식 외,『해방전후사의 인식 5』, 한길사, 1989.
김도태,『재야 통일방안 연구』, 민족통일연구원 1991.
김성철 외,『북한이해의 길잡이: 전환기의 북한사회』, 박영사, 1999.
김성철,『북한 지식인정책의 변화』, 민족통일연구원, 1995.

견학필, 『남북한 화해시대의 한국민주주의, 통일 그리고 국제정치』, 신지서원, 2001.
경남대 극동문제연구소 편, 『분단 반세기 남북한의 정치와 경제』, 서울컴퓨터사, 1996.
극동문제연구소 편, 『북한전서』, 1980.
김갑철, 『북한학개론』, 문우사, 1990.
김광수 외, 『북한의 이해』, 집문당, 1996.
김성철 외, 『북한이해의 길잡이』, 박영사, 1999.
김영수, 『북한의 정치와 사회』, 서울프레스, 1994.
김웅진 외 편역, 『비교정치론 강의 I : 비교정치분석의 분석논리와 패러다임』, 한울, 1992.
김준엽·김창순, 『한국공산주의운동사, 1-5』, 청계출판사, 1986.
김준엽·김창순, 『한국공산주의운동사』, 아세아문제연구소, 1974.
김창순, 『북한오십년사』, 해문사, 1967.
김태창, 『공산주의의 기본이론과 그 비판』, 동아학연사, 1983.
김학준 외, 『남북의 생활상: 그 삶의 현주소』, 전영사, 1987.
김한길, 『현대 조선역사』, 일송정, 1988.
노승우, 『민족통일의 이론과 실천』, 전예원, 1996.
류길재, 『한국정치·사회의 새흐름』, 나남, 1993.
민병천, 『북한공산주의』, 전영사, 1982.
박규식, 『김정일평전』, 양문각, 1992.
박길용·김국후, 『김일성 외교비사』, 중앙일보사, 1994.
박동운, 『북한통치기구론』, 고대출판부, 1964.
박명림, 『한국전쟁의 발발과 기원, 1-2』, 나남출판, 1996.
박명서, 『통일시대의 북한학 강의』, 돌베개, 1999.
박재규, 『북한의 신외교와 생존전략』, 나남출판, 1997.
박종성, 『박헌영론: 한 조선혁명가의 좌절과 꿈』, 인간사랑, 1992.
박태상, 『북한문학의 현상』(제5쇄), 깊은샘, 2000.
박형중, 『북한적 현상의 연구』, 연구사, 1994.
방찬영, 『조선민주주의 인민공화국』, 방영사, 1995.
배찬복, 『이데올로기 이론과 실천』, 법지사, 1984.
백경남, 『민주주의와 공산주의』, 법지사, 1985.
백두연구소 편, 『북한의 혁명적 군중노선』, 백두, 1989.
북한경제포럼 편, 『남북한 경제통합론』, 오름, 1999.

북한연구소,『북한의 가족법과 가정실태』, 북한연구소, 1991.
북한연구소,『북한의 통치이데올로기 비판』, 1982.
북한연구학회 엮음,『분단 반세기 북한 연구사』, 한울, 1999.
서해길,『공산주의이론 비평과 평화통일의 이데올로기』, 문음사, 1983.
송자·이영선 편,『통일사회로 가는 길』, 오름, 1996.
신기철·신용철 편,『새 우리말 큰 사전』, 삼성출판사, 1992.
서대숙,『북의 지도자 김일성』, 서주석 역, 청계연구소, 1989.
_____,『현대북한의 지도자 김일성과 김정일』, 을유문화사, 2000.
서재진,『또 하나의 북한사회: 사회구조와 사회의식의 이중성 연구』, 나남, 1995.
스즈키 마사유키,『김정일과 수령제사회주의』, 유영구 역, 중앙일보사, 1994.
스칼라피노·이정식, 한홍구 역,『한국공산주의운동사, 1-3』, 돌베개, 1987-1989.
신웅식·안성조,『북한의 외국인투자법』, 1998.
신평일 편저,『김정일과 대남공작』, 북한연구소, 1997.
안병영,『북한 사회문화체계의 경험적 분석과 변동모델 구성』, 통일원, 1972.
안병우·도진순 편,『북한의 한국사 인식』, 한길사, 1992.
양성철,『분단의 정치: 박정희와 김일성의 비교연구』, 한울, 1987.
_____,『북한정치론』, 박영사, 1991.
_____,『남북 통일이론의 새로운 전개』, 경남대 극동문제연구소, 1989.
양재인 외 8인,『북한의 정치이념: 주체사상』, 경남대 극동문제연구소, 1990.
안찬일,『주체사상의 종언』, 을유문화사, 1997.
양호민·신인철,『공산주의비판』, 극동문제연구소, 1981.
양호민,『공산주의의 이론과 역사』, 중앙문화사, 1956.
_____,『공산주의이론과 현실비판서, 1권』, 내외문화사, 1966.
_____,『북한의 이데올로기와 정치, Ⅰ권』, 고대 아세아문제연구소, 1967.
_____,『북한의 이데올로기와 정치, Ⅱ권』, 고대 아세아문제연구소, 1972.
역사문제연구소 편,『1950년대 남북한의 선택과 굴절』, 역사비평사, 1998.
연합뉴스 민족뉴스 취재본부,『김정일 100문 100답,』, 연합뉴스
염홍철,『북한사회의 구조와 변화』, 경남대 극동문제연구소, 1990.
오경찬,『북한의 식량난』, 대왕사, 1997.
오일환·정순원,『김정일시대의 북한 정치경제』, 을유문화사, 1999.
_____ 외 4인,『현대북한체제론』, 을유문화사, 2000.
우리민족서로돕기 불교운동본부,『북한 식량난의 실태』, 1998. 5.
월간조선 편,『북한, 그 충격과 실상』, 조선일보사, 1991.
_____ 엮음,『대동란의 공화국』, 조선일보사, 1994.

_____ 엮음, 『주석궁 비사』, 조선일보사, 1994.
유영구, 『남북을 오고간 사람들』, 도서출판 글, 1993.
유영구 옮김, 『김정일과 수령제 사회주의』, 중앙일보사, 1994.
유작촌, 『정통과 계승: 위대한 인간, 새로운 문명을 위하여』, 대전: 현대사, 1992.
유재근·박상천, 『북한의 현대문학』, 고려원, 1990.
윤덕희, 『통일문화 연구(上)』, 민족통일연구원, 1994
유완식, 『공산주의 비판전서』, 내외문화사, 1964.
_____, 『비교공산주의 정치론』, 전영사, 1978.
윤원구, 『공산주의와 칠대비밀』, 명지대학출판부, 1983.
윤정식 외, 『통일환경론』, 오름, 1996.
이규호, 『이데올로기의 정체』, 태양사, 1983.
이노우에 슈하치, 『현대조선과 김정일 비서』, 권형우 역, 근역사, 1983.
이동훈 외, 『북한학』, 박영사, 1996.
이만우 공역, 『라깡 정신분석 사전』, 인간사랑, 1998.
이명영, 『권력의 역사: 조선노동당과 근세사』, 성균관대출판부, 1983.
이미숙, 『변화는 시작됐다』, 학민사, 1999.
이민수 외, 『바람직한 통일문화』, 민족통일연구원, 1997.
이삼성, 『한반도 핵문제와 미국외교』, 한길사, 1994.
_____, 『미래의 역사에서 미국은 희망인가』, 당대, 1995.
_____, 『20세기의 문명과 야만』, 한길사, 1998.
이상두, 『공산당선언의 이해와 비판』, 태양사, 1984.
이상우, 『북한정치입문: 김정일정권의 특성과 작동원리』(개정증보판), 나남출판, 2000.
이상우·양호민 외, 『북한 40년』, 을유문화사, 1989.
이서행, 『북한 주체사상의 본질과 실체』, 자유총연맹, 1989.
이서행 외, 『분단시대의 북한상황』, 대왕사, 1983.
이신일, 『공산주의 이론비평』, 교학연구사, 1983.
이온죽, 『북한사회의 체제와 생활』, 법문사, 1993.
이용필, 『공산주의사상과 혁명전략』, 대왕사, 1981.
이용필·양성철, 『북한체제변화와 협상전략』, 박영사, 1996.
이재승, 『북한을 움직이는 테크노크라트』, 일빛, 1998.
이재인·이경교, 『북한문학강의』, 효진, 1996.
이재화, 『한국근현대 민족해방운동사: 항일무장투쟁 편』, 백산서당, 1988.
이종석, 『새로 쓴 현대북한의 이해』, 역사비평사, 2000.
_____, 『현대북한의 이해: 사상·체제·지도자』, 역사비평사, 1995.

이주철,『김정일의 생각읽기』, 지식공작사, 2000.
이찬행,『북한사회주의의 현실과 변화』, 두리, 1993.
_____,『김정일』, 백산서당, 2001.
_____,『인간 김정일, '수령' 김정일』, 열린세상, 1994.
이태욱 책임편집,『북한의 경제』, 을유문화사, 1990.
이항구,『김정일과 그의 참모들』, 신태양사, 1995.
이항동,『북한정치와 발전전략』,(제1판 제2쇄), 대영문화사, 1996.
이홍구외,『분단과 통일, 그리고 민주주의』, 박영사, 1986.
임영태 지음, 고유환 감수,『북한 50년사, 1-2』, 들녘, 1999.
자유평론사,『분단현실과 통일논리』, 1988.
정락중,『공산주의 본질』, 형설출판사, 1981.
정세구 역,『공산주의에 대한 도전』, 교육과학사, 1984.
정치교육연구소 편,『공산주의: 체제와 이데올로기 비판』, 문음사, 1985.
진덕규,『북한 통치이념에 있어 민족주의 원용에 대한 분석』, 통일원, 1991.
정규섭,『북한외교의 어제와 오늘』, 일신사, 1999.
정창현,『곁에서 본 김정일』, 토지, 1999.
조영환,『매우 특별한 인물, 김정일』, 지식공작사, 1996.
주강현,『북한의 민족 생활풍습: 북한 생활풍습 50년사』, 대동, 1993.
중앙일보사,『비록 조선민주주의 인민공화국, 상·하』, 특별취재반, 1992·1993.
_____,『김정일: 한반도 절반의 상속인』, 편집국, 1994.
중앙일보 현대사연구팀,『발굴자료로 쓴 한국현대사』, 중앙일보사, 1996.
진성규,『김정일』, 동화연구소, 1990.
최종철 외,『북한의 생존정책』, 보성문화사, 1995.
최진제·이왕재 공저,『공산주의 비판과 집단안보』, 창문각, 1984.
최현호,『남북 화해협력시대의 학교 통일교육과 북한사회 이해』, 공주대학교 출판부, 2001.
최 성,『소련공산당의 해체와 북한사회주의의 진로』, 한울, 1991.
_____,『북한정치사』, 풀빛, 1997.
_____,『북한학개론: 김정일과 북한의 정치체제』, 풀빛, 1997.
최완규,『북한은 어디로』, 마산: 경남대학교 출판부, 1996.
최적호,『북한예술영화』, 신원문화사, 1989.
통일연구원,『북한인권백서』, 1999.
_____,『통일·안보관계 문헌목록』, 국토통일원, 1987.
태백편집부 편,『주체사상연구』, 태백, 1989.

통일부,『북한의 헌법개정과 향후 경제정책의 전망』, 통일부, 1998.
_____ 정보분석실,『최근 북한 농민시장의 실태와 가격동향 분석』, 통일부, 1999.
통일원,『1997년도 북한의 작황평가 및 1998년 양곡연도 수급전망』, 통일원 1997.
통합문화연구소,『김정일과 북한문화예술』, 문화체육부, 1996.
한국정신문화연구원,『분단사회의 평가적 인식』, 1987.
_____,『통일을 위한 민족화합 이데올로기에 관한 연구』, 1984.
_____,『공산주의: 그 리론과 전개』, 고려원, 1982.
한국자유총연맹,『공산주의의 도전과 실패』, 양동문화사, 1990.
한국정신문화연구원,『공산주의: 그 이론과 전개』, 고려원, 1982.
한용원,『공산주의와 급진주의』, 전영사, 1986.
하우봉,『역사인식에 대한 남·북한의 시각』, 전북대 사회과학연구소, 1989.
_____,『남북한 문화정책 비교』, 민족통일연구원, 1994.
F. Tönnis,『공동사회와 이익사회』, 황성모 역, 삼성출판사, 1992.
하버드대학교 케네디스쿨 편,『한반도, 운명에 관한 보고서』, 서재경 역, 김영사, 1998.
한국산업은행,『북한의 산업』, 한국산업은행, 1995.
한국언론문화연구소,『남북통일과 언론』, 한국언론연구원, 1991.
한국은행,『북한의 경제정책 변천추이와 전망』, 조사연구자료 98-17, 한국은행, 1998.
한용원,『북한학』, 오름, 1998.
허동찬,『김일성평전: 허구와 실상』, 북한연구소, 1987.
현대경제사회연구원,『대북투자를 위한 실무가이드』, 현대경제사회연구원, 1997.
홍순직,『나진·선봉지대의 투자환경 평가와 진출전략』, 현대경제사회연구원, 1997.
황장엽,『북한의 허위와 진실』, 통일정책연구소, 1998.

II. 논문류

강광식, "북한연구방법론 고찰,"『북한학보』, 제19집, 북한연구소, 1995.
강광식, "남·북한 이질화의 해소와 정통사관의 정립," 전북대 사회과학연구소, 1989.
_____, "통일문화 창조를 위한 연구의 의의,"『통일문화 창조를 위한 연구』, 한국정신
　　　　문화연구원, 1985.
강석승, "한국통일교육의 현황과 향후전망,"『북한학보』, 제24집, 북한연구소·북한학
　　　　회, 1999.
강성윤, "북한주민의 가치관 형성에 관한 연구,"『안보연구』, 동국대안보연구소, 1975.
강정구, "연구방법론: 우리의 반쪽인 북한사회를 어떻게 이해하고 설명해야 할까,"『북
　　　　한의 사회』, 을유문화사, 1989.

_____, "북한의 계급,"『북한의 사회』, 을유문화사, 1989.
강정인, "북한연구방법론: 내재적 접근법과 외재적 접근법의 상호관계에 관한 일 연구,"『'93북한·통일연구논문집(7): 북한의 경제·사회·문화분야』, 통일원, 1993.
_____, "북한 연구방법론: 내재적 접근법에 대한 비판적 성찰,"『동아연구』, 26집, 서강대학교 동아연구소, 1993.
_____, "북한사회의 평등성,"『동아연구』, 24집, 서강대학교 동아연구소, 1992.
고평석, "북한의 보험제도에 관한 연구,"『'92 북한·통일연구논문집(4): 북한의 경제·사회·사법제도』, 통일원, 1992.
김귀옥, "통일을 향한 남북 사회문화연구," 기사연 통일연구위원회 편, 1994.
_____, "북한사회 연구의 동향과 쟁점안,"『통일문제연구』, 10권 1호, 1998.
김남식 외, "수령·당·대중조직,"『북한사회의 올바른 이해를 위하여』, 현장문학사.
김두섭, "한반도의 인구변천 1910~1990: 남북한의 비교,"『통일문제연구』, 겨울호, 제5권 4호, 통일원, 1993.
_____, "인구와 도시화," 김명수·이연택 외,『북한사회의 이해』, 한양대학교 출판원, 1997.
김명수, "계급과 계층구조와 사회불평등,"『북한사회의 이해』, 한양대학교 출판원, 1997.
김문조, "북한의 농업정책과 농업·농민 문제,"『북한사회론』, 나남출판, 1994.
_____, "북한의 도시화와 도시문제,"『북한사회론』, 나남출판, 1994.
김선임, "북한 탁아제도의 현황과 성격변화에 대한 연구,"『경제와 사회』, 여름호, 1993.
김연명, "북한의 사회복지제도에 관한 연구: 의료보장제도와 소득보장제도를 중심으로,"『북한·통일연구논문집(VI)』, 통일원, 1991.
_____, "한반도의 냉전체제가 남북한 사회복지에 미친 영향," 중앙대학교 대학원, 1993.
김연철, "북한식 체제의 성격규정을 위한 연구방법론의 모색,"『통일문제연구』, 제7권 1호, 1995.
_____, "북한연구에서 위로부터의 시각과 아래로부터의 시각,"『통일문제연구』, 통권 제26권, 평화문제연구소, 1996.
김용현, "통일연구의 현황과 과제,"『통일문제연구』, 통권 제26권, 평화문제연구소, 1996.
이인창, "남북한 사회통합을 위한 전통문화의 역할에 관한 연구," 서울대 대학원, 1997.
김진성, "통일안보교육의 전개방향,"『文敎行政』, 통권 101, 1990.
김창근, "북한의 위기와 김정일정권의 변화수용방식 연구,"『統一政策研究』, 제8권 제1호, 1999.
김채윤, "변혁기 북한의 계급과 계급정책," 서울대 사회과학연구소 편,『변혁기 사회주의 계급·계층』, 서울대학교 출판부, 1996.

김학준, "1970년대의 통일논의," <대학신문>, 서울대학교, 1978.
도홍열, "북한주민의 의식구조와 가치관,"『새물결』, 자유평론사, 1983.
문용린, "통일지향적 가치체계 형성방안 모색,"『통일한국의 삶의 양식과 가치체계 탐색』, 한국정신문화연구원, 1993.
문용린 외, "남북통일 대비 교육준비에 관한 교육전문가의 의견조사 연구보고서," 서울대학교 사범대학 통일교육연구위원회, 1995.
박문갑, "북한의 정치사회화에 관한 연구," 건국대 박사학위논문, 1988.
박성봉, "남북한에 있어서 역사인식: 분단 33년 남과북 어떻게 변했나,"『자유공론』, 138호, 1978.
박용헌, "통일교육 활성화를 위한 제도화 방안,"『통일환경 변화와 통일교육 발전방향』, 통일원, 1994.
_____, "북한의 문화정책과 전통문화,"『북한학보』, 북한연구소, 1981.
박재규, "북한사회에 있어서 가치관 형성의 메커니즘: 북한주민의 가치관형성의 저변과 그 내용·특성·목표에 대한 분석적 규명,"『정경연구』, 한국정경연구소, 1973.
배찬복, "남·북한의 정치사회화에 관한 연구," 고려대 박사학위논문, 1988.
백종억, "통일교육의 과제와 재정립방향 탐색,"『통일문제연구』, 제4권 1호, 통일원, 1992.
송두율, "북한연구에서의 내재적 방법 재론,"『역사비평』, 봄호, 1995.
양종회, "사회이론에 있어서 문화의 위치,"『한국사회학』, 제28집, 1994년 겨울.
양호민, "자본주의로부터 사회주의로의 과도기에 관한 북한의 이론전개,"『사회과학과 정책연구』, 서울대 출판부, 1981.
염홍철, "북한정치사회화와 가치관 형성,"『통일정책』, 평화통일연구소
윤덕희, "통일문화의 개념 정립과 형성방향 연구,"『통일문화 연구(上)』, 민족통일연구원, 1994.
이광규, "북한의 가족정책과 가족형태,"『북한』, 북한연구소, 1978.
이만우, "민주주의적 정치의 정신역동적 조건들: 윈니코트(Winnicott)의 심리발달이론과 그 비판을 중심으로,"『정신문화연구』, 제21권 제3호(통권 72호), 1998.
이병도, "민족사적으로 본 우리의 정통성,"『통일정책』, 제1권 3호, 1975. 10.
이병린, "민족사적 정통성 이론체계화,"『통일정책』, 제2권 1호, 1976. 4.
이상두, "남·북한 이질화 현상과 동질성 회복을 위한 대응방향,"『남·북한의 이데올로기와 정치』, 거목출판사, 1986.
이서행, "남북 이질화현상과 극복방안,"『도산학술논총』, 1998.
_____, "이념논쟁을 통한 민족주의 분열과 통일지향," 북한학회, 2000.
_____, "북한학의 연구동향과 발전방향,"『북한연구학회보』, 2000.

_____, "남북한 통일문화 형성의 방향,"『통일정책연구』, 제9권 2호, 통일연구원, 2000.

_____, "남북 문화예술 교류현황과 추진방향," 민주평통 사회문화분과위원회 세미나, 2001.

_____, "남남화합을 위한 종교인의 역할," 언론연구원과 국민윤리학회 공동세미나, 2001.

이성근, "한국의 평화통일과 정통성 개념,"『통일정책』, 1권 2호, 통일원, 1975.

이온죽, "북한주민의 의식구조와 변화전망,"『한국안전보장논총』, 17호, 1990.

이우영, "북한영화 길라잡이,"『탈분단시대를 열며: 남과 북, 문화공존을 위한 모색』, 삼인, 2000.

이종석, "북한체제의 성격규명: 유일체제론의 관점에서,"『현대한국정치론』, 사회비평사, 1996.

이홍구, "한민족공동체 통일방안의 정책기조와 실천방향,"『한민족공동체 통일방안의 이론적 기초와 정책방향』, 국토통일원 편, 통일방안논문집 제1집, 1990.

정석홍, "북한주민의 의식구조 변화실태: 귀순자조사 중심,"『통일문제연구』, 목포대, 1984.

정영철, "북한인민 생활세계연구,"『북한 및 통일연구 논문집』, 통일원, 1996.

전광용·백철·홍연숙, "민족사적 정통성 연구: 민족문화통일의 가능성 탐색,"『통일정책』, 2권 2호, 1976. 7.

전미영, "김일성의 담화분석을 통해 본 북한체제의 정당화 전략," 한국정신문화연구원 한국학대학원 박사학위논문, 2000.

주강현, "북한 주민생활에 나타난 전통문화적 요인 연구,"『통일문화연구』(下), 민족통일연구원, 1994.

최인화, "남북통일에 대비하는 통일교육의 전개방향,"『통일문제연구』, 제3권 1호, 통일원, 1991.

한만길, "학교통일교육의 사회과학적 접근모색,"『통일문제연구』, 제6권 2호, 통일원, 1994.

차기벽, "전통과 정치체제: 이질화의 정치적 측면,"『통일정책』, 제3권 제4호, 평화통일연구소, 1977.

최문형, "북한의 여성정책,"『북한정부론』, 백산자료원, 2002.

최완규, "북한 연구방법론: 연구시각, 자료, 이론틀,"『북한연구』, 봄호, 1995.

_____, "전환기의 남북한 관계," 경남대 극동문제연구소 편,『한국 정치·사회의 새흐름』, 나남, 1993.

최창규, "민족사적 정통성 연구방법론,"『통일정책』, 1권 2호, 통일원, 1975.

최재현, "북한사회 이념속의 전통적 요소: 김일성저작집을 중심으로," 『동아연구』, 제14집, 1988

하우봉, "전환기 남북한의 국내정치와 통일게임," 『한국과 국제정치』, 제11권 제2호, 1995.

_____, "통일공간과 문화: 비판적 재해석," 이우영 엮음, 『탈분단 시대를 열며』, 삼인, 2000.

황성모, "남북한 사회변화와 통일문화 창조," 한국정신문화연구원, 1985.

Ⅲ. 외국 및 인터넷자료

Andrew G. Wadder, *Communist Neo-Traditionalism: Work and Authority in Chinese Industry*, Univ. of California Press, 1986.

Bruce Cumings, "Corporatism in North Korea," *Journal of Korean Studies*, No.4, 1982-83.

Clifford Geertz, *After the Fact: Two Countries, Four Decades One Anthropologist* (Cambridge, MA and London: Harvard University Press, 1995)

Choe In-su, *Kim Chong-il: The People's Leader*, Pyongyang: Foreign Languages Publishing House, 1983.

_____, The Great Teacher of Journalists, Pyongyang: Foreign Leanguages Publishing House, 1983.

Donald Winnicott, *Through Paediatrics to Psycho-Analysis*, NewYork: BRUNNER/MAZEL Publisher, 1992.

Dylan Evans, *An Introductionary of Lacanian Psychoanalysis*, London and New York: Routledge, 1996.

Han, Hongkoo, "Wounded Nationalism: The Minsaengdan Incident and kim Ⅱsung in Eastern Manchuria," Ph.D. dissertation, University of Washington, 1999.

Ivan Volgyes, *Political Socialization in Eastern Europe: A Comparative Framework*, New York: Praeger Publisher, 1975.

Janosnos Kornai, *The Socialist System: The Political Economy of Communism*, Princeton Univ. Press, 1992.

Jerry F. Hough, "The Cultural Revolution and Western Understanding of the Soviet System," Shelia Fitzpatrick (eds), *Cultural Revolution in Russia 1928-1931*, Bloomington: Indiana Univ. Press, 1984.

Julia Kristeva, *The Powers of Horror: An Essay on Abjection*, trans. by R. Diaz, New York: Columbia University Press, 1982

Lee, Chong-Sik, *The Korean Workers' Party: A Short History*, Stanford: Hoover Institution Press, 1978.

Park, Han S., ed., *North Korea: Ideology, Economy*, New Jersey: Prentice-Hall, 1996.

Rogert A. Scalapino & Chong-sik Lee, *Communism in Korea Part: The Movement*, Berkeley and Los Angeles: University of California Press, 1972

Roger Fowler, *Language in the News: Discourse and Ideology in the Press*, London and New York: Routledge, 1991

Stephen F. Cohen, *Rethinking the Soviet Experience: Politics and History Since 1917*, New York: Oxford Univ. Press, 1985.

Sheila Fitzpatrick, "New Perspectives on Stalinism," *The Russian Review*, Vol.45, 1986.

Suh, Dae-Sook, *Kim IlSung: The North Korean Leader*, New York: Columbia University Press, 1988.

The Tin, Kim Gang-il & Pak Hong-je, *Great Leader Kim Jung II(I · II)*, Tokyo: Sorin Publishers, 1983-1985.

Tom Bottomore, *A Dictionary of Marxist Thought*, Worcester: Blackwell Reference, 1983.

Young Whan Kihl, *Politics and Policies in Divided Korea: Regimes in Contest*, Westview Press, 1984.

Wilfred Bion, *Elements of Psycho-Analysis*, Northvale, NJ: Jason Aronson INC, 1995.

W. T. Bluhm, *Ideologies and Attitudes: Modern Political Culture*, Princeton: Prentice- Hall, Inc., 1994.

William E. Griffith, *The Sino-Soviet*, Cambridge: The M.I.T. Press, 1966.

Zbigniew Brzezinski, *The Grand Failure: The Birth and Death of Communism in the 20 Century*, New York: Charles Scribener's Sons, 1989.

http://news.korealink.co.kr
http://members.tripod.co.kr
http://www.koreascope.org
http://www.NKhumanrights.or.kr
http://www.uniedu.go.kr
http://www.unikorea.go.kr
http://www.nis.go.kr
unibook.unikorea.go.kr

부 록

부록 1

사회주의 헌법

최고인민회의 제5기 제1차 회의에서 채택(1972. 12. 27)
최고인민회의 제9기 제3차 회의에서 수정(1992. 4. 9)
최고인민회의 제10기 제1차 회의에서 수정보충(1998. 9. 5)

서 문

　조선민주주의인민공화국은 위대한 수령 김일성 동지의 사상과 령도를 구현한 주체의 사회주의 조국이다.
　위대한 수령 김일성 동지는 조선민주주의인민공화국의 창건자이시며 사회주의 조선의 시조이시다.
　김일성 동지께서는 영생불멸의 주체사상을 창시하시고 그 기치 밑에 항일혁명투쟁을 조직 령도하시여 영광스러운 혁명전통을 마련하시고 조국광복의 력사적 위업을 이룩하시였으며 정치, 경제, 문화, 군사분야에서 자주독립국가 건설의 튼튼한 토대를 닦은 데 기초하여 조선민주주의인민공화국을 창건하시였다.
　김일성 동지께서는 주체적인 혁명로선을 내놓으시고 여러 단계의 사회혁명과 건설사업을 현명하게 령도하시여 공화국을 인민대중 중심의 사회주의나라로, 자주, 자립, 자위의 사회주의국가로 강화 발전시키시였다.
　김일성 동지께서는 국가건설과 국가활동의 근본원칙을 밝히시고 가장 우월한 국가사회제도와 정치방식, 사회 관리체계와 관리방법을 확립하시였으며 사회주의조국의 부강번영과 주체혁명위업의 계승 완성을 위한 확고한 토대를 마련하시였다.
　김일성 동지께서는 《이민위천》을 좌우명으로 삼으시여 언제나 인민들과 함께 계시고 인민을 위하여 한평생을 바치시였으며 숭고한 인덕정치로 인민들을 보살피시고 이끄시여 온 사회를 일심 단결된 하나의 대가정으로 전변시키시였다.
　위대한 수령 김일성 동지는 민족의 태양이시며 조국통일의 구성이시다. 김일성 동지께서는 나라의 통일을 민족지상의 과업으로 내세우시고 그 실현을 위하여 온갖 로고와 심혈을 다 바치시였다. 김일성 동지께서는 공화국을 조국통일의 강유력한 보루로 다지시는 한편 조국통일의 근본원칙과 방도를 제시하시고 조국통일운동을 전민족적인 운동으로 발전시키시여 온 민족의 단합된 힘으로 조국통일위업을 성취하기 위한 길을 열어놓으시였다.

위대한 수령 김일성 동지께서는 조선민주주의인민공화국의 대외정책의 기본리념을 밝히시고 그에 기초하여 나라의 대외관계를 확대 발전시키시였으며 공화국의 국제적권위를 높이 떨치게 하시였다. 김일성 동지는 세계정치의 원로로서 자주의 새 시대를 개척하시고 사회주의운동과 쁠럭불가담운동의 강화 발전을 위하여, 세계평화와 인민들 사이의 친선을 위하여 정력적으로 활동하시였으며 인류의 자주위업에 불멸의 공헌을 하시였다.

김일성 동지는 사상리론과 령도예술의 천재이시고 백전백승의 강철의 령장이시였으며 위대한 혁명가, 정치가이시고 위대한 인간이시였다.

김일성 동지의 위대한 사상과 령도업적은 조선혁명의 만년 재보이며 조선민주주의인민공화국의 륭성 번영을 위한 기본담보이다.

조선민주주의인민공화국과 조선인민은 조선로동당의 령도 밑에 위대한 수령 김일성 동지를 공화국의 영원한 주석으로 높이 모시며 김일성 동지의 사상과 업적을 옹호 고수하고 계승 발전시켜 주체혁명위업을 끝까지 완성하여 나갈 것이다.

조선민주주의인민공화국 사회주의헌법은 위대한 수령 김일성 동지의 주체적인 국가건설사상과 국가건설업적을 법화한 김일성헌법이다.

제1장 정 치

제1조 조선민주주의인민공화국은 전체 조선인민의 리익을 대표하는 자주적인 사회주의 국가이다.

제2조 조선민주주의인민공화국은 제국주의 침략자들을 반대하며 조국의 광복과 인민의 자유와 행복을 실현하기 위한 영광스러운 혁명투쟁에서 이룩한 빛나는 전통을 이어받은 혁명적인 국가이다.

제3조 조선민주주의인민공화국은 사람중심의 세계관이며 인민대중의 자주성을 실현하기 위한 혁명사상인 주체사상을 자기 활동의 지도적 지침으로 삼는다.

제4조 조선민주주의인민공화국의 주권은 로동자, 농민, 근로인테리와 모든 근로인민에게 있다. 근로인민은 자기의 대표기관인 최고인민회의와 지방 각급 인민회의를 통하여 주권을 행사한다.

제5조 조선민주주의인민공화국에서 모든 국가기관들은 민주주의중앙집권제 원칙에 의하여 조직되고 운영된다.
제6조 군인민회의로부터 최고인민회의에 이르기까지의 각급 주권기관은 일반적, 평등적, 직접적 원칙에 의하여 비밀투표로 선거한다.
제7조 각급 주권기관의 대의원은 선거자들과 밀접한 련계를 가지며 자기 사업에 대하여 선거자들 앞에 책임진다. 선거자들은 자기가 선거한 대의원이 신임을 잃은 경우에 언제든지 소환할 수 있다.
제8조 조선민주주의인민공화국의 사회제도는 근로인민대중이 모든 것의 주인으로 되고 있으며 사회의 모든 것이 근로인민대중을 위하여 복무하는 사람중심의 사회제도이다. 국가는 착취와 압박에서 해방되여 국가와 사회의 주인으로 된 로동자, 농민, 근로인테리와 모든 근로인민의 리익을 옹호하며 보호한다.
제9조 조선민주주의인민공화국은 북반부에서 인민정권을 강화하고 사상, 기술, 문화의 3대혁명을 힘있게 벌려 사회주의의 완전한 승리를 이룩하며 자주, 평화통일, 민족대단결의 원칙에서 조국통일을 실현하기 위하여 투쟁한다.
제10조 조선민주주의인민공화국은 로동계급이 령도하는 로농동맹에 기초한 전체 인민의 정치 사상적 통일에 의거한다. 국가는 사상혁명을 강화하여 사회의 모든 성원들을 혁명화, 로동계급화하며 온 사회를 동지적으로 결합된 하나의 집단으로 만든다.
제11조 조선민주주의인민공화국은 조선로동당의 영도 밑에 모든 활동을 진행한다.
제12조 국가는 계급로선을 견지하며 인민민주주의독재를 강화하여 내외 적대분자들의 파괴책동으로부터 인민주권과 사회주의제도를 굳건히 보위한다.
제13조 국가는 군중로선을 구현하며 모든 사업에서 우가 아래를 도와주고 대중 속에 들어가 문제해결의 방도를 찾으며 정치사업, 사람과의 사업을 앞세워 대중의 자각적 열성을 불러일으키는 청산리정신, 청산리방법을 관철한다.
제14조 국가는 3대혁명붉은기쟁취운동을 비롯한 대중운동을 힘있게 벌려 사회주의건설을 최대한으로 다그친다.
제15조 조선민주주의인민공화국은 해외에 있는 조선동포들의 민주주의적 민족권리와 국제법에서 공인된 합법적 권리와 리익을 옹호한다.
제16조 조선민주주의인민공화국은 자기 령역 안에 있는 다른 나라 사람의 합법적 권리와 리익을 보장한다.
제17조 자주, 평화, 친선은 조선민주주의인민공화국의 대외정책의 기본리념이며 대외활동 원칙이다. 국가는 우리나라를 우호적으로 대하는 모든 나라들과 완전한 평등과 자주성, 호상존중과 내정불간섭, 호혜의 원칙에서 국가적 또는 정치, 경제, 문화적 관계를 맺는다. 국가는 자주성을 옹호하는 세계인민들과 단결하며 온갖 형태의 침략과

내정간섭을 반대하고 나라의 자주권과 민족적, 계급적 해방을 실현하기 위한 모든 나라 인민들의 투쟁을 적극 지지 성원한다.

제18조 조선민주주의인민공화국의 법은 근로인민의 의사와 리익의 반영이며 국가관리의 기본무기이다. 법에 대한 존중과 엄격한 준수집행은 모든 기관, 기업소, 단체와 공민에게 있어서 의무적이다. 국가는 사회주의 법률제도를 완비하고 사회주의 법무생활을 강화한다.

제2장 경 제

제19조 조선민주주의인민공화국은 사회주의적 생산관계와 자립적 민족경제의 토대에 의거한다.

제20조 조선민주주의인민공화국에서 생산수단은 국가와 사회협동단체가 소유한다.

제21조 국가소유는 전체 인민의 소유이다.

국가소유권의 대상에는 제한이 없다.

나라의 모든 자연부원, 철도, 항공, 운수, 체신기관과 중요 공장, 기업소, 항만, 은행은 국가만이 소유한다.

국가는 나라의 경제발전에서 주도적 역할을 하는 국가소유를 우선적으로 보호하며 장성시킨다.

제22조 사회협동단체 소유는 해당 단체에 들어 있는 근로자들의 집단적 소유이다.

토지, 농기계, 배, 중소공장, 기업소 같은 것은 사회협동단체가 소유할 수 있다.

국가는 사회협동단체 소유를 보호한다.

제23조 국가는 농민들의 사상의식과 기술문화수준을 높이고 협동적 소유에 대한 전인민적 소유의 지도적 역할을 높이는 방향에서 두 소유를 유기적으로 결합시키며 협동경리에 대한 지도와 관리를 개선하여 사회주의적 협동경리제도를 공고 발전시키며 협동단체에 들어 있는 전체 성원들의 자원적 의사에 따라 협동단체소유를 점차 전인민적 소유로 전환시킨다.

제24조 개인소유는 공민들의 개인적이며 소비적인 목적을 위한 소유이다.

개인소유는 로동에 의한 사회주의분배와 국가와 사회의 추가적 혜택으로 이루어진다. 터밭경리를 비롯한 개인부업경리에서 나오는 생산물과 그 밖의 합법적인 경리활동을 통하여 얻은 수입도 개인소유에 속한다.

국가는 개인소유를 보호하며 그에 대한 상속권을 법적으로 보장한다.

제25조 조선민주주의인민공화국은 인민들의 물질문화생활을 끊임없이 높이는 것을 자기 활동의 최고 원칙으로 삼는다.

세금이 없어진 우리 나라에서 늘어나는 사회의 물질적 부는 전적으로 근로자들의 복리증진에 돌려진다.

국가는 모든 근로자들에게 먹고 입고 쓰고 살 수 있는 온갖 조건을 마련하여 준다.

제26조 조선민주주의인민공화국에 마련된 자립적 민족경제는 인민의 행복한 사회주의 생활과 조국의 륭성 번영을 위한 튼튼한 밑천이다.

국가는 사회주의 자립적 민족경제 건설로선을 틀어쥐고 인민경제의 주체화, 현대화, 과학화를 다그쳐 인민경제를 고도로 발전된 주체적인 경제로 만들며 완전한 사회주의사회에 맞는 물질 기술적 토대를 쌓기 위하여 투쟁한다.

제27조 기술혁명은 사회주의경제를 발전시키기 위한 기본고리이다.

국가는 언제나 기술발전 문제를 첫자리에 놓고 모든 경제활동을 진행하며 과학기술 발전과 인민경제의 기술개조를 다그치고 대중적 기술혁신운동을 힘있게 벌려 근로자들을 어렵고 힘든 로동에서 해방하며 육체로동과 정신로동의 차이를 줄여 나간다.

제28조 국가는 도시와 농촌의 차이, 로동계급과 농민의 계급적 차이를 없애기 위하여 농촌기술혁명을 다그쳐 농업을 공업화, 현대화하며 군의 역할을 높이고 농촌에 대한 지도와 방조를 강화한다.

국가는 협동농장의 생산시설과 농촌문화주택을 국가부담으로 건설하여 준다.

제29조 사회주의, 공산주의는 근로대중의 창조적 로동에 의하여 건설된다.

조선민주주의인민공화국에서 로동은 착취와 압박에서 해방된 근로자들의 자주적이며 창조적인 로동이다.

국가는 실업을 모르는 우리 근로자들의 로동이 보다 즐거운 것으로, 사회와 집단과 자신을 위하여 자각적 열성과 창발성을 내어 일하는 보람찬 것으로 되게 한다.

제30조 근로자들의 하루 로동시간은 8시간이다. 국가는 로동의 힘든 정도와 특수한 조건에 따라 하루 로동시간을 이보다 짧게 정한다.

국가는 로동조직을 잘하고 로동규률을 강화하여 로동시간을 완전히 리용하도록 한다.

제31조 조선민주주의인민공화국에서 공민이 로동하는 나이는 16살부터이다.

국가는 로동하는 나이에 이르지 못한 소년들의 로동을 금지한다.

제32조 국가는 사회주의경제에 대한 지도와 관리에서 정치적 지도와 경제기술적 지도, 국가의 통일적 지도와 매개 단위의 창발성, 유일적 지휘와 민주주의, 정치도덕적 자극과 물질적 자극을 옳게 결합시키는 원칙을 확고히 견지한다.

제33조 국가는 생산자대중의 집체적 힘에 의거하여 경제를 과학적으로, 합리적으로 관리 운영하는 사회주의 경제관리형태인 대안의 사업체계와 농촌경리를 기업적 방법으로 지도하는 농업지도체계에 의하여 경제를 지도 관리한다.

국가는 경제관리에서 대안의 사업체계의 요구에 맞게 독립채산제를 실시하며 원가,

가격, 수익성 같은 경제적 공간을 옳게 리용하도록 한다.
제34조 조선민주주의인민공화국의 인민경제는 계획경제이다.
　　국가는 사회주의 경제발전법칙에 따라 축적과 소비의 균형을 옳게 잡으며 경제건설을 다그치고 인민생활을 끊임없이 높이며 국방력을 강화할 수 있도록 인민경제 발전계획을 세우고 실행한다.
　　국가는 계획의 일원화, 세부화를 실현하여 생산장성의 높은 속도와 인민경제의 균형적 발전을 보장한다.
제35조 조선민주주의인민공화국은 인민경제 발전계획에 따르는 국가예산을 편성하여 집행한다.
　　국가는 모든 부문에서 증산과 절약투쟁을 강화하고 재정통제를 엄격히 실시하여 국가축적을 체계적으로 늘이며 사회주의적 소유를 확대 발전시킨다.
제36조 조선민주주의인민공화국에서 대외무역은 국가 또는 사회협동단체가 한다.
　　국가는 완전한 평등과 호혜의 원칙에서 대외무역을 발전시킨다.
제37조 국가는 우리나라 기관, 기업소, 단체와 다른 나라 법인 또는 개인들과의 기업 합영과 합작, 특수경제지대에서의 여러 가지 기업 창설운영을 장려한다.
제38조 국가는 자립적 민족경제를 보호하기 위하여 관세정책을 실시한다.

제3장 문 화

제39조 조선민주주의인민공화국에서 개화 발전하고 있는 사회주의적 문화는 근로자들의 창조적 능력을 높이며 건전한 문화정서적 수요를 충족시키는 데 이바지한다.
제40조 조선민주주의인민공화국은 문화혁명을 철저히 수행하여 모든 사람들을 자연과 사회에 대한 깊은 지식과 높은 문화예술수준을 가진 사회주의, 공산주의 건설자로 만들며 온사회를 인테리화한다.
제41조 조선민주주의인민공화국은 사회주의 근로자들을 위하여 복무하는 참다운 인민적이며 혁명적인 문화를 건설한다.
　　국가는 사회주의적 민족문화 건설에서 제국주의의 문화적 침투와 복고주의적 경향에 반대하며 민족문화유산을 보호하고 사회주의 현실에 맞게 계승 발전시킨다.
제42조 국가는 모든 분야에서 낡은 사회의 생활양식을 없애고 새로운 사회주의적 생활양식을 전면적으로 확립한다.
제43조 국가는 사회주의 교육학의 원리를 구현하여 후대들을 사회와 인민을 위하여 투쟁하는 견결한 혁명가로, 지덕체를 갖춘 공산주의적 새 인간으로 키운다.
제44조 국가는 인민교육사업과 민족간부 양성사업을 다른 모든 사업에 앞세우며 일반

교육과 기술교육, 교육과 생산로동을 밀접히 결합시킨다.
제45조 국가는 1년 동안의 학교 전 의무교육을 포함한 전반적 11년제 의무교육을 현대 과학기술 발전추세와 사회주의건설의 현실적 요구에 맞게 높은 수준에서 발전시킨다.
제46조 국가는 학업을 전문으로 하는 교육체계와 일하면서 공부하는 여러 가지 형태의 교육체계를 발전시키며 기술교육과 사회과학, 기초과학 교육의 과학리론 수준을 높여 유능한 기술자, 전문가들을 키워낸다.
제47조 국가는 모든 학생들을 무료로 공부시키며 대학과 전문학교 학생들에게는 장학금을 준다.
제48조 국가는 사회교육을 강화하며 모든 근로자들이 학습할 수 있는 온갖 조건을 보장한다.
제49조 국가는 학령 전 어린이들을 탁아소와 유치원에서 국가와 사회의 부담으로 키워준다.
제50조 국가는 과학연구 사업에서 주체를 세우며 선진 과학기술을 적극 받아들이고 새로운 과학기술 분야를 개척하여 나라의 과학기술을 세계적 수준에 올려세운다.
제51조 국가는 과학기술 발전계획을 바로 세우고 철저히 수행하는 규률을 세우며 과학자, 기술자들과 생산자들의 창조적 협조를 강화하도록 한다.
제52조 국가는 민족적 형식의 사회주의적 내용을 담은 주체적이며 혁명적인 문학예술을 발전시킨다.
국가는 창작가, 예술인들이 사상예술성이 높은 작품을 많이 창작하며 광범한 대중이 문예활동에 널리 참가하도록 한다.
제53조 국가는 정신적으로, 육체적으로 끊임없이 발전하려는 사람들의 요구에 맞게 현대적인 문화시설들을 충분히 갖추어 주어 모든 근로자들이 사회주의적 문화 정서생활을 마음껏 누리도록 한다.
제54조 국가는 우리말을 온갖 형태의 민족어 말살정책으로부터 지켜내며 그것을 현대의 요구에 맞게 발전시킨다.
제55조 국가는 체육을 대중화, 생활화하여 전체인민을 로동과 국방에 튼튼히 준비시키며 우리나라 실정과 현대체육 기술발전 추세에 맞게 체육기술을 발전시킨다.
제56조 국가는 전반적 무상치료제를 공고 발전시키며 의사담당 구역제와 예방의학제도를 강화하여 사람들의 생명을 보호하며 근로자들의 건강을 증진시킨다.
제57조 국가는 생산에 앞서 환경보호대책을 세우며 자연환경을 보존, 조성하고 환경오염을 방지하여 인민들에게 문화위생적인 생활환경과 로동조건을 마련하여 준다.

제4장 국 방

제58조 조선민주주의인민공화국은 전인민적, 전국가적 방위체계에 의거한다.

제59조 조선민주주의인민공화국 무장력의 사명은 근로인민의 리익을 옹호하며 외래침략으로부터 사회주의제도와 혁명의 전취물을 보위하고 조국의 자유와 독립과 평화를 지키는 데 있다.

제60조 국가는 군대와 인민을 정치사상적으로 무장시키는 기초 우에서 전군 간부화, 전군 현대화, 전민 무장화, 전국 요새화를 기본내용으로 하는 자위적 군사로선을 관철한다.

제61조 국가는 군대 안에서 군사규률과 군중규률을 강화하며 관병일치, 군민일치의 고상한 전통적 미풍을 높이 발양하도록 한다.

제5장 공민의 기본권리와 의무

제62조 조선민주주의인민공화국 공민이 되는 조건은 국적에 관한 법으로 규정한다.
  공민은 거주지에 관계없이 조선민주주의인민공화국의 보호를 받는다.

제63조 조선민주주의인민공화국에서 공민의 권리와 의무는 《하나는 전체를 위하여, 전체는 하나를 위하여》라는 집단주의 원칙에 기초한다.

제64조 국가는 모든 공민에게 참다운 민주주의적 권리와 자유, 행복한 물질문화생활을 실질적으로 보장한다.
  조선민주주의인민공화국에서 공민의 권리와 자유는 사회주의제도의 공고 발전과 함께 더욱 확대된다.

제65조 공민은 국가사회 생활의 모든 분야에서 누구나 다 같은 권리를 가진다.

제66조 17살 이상의 모든 공민은 성별, 민족별, 직업, 거주기간, 재산과 지식정도, 당별, 정견, 신앙에 관계없이 선거할 권리와 선거받을 권리를 가진다.
  군대에 복무하는 공민도 선거할 권리와 선거받을 권리를 가진다.
  재판소의 판결에 의하여 선거할 권리를 빼앗긴 자, 정신병자는 선거할 권리와 선거받을 권리를 가지지 못한다.

제67조 공민은 언론, 출판, 집회, 시위와 결사의 자유를 가진다.
  국가는 민주주의적 정당, 사회단체의 자유로운 활동조건을 보장한다.

제68조 공민은 신앙의 자유를 가진다. 이 권리는 종교건물을 짓거나 종교의식 같은 것을 허용하는 것으로 보장된다.

종교를 외세를 끌어들이거나 국가사회질서를 해치는 데 리용할 수 없다.
제69조 공민은 신소와 청원을 할 수 있다.
국가는 신소와 청원을 법이 정한 데 따라 공정하게 심의 처리하도록 한다.
제70조 공민은 로동에 대한 권리를 가진다.
로동능력 있는 모든 공민은 희망과 재능에 따라 직업을 선택하며 안정된 일자리와 로동조건을 보장받는다.
공민은 능력에 따라 일하며 로동의 량과 질에 따라 분배를 받는다.
제71조 공민은 휴식에 대한 권리를 가진다. 이 권리는 로동시간제, 공휴일제, 유급휴가제, 국가비용에 의한 정휴양제, 계속 늘어나는 여러 가지 문화시설들에 의하여 보장된다.
제72조 공민은 무상으로 치료받을 권리를 가지며 나이 많거나 병 또는 불구로 로동능력을 잃은 사람, 돌볼 사람이 없는 늙은이와 어린이는 물질적 방조를 받을 권리를 가진다. 이 권리는 무상치료제, 계속 늘어나는 병원, 료양소를 비롯한 의료시설, 국가사회보험과 사회보장제에 의하여 보장된다.
제73조 공민은 교육을 받을 권리를 가진다. 이 권리는 선진적인 교육제도와 국가의 인민적인 교육시책에 의하여 보장된다.
제74조 공민은 과학과 문학예술 활동의 자유를 가진다.
국가는 발명가와 창의고안자에게 배려를 돌린다.
저작권과 발명권, 특허권은 법적으로 보호한다.
제75조 공민은 거주, 려행의 자유를 가진다.
제76조 혁명투사, 혁명렬사 가족, 애국렬사 가족, 인민군 후방가족, 영예군인은 국가와 사회의 특별한 보호를 받는다.
제77조 녀자는 남자와 똑같은 사회적 지위와 권리를 가진다.
국가는 산전산후휴가의 보장, 여러 어린이를 가진 어머니를 위한 로동시간의 단축, 산원, 탁아소와 유치원망의 확장, 그 밖의 시책을 통하여 어머니와 어린이를 특별히 보호한다.
국가는 녀성들이 사회에 진출할 온갖 조건을 지어 준다.
제78조 결혼과 가정은 국가의 보호를 받는다.
국가는 사회의 기층생활 단위인 가정을 공고히 하는 데 깊은 관심을 돌린다.
제79조 공민은 인신과 주택의 불가침, 서신의 비밀을 보장받는다.
법에 근거하지 않고는 공민을 구속하거나 체포할 수 없으며 살림집을 수색할 수 없다.
제80조 조선민주주의인민공화국은 평화와 민주주의, 민족적 독립과 사회주의를 위하여 과학, 문화활동의 자유를 위하여 투쟁하다가 망명하여 온 다른 나라 사람을 보호한

다.

제81조 공민은 인민의 정치사상적 통일과 단결을 견결히 수호하여야 한다.

공민은 조직과 집단을 귀중히 여기며 사회와 인민을 위하여 몸바쳐 일하는 기풍을 높이 발휘하여야 한다.

제82조 공민은 국가의 법과 사회주의적 생활규범을 지키며 조선민주주의인민공화국의 공민된 영예와 존엄을 고수하여야 한다.

제83조 로동은 공민의 신성한 의무이며 영예이다.

공민은 로동에 자각적으로 성실히 참가하며 로동규률과 로동시간을 엄격히 지켜야 한다.

제84조 공민은 국가재산과 사회협동단체 재산을 아끼고 사랑하며 온갖 탐오랑비 현상을 반대하여 투쟁하며 나라 살림살이를 주인답게 알뜰히 하여야 한다.

국가와 사회협동단체 재산은 신성불가침이다.

제85조 공민은 언제나 혁명적 경각성을 높이며 국가의 안전을 위하여 몸바쳐 투쟁하여야 한다.

제86조 조국보위는 공민의 최대의 의무이며 영예이다.

공민은 조국을 보위하여야 하며 법이 정한 데 따라 군대에 복무하여야 한다.

제6장 국가기구

제1절 최고인민회의

제87조 최고인민회의는 조선민주주의인민공화국의 최고주권기관이다.

제88조 최고인민회의는 립법권을 행사한다.

최고인민회의 휴회중에는 최고인민회의 상임위원회도 립법권을 행사할 수 있다.

제89조 최고인민회의는 일반적, 평등적, 직접적 선거원칙에 의하여 비밀투표로 선거된 대의원들로 구성한다.

제90조 최고인민회의 임기는 5년으로 한다.

최고인민회의 새 선거는 최고인민회의 임기가 끝나기전에 최고인민회의 상임위원회의 결정에 따라 진행한다.

불가피한 사정으로 선거를 하지 못할 경우에는 선거를 할 때까지 그 임기를 연장한다.

제91조 최고인민회의는 다음과 같은 권한을 가진다.

    1. 헌법을 수정, 보충한다.

2. 부문법을 제정 또는 수정 보충한다.
3. 최고인민회의 휴회중에 최고인민회의 상임위원회가 채택한 중요부문 법을 승인한다.
4. 국가의 대내외 정책의 기본원칙을 세운다.
5. 조선민주주의인민공화국 국방위원회 위원장을 선거 또는 소환한다.
6. 최고인민회의 상임위원회 위원장을 선거 또는 소환한다.
7. 조선민주주의인민공화국 국방위원회 위원장의 제의에 의하여 국방위원회 제1부위원장, 부위원장, 위원들을 선거 또는 소환한다.
8. 최고인민회의 상임위원회 부위원장, 명예부위원장, 서기장, 위원들을 선거 또는 소환한다.
9. 내각 총리를 선거 또는 소환한다.
10. 내각 총리의 제의에 의하여 내각 부총리, 위원장, 상, 그밖의 내각성원들을 임명한다.
11. 중앙검찰소 소장을 임명 또는 해임한다.
12. 중앙재판소 소장을 선거 또는 소환한다.
13. 최고인민회의 부문위원회 위원장, 부위원장, 위원들을 선거 또는 소환한다.
14. 국가의 인민경제발전계획과 그 실행정형에 관한 보고를 심의하고 승인한다.
15. 국가예산과 그 집행정형에 관한 보고를 심의하고 승인한다.
16. 필요에 따라 내각과 중앙기관들의 사업정형을 보고받고 대책을 세운다.
17. 최고인민회의에 제기되는 조약의 비준, 폐기를 결정한다.

제92조 최고인민회의는 정기회의와 림시회의를 가진다.
정기회의는 1년에 1~2차, 최고인민회의 상임위원회가 소집한다.
림시회의는 최고인민회의 상임위원회가 필요하다고 인정할 때 또는 대의원 전원의 3분의 1이상의 요청이 있을 때 소집한다.

제93조 최고인민회의는 대의원 전원의 3분의 2이상이 참석하여야 성립된다.

제94조 최고인민회의는 의장과 부의장을 선거한다.
의장은 회의를 사회한다.

제95조 최고인민회의에서 토의할 의안은 최고인민회의 상임위원회, 내각과 최고인민회의 부문위원회가 제출한다.
대의원들도 의안을 제출할 수 있다.

제96조 최고인민회의 매기 제1차회의는 대의원 자격심사위원회를 선거하고, 그 위원회가 제출한 보고에 근거하여 대의원 자격을 확인하는 결정을 채택한다.

제97조 최고인민회의는 법령과 결정을 낸다. 최고인민회의가 내는 법령과 결정은 거수

가결의 방법으로 그 회의에 참석한 대의원의 반수 이상이 찬성하여야 채택된다.

헌법은 최고인민회의 대의원 전원의 3분의 2 이상이 찬성하여야 수정 보충된다.

제98조 최고인민회의는 법제위원회, 예산위원회 같은 부문위원회를 둔다.

최고인민회의 부문위원회는 위원장, 부위원장, 위원들로 구성한다.

최고인민회의 부문위원회는 최고인민회의 사업을 도와 국가의 정책안과 법안을 작성하거나 심의하며 그 집행을 위한 대책을 세운다.

최고인민회의 부문위원회는 최고인민회의 휴회중에 최고인민회의 상임위원회의 지도밑에 사업한다.

제99조 최고인민회의 대의원은 불가침권을 보장받는다.

최고인민회의 대의원은 현행범인 경우를 제외하고는 최고인민회의, 그 휴회중에 최고인민회의 상임위원회의 승인없이 체포하거나 형사처벌을 할 수 없다.

제2절 국방위원회

제100조 국방위원회는 국가주권의 최고군사지도기관이며 전반적 국방관리기관이다.

제101조 국방위원회는 위원장, 제1부위원장, 부위원장, 위원들로 구성한다.

국방위원회 임기는 최고인민회의 임기와 같다.

제102조 조선민주주의인민공화국 국방위원회 위원장은 일체 무력을 지휘 통솔하며 국방사업 전반을 지도한다.

제103조 국방위원회는 다음과 같은 임무와 권한을 가진다.

1. 국가의 전반적 무력과 국방건설사업을 지도한다.
2. 국방부문의 중앙기관을 내오거나 없앤다.
3. 중요 군사간부를 임명 또는 해임한다.
4. 군사칭호를 제정하며 장령 이상의 군사칭호를 수여한다.
5. 나라의 전시상태와 동원령을 선포한다.

제104조 국방위원회는 결정과 명령을 낸다.

제105조 국방위원회는 자기사업에 대하여 최고인민회의 앞에 책임진다.

제3절 최고인민회의 상임위원회

제106조 최고인민회의 상임위원회는 최고인민회의 휴회중의 최고주권기관이다.

제107조 최고인민회의 상임위원회는 위원장, 부위원장, 서기장, 위원들로 구성한다.

제108조 최고인민회의 상임위원회는 약간명의 명예부위원장을 둘 수 있다.

최고인민회의 상임위원회 명예부위원장은 최고인민회의 대의원 가운데서 오랜 기간 국가건설사업에 참가하여 특출한 기여를 한 일군이 될 수 있다.

제109조 최고인민회의 상임위원회 임기는 최고인민회의 임기와 같다.

최고인민회의 상임위원회는 최고인민회의 임기가 끝난 후에도 새 상임위원회가 선거될 때까지 자기임무를 계속 수행한다.

제110조 최고인민회의 상임위원회는 다음과 같은 임무와 권한을 가진다.
 1. 최고인민회의를 소집한다.
 2. 최고인민회의 휴회중에 제기된 새로운 부문 법안과 규정안, 현행 부문법과 규정의 수정 보충안을 심의 채택하며, 채택 실시하는 중요 부문법을 다음번 최고인민회의의 승인을 받는다.
 3. 불가피한 사정으로 최고인민회의 휴회기간에 제기되는 국가의 인민경제발전계획, 국가예산과 그 조절안을 심의하고 승인한다.
 4. 헌법과 현행 부문법, 규정을 해석한다.
 5. 국가기관들의 법준수 집행을 감독하고 대책을 세운다.
 6. 헌법, 최고인민회의 법령, 결정, 국방위원회 결정, 명령, 최고인민회의 상임위원회 정령, 결정, 지시에 어긋나는 국가기관의 결정, 지시를 폐지하며 지방인민회의의 그릇된 결정집행을 정지시킨다.
 7. 최고인민회의 대의원선거를 위한 사업을 하며 지방인민회의 대의원선거 사업을 조직한다.
 8. 최고인민회의 대의원들과의 사업을 한다.
 9. 최고인민회의 부문위원회와의 사업을 한다.
 10. 내각 위원회, 성을 내오거나 없앤다.
 11. 최고인민회의 휴회중에 내각총리의 제의에 의하여 부총리, 위원장, 상, 그 밖의 내각성원들을 임명 또는 해임한다.
 12. 최고인민회의 상임위원회 부문위원회 성원들을 임명 또는 해임한다.
 13. 중앙재판소 판사, 인민참심원을 선거 또는 소환한다.
 14. 다른 나라와 맺은 조약을 비준 또는 폐기한다.
 15. 다른 나라에 주재하는 외교대표의 임명 또는 소환을 결정하고 발표한다.
 16. 훈장과 메달, 명예칭호, 외교직급을 제정하며 훈장과 메달, 명예칭호를 수여한다.
 17. 대사권과 특사권을 행사한다.
 18. 행정단위와 행정구역을 내오거나 고친다.

제111조 최고인민회의 상임위원회 위원장은 상임위원회 사업을 조직 지도한다.

최고인민회의 상임위원회 위원장은 국가를 대표하며 다른 나라 사신의 신임장 소환장을 접수한다.

제112조 최고인민회의 상임위원회는 전원회의와 상무회의를 가진다.

전원회의는 위원 전원으로 구성하며 상무회의는 위원장, 부위원장, 서기장들로 구성한다.

제113조 최고인민회의 상임위원회 전원회의는 상임위원회의 임무와 권한을 실현하는데서 나서는 중요한 문제들을 토의 결정한다.

상무회의는 전원회의에서 위임한 문제들을 토의 결정한다.

제114조 최고인민회의 상임위원회는 정령과 결정, 지시를 낸다.

제115조 최고인민회의 상임위원회는 자기사업을 돕는 부문위원회를 둘 수 있다.

제116조 최고인민회의 상임위원회는 자기사업에 대하여 최고인민회의 앞에 책임진다.

제4절 내 각

제117조 내각은 최고주권의 행정적 집행기관이며 전반적 국가관리기관이다.

제118조 내각은 총리, 부총리, 위원장, 상과 그 밖의 필요한 성원들로 구성한다.

내각의 임기는 최고인민회의 임기와 같다.

제119조 내각은 다음과 같은 임무와 권한을 가진다.

1. 국가의 정책을 집행하기 위한 대책을 세운다.
2. 헌법과 부문법에 기초하여 국가관리와 관련한 규정을 제정 또는 수정 보충한다.
3. 내각의 위원회, 성, 내각 직속기관, 지방인민위원회의 사업을 지도한다.
4. 내각 직속기관, 중요 행정경제기관, 기업소를 내오거나 없애며 국가관리기구를 개선하기 위한 대책을 세운다.
5. 국가의 인민경제 발전계획을 작성하며 그 실행대책을 세운다.
6. 국가예산을 편성하며 그 집행대책을 세운다.
7. 공업, 농업, 건설, 운수, 체신, 상업, 무역, 국토관리, 도시경영, 교육, 과학, 문화, 보건, 체육, 로동행정, 환경보호, 관광 그 밖의 여러 부문의 사업을 조직 집행한다.
8. 화폐와 은행제도를 공고히 하기 위한 대책을 세운다.
9. 국가관리 질서를 세우기 위한 검열, 통제사업을 한다.
10. 사회질서 유지, 국가 및 사회협동단체의 소유와 리익의 보호, 공민의 권리보장을 위한 대책을 세운다.
11. 다른 나라와 조약을 맺으며 대외사업을 한다.
12. 내각 결정, 지시에 어긋나는 행정경제기관의 결정, 지시를 폐지한다.

제120조 내각총리는 내각사업을 조직 지도한다.

내각총리는 조선민주주의인민공화국 정부를 대표한다.
제121조 내각은 전원회의와 상무회의를 가진다.
　　내각 전원회의는 내각성원 전원으로 구성하며, 상무회의는 총리, 부총리와 그 밖에 총리가 임명하는 내각성원들로 구성한다.
제122조 내각 전원회의는 행정경제사업에서 나서는 새롭고 중요한 문제들을 토의 결정한다.
　　상무회의는 내각 전원회의에서 위임한 문제들을 토의 결정한다.
제123조 내각은 결정과 지시를 낸다.
제124조 내각은 자기사업을 돕는 비상설 부문위원회를 둘 수 있다.
제125조 내각은 자기사업에 대하여 최고인민회의와 그 휴회중에 최고인민회의 상임위원회 앞에 책임진다.
제126조 새로 선거된 내각총리는 내각원들을 대표하여 최고인민회의에서 선서를 한다.
제127조 내각 위원회, 성은 내각의 부문별 집행기관이며 중앙의 부문별 관리기관이다.
제128조 내각 위원회, 성은 내각의 지도 밑에 해당부문의 사업을 통일적으로 장악하고 지도 관리한다.
제129조 내각 위원회, 성은 위원회 회의와 간부회의를 운영한다.
　　위원회 성, 위원회회의와 간부회의에서는 내각결정, 지시집행 대책과 그 밖의 중요한 문제들을 토의 결정한다.
제130조 내각 위원회, 성은 지시를 낸다.

제5절 지방인민회의

제131조 도(직할시), 시(구역), 군 인민회의는 지방주권기관이다.
제132조 지방인민회의는 일반적, 평등적, 직접적 선거원칙에 의하여 비밀투표로 선거된 대의원들로 구성한다.
제133조 도(직할시), 시(구역), 군 인민회의 임기는 4년으로 한다.
　　지방인민회의 새 선거는 지방인민회의 임기가 끝나기 전에 해당 지방인민위원회의 결정에 따라 진행한다.
　　불가피한 사정으로 선거를 하지 못할 경우에는 선거를 할 때까지 그 임기를 연장한다.
제134조 지방인민회의는 다음과 같은 임무와 권한을 가진다.
　　1. 지방의 인민경제 발전계획과 그 실행정형에 대한 보고를 심의하고 승인한다.
　　2. 지방예산과 그 집행에 대한 보고를 심의하고 승인한다.

3. 해당지역에서 국가의 법을 집행하기 위한 대책을 세운다.
　4. 해당인민위원회 위원장, 부위원장, 사무장, 위원들을 선거 또는 소환한다.
　5. 해당 재판소의 판사, 인민참심원을 선거 또는 소환한다.
　6. 해당 인민위원회와 하급 인민회의, 인민위원회의 그릇된 결정, 지시를 폐지한다.
제135조 지방인민회의는 정기회의와 림시회의를 가진다.
　정기회의는 1년에 1~2차 해당 인민위원회가 소집한다.
　림시회의는 해당 인민위원회가 필요하다고 인정할 때 또는 대의원 전원의 3분의 1 이상의 요청이 있을 때 소집한다.
제136조 지방인민회의는 대의원 전원의 3분의 2 이상이 참석하여야 성립된다.
제137조 지방인민회의는 의장을 선거한다.
　의장은 회의를 사회한다.
제138조 지방인민회의는 결정을 낸다.

제6절 지방인민위원회

제139조 도(직할시), 시(구역), 군 인민위원회는 해당인민회의 휴회중의 지방주권기관이며, 해당 지방주권의 행정적 집행기관이다.
제140조 지방인민위원회는 위원장, 부위원장, 사무장, 위원들로 구성한다.
　지방인민위원회 임기는 해당 인민회의 임기와 같다.
제141조 지방인민위원회는 다음과 같은 임무와 권한을 가진다.
　1. 인민회의를 소집한다.
　2. 인민회의 대의원선거를 위한 사업을 한다.
　3. 인민회의 대의원들과의 사업을 한다.
　4. 해당 인민회의와 상급인민회의, 인민위원회, 내각과 내각 위원회, 성의 법령, 정령, 결정, 지시를 집행한다.
　5. 해당 지방의 모든 행정사업을 조직 집행한다.
　6. 지방의 인민경제발전계획을 작성하며, 그 실행대책을 세운다.
　7. 지방예산을 편성하며 그 집행대책을 세운다.
　8. 해당 지방의 사회질서 유지, 국가 및 사회협동단체의 소유와 리익의 보호, 공민의 권리보장을 위한 대책을 세운다.
　9. 해당 지방에서 국가관리 질서를 세우기 위한 검열, 통제사업을 한다.
　10. 하급 인민위원회사업을 지도한다.
　11. 하급 인민위원회의 그릇된 결정, 지시를 폐지하며, 하급인민회의의 그릇된 결정의

집행을 정지시킨다.
제142조 지방인민위원회는 전원회의와 상무회의를 가진다.
　지방인민위원회 전원회의는 위원 전원으로 구성하며, 상무회의는 위원장, 부위원장, 사무장들로 구성한다.
제143조 지방인민위원회 전원회의는 자기의 임무와 권한을 실현하는 데서 나서는 중요한 문제들을 토의 결정한다.
　상무회의는 전원회의가 위임한 문제들을 토의 결정한다.
제144조 지방인민위원회는 결정과 지시를 낸다.
제145조 지방인민위원회는 자기사업을 돕는 비상설 부문위원회를 둘 수 있다.
제146조 지방인민위원회는 자기사업에 대하여 해당 인민회의 앞에 책임진다.
　지방인민위원회는 상급인민위원회와 내각에 복종한다.

제7절 검찰소와 재판소

제147조 검찰사업은 중앙검찰소, 도(직할시), 시(구역), 군 검찰소와 특별검찰소가 한다.
제148조 중앙검찰소 소장의 임기는 최고인민회의 임기와 같다.
제149조 검사는 중앙검찰소가 임명 또는 해임한다.
제150조 검찰소는 다음과 같은 임무를 수행한다.
　1. 기관, 기업소, 단체와 공민들이 국가의 법을 정확히 지키는가를 감시한다.
　2. 국가기관의 결정, 지시가 헌법, 최고인민회의 법령, 결정, 국방위원회 결정, 명령, 최고인민회의 상임위원회 정령, 결정, 지시, 내각 결정, 지시에 어긋나지 않는가를 감시한다.
　3. 범죄자를 비롯한 법위반자를 적발하고 법적 책임을 추궁하는 것을 통하여 조선민주주의인민공화국의 주권과 사회주의제도, 국가와 사회협동단체 재산, 인민의 헌법적 권리와 생명 재산을 보호한다.
제151조 검찰사업은 중앙검찰소가 통일적으로 지도하며 모든 검찰소는 상급검찰소와 중앙검찰소에 복종한다.
제152조 중앙검찰소는 자기사업에 대하여 최고인민회의와 그 휴회중에 최고인민회의 상임위원회 앞에 책임진다.
제153조 재판은 중앙재판소, 도(직할시)재판소, 인민재판소와 특별재판소가 한다.
　판결은 조선민주주의인민공화국의 이름으로 선고한다.
제154조 중앙재판소 소장의 임기는 최고인민회의 임기와 같다.
　중앙재판소, 도(직할시)재판소, 인민재판소의 판사, 인민참심원의 임기는 해당 인민회의 임기와 같다.
제155조 특별재판소의 소장과 판사는 중앙재판소가 임명 또는 해임한다.
　　　특별재판소의 인민참심원은 해당 군무자회의 또는 종업원회의에서 선거한다.
제156조 재판소는 다음과 같은 임무를 수행한다.
　　1. 재판활동을 통하여 조선민주주의인민공화국의 주권과 사회주의제도, 국가와 사회협동단체 재산, 인민의 헌법적 권리와 생명 재산을 보호한다.
　　2. 모든 기관, 기업소, 단체와 공민들이 국가의 법을 정확히 지키고 계급적 원쑤들과 온갖 법위반자들을 반대하여 적극 투쟁하도록 한다.
　　3. 재산에 대한 판결, 판정을 집행하며 공증사업을 한다.
제157조 재판은 판사 1명과 인민참심원 2명으로 구성된 재판소가 한다.
　　　특별한 경우에는 판사 3명으로 구성하여 할 수 있다.
제158조 재판은 공개하며 피소자의 변호권을 보장한다.
　　　법이 정한 데 따라 재판을 공개하지 않을 수 있다.
제159조 재판은 조선말로 한다.
　　　다른 나라 사람들은 재판에서 자기 나라 말을 할 수 있다.
제160조 재판소는 재판에서 독자적이며, 재판활동을 법에 의거하여 수행한다.
제161조 중앙재판소는 조선민주주의인민공화국의 최고재판기관이다.
　　　중앙재판소는 모든 재판소의 재판사업을 감독한다.
제162조 중앙재판소는 자기사업에 대하여 최고인민회의와 그 휴회중에 최고인민회의 상임위원회 앞에 책임진다.

제7장 국장, 국기, 국가, 수도

제163조 조선민주주의인민공화국의 국장은 《조선민주주의인민공화국》이라고 쓴 붉은 띠로 땋아 올려감은 벼이삭의 타원형 테두리 안에 웅장한 수력발전소가 있고, 그 우에 혁명의 성산 백두산과 찬연히 빛나는 붉은 오각별이 있다.
제164조 조선민주주의인민공화국의 국기는 기발의 가운데에 넓은 붉은 폭이 있고 그 아래우에 가는 흰폭이 있으며 그 다음에 푸른폭 이 있고 붉은 폭의 기대 달린 쪽 흰 동그라미 안에 붉은 오각별이 있다.
　　　기발의 세로와 가로의 비는 1 대 2이다.
제165조 조선민주주의인민공화국의 국가는 《애국가》이다.
제166조 조선민주주의인민공화국의 수도는 평양이다.

부록 2

조선로동당 규약

(1980. 10. 13 제6차 당대회 개정)

조선로동당은 위대한 수령 김일성 동지에 의해 창건된 주체형의 혁명적 맑스-레닌주의당이다.

위대한 수령 김일성 동지는 1926년 우리나라에서 처음으로 되는 공산주의적 혁명조직으로서 타도제국주의동맹을 결성하였으며 오랜 항일혁명투쟁을 통해 당 창건을 위한 조직적, 사상적 기반을 마련하였으며 이에 기초하여 영광스러운 조선로동당을 창건하였다.

조선로동당은 우리나라에서 로동계급과 전체 근로대중의 선봉적, 조직적 부대이며 전체 근로대중 조직체 중에서 최고형태의 혁명조직이다.

조선로동당은 조선민족과 조선인민의 리익을 대표한다.

조선로동당은 로동자, 농민, 근로《인테리》를 망라하는 근로인민들 가운데서 근로대중의 리익과 사회주의, 공산주의운동의 승리를 위하여 헌신적으로 복무하는 선봉적 투사들로서 조직한다.

조선로동당은 오직 위대한 수령 김일성 동지의 주체사상, 혁명사상에 의해 지도된다.

조선로동당은 항일혁명투쟁 시기에 위대한 수령 김일성 동지에 의해 이룩된 영광스러운 혁명전통을 계승 발전시킨다.

조선로동당은 자본주의사상과 마찬가지로 국제공산주의 운동과 로동계급운동에서 나타난 수정주의, 교조주의를 비롯한 온갖 기회주의를 반대하고 맑스-레닌주의의 순결성을 고수하기 위하여 견결히 투쟁한다.

조선로동당의 당면목적은 공화국 북반부에서 사회주의의 완전한 승리를 이룩하여 전국적 범위에서 민족해방과 인민민주주의의 혁명과업을 완수하는 데 있으며 최종목적은 온 사회의 주체사상화와 공산주의사회를 건설하는 데 있다.

조선로동당은 당의 유일사상체계를 세우는 것을 당건설과 당활동의 기본원칙으로 삼는다.

조선로동당은 주체사상에 기초한 전당의 사상의지적 통일단결을 단속 강화한다.
조선로동당은 프로레타리아독재를 실시하며 사회주의, 공산주의건설의 총로선으로서 천리마운동과 사상, 기술, 문화혁명을 추진한다.
조선로동당은 로동계급의 영도적 역할을 높임으로써 로농동맹을 기초로 한 전조선의 각계각층 애국적 민주력량들과의 통일전선을 강화하기 위하여 투쟁한다.
조선로동당은 인민들의 물질적 및 문화적 수준을 끊임없이 높이는 것을 최고의 활동원칙으로 삼는다.
조선로동당은 사람과의 사업을 당사업의 기본으로 삼는다.
조선로동당은 모든 당사업의 기본원칙으로서 계급로선과 군중로선을 관철한다.
조선로동당은 항일유격대식 사업방법, 청산리정신 및 청산리방법을 철저히 관철한다.
조선로동당은 온 사회의 혁명화, 로동계급화, 인테리화를 촉진하고 사회주의의 물질, 기술적 토대를 공고히 하며 나아가서 사회주의제도를 강화하고 사회주의의 완전한 승리를 촉진시키기 위한 투쟁에서 사상, 기술, 문화혁명을 활발히 수행한다.
조선로동당은 남조선에서 미제국주의 침략군대를 몰아내고 식민지통치를 청산하며 그리고 일본 군국주의의 재침기도를 좌절시키기 위한 투쟁을 전개하고 남조선인민들의 사회민주화와 생존권투쟁을 적극 지원하고 조국을 자주적 평화적으로 민족대단결의 원칙에 기초하여 통일을 이룩하고 나라와 민족의 통일적 발전을 이룩하기 위해 투쟁한다.
조선로동당은 자주성과 프로레타리아 국제주의원칙에 기초하여 사회주의나라들과의 단결과 국제공산주의 운동과의 련대성을 강화하고 세계의 모든 신흥세력 나라 인민들과의 친선, 협조관계를 발전시키며 아시아, 아프리카, 라틴아메리카 인민들의 반제 민족해방운동과 자본주의나라들의 로동계급과 그 밖의 인민들의 혁명투쟁을 지지하고 광범한 련합전선을 실현하여 미국을 우두머리로 하는 제국주의와 지배주의를 반대하며 평화와 민주주의, 민족적 독립과 사회주의 공동위업의 승리를 쟁취하기 위하여 투쟁한다.

제1장 당 원

1. 조선로동당 당원은 당과 수령, 조국과 인민을 위하여 사회주의와 공산주의를 위하여 헌신하는 주체형의 공산주의 혁명투사이다.
2. 조선로동당 당원은 당의 유일사상체계로 확고히 무장된 조선공민으로서 당의 로선과 정책을 옹호, 관철하기 위하여 견결히 투쟁하며 당규약을 준수하는 근로자들이 될 수 있다.
3. 조선로동당 당원은 규정된 후보기간을 마친 후보당원 가운데서 받아들인다. 그러나 특별한 경우에는 입당청원자를 후보기간을 거치지 않고 직접 당원으로 받아들일 수

있다.
만 18세부터 입당할 수 있다.
입당절차는 다음과 같다.
1) 후보당원으로 입당하려는 사람은 입당청원서와 당원 2명의 입당보증서를 당세포에 제출하여야 한다.
사회주의로동청년동맹원이 입당할 때에 시(구역)·군 사회주의로동청년동맹 위원회의 입당보증서는 당원 1명의 보증서를 대신할 수 있다.
후보당원이 입당할 때에는 입당청원서와 입당보증서를 당세포에 제출하지 않아도 된다.
그러나 당세포가 필요하다고 인정하는 경우에는 다른 입당보증서를 제출하여야 한다.
2) 입당보증인은 최소한 2년 이상의 당년한을 가져야 한다.
입당보증인은 피보증인의 사회, 정치생활을 잘 알아야 한다.
입당보증인은 보증의 진실성에 대하여 당앞에 책임을 진다.
3) 입당문제는 개별적으로 심사하며, 당세포총회에서 입당청원자의 참가 밑에 토의 결정하며 그 결정은 시(구역)·군당위원회의 비준을 받아야 한다.
입당보증인은 입당문제를 토의하는 회의에 참가하지 않아도 된다. 시(구역)·군당위원회는 입당문제에 대한 당세포의 결정을 1개월 내에 심의 해결하여야 한다.
4) 특수한 환경에서 일하는 사람의 입당문제는 당중앙위원회에서 특별히 제정한 규정과 절차에 따라 심의한다.
5) 타당에서 출당한 사람이 입당하려면 최소한 3년 이상의 당년한을 가진 당원 3명의 보증이 있어야 한다.
타당에서 평당원으로 있었던 사람의 입당은 시(구역)·군 당위원회가, 시(구역)·군급의 위원 및 간부로 있었던 사람의 입당은 관할 도(직할시)당위원회가, 도(직할시), 중앙위원회 및 간부로 있었던 사람의 입당은 당중앙위원회가 각각 최종적으로 비준한다.
6) 후보당원의 후보기간은 1년으로 한다.
당세포는 후보당원에게 당원의 자격을 갖추도록 도와주어야 한다.
당세포는 후보당원의 후보기간이 끝남에 따라 당원심사총회에서 그의 입당자격 여부를 심의 결정한다.
특별한 경우에는 후보당원의 후보기간이 끝나지 않아도 그를 당원으로 받아들일 수 있다.
만일 후보당원의 입당 준비정도가 불충분하다고 인정되는 경우에는 후보기간을

1년을 초과하지 않은 범위에서 연기할 수 있다.
후보당원이 후보기간을 마친 후에도 자격이 없다고 인정되는 경우에는 후보명부에서 삭제된다.
후보기간을 연기하거나 후보당원을 명부에서 삭제시키는 당세포의 결정은 시(구역)·군 당위원회의 비준을 받아야 한다.
7) 후보당원이나 후보기간을 거치지 않고 직접 당원이 된 자의 입당일시는 당세포 총회에서 입당을 결정한 날로 한다.

4. 당원의 임무는 다음과 같다.
   1) 당원은 당의 유일사상체계가 확고히 서 있어야 한다.
   당원은 당과 수령에 무한히 충성하고 우리 당의 유일사상체계로 확고히 무장하며 당의 요구에 따라 생각하고 행동하며 당의 로선과 정책을 무조건 접수하고 옹호하며 이를 철저히 관철하여야 한다.
   당원은 당의 혁명전통을 깊이 연구 체득하고 그것을 옹호하며 로동과 생활에 적용해 나가야 한다.
   당원은 당의 유일사상에 어긋나는 자본주의사상, 봉건적 유교사상, 수정주의, 교조주의, 사대주의, 종파주의, 지방주의 및 가족주의를 반대하여 견결히 투쟁하며 주체사상에 기초한 당의 통일과 단결을 눈동자와 같이 고수하여야 한다.
   2) 당원은 당성을 부단히 단련하기 위한 높은 조직의식을 가지고 당생활에 자발적으로 참가하여 자신을 혁명화 로동계급화하여야 한다.
   당원은 당회의와 당학습을 비롯한 당의 조직 및 사상생활에 충분히 참가하고 당조직의 결정과 자기에게 부여된 임무를 정확히 수행하며 자신의 당생활을 정기적으로 총화하며 비판과 사상투쟁을 통하여 자기를 혁명가로 단련시켜야 한다.
   당원은 직위와 공로에 관계없이 전체당원들에게 다 같이 적용되는 당규률을 자발적으로 준수하고 규률위반에 대하여는 견결히 투쟁하여야 한다.
   3) 당원은 혁명적인 학습기풍을 확립하고 자기의 정치, 사상, 문화 및 기술수준을 부단히 향상시켜야 한다.
   당원은 주체사상, 당의 로선과 정책 및 혁명전통을 깊이 학습하며 경제 및 선진과학기술 지식을 습득하고 현실상황을 료해하며 자신의 문화수준을 향상시키기 위하여 노력해야 한다.
   4) 당원은 혁명적 군중로선을 관철하며 일상적으로 대중과 함께 일하여야 한다. 당원은 대중에게 당의 로선과 정책을 일상적으로 해설하여 주며 그들을 교양 개조하여 당두리에 굳게 결속시키고 혁명과업의 수행을 위하여 그들을 동원하며, 대중의 의견을 정확히 접수하여 그들의 요구를 제때에 해결하여 주어야 한다.

5) 당원은 로동과 생활에서 대중의 규범이 되며 모든 사업에서 선봉적 역할을 하여야 한다.

당원은 집단의 혁명과 투쟁을 지도하며 자신과 가족의 혁명화에 모범을 보여야 한다. 당원은 로동을 사랑하고 로동법을 자발적으로 지키며 어렵고 힘든 일에 앞장서며 자기가 맡은 사업에 정통하며 맡은 바 임무를 모범적으로 수행하여야 한다.

당원은 보수주의와 소극성을 반대하며 기술혁신운동에 적극적으로 참가하여 로동생산 능률을 부단히 제고하고 기업관리운영에 솔선 참가하며 국가와 사회재산을 애호하여 나라의 경제를 절약하여야 한다.

6) 당원은 고상한 공산주의적 도덕성을 소유하고 조직과 집단을 사랑하며 조직과 집단의 리익을 위하여 개인의 리익을 희생할 각오가 있어야 한다.

당원은 높은 혁명적 자립정신을 발휘하고 모든 애로에 대하여 과감히 투쟁하여야 한다.

당원은 항상 소박, 솔직, 겸손하여야 하며 사리와 공명을 탐내지 말고 당과 함께 솔직하며, 인간성이 풍부하고 문화적이어야 하며 국법과 사회질서 및 공중도덕 준수에 모범이 되여야 한다.

7) 당원은 사회주의조국을 튼튼히 보위하여야 한다.

당원은 일상적으로 긴장된 동원태세를 갖추고 군사지식을 배워 적의 침략으로부터 전취물을 튼튼히 보위하며 조국통일의 대사변에 대비할 각오가 되여 있어야 한다.

8) 당원은 혁명규률과 질서를 준수하고 어느 때 어느 곳에서나 안일과 나태함이 없이 혁명적인 경각성을 높이고 당, 국가 및 군사비밀을 엄수하여야 한다.

9) 당원은 사업과 생활에서 나타나는 문제에 대하여 당조직에 보고하여야 한다

당원은 당의 유일사상에 어긋나는 현상뿐만 아니라 사업과 생활에서 나타나는 모든 결함과 부정적인 경향을 반대하여 투쟁할 뿐만 아니라 그것에 대하여 당중앙위원회에 이르기까지 관계 당위원회에 신속히 보고하여야 한다.

10) 당원은 규정된 당비를 매달 납부하여야 한다.

5. 당원의 권리는 다음과 같다.
1) 당원은 당회의와 당출판물을 통하여 당의 로선과 정책수행 및 당사업 발전을 위하여 도움이 되는 의견을 발표할 수 있다.
2) 당원은 당회의에서의 투표권과 각급 당조직의 지도기관 선거에서 선거권과 피선거권을 가진다.
3) 당원은 당회의에서 정당한 리유와 근거가 있는 한 어떤 당원을 막론하고 비판할

수 있으며, 당의 유일사상에 어긋나는 어떠한 지시의 준수도 거절할 수 있다.
4) 당원은 자기의 사업과 생활에 대한 문제를 토의·결정하는 당회의에 참가할 것을 요구할 수 있다.
5) 당원은 당중앙위원회에 이르기까지 각급 당위원회에 어떤 신소나 청원을 제기하고 그에 대한 심의를 요구할 수 있다.
6) 후보당원의 임무는 당원의 임무와 같다. 후보당원의 권리는 선거권과 피선거권 및 결의권이 없는 이외에는 당원의 권리와 같다.
7) 당의 규률을 위반하는 당원은 당의 책벌을 받는다.
　① 당의 유일사상에 어긋나는 행동을 하거나 당의 로선과 정책을 반대하여 파벌조성 행위를 하거나 적과 타협하는 등 당에 엄중한 손실을 끼친 당원은 출당시킨다.
　② 당원의 칭호를 박탈하지 않을 정도의 과오를 범한 당원에 대하여는 과오의 경중에 따라 문책, 엄중경고, 또는 권리정지나 후보당원으로 강등하는 책벌을 적용한다.
　③ 당책벌의 목적은 과오를 범한 당원을 교양하는 데 있다.
　　당의 책벌은 과오를 범한 동기와 원인 및 그 과오의 결과를 상세히 규명한 후에 신중하게 과해야 한다.
　④ 당책벌은 본인의 참가하에 그가 속한 당세포총회에서 토의·결정한다.
　　특별한 경우에는 본인이 참가하지 않아도 책벌을 토의·결정할 수 있다.
　　중앙위원회, 도(직할시)·시(구역)·군 당위원회는 당규률을 위반한 당원에게 직접 책벌을 내릴 수 있다.
　　당원에게 책벌을 적용할 데 대한 당세포의 결정은 시(구역)·군 당위원회의 비준을 받아야 하고 당원자격 박탈에 대한 당세포의 결정은 도(직할시) 당위원회의 비준을 받아야 한다.
　　출당에 대한 당세포의 결정이 비준되기 전에는 특별한 경우를 제외하고는 당원의 당증을 회수하지 못하며 당생활 참가를 허용해야 한다.
　⑤ 당중앙위원회 위원, 후보위원 및 준후보위원에 대한 책벌은 당중앙위원회 전원회의에서, 도(직할시)·시(구역)·군 당위원회의 위원, 후보위원 및 준후보위원에 대한 책벌은 해당 당위원회의 전원회의에서 결정한다.
　　당세포는 중앙위원회, 도(직할시)·시(구역)·군당위원회의 위원, 후보위원 및 준후보위원이 당규률을 위반한 경우에 위반당원에 대한 책벌을 해당 당위원회에 제의할 수 있다.
　　그러나 당세포는 도(직할시)·시(구역)·군 당위원회의 위원, 후보위원 및 준후보위원이 범한 과오가 해당 위원회 사업과 직접적인 관련이 없을 때에는 엄중경고까지의 책벌을 결정할 수 있으며 그 결정은 해당 당위원회의 비준을 받아야 한다.
6. 종파 및 기타 다른 분파에 참가한 당원에 대한 당 규률문제의 심의는 다음과 같은 규정에 의하여 진행된다.

평당원 또는 시(구역)·군 기관의 간부로 있던 당원의 문제는 도(직할시) 당위원회에서, 도(직할시) 또는 중앙당기관의 간부로 있던 당원의 문제는 당중앙위원회에서 심의한다.
7. 당중앙위원회, 도(직할시)·시(구역)·군 당위원회는 당규률문제와 관련된 당원의 청원을 지체없이 심의 해결하여야 한다.
8. 당세포는 항상 책벌을 받은 당원을 방조하여야 하며, 만일 책벌을 받은 당원이 자기의 과오를 깊이 뉘우치고 그것을 시정하기 위하여 노력하고 있으며 실제로 행동이 개선되고 있는 경우에는 그 책벌을 해제하는 데 대한 문제를 총회에서 토의 결정하여야 한다.

당원이 받은 책벌을 해제하는 데 대한 당세포의 결정은 해당 시(구역)·군 당위원회의 비준을 받아야 한다.

당중앙위원회, 도(직할시)·시(구역)·군 당위원회의 위원, 후보위원 및 준후보위원이 받은 책벌의 해제는 그 책벌의 적용을 최종적으로 결정한 해당 당위원회에 의해서 결정된다.
9. 정당한 리유 없이 6개월 이상 당생활에 참가하지 않는 당원에 대하여 당세포는 총회에서 제명을 결정할 수 있으며 이에 대한 결정은 시(구역)·군 당위원회의 비준을 받아야 한다.
10. 당원의 등록과 이동은 당중앙위원회가 제정한 규정과 절차에 의하여 처리된다.

제2장 당의 조직원리와 조직구조

11. 당은 민주주의 중앙집권제 원칙에 의하여 조직한다.
    1) 각급 당조직의 지도기관은 민주주의적으로 선거하고, 선출된 당지도기관은 선거한 당조직에 대해 자기의 사업에 관하여 정기적으로 총화·보고한다.
    2) 당원은 당조직에 복종하며 소수는 다수에 복종하며 하급당조직은 상급당조직에 복종하며 모든 당조직은 당중앙위원회에 절대 복종한다.
    3) 모든 당조직은 당의 로선과 정책을 무조건 옹호 관철하며 하급당조직은 상급당조직의 결정을 의무적으로 집행하여야 한다.

상급당조직은 하급당조직의 사업을 계통적으로 지도 검열하며 하급당조직은 상급당조직에게 자기의 사업에 대하여 정기적으로 보고한다.
12. 각급 당조직은 지역 또는 생산 및 로동단위에 따라 조직한다.
어느 한 지역을 담당한 당조직은 그 지역의 일부를 담당한 모든 당조직들에 대하여 상급당조직으로 되며, 어느 한 분야의 전체사업을 담당한 당조직은 그 분야의 일부 사업을 담당한 모든 당조직들에 대하여 상급당조직으로 된다.
13. 각급 당위원회는 각 해당 단위의 최고지도기관이며 정치적 총참모부이다.
집단적 지도는 모든 당위원회의 기본 활동지침이다. 각급 당위원회는 새로운 중요한 문제들을 집단적으로 토의 결정하여 그것을 집행하여야 하며 이에 개인적 책임성과 창발성을 엄밀히 결합시켜야 한다.
각급 당조직은 해당 지역 또는 분야에서 제기되는 문제들을 자립적으로 토의 결정할 수 있다. 그러나 이 결정들은 당의 로선과 정책에 어긋나서는 안 된다.
14. 각급 당조직의 최고지도기관은 다음과 같다.
 1) 전당의 최고지도기관은 당대회이며 당대회가 없을 때는 당대회가 선출한 당중앙위원회가 최고지도기관이 된다.
도(직할시)·시(구역)·군당의 최고지도기관은 해당 당대표회이며, 당대표회가 없을 때는 당대표회가 선출한 해당 당위원회가 최고지도기관이 된다.
초급당조직의 최고지도기관은 당총회(당대표회)이며, 당총회(당대표회)가 없을 때는 당총회(당대표회)가 선거한 해당 당위원회가 최고지도기관이 된다.
 2) 당대회 또는 당대표회의 대표자는 차하급 당조직의 당대표회 또는 당총회에서 선거한다.
당대회 대표자의 선출비율은 당중앙위원회가 결정하며, 도(직할시)·시(구역)·군 당조직의 당대표회 대표자의 선출비율은 당중앙위원회가 작성한 규정에 따라 해당 당위원회가 결정한다.
당중앙위원회 위원, 후보위원 및 준후보위원의 수는 당대회가 결정한다.
도(직할시)·시(구역)·군 당위원회 위원, 후보위원 및 준후보위원수와 초급당위원회의 위원수는 당중앙위원회가 규정한 기준에 근거하여 해당 당대표회 또는 총회에서 결정한다.
당중앙위원회, 도(직할시)·시(구역)·군 당위원회의 준후보위원은 생산로동에 직접 참가하는 핵심당원 중에서 선출된다.
각급 당조직의 지도기관 선거는 당중앙위원회가 규정한 선거세칙에 따른다.
15. 당중앙위원회와 도(직할시)·시(구역)·군 당위원회 위원, 후보위원, 준후보위원의 제명 또는 보선은 해당 당위원회 전원회의에서 실시된다.

당중앙위원회와 도(직할시)·시(구역)·군 당위원회 위원 가운데서 결원이 생겼을 경우에는 그 결원된 수만큼 당위원회 보조위원 가운데서 보선한다.
만약 필요시는 당위원회 결원은 위원회의 후보위원이 아닌 다른 당원으로 보선될 수 있다.
초급당조직 집행기관 위원의 제명 및 보선은 해당 당총회(당대표회)에서 실행된다.
초급당이 하급당의 규모가 방대하거나 널리 분산되어 있고 또 업무의 특수성으로 인해 당총회(당대표회) 소집이 불가능할 경우에는 초급당위원회가 결원보충을 위한 보선을 실시할 수 있다.
상급당위원회는 결원된 하급당위원회의 책임비서(비서) 또는 비서(부비서)를 임명할 수 있다.
각급 당기관의 후보위원 및 준후보위원은 해당 당위원회 전원회의에 참가하되 발언권만 가진다.
16. 당회의는 해당 당조직에 소속된 당원(당위원 또는 대표자) 총수의 3분의 2 이상이 참가하여야만 성립될 수 있으며 제기된 문제의 결정은 해당 당회의 참가자의 과반수 찬성을 요한다.
17. 각급 당위원회 내에는 필요한 부서를 설치한다.
부서의 설치 및 폐지의 권한은 당중앙위원회가 가진다.
18. 도(직할시)·시(구역)·군당위원회 및 그들과 동등한 기능을 수행하는 당위원회의 조직과 해산은 당중앙위원회의 비준을 받아야 하며, 초급당위원회 및 분초급당위원회의 조직과 해산은 도(직할시)당위원회가 비준하고 소수당원을 가진 초급당위원회 또는 부문당위원회 및 당세포의 조직과 해산은 시(구역)·군당위원회가 비준한다.
도(직할시)·시(구역)·군 당위원회는 당조직의 조직과 해산에 대하여 당중앙위원회에 보고하여야 한다.
19. 당중앙위원회는 어떤 당조직을 막론하고 당의 로선과 정책 및 당규약을 엄중하게 위반하거나 실천을 태만히 한 경우에 그 당조직을 해산하고 소속당원을 개별적으로 심의하며 그들을 재등록하여 새로운 당조직을 조직할 수 있다.
20. 당중앙위원회는 정치, 경제, 군사적으로 중요한 지역과 부문 및 특수한 환경에 적합한 당조직의 구성, 당조직의 활동방법과 기타 당건설의 제반문제에 관해 다르게 결정할 수 있다.

제3장 당의 중앙조직

21. 당의 최고지도기관은 당대회이다.

당대회는 5년에 1회 당중앙위원회가 소집한다.
당중앙위원회는 필요에 따라 당대회를 규정된 기간보다 빨리 또는 늦게 소집할 수 있다.
당중앙위원회는 당대회의 소집일자와 의정을 3개월 전에 공고하여야 한다.
22. 당대회의 기능은 다음과 같다.
    1) 당중앙위원회 및 당중앙검사위원회의 사업총화.
    2) 당강령과 규약의 채택 또는 수정보완.
    3) 당로선과 정책 및 전략전술에 관한 기본문제 결정.
    4) 당중앙위원회 및 당중앙검사위원회 선거.
23. 당중앙위원회는 당대회 사이에 모든 당사업을 조직 지도한다.
당중앙위원회는 전당에 유일사상체계를 철저히 확립하며, 당의 로선과 정책을 수립하고 그 수행을 조직 지도하며 당과 혁명대열을 공고히 하고 행정 및 경제사업을 지도 조정하며 혁명적 무력을 조직, 그들의 전투능력을 높이고 기타 정당 및 국내외 기관의 활동에서 당을 대표하며 당의 재정을 관리한다.
24. 당중앙위원회는 당중앙위원회 전원회의를 6개월에 1회 이상 소집한다.
당중앙위원회 전원회의는 해당시기에 당이 직면한 중요문제 등을 토의 결정하며 당중앙위원회 정치국과 정치국 상무위원회를 선거하며 당중앙위원회 총비서와 비서를 선거하고 당중앙위원회의 비서국과 군사위원회를 조직한다.
당중앙위원회는 당중앙위원회 검열위원회를 선출한다.
25. 당중앙위원회 정치국과 정치국 상무위원회는 전원회의와 전원회의 사이에 당중앙위원회 명의로 당의 모든 사업을 조직 지도한다.
26. 당중앙위원회 비서국은 필요시, 당인사 및 당면문제 등 당내문제를 토의 결정하며 그 결정의 집행을 조직 지도한다.
27. 당중앙위원회 군사위원회는 당군사정책 수행방법을 토의 결정하며 인민군을 포함한 전무장력 강화와 군수산업 발전에 관한 사업을 조직 지도하며 우리나라의 군대를 지휘한다.
28. 당중앙위원회 검열위원회는 반당·반혁명적 종파행위 및 기타 당의 유일사상에 어긋나는 행위를 하거나 당의 로선과 정책 및규약을 준수하지 않으 당규률을 위반한 당원에게 책임을 추궁하며 당규률문제와 관련된 도(직할시)당위원회의 제의 및 당원의 신소를 심의 해결한다.
29. 당중앙검사위원회는 당의 재정경리사업을 검사한다.
30. 당중앙위원회는 당대회와 당대회 사이에 당대표자회를 소집 할 수 있다. 당대표자회의 대표자 선거절차와 대표자 선출비율은 당중앙위원회가 결정한다.

당대표자회는 당의 로선과 정책 및 전략전술에 관한 긴급한 문제들을 토의 결정하며 자기의 임무를 수행하지 못한 당중앙위원회 위원, 후보위원 또는 준후보위원을 제명하고 그 결원을 보선한다.

제4장 도(직할시)의 당조직

31. 도(직할시)당조직의 최고지도기관은 도(직할시)당대표회이다.
    도(직할시)대표회는 3년에 1회 도(직할시)당위원회가 소집한다.
    도(직할시)대표회는 필요에 따라 규정된 기간보다 빨리 또는 늦게 소집할 수 있다.
    도(직할시)당위원회는 도(직할시)당대표회의 소집일자와 의정을 2개월 전에 하급당조직들에 통지하여야 한다.
32. 도(직할시)당대표회의 기능은 다음과 같다.
    1) 도(직할시)당위원회와 도(직할시)당검사위원회의 사업 총화.
    2) 도(직할시)당위원회 및 도(직할시)당검사위원회 선출.
    3) 당대회에 파견할 대표자 선출.
33. 도(직할시)당위원회의 기능은 다음과 같다.
    당원들과 근로대중 속에 당의 유일사상체계를 확립하는 사업을 조직 지도한다.
    당원과 근로대중을 당의 유일사상으로 굳게 무장시키고 그들이 당로선과 정책을 철저히 옹호 수행하며 당의 유일사상에 어긋나는 자본주의사상, 봉건적 유교사상, 수정주의, 교조주의, 맹종주의, 종파주의, 지방주의 및 가족주의에 대해 견결히 투쟁하도록 감독하고 주체사상에 기초한 당의 통일과 단결을 계속 강화하여야 한다.
    간부대렬을 튼튼히 꾸리고 그들의 후비대를 육성하며 당력량을 합리적으로 배치하고 당생활을 조직 지도하며 하급당조직을 강화하고 그들의 활동을 감독한다.
    당원 및 근로대중에 대한 주체사상, 당정책, 혁명전통교양 및 계급교양이 주내용인 공산주의 교양과 사회주의적 애국교양을 강화해야 하며 혁명화, 로동계급화를 통해 그들을 당두리에 결속시켜야 한다.
    근로대중의 조직을 강화하고 그들이 자기 기본과업을 성공적으로 완수할 수 있도록 지도 조정하며 행정 및 경제사업을 적절히 지도하여 혁명과업 수행을 보장한다.
    로농적위대를 강화하고 그 전투력 향상을 조직적으로 지도하며 군사동원사업을 보장한다.
    도(직할시)당위원회의 재정을 관리하며 소관사업에 관해 당중앙위원회에 정기적으로 보고한다.
34. 도(직할시)당위원회는 도(직할시)당 전원회의를 4개월에 1회 이상 소집한다.

도(직할시)당위원회 전원회의는 당의 로선과 정책의 수행방법을 토의 결정하며 도(직할시)당위원회의 책임비서 및 비서를 선거하며, 비서처를 조직하고, 도(직할시)당위원회의 군사위원회와 검열위원회를 선거한다.

도(직할시)당위원회 집행위원회는 전원회의와 전원회의 사이에 도(직할시)당위원회 명의로 당내사업을 조직 집행하며 행정 및 경제사업을 지도한다.

도(직할시)당위원회 회의는 1개월에 2회 이상 소집한다.

도(직할시)당위원회 비서는 인사행정 및 당내문제에 대하여 필요시마다 토의 결정하고 그 결정사항을 집행한다.

도(직할시)당위원회 군사위원회는 당의 군사정책 수행방법을 토의 결정하며 그 집행을 조직 지도한다.

35. 도(직할시)당위원회 검열위원회는 반당 또는 반혁명적 종파행위 등 당의 유일사상체계에 어긋나는 행위를 하거나, 당로선 및 정책과 규약을 준수하지 않아 당규률을 위반한 당원에게 책임을 추궁하며, 당규률문제와 관련된 시(구역)·군당위원회의 제의 및 출당에 대한 결정을 최종적으로 비준하며 당규률문제와 관련된 당원의 신소를 해결한다.

제5장 시 (구역)·군의 당조직

36. 시(구역)·군당조직의 최고지도기관은 시(구역)·군당대표회이다.

    시(구역)·군당대표회는 시(구역)·군당위원회가 3년에 1회 소집하고 필요에 따라 시(구역)·군당대표회는 규정된 기간보다 빨리 또는 늦게 소집할 수 있다.

    시(구역)·군당위원회는 시(구역)·군당대표회의 소집일자와 의정을 1개월 전에 산하 당조직들에 통지하여야 한다.

37. 시(구역)·군당대표회의 기능은 다음과 같다.
    1) 시(구역)·군당대표회의와 시(구역) 군당검사위원회의 사업 총화.
    2) 시(구역)·군당대표회의와 시(구역)·군당검사위원회 선거.
    3) 도(직할시)당대표회에 파견할 대표자 선거.

38. 시(구역)·군당위원회의 기능은 다음과 같다.

    당원들과 근로대중 속에 당의 유일사상체계를 철저히 확립하는 사업을 조직 수행한다. 당원과 근로대중을 당의 유일사상으로 무장시키고 그들의 당로선과 정책을 철저히 옹호 수행하며, 당의 유일사상체계에 어긋나는 자본주의사상, 봉건적 유교사상, 수정주의, 교조주의, 맹종주의, 종파주의, 지방주의 및 가족주의를 반대하여 견결히 투쟁할 것을 보장하며 주체사상에 기초한 당의 통일과 단결을 계속 강화한다.

간부대렬을 강화하고 그들을 교양하며 간부후비대를 육성하고 그들을 조직적으로 훈련한다.

당원의 당생활을 조직 지도하며 당의 핵심을 연구 주지시키고 그 대렬을 확대시키며 당원 확대사업을 정기적으로 조직·수행하며 당의 력량을 적절히 배치하고 당원과 후보당원을 등록한다.

당원과 근로대중에 대해 주체사상, 당정책과 혁명전통교양 및 계급교양이 주내용인 공산주의교양과 사회주의적 애국교양을 강화하며 혁명화·로동계급화를 통해 그들을 당두리에 결속시킨다.

당기층조직을 합리적으로 조직하며 초급당조직의 집행기관을 강화하며 그들의 기능와 역할의 부단한 향상을 위하여 매일같이 지도 방조한다.

근로대중의 조직들을 강화하고 임무를 정확히 할 수 있도록 그들에게 사업방향과 방법을 제시하며 그 리행을 감독한다.

행정 및 경제사업을 정확히 지도하여 혁명과업의 성과적 수행을 보장한다.

로농적위대를 강화하고 그들의 정치사상교양과 군사훈련을 강화하여 전투태세를 완비하며 군사동원사업을 보장한다.

시(구역)·군당위원회의 재정을 관리하며 자기의 사업에 관해 상급당위원회에 정기적으로 보고한다.

39. 시(구역)·군당위원회는 전원회의를 3개월에 1회 이상 소집한다.

시(구역)·군당위원회 전원회의는 당의 로선과 정책의 집행방법을 토의 결정하며 시(구역)·군당위원회의 집행위원회·책임비서 및 비서를 선거하고 비서처를 조직하며, 시(구역)·군당위원회의 군사위원회와 검열위원회를 선거한다.

시(구역)·군당위원회의 집행위원회는 전원회의와 전원회의 사이에 시(구역)·군당위원회의 명의로 당내사업을 조직하고 행정 및 경제사업을 지도한다.

시(구역)·군당위원회 집행위원회는 1개월에 2회 이상 회의를 소집한다.

시(구역)·군당위원회 비서처는 문제제기시마다 인사행정 등 당내사업에 관한 문제를 결정하며 그 결정을 집행한다.

시(구역)·군당위원회 군사위원회는 당의 군사정책 집행방법을 토의 결정하며 그 집행을 조직 지도한다.

40. 시(구역)·군당위원회 검열위원회는 반당·반혁명적 종파행위 등 당의 유일사상체계에 어긋나는 행위를 하거나 당의 로선과 정책 및 규약을 준수하지 않아 당규률을 위반한 당원에게 책임을 추궁하며, 당규률문제와 관련된 당원의 신소를 심의 처리한다.

제6장 당의 기층조직

41. 당의 최하기층조직은 당세포이다.
    당세포는 당원생활의 거점이며 당두리에 대중을 집결시키고 대중 속에서 당의 로선과 정책을 직접 수행하는 당의 전투단위이다.
42. 당의 기층조직의 조직방법은 다음과 같다.
    1) 당세포는 당원 5명에서 30명까지의 단위에 조직한다.
       당원 5명 미만의 단위에는 당세포를 두지 않고, 그 단위의 당원 또는 후보당원은 린접 당세포에 소속시키거나 작업성격과 린접관계를 고려하여 2개 이상 단위의 당원을 합병하여 1개의 당세포를 조직할 수 있다.
       특수한 경우에는 당원 3~4명이 있는 단위 또는 30명 이상의 단위에도 당세포를 조직할 수 있다.
       당원 3명미만의 단위에는 시(구역)·군당위원회가 추천하는 당원을 책임자로 하는 당소조를 조직할 수 있다.
    2) 당원 31명 이상이 있는 단위에는 초급당조직을 둔다.
    3) 초급당조직과 당세포 사이에 당원 31명 이상이 있는 생산단위나 기타 생활단위에는 부문(마을)당조직을 둘 수 있다.
    4) 초급당, 부문당 또는 당세포의 조직형성만으로는 당기층조직 구성이 부적당한 경우에는 초급당조직과 부문당조직 사이에 있는 생산단위나 기타 활동단위에 분초급당위원회를 조직할 수 있다.
    5) 이상의 모든 당조직형태가 현실에 부합되지 않는 경우에는 당중앙위원회의 비준들 얻어 실정에 맞는 다른 당조직형성을 취할 수 있다.
43. 당기층조직의 최고지도기관은 해당조직의 총회(대표회)이다.
    1) 당세포총회는 1개월에 1회 이상 소집한다.
    2) 초급당, 분초급당, 부문(마을)당의 총회(대표회)는 3개월에 1회 이상 소집한다.
       초급당조직이 500명 이상의 당원 또는 후보당원으로 구성되어 있거나 그 솔하 조직들이 널리 분산되어 있을 경우에는 초급당조직의 총회를 1년에 1회 이상 소집할 수 있다.
44. 당의 기층조직은 1년임기의 해당조직을 집행기관을 선거한다.
    1) 당세포는 총회에서 비서와 부비서를 선거한다.
    2) 초급당위원회, 분초급위원회, 부문(마을)당위원회는 각각 당총회(대표회)에서 선거하며 비서, 부비서는 각각 당위원회 회의에서 선거한다.

초급당 및 분초급당위원회는 필요에 따라 각각 집행위원회를 선거할 수 있다.

초급당위원회는 1개월에 3회 이상, 분초급당위원회와 부문(마을)당위원회는 1개월에 2회 이상 회의를 소집하며 집행위원회가 조직된 초급당 및 분초급당위원회는 1개월에 1회 이상 위원회 회의를 소집하며 집행위원회 회의는 1개월에 2회 이상 소집한다.

3) 중앙기관의 당조직은 당지도위원회를 조직할 수 있다.

45. 당기층조직의 임기는 다음과 같다.
1) 당원들과 근로대중 속에서 당의 유일사상체계를 철저히 확립하며 그들을 당의 유일사상으로 튼튼히 무장시키며 그들이 당의 로선과 정책을 무조건 접수하여 끝까지 옹호 관철하도록 하며, 당의 유일사상에 어긋나는 자본주의사상, 봉건적 유교사상, 수정주의, 교조주의, 맹종주의, 종파주의, 지방주의 및 가족주의에 대해 견결히 투쟁하며 주체사상에 기초한 당의 통일과 단결을 끊임없이 강화한다.
2) 하급간부 대렬을 튼튼히 꾸리고 그들을 조직적으로 훈련시키며, 당핵심을 주지 교양하며 부단히 그 대렬을 확대 강화한다.
3) 당원들의 당생활을 강화하고 그들의 당성을 단련한다.

당원들 속에 당규약 학습을 정기적으로 조직하며, 그들에게 항상 혁명을 위한 사고와 행동을 하도록 하고, 모든 활동에서 선봉적인 역할을 하도록 당의 임무를 부여하며, 높은 정치사상적 수준에서의 당회의와 당생활 총화를 수행하며 당원의 당생활을 철저히 파악하고, 그들을 교양하며, 당원들을 혁명가로 개조하고 비판을 통한 사상투쟁을 강화한다.

당원이 과오를 범했을 경우에는 책임을 추궁하고 그 과오를 시정하도록 그를 방조한다.
4) 당원 적임자를 발견 등록하며 그들을 조직적으로 교양하여 심사 후 자격자를 입당시키며 후보당원과 새로 입당한 당원들을 교양 훈련시킨다.
5) 당원들과 근로대중의 사상교양사업을 강화한다.

당원들과 근로대중에 대해 주체사상, 당정책, 혁명전통교양 및 계급교양이 주내용인 공산주의교육과 사회주의적 애국교양을 강화하며 혁명화 로동계급화를 통해 그들을 당두리에 결속시킨다.
6) 근로대중의 요구와 의견을 겸손히 접수하고 그것을 제때에 해결하여 주며 그들의 물질문화 생활수준을 향상시키기 위하여 부단히 노력하며 모든 단위와 직장에서 계통과 질서를 확립하며 반혁명분자들에 대한 투쟁을 강화한다.
7) 근로대중의 사회조직을 강화하고 그들에게 사업방향과 방법을 제시하며 그들이 자기의 의무를 정확히 수행하도록 감독한다.

8) 모든 사업활동에서 항일유격대식 사업방법 및 청산리정신과 방법을 적용하고 정치사업을 선행시키며 행정 및 경제사업에 대한 효과적인 지도를 통해 혁명과업을 성과적으로 보장한다.
모든 당원들과 근로대중이 그들의 혁명과업을 충실히 수행하고 생산과 건설에서 끊임없이 혁신을 일으키며 3대혁명붉은기쟁취운동과 사회주의경쟁운동에 적극 참가하여 기술혁신운동을 촉진하며 로동생산 능률을 제고하고 로동규률을 강화하며 법령을 준수하고 국가와 사회재산을 애호 절약하도록 그들을 조직 고무한다.
9) 로농적위대를 강화하고 그들의 정치, 사상, 교양 및 군사훈련을 강화하여 당이 부를 때 항시 동원할 수 있도록 준비한다.
10) 당원과 후보당원을 등록하며 당비를 거출하며 자기사업에 관해 상급 당위원회에 정기적으로 보고한다.

제7장 조선인민군대 내 당조직

46. 조선인민군은 항일무장투쟁의 영광스러운 혁명전통을 계승한 조선로동당의 혁명적 무장력이다.
47. 조선인민군대 내의 각급 단위에 당조직을 구성하며 조선인민군의 전체 당조직을 망라하는 조선인민군 당위원회를 조직한다.
조선인민군 당위원회는 도(직할시)당위원회와 같은 기능을 수행한다. 조선인민군 당위원회는 조선로동당 중앙위원회에 직속하며 그 지도 밑에 사업하고자기 사업에 대하여 당중앙위원회에 정기적으로 보고한다.
48. 조선인민군대 내 각급 당조직의 기능은 다음과 같다.
전군을 주체사상으로 교양하기 위해 투쟁한다.
당원들과 군인들 속에서 당의 유일사상체계를 공고히 확립하며 그들이 당과 수령, 조국과 인민을 위하여 서슴없이 생명을 바칠 수 있는 진정한 혁명전사가 될 수 있도록 단련한다.
간부대렬을 강화하며 간부후비대를 육성하고 그들의 당성을 끊임없이 단련하도록 당원의 당생활을 조직 지도하며 당대렬을 확대 강화한다.
당원과 군인들에 대해 주체사상, 당정책 및 혁명전통교양과 계급교양을 주내용으로 하는 공산주의교양과 사회주의적 애국교양을 강화하며 혁명화 로동계급화를 통해 그들을 당두리에 결속시킨다.
조선인민군대 내 사회주의로동청년동맹 조직들을 강화하고 그들의 기능과 역할을 높이도록 지도한다.

당군사로선과 주체적 전략전술을 수행하기 위해 군사사업에 관한 당위원회의 집단적 지도를 강화하며 인민군을 일당백의 혁명적인 무장력으로 강화 발전시키기 위해 3대혁명붉은기쟁취운동과 붉은기중대운동을 적극 전개한다.

당원과 전사들이 언제나 지체없이 행동할 수 있도록 경계태세를 견지토록 하고 항상 완벽한 전투태세를 갖도록 고무한다.

당원과 전사들에게 높은 혁명적 동지애 및 군관과 전사, 군대와 인민간의 고귀한 전통적 단결정신을 발휘하도록 유도한다.

49. 조선인민군대 내 각급 당조직들은 조선로동당의 규약과 당중앙위원회가 비준한 지시와 규정에 따라 조직되고 사업을 수행한다.
50. 조선인민군대 내 각급 당조직들은 지방당조직들과 긴밀한 연계를 가져야 한다.

조선인민군대의 당위원회는 당중앙위원회의 비준을 얻어 정치 및 군사간부를 주둔 지역의 도(직할시)·시(구역)·군당위원회 및 공장 기업소의 초급당위원회 위원으로 추천할 수 있다.

제8장 정치기관

51. 당중앙위원회는 필요에 따라 정치, 경제 및 군사분야의 중요한 부문에 정치기관들을 조직한다.

중앙기관에 조직된 정치국(정치부) 및 그들에게 소속한 정치기관들은 해당부문에서 당원들과 근로대중에게 정치사상교양 사업을 조직 수행하며, 해당단위 내에 조직된 당위원회 집행기관으로서의 기능을 수행한다.

조선인민군 총정치국과 그 소속 정치기관은 해당 당위원회의 집행기구로서 당정치 사업을 조직하고 수행한다.
52. 조선인민군 총정치국과 중앙기관 내에 조직된 정치국(정치부)은 당중앙위원회 직속이며 그 지도하에 사업을 수행하고 담당사업에 관해 당중앙위원회에 정기적으로 보고한다.
53. 중앙기관 내에 조직된 정치국(정치부)들은 하급정치기관들을 지도함에 있어서 해당 지방당위원회들과 긴밀한 연계를 가져야 한다.
54. 정치기관들은 당의 로선과 정책을 수행함에 있어서 당원들과 근로대중을 동원키 위하여 당열성자회의를 소집할 수 있다.
55. 정치기관들은 로동당의 규약과 당중앙위원회가 비준한 지시와 규정에 따라 조직되고 사업한다.

제9장 당과 로동대중의 조직

56. 근로대중의 조직들은 광범한 근로대중의 정치조직이며 항일혁명투쟁의 영광스러운 전통을 계승하는 당의 외곽조직이다.

    근로대중의 조직들은 광대한 대중의 사상교양 조직이며, 당과 대중을 연결하는 인전대이며 당의 충실한 보조자이다.

    사회주의로동청년동맹은 우리의 혁명과업을 직접 계승하는 청년들의 혁명적 조직이며 당의 전투적 후비대이다.

    근로대중의 조직들은 당의 지도하에 자기의 사업을 진행한다.

57. 근로대중의 조직들은 동맹원들 속에서 당의 유일사상체계를 튼튼히 꾸리며 동맹대렬을 강화하며 조직생활과 사상교양사업을 강화하고 혁명화를 통해 동맹원들을 당두리에 결속시키며 3대혁명붉은기쟁취운동과 사회주의경쟁운동을 전개하며 동맹원들을 혁명과 건설에 적극 동원한다.

58. 각급 당조직들은 로동대중의 간부대렬들을 강화하고 근로대중조직의 모체를 통하여 대중과의 사업체계를 수립하며 근로대중의 특성에 맞게 사업방향과 방법을 정확히 제시하며 그들이 자발적으로 자기임무를 수행하도록 감독하여야 한다.

제10장 당의 재정

59. 당의 재정은 당원들의 당비, 당이 운영하는 기관들과 기업소들로부터의 수입 및 기타수입으로 충당된다.

60. 당원 및 후보당원의 당비는 월수입의 2%로 한다.

부록 3

조선로동당

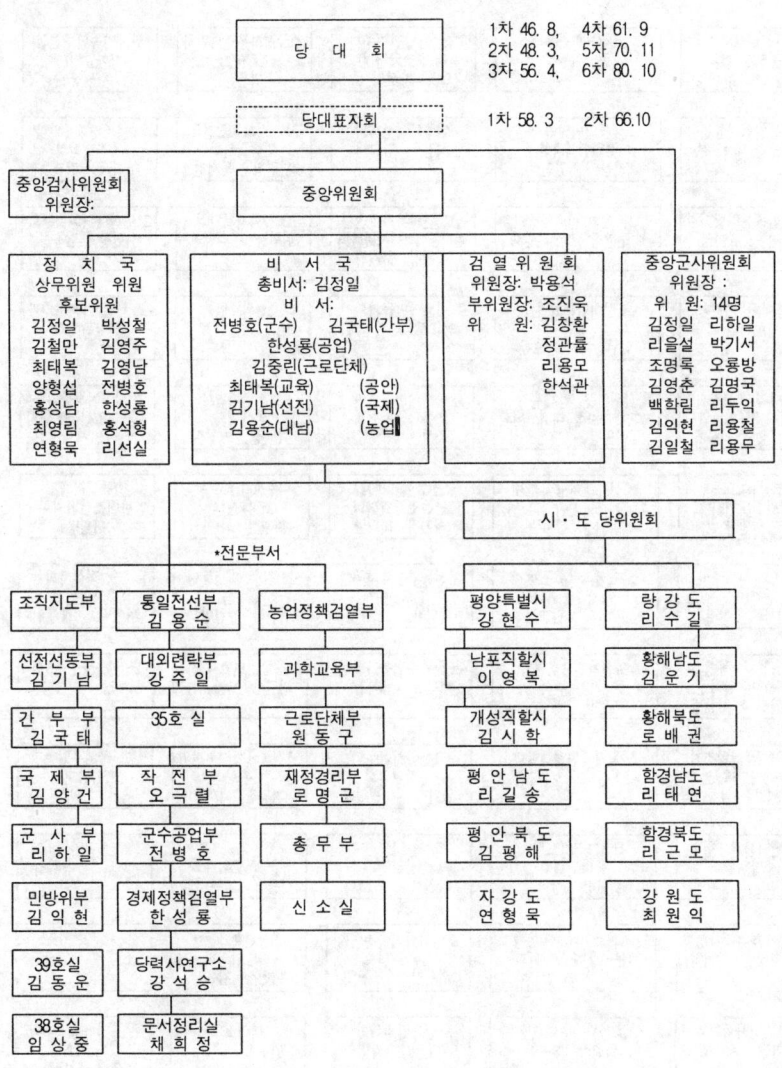

부록 4

조선로동당 외곽단체

정치 ☞	조선천도교청우당 중앙위원회 위원장 류미영	조선사회민주당 중앙위원회 위원장 김영대	조국통일민주주의 전선(조국전선) 의장 박성철 등	조국평화통일위원회 (조평통) 위원장	한국민족민주전선 (한민전) 위원장
	조국통일범민족련합 (범민련)북측본부 의장	조국통일범민족청년 학생련합북측본부 의장 김인호	민족화해협의회 회장 김영대	조선평화옹호전국 민족위원회 위원장 문재철	재북평화통일 촉진협의회 서기국장 강태무
	단군민족통일협의회 회장 류미영	남조선의 비전향장기 수구원대책조선위원회 위원장	남조선의국가보안법 철폐를위한대책위원회 위원장 문재철	조선학생위원회 위원장 최국권	조선반핵평화위원회 위원장 김용순
대외 ☞	조선·아시아·태평양 평화위원회 위원장 김용순	조선대외문화련락 협회 위원장대리 문재철	세계인민들과의 연대성조선위원회 위원장 문재철	조선외교협회 회장	조선·아시아·아프리카 단결위원회 위원장 김국훈
	일제의 조선강점 피해조사위원회 위원장 리몽호	종군위안부 및 태평양전 쟁피해자보상 대책위원회 위원장 리성호	반핵평화를위한 조선피폭자협회 회장 주성운	조선반핵평화 의사협회 위원장 최창식	아시아여성들과련 대하는조선녀성협회 회장 리청희
	조선유네스코 민족위원회 위원장	조선유엔식량및농업 기구민족위원회 위원장 강석주	조선유엔개발계획 민족조정위원회 서기장 리태균	유엔기금조선 조정위원회 위원장 최수헌	인종격리제도 반대조선위원회 위원장
사회 ☞	김일성사회주의 청년동맹(청년동맹) 1비서 리일환	조선직업총동맹 (직총) 중앙위원회 위원장 렴순길	조선농업근로자동맹 (농근맹) 위원장 승상섭	조선민주녀성동맹 (여맹) 위원장 천연옥	조선적십자회 중앙위원회 위원장 장재언
	조선기자동맹 중앙위원회 위원장 서동범	조선자연보호련맹 중앙위원회 위원장 장일선	조선민주법률가협회 위원장 함학성	조선중앙변호사협회 위원장 리동석	조선인권연구협회 위원장 심형일
경제 ☞	대외경제협력추진 위원회 위원장 김용술	민족경제협력련합회 회장 정운업	조선아시아무역 촉진위원회 위원장 리성록	조선국제합영촉진위 원회 위원장 채희정	조선국제무역촉진 위원회 위원장 김룡문
종교 ☞	조선카톨릭교협회 중앙위원회 위원장 장재언	조선그리스도련맹 중앙위원회 위원장 강영섭	조선불교도련맹 중앙위원회 위원장 박태화	조선천도교 중앙지도위원회 위원장 류미영	조선종교인협의회 회장 장재언
학술 체육 ☞	조선사회과학자협회 위원장 양형섭	조선문학예술총동맹 (문예총)중앙위원회 위원장 장 철	조선과학기술총연맹 중앙위원회 위원장 조창덕	조선건축가동맹 중앙위원회 위원장 김응상	국제문제연구소 소장 김광우
	조선력사학학회 회장 허정호	조선김정일화련맹 위원장 장 철	조선올림픽위원회 위원장 박명철	조선태권도위원회 위원장 황봉영	동아시아경기대회 협의회 회장 박명철

부록 5

최고인민회의

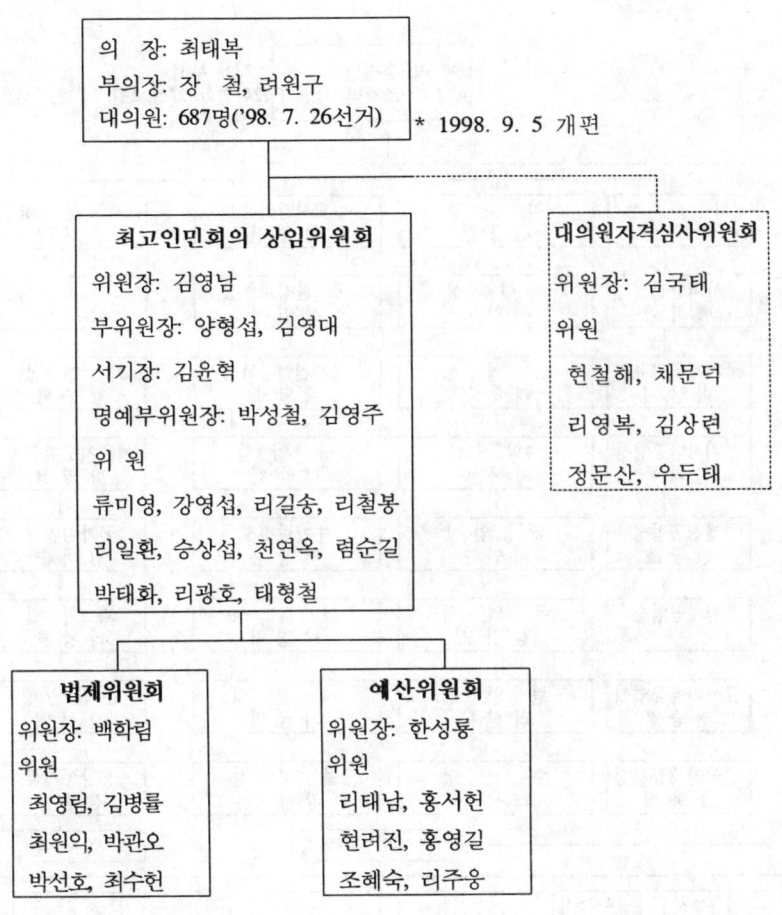

```
┌─────────────────────────────────────────────┐
│ 의  장: 최태복                                │
│ 부의장: 장  철, 려원구                        │
│ 대의원: 687명('98. 7. 26선거)   * 1998. 9. 5 개편 │
└─────────────────────────────────────────────┘

┌───────────────────────────┐   ┌─────────────────────┐
│ 최고인민회의 상임위원회      │   │ 대의원자격심사위원회  │
│ 위원장: 김영남              │   │ 위원장: 김국태        │
│ 부위원장: 양형섭, 김영대    │   │ 위원                 │
│ 서기장: 김윤혁              │   │  현철해, 채문덕       │
│ 명예부위원장: 박성철, 김영주 │   │  리영복, 김상련       │
│ 위 원                       │   │  정문산, 우두태       │
│  류미영, 강영섭, 리길송, 리철봉 │  └─────────────────────┘
│  리일환, 승상섭, 천연옥, 렴순길 │
│  박태화, 리광호, 태형철     │
└───────────────────────────┘

┌──────────────────┐   ┌──────────────────┐
│ 법제위원회        │   │ 예산위원회        │
│ 위원장: 백학림    │   │ 위원장: 한성룡    │
│ 위원              │   │ 위원              │
│  최영림, 김병률   │   │  리태남, 홍서헌   │
│  최원익, 박관오   │   │  현려진, 홍영길   │
│  박선호, 최수헌   │   │  조혜숙, 리주웅   │
└──────────────────┘   └──────────────────┘
```

부록 6

내 각

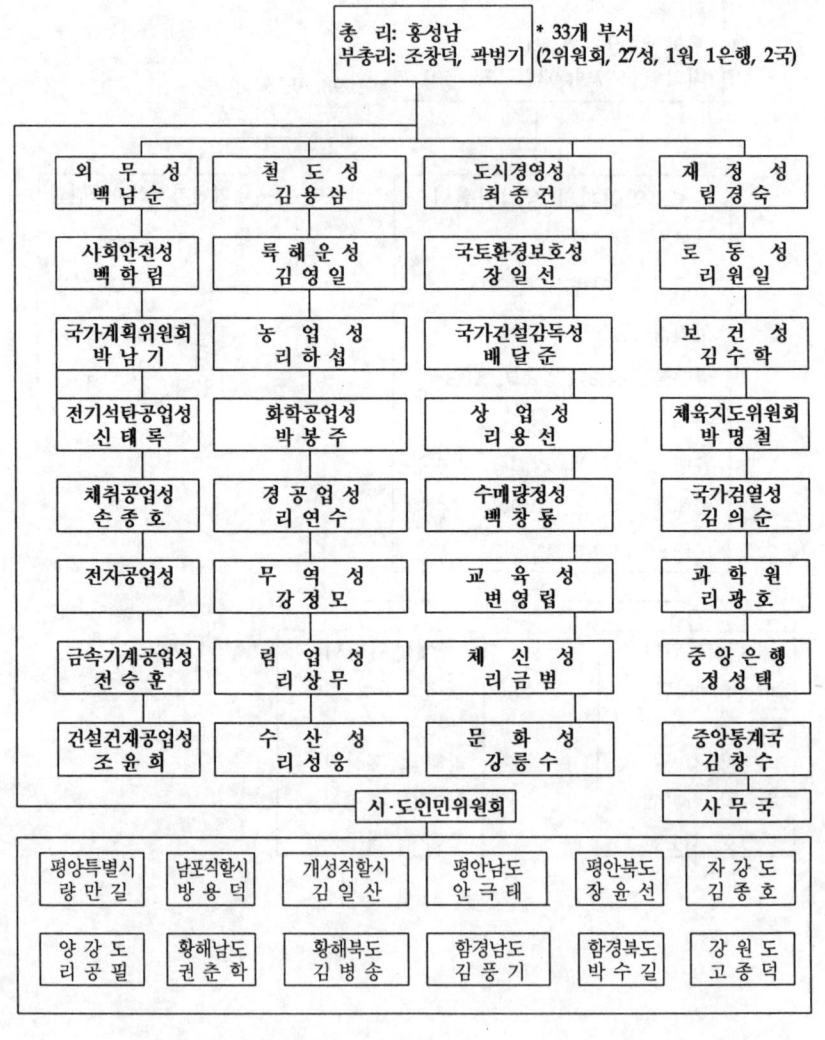

부록 7

북한의 주요 연표

1912. 4. 15.   김일성, 만경대에서 김형직과 강반석의 장남으로 출생.
1926. 6. 5.   부친 김형직 사망.
1927. 1. 17.   지린 위원중학에 입학.
1929. 가을   지린감옥에 투옥.
1930. 5.   출감.
1932. 4. 25.   김일성, 안투에서 첫 항일유격대를 조직한 것으로 주장.
       7. 31. 모친 강반석 사망.
1936. 2.   동북항일연군의 창설 및 양징위가 총참모장으로 임명.
       6. 10. 재만한인조국광복회 창립.
1937. 6. 4.   보천보 전투.
1938. 11.   김일성, 제2방면군장으로 임명.
1941. 3.   김일성, 만주에서 소련 연해주로 피신, 김정숙과 결혼.
1942. 2. 16.   김정일, 김일성과 김정숙의 장남으로 연해주에서 출생.
1945. 8. 15.   일본의 항복과 조선의 해방.
       9. 19. 김일성, 원산항으로 귀국.
       12. 17 김일성, 조선공산당 북조선분국 위원장으로 선출.
1946. 2. 8.   김일성, 북조선 임시인민위원회 위원장으로 선출.
       8. 28. 북조선로동당 창당대회 개최.
1947. 2. 17.   제1차 북한 인민회의 개최.
1948. 2. 8.   조선인민군 창군.
       3. 27. 북조선로동당 제2차 당대회.
       9. 9. 조선민주주의인민공화국 수립.
1949. 6. 30.   북조선로동당과 남조선로동당의 합당으로 조선로동당 출범.
       9. 22. 김정숙 사망.
1950. 6. 25.   한국전쟁 발발.
       10. 25. 중국의용군의 한국전쟁 개입.
1953. 7. 27.   휴전협정 조인 및 한국전쟁 종식.
       11. 12. 김일성의 중국방문과 경제원조 요청.

1955. 12. 28.   김일성, 주체사상에 관한 첫 발언.
1956. 4. 23.   조선로동당 제3기 당대회 개최.
   9. 18.   제2기 최고인민회의 개최.
1958. 3. 3.   제1차 조선로동당 대표자회의 개최.
1960. 2.   김일성, 청산리 방법 발표
   9.   김정일, 김일성대학 정치경제학과 입학.
1961. 9. 11.   조선로동당 제4차 당대회 개최.
1962.10. 22.   제3기 최고인민회의 개최.
   11.   대안의 사업체계 발표.
1963.   김일성, 김성애와 재혼.
1964. 3.   김정일, 김일성대학 졸업.
1965. 4. 10.   김일성, 인도네시아를 방문하고 북한의 자주노선을 천명.
1966. 10. 5.   제2차 조선로동당 대표자회의 개최.
1967.12. 14.   제4기 최고인민회의 개최.
1968. 1. 16.   북한의 남파 간첩단 박정희 대통령 암살기도
   1. 23.   미국의 정보함 푸에블로호를 납북.
1970. 11. 2.   조선로동당 제5차 당대회 개최.
1972. 7. 4.   남북 7·4공동성명 발표 및 통일의 3대원칙 합의.
   12. 25.   제5기 최고인민회의 개최.
   12. 27.   조선민주주의인민공화국 신헌법 발표
1973. 6. 25.   조국통일 5대방침 발표
1974.   조선로동당 제5기 제9차 중앙위원 전원회의를 비밀리에 개최, 김정일의 후계문제 토의.
1975. 11.   김정일, 3대혁명붉은기쟁취운동 발표
1977. 12. 15.   제6기 최고인민회의 개최.
1980. 10. 10.   조선로동당 제6차 당대회 개최, 김정일의 후계 공식화.
1982. 4. 5.   제7기 최고인민회의 개최.
1983. 10. 9.   북한 테러단의 전두환 대통령 암살기도
1984. 2. 16.   김정일, 생일기념으로 "인민생활을 더욱 높일 데 대하여"라는 논문 발표
1985. 9.   남북대표 각 151명이 서울과 평양을 교환방문, 문화교류 활동.
1986. 12. 30.   제8기 최고인민회의 개최.
1990. 4.   제9기 최고인민회의 개최.
1991.12.   김정일, 조선인민군 최고사령관으로 추대.
1992. 4. 8.   1972년 조선민주주의인민공화국 헌법 개헌.

4. 25.　김정일, 조선인민군 원수로 임명.
1993. 4. 9.　김정일, 제9기 최고인민회의 제5차 회의에서 국방위원장으로 선출.
1994. 7. 9.　김일성 사망.
1995. 2. 25.　오진우 사망.
　　　10. 10.　조선로동당 창건 50주년 경축 열병식.
1996. 4. 5-7.　조선인민군 판문점 공동경비구역 침입.
　　　4. 16.　김영삼·클린턴 4자회담 제의.
1997. 2. 21.　최광 사망.
　　　4. 20.　황장엽 망명.
　　　10. 8.　김정일, 조선로동당 총서기에 취임.
1998. 8. 31.　탄도미사일 발사실험.
　　　9.　제10기 최고인민회의에서 헌법개정.
　　　10. 30.　정주영 회장, 김정일 로동당 총비서 면담.
　　　11. 18.　금강산관광 유람선 현대 금강호 첫 출항.
　　　11. 23.　윌리엄 페리 전 국방장관 대북정책조정관으로 임명.
1999. 2. 3.　북한, 남북고위급정치회담 개최 제의.
　　　3. 16.　북·미 금창리 지하 핵의혹시설 협상타결.
　　　5. 25-28.　윌리엄 페리미 대북종책조정관 방북.
　　　6. 3-7.　김영남(金永南) 북한 최고인민회의 상임위원장 중국방문.
　　　6. 15.　남북해군, 서해 연평도 해상에서 교전.
　　　6. 21-7. 3.　베이징 남북 차관급회담, 대북 비료지원과 이산가족문제 논의.
　　　8. 10-14.　남북 노동자축구대회 개최(평양).
　　　9.7-12.　북·미 베를린회담, 북한 미사일 발사, 대북 경제제재 완화논의.
　　　9. 15.　페리보고서 공개.
　　　9. 17.　미국, 대북 경제제재 일부완화 발표.
　　　9. 24.　북한, 대북 미사일 발사유예 공식선언.
　　　9. 25-10. 1.백남순(白南淳) 북한 외무상, 제54차 유엔총회 참석.
　　　10. 5-9.　탕자쉬엔(唐家璇) 중국 외교부장 북한방문.
　　　12. 1-3.　무라야마 도미이치(村山富市) 전총리, 일본 초당파 의원단 방북.
　　　12. 14.　일본, 대북제재 해제 공식발표.
　　　12. 21-22.북·일 베이징 국교정상화 교섭 예비회담.
2000. 1. 4.　북·일탈리아, 대사급 외교관계 수립.
　　　1. 22-28.북·미 베를린 회담, 3월 말 고위급회담 개최합의.

부록 8

김정일의 주요 연표

1. 정치학습과 권력 장악사: 청년기

가. 정치실무 학습기

1) 김정일이 북한의 권력기구에 공식적인 지위를 부여받은 것은 그가 대학을 졸업한 1964년 6월부터로 그것은 조선로동당 조직지도부 지도원의 자리였음.
2) 1964년 9월 15일: 조선인민군 '2·8영화촬영소'를 시찰하고 "군인교양에 이바지할 혁명적인 영화를 많이 만들어야 한다"고 연설.
3) 1965년 4월 9~21일: 김일성이 인도네시아를 공식 방문할 때 동행함.
4) 1965년 12월 16일: 당중앙위 문화예술부 책임간부들에게 "수령형상 문제는 영화예술 부문에서 반드시 해결하여야 할 과업이다"라는 담화로 일찍부터 영화제작에 많은 관심을 나타냄.
5) 1966년 7월 28일: 김일성과 동행하여 평북도와 자강도 현지지도(9월 11일까지)
6) 1966년 9월 초: 옥수수를 집단적으로 지배하는 자강도 초산군 시찰.
7) 1966년 9월부터 조선로동당 호위과에 근무.
8) 1967년 5월 4~8일: 당중앙위원회 제4기 제15회 전원회의 출석. 이 회의에서 김일성은 갑산파(박금철, 박달 등)를 반당 수정주의자로 몰아 숙청하였고 김일성은 아들을 내세워 스스로 수령이라고 부르면서 '당의 유일사상체계 확립' 방침을 결정함으로써 독재체제를 강화함.
9) 1967년 10월 8일: 사로청 중앙간부들에게 "청년들은 농촌테제를 관철하기 위한 투쟁에서 선두에 나서야 한다"라는 담화 발표.
10) 1967년 10월: 남포시에 위치한 대안의 전기공장 시찰.
11) 1968년 3월 13일: 조선인민군 제109군부대 정치부 중대장에게 "정치부 중대장의 임무"라는 담화.
12) 1969년 9월 27일: 영화 <피바다>를 제작하는 데 있어 제기되는 몇 가지 문제를 예술영화 제작간부들에게 지시.
13) 1970년 6월 18일: 작가, 연출가들에게 "사회주의 현실을 반영한 혁명적 영화를 더 많이 창작하자"라는 담화.

14) 1971년 5월 10일: 당 조직지도부 간부들에게 김일성의 초상이 들어간 뱃지를 만들어 전 주민들에게 보급하도록 지시(성혜림이 장남인 김정남을 출산).
15) 1971년 5월 28일: 다음해의 김일성 탄생 60주년을 맞아 만수대에 '김일성동상'을 건립하였고 각 도에 '김일성동지 혁명사적관'을 건설하라고 지시함과 동시에 각종 훈장(김일성훈장. 김일성상, 김일성청년영예상, 김일성소년영예상)을 제정하도록 지시. 그리고 김일성의 이름이 새겨진 시계를 만들어 수상자들에게 포창토록 하고 김일성뱃지를 당원 전원과 노동자들에게 제작·보급토록 했으며 '김일성컵'을 만들어 성대한 전국 체육대회를 개최하면서 청소년 5만 명을 동원하여 '로동당의 깃발아래!'라는 글자 표현의 대 매스게임을 연출토록 지시. 당 선전선동부 부부장 겸 문화예술부 부부장으로 됨. 그의 나이 29살이었다.
16) 1972년 4월: 김일성 탄생 60주년 경축행사로 참가한 외국대표들과 담화.
17) 1973년 2월 16일: 그의 31살 생일날에 '김일성상'을 자신의 아버지로부터 수여받음.
18) 1973년 2월: '3대혁명소조' 발기, 조직관리.
19) 1973년 4월 11일: "영화예술론" 발표
20) 1973년 9월: 당 정치위원회 후보위원, 조직 및 선전선동 비서로 추대됨(김일성 뱃지가 처음으로 배포됨).
21) 1974년 2월 13일: 당중앙위원회 제5기 제8차 전원회의에서 정치위원으로 추대됨. 이때부터 북한의 <로동신문>에서는 그를 '당중앙'이라고 부르면서 사설을 게재하고 이후부터 권력의 실세로 등장시켜 후계자임을 공식화함.
22) 1974년 2월 19일: 주체사상을 김일성주의(Kimism)라고 부르면서 정식으로 당의 최고강령으로 채택한다고 선언.
23) 1974년 3월: 침체된 경제사정을 회복하기 위하여 "생산도 학습도 생활도 항일 유격대식으로!"라는 구호를 내걸고 '70일 전투'라는 구호와 '속도전' 등의 캠페인을 전개.

2. 통치이념 창출과 수령 승계기: 장년기

가. 주요 통치권 확보일지

1) 1975년 1월 8일: 당창건 30주년을 맞아 사로청을 중심으로 하여 '속도전 청년돌격대'를 조직하고 철도의 전철화를 지시.
2) 1975년 2월 15일: 그의 생일을 맞아 김일성은 아들에게 '인민공화국 영웅' 칭호를 부여.
3) 1975년 4월: 해군함정을 시찰(처음으로 검은색 안경을 착용).
4) 1975년 8월: '혁명의 천리길'(배움의 천리길+광복의 천리길) 답사행군을 국가적인

정기행사로 조직·지도함.

5) 1975년 11월: 당 조직 지도부, 선전선동부의 책임간부협의회에서 '사상도 기술도 문화도 주체의 요구대로!' 라는 구호를 시달하고 '3대혁명 붉은기 쟁취운동' 을 전개하자고 제안.

6) 1976년 1월 1일: 인민군에 대하여 "위대한 수령님을 위해서는 목숨을 바쳐 싸우자!" 라는 구호와 "정권은 총구로부터 나온다"고 이야기함.

7) 1976년 6월 22~23일: 김일성 주재의 정치위원회 확대회의에 출석.

8) 1977년 3월 24일~31일: 김일성 주재의 정치위원회에 출석.

9) 1977년 7월 3일: 전방을 시찰함(판문각에서 남한의 동정을 살핌).

10) 1978년 1월 22일: 영화예술의 발전을 위해 남한의 최은희 부부를 납치함. 뒤에 <돌아온 밀사>, <안중근 이등박문을 쏘다> 등의 영화 제작.

11) 1978년 6월: 김정일 뱃지 처음으로 등장.

12) 1978년 12월 25일: "우리식대로 살자!"는 구호 등장.

13) 1979년 5월 초: 김정일은 인민군대에서 '붉은기중대', '2중붉은기중대', '3중붉은기중대' 등 3대혁명붉은기쟁취운동을 조직하고 전개하도록 지시.

14) 1979년 10월 5일: '숨은 영웅들의 모범을 따라 배우는 운동'을 발기.

15) 1979년 12월 17일: 인민군대에 '오중흡동지를 따라 배우는 운동' 전개를 지시.

16) 1980년 4월 25일: 인민군참모총장(오진우)에게 김일성의 현지교시를 받은 군부대에 대하여 사상교육을 강화하라고 지시.

17) 1980년 10월 10일: 제6차 당대회 석상에 공식적으로 처음 등장(김일성, 김일, 이종옥, 오진우, 김정일의 순번). 정치위원회 상무위원, 당서기(김일성 다음으로 2번째), 중앙군사위원회 위원(김일성, 오진우 다음으로 3번째)으로 선출됨으로써 당과 군의 실권자로 급부상함.

18) 1981년 5월 18~22일: 오진우, 허담, 김중린과 함께 묘향산 지역을 현지 방문하고 실무지도(김정일에게 실무지도라는 용어가 처음으로 사용됨).

19) 1981년 5월 22일: 서해갑문 공사를 위한 현지답사.

20) 1981년 10월 20일: 사로청 제7회 대회 개막식에 참석(이때부터 김일성 다음으로 제2위의 자리에 착석함), 세습체제의 완료를 의미.

21) 1982년 2월 15일: 그의 40세 생일 기념으로 '공화국영웅' 칭호 받음. 그리고 그의 출생지는 '백두산밀영'이라고 공식 발표함.

22) 1982년 2월 28일: 최고인민회의 제7기 대의원으로 선출(이것으로 당, 군, 정의 중요 지위 확보 완료).

23) 1982년 3월 31일: 『주체사상에 대하여』라는 저작 발표

24) 1982년 4월 7일: 북한의 최고훈장인 '김일성훈장'을 받음.
25) 1982년 7월 23일: 당 선전동부 책임간부들에게 '80년대 속도운동'을 '3대혁명붉은기쟁취운동'과 '숨은 영웅 따라배우기 운동'의 결합으로 진행할 것을 지시.
26) 1983년 1월 15일: 혁명가극 <꽃파는 처녀> 공연 10주년 기념공연을 관람(김중린, 연형묵, 황장엽이 동석).
27) 1983년 4월: 김일성의 군부대 방문에 동행.
28) 1983년 5월 10일: 이집트로부터 훈장받음(외국으로부터는 처음).
29) 1983년 6월 1~13일: 중국 호요방 총서기의 초청으로 중국을 비공식적으로 방문(오진우, 연형묵, 정존희, 현준극이 동행하였고 북경, 상해 등의 공장과 농촌 시찰).
30) 1983년 9월 7일: 건국 35주년 기념식에 참가한 중국대표단을 접견(최초로 단독으로 외국 인사와 대담).
31) 1984년 1월 2일: 당중앙 책임일꾼들에게 "30년대 김혁, 차광수동지가 되자!"고 역설.
32) 1984년 4월 28일: 신설된 평양제1고등중학교(우수 영재학교)를 시찰.
33) 1984년 5월 5일: 친선 방문한 중국의 호요방과 함께 만경대 놀이터를 시찰.
34) 1984년 8월 6일: 평양방송에서 김정일을 '우리의 유일한 후계자'라고 처음으로 방송.
35) 1985년 4월 2일: 김일성과 함께 소련공산당 대표단과 담화.
36) 1985년 4월 25일: 김일성과 함께 인민군 제770부대 시찰에 동행.
37) 1985년 11월 12일: 평양의 예술가 5,000명이 출연하는 음악무용 서사시 '영광의 노래' 공연 관람.
38) 1986년 3월 8일: 쿠바, 카스트로 방문단을 김일성과 함께 접견.
39) 1986년 7월 9일: 인민군 총참모장에게 전투훈련을 당의 군사전략과 주체전법에 기초하여 우리식으로 하도록 지시.
40) 1986년 6월: 서해갑문 준공 기념촬영.
41) 1986년 11월 25일: "농장포전은 나의 포전이다!"는 구호 제시.
42) 1987년 5월 20일: 중국을 방문하는 김일성을 평양역에서 배웅함.
43) 1987년 11월 29일: KAL기 폭파사건(보잉707, 115명 사망) 발생, 김정일 지시설 대두 (남한의 88올림픽 저지 목적).
44) 1988년 6월 24일: 몽골을 방문하는 김일성을 평양역에서 배웅함.
45) 1989년 4월 26일: 김일성과 같이 인민군 763부대를 축하방문.
46) 1989년 7월 1일: 김일성과 같이 제13회 세계청년학생 축전 개회식에 참가.
47) 1990년 5월 24일: 최고인민회의 제9기 제1회의에서 국방위원회 제1부위원장으로 선출됨.
48) 1991년 1월1일: "수령에 대한 충실성을 신념화, 량심화, 도덕화, 생활화할 데 대한

사상리론"을 발표
49) 1991년 12월 24일: 당중앙위 제6기 제19회 총회에서 김정일은 조선인민군최고사령관으로 추대됨(군의 실권을 장악).
50) 1992년 2월: 『김정일선집』이 처음으로 출간됨.
51) 1992년 4월 7일: '김일성훈장'을 3번째 받음.
52) 1992년 4월 20일: '공화국원수'의 칭호를 받음.
53) 1992년 4월 25일: 인민군 창설 60주년 기념행사장(김일성광장)에서 "영웅적 조선인민군 장병들에게 영광있으라!"는 인사말(김정일의 공식석상에서의 목소리가 처음으로 방송됨).
54) 1993년 4월 9일: 최고인민회의 제9기 제5차 회의에서 김정일은 국방위원회 위원장으로 추대됨(당의 군사위원회 위원장 자리를 빼고는 군과 정의 군사관계 최고위직에 추대됨으로써 군통수권을 장악함).
55) 1993년 7월 19일: 군 최고사령관 명령 제0040호에 의하여 원로군관 및 장령 99명(중장 14, 소장 85명)에 대한 승진인사 단행.
56) 1994년 7월 8일: 김일성 사망.

나. 국가 비상체제 관리 및 실권 장악기
1) 1994년 7월 19일: 김일성의 영결식 집행.
2) 1994년 8월 2일: 금수산의사당 개축공사 현장지도(김일성 시신 안치소).
3) 1994년 10월 29일: 개축된 단군릉 시찰.
4) 1995년 1월 1일: 신년을 맞아 인민군 제214군부대 방문.
5) 1995년 2월 6일: 해군 제155부대 시찰.
6) 1995년 6월 19일: 김정일을 '위대한 수령'으로 호칭하기 시작.
7) 1995년 7월 7일: 김일성 사망 1주년 행사 주도.
8) 1995년 7월 8일: 금수산기념궁전 준공.
9) 1996년 1월 9일: '붉은기 철학'을 제안.
10) 1996년 2~12월: 군 수뇌부를 대거 대동하고 각군의 일선부대를 순회시찰.
11) 1997년에도 1월부터 계속하여 전국의 일선 군부대를 순회방문.
12) 1997년 7월 15일: '주체'연호와 '태양절'(4·15) 제정.
13) 1997년 9월 23일: 일본인처 고향(일본)방문 관련 담화문 발표.
14) 1997년 10월 8일: 김정일을 당중앙위 중앙군사위 총비서로 추대(당, 군, 정의 실권 완전 장악).
15) 1997년 10월: 김일성 찬양시 100여 편 제작 보급('인민의 태양' 등).

16) 1997년 11월: 주민들에게 "김정일 동지를 따라배우자!"는 구호 제정·보급.
17) 1998년 1월 1일: 당보와 군보 명의의 신년사 게재.
18) 1998년 1월 2일: 만경대혁명학원 방문.
19) 1998년 2월 15일: 김정일 생일 56회 기념 중앙 보고대회.
20) 1998년 2월 24일: 김정일화 온실 개관식(평남 평성시).
21) 1998년 4월 12일: 김일성 현지교시와 김정일의 현지 '말씀판' 제막(평양산원).
22) 1998년 4월 14일: 김일성 생일 86회 기념 중앙 보고대회 개최.
23) 1998년 5월 5일: 남한의 리틀엔젤스예술단 초청공연(평양 봉화예술극장).
24) 1998년 6월 16일: 남한의 현대그룹 정주영 명예회장이 소 500마리와 함께 판문점으로 방북.
25) 1998년 6월 23일: 강원도 속초 앞바다에 간첩임무를 띤 북한 잠수정 침투.
26) 1998년 8월 22일: <로동신문>에 "강성대국론"이라는 정론 발표됨.
27) 1998년 8월 31일: 함북 대포동에서 '대포동 1호' 미사일 시험발사('광명성 1호'라는 이름의 인공위성이라고 발표, 발사거리 1,646km).
28) 1998년 9월 5일: 최고인민회의 제10기 제1차 회의를 만수대의사당에서 개최하고 사회주의헌법을 제정(주석직을 폐지하고 김정일을 국방위원장으로 재추대).
29) 1998년 9월 7일: 중국 장쩌민 주석이 김정일에게 정권 창건 50돌 기념축전.
30) 1998년 현대의 금강산관광개발사업 허가.
31) 1998년 10월 30일: 김정일, 정주영 현대그룹 명예회장과 면담(평양 백화원초대소).
32) 1998년 11월 9일: 조명록, 김영춘 등 고위간부들을 대동하고 인민군 제1202군부대를 시찰.
33) 1998년 12월 24일: 김정일 최고사령관 추대 7돌 경축 중앙 보고대회에서 주민들에게 "전투적으로 생활하며 살 것"을 강조.
34) 1999년 1월 1일: 당보, 군보, 청년보에 "올해를 강성대국 건설의 위대한 전환의 해로 빛내이자"라는 공동사설 게재.
35) 1999년 1월 20일: 김정일, 최현군관학교 시찰.
36) 1999년 2월부터 6월경까지는 주로 전후방의 군부대 현지방문으로 군부세력을 확보하는 데 주력.
37) 1999년 7월부터 12월까지는 경제적으로 어려운 농어촌문제에 관심을 갖기 시작하면서 김일성 유훈과 관련된 기념물 축조에 관심을 쏟았다.
38) 2000년 들어서자 김정일은 계속하여 자신을 포함한 자신의 선조들에 대한 유적지 건축과 함께 지방 현지지도에 중점을 두었다. 그리고 6월 13일 남한의 김대중 대통령과 회담하고 "6·15남북공동선언문"에 서명하였다. 공동선언문에 기초하여 8월 15

일에 제1차 남북이산가족 상봉이 각각 100명씩 이루어졌다. 2000년 9월 27일에는 뉴욕에서 북미(조명록과 카트만)회담에 이어, 10월 23일에는 올브라이트 미 국무부장관이 평양을 방문하여 김정일과 회담하였다. 남북정상회담 이후로 남북한 국방장관회담, 장관급 경제회담 등을 비롯해서 7차의 장관급회담과 4차의 적십자회담을 통한 이산가족상봉이 있었다.
39) 김정일의 외교 다변화정책으로 이탈리아, 호주, 영국, 독일 등 17개국과 새로 수교협정 체결(2000. 7~2001. 9 현재).
40) 최근 김정일 위원장의 외교나들이와 정상회담은 2차의 방중(2000. 5, 2001. 1. 15~20)과 장쩌민의 방북(2001. 9. 3~5), 푸틴 대통령의 방북(2000. 7)에 대한 김위원장의 2차의 방러(2001. 7. 26~8. 18, 2002. 8. 21~23).

부록 9

북한 권력층의 성향별 분류

```
            ┌─────────────────┐
            │  중도·기회주의파  │
            │    김 정 일?     │
            │    박 성 철      │
            │    리 종 옥      │
            │    한 성 룡      │
            │    박 남 기      │
            │    홍 성 남      │
            │    권 희 경      │
            │    렴 기 순      │
            │    김 시 학      │
            └─────────────────┘
```

보수파	군 부		개방파
리 명 제	**매파**	**비둘기파**	강 성 산
강 상 춘	리 봉 원	김 봉 률	김 용 순
리 제 강	최 광	박 중 국	장 성 택
김 국 태	오 극 렬		김 경 희
계 응 태	김 광 진		김 환
전 병 호	조 명 록		최 영 림
최 정 근	김 일 철		리 성 대
김 기 남	김 명 국		김 복 신
김 충 일	리 을 설		연 형 묵
문 성 술	백 학 림		김 달 현
강 관 주			

부록 10

김일성·김정일 친가 가계도

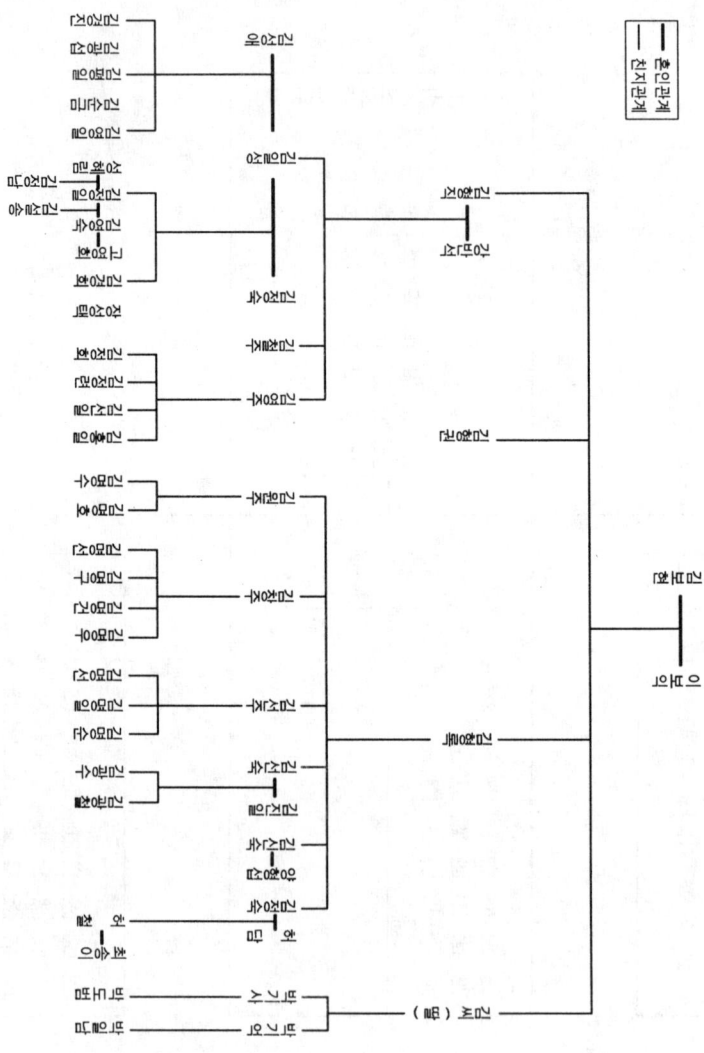

김일성·김정일 외가 가계도

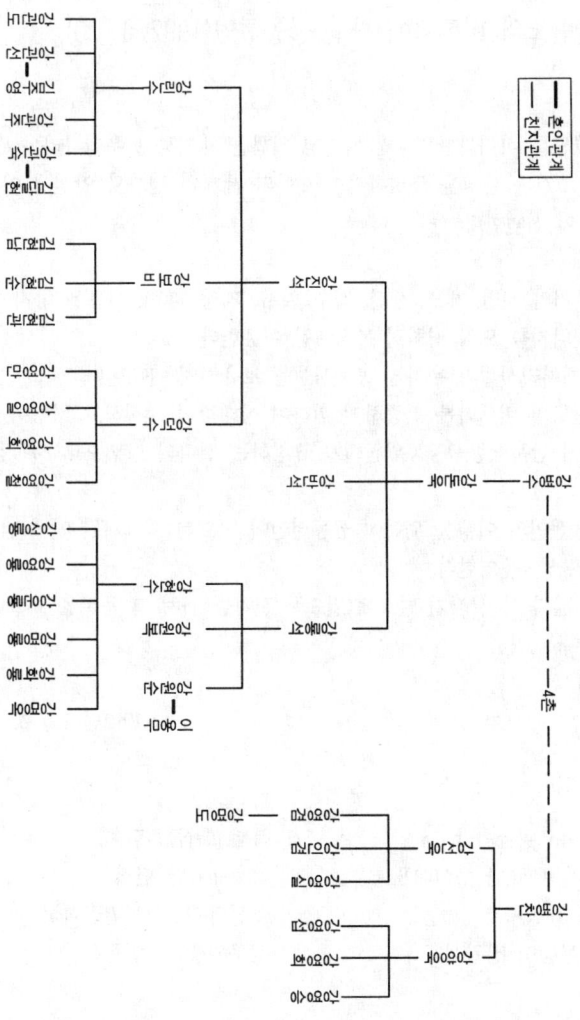

부록

부록 11

한반도의 비핵화에 관한 공동선언(1992. 1. 20)

　남과 북은 한반도를 비핵화함으로써 핵전쟁 위험을 제기하고 우리나라의 평화와 평화통일에 유리한 조건과 환경을 조정하며 아시아와 세계의 평화와 안전에 이바지하기 위하여 다음과 같이 선언한다.

1. 남과 북은 핵무기의 시험, 제조, 생산, 접수, 보유, 저장, 배비, 사용을 하지 아니한다.
2. 남과 북은 핵에너지를 오직 평화적 목적에만 이용한다.
3. 남과 북은 핵 재처리시설과 우라늄 농축시설을 보유하지 아니한다.
4. 남과 북은 한반도의 비핵화를 검증하기 위하여 상대측이 선정하고 쌍방이 합의하는 대상들에 대하여 남북핵통제공동위원회가 규정하는 절차와 방법으로 사찰을 실시한다.
5. 남과 북은 공동선언의 이행을 위하여 공동선언이 발효된 후 1개월 안에 남북핵통제공동위원회를 구성·운영한다.
6. 이 공동선언은 남과 북이 각기 발효에 필요한 절차를 거쳐 그 문본을 교환한 날부터 효력을 발생한다.

1992년 1월 20일

남북고위급회담	북남고위급회담
남측 대표단 수석대표	북측대표단 단장
대 한 민 국	조선민주주의인민공화국
국무총리 정원식	정무원총리 연형묵

부록 12

미·북 제네바 기본합의서(1994. 10. 21)

 미합중국(이하 미국으로 호칭) 대표단과 조선민주주의인민공화국(이하 북한으로 호칭) 대표단은 1994년 9월 23일부터 10월 21일까지 제네바에서 한반도 핵문제의 전반적 해결을 위한 협상을 가졌다. 양측은 비핵화된 한반도의 평화와 안전을 확보하기 위해서는 1994년 8월 12일 미국과 북한간의 합의 발표문에 포함된 목표의 달성과 1993년 6월 11일 미국과 북한간 공동발표문상의 원칙과 준수가 중요함을 재확인하였다.

 양측 핵문제 해결을 위해 다음과 같은 조치들을 취하기로 결정하였다.

1. 양측은 북한의 흑연감속 원자로 및 관련시설을 경수로 원자로발전소로 대체하는 데 협력한다.
   1) 미국 대통령의 1994년 10월 20일자 보정서한에 의거하여 미국은 2003년을 목표시한으로 총발전용량 약 2000MWe의 경수로를 북한에 제공하기 위한 조치를 주선할 책임을 구성한다.
      - 미국은 북한에 제공할 경수로의 재정조달 및 공급을 담당할 국제콘소시엄을 미국의 주도하에 구성한다.
      미국은 동 국제콘소시엄을 대표하여 경수로사업을 위한 북한과의 주 접촉선 역할을 수행한다.
      - 미국은 국제콘소시엄을 대표하여 본 합의문 서명 후 6개월 내에 북한과 경수로 제공을 위한 공급계약을 체결할 수 있도록 최선의 노력을 경주한다. 계약 관련 협의는 본 협의문 서명 후 가능한 한 조속한 시일 내에 개시한다.
      - 필요한 경우 미국과 북한은 핵에너지의 평화적 이용분야에 있어서의 협력을 위한 양자 협정을 체결한다.
   2) 1994년 10월 20일자 대체에너지 제공 관련 미국의 보정서한에 의거 미국은 국제콘소시엄을 대표하여 북한의 흑염감속 원자로 동결에 따라 상실될 에너지를 첫번째 경수로 완공시까지 보정하기 위한 조치를 주선한다.

- 대체에너지는 난방과 전력생산을 위해 중유로 공급된다.
- 중유의 공급은 본 합의문 서명 후 3개월 내 개시되고 양측간 합의된 공급일정에 따라 연간 50만 톤 규모까지 공급된다.
3) 경수로 및 대체에너지 제공에 대한 보정서한 접수 즉시 북한은 흑연감속 원자로 및 관련시설을 동결하고 궁극적으로 이를 해체한다.
- 북한의 흑연감속 원자로 및 관련시설의 해체는 경수로사업이 완료될 때 완료된다.
- 미국과 북한은 5MWe 실험용 원자로에서 추출된 사용 후 연료봉을 경수로건설 기간 동안 안전하게 보관하고 북한 내에서 재처리하지 않는 안전한 방법으로 동 연료가 처리될 수 있는 방안을 강구하기 위해 상호 협력한다.
4) 본 합의 후 가능한 한 조속한 시일 내에 미국과 북한의 전문가들은 두 종류의 전문가 협의를 가진다.
- 한쪽의 협의에서 전문가들은 대체에너지와 흑연감속 원자로의 경수로로의 대체와 관련된 문제를 협의한다.
- 다른 한쪽의 협의에서 전문가들은 사용 후 연료보관 및 궁극적 처리를 위한 구체적 조치를 협의한다.
2. 양측은 정치적·경제적 관계의 완전 정상화를 추구한다.
   1) 합의 후 3개월 내에 양측은 통신 및 금융거래에 대한 제한을 포함한 무역 및 투자제한을 완화시켜 나아간다.
   2) 양측은 전문가급 협의를 통해 영사 및 여타 기술적 문제가 해결된 후에 쌍방의 수도에 연락사무소를 개설한다.
   3) 미국과 북한은 상호 관심사항에 대한 진전이 이루어짐에 따라 양국관계를 대사급으로까지 격상시켜 나아간다.
3. 양측은 핵이 없는 한반도의 평화와 안전을 위해 함께 노력한다.
   1) 미국은 북한에 대한 핵무기 불위협 또는 불사용에 관한 공식보장을 제공한다.
   2) 북한은 한반도 비핵화 공동선언을 이행하기 위한 조치를 일관성있게 취한다.
   3) 본 합의문이 대화를 촉진하는 분위기를 조성해 나아가는 데 도움을 줄 것이기 때문에 북한은 남북대화에 착수한다.
4. 양측은 국제적 핵비확산 체제 강화를 위해 함께 노력한다.
   1) 북한은 핵비확산조약(NPT) 당사국으로 잔류하며 동 조약상의 안전조치 협정이행을 허용한다.
   2) 경수로 제공을 위한 계약체결 즉시 동결대상이 아닌 시설에 대하여 북한과 IAEA 간 안전조치 협정에 따라 임시 및 일반사찰이 재개된다. 경수로 공급계약 체결시

까지 안전조치의 연속성을 위해 IAEA가 요청하는 사찰은 동결대상이 아닌 시설에서 계속된다.
3) 경수로사업의 상당부분이 완료될 때, 그러나 주요 핵심부품의 인도 이전에 북한은 북한 내 모든 핵물질에 관한 최초 보고서의 정확성과 완전성을 검증하는 것과 관련하여 IAEA와의 협의를 거쳐 IAEA가 필요하다고 판단하는 모든 조치를 취하는 것을 포함하여 IAEA안전조치협정(INFCIRC/403)을 완전히 이행한다.

조선민주주의 인민공화국 수석대표
조선민주주의인민공화국 외교부 제1부부장 강석주

미합중국 수석대표 미합중국 본부대사 로버트 갈루치

부록 13

대북정책 추진현황

방북인원 추이

	'89	'90	'91	'92	'93	'94	'95	'96	'97	'98	'99	'00.1-5	'계
방북인원	1	183	237	257	18	12	536	146	1,015	3,317	5,599	1,928	13,249

주요 분야별 방북 추이

	'90	'91	'92	'93	'94	'95	'96	'97	'98	'99	'00.5	계 인원	비율(%)
전체	183	237	257	18	12	536	146	1,015	3,317	5,599	1,928	13,249	100
경제	-	1	28	-	12	109	80	127	231	223	150	983	7.5
관광지원								1,962	6,744	840		6,546	49.4
사회문화	93	104	19	6		6		26	238	329	76	898	6.8
경수로						22	58	711	756	911	662	3,120	23.5
대북지원		4				399		151	129	364	164	1,211	9.1
이산가족				1				1		5	6	13	0.1
기타	90	128	210	11			8			1	30	478	3.6

* "관광지원"은 금강산관광 및 개발사업 협의 및 추진을 위해 방북한 인원(금강산관광객) 제외.

연도별 남북한간 교역규모 및 교역수지

남북교역 현황
(단위:천달러)

연도	명목 교역액	비거래성 물자 반출						반입	실질 교역액	교역수지	
		경수로	대북지원	중유	금강산	협력사업	소계			명목수지	실질수지
'89	18,724								18,724	△18,586	
'90	13,466								13,466	△11,090	
'91	111,266								111,266	△100,172	
'92	173,426								173,426	△152,300	
'93	186,592								186,592	△169,742	
'94	194,547								194,547	△158,049	
'95	287,291		217	10,778			10,995		276,296	△158,419	△169,414
'96	252,039		1,473	12,782			14,255		237,784	△112,761	△127,016
'97	308,339	17,842	8,389	29,019			55,250,	2,788	250,301	△77,799	△133,049
'98	221,943	3,954	15,628	19,819	37,551	1,197	78,149	105	143,689	37,415	△40,629
'99	333,437	14,434	43,426	39,512	40,575	6,332	144,279	122	189,036	90,228	△53,929
00.4	105.263	11.373	5,750	7,192	3,609	2,699	30,623	0	74.640	14.303	△16,320
합계	2,206,332	47,603	74,883	119,103	81,735	10.228	333.551	3,015	1,869,766		

연도별 교역업체와 교역품목 현황
(단위: 개)

	'89	'90	'91	'92	'93	'94	'95	'96	'97	'98	'99
업체	30	38	100	147	127	145	258	333	442	378	581
품목	26	26	61	100	101	159	263	280	385	486	525

연도별 위탁가공교역 추이
(단위: 천달러)

	'92	'93	'94	'95	'96	'97	'98	'99	2000.4	계
금액	839	7,008	25,663	45,892	74,402	79,069	70,988	99,620	29,031	432,512

연도별 협력사업자 승인 추이

	'90	'91	'92	'93	'94	'95	'96	'97	'98	'99	2000	계
승인건수	-	-	1	-	-	6	4	15	10	2	1	39

연도별 협력사업 승인 추이

	'90	'91	'92	'93	'94	'95	'96	'97	'98	'99	2000	계
승인건수	-	-	-	-	-	1	-	5	9	1	2	18

경제협력사업 승인현황

□ 협력사업 승인현황: 18개 사업   (2000. 5월 현재)

기 업	사업상대자	사 업 내 용(지 역)	금 액	승인일
대 우 (합영)	삼천리 총회사	남포공단 셔츠, 가방, 자켓 등 3개 사업(남포공단) ※ '96. 1. 26 민족산업총회사 설립 ※ '96. 6. 투자자금 송금	512만불	'95. 5. 17
태 창 (합영)	릉라888 무역총회사	금강산 샘물 개발 (강원도 고성군 온정리)	580만불	'97. 5. 22
한국통신	체신부	북한 경로건설을 위한 통신 지원사업(신포·금호지구)	·	'97. 8. 1
한국전력	원자력총국	경수로 건설 지원사업(PWC)	4,500만불→ 11,430.8만불	'97. 8. 16→ '99. 8. 10 (변경승인)
한국외환은행	경수로사업대상국	경수로 사업부지 내 은행점포 개설	·	'97. 11. 6
녹십자(합작)	광명성총회사	혈전증 치료제(유로키나제) 제조사업(평양)	311만불	'97. 11. 14
(주)아자커뮤니케이션 (합영)	금강산국제관광총회사	북한풍경 인쇄, TV광고 및 기업 홍보용 영상물 제작	편당 25만불	'98. 2. 18
미흥식품 산업사(합영)	조선철산 무역총회사	북한수산물 채취·가공·양식 및 판매(평양, 원산, 남포, 해주, 청진)	47만불	'98. 3. 13
국제옥수수재단 (조사·연구)	농업과학 연구원→ 농업과학원	신품종 생산력 검정시험 및 재배적지 확정, 신품종 슈퍼옥수수 개발을 위한 공동연구(평양, 각 도별 10개 지역)	30.9억원→110억원	'98. 6. 18 '99. 3. 25 (변경승인)
두레마을 영농조합법인(합작)	라선경제협조회사	합작농장 운영 및 계약재배사업 (나진·선봉)	200만불	'98. 7. 27
태영수산/LG상사 (합영)	광명성총회사	가리비 양식·생산(나진·원산)	65만불	'98. 8. 28
(주)코리아랜드(합영)	묘향경제연합체	북한 부동산 개발(임대·분양) 및 컨설팅업(평양)	60만불	'98. 8. 28
(주)현대상선, 현대건설, 금강개발산업, 현대아산 ('99. 2. 25) (단독 및 BOT)	조선아시아태평양 평화위원회	o 금강산 관광사업('98. 9. 7) o 금강산 관광개발사업으로 확대('99. 1. 15) - 제1단계('98~'99. 6) - 부두, 휴게소, 공연장, 식당, 매점, 온천장 등 설치 o 관광선 1척 추가(풍악호), 운항횟수 조정(매일 운행)('99. 4. 16)	9,583만불→ 1억33만불 ('99.1.15) *북측투자분 450만불 인수 (합영→단독투자)	'98. 9. 7 '99. 1. 15 (변경승인) '99. 4. 16 (변경승인)
백산실업 (합영)	선봉군 온실농장	버섯 재배 생산 및 국내농가 보급, 표고·느타리·진주 등 버섯류 생산·수출(선봉군)	20.8만불 (남북한측투자액: 81만불)	'98. 10. 28
현대전자산업, 한국통신, 온세통신	금강산국제관광회사	금강산관광을 위한 통신협력사업 (1단계: 온정리·장전간 통신선로 매설, 제3국 경유 남북간 통신망 구축 및 운영)	13만불 (1단계)	'98. 11. 11
한국전력공사		대북경수로 건설사업 본공사(TKC)	40.8억불 (PWC금액 포함)	'99. 12. 15
평화자동차(합영)	조선련봉 총회사	자동차 수리·개조 및 조립공장 건설	666만불	2000. 1. 7
삼성전자	조선컴퓨터센터	남북 S/W 공동개발	72.7만불	2000. 3. 13

사회문화 협력사업 승인현황

협력사업 승인현황: 15개 사업   (2000. 5 현재)

사업자	사업상대자	사 업 내 용(지역)	금 액	승인일
대한탁구협회	북한탁구협회	제41회 세계탁구선수권대회('91. 4. 24~5. 6)남북단일팀 구성·참가(일본)	7억 9천만원 (남북협력기금)	'91. 3. 21
대한올림픽위원회	북한올림픽위원회	제6회 세계청소년축구선수권대회('91. 5. 27~6. 4) 남북단일팀 구성·참가(포르투갈)	1억 6천만원 (남북협력기금)	'91. 5. 1
통일문화연구소	조선아시아태평양평화위원회·조선중앙역사박물관	북한 문화유적답사·조사 (북한지역 역사유적지)	6만불	'97. 12. 10
스포츠아트	조선아시아태평양평화위원회	북한의 역사유물 및 풍물기행 관련 방송영상물 제작(평양, 백두산, 금강산, 묘향산 등)	60만불	'98. 4. 29
한국사진학회	조선사진가동맹중앙위원회	남북 사진작품전 및 사진집 출판	1억 8천만원	'98. 4. 29
연변과기대후원회 →동북아교육문화협력재단 ('99. 6. 29)	대외경제협력추진위원회·나진선봉시행정경제위원회	과학기술대학 건립·운영(나진·선봉)	500만불	'98. 6. 5
한민족복지재단	라선경제협조회사·선봉군인민병원	제약공장 건립 및 병원운영 (나진·선봉)	240만불	'98. 6.5
한민족문화네트워크연구소	금강산국제그룹 (회장: 박경윤)	남북 통합문화데이터베이스 구축 및 활용사업	3억 5천만원	'98. 6. 20
(주)CNA 코리아	조선아시아태평양평화위원회	'99 평화를 위한 국제음악회 평양·서울 공연	100만불	'99. 4. 16
SN21엔터프라이즈	조선아시아태평양평화위원회	민족통일음악회 방북공연	60만불	'99. 8. 5
현대아산, 현대건설 (2000. 3. 8)	조선아시아태평양평화위원회	실내종합체육관 건설 및 남북 체육교류사업	3,420만불 (남북한총투자액 5,750만불)	'99. 9. 20 '00. 3. 8 변경승인
(주)계명프로덕션	조선예술교류협회	평양교예단 한국방문 공연	50만불	'99. 9. 22
우인방커뮤니케이션/한국자동차경주협회	조선아시아태평양평화위원회	통일염원 금강산 국제랠리 (서울→평창→속초→ (배로이동)→ 장전항→금강산)	100만불	'99. 11. 11
(주)네오비전	조선백호7무역회사	다큐멘터리 공동제작	50만불	'00. 2. 3
(주)NS21	조선아시아태평양평화위원회	평양교예단 서울공연	550만불(250만불은 현물로 지급)	'00. 5. 23

남북협력기금 조성 및 집행실적 (단위: 억원)

	'91	'92	'93	'94	'95	'96	'97	'98	'99	2000	계
조성액	252	451	448	494	2,547	1,185	782	403	1,728	1,486	9,776
집행액	25	8	3	3	1,826	106	193	201	346	2,126	4,837
순조성액 (누계)	227	670	1,115	1,606	2,327	3,406	3,995	4,197	5,579	4,939	4,939

남북협력기금 지원내역 ('91~2000. 4 현재, 단위: 억원)

내 역	금 액
1. 대북 쌀지원('95년)	1,854
2. 대북 경수로 건설사업 용역비('96년), 초기현장 공사비 대출('98년)의 외화 환산손(2000년)	215
3. UN 대북식량지원 참여('96~'98년)	415
4. 대북 비료지원('99년)	339
5. 쌀 직교역 손실보조(천지무역)('91년)	13
6. 탁구·축구 남북단일팀 행사비 지원('91년)	10
7. "8·15 이산가족 노부모방문단 및 예술단 교환" 사업준비금('92년)	6
8. "이산가족 통합정보센터" 설치운영비 지원('98~'99년)	4
9. 대북경수로 본공사비 대출(2000년)	1,912
10. 이산가족 및 대북지원 민간단체 지원(2000년)	10
11. 교역물품 반입자금 대출(2000년)	5
12. 공자기금 예수금 이자(2000년)	33
13. 위탁수수료 등	21
합 계	4,837

정부 및 민간차원의 대북지원규모 (단위: 만불)

기 간		'95.6~'98.2	'98.3~'00.5	계
정부차원	계	26,172	5,745	31,917
	연평균	9,815	2,553	6,492
민간차원	계	2,236	4,857	7,093
	연평균	839	2,159	1,443
계 (정부+민간)	계	28,408	10,602	39,010
	연평균	10,653	4,712	7,934

대북지원 관련 방북 현황   (단위: 명, 괄호 안은 건)

시기	계	민간단체인사	한적인도요원	선원
'95. 6~'98. 2	550	-	99(31)	451(32)
'98. 3~'00. 4	541	131(39)	126(41)	409(41)
계	1,222	137(39)	225(72)	860(72)

* 인천·남포/부산·나진의 정기화물선 선원 및 외국선원은 제외.

이산가족 교류경비 지원현황

구 분	'98년		'99년		'00년(1~5월)		합 계	
	건 수	액수(만원)	건 수	액수(만원)	건 수	액수(만원)	(건수, 만원)	
생사확인	41	1,720	89	4,030	52	2,910	182(8,660)	
상 봉	55	5,024	142	12,240	44	6,200	241(23,464)	
교류지속경비	-	-	-	-	32	1,395	32(1,395)	
합 계	96	6,744	231	16,270	128	10,505	455(33,519)	

연도별 이산가족 교류현황   (단위: 건수)

연 도 별	'90	'91	'92	'93	'94	'95	'96	'97	'98	'99	'00.1~5	총 계
신 청	62	275	267	743	651	311	231	761	3,726	6,847	1,062	14,937
생사확인	35	127	132	221	135	104	96	164	377	481	196	2,068
제3국상봉	6	11	19	12	11	17	18	61	108	195	67	525
방북상봉	-	-	-	-	-	-	-	-	1	5	1	7

북한이탈 주민 입국현황   (단위: 명)

구분	'89 이전	'90	'91	'92	'93	'94	'95	'96	'97	'98	'99	'00.5	총 입국자	사망	이민	국내 거주
인원	607	9	9	8	8	52	41	56	85	71	148	87	1,181	182	34	965

남북회담 현황

(남북회담은 1971년 이후 2000년 총 378회에 달함)

연도	개최 횟수	주 요 회 담 내 용
'71	18회	○ 남북적십자 파견원 접촉(5회) ○ 남북적십자 예비회담(13회)
'72	54회	○ 남북적십자회담 본회담(4회) 　- 제1차: 평양(8. 29~9. 2)　- 제2차: 서울(9. 12~9. 16) 　- 제3차: 평양(10. 23~26)　- 제4차: 서울(11. 22~24) ○ 남북조절위 공동위원장 회의(3회) 　- 제1차: 판문점(10. 12)　- 제2차: 평양(11. 2~4) 　- 제3차: 서 울 (11. 30) ○ 남북조절위 본회담(1회) 　- 제1차: 서울(11. 30~12. 2)
'73	15회	○ 남북적십자회담 본회담(3회) 　- 제5차: 평양(3. 20~23)　- 제6차: 서울 (5. 8~11) 　- 제7차: 평양(7. 10~13) ○ 남북조절위 본회담(2회) 　- 제2차: 평양(3. 14~16)　- 제3차: 서울(6. 12~14)
'74	18회	○ 남북적십자 대표회담(6회) ○ 남북조절위 부위원장 회의(6회) ○ 남북적십자 실무회의(6회)
'75	10회	○ 남북적십자 실무회의(8회) ○ 남북조절위 부위원장 회의(2회)
'76	6회	○ 남북적십자 실무회의 (6회)

연도	개최 횟수	주요회담내용
'77	5회	○ 남북적십자 실무회의(5회)
'79	7회	○ 변칙대좌(3회) ○ 남북탁구협회 회의(4회)
'80	10회	○ 남북총리회담을 위한 실무대표 접촉
'84	6회	○ 수해물자 인도·인수 관련 실무접촉(1회) ○ LA올림픽 단일팀 구성·참가관련 남북체육회담(3회)
'85	13회	○ 남북적십자회담 본회담(3회) - 제8차: 서울(5. 27~30) - 제9차: 평양(8. 26~29) - 제10차: 서울(12. 2~5) ○ 제1차 고향방문 및 예술공연단 교환관련 실무대표접촉(3회) ○ 남북국회회담 예비접촉(2회)
'86	2회	○ 서울올림픽 관련 IOC중재 남북체육회담(제2차, 제3차)
'87	1회	○ 서울올림픽 관련 IOC중재 남북체육회담(제4차)
'88	8회	○ 남북국회회담 준비접촉
'89	24회	○ 제2차 고향방문 및 예술공연단 교환관련(8회) ○ '90북경 아시아경기대회 단일팀 구성·참가관련(9회) ○ 남북고위급회담 예비회담(5회)
'90	24회	○ '90북경 아시아경기대회 단일팀 구성·참가관련(6회) ○ 남북고위급회담 본회담(3회) - 제1차: 서울(9. 4~7) - 제2차: 평양(10. 16~19) - 제3차: 서울(12. 11~14)
'91	19회	○ 주요 국제경기대회 단일팀 구성·참가관련(7회) ○ 남북고위급회담 본회담(2회) - 제4차: 평양(10. 22~25) - 제5차: 서울(12. 10~13) ○ 핵문제 협의를 위한 대표 접촉(3회)

연도	개최 횟수	주요회담내용
'92	89회	○ 이산가족 노부모방문단 및 예술단 교환관련(8회) ○ 남북고위급회담 본회담(3회) - 제6차: 평양(2. 18~21) - 제7차: 서울(5. 5~8) - 제8차: 평양(9. 15~18) ○ 남북핵통제공동위원회 관련(22회)
'93	3회	○ 특사교환을 위한 실무대표 접촉(3회)
'94	10회	○ 특사교환을 위한 실무대표 접촉(5회) ○ 남북정상회담 관련(5회)
'95	3회	○ 대북 쌀지원을 위한 북경회담(3회) - 제1차: 6. 17~21 제2차: 7. 15~19, 제3차: 9. 26~10. 1
'97	11회	○ 대북 구호물자 직접전달 절차협의 관련(4회) - 제1차: 5. 3~5 - 제2차: 5. 23~26 - 제3차: 7. 23~25 - 제4차: 12. 23~24 ○ 4자회담 관련(7회)
'98	4회	○ 4자회담 관련(2회) - 제2차: 제네바(3. 16~21) - 제3차: 제네바(10. 21~24) ○ 남북당국 대표회담(1회) - 북경(4. 11~17) ○ 남북적십자 대표접촉(1회)
'99	9회	○ 4자회담 관련 (3회) - 제4차: 제네바 (1. 18~22) - 제5차: 제네바 (4. 22~28) - 제6차: 제네바 (8. 5~9) ○ 베이징 남북 비공개접촉(4회) - 예비회담 1회, 비공개접촉 3회(4. 23~6. 3)

연도	개최 횟수	주 요 회 담 내 용
'99		○ 남북 차관급당국회담 (2회) - 제1차: 베이징 (6. 22~26) - 제2차: 베이징 (7. 1~3)
2000	9회	○ 남북정상회담 비공개접촉(3. 17~4. 8, 베이징) ○ 남북정상회담 준비접촉 5차(4. 22~5. 18 판문점): 역사적인 정상회담 실현(2000. 6·15공동선언)
2000-2001	9회	○ 6차 장관급회담 및 3차 이산가족상봉(2000. 6. 27~2001. 9. 15)
2002	1회 (8월 현재)	○ 임동원 특사방북(4. 3~6)으로 대화재개 및 금강산에서 제4차 이산가족 상봉(4. 28~5. 3), 7차 장관급회담(2002. 8. 12~14)

부록 14

6·15남북공동선언(2000. 6. 15)

남북공동선언(전문)

조국의 평화적 통일을 염원하는 온 겨레의 숭고한 뜻에 따라 대한민국 김대중 대통령과 조선민주주의인민공화국 김정일 국방위원장은 2000년 6월 13일부터 6월 15일까지 평양에서 역사적인 상봉을 하였으며 정상회담을 가졌다.

남북정상들은 분단 역사상 처음으로 열린 이번 상봉과 회담이 서로 이해를 증진시키고 남북관계를 발전시키며 평화통일을 실현하는 데 중대한 의의를 가진다고 평가하고 다음과 같이 선언한다.

1. 남과 북은 나라의 통일문제를 그 주인인 우리 민족끼리 서로 힘을 합쳐 자주적으로 해결해 나가기로 하였다.
2. 남과 북은 나라의 통일을 위한 남측의 연합제 안과 북측의 낮은 단계의 연방제 안이 서로 공통성이 있다고 인정하고 앞으로 이 방향에서 통일을 지향시켜 나가기로 하였다.
3. 남과 북은 올해 8·15에 즈음하여 흩어진 가족, 친척 방문단을 교환하며, 비전향장기수 문제를 해결하는 등 인도적 문제를 조속히 풀어 나가기로 하였다.
4. 남과 북은 경제협력을 통하여 민족경제를 균형적으로 발전시키고, 사회, 문화, 체육, 보건, 환경 등 제반 분야의 협력과 교류를 활성화하여 서로의 신뢰를 다져 나가기로 하였다.
5. 남과 북은 이상과 같은 합의사항을 조속히 실천에 옮기기 위하여 빠른 시일 안에 당국 사이의 대화를 개최하기로 하였다.

김대중 대통령은 김정일 국방위원장이 서울을 방문하도록 정중히 초청하였으며, 김정일 국방위원장은 앞으로 적절한 시기에 서울을 방문하기로 하였다.

2000년 6월 15일

대 한 민 국	조선민주주의인민공화국
대 통 령	국 방 위 원 장
김 대 중	김 정 일

찾아보기

(ㄱ)

가미야 후지 81
가정의 혁명화 264, 272
가치갈등 356
가치통합 353
강반석 266
강반석혁명유자녀학원 247
강반석혁명학원 241
개인주의 188
거울영상 61
게티 38
계급 교양 369
계급정책 243
계급투쟁 100, 315
계급해방 100
계서제 363
계획경제체제 195
고려공산당 92
고려성균관 236
고리키 230
골근체계 200
공간(公刊)문헌 40
공공재 185
공민증 295
공민증제도 271
공산당 선언 259
공산주의 교양 234, 369
공산주의 인간상 228
공산주의 정립기 219
공산주의사상 도입기 219
공산주의적 인간개조 285
공산주의적 인간학 256
공산주의화 218
공주성 360
관료부패 278

관료제 162
관료주의 187
광폭정치 146
교원대학 241
교조주의 146, 177
교조주의적인 사회주의국가 228
교화소 251
국가검열부 164
국가계획위원회 196, 197
국가론 24, 25
국가안전보위부 248, 253, 280
국가주석 165
국방위원장 211
국방위원회 211
국제사면위원회 252, 282
국제인권협회 309
군사경제 193
군사우선 정책 205
권력세습 130
균부 351
근대화이론 362
금수산 의사당 135
기본계층 364
기술혁명 369
김경모 49
김국신 58
김귀옥 71
김대중 68
김도태 58
김두봉 118, 121
김두봉을 126
김부자의 군대 204
김영삼 67
김영성 300
김영춘 213
김용범 95

김원조　302
김일성　40, 93, 95, 103, 111, 117, 121, 130, 135,
　　　174, 178, 201, 215, 286, 304
김일성 유일사상　366
김일성종합대　299
김일성종합대학　139, 236
김일성주의화　106
김일철　213, 214
김장규　45
김정숙　266
김정일　111, 130, 139, 144, 203, 211, 213, 286
김준엽　48, 49
김창봉　178
김창순　48, 49
김창화　295
김책　121
김책공대　299
김책공업종합대학　236
김철만　213
김철훈　90
김형직　231
김형직사범대학　241
꼬르뷰로　91
꽃 피는 소녀　304

(ㄴ)

나이　275, 280
나치　310
남녀평등권법령　265
남북연방제　48
남북연합　67
남조선로동당　96
내인론　179
내재적　20
노농적위대　213
노동계급　333
노동계급성　253
노동계급화　218, 234, 263
노멘클라투라　70
노태우　67
뇌물수수　252

(ㄷ)

다문화주의　44
다원주의　188
단세포적 인간　285
담화분석　42
당 세포조직　248
당관료제　162
당권만능　252
당생활 총화회　306
당성　253
당의 군대　204
당중앙　143
당중앙군사위원회　137, 213
당중앙위원회　137
덕치주의　349
데탕트　51
돌격대　343
동요계층(기본군중)　246, 289
등소평　141
등영초　141

(ㄹ)

라스키　163
레닌주의　97
로동계급화　304
로동당 총비서　137
로동신문　40, 146, 188, 287
로동청년동맹　138
로마넨코　94
롤즈　326
루스벨트　75, 77
르완다　310
르젠　76
리용무　213
리을설　213
림춘추　140

(ㅁ)

마르크스　221, 228, 259

마르크스・레닌주의 41, 102, 105, 151, 168,
    177, 208, 215, 319, 365
마르크스주의 72, 89, 97
마셜 80
마카렌코 229, 230
막스 베버 162
만경대혁명유자녀학원 247
만경대혁명학원 241
맨스필드 48
멘셰비키 222
모성영웅 262
모택동 172
모택동주의 217
무정 95
문예총 305
문익환 56
문화통합 42
문화혁명 369
미하일 고르바초프 112
민민투 56
민병 213
민병조직 213
민족개량주의자 102
민족공동체 통일방안 68
민족적 원기 323
민족주의 99
민족통일전선 174
민족해방 101
민족해방투쟁 83
민족혁명 100
민주개혁 194
민중통일론 56
밀 326

(ㅂ)

박관옥 49
박금철 178
박수현 299
박일우 121
박정희 57
박창옥 121

박팔양 95
박헌영 92, 121, 123
반당・반혁명분자 244
반찬공장 272
밥공장 272
배철 123
배합작전 209
백기완 56
백두광명성 144
백학림 213
법치주의 349
벤담 326
변영태 47
변증법적 유물사관 221
보안간부학교 202
보위사령부 214
보육교양사업 264
복잡한 계층 364
볼셰비키당 89
봉수교회 298
부녀동맹 193
부르조아사상 189
부르주아민주주의 118, 155
부조리현상 252
북조선로동당 96
북조선인민위원회 96
북조선인민회의 86
북한 310
북한사회개혁집 49
북한연구소 51, 72
북한연구자료집 49
북한총람 49
북한학 22, 25, 28, 35, 40
북한학의 35
분산화 277
분평 349
붉은 혁명사상 240
붉은기 사상 257
브레진스키 167, 278
브루스 커밍스 23
브야츠크 139
비사회주의 제거 그루빠 296

비엔나회의 309

(ㅅ)

4대 군사노선 200, 206, 213
사범대학 241
사상혁명 369
4·15창작집단 304
사파로프 91
사회경제적 집단경리 175
사회병영화 363
사회안전부 164, 280, 295
사회의 혁명화 234
사회정치적 생명체론 33
사회주의 24
사회주의 교육학 215
사회주의 정치사상 교육 235
사회주의교육에 관한 테제 220
사회주의로동청년동맹 293
사회주의적 개조 194
사회주의청년동맹 193
사회주의헌법 165, 212
사회주의혁명 154
산업화결정론 362
3단계 3기조 통일방안 67
3단계 통일론 68
3단계 통일방안 68
3대 혁명역량 강화 155
3대혁명 140, 157, 215
3대혁명 붉은기 쟁취운동 157, 268
3대혁명 소조 140
3대혁명 소조운동 140, 157
3대혁명소조 252
상부구조 221
샌프란시스코 114
서재진 71
서휘 126
선군 영도체제 130
선군사상 201
선군정치 203
섬멸전 343
성별 직종경리 270

성분정책 289
성분조사 사업 244
세계인권선언 308
소비에트화 93, 96, 104, 117
속도전 305
수령 130
수령론 285
수상보안대 202
스몰렌스크 문서 39
스탈린 23, 75, 97, 109, 118, 217, 338
스탈린주의 96, 310
스팀슨 79
식량배급제 296
신간회 100
신민주주의론 174
신분증 295
신익회 45
신임장 295
12월테제 92
10호대상 300

(ㅇ)

아리스토텔레스 227, 228
안명진 296
안재홍 102
안제홍 45
애플만 80
야마가타 76
양성철 310
어린이 보육법 272
어성일 295
엄항섭 45
NGO단체 308
엥겔스 221, 259
여성정치사회화 266
여성해방 262
여인곤 58
역지사지 326
연방제 68
연줄망 32
연형묵 213

영웅적 여성상 262
예술관 253
오기섭 95, 119
오르그뷰로 91
오진우 140, 144, 211, 214
5호담당제 291
와다 하루키 23
외인론 179
우경식 71
위학증 76
유격전 209
유고슬라비아 310
유기체 25
유문화 95
유물론 222
유물사관 318
유사자 61
유일사상 체계확립 10대원칙 286
유일사상체계 103
유일조직론적 사회 31
유일체제 30
유토피아 국가관 221
윤공흠 126
융평 349
이강국 123
이동원 47
이동휘 90
이든 75
이라크 310
이르쿠츠크 89
이문영 49
이붕 115
이선념 141
이승만 45, 57, 85
이승엽 121, 123
이윤영 45
이일선 49
이찬행 72
이치주의 349
이필규 126
이화세계 349
이효순 178

인간개조 315
인간개조 교육기 220
인간개조 리론 233
인간개조 운동 285
인간평등론 227
인권법 310
인덕정치 146
인민대중 150
인민무력부 164, 214
인민무력성 213
인민성 253
일탈행위 251
임영선 299
임화 123

(ㅈ)

자력갱생 198
자민투 56
자유민주주의 319
자유아카데미 51
자유주의 188
자주노선 109
장충성당 298
재세이화 349
적개심 356
적대계층(복잡군중) 289
적대계층(복잡군중) 246
적화통일 42
전국 요새화 205
전군 간부화 205
전군 현대화 205
전민 무장화 205
전병호 213
전체주의론 25
전투계획 343
정달헌 119
정영철 71
정의의 전쟁 208
정일위원장 269
정일형 47, 50
정치문화론 25, 26, 27

정치범수용소 252
정치사회화가 26
제르진스키 230
조국해방전쟁 208
조만식 94, 174
조명록 213
조병옥 47
조봉암 47, 57
조선공산당 120
조선공산당은 92
조선농업근로자동맹 293
조선로동당 133, 149
조선로동당 당규약 103
조선무용가동맹 304
조선문학예술총동맹 304
조선미술가동맹 304
조선민족 제일주의정신 257
조선민주녀성동맹 267, 293
조선민주주의 인민공화국 사회주의 헌법 265
조선민주주의인민공화국 86
조선사진가동맹 304
조선신민당 96
조선연극인동맹 304
조선영화인동맹 304
조선음가동맹 304
조선인민군 84
조선작가동맹 304
조선직업동맹 293
조일명 123
조자양 141
족벌주의 180
종자론 256, 305
주강현 72
주민 재등록사업 245
주민성분 조사사업 245
주민통제 249
주요한 47
주체 103
주체 문예이론 255, 305
주체사상 103, 106, 109, 110, 147, 215, 231, 232, 327, 369
주체사상 확립기 219

주체혁명 137
주체형의 공산주의적 인간 235
중국국제무역촉진위 115
중립화통일론 57
중앙인민위원회의 165
중앙집권적 계획경제체제 195
중용 337
중화 337, 349
지구계획위원회 196
지노비예프 91
직업동맹 193
집단주의 185, 282, 285, 356, 365
집단주의원리 229, 357
집단주의원칙 356
집체예술 358
집체창작 305

(ㅊ)

차낙훈 49
착취계급 319
처칠 75
천도교청우당 96
천리마 72
천리마운동 268
천부경 348
천안문사태 115
천인합일사상 337
체제적 테러 117
초도덕적 가족주의 184
최고인민회의 204, 235
최광 178, 211, 214
최석채 45
최용건 94
최용달 119
최창익 118, 121
출장증 295
칠골교회 298

(ㅋ)

카륜 231

카륜회의 113
칸트 326
코민테른 90, 92, 100
콜로냐 230
콤문 230
크루프스카야 229
킴벌리 76

(ㅌ)

타도제국주의동맹 231
태성수 95
토지개혁 194, 272
통일담론 22
통일문화 334
통일백서 50
통일연구원 72
통일전선 85, 100, 158
통합이론 53
퇴니스 322
트루먼 75

(ㅍ)

파벌주의 126
파슨스 173
파슨즈 322
패러다임 19
퍼스낼리티 325
페미니즘 66
페이지 126
평양외국어학원 241
평양학원 202
평화통일론 57
폴리 79
프로타고라스 232
프롤레타리아 133, 339
프롤레타리아 독재 174
프롤레타리아 독재국가 320
프롤레타리아계급 100
프롤레타리아계급 혁명론 221
프롤레타리아국제주의 100

프롤레타리아정권 154
프리덤 하우스 282
플라톤 227
피바다 304
피오네르운동 229
피착취계급 319
피츠패트릭 38

(ㅎ)

하바로프스크 89, 139
한국국제인권연맹 309
한민족공동체 통일방안 67
합동전쟁계획위원회 80
항일혁명투쟁 223
해리만 79
해안경비대 202
해주혁명학원 241
핵심계층 364
핵심계층(핵심군중) 246, 289
행정관료제 162
행정문화 179, 186
향도성 144
허가이 121
허헌 121
헐 80
혁명의 군대 204
혁명의 기둥 205
혁명적 수령관 33, 151
혁명적 인간상 228
혁명전쟁론 208
혁명전통 223, 340
혁명전통 교양 225, 234, 369
혁명전통 교양 확립기 219
혁명전통교양 368
혁명화 304
협동농장 205
형식주의 146, 177
호요방 141
황병덕 58
흐루시초프 105

새로운 북한학:
분단시대 통일문화를 위하여

제1쇄 찍은날: 2002년 8월 31일

한국정신문화연구원 편
지은이: 이 서 행
펴낸이: 김 철 미
펴낸곳: 백 산 서 당

등록: 제10-42(1979.12.29)
주소: 서울 서대문구 홍제동 330-288

전화: 02) 2268-0012(代)
팩스: 02) 2268-0048
이메일: bshj@chollian.net

값 19,000원

ISBN 89-7327-297-7 03340